UTB

UTB 2417

W0337247

Eine Arbeitsgemeinschaft der Verlage

Böhlau Verlag · Köln · Weimar · Wien
Verlag Barbara Budrich · Opladen · Farmington Hills
facultas.wuv · Wien
Wilhelm Fink · München
A. Francke Verlag · Tübingen und Basel
Haupt Verlag · Bern · Stuttgart · Wien
Julius Klinkhardt Verlagsbuchhandlung · Bad Heilbrunn
Lucius & Lucius Verlagsgesellschaft · Stuttgart
Mohr Siebeck · Tübingen
Orell Füssli Verlag · Zürich
Ernst Reinhardt Verlag · München · Basel
Ferdinand Schöningh · Paderborn · München · Wien · Zürich
Eugen Ulmer Verlag · Stuttgart
UVK Verlagsgesellschaft · Konstanz
Vandenhoeck & Ruprecht · Göttingen
vdf Hochschulverlag AG an der ETH Zürich

Jochen Mecke / Hermann H. Wetzel (Hrsg.)

Französische Literaturwissenschaft

Eine Einführung

Mit CD-ROM

A. Francke Verlag Tübingen und Basel

Prof. Dr. Jochen Mecke und **Prof. Dr. Hermann H. Wetzel** lehren am Institut für Romanistik der Universität Regensburg.

Umschlagabbildung: Free One Line Photos, http://patrick.verdier.free.fr

Bibliografische Information der Deutschen Nationalbibliothek

Die Deutsche Nationalbibliothek verzeichnet diese Publikation in der Deutschen Nationalbibliografie; detaillierte bibliografische Daten sind im Internet über <http://dnb.d-nb.de> abrufbar.

Dischingerweg 5 · D-72070 Tübingen

ISBN 978-3-7720-2994-3

Gedruckt auf chlorfrei gebleichtem und säurefreiem Werkdruckpapier.

Internet: www.francke.de
E-Mail: info@francke.de

Einbandgestaltung: Atelier Reichert, Stuttgart
Druck und Bindung: CPI – Ebner & Spiegel, Ulm
Printed in Germany
ISBN 978-3-8252-2417-2 (UTB-Bestellnummer)

Inhaltsverzeichnis

Vorwort

Sçavoir par cœur n'est pas sçavoir : c'est tenir ce qu'on a donné en garde à sa mémoire. Ce qu'on sçait droittement, on en dispose, sans regarder au patron, sans tourner les yeux vers son livre. Facheuse suffisance, qu'une suffisance pure livresque !

(Montaigne 1950, 185.)

Formuliert man den berühmten Ausspruch Montaignes ein wenig um, so erhält man die didaktische Grundüberzeugung, die der vorliegenden Einführung zugrunde liegt: „L'on ne sait que ce que l'on sait faire – Man weiß nur das, was man kann". Während sich Literaturwissenschaftler in den Anfängen als Philologen verstanden, die sich – neben philologischem Können – vor allem durch ein umfangreiches literaturhistorisches Wissen auszeichneten und sich als Hüter und Pfleger eines solch hoch geschätzten Wissens verstanden, hat sich gerade der Wert dieses reinen Wissens im Zuge der medientechnischen Revolution der letzten Jahrzehnte radikal verändert. Zwar gilt auch in unserer Zeit nach wie vor, dass Wissen Macht ist, vor allem dann, wenn es sich um Informationen handelt, die nur Wenigen zugänglich sind, doch geht mit der zunehmenden Verbreitung des öffentlich zugänglichen Wissens dessen Entwertung Hand in Hand. Das reine Wissen wurde in den letzten Jahrzehnten im Zuge seiner medientechnischen Verbreitung durch das Internet einem inflationären Prozess ausgesetzt. In dem Maße wie die lawinenartig anwachsenden Informationen für alle, jederzeit und überall zugänglich waren, verloren sie an Wert … und mit ihnen das reine Wissen. Internet, *Wikipedia* oder einschlägige Internetportale zur Literatur sorgen dafür, dass heutzutage jeder Student im ersten Semester, selbst dann, wenn er fachfremd ist, rasch ein Kurzreferat über ein literaturgeschichtliches oder literaturwissenschaftliches Thema zusammenstellen kann.

Das ist allerdings nicht der einzige Grund, warum sich der Status des reinen Wissens verändert und sich das Selbstverständnis in den meisten Disziplinen zugunsten des Könnens verschoben hat. In vielen mit Bildung und Ausbildung befassten Institutionen hat der Gegenwartsbezug in den letzten Jahrzehnten stark zugenommen. Dies hat dazu geführt, dass Lehrende und Lernende zunehmend mit stetig sich wandelnen Gegenständen konfrontiert werden, über die es noch kaum gesichertes Wissen gibt. Für den Literaturunterricht bedeutet dies, dass ein Lehrender nur in den seltensten Fällen auf Sekundärliteratur zu literarischen Werken oder Filmen zurückgreifen kann. Damit nimmt aber auch die Verpflichtung für Lehrende und Lernende zu, selbst Texte, Hörspiele, Filme oder Hyperfictions zu untersuchen und das dafür nötige Rüstzeug zu erwerben.

Aber neben diesen in einem kulturellen Wandel begründeten Veränderungen ist noch ein gewichtigerer Grund zu nennen. Immanuel Kant hat einmal geschrieben, dass Begriffe ohne Anschauungen leer, dass aber umgekehrt Anschauungen ohne Begriffe mit Blindheit geschlagen sind (Kant 1992, 98). Wir können übersetzen: Theorien und Methoden ohne konkrete Praxis sind leer, aber jede Praxis ohne solide theoretische Grundlagen ist blind. Die Konsequenz aus diesem Grundsatz lautet, dass die Lehre von Theorien und Methoden an und für sich den didaktischen Charme des Versuchs haben, im Trockenen schwimmen zu lernen. Daher setzt sich der vorliegende Band zum Ziel, die im Buch erlernten Techniken gleich anzuwenden. Theorie kann auf diese Weise Praxis werden. Wer die Analysetechniken gut beherrscht, der kann sich rasch emanzipieren von der häufig aus schierer Not praktizierten Reproduktion von Sekundärliteratur. Wenn sie mit Gewinn gelesen und umgesetzt wird, kann diese Einführung dafür sorgen, dass die sogenannte Sekundärliteratur genau das bleibt, was ihr Name eigentlich besagt, nämlich sekundär! Damit ist weder gemeint, dass sie überflüssig noch dass sie zweitrangig sei, sondern dass sie den zweiten Schritt jeder Beschäftigung mit Literatur darstellen sollte. Primär sind immer die literarischen Werke und die eigene methodisch abgesicherte Auseinandersetzung mit ihnen, sekundär die Kontrolle und Ergänzung der eigenen Ergebnisse im Vergleich mit denen anderer Literaturwissenschaftler.

Daher wird in dieser Einführung besonderer Wert auf die Umsetzung der Kenntnisse gelegt, die man sich beim Studium der Literaturwissenschaft aneignen kann, anders gesagt, die Verfasser möchten das notwendige Rüstzeug liefern, damit sich Wissen in Können verwandelt. Dabei konnten sie auf technische und mediale Hilfsmittel zurückgreifen, die älteren Einführungen in die Literaturwissenschaft noch nicht zur Verfügung standen, konkret auf den Computer mit seinen Möglichkeiten der Interaktion. In seiner ursprünglichen Fassung sah das Konzept der Einführung daher auch vor, alles, Text und Übungen, in Form einer CD zu präsentieren. Als die Verfasser allerdings die erste Version durch einige Studenten testen ließen, mussten sie sehr bald feststellen, dass diese es bei weitem vorzogen, die einführenden Texte in gedruckter Form zu lesen, während sie alle interaktiven Teile natürlich lieber auf dem Computer bearbeiteten. So entstand die Idee, die Einführung als ‚Sample' oder ‚Hybrid' zu gestalten, das heißt als Kombination aus Buch und CD. Auf diese Weise können Verfasser und Leser bzw. Benutzer von den Vorteilen beider Medien profitieren. Die systematische ‚**Einführung**' wird in Form von Buchkapiteln präsentiert, die ‚**Einübung**' erfolgt – jeweils nach einer kurzen Rekapitulation der wichtigsten im Buch erklärten theoretischen Grundlagen – auf dem Computer, konkret mit Hilfe der beiliegenden **CD-ROM**. Wir erhoffen uns davon, die Stärken des Buches bei der lesergerechten Präsentation systematischer Zusammenhänge und die Stärken der CD-Rom bei der interaktiven Bearbeitung von Übungen zu gleichen Teilen nutzen zu können, so dass für den Leser und Benutzer *savoir* und *savoir-faire* tatsächlich miteinander verschmelzen.

Noch eine weitere Besonderheit unterscheidet die vorliegende Einführung von einer Reihe anderer. Diese Besonderheit versucht dem Umstand Rechnung zu tragen, dass Literatur heutzutage nicht mehr allein im Printmedium vorkommt, sondern auch in einer ganzen Reihe anderer Medien. Damit wird nicht so sehr die Tatsache angesprochen, dass literarische Werke im Zeitalter von

Internet, *Gutenberg-Projekt* oder *Gallica* als Textdateien aus dem Internet heruntergeladen, auf dem Computer mit Softwareprogrammen oder aber auf elektronischen Lesegeräten gelesen werden können, sondern vielmehr ein anderes Phänomen. Denn seit langem kommt Literatur bekanntlich auch in anderen Mediengattungen vor wie zum Beispiel in Hörspielen, Filmen oder Hyperfictions. Damit sind keinesfalls nur die Übertragungen literarischer Stoffe oder Inhalte in andere Mediengattungen gemeint, wie dies bei Literaturverfilmungen oder Hörspieladaptationen der Fall ist, sondern etwas viel Grundlegenderes. Denn Literatur kommt auch im Originalhörspiel, im Originalfilm oder in einer Hyperfiction vor, und zwar ganz einfach deshalb, weil die Verfahren, Techniken und ästhetischen Prinzipien, die in der Literatur entwickelt wurden, längst von den Gattungen anderer Medien übernommen und weiterentwickelt wurden. Dies ist der Grund, warum neben den traditionellerweise in einer Einführung in die Literaturwissenschaft behandelten Gattungen auch Hörspiel, Film und Hyperfiction mit aufgenommen wurden. Die Autoren sind der Auffassung, dass auch diese Gattungen neuer und neuester Medien erfolgreich mit literaturwissenschaftlichen Methoden untersucht werden können. Diese Integration audiovisueller Medien in den Gegenstandsbereich der Literaturwissenschaft ist nicht nur für Literaturwissenschaftler von Nutzen, sondern auch für diejenigen Personen, die sich mit ihrer Anwendung befassen. Überall dort, wo es um die Vermittlung von Sprache und Kultur geht, also bei allen im weitesten Sinne pädagogischen Tätigkeitsfeldern, lassen sich audiovisuelle Medien zur Sprach- und Kulturvermittlung einsetzen. Hörspiele eignen sich hervorragend zur Verbesserung des Hörverständnisses der Alltagssprache, mit französischen Untertiteln versehene Filme auf DVD können dazu benutzt werden, die in Frankreich bedeutsame außersprachliche Kommunikation in Mimik, Gestik und Kinesik mit einzubeziehen. Schließlich lässt sich auf diese Weise der traditionelle Bereich des Fremdsprachenunterrichts um Aspekte erweitern, die bei Schülern auf ein größeres Motivationspotenzial stoßen dürfte, als dies bei Literatur im Printmedium in der Regel der Fall ist.

Auch für die Behandlung audiovisueller Medien bietet die Kombination von Buch und Compact-Disc natürlich Vorteile. So findet sich auf der CD umfassendes Begleitmaterial zu den einzelnen Kapiteln. Dies ist sicher bei Mediengattungen wie Hörspiel und Hyperfiction, mit denen die Leser am wenigsten vertraut sein dürften, unabdingbare Notwendigkeit, aber auch bei Film, Drama und Printliteratur von großem Nutzen.

Die Konzeption des Bandes ist darauf ausgerichtet, Studenten zur eigenständigen Analyse und Interpretation traditioneller und neuerer Mediengattungen zu befähigen. Dabei werden zunächst die Grundlagen geklärt. Der gegenwärtig geltende Begriff von Literatur und ihrer Wissenschaft steht im ersten Kapitel im Zentrum der Betrachtung, das zweite Kapitel legt die semiotischen Grundlagen der Literaturwissenschaft dar. Die Semiotik hat dabei allerdings nicht den gleichen Status wie andere Methoden, die in den letzten Jahrzehnten in der Theorie- und Methodendebatte eine Rolle gespielt haben. Sie empfiehlt sich vielmehr bereits aus rein pragmatischen Gründen für eine Einführung, die nicht nur Printmedien, sondern auch audiovisuelle Medien, nicht nur sprachliche, sondern auch außersprachliche Kodes in ihre Betrachtung mit einbezieht. Darüber hinaus stützt sich die vorliegende Einführung auf die Ergebnisse strukturalistischer Forschung. Auch hier liegt das Motiv nicht in einer theoretischen Grundsatzentscheidung, sondern ist rein pragmatischer Natur, denn Formalismus, Strukturalismus und Semiotik sind diejenigen Strömungen der Literaturwissenschaft, die am meisten zur Entwicklung einer spezifisch literaturwissenschaftlichen Methodik beigetragen haben, deren Ergebnisse nicht rein historisch sind oder gar in anderen Disziplinen angesiedelt sein könnten. Zumeist sind die von ihnen entwickelten Instrumente so selbstverständlich Teil literaturwissenschaftlicher Praxis geworden, dass man sie nicht mehr unbedingt als ‚strukturalistisch' oder ‚semiotisch' identifiziert. Studenten höherer Semester verwenden sie häufig, ohne sich über deren Herkunft im Klaren zu sein. Die Beiträge von Semiotik und Strukturalismus haben daher den Status von Werkzeugen und Instrumenten, mit denen man Texte untersuchen und deren Verständnis verbessern kann.

In den ersten beiden Kapiteln zu Literatur und Semiotik werden somit zunächst die theoretischen Grundlagen für die folgenden Kapitel gelegt, das sich daran anschließende Kapitel zur Makrostruktur behandelt eine Dimension von Literatur, die alle Gattungen und Medien betrifft. Da die drei ersten Kapitel grundlegender Natur sind, wurde hier auf begleitende Übungen auf der CD verzichtet, sie sollen ‚nur' gelesen werden. Übungen zum Thema Makrostruktur finden sich dann dort, wo sie auch sinnvoll sind, das heißt zum Beispiel in den Kapiteln bzw. Modulen zur Narrativik, zum Drama, zum Hörspiel etc. Das erste Kapitel, das ein Modul mit Übungen enthält, ist dann das Kapitel zur Rhetorik. Es behandelt zwar auch Grundlagen, welche die sogenannte ‚Mikrostruktur' aller Gattungen betreffen, allerdings hat die klassische Rhetorik eine Reihe von Instrumenten zur Textanalyse entwickelt, die auch ohne den Kontext der jeweiligen Gattung bereits mit Gewinn angewandt und eingeübt werden können. Bei allen folgenden Kapiteln, zur Lyrik, zu erzählenden Texten, zu Drama und Theater, Hörspiel und Film wurden gleichfalls Übungen entwickelt. Dies gilt auch für das Kapitel zur Hyperfiction, obwohl die literaturwissenschaftliche Untersuchung in diesem Bereich, ebenso wie die Hyperfictionliteratur selbst, noch in den Anfängen steckt.

Das Buch ist nach dem Prinzip zunehmender Komplexität aufgebaut: Die ersten beiden Kapitel sind mit ein wenig ‚gesundem Menschenverstand' problemlos zu bewältigen. Sie setzen keinerlei Kenntnisse voraus, während die folgenden Kapitel auf den vorangehenden aufbauen. Dem Prinzip gesteigerter Komplexität ist es auch geschuldet, dass das Hörspiel, obwohl historisch erst nach dem Film entstanden, dennoch vorher behandelt wird, da hier lediglich die akustische Kommunikation zu berücksichtigen ist, während der Tonfilm als audiovisuelle Mediengattung komplexer ist.

Es ist empfehlenswert, die Übungen gleich im Anschluss an die jeweiligen Kapitel zu bearbeiten, da der Stoff dann noch präsent ist. Die Übungen auf der CD sind in sogenannte **Module**, also Bausteine der literaturwissenschaftlichen

Analyse unterteilt, die immer nach dem gleichen Prinzip aufgebaut sind: Die Grundlagen werden zunächst noch einmal kurz wiederholt, bevor verschiedene Übungen zu den einzelnen Themen bearbeitet werden.

Für wen ist die vorliegende Einführung geeignet? An wen wendet sie sich insbesondere? Prinzipiell können Buch und CD von jedem an Literatur interessierten Leser mit Gewinn gelesen und durchgearbeitet werden. Sie wendet sich aber insbesondere an alle, die sich intensiver mit Literatur und ihrer Wissenschaft beschäftigen. Konzipiert wurde die Einführung naturgemäß für das Grundstudium. Wir haben daher Buchkapitel und CD-Übungen von Studienanfängern testen lassen und uns bemüht, deren Verbesserungsvorschläge umzusetzen. Wir hoffen, dass Buch und CD dem Wissensstand von Studienanfängern in der Literaturwissenschaft angemessen sind. Allerdings haben wir Buch und CD auch Studenten im Hauptstudium lesen bzw. bearbeiten lassen. Diese Testergruppe meinte, dass sie sich auch gut als Wiederholung literaturwissenschaftlicher Grundlagen zur Prüfungsvorbereitung eigneten.

Entstanden ist der vorliegende Band aus den Erfahrungen, welche die Verfasser als Lehrende in langjähriger Praxis an den Universitäten Mannheim, Heidelberg, Passau, Regensburg, Marburg, Siegen u. a. gesammelt haben. In Regensburg wurde der in den Buchkapiteln dargestellte Stoff im Rahmen einer sprachenübergreifenden Einführungsvorlesung zur romanistischen Literaturwissenschaft erprobt, die auf der CD entwickelten Module in begleitenden Übungen, in denen das in der Vorlesung Gelernte eigenständig angewendet werden sollte. Unsere Erfahrungen zeigen, dass sich das Buch sowohl für Selbstlerner als auch als Grundlage für universitäre Übungen zur Einführung in die Literaturwissenschaft eignet.

Wie sollen die Nutzer mit Buch und CD umgehen? Es empfiehlt sich, die Kapitel in der Reihenfolge ihrer Anordnung im Buch durchzuarbeiten. Dabei sollte man bei den Kapiteln, die Beispielmaterial auf der CD enthalten, diese möglichst parallel bereithalten und auf dem eigenen Computer anschauen bzw. anhören. Die Module auf der CD arbeitet man am besten gleich nach der Lektüre des Kapitels durch. Sie bieten nochmals eine Zusammenfassung der wichtigsten Inhalte, die gelesen werden sollten, bevor dann jeweils die Übungen bearbeitet werden.

Das Internet stellt – zumeist kostenlos – eine Reihe von Portalen und Programmen zur Verfügung, die dem angehenden Literaturwissenschaftler das Arbeiten erleichtern. Auf der CD finden Sie dazu unter „Ergänzungen zu Buchkapiteln“ einige nützliche Hinweise und Links:

Linksammlung zu Portalen, Programmen und Archiven im Internet

Die Entwicklung des vorliegenden Buchs und der CD hat einige Zeit in Anspruch genommen, mehr als es sich die mit traditionellen Publikationsformen vertrautere Philologenweisheit träumen ließ. Die Herausgeber danken den Verfassern der einzelnen Kapitel und Module für ihre Geduld bei dieser Neuentwicklung, den Studierenden, die das Konzept getestet haben, den technischen Sachverständigen Elisabeth Bauer, Thomas Schnetzer und Hubert Pöppel, die für die Entwicklung der Compact-Disc verantwortlich waren und dem Verlag, hier allen voran Kathrin Heyng, Christina Esser, Karin Burger und Amelie Sareika für die hilfreiche Betreuung. Ein besonderer Dank gebührt Christine Loy für ihre Recherchen zum Hörspiel und den studentischen und wissenschaftlichen Hilfskräften Katharina Brugger, Sandra Hamperl, Teresa Hiergeist, Martina Kiefl, Sarah Leeb, Evelyn Reischl, Julia Rosu und Susanne Zipfer, die das Projekt während seiner Entwicklung mit Engagement begleitet haben. Den Lesern wünschen wir viel Erfolg beim Durcharbeiten der einzelnen Kapitel und Übungen.

Regensburg, den 10.07.2009 Jochen Mecke / Hermann H. Wetzel

Übersicht: Hinweise auf die CD-ROM

Im Buch werden folgende Icons verwendet:

	Das **CD-Symbol** a) verweist auf begleitendes Zusatzmaterial, z.B. in Form von Film- oder Hörspielausschnitten, die Sie auf der CD unter der Rubrik „**Ergänzungen zu Buchkapiteln**“ finden, oder b) weist auf einzelne begleitende Übungen zur Vertiefung der im Kapitel gelernten Inhalte hin, die Sie im gleichnamigen **Modul** auf der CD finden.
	Der **Filmprojektor** verweist auf Filmausschnitte, die Sie im gleichnamigen Modul oder im Zusatzmaterial auf der CD finden.
	Der **Kopfhörer** verweist auf Hörspielausschnitte, die Sie im gleichnamigen Modul oder im Zusatzmaterial auf der CD finden.
	Das **Computer-Symbol** verweist auf Beispiele für digitale Literatur/ Hyperfictions, die Sie im gleichnamigen Modul oder im Zusatzmaterial auf der CD finden.

Literatur und Literaturwissenschaft

Jochen Mecke

1 Unterschiedliche Begriffe von Literatur

„Ce n'est pas de la littérature! C'est un roman à quatre sous!", schimpft eine kultivierte französische Freundin mit ihrer Tochter, die gerade einen *Angélique*-Roman der französischen Erfolgsautorin Anne Golon verschlingt. In ähnlichen Worten regt sich ein befreundeter französischer Schriftsteller über die neo-autobiographischen Romane von Christine Angot auf: „C'est de l'exhibitionisme à grands tirages, mais sûrement pas de la littérature!" In das gleiche Horn stößt der französische Soziologe Pierre Bourdieu, wenn er dem Schriftsteller Philippe Sollers vorwirft, er betreibe in seinen Büchern ein wahres „massacre de la littérature" (Bourdieu 1998, 19). Nicht nur Leser, Wissenschaftler und Autoren, auch Literaturkritiker schließen bisweilen rezensierte Romane aus dem Feld der Literatur aus. Warum aber gibt es diese vielen Versuche, Romane, Theaterstücke oder Gedichte aus der Literatur zu vertreiben? Niemand käme etwa auf den Gedanken, bei einem schlechten Zeitungsartikel zu bestreiten, dass es sich um einen Zeitungsartikel handelt. Der Grund für diese Besonderheit literarischer Werke liegt auf der Hand: Denn der Begriff von Literatur selbst ist eng gekoppelt mit einem **Werturteil**. Positiv bewertete Texte werden in den Parnass der Literatur aufgenommen, negativ bewertete hingegen ausgeschlossen. Daher gab es auch den ernst gemeinten Versuch, das Problem schwankender und widersprüchlicher Literaturdefinitionen einfach dadurch zu lösen, dass man es ‚auflöst': Etwa, indem man, wie Terry Eagleton im Anschluss an John Martin Ellis (1974, 37f.) vorgeschlagen hat, die Ursache unterschiedlicher Literaturbegriffe explizit macht und festhält, dass wir als ‚Literatur' all jene geschriebenen Texte bezeichnen, denen wir einen hohen Wert beimessen (Eagleton 1983, 9). Eine solche ‚Definition' würde allerdings implizieren, dass der Begriff von Literatur einzig und allein von solchen subjektiven Wertungen abhinge und damit einer wissenschaftlichen Auseinandersetzung nicht mehr zugänglich wäre.

Eine andere Auflösung des Problems würde darin bestehen, es mit dem anderen Extrem zu probieren, das heißt ganz auf jegliche Wertung zu verzichten und unter Literatur all das zu verstehen, was in schriftlicher Form vorliegt. Für dieses Verständnis lässt sich sogar eine historische Rechtfertigung finden. Denn der Begriff der Literatur leitet sich etymologisch aus dem lateinischen Wort *litterae*, ‚Buchstaben', ‚alles Geschriebene', ‚Brief' her (Stowasser 1971, 298) und meint „les textes écrits et conservés grâce à l'écrit" (Viala 2002, 335). Eine solche, sicherlich wertfreie Definition würde aber dafür sorgen, dass auch Gebrauchsanweisungen, Notizzettel und Gesetzbücher gleichermaßen zur Literatur zu rechnen wären. Ist dieser **medientechnische** und auf Printmedien fixierte **Begriff von Literatur** auf der einen Seite zu weit gefasst, so ist er andererseits zu eng. Denn auch in der mündlichen Kommunikation findet sich ‚Literatur'. Das galt bereits für die frühesten Epochen der Literaturgeschichte, in denen Texte mündlich und zum Teil unter musikalischer Begleitung vorgetragen wurden. Sind die *Ilias* und die *Odyssee*, die Gedichte der Troubadoure oder das französische Chanson etwa nur deshalb nicht zur Literatur zu rechnen, weil sie mündlich vorgetragen werden? Wohl kaum. Zu all diesen ohnehin schon gravierenden Problemen kommt noch ein weiteres hinzu: Denn was ursprünglich weder als literarisches Werk konzipiert worden war noch zur Literatur im engeren Sinne gerechnet wurde, kann später durchaus als Literatur gelesen werden. So waren zum Beispiel Blaise Pascals *Lettres provinciales* (1656/57) eigentlich als Stellungnahme zur Debatte zwischen Jesuiten und Jansenisten und zur Verteidigung seines Freundes Antoine Arnauld bestimmt. Doch später wurde dieser Text in den Kanon der Literaturgeschichte aufgenommen. Selbst in der Gegenwart können Texte, die eigentlich einem ganz anderen Zweck dienen, als Literatur präsentiert und gelesen werden. Nichts anderes suggerieren die Dadaisten, wenn sie Zeitungstexte zu Collagen zusammenfügen. Das berühmteste Beispiel für eine Literarisierung eines nichtliterarischen Textes hat André Breton geliefert, der einen Auszug aus dem *Bottin*, dem französischen Telefonbuch, mit den Einträgen zum Namen „Breton" kopiert und unter dem Titel „PSTT" im Band *Claire de Terre* (1923) als Gedicht veröffentlicht hat (Breton 1966, 49f.). Hinzu kommen Fälle wie die Werke des Marquis de Sade, die vor den Surrealisten als rein pornographische Werke eines Geistesgestörten betrachtet und im Gegensatz zum heutigen Verständnis kaum zur Literatur gezählt wurden. Was ist mit reiner Unterhaltungsliteratur, wie etwa den Kriminalromanen der französischen *Série Noire*, die nunmehr gleichfalls in das Pantheon der Literatur aufgenommen wurden? Offenbar ist der Begriff der Literatur größeren Schwankungen unterworfen, als man vielleicht annehmen würde (Fraisse/Mouralis 2001, 81; Gottschalk/Köppe 2006, 7). Welche Schlussfolgerung soll man aus all diesen widersprüchlichen Beispielen und Definitionen von Literatur ziehen? Dass der Versuch zu definieren, was Literatur ist, von vornherein zum Scheitern verurteilt ist? Dass man ihn deshalb ganz aufgeben sollte?

Noch problematischer wird es, wenn man den Begriff der Wissenschaft hinzuzieht, der mit dem ohnehin schon schwierigen Begriff der ‚Literatur' ein Kompositum bildet: Literaturwissenschaft. Kann die Beschäftigung mit Literatur, also mit einer Kunstform, in der Subjektivität eine große Rolle spielt, allen Ernstes den Anspruch erheben, eine Wissenschaft zu sein? Kann sie wissenschaftlichen Ansprüchen auf Objektivität oder Intersubjektivität überhaupt gerecht werden? Endgültig rätselhaft wird der Gegenstand einer Einführung in die Literaturwissenschaft, wenn man das Adjektiv in die Betrachtungen einbezieht. Was ist mit „Einführung in die **‚französische' Literaturwissenschaft"** gemeint? Eine Einführung in die französische Art und Weise, Literaturwissenschaft zu betreiben, doch sicherlich nicht, denn gerade in Frankreich steht man der Kombination aus Literatur und Wissenschaft eher skeptisch gegenüber und zieht den Begriff der *critique littéraire* oder der *critique universitaire* vor. Was verbirgt sich also hinter dieser in anderen Ländern und Wissenschaftskulturen als ungewöhnlich betrachteten Wortkombination? Beginnen wir die Untersuchung des Wortkompositums mit einem Versuch, zunächst den Begriff der Literatur zu bestimmen.

2 Merkmale von Literatur

Aus den bisherigen Überlegungen lässt sich folgern, dass der Begriff der Literatur zweifellos problematisch ist, ein Umstand, auf den viele Literaturwissenschaftler hingewiesen haben. Demgegenüber steht jedoch unser intuitives Wissen davon, was wir als Literatur bezeichnen und lesen. Daher empfiehlt es sich, pragmatisch vorzugehen, statt die Diskussionen um den Literaturbegriff zu referieren und zu entscheiden. In einer ersten Annäherung an die Frage, was eigentlich Literatur ist, können wir uns in eine gut sortierte französische Buchhandlung begeben und nachschauen, was sich dort im *rayon de littérature* findet. In dieser Abteilung stehen – oftmals nach Gattungen geordnet – Gedichtbände wie Pierre de Ronsards *Les Amours* (1552), Romane wie Gustave Flauberts *Madame Bovary* (1856) oder Dramentexte wie etwa Edmond Rostands Erfolgsstück *Cyrano de Bergerac* (1897). Neben dieser Abteilung, aber von ihr getrennt, befindet sich eine andere, in der Bücher aufgestellt sind, die nicht oder aber in einem ganz anderen Sinne als ‚Literatur' bezeichnet werden. Es handelt sich um die so genannten Sachbücher, also alle Arten von Ratgebern oder aber wissenschaftlichen Werken aus den Bereichen Soziologie, Psychologie, Philosophie, Mathematik, Rechtswissenschaft, Geschichtswissenschaft oder eben auch *critique littéraire*. Die der Aufstellung der Bücher zugrunde liegende Unterteilung ist offenkundig: **Literarische Texte** oder **Belletristik** werden von **Sachtexten** oder **expositorischen Texten** getrennt.

Die Buchhändlerin, die gerade damit beschäftigt ist, eine eingegangene Lieferung zu bearbeiten, weiß, ohne lange nachzudenken, ganz genau, wo sie welche Texte einordnen muss. Dabei helfen ihr natürlich die Kategorien, mit denen die Bücher von den Verlagen bezeichnet werden, eine Art literarischer Strichcode, der eine mehr oder weniger automatische Zuordnung ermöglicht. Auf dem Buchdeckel des 2007 erschienenen Gedichtbandes von Anne Dreyfus mit dem Titel *L'Inhabitable* (2007) wird die Gattungsbezeichnung *poésie* aufgeführt. Auch wenn der Titel des Buches *Renaissance italienne* von Eric Laurrent (2008) zunächst eher auf ein geschichtswissenschaftliches, kunsthistorisches oder philosophiegeschichtliches Werk schließen lässt, so erleichtert auch hier die auf dem Buchumschlag zu findende Gattungsbezeichnung *roman* eine eindeutige Zuordnung. Weitere Hinweise auf der Titelseite, der Name des als Romancier der *nouvelle école de Minuit* bekannten Autors und der Buchreihe, in welcher das Werk erscheint, geben gleichfalls Anhaltspunkte für das Vorliegen von Literatur. In diesem Fall sind es also die Randbezirke des Textes, die der französische Literaturwissenschaftler Gérard Genette in seinem Buch *Seuils*

(2002, 7f.) als **Schwellen-** oder **Paratexte** bezeichnet hat, die es uns ermöglichen, eine Gattungszuweisung und damit auch eine Einordnung des Textes als Literatur vorzunehmen.

Trotzdem können Autoren und Verlagslektoren auch ohne solche äußeren Erkennungsmerkmale entscheiden, ob einzelne Werke zur Literatur im engeren Sinne gehören oder nicht. Und auch unsere Buchhändlerin kann dies mit geradezu schlafwandlerischer Sicherheit. Aufgrund welcher Kriterien ist sie dazu in der Lage? Nehmen wir an, ein Band sei eingetroffen, Name des Autors und Titel sagen der Buchhändlerin nichts, es gibt auch keine Gattungsbezeichnung, so dass sie das Buch auf einer beliebigen Seite aufschlägt, um zu klären, ob es sich um Literatur handelt. Sie beginnt zu lesen:

> L'autre jour que j'étais sur le haut d'un degré,
> Passant tu m'avisas, et me tournant la vue,
> Tu m'éblouis les yeux, tant j'avais l'âme émue
> De me voir en sursaut de tes yeux rencontré.
>
> Ton regard dans le cœur, dans le sang m'est entré
> Comme un éclat de foudre alors qu'il fend la nue
> J'eus de froid et de chaud la fièvre continue,
> D'un si poignant regard mortellement outré.
>
> Et si ta belle main passant ne m'eût fait signe,
> Main blanche, qui se vante être fille d'un cygne,
> Je fusse mort, Hélène, aux rayons de tes yeux;
>
> Mais ton signe retint l'âme presque ravie,
> Ton œil se contenta d'être victorieux,
> Ta main se réjouit de me donner la vie.

Hier wird ein *coup de foudre*, Liebe auf den ersten Blick zu einer Frau mit dem Namen Hélène geschildert. Der Dichter beschreibt seine Empfindungen und Gefühle: wie der Blick der Frau ihn geblendet hat, ihn zusammenzucken ließ, ihm direkt in Herz und Blut eingedrungen ist und wie die Frau ihm mit der Hand ein Zeichen gegeben hat. All dies könnte auch in einem Brief an einen Freund, in einer Erlebniserzählung oder sogar in einem Bericht stehen. Warum ordnet die Buchhändlerin den Band aber zielsicher der Literatur zu? Welches sind die Merkmale des Textes, die ihr eine solche Einordnung ermöglichen? Oder anders gefragt: Durch welche Zeichen merken wir, dass bestimmte Texte nicht zur Sachliteratur sondern zur Belletristik gehören? Unter welchen Bedingungen kann ein Text als literarisches Werk oder als Gegenstand mit einer ästhetischen Funktion wahrgenommen werden (Genette 2004, 87)? Oder – um die Frage mit dem französischen Literaturwissenschaftler und Semiotiker Roland Barthes zu stellen: Welche Zeichen verweisen auf den literarischen Charakter eines Textes, auf die „**écriture littéraire**“ (Barthes 1972, 48)?

2.1 Deautomatisation

Bereits beim flüchtigen Überfliegen merkt auch eine vielleicht junge und unerfahrene und daher literaturhistorisch noch nicht sehr gebildete Buchhändlerin, dass der Text in einer außergewöhnlichen Weise gestaltet ist. Die Geschichte ist in voneinander abgesetzte Zeilengruppen angeordnet, in zwei Vierzeiler und zwei Dreizeiler. Die Sätze sind zu gleichmäßigen Zeilen gruppiert, die jeweils eine feste Silbenzahl enthalten (Zwölfsilbler = Alexandriner), die Zeilenenden sind gereimt und zwar nach einem bestimmten Schema (umarmende Reime, *rîmes embrassées* = abba, abba; Paarreime, *rîmes suivies* = cc; und dann Kreuzreime, *rîmes croisées* = dede). Aber selbst wenn wir die Zeilenumbrüche aufheben, wird der abweichende Charakter des Textes dennoch deutlich:

> L'autre jour que j'étais sur le haut d'un degré. Passant tu m'avisas, et me tournant la vue, tu m'éblouis les yeux, tant j'avais l'âme émue de me voir en sursaut de tes yeux rencontré. Ton regard dans le cœur, dans le sang m'est entré comme un éclat de foudre alors qu'il fend la nue. J'eus de froid et de chaud la fièvre continue, d'un si poignant regard mortellement outré. Et si ta belle main passant ne m'eût fait signe, main blanche, qui se vante être fille d'un cygne, je fusse mort, Hélène, aux rayons de tes yeux; mais ton signe retint l'âme presque ravie, ton œil se contenta d'être victorieux, ta main se réjouit de me donner la vie.

Nicht nur die Anordnung der Sätze, sondern auch die Sprache ist auffällig: Laute, Buchstaben (*jour, j'étais, tu, tournand, foudre, fend,* etc. = Alliterationen) und Silben (*passant, tournant* = Assonanzen bzw. Reime) werden unter dem Gesichtspunkt der Ähnlichkeit kombiniert, ja ganze Sätze sind ähnlich gebaut (*Ton œil se contenta d'être victorieux, Ta main se réjouit de me donner la vie* = Parallelismen). Aber selbst wenn wir auch diese zu den rhetorischen Figuren zählenden Auffälligkeiten tilgen, bleibt immer noch ein ungewöhnlicher Sprachgebrauch: Der Anblick der Frau „blendet" die Augen des Dichters, der Blick „geht ins Herz und ins Blut", er „verletzt" ihn (Metaphern), während Hand, Auge und Zeichen wie Personen eigenständig zu handeln scheinen (Personifikationen) und gleichzeitig für die geliebte Frau als Ganze stehen (Synekdochen, *pars pro toto*) und ihr Blick mit einem Blitz verglichen wird, der die Wolken durchbricht (Vergleich). Auch ohne Reime und rhetorische Figuren weicht der Text also durch seine besondere Verwendungsweise der Sprache, durch Vergleiche, Metaphern und Metonymien (Tropen) klar vom alltäglichen Sprachgebrauch ab. Nun können wir das Geheimnis lüften: Es handelt sich um ein Gedicht des französischen Dichters Pierre de Ronsard (1524-1584), das dem Band *Sonnets pour Hélène* (1578) entnommen ist (Ronsard 1981, 265f.). Halten wir also ein erstes Teilergebnis unserer Beobachtungen fest:

> Texte signalisieren ihre Zugehörigkeit zur Literatur durch einen besonderen, von der konventionellen Sprache abweichenden Sprachgebrauch.

Aber hier lässt sich mit Fug und Recht ein Einwand erheben: Denn auch ein Satz wie „Eine antiproportionale Funktion ist eine rationale Funktion zwischen Argumenten x und Funktionswerten y von der einfachen Form y = a/x" weicht vom alltäglichen Sprachgebrauch ab, ohne dass wir ihn deshalb gleich der

Literatur zuordnen würden. Unser Bestimmungskriterium des abweichenden Sprachgebrauchs reicht offenbar nicht aus, denn diese Charakterisierung allein würde alle Sondersprachen, wie zum Beispiel die Jugendsprache, die Gaunersprache oder die verschiedenen Fachsprachen, wie in diesem Fall die der Mathematik, einschließen, obwohl sie eindeutig nicht zur Literatur im engeren Sinne gehören. Welche Bedingung muss also zu dem Kriterium der Abweichung hinzutreten?

Nehmen wir nochmals das vorangehende Beispiel: In dem Text aus der Mathematik geht es um die Vermittlung von Informationen. Wenn wir den Text nicht ohne weiteres verstehen, so liegt das vor allem daran, dass wir das entsprechende Fachvokabular nicht kennen. Wir können allerdings in einem Fachwörterbuch nachschlagen und mit dessen Hilfe die wichtigsten Aussagen nachvollziehen. Gerade das unterscheidet das vorliegende Gedicht von Sachtexten. Die Worte an und für sich sind hier nämlich durchaus verständlich. Sie werden allerdings auf eine ungewöhnliche Art und Weise miteinander kombiniert. Während die Unverständlichkeit eines Sachtextes für Nicht-Fachleute aus dem Bedürfnis möglichst präziser und eindeutiger Bezüge auf bestimmte Sachverhalte herrührt, gilt dies für den literarischen Text nicht. Seine Unverständlichkeit beruht nicht auf der Nutzung einer speziellen Terminologie, sondern auf einem spezifischen Gebrauch der Sprache, auf besonderen Kombinationen von Wörtern. Während das Ziel des Sachtextes mithin in einer möglichst großen Eindeutigkeit und Transparenz liegt, hebt der von der Normalsprache abweichende Sprachgebrauch literarischer Texte im Gegenteil zunächst einmal die Transparenz und unmittelbare Verständlichkeit auf, um die Aufmerksamkeit des Lesers auf die Sprache oder, allgemeiner gesprochen, auf die Zeichen selbst zu lenken. Die Sprache tritt in den Vordergrund, der Inhalt der Botschaft selbst tritt (vorerst) in den Hintergrund. Fassen wir das bisher Gesagte zusammen:

> Wir erkennen Literatur an einer besonderen Verwendungsweise der Sprache, die sich vom konventionellen Sprachgebrauch unterscheidet. Im Unterschied zu gleichfalls von der Norm abweichenden Fach- oder Sondersprachen geschieht dies in der Literatur mit dem Ziel, die sprachlichen Zeichen selbst in den Vordergrund der Aufmerksamkeit zu rücken. Die automatischen Abläufe der Kommunikation werden dadurch unterbrochen, die Sprache wird **deautomatisiert.**

Wenn es Literatur aber zunächst nicht auf die Information ankommt, worum geht es ihr dann? Nehmen wir einen Extremfall dunkler und unverständlicher Sprache, so wie sie die französischen Surrealisten etwa in ihren Spielen produziert haben. Bei dem surrealistischen *jeu des questions et réponses* oder auch beim *jeu des définitions* werden vorher auf Zetteln notierte Fragen und Antworten rein zufällig miteinander kombiniert: So kann etwa die Frage „Qu'est-ce que la liberté" mit einer zufällig gezogenen Antwort wie zum Beispiel „un animal crevé sous un meuble" kombiniert werden. Die Freiheit wäre demnach ein unter einem Möbelstück verendetes Tier (Breton 2004, 60-64). Hier wird offenbar das normale Verständnis der Sprache in besonders eklatanter Weise außer Kraft gesetzt, die sprachlichen Funktionen wie etwa der Verweis auf eine Bedeutung stellen sich nicht von selbst ein, sie werden – wie die russischen Formalisten sagen – „deautomatisiert" oder verfremdet (Sklovskij 1966, 14; Kloepfer 1975, 46f.). Durch die Deautomatisation werden wir als Leser aber gezwungen, uns mit dem sprachlichen Zeichen selbst intensiv auseinander zu setzen. Die Aufhebung des normalen Funktionierens von Sprache ist mithin nicht Selbstzweck, vielmehr liegt ihr Zweck zunächst einmal gerade in ihrer Zwecklosigkeit. Die russischen Formalisten waren der Meinung, dass die Gewohnheit dafür sorgt, dass wir bestimmte Dinge, Menschen oder Ereignisse gar nicht mehr wahrnehmen, sondern nur noch unbewusst registrieren (Sklovskij 1966, 12). Das beste Beispiel dafür ist sicherlich die eigene Wohnzimmertapete, die wir kaum noch beachten, wenn wir uns in unseren eigenen vier Wänden bewegen. Dem wirken Kunst und Literatur entgegen:

> Um für uns die Wahrnehmung des Lebens wieder herzustellen, die Dinge fühlbar, den Stein steinig zu machen, gibt es das, was wir Kunst nennen. Das Ziel der Kunst ist es, uns ein Empfinden für das Ding zu geben, ein Empfinden, das Sehen und nicht nur Wiedererkennen ist. Dabei benutzt die Kunst zwei Kunstgriffe: die Verfremdung der Dinge und die Komplizierung der Form, um die Wahrnehmung zu erschweren und ihre Dauer zu verlängern (Sklovskij 1966, 14).

Der Anspruch der Literatur beschränkt sich dabei nicht nur auf die Erneuerung der Wahrnehmung, sondern auch auf die Wahrnehmung des Neuen. Mag für bestimmte Diskursformen Wittgensteins berühmtes Diktum gelten „Wovon man nicht sprechen kann, darüber muss man schweigen" (Wittgenstein 1973, 115), so steht die Devise der Literatur dazu in radikalem Gegensatz. Sie könnte etwa lauten: „Wovon man nicht sprechen kann, darüber muss man schreiben." Literatur, das ist immer auch der Versuch gewesen, entweder das bisher schon Gesagte auf eine andere Art und Weise, das heißt neu, zu sagen oder aber das Ungesagte – und vielleicht sogar das Unsagbare – sagbar zu machen. Literatur wurde und wird unter anderem geschrieben, um das bisher Unbekannte zu erschließen. Vom Dichter sagt Arthur Rimbaud in seinen berühmten *Voyant*-Briefen, in denen er den Schriftsteller als Seher darstellt: „[...] il arrive à l'inconnu", er kommt im Unbekannten an (Rimbaud 1981, 348). Und wer im „Unbekannten" ankommen will, der kann nicht Bedeutungen von vornherein festlegen, um sie daraufhin in Worte zu fassen. Für ihn ergibt sich vielmehr das, was er sagt, gerade nicht unmittelbar aus dem, was er sagen will. Literatur fängt somit auch dort an, wo neue Möglichkeiten des Sprechens entwickelt werden. Dies ist einer der Gründe, warum Dichtung manchmal dunkel und unverständlich wird ... aber es nicht unbedingt bleiben muss! Um unser Beispiel aufzugreifen: Der sich aus einem surrealistischen Sprachspiel ergebende Vergleich zwischen Freiheit und einem unter einem Möbelstück verendeten Tier weicht ab von allen konventionellen Bildern der Freiheit wie etwa dem des Windes oder eines Vogels im Flug etc. Er deautomatisiert also unsere gewohnten Assoziationen, weshalb die gewählte Metapher zunächst dunkel und unverständlich erscheint. Aber gerade dadurch ermöglicht sie auch eine andere

Sicht menschlicher Freiheit. Freiheit wird hier nicht nur positiv gesehen. Sie wird, so könnte man die Metapher deuten, erkauft mit dem Ende der Natürlichkeit und Kreatürlichkeit – dafür würde das verendete Tier stehen – und um den Preis der Unterwerfung unter die Zwänge der Zivilisation – darauf würde das Möbelstück hindeuten. Natürlich ist dies beileibe nicht die einzig mögliche Interpretation. Das Beispiel macht jedoch deutlich, dass alle Versuche, etwas Neues oder aber das Bekannte auf neue Art und Weise zu sagen, darauf beruhen, dass die Aufmerksamkeit des Rezipienten auf die literarischen Zeichen selbst gelenkt wird. An dieser Stelle gilt es, der verbreiteten Auffassung entgegen zu treten, dass die literarische Technik der Deautomatisation allein auf literarische Texte beschränkt sei und im Alltag nicht vorkomme. Aber bereits ein Blick in die Tageszeitung oder eine Illustrierte, auf Werbeplakate, Filmtitel oder Zeitungsanzeigen belehrt uns eines Besseren und zeigt uns, dass wir auch im Alltag von Literatur umgeben sind. „Nous, c'est le goût", reimt die Fastfood-Kette *Quick*, „Plus t'en mets, plus t'en as!" behauptet die Deomarke *Axe* doppeldeutig, während die Bekleidungsmarke *Lacoste* mit der paradoxen Aufforderung „Deviens ce que tu es!" wirbt. Literarische Verfahren bleiben jedoch nicht auf die Werbung beschränkt: „Tout ça pour ça" titelt die französische satirische Wochenzeitschrift *Le Canard enchaîné* unter Anspielung auf einen Film von Claude Lelouch mit einer Assonanz und einer Epipher in seiner Ausgabe vom 31.03.2009. Der Aufmacher wartet mit einem komplexeren Wortspiel auf: „Sarko a peut-être ‚la banane', mais la France est au régime." Aber nicht nur Satirezeitschriften bedienen sich literarischer Verfahren. Am 04.04.2009 titelt die Tageszeitung *Libération* zum G20-Gipfel in Straßburg mit Metaphern: „La tension monte et les lacrymos pleuvent à Strasbourg." Wir sehen mithin: Literarische Techniken kommen auch im Alltag vor. Auf der anderen Seite muss man allerdings die Frage stellen, ob wirklich alle literarischen Texte Techniken der Deautomatisation verwenden.

Die russischen Formalisten waren sich sehr wohl der Tatsache bewusst, dass die Deautomatisation oder Verfremdung der Alltagssprache zwar als Definitionsmerkmal für Lyrik, aber keinesfalls für andere Gattungen galt. Verglichen mit der Lyrik weicht etwa die Sprache des Romans kaum von der Alltagssprache ab. Wenn aber die Alltagssprache nicht mehr als Bezugspunkt und Objekt der Verfremdung dient, worauf kann sich die literarische Deautomatisation dann beziehen? Tatsächlich sind ja die sprachlichen und außersprachlichen Normen der Darstellung, die als Bezugspunkt der Verfremdung dienen können, äußerst vielfältig. In Wahrheit gibt es ja nicht nur eine, sondern ganz viele Normen und Kodes. Roman Jakobson hat daher in einem frühen Aufsatz zwischen verschiedenen Normen unterschieden:

> Jedes Faktum der zeitgenössischen poetischen Sprache apperzipieren wir notwendig in Konfrontation mit drei Momenten – der vorhandenen **poetischen Tradition**, der **praktischen Sprache** der Gegenwart und der **poetischen Tendenz**, die der betreffenden Äußerung vorgezeichnet ist (Jakobson 2007, 4; Hervorhebungen J.M.).

Bisher haben wir lediglich die praktische **Alltagssprache** der Gegenwart als Norm in unsere Betrachtungen einbezogen. Aber nicht nur sie wird ja durch die Lyrik verfremdet, sondern auch die **Konventionen der traditionellen lyrischen Sprache**. Man kann Baudelaires Ästhetik des Hässlichen in den *Fleurs du mal* nur dann voll und ganz verstehen, wenn man diejenige lyrische Tradition berücksichtigt, gegen die sie verstößt und deren Konzeption des Schönen sie verfremdet. Dieser Bezug auf die Darstellungskonventionen ist natürlich auch in anderen literarischen Gattungen gegeben. Flaubert etwa verfremdet die Gepflogenheiten des Romans, indem er die Schwangerschaft Emma Bovarys, also das Ereignis eines konventionellen Eheromans schlechthin, einfach ausspart und die Geburt von Emmas Tochter lakonisch in einem knappen Satz mitteilt. Die Erwartungshaltung des an die Romankonventionen gewöhnten Lesers wird dadurch durchbrochen und er fällt aus allen Wolken. Darüber hinaus nennt Jakobson mit der **poetischen Tendenz**, die einer Äußerung vorgezeichnet ist, eine dritte, vom literarischen Text selbst aufgestellte Norm, die natürlich beim Leser gleichfalls eine – auf die Dauer der Lektüre begrenzte – werkinterne Konvention und Erwartungshaltung aufbaut, die durch das Werk selbst durchbrochen oder verfremdet werden kann. Diese Möglichkeit der Verfremdung gilt auch gattungsübergreifend. Allerdings bezieht sie sich auf einzelne Werke und kann daher nicht als Definitionsmerkmal von Literatur dienen. Was kann dann aber als Definitionsmerkmal für diejenigen Formen von Literatur herangezogen werden, die nicht zur lyrischen Gattung gehören und kaum von alltagssprachlichen Kodes abweichen?

2.2 Fiktionalität

Verfremdet Literatur wirklich immer die normale Sprache? Zeigen alle literarischen Texte ihren literarischen Charakter durch Abweichungen von der normalen Sprache, durch die Trübung oder Aufhebung der sprachlichen Klarheit, durch die Erschwerung des normalen Verstehens und durch die Lenkung der Aufmerksamkeit auf die sprachlichen Zeichen selbst an? Nehmen wir an, unsere Buchhändlerin wird mit dem folgenden, zufällig aufgeschlagenen Auszug aus einem Buch konfrontiert, das gleichfalls mit der Lieferung neuer Bestellungen angekommen ist, wobei ihr auch hier weder Autor noch Titel etwas sagen:

> La façade de briques était juste à l'alignement de la rue, ou de la route plutôt. Derrière la porte se trouvaient accrochés un manteau à petit collet, une bride, une casquette de cuir noir, et, dans un coin, à terre, une paire de houseaux encore couverts de boue sèche. A droite était la salle, c'est-à-dire l'appartement où l'on mangeait et où l'on se tenait. Un papier jaune-serin, relevé dans le haut par une guirlande de fleurs pâles, tremblait tout entier sur sa toile mal tendue; et sur l'étroit chambranle de la cheminée resplendissait une pendule à tête d'Hippocrate, entre deux flambeaux d'argent plaqué, sous des globes de forme ovale. De l'autre côté du corridor était le cabinet de Charles, petite pièce de six pas de large environ, avec une table, trois chaises et un fauteuil de bureau. Les tomes du *Dictionnaire des sciences médicales*, non coupés, mais dont la brochure avait souffert dans toutes les ventes successives par où ils avaient passé, garnissaient presque à eux seuls, les six rayons d'une bibliothèque en bois de sapin. L'odeur des roux pénétrait à travers la muraille, pendant les consultations, de même que l'on entendait de la cuisine, les malades tousser dans le cabinet et débiter toute leur histoire. Venait ensuite, s'ouvrant immédiatement sur la cour, où se trouvait l'écurie, une grande pièce délabrée qui avait un four, et qui ser-

vait maintenant de bûcher, de cellier, de garde-magasin, pleine de vieilles ferrailles, de tonneaux vides, d'instruments de culture hors de service, avec quantité d'autres choses poussiéreuses dont il était impossible de deviner l'usage.

Offenbar enthält dieser Text nichts von den weiter oben beschriebenen Verfahren der Deautomatisation normaler Sprache. Er scheint ganz und gar auf eine klare und genaue Beschreibung der Inneneinrichtung eines Hauses ausgerichtet zu sein. Von einer Verfremdung der konventionellen Sprache kann hier kaum die Rede sein. Dennoch gibt es auch in diesem Fall ein Kennzeichen für das Vorliegen von Literatur. Allerdings liegt dies hier nicht in einem verfremdenden Gebrauch der Sprache, sondern in dem Status der erzählten Handlung und der beteiligten Figuren. Denn die Personen, Handlungen und Gegenstände des Textausschnittes aus *Madame Bovary* sind frei erfunden (Flaubert 1986, 91): Charles Bovary und seine Frau Emma, ebenso wie das Haus, die Handlung und alle anderen Personen existieren nicht außerhalb des Romans. Es ist dieser andere, fiktive Status des Inhalts der erzählten Geschichte, der uns darauf hinweist, dass es sich in diesem Fall um Literatur und nicht um einen Sachtext handelt. Die dargestellte Welt existiert nicht unabhängig von ihrer Erzählung, sie hängt voll und ganz von ihr ab. In diesem Sinne hat Gérard Genette festgehalten, dass für die verschiedenen Gattungen ganz unterschiedliche Merkmale konstitutiv sind. Während bei der Lyrik eine bestimmte Form, ein bestimmter Diskurs, bestehend aus Reimformen, Metaphern, Versstrukturen, einer besonders dichten Verwendung von rhetorischen Figuren und Tropen etc. dafür sorgen, dass ein Gedicht unweigerlich als Literatur erkannt wird, ist dies bei Prosatexten nicht der Fall. Das konstitutive Merkmal, das automatisch für die Einstufung von Prosatexten als Literatur sorgt, ist in diesem Fall inhaltlicher Natur. Es ist die **Fiktivität** des Textes, die eine bestimmte Haltung beim Rezipienten hervorruft: Dass wir nämlich willentlich unsere Vorbehalte hinsichtlich der Glaubwürdigkeit des Erzählten außer Kraft setzen und uns der erfundenen Geschichte überlassen. Laut Genette ist mithin bei der **Lyrik** die „**diction**", die Form, das **Rhema** der Aussage für das Vorliegen von Literatur konstitutiv, bei der **Prosa** ist es das **Thema**, die „**fiction**", der fiktive Gehalt (Genette 2004, 104).

Eine genauere Betrachtung zeigt allerdings, dass dieses Kriterium allein noch nicht ausreicht, um literarische von expositorischen Texten zu unterscheiden, denn auch Sachtexte enthalten fiktive Annahmen: Da wäre zum Beispiel Buridans Esel zu nennen, der sich nicht zwischen zwei gleich großen Heuhaufen entscheiden kann und daher in der Mitte verhungert. Dieses bemitleidenswerte fiktive Geschöpf diente im Mittelalter als Argument in den Debatten um Willensfreiheit. Descartes' Annahme eines Dämons, der uns systematisch täuscht, oder die Utopie einer klassenlosen und herrschaftsfreien Gesellschaft im Marxismus liefern Belege für das Vorliegen fiktionaler Elemente in Sachtexten. Auf der anderen Seite enthalten literarische Texte aber auch reale Orte und Personen. In *Madame Bovary* kommt neben der erfundenen Stadt Yonville auch die real existierende Stadt Rouen vor, in den Romanen Michel Houellebecqs finden sich real existierende Objekte wie der Reiseführer

Guide du routard, die Supermarktkette *Shoppy* oder bekannte Persönlichkeiten wie der Schriftsteller Philippe Sollers. Die Frage, ob Fiktivität als ein hinreichendes Kennzeichen von Literatur betrachtet werden kann, ist dabei auch aus juristischer Perspektive nicht ganz unerheblich, denn wenn Fiktivität das einzige Kriterium wäre, dann hätten all diejenigen Unternehmen und Personen Recht bekommen müssen, die gegen Schriftsteller Prozesse angestrengt haben, weil sie sich in literarischen Texten wiedererkannt hatten.

Unrecht haben sie deshalb, weil Fiktivität zwar in der Regel ein Kriterium bietet, das notwendig ist, um Literatur von Sachtexten zu unterscheiden, allerdings nicht eines, das für sich allein ausreicht. Der zum *Nouveau Roman* gehörende französische Schriftsteller Alain Robbe-Grillet hat in seiner in den achtziger Jahren entstandenen Romanserie *Romanesques* neo-autobiographische Texte verfasst, in denen fiktive und reale Personen, Geschichten und Orte vorkommen, ohne dass der Leser immer weiß, ob diese nun frei erfunden oder real sind. Um zu bestimmen, was allen Figuren, den erfundenen wie den realen, gemeinsam ist und was beide als Elemente eines literarischen Textes auszeichnet, müssen wir eine Passage genauer betrachten:

> Henri de Corinthe chevauchant sa monture blanche, la tête haute et le buste très droit comme à son ordinaire, mais nettement déhanché sur sa selle du côté gauche, dans une posture qu'il adopte souvent après un long parcours dont il ressent la fatigue, sans vouloir cependant laisser son corps s'avachir, Henri de Corinthe, par une nuit calme de pleine lune, traverse la lande de bruyère rase qui borde une anse déserte, sur la côte très découpée du pays de Léon. Au moment où le sentier qu'il suit va rejoindre l'étroit chemin des douaniers, à proximité immédiate du rivage, son oreille habituée aux rumeurs marines distingue obscurément – venant du côté de l'eau et se mêlant au chuintement régulier produit par les petites vagues de la marée descendante – un bruit plus fort, cadencé lui aussi, qui claque de façon plus claire, plus ferme, plus détachée. [...] D'un très léger raidissement des rênes, il arrête son cheval, afin d'écouter avec plus d'attention. Cela ressemble au floc floc répété d'un battoir vigoureux sur du linge humide. Il y a bien un ruisseau qui rejoint la grève à cet endroit, mais qui donc laverait ainsi, au clair de lune, à l'écart de toute habitation ? Corinthe pense aussitôt à la vieille croyance paysanne relative aux « lavandières de nuit », jeunes femmes appartenant au monde des esprits et dont on ne peut guère attendre que du malheur, quelque chose comme les sorcières de Macbeth. Il se dit, avec un sourire, qu'elles vont peut-être lui révéler sa montée prochaine sur le trône d'Ecosse. (Les Corinthe possèdent de lointains ancêtres au pays de Galles et dans le Northumberland, dont le célèbre Lord Corinthe qui lutta contre Cromwell.) Le comte Henri s'approche de la minuscule faille creusée par l'eau vive, dont il longe le cours jusqu'à la plage (Robbe-Grillet 1984, 89f.).

Was diesen Textausschnitt als literarischen auszeichnet, ist nicht die im Zentrum stehende Figur, über deren fiktiven oder realen Status wir als Leser nichts sagen können, sondern die Art der Aussage. Selbst wenn die Figur des Henri de Corinthe existiert hätte, so wäre der vorliegende Text dennoch literarisch, weil er seine Aussagen in einer bestimmten Art und Weise macht, die nicht referenziell, sondern fiktional ist. Die erzählte Geschichte hängt einzig und allein von der Erzählung ab, der Text von Robbe-Grillet erfüllt damit das Kriterium der **Fiktionalität**. Es ist letztlich unerheblich, ob die im Text vorkommenden Personen wirklich existiert haben oder nicht. Entscheidend ist allein die besondere Art der Aussage. Fiktiv sind bestimmte erfundene Figuren, fiktional ist aber der literarische Text insgesamt, ganz unabhängig von der Fiktivität oder Realität der Personen, Handlungen und Orte. Aus diesem Grund gehören auch historische Romane, die sich mit realen und zumeist berühmten Persönlichkeiten der Geschichte beschäftigen, dennoch zur Literatur. Denn sie sind allein aufgrund ihres fiktionalen Aussagemodus literarisch. Man könnte sagen, dass narrative Texte in gewisser Weise den Realitätsbezug von Aussagen verfremden und deautomatisieren.

Wir erkennen die Fiktionalität von Texten dank textinterner Merkmale, die die konventionelle Prosa verfremden. Sie versetzen auch unsere Buchhändlerin in die Lage, einen ihr unbekannten Text der Abteilung für Literatur zuzuordnen. Wenn narrative Texte eine Geschichte erzählen, dann ergibt sich daraus ein Bezugsrahmen, eine Norm bzw. ein Kode, der von literarischen Werken verfremdet werden kann. Denn die konventionelle Geschichte hat eine bestimmte Form, sie hat einen Anfang und ein Ende, das heißt sie verfügt über eine archäologische, auf den Anfang bezogene, und teleologische, auf das Ende bezogene, Struktur. Die Ereignisse werden dort normalerweise in einer kausalchronologischen Reihung wiedergegeben. Man kann daher diese Darstellungsform von Ereignissen als Norm oder Konvention betrachten, die für Erzählungen eine ähnliche Funktion erfüllt wie die Alltagssprache für die Lyrik. In der Tat verfremdet die literarische Erzählung den historischen Kode durch zahlreiche Techniken und Verfahren, wie zum Beispiel durch zeitliche Vor- und Rückgriffe oder aber durch die Darstellung der Ereignisse aus der Perspektive einer bestimmten Romanfigur.

Die Taschenbuchausgabe eines Werkes von Anne Godard mit dem Titel *L'Inconsolable* (2006) führt auf dem Buchdeckel keine Gattungsbezeichnung an, die uns weiterhelfen würde. Welche Indizien bietet der Text in diesem Fall für das Vorliegen von Fiktionalität und damit von Literatur?

> C'est venu du dehors, peu à peu, comme une main lourdement posée sur ton épaule, qui t'aurait rappelé un souvenir usé. Tu es restée assise sur le lit, pieds ballants, tu ne sais pas combien de temps ainsi, immobile, sans rien voir, sans penser à rien. Tu te dis que tu as beaucoup souffert, d'habitude cela suffit, tu n'as pas besoin de penser plus concrètement. D'habitude tu aimes bien, même, cette sensation, mais tu n'aurais pas dû te laisser envahir. Dans le silence de la maison, tout semble arrêté. C'est l'heure de la sieste, léthargie partout. On se croirait au milieu de la nuit. Mais sur le plancher, tu sens encore la brûlure du soleil, qui s'effile à travers les persiennes, en lames aiguës, éblouissantes dans la pénombre. Où sont-ils tous passés ? Ta voix te parvient atténuée, blanche et creuse. Tu dis des mots sans te soucier de ce qu'ils pourraient signifier, tu essaies seulement de t'assurer de ta présence, percevoir que tu es là, encore un peu vivante, malgré tout. Du bout des pieds, tu atteins le rebord de la cheminée, la fraîcheur lisse de la pierre te ramène lentement à la surface de toi-même. Tu voudrais que quelqu'un vienne, mais personne ne vient, personne ne t'a entendue, personne ne sait. Depuis toujours tu es dans le monde désert et jamais personne ne t'a dit ce que tu étais en train de vivre (Godard 2006, 9f.).

Gleich zu Beginn erhalten wir einen klaren Hinweis auf die Fiktionalität des Romans. Der Text ist in der zweiten Person Singular geschrieben, eine Form, die in einem Sachtext kaum gebräuchlich ist. Darüber hinaus werden uns intimste Gedanken und Gefühle einer Figur geschildert, die einer außenstehenden Person kaum zugänglich sind. Aber selbst dann, wenn Texte auf solch offenkundige Zeichen der Fiktionalität verzichten, zeigen sie dennoch ihren fiktionalen Charakter an:

> La conversation de Charles était plate comme un trottoir de rue, et les idées de tout le monde y défilaient dans leur costume ordinaire, sans exciter d'émotion, de rire ou de rêverie. Il n'avait jamais été curieux, disait-il, pendant qu'il habitait Rouen, d'aller voir au théâtre les acteurs de Paris. Il ne savait ni nager, ni faire des armes, ni tirer le pistolet, et il ne put, un jour, lui expliquer un terme d'équitation qu'elle avait rencontré dans un roman. Un homme, au contraire, ne devait-il pas tout connaître, exceller en des activités multiples, vous initier aux énergies de la passion, aux raffinements de la vie, à tous les mystères ? Mais il n'enseignait rien, celui-là, ne savait rien, ne souhaitait rien. Il la croyait heureuse ; et elle lui en voulait de ce calme si bien assis, de cette pesanteur sereine, du bonheur même qu'elle lui donnait (Flaubert *Madame Bovary*, 1986, 101).

Charles wird hier aus der Perspektive von Emma Bovary betrachtet. Die rhetorische Frage „Un homme, ne devait-il pas [...]“ und das abwertende „celui-là“ geben darauf deutliche Hinweise. Dadurch erhalten die Sätze einen hybriden Status, der zwischen dem Orientierungssystem des Erzählers und demjenigen der Figur angesiedelt ist. Käthe Hamburger hat dieses Zwitterwesen der Literatur an der grammatikalischen Form bestimmter Sätze festgemacht, wie zum Beispiel „Morgen war Weihnachten“, ein Satz, der im alltäglichen Sprachgebrauch nicht möglich wäre (Hamburger 1968, 65f.). Weitere Hinweise auf die Fiktionalität der Aussage sind eine auktoriale Erzählperspektive, welche es erlaubt, die Gedanken aller Figuren zu kennen, der Wechsel von Erzählperspektiven, oder der *discours indirect libre* (erlebte Rede) ebenso wie detaillierte, *in extenso* wiedergegebene Dialoge oder Verben des Denkens, Wahrnehmens und Empfindens, insgesamt also all jene Darstellungsverfahren, die in einem Sachtext oder einem historischen Text nicht vorkommen können (vgl. Genette 2004, 141-168).

> Neben der Deautomatisation ist **Fiktionalität** ein weiteres Kennzeichen von Literatur. Der fiktionale Status gilt für den gesamten literarischen Text, unabhängig davon, ob die Figuren, Ereignisse oder Orte, auf die er sich bezieht, real oder fiktiv sind. Zur Bestimmung der **Fiktivität** oder Realität von Gegenständen der literarischen Darstellung bedarf es zusätzlicher Informationen über die Wirklichkeitsauffassung von Epoche und Gesellschaft, die Fiktionalität eines Werkes lässt sich hingegen allein anhand bestimmter literarischer Merkmale des Textes erkennen wie zum Beispiel einer auktorialen Erzählperspektive oder der erlebten Rede.

2.3 Entpragmatisierung

Können aber auch andere Darstellungsformen, die weder das Kriterium der Deautomatisierung noch das der Fiktionalität aufweisen, zur Literatur gezählt werden? Betrachten wir einmal die folgende Alltagsszene in der Pariser Metro:

1 Auf der Strecke Vincennes-Neuilly sitzt ein junger Mann neben einer hübschen jungen Frau. Er beginnt, sein Bein gegen das ihre zu drücken. Die Frau sagt ihm, er solle das gefälligst lassen. Daraufhin beginnt der Mann, ihr für alle Fahrgäste sichtbar, über den Oberschenkel zu streicheln. Die junge Frau reagiert heftig. Von den Fahrgästen reagiert niemand. Später steigt ein gutaussehender junger Mann hinzu. Zwei junge Frauen unterhalten sich über sein Aussehen. Schließlich spricht eine der jungen Frauen den jungen Mann an und möchte von ihm wissen, wo er aussteigt. Auf seine Antwort: „Ich wüsste nicht, warum Sie das interessieren könnte. Ich frage Sie ja auch nicht, wo Sie aussteigen," erwidert sie: „Aber Sie hätten danach fragen können. Dann würde ich antworten: Ich steige ‚République' aus. Wir können zusammen aussteigen, spazieren gehen oder zusammen eine Tasse Kaffee trinken." Der junge Mann versucht sich zu entziehen, aber die junge Frau hält ihn fest: „Weißt du, ich finde dich irre, du siehst unheimlich toll aus." Einigen Fahrgästen wird es nun zu bunt. Sie ergreifen Partei gegen die Frau. Der „Sittenstrolch", der vorhin die junge Frau belästigt hat, ergreift für den jungen Mann Partei, die belästigte junge Frau stellt sich auf die Seite der jungen Frau mit dem Argument, ihr habe ja vorhin auch keiner geholfen und wenn ein Mann unbehelligt eine junge Frau belästigen dürfe, dann hätten Frauen das gleiche Recht.

Die Szene hat sich tatsächlich so in der Pariser Metro abgespielt. Allerdings sind die beschriebenen Personen Schauspieler, die die kleine Szene vorher sorgfältig eingeübt haben, lediglich die übrigen Metroreisenden sind ‚echt' (Boal 2007, 74f.). Es handelt sich also um Theater, allerdings um eine Form des Theaters, bei der die Zuschauer nicht wissen, dass sie Zuschauer – und bisweilen, wenn sie in die Handlung eingreifen, – auch Schauspieler sind (Boal 2007, 35). Ob sich die Zuschauer dessen bewusst sind oder nicht, ihre Handlungen, Meinungen und letztlich auch ihre ganze Person dienen in diesem Kontext unabhängig von ihrer eigenen Auffassung über die erlebte Szene ganz anderen als praktischen Zielen. Im Unterschied zur alltäglichen Kommunikation ist die vorliegende, von Augusto Boals *Theater der Unterdrückten* konzipierte Szene nicht darauf ausgerichtet, konkrete Handlungen hervorzurufen, sondern einen Reflexionsprozess auszulösen. Da die Szene an einem alltäglichen Ort und nicht im Theater spielt, wo die Rampe den fiktiven Raum der Handlung vom Zuschauerraum trennt, sind sich die Zuschauer allerdings der Aufhebung praktischer Kommunikationszwecke nicht bewusst. Manchmal liefert Boal aber auch explizite Anzeichen für eine solche ‚**Entpragmatisierung**', wie die folgende Szene zeigt:

2 Ein Mann und eine Frau betreten ein großes Kaufhaus und besichtigen mehrere Abteilungen. Der Mann ist etwas ungeduldig und möchte weitergehen, seine Frau würde aber gerne noch bei einigen Auslagen verweilen. Soweit ist die Szene nicht besonders ungewöhnlich. Befremdlich ist allerdings, dass der Mann seiner Frau daraufhin ein Hundehalsband anlegt und sie an der Leine hinter sich herzieht (Boal 2007, 106f.).

Hier dient ein Hundehalsband als Indiz dafür, dass es sich nicht um eine normale Alltagsszene handelt. Bei dem gleichfalls von Augusto Boal entwickelten Forumtheater ist die Entpragmatisierung deutlicher, denn die Zuschauer werden sich der Tatsache bewusst, dass es sich um Theater handelt. Im Unterschied zum normalen Theater können die Zuschauer allerdings bestimmte Schauspieler ersetzen, deren Rolle übernehmen und die Handlung dadurch verändern (Boal

2007, 58). Hier zeigt sich deutlicher als beim *Unsichtbaren Theater*, dass Personen, Handlungen und Orte der literarischen Kommunikation ihre normalen Funktionen verloren haben. Das Gleiche ist auch der Fall, wenn die Schauspieler in Peter Handkes Stück *Publikumsbeschimpfung* (1968) die Bühne verlassen, in den Zuschauerraum hinabsteigen und beginnen, die Zuschauer mit Schmähungen zu überschütten. In diesem Fall wäre eine heftige Zuschauerreaktion wie etwa „Das ist unverschämt! Das lasse ich mir nicht länger bieten!" durchaus unangemessen. Das *Théâtre du Soleil* Ariane Mnouchkines oder das *Théâtre dans la rue* und alle Formen des *Art Performance* oder des *Théâtre invisible* arbeiten mit ähnlichen Verfahren der Durchdringung von Alltag und Theater. Warum wirken diese im Alltag spielenden Szenen aber selbst dann noch als Theater, wenn sie kaum noch Fiktionalitätssignale senden? Dies ist deshalb der Fall, weil diese Formen des Theaters die normalen Bedingungen der Kommunikation aufheben. Obwohl Handlungen vorliegen, haben diese dennoch keine praktischen Ziele. Daher spricht man auch davon, dass die literarische Form der Kommunikation entpragmatisiert ist (Iser 1984, 133, 157-159; Warning 1975, 33, 313, 400). Entpragmatisierungen werden in der theatralischen Kommunikation besonders deutlich, denn das Theater führt zwar handelnde Figuren vor, doch haben deren Handlungen keine praktischen Funktionen. Der argentinische Schriftsteller Jorge Luis Borges erzählt, wie im 12. Jahrhundert ein arabischer Reisender von einer Theateraufführung berichtet. Da seine eigene Kultur zwar Erzählungen, nicht aber die griechische Praxis des Theaters kennt, versteht er die Aufführung nicht. Er schildert, wie Menschen unter Gefangenschaft litten, oder wie sie ritten, aber weder Gefängnis noch Pferd zu sehen waren, wie sie kämpften, aber mit Schwertern aus Rohr, wie sie starben, sich aber danach wieder erhoben (Borges 1980, 73). Der von Borges geschilderte fremde Blick auf die Praxis des Theaters macht die grundlegende Aufhebung aller pragmatischen Zwecke deutlich, die auch dann gilt, wenn die Schauspieler ‚aus der Rolle fallen' und sich direkt an die Zuschauer wenden, oder diese, wie etwa in den Aufführungen *1789* (Paris 1970/71) und *1793* (Paris 1972/73), die das *Théâtre du Soleil* der Französischen Revolution gewidmet hat, in die Handlung mit einbeziehen (Mnouchkine 1971 und 1972). Das gleiche Phänomen liegt vor, wenn die Dadaisten und späteren Surrealisten in ihren provokanten Aktionen die Zuschauer malträtierten (Nadeau 1970, 27), Werbetexte, Gebete oder Telefonbuchauszüge als Gedichte präsentierten oder alltägliche Gegenstände aus dem normalen Kontext herauslösten und als *ready made* zum Kunstwerk erhoben. So hat – um ein berühmtes Beispiel zu nennen – der Künstler Marcel Duchamp ein Pissoir unter dem Titel *Fontaine* (1917) als Kunstwerk ausgestellt (Bürger 1974, 70f.) All diese Techniken beruhen darauf, dass Handlungen, Gegenstände und Texte ihrer normalen, praktischen Funktionen entkleidet, d.h. entpragmatisiert werden.

> Ein weiteres Merkmal literarischer Texte liegt in der **Entpragmatisierung**. Dabei werden Gespräche, Texte und Handlungen ihres alltäglichen praktischen Zwecks beraubt, funktional entlastet und somit frei für eine literarische Nutzung.

2.4 Die Rolle der ästhetischen Einstellung

In den im vorigen Abschnitt genannten Beispielen wurde die Entpragmatisierung der Kommunikation durch die Produzenten literarischer Zeichen, das heißt durch Schriftsteller und Künstler, vorgenommen. Es ist allerdings kein alleiniges Vorrecht des Verfassers, die praktischen Funktionen literarischer Zeichen aufzuheben. Vielmehr haben auch Leser immer wieder die Möglichkeit genutzt, Texte, die ursprünglich nicht zur Literatur gerechnet wurden, weil sie einem ganz konkreten Zweck dienten, ‚literarisch' zu lesen. Ein berühmtes, eingangs bereits erwähntes Beispiel illustriert dies: Die zunächst aus gutem Grund unter einem Pseudonym veröffentlichten *Lettres écrites par Louis de Montalte à un Provincial de ses amis et aux R.R. Pères Jésuites* des französischen Philosophen Blaise Pascal hatten einen ganz konkreten Zweck: Sie waren gedacht als Verteidigungsschrift für seinen Freund, den Jansenisten Antoine Arnauld, der 1656 von der Sorbonne wegen Häresie verurteilt worden war. Wenn diese Briefe später unter dem Titel *Lettres provinciales* als Literatur betrachtet und in die meisten Kanonsammlungen aufgenommen wurden, dann ist dies möglich, weil pragmatische Texte nicht nur von Produzenten, sondern auch von Rezipienten entpragmatisiert werden können. Das Gleiche gilt für den Leser Stendhal, der in seinem Brief an Honoré de Balzac vom 16. Oktober 1840 behauptet hat, er habe sich bei der Abfassung der *Chartreuse de Parme* von der Lektüre des *Code Napoléon* inspirieren lassen (Stendhal 1933/34, 277). Die literarische Betrachtung eigentlich nicht-literarischer Texte oder die Ausstellung und Betrachtung eines Pissoirs als Kunstwerk machen von derselben Möglichkeit der Entpragmatisierung Gebrauch wie Literaturhistoriker, die einen philosophischen oder juristischen Text nachträglich dem literarischen Kanon zuordnen. Man kann diese Möglichkeit auch zur konkreten Literaturproduktion nutzen, indem man – wie etwa die französischen Surrealisten – einen beliebigen Text aus der Zeitung ausschneidet und die Sätze wie ein Gedicht in Zeilen anordnet (Breton 1919; 1920 in: Sebbag 2004, 18, 22) oder wenn man eine reale Person, etwa einen zufällig auf der Straße getroffenen Passanten, als potenzielle Romanfigur betrachtet. Die gleiche Entpragmatisierung ist am Werk, wenn man eine konkrete Situation des Alltags noch einmal ‚durchspielt', um sie dann als Zuschauer aus der Distanz zu betrachten, also gerade in Umkehrung der Techniken des Boal'schen Forumtheaters, bei dem man zunächst Zuschauer und dann Akteur ist. All diese Techniken verwandeln Personen, Gegenstände, Handlungen und Texte in Literatur.

Die literarischen Verfahren der Deautomatisierung, Fiktionalisierung und Entpragmatisierung lösen die alltägliche Kommunikation aus normalen Funktionszusammenhängen heraus und richten die Aufmerksamkeit auf das literarische Zeichen selbst. Sie rufen damit beim Rezipienten eine **ästhetische Einstellung** hervor, die frei von praktischen Interessen ist.

Der Philosoph Immanuel Kant hat diese Einstellung in der *Kritik der Urteilskraft* als „Wohlgefallen ohne alles Interesse" charakterisiert (Kant 1981, 280). Wie wir gesehen haben, wird diese besondere Haltung Gegenständen, Personen und Handlungen gegenüber durch Deautomatisation, Fiktionalisierung und Entpragmatisierung ermöglicht. Wenn eine spezifische Einstellung Texte entpragmatisieren und zu Literatur umformen kann, dann muss es allerdings auch möglich sein, literarische Texte durch eine Aufhebung der ästhetischen Einstellung wieder in pragmatische Texte zu verwandeln. Dies ist zum Beispiel dann der Fall, wenn man Prousts Romanzyklus *A la Recherche du temps perdu* als Reiseführer für Nordfrankreich oder Venedig benutzt und die ‚realen' Orte aufsucht, die der Fiktion Modell standen, wenn man etwa – wie der Briefträger Mario in Antonio Skármetas Roman *Ardiente Paciencia* (dt. *Brennende Geduld)* – Gedichte abschreibt und sie als Liebeserklärung verwendet oder wenn man als Zuschauer während der Aufführung des Revolutionsstückes *1789* von Ariane Mnouchkines *Théâtre du Soleil* entrüstet aufspringt und seiner Weigerung Ausdruck verleiht, bei der Revolution mitzumachen. Die gleiche **Repragmatisierung** und **Entliterarisierung** ist am Werk, wenn die französische Firma *Solex* mit Pastiches im Stil von Flaubert oder Balzac für ihre Motorroller wirbt oder wenn der Neurologe Jonah Lehrer in seinem Buch *Proust Was a Neuroscientist* (2008) literarische Werke als Quelle und Antizipationen wissenschaftlicher Theorien betrachtet.

> Literatur kann repragmatisiert, das heißt, wieder pragmatischen Zwecken untergeordnet werden. Dadurch verliert sie ihren Status als Literatur im engeren Sinne.

Es könnte aus den bisherigen Darlegungen der Eindruck entstehen, dass nur lyrische Texte deautomatisieren, nur narrative Texte fiktional und nur Theatertexte entpragmatisiert sind. In der Tat hat es auch Vorschläge gegeben, die Definition des Begriffs ‚der' Literatur durch Teildefinitionen einzelner literarischer Diskurse oder Gattungen zu ersetzen (Todorov 2000, 25). Aber auch narrative Texte deautomatisieren, wie wir gesehen haben, zwar nicht die Alltagssprache, aber die konventionelle Darstellung der Geschichte und die Darstellungsformen des konventionellen Romans, auch die Figuren auf der Bühne sind fiktiv, ihre Aussageform ist gleichfalls fiktional, selbst dann, wenn im Theater Personen aus dem realen Leben auftreten. Ebenso können die Aussageinstanzen lyrischer Texte fiktional sein, und lyrische und narrative Texte sind gleichfalls entpragmatisiert. Allerdings weisen sie in unterschiedlichen Graden auf den literarischen Charakter eines Textes hin: Bei der Lyrik ist die literarische Form konstitutiv, beim Roman und beim Theater ist es die durch unterschiedliche Zeichen kodierte Fiktionalität (Genette 2004, 87f.), während für alle Gattungen gilt, dass die Kommunikation entpragmatisiert ist.

> Der Begriff Literatur im engeren Sinne lässt sich nicht für alle Epochen festlegen. Dennoch gibt es Merkmale, die sich zur Definition dessen, was in unserer Epoche als Literatur bezeichnet wird, heranziehen lassen, wobei keines der Merkmale ausreicht, um alle literarischen Texte zu umfassen: Literarische Texte deautomatisieren die Elemente der Kommunikation und

lenken die Aufmerksamkeit des Lesers zunächst auf die literarischen Zeichen selbst (**Deautomatisation**), sie sind fiktional, d.h. die von ihnen dargestellten Objekte werden allein durch den literarischen Diskurs erzeugt und existieren nicht unabhängig von ihm (**Fiktionalität**), und schließlich haben sie keine unmittelbaren pragmatischen Funktionen (**Entpragmatisierung**). Dies alles ruft beim Rezipienten eine spezifische Haltung hervor, eine **ästhetische Einstellung**, die zunächst frei ist von unmittelbar auf praktische Zwecke ausgerichteten Interessen. Prinzipiell kann jedoch jeder Gegenstand mit einer ästhetischen Einstellung betrachtet werden.

Wir müssen diesen Literaturbegriff jedoch mit einer Einschränkung versehen. Er definiert Literatur, so wie wir den Begriff heute in der alltäglichen und wissenschaftlichen Praxis verstehen. Es handelt sich allerdings um eine kulturelle Praxis, die in dieser Form nicht immer existiert hat, sondern Mitte des 18. Jahrhunderts beginnt, sich von der allgemeinen gesellschaftlichen Praxis abzusetzen (Escarpit 1970, 265), um etwa Mitte des 19. Jahrhunderts einen Status relativer Autonomie zu erreichen. Dieser erlaubt es ihr, ohne gesellschaftliche ‚Vorschriften' nach eigenen, von ihr selbst bestimmten Regeln und Gesetzmäßigkeiten als ausdifferenziertes und von anderen gesellschaftlichen Feldern abgesetztes, „relativ autonomes Feld kultureller Produktion" zu funktionieren (Bourdieu 1992, 90ff.). Noch im 17. Jahrhundert verfügte Literatur nicht über diese Autonomie. Sie hatte vielmehr die klar definierte Aufgabe, dem sich herausbildenden absolutistischen Staat als Medium der Repräsentation seines Machtanspruchs zu dienen. Dies gilt selbst für das Theater eines Molière, dessen scharfe Kritik sich gegen fast alle Gesellschaftsschichten wie das Bürgertum und den Adel, gegen zahlreiche Berufsstände wie Ärzte, Rechtsanwälte oder Professoren wandte und auch bestimmte Institutionen wie die Kirche oder kulturelle Strömungen wie zum Beispiel die *Préciosité* nicht verschonte ... mit einer Ausnahme freilich: den absolutistischen Staat und seinen Repräsentanten, den König. Die historische Relativierung des Literaturbegriffs gilt auch dann, wenn wir berücksichtigen, dass es bereits im 17. Jahrhundert erste Tendenzen zur Autonomie der Literatur gab (Viala 1985) und dass empirische Untersuchungen über den tatsächlichen sozialen Status von Schriftstellern der Gegenwart (Lahire 2006) deren prekäre finanzielle und soziale Situation belegen.

Aus den oben angestellten Überlegungen ergeben sich darüber hinaus zwei unmittelbare Konsequenzen:

(1) Wenn das Spezifikum von Literatur nicht in einer Liste mit besonderen Merkmalen, sondern eher in einer bestimmten Art und Weise liegt, mit Worten, Texten und Zeichen umzugehen, also mit „Worten zu handeln" (Austin 1975), dann bleibt sie nicht auf das Medium des Buches beschränkt. Sie lässt sich vielmehr auch in anderen Medien finden, wie zum Beispiel dem Radio, dem Film oder dem Computer (Hyperfiction).

(2) Neben den besonderen Merkmalen von Texten gehört zur Literatur im weitesten Sinne auch eine bestimmte Einstellung, die alle konkreten, prakti-

schen Interessen aufhebt. Im Prinzip können Schriftsteller oder auch Leser jeden beliebigen Text aus den unmittelbaren Kontexten, Zwecken und Zielen der Kommunikation heraustrennen und als ästhetisches Objekt, das heißt als ‚Literatur' betrachten. Allerdings gibt es Texte, die durch bestimmte Verfahren und Zeichen (s.o.) eine solche Disposition von sich aus hervorrufen. Umgekehrt folgt daraus, dass nicht allein bestimmte Merkmale Texte zur Literatur machen, sondern eine bestimmte Einstellung beim Produzenten und Rezipienten dazugehört.

Das Gleiche gilt auch für den Literaturwissenschaftler: Auch er betrachtet Texte als literarische Werke und macht sie dadurch zu Literatur. Einerseits definiert sich seine Tätigkeit zwar dadurch, dass er vornehmlich Objekte mit bestimmten Eigenschaften untersucht, das heißt Objekte, welche die Merkmale der Deautomatisation, Fiktionalität oder Entpragmatisierung aufweisen. Andererseits untersucht er jedoch darüber hinaus beliebige Gegenstände, die auch von anderen Wissenschaften betrachtet werden. In diesem Fall sind nicht die Objekte spezifisch, sondern die Einstellung, Art und Weise oder Methode, mit welcher er dies tut.

Nachdem wir geklärt haben, welche Arten von Texten zur Literatur gerechnet werden, muss nun der zweite Bestandteil des Kompositums ‚Literatur-Wissenschaft' bestimmt werden.

3 Begriff und Gegenstand der Literaturwissenschaft

Dass die Kombination von Literatur und Wissenschaft durchaus keine Selbstverständlichkeit ist, merkt ein deutscher Literaturwissenschaftler spätestens dann, wenn er in Frankreich gefragt wird, was er denn eigentlich beruflich so treibe. Denn bei dem Versuch, den deutschen Begriff möglichst wörtlich zu übersetzen, wird er auf Erstaunen und Unverständnis stoßen: „Pardon? Vous faîtes quoi? Science de la littérature? Qu'est-ce que c'est?" Die ungläubige Nachfrage des französischen Gesprächspartners macht deutlich, dass die Verbindung der Begriffe Literatur und Wissenschaft in anderen Ländern als höchst ungewöhnlich empfunden wird. Es ist daher auch nicht weiter überraschend, dass sie nicht den Namen einer universitären Disziplin ziert. In Frankreich wird die Beschäftigung mit Literatur als *critique littéraire* bezeichnet und zu den *Lettres* gezählt. Wenn man jedoch die journalistische Literaturkritik absetzen möchte von der wissenschaftlichen Beschäftigung mit Literatur, behilft man sich mit dem Begriff *critique universitaire*, eine Bezeichnung, die aber gleichfalls kaum einen Anspruch auf strenge Wissenschaftlichkeit zu erheben scheint.

Der Grund dafür, warum die Kombination aus Literatur und Wissenschaft als ungewöhnlich oder gar als Oxymoron erscheint, liegt in einem bestimmten Verständnis von **Wissenschaft**, das durch die Naturwissenschaften geprägt ist. Demnach geht es in den so genannten ‚harten' Wissenschaften um konkrete Beobachtungen, aus denen auf induktivem Wege Hypothesen und Theorien abgeleitet werden. Die Untersuchungen der Wissenschaftsgeschichte und Wissenschaftstheorie zeigen allerdings, dass Geisteswissenschaftler mit Naturwissenschaft häufig etwas assoziieren, das es in der Wirklichkeit gar nicht gibt: Die scheinbar rein objektiven und verifizierbaren Thesen der Naturwissenschaften sind eher der Vorstellungswelt der Humanwissenschaften entsprungen, nicht der Wirklichkeit naturwissenschaftlicher Forschung. So trennt etwa die Wissenschaftstheorie zwischen der häufig irrationalen und intuitiven Art und Weise, in der Wissenschaftler zu ihren Hypothesen gelangen (Entdeckungszusammenhang) – sehr eindrucksvoll beschrieben in Arthur Koestlers lesenswertem Buch *The Act of Creation* (Koestler 1989) – und der sich daran anschließenden Überprüfung (Begründungszusammenhang). Vieles scheint dafür zu sprechen, dass auch in den Naturwissenschaften zunächst einmal Hypothesen aufgestellt werden, die dann durch Beobachtungen und Experimente bestätigt oder falsifiziert werden (Popper 1976, 47ff.). In dieser Hinsicht gleichen sich Natur- und Geisteswissenschaften im Prinzip. Der Unterschied besteht vor allem darin, dass es die Geistes-, Sozial- oder Humanwissenschaften (= Wissenschaft vom Menschen) mit Gegenständen zu tun haben, von denen wir – im Unterschied etwa zu Atomen oder ‚Schwarzen Löchern' – ein intuitives Vorverständnis haben. Als Geisteswissenschaftler sind Menschen sowohl Subjekte als auch Objekte einer wissenschaftlichen Untersuchung, denn Gedichte, Romane und Theaterstücke werden ja von Menschen verfasst (Foucault 1966). Im Fall der **Literaturwissenschaft** spitzt sich diese aus der doppelten Position des Menschen entstehende Problematik noch zu: Wie kann die Beschäftigung mit der exponiertesten und extremsten Form von Subjektivität den Anspruch auf Objektivität oder intersubjektive Geltung erheben? Wie soll aus der subjektiven Produktion und Rezeption von Literatur, wie soll aus der regellosen und zweckfreien Kreativität eine Gesetzmäßigkeit abgeleitet werden? Und wie kann Literatur als das Medium des Ungesagten und Unsagbaren, des Dunklen und Unklaren, in die Klarheit und Präzision wissenschaftlicher Begrifflichkeit überführt werden? Gerade dieser Kontakt zwischen den beiden unterschiedlichen Polen Literatur und Wissenschaft schlägt jedoch Funken, denen die aus ihnen gebildete Disziplin ihre interessantesten Erkenntnisse verdankt. Denn aus dem ‚Widerstand' der Literatur gegen Theorie, Begrifflichkeit und Methode gewinnen letztere ihre wichtigsten Impulse. Dies gilt übrigens ganz unabhängig von den jeweiligen Strömungen, Methoden oder Theorien, die im Laufe der Fachgeschichte vertreten wurden. Von Emil Staigers „begreifen, was uns ergreift" (Staiger 1939, 11) bis zu den Versuchen des Strukturalismus und der Semiotik, der Unverständlichkeit (Friedrich 1985, 15) eines Baudelaire, eines Rimbaud oder eines Mallarmé auf die Spur zu kommen, dient dieses besondere Spannungsverhältnis zwischen einer auf Transparenz, Objektivierung und Begreifen ausgerichteten Wissenschaft einerseits und einer Literatur andererseits, die sich gerade diesem Zugriff entzieht, als jener besondere Nährboden, aus dem allein die Früchte literaturwissenschaftlicher Arbeiten emporwachsen können. So war es vor allem die literarische Moderne, die Dunkelheit ihrer Lyrik, welche die formalistischen und strukturalistischen Theorien zu ihren besten Arbeiten herausforderte und anspornte. Der Aufsatz von Roman Jakobson und Claude Lévi-Strauss über Baudelaires Dichtung

(Jakobson/Levi-Strauss 1977) oder die strukturalistischen Untersuchungen zu Rimbauds *Illuminations* legen dafür beredtes Zeugnis ab (Kloepfer/Oomen 1970; Wetzel 1985).

In umgekehrter Richtung gilt aber genau das Gleiche: Wie soll denn etwa die Differenzqualität von Literatur anders bestimmt werden, wenn nicht in dem Versuch, ihr begrifflich und theoretisch beizukommen, und in der Erfahrung, dass sich ein letzter Rest immer entzieht? Die Widerständigkeit von Literatur, der faszinierende und gerade deshalb nicht zu erklärende, nicht zu rationalisierende Rest ist nur dann zu erfahren, wenn der ernsthafte Versuch gemacht wird, sie in Begriff und Theorie zu übersetzen, und das heißt konkret, ihren Widerstand zu brechen. Daher können weder Betroffenheitsgeraune noch Begriffsdichtung, weder die Darstellung der eigenen Ergriffenheit noch die Nachdichtung des Textes in literaturwissenschaftlichen Begriffen die Differenz von Literatur klar hervorbringen, sondern der Versuch, sie mit den Mitteln der Literaturwissenschaft zu verstehen. Erst dieser Versuch erschließt Literatur voll und ganz als das, was sie ist. Ohne eine solche theoretische und methodische Sicherung ist Literaturwissenschaft tautologisch oder eine Art von ‚akademischem Gottesdienst' an Autor und Werk. Hinzuzufügen wäre, dass natürlich auch nicht jene theoretischen Attitüden der Literatur gerecht werden, die sich im Besitz eines methodischen Passepartout wähnen, mit dem man alle Texte über den gleichen theoretischen Kamm scheren kann. In der jüngeren Vergangenheit haben Systemtheorie, Dekonstruktion oder Postkolonialismus manchmal diese Rolle gespielt. Literaturwissenschaft im Dienste eines besseren Verständnisses von Literatur entsteht erst dann, wenn sie an dem Versuch der Literatur partizipiert, das aufgrund alltäglicher Abnutzungseffekte unsagbar Gewordene oder das schlichtweg Unsagbare sagbar zu machen. Was einen rein intuitiven Umgang mit Literatur von einem wissenschaftlichen unterscheidet, ist die Entwicklung von einer aus Theorien, Begriffen und Methoden bestehenden ‚Metasprache', die es ermöglicht, zu Ergebnissen zu gelangen, die von anderen Mitgliedern der Wissenschaftsgemeinschaft überprüft werden können. Die von der **Literaturwissenschaft** angestrebte **‚Objektivität'** liegt somit in der **‚intersubjektiven Nachprüfbarkeit'** ihrer Ergebnisse. Auch in diesem Punkt unterscheidet sie sich nicht von den Naturwissenschaften (Popper 1976, 20f.). Theorien, Begriffe und Instrumente zur intersubjektiven Objektivierung haben vor allem Formalismus, Strukturalismus und Semiotik entwickelt. Deren Kategorien und Techniken haben sich längst von einem besonderen Zugang zur Literatur, von einer speziellen Literaturtheorie, zu einer allgemeinen Basis auch für andere Literaturtheorien entwickelt. Sie sind zum Teil so sehr in die alltägliche wissenschaftliche Praxis eingegangen, dass sie oftmals kaum noch als zu einer bestimmten Theorie gehörend identifiziert werden. Ihnen wird im Rahmen dieser Einführung ein besonderer Platz eingeräumt.

Innerhalb der Geisteswissenschaften setzt sich die Literaturwissenschaft allerdings mit Gegenständen auseinander, mit denen sich auch andere Wissenschaften beschäftigen. Nehmen wir als konkretes Beispiel noch einmal Gustave Flauberts Roman *Madame Bovary*. Für den dort dargestellten Stoff könnte sich genauso gut ein Psychologe interessieren, etwa wegen eines bestimmten psychologischen Komplexes, der Disposition zum Ehebruch oder wegen einer Untersuchung über die Motive für den Selbstmord. Auch ein Soziologe könnte durchaus in Flauberts bekanntestem Roman fündig werden, zum Beispiel für eine Studie über das Leben in der französischen Provinz des 19. Jahrhunderts, während die Geschichtswissenschaft etwa Aufschlüsse gewinnen könnte über die Mentalität französischer Provinzbewohner, die Politikwissenschaft über die Folgen der Revolutionen von 1789, 1830 und 1848 und über den Aufstieg des französischen Bürgertums oder die Kulturwissenschaft über die Einstellung des Bürgertums zu kulturellen Praktiken. Umgekehrt können Literaturwissenschaftler auch Gegenstände untersuchen, die – wie zum Beispiel Politikerreden oder Werbespots – eigentlich in den Zuständigkeitsbereich anderer Disziplinen fallen. Wenn Literatur von vielen Dingen handelt, die auch von anderen Wissenschaften behandelt werden, wovon handelt dann Literaturwissenschaft? Roman Jakobson hat versucht, den spezifischen Gegenstand der Literaturwissenschaft radikal von demjenigen anderer Wissenschaften abzusetzen: „Somit ist der **Gegenstand der Literaturwissenschaft** nicht die Literatur, sondern **Literarizität**, d.h. dasjenige, was das vorliegende literarische Werk zum literarischen Werk macht“ (Jakobson 2007, 16). Genau genommen liegt die Antwort nicht im betrachteten Gegenstand, sondern in der Art seiner Betrachtung. Während andere Wissenschaften sich unmittelbar mit dem Kontext auseinandersetzen, auf den Texte, Chansons oder Filme verweisen, interessiert sich die Literaturwissenschaft zunächst einmal für das literarische Zeichen selbst. Auch die Sprachwissenschaft beschäftigt sich allerdings mit sprachlichen Zeichen, doch geht es ihr um die Kodes, Zeichensysteme und Regeln, die uns bei der Sprachproduktion leiten. Der Literaturwissenschaft geht es hingegen um die Fähigkeiten des Menschen, Zeichen und Zeichensysteme zu erzeugen und Möglichkeiten des Ausdrucks zu schaffen (Kloepfer 1975, 30f.). Damit lässt sich die Literaturwissenschaft in Bezug auf ihren Gegenstand ähnlich charakterisieren wie Literatur selbst: Wenn das Spezifische der Literatur nicht so sehr in bestimmten, ein für allemal fixierten Eigenschaften liegt, sondern in einem bestimmten Prinzip, literarische Zeichen in deautomatisierter, fiktionalisierter und entpragmatisierter Form zu nutzen, so kann man sagen, dass sich Literaturwissenschaft nicht durch einen bestimmten Gegenstand wie z.B. schriftlich fixierte Texte jeder Art definiert, sondern durch eine besondere Herangehensweise. Diese besteht darin, bei einem konkreten Zeichenprozess zunächst – und die Betonung liegt hier auf ‚zunächst‘ – nicht das Ergebnis zu betrachten, nicht die Wirkung auf den Betrachter, nicht die Intentionen des Produzenten oder die Wirklichkeit, auf die er sich bezieht, sondern das Zeichen selbst als Element eines Zeichenprozesses.

Wenn dem so ist, so wäre noch die Frage zu klären, was eigentlich Literaturwissenschaftler vom normalen Rezipienten oder auch vom **Literaturkritiker** unterscheidet, denn diese beschäftigen sich ja gleichfalls mit literarischen Texten. Was berechtigt sie überhaupt zu der Hoffnung, über die vielleicht subjektivste Ausdrucksform objektive bzw. intersubjektive Aussagen machen zu können, denn auch die Leser und Kritiker sprechen ja über Literatur, auch sie benutzen eine Metasprache. Wenn allerdings Literaturwissenschaftler eine Metasprache benutzen, sollten die von ihr verwendeten Begriffe – im Unterschied zu den intuitiven Äußerungen von Lesern oder Kritikern – klar und präzise definiert und systematisch begründet sein, etwa auf der höheren Metaebene der Literaturtheorie.

Die **Literaturwissenschaft** untersucht zunächst die literarischen Zeichen selbst, das heißt die Nutzung von Zeichen in deautomatisierter, fiktionaler oder entpragmatisierter Form. Ihr Gegenstand ist damit nicht durch ein bestimmtes Medium festgelegt, sondern durch eine Art und Weise der Zeichennutzung. Im weiteren Sinne liegt ihre Besonderheit weniger in einem bestimmten fest umrissenen Gegenstand als in einer besonderen Art und Weise der Betrachtung von Zeichen als Teil der Fähigkeit des Menschen, Zeichen, Zeichensysteme und Möglichkeiten des Ausdrucks zu erzeugen. Die von ihr verwendeten Begriffe und Methoden erlauben eine **intersubjektive Nachprüfbarkeit** ihrer Resultate.

Was bedeutet dies nun für das Studium der Literatur und ihrer Wissenschaft? Literarische Texte schweben nicht im luftleeren Raum, sondern beziehen sich zumeist auf eine ganz bestimmte historische oder aktuelle Wirklichkeit. Um etwa die französische Literatur des 20. Jahrhunderts zu verstehen, muss man mit bestimmten kultur- und mentalitätsgeschichtlichen Fakten und Praktiken vertraut sein. Zum Verständnis des Romans *Entre les murs* von François Bégaudeau (2006) muss man die Abläufe an einem französischen Gymnasium, die Struktur der Beziehungen zwischen Lehrern und Schülern und vielleicht noch ein wenig die Besonderheiten der französischen Vorstädte, der *Banlieues,* kennen. Ohne ein Minimum an kultur- und sozialgeschichtlichen Kenntnissen kommt man also nicht aus. Auch Kenntnisse in Pädagogik, Sozialpsychologie und Entwicklungspsychologie kommen der Lektüre sicherlich zugute. In anderen Werken sind vielleicht kultur- oder kunstgeschichtliche Kenntnisse hilfreich. Daher besteht manchmal bei Literaturwissenschaftlern die Tendenz, ihre Disziplin als eine Art Bindestrichwissenschaft zu behandeln und sich lieber gleich mit der in den Werken angesprochenen Wirklichkeit auseinander zu setzen. So wird Literaturwissenschaft bisweilen in Fernliebe zu anderen Wissenschaften wie Psychologie, Soziologie oder Philosophie betrieben. Ein solches Verfahren schüttet allerdings das Kind mit dem Bade aus. Denn die in einem Werk behandelten und von einzelnen Wissenschaften erfassten Bereiche der Wirklichkeit sind lediglich das Material für die eigenständige literarische Gestaltung. Sie darauf zu reduzieren, käme der Gleichsetzung einer Skulptur mit der Masse von Stein gleich, aus der sie entstanden ist. Literarische Texte sind nicht zu reduzieren auf die von ihnen geschilderte Wirklichkeit oder auf das Wissen, das sie enthalten. Nur wer sich genauer mit dem literarischen Text befasst, wer seine Gestalt, seine Struktur und seine Form untersucht, der wird die jeweils eigene Sichtweise, welche literarische Werke auf Wirklichkeit und Wissen werfen, genauer erfassen. Damit ist aber auch gesagt, dass literaturwissenschaftliche Untersuchungen nicht bei der Betrachtung von Literatur an und für sich (und für niemanden sonst) stehen bleiben müssen. Sie können sich vielmehr, nachdem sie die literarische Gestaltung im engeren Sinne untersucht haben, damit beschäftigen, wie sich literarische Darstellung und Realität zueinander verhalten.

Wie sieht aber die konkrete, eigene Beschäftigung mit einem literarischen Text aus? Wie soll man dabei vorgehen? Empfiehlt es sich, damit alles schön wissenschaftlich ist, die eigenen Reaktionen völlig auszublenden und zunächst einmal die Sekundärliteratur zu konsultieren, um dann deren Ergebnisse fein säuberlich wiederzugeben? Aus der Zugehörigkeit der Literaturwissenschaft zu den Humanwissenschaften ergibt sich, dass der Mensch in Bezug auf die Literatur und ihre Wissenschaft eine Doppelrolle einnimmt, denn er ist gleichzeitig Subjekt und Objekt der Erkenntnis. Daraus folgt aber, dass auch die wissenschaftliche Auseinandersetzung mit einem literarischen Text zunächst mit den eigenen Reaktionen beginnt. Man sollte daher nicht auf die eigenen Intuitionen, Wertungen, Reaktionen und Hypothesen verzichten, sondern sie notieren – eine Phase, die derjenigen des Brainstorming ähnlich ist, in der man sich bemüht, auf kreative Art und Weise Eindrücke und Ideen zu sammeln. In dieser Phase kommt es nicht einmal darauf an, ob die eigenen Reaktionen auf den Text positiv oder negativ sind. Denn auch eine heftige Ablehnung kann man nutzen, um die Ursachen dafür im Text zu entdecken und zu untersuchen. Auf diese erste Phase der **intuitiven Erfassung** folgt der zweite Schritt der wissenschaftlichen Auseinandersetzung im engeren Sinne, das heißt der Versuch einer möglichst genauen **Beschreibung** der zentralen Strukturen mit den Begriffen der Literaturwissenschaft. Hier werden etwa das Metrum, die rhetorischen Figuren und Tropen eines Gedichts, die Erzählperspektive in einer Erzählung oder aber die Zeitstrukturen in einem Hörspiel beschrieben. Viel wichtiger noch als die angemessene Beschreibung eines Textes ist die eigenständige **Analyse** der literarischen Verfahren und Techniken. Hier wird danach gefragt, welche Funktionen bestimmte Elemente des Textes haben, welche Wirkungen sie hervorrufen. Schließlich werden die einzelnen Analyseergebnisse in einer **Synthese** zusammengefasst. Im Anschluss daran erfolgt die Phase der **Interpretation**, in der man das auf diese Weise rekonstruierte literarische Zeichen auf den Autor und seine Intentionen (Was wollte er damit sagen? Was hat er wirklich gesagt?), auf den Leser (Wie wirkt der Text auf ihn? Was kann er damit anfangen?), die Wirklichkeit (Wie wird sie im Text dargestellt?) etc. bezieht. Es ist empfehlenswert, die Sekundärliteratur als das zu behandeln, was ihr Name besagt und sich erst einmal auf die eigenen Fähigkeiten zur Untersuchung eines literarischen Textes zu verlassen. Dazu wollen die folgenden Kapitel die nötigen Hilfsmittel vermitteln.

Semiotische Grundlagen der Literaturwissenschaft

Jochen Mecke

1 Die Bedeutung der Semiotik für die Literaturwissenschaft

Literatur im engeren, d.h. medientechnischen Sinne ist auf geschriebene und gedruckte Erzeugnisse wie Manuskript und Buch beschränkt. Wenn man Literatur allerdings nicht medientechnisch, sondern durch bestimmte Prinzipien definiert, die auch in anderen Medien wie zum Beispiel Radio, Kino oder Fernsehen angewandt werden können, dann treffen wir auch hier auf ‚Literatur'. In diesem Fall darf sich Literaturwissenschaft aber nicht allein mit Sprache und Schrift beschäftigen, sondern muss vielmehr auch andere Zeichentypen mit in ihren Untersuchungsgegenstand einbeziehen, also etwa akustische Zeichen im Radio oder visuelle Zeichen im Film. Deshalb bietet es sich an, die Erkenntnisse der **Semiotik** als allgemeiner Lehre von den Zeichen auch für die Literaturwissenschaft fruchtbar zu machen. Akustische und visuelle Zeichen spielen allerdings nicht erst seit der Erfindung der Massenmedien eine bedeutende Rolle in der Literatur. Denn zunächst wurden literarische Texte durch Erzähler oder Rezitatoren dargeboten. Im Mittelalter trugen *Jongleurs* oder Spielmänner die Dichtungen der Troubadoure unter musikalischer Begleitung vor. Auch das Theater, dessen Zugehörigkeit zum Gegenstandsbereich der traditionellen Literaturwissenschaft nie in Frage stand, basiert bekanntlich auf visuellen und akustischen Zeichen. Aber sogar die auf Printmedien beruhenden Gattungen wie Lyrik und Roman enthalten visuelle Zeichen. Dies gilt keineswegs nur für experimentelle Formen wie etwa Guillaume Apollinaires *Calligrammes* (Apollinaire 1965, 163-314), die teilweise den Text so gestalten, dass dabei mit den Schriftzeichen Objekte wie zum Beispiel eine Uhr oder eine Krawatte entstehen, sondern auch für ganz konventionelle Gedichte oder Romane. So werden beispielsweise die im traditionellen Roman enthaltenen Beschreibungen von Personen, Gegenständen, Häusern oder Städten natürlich vom Leser in visuelle Zeichen übersetzt und lassen in seiner Vorstellung Bilder entstehen. Da diese aber von Schriftzeichen übermittelt werden, nennt man sie **sekundäre** oder abgeleitete **visuelle Zeichen**. Das gleiche gilt für bestimmte literarische Tropen, wie zum Beispiel Metaphern. Wenn etwa, um ein ganz klassisches Beispiel zu wählen, die Freiheit mit einem Vogel verglichen wird, dann setzt der Leser die Schriftzeichen in visuelle Zeichen um und seine Einbildungskraft entwirft ein entsprechendes Bild. Mithin bedient sich nicht nur die moderne, sondern bereits die traditionelle Literatur primärer und sekundärer visueller und akustischer Ausdrucksmittel.

Die Semiotik bietet aber weitere Vorteile für eine Erweiterung des klassischen literaturwissenschaftlichen Spektrums. Literarische Kommunikation scheint auf den ersten Blick nach einem relativ einfachen Prinzip zu funktionieren: ein Autor schreibt einen Roman, der in Buchform veröffentlicht und von einem Leser im stillen Kämmerlein gelesen wird. Bereits das Drama, aber mehr noch die technischen Medien erfordern jedoch eine wesentlich komplexere Betrachtungsweise, da hier nicht mehr ein einzelner Autor, sondern ein ganzes Kollektiv von Regisseur, Schauspielern, Kostümbildnern, Beleuchtern etc. an der Produktion beteiligt ist. Theater und Film werden aber nicht nur kollektiv produziert, sondern auch kollektiv rezipiert. Diese besondere Produktions- und Rezeptionssituation sowie die Vielfalt der Zeichen und Kodes erfordern die Entwicklung eines mehrdimensionalen Kommunikationsmodells. Auch hier kann auf die von der Semiotik erarbeiteten Modelle zurückgegriffen werden.

Da die Semiotik wichtige Grundlagen für eine allgemeine und verschiedene Medien umfassende Literaturwissenschaft liefert, muss eine Einführung, bei der das ‚Wissen' vor allem als Instrument und erster Schritt zum ‚Können', d.h. zur konkreten eigenständigen Anwendung betrachtet wird, auf deren Erkenntnisse aufbauen. David E. Wellbery ist der Meinung, dass Strukturalismus und Semiotik „eine der wenigen literaturwissenschaftlichen Forschungsrichtungen [sind, die] vielleicht die einzigen nicht-historischen und gleichzeitig nicht-trivialen Ergebnisse [vorzuweisen haben], die im Laufe dieses [d.h. des 20.] Jahrhunderts erarbeitet worden sind." (Wellbery 1996, 366) Auch wenn man sich der Radikalität dieser Auffassung nicht anschließen möchte, so bleibt dennoch festzuhalten, dass die Errungenschaften von Semiotik und Strukturalismus inzwischen längst Teil einer selbstverständlichen alltäglichen Praxis der Literaturwissenschaft geworden sind, so dass sie von vielen gar nicht mehr als solche wahrgenommen und identifiziert werden.

2 Semiotik und Zeichenbegriff

Was untersucht die Semiotik nun aber genau? Worin unterscheidet sie sich von anderen Wissenschaften? Eine berühmte Definition stammt vom Begründer der modernen Linguistik, Ferdinand de Saussure.

> On peut donc concevoir une science qui étudie la vie des signes au sein de la vie sociale ; elle formerait une partie de la psychologie sociale, et par conséquent de la psychologie générale ; nous la nommerons sémiologie (du grec *semeion*, signe). Elle nous apprendrait en quoi consistent les signes, quelles lois les régissent. [...] La linguistique n'est qu'une partie de cette science générale, les lois que découvrira la sémiologie seront appliquées à la linguistique, et celle-ci se trouvera donc rattachée à un domaine bien défini dans l'ensemble des faits humains (Saussure 1979, 32).

Semiotik wäre demnach also eine Wissenschaft, die sich mit dem Funktionieren von Zeichen im gesellschaftlichen Kontext befasst und die Struktur der Zeichen und die Gesetzmäßigkeiten ihres Gebrauchs untersucht. Saussures Definition macht deutlich, dass sich Semiotik nicht allein mit Zeichen beschäftigt, sondern auch mit deren Funktionsweise im gesellschaftlichen Alltagshandeln. Der amerikanische Philosoph und Begründer dieser ‚Wissenschaft von den Zeichen', Charles Sanders Peirce, hat den universellen Charakter der Semiotik verdeutlicht. Peirce vertritt einen pansemiotischen Ansatz, in dem alles Zeichen sein kann, angefangen von Zeichenträgern bis hin zu Bewusstseinsinhalten. Peirce setzt Semiotik mit einem weit gefassten Begriff von Logik gleich: „Logic, in a general sense, is, as I believe I have shown, only another name for semiotic, the quasi necessary, or formal doctrine of signs" (Peirce 1987, 2.227). Diesen sehr weiten Begriff müssen wir etwas enger fassen, um eine klarere und genauere Definition zu gewinnen. Roman Jakobson hat Semiotik so definiert:

> Every message is made of signs; correspondingly, the science of signs termed semiotic deals with those general principles which underlie the structure of signs whatever and with the character of their utilization within messages, as well as with the specifics of various sign systems, and of the diverse messages using those different kinds of signs (Jakobson 1971, 698).

Semiotik als Wissenschaft von den Zeichen untersucht mithin die allgemeinen Prinzipien, die der Struktur von Zeichen zugrunde liegen, die Art und Weise ihres Gebrauchs in Botschaften und die Besonderheiten der einzelnen Zeichensysteme, die unterschiedliche Arten von Zeichen benützen.

Wie ist nun aber das zentrale Untersuchungsobjekt der Semiotik, das Zeichen selbst im engeren Sinne definiert und wie können wir zwischen Zeichen und Nicht-Zeichen unterscheiden? Schauen wir uns dazu einen Ausschnitt aus Georges Simenons Kriminalroman *Le chien jaune* an:

> [...] ces gens attardés au café, le douanier de garde les envie, blotti dans sa guérite, à moins de deux cents mètres [...] La porte de l'hôtel de l'Amiral s'ouvre. Un homme paraît, qui continue à parler un instant par l'entrebâillement à des gens restés à l'intérieur. La tempête le happe, agite les pans de son manteau, soulève son chapeau melon qu'il rattrape à temps et qu'il maintient sur sa tête tout en marchant. Même de loin, on sent qu'il est tout guilleret, mal assuré sur ses jambes et qu'il fredonne. Le douanier le suit des yeux, sourit quand l'homme se met en tête d'allumer un cigare. Car c'est une lutte comique qui commence entre l'ivrogne, son manteau que le vent veut lui arracher et son chapeau qui fuit le long du trottoir. Dix allumettes s'éteignent. Et l'homme au chapeau melon avise un seuil de deux marches, s'y abrite, se penche. Une lueur tremble, très brève. Le fumeur vacille, se raccroche au bouton de la porte. Est-ce que le douanier n'a pas perçu un bruit étranger à la tempête ? Il n'en est pas sûr. Il rit d'abord en voyant le noctambule perdre l'équilibre, faire plusieurs pas en arrière, tellement penché que la pose en est incroyable. Il s'étale sur le sol, au bord du trottoir, la tête dans la boue du ruisseau. [...] Une minute, deux minutes passent. Nouveau coup d'œil sur l'ivrogne, qui n'a pas bougé (Simenon 1970, 10f.).

Es geht bei den folgenden Überlegungen zunächst nicht um die Form literarischer Darstellung, sondern nur um die im Text dargestellte Szene, die auch in der Wirklichkeit so hätte geschehen können. Betrachten wir also allein die erzählte Geschichte, die Diegesis, ohne auf die besondere Art und Weise ihrer Erzählung einzugehen, so wie sie sich für die beteiligten Figuren darstellt. In der Geschichte kommen eine Reihe von Gegenständen und Handlungen vor. Aber nur eine kleine Menge von ihnen funktioniert hier als Zeichen und wird in diesem Sinne gedeutet: Die beschriebenen Objekte wie das Café, das Hotel, der Sturm oder der Wind etc. werden vom die Szene beobachtenden Zöllner als alltägliche Gegenstände betrachtet, denen keine kommunikative Bedeutung zukommt. Sie funktionieren also nicht als Zeichen. Gleiches gilt für Ereignisse wie das Öffnen der Tür, den Sturm und zunächst auch für das kurz aufflackernde Leuchten. Einige Dinge haben allerdings einen gänzlich anderen Status: So zeigen Melone und Zigarre für den etwas neidisch aus seinem Häuschen herausschauenden Zöllner einen gewissen Wohlstand an, während bestimmte Handlungen des Mannes im Mantel wie sein Summen, sein schwankender Gang oder die gescheiterten Versuche, eine Zigarre anzuzünden vom Augenzeugen als Zeichen für Trunkenheit interpretiert werden. Auch der Verlust des Gleichgewichts, die Schritte rückwärts und der Sturz des Betrunkenen werden noch ganz in diesem Rahmen gedeutet.

Was macht nun aber Dinge zu Zeichen? Einige Gegenstände und Ereignisse, wie das Hotel oder der Sturm, stehen offenbar allein für sich selbst, während weitere auf etwas anderes verweisen. Zigarre und Melone des Mannes deuten auf seinen Reichtum hin, sein schwankender Gang und sein Sturz auf Trunkenheit. Gegenstände und Handlungen werden dadurch zu Zeichen, dass sie aus ihrem unmittelbaren Handlungskontext gelöst werden und auf etwas anderes verweisen. Die traditionelle Definition des Zeichens lautet: „Aliquid stat pro aliquo“, etwas steht für etwas anderes. Diese zweiteilige Struktur des Zeichens hat der französischen Sprachwissenschaftlers Ferdinand de Saussure (1857-1913) in seinem berühmten *Cours de linguistique générale* vor allem im Hinblick auf die gesprochene Sprache analysiert. Zeichen bestehen nach de Saussure aus einem **Signifikanten** [frz. *signifiant*], dem Bezeichnenden, und einem **Signifikat** [frz. *signifié*], dem Bezeichneten. Auf der einen Seite steht also der Zeichenkörper, die Lautfolge eines Wortes bzw. die materielle, äußerlich sichtbare Gestalt des Zeichens, auf der anderen Seite die Idee, das Konzept bzw. die Vorstellung, die damit verbunden wird (Saussure 1979, 97-100; Saussure 1967, 76-79). In unserem Fall wäre der Signifikant oder Zeichenkörper das Schwanken des Mannes, das Signifikat seine Trunkenheit.

Gemäß de Saussures Theorie beruht die Verbindung zwischen Signifikant und Signifikat auf Konventionen. Dies liegt bei sprachlichen Zeichen auf der Hand: In der deutschen Sprache besteht das sprachliche Zeichen ‚Baum‘ aus dem abstrakten Konzept oder der Vorstellung, die der Sprechende von einem Baum hat und der Lautkette /baum/ andererseits. Im Französischen bildet hingegen die Lautfolge /arbre/ den Signifikanten für das Konzept ‚Baum‘. Die Beziehung zwischen Signifikant und Signifikat ist somit weitgehend **arbiträr**, das heißt willkürlich. Innerhalb einer Kultur sind sprachliche Zeichen aber deshalb verständlich, weil diese Beziehung durch eine gesellschaftliche **Konvention** festgelegt wird, die allen Mitgliedern einer Kommunikationsgemeinschaft bekannt ist. Da de Saussure die Sprache als Modell für alle semiotischen Zeichensysteme betrachtet (Jakobson 1979, 100f.), geraten allerdings diejenigen Zeichen aus dem Blick, bei denen die Kombination von Signifikant und Signifikat motiviert ist, wie im Fall des Rauches für Feuer oder eines Bildes für einen Gegenstand. In unserem Beispiel ist die Beziehung zwischen dem Schwanken des Mannes und dem Zittern seiner Hand einerseits und der Bedeutung der Trunkenheit ja nicht gänzlich arbiträr, sondern durch eine kausale Beziehung begründet. Wenn wir das Geschehen in dem Text von Simenon mithin semiotisch beschreiben wollen, müssen wir unseren Zeichenbegriff daher um solche Zeichen erweitern, bei denen die Beziehung zwischen Zeichen und Bezeichnetem nicht rein arbiträr ist.

Eine solche Erweiterung hat der amerikanische Begründer der Semiotik Charles Sanders Peirce (1839-1914) vorgenommen. Im Unterschied zu de Saussure geht Peirce von einer sehr allgemeinen und umfassenden Definition des Zeichens aus, die auch Anzeichen und Bilder mit einschließt. Beschreiben wir die semiotische Situation im Text aus *Le chien jaune* in den Termini von Peirce, so können wir festhalten, dass etwa das Schwanken und Torkeln des Mannes als **‚Repräsentamen'**, als Zeichenträger funktioniert, der auf ein bestimmtes **Objekt**, in diesem Fall seine Trunkenheit, verweist. Die Beziehung zwischen Torkeln und Trunkenheit ist dabei motiviert, denn beide stehen in einer kausalen Beziehung zueinander. Die Trunkenheit verursacht den schwankenden Gang.

Allerdings verweisen solche Zeichen nicht an und für sich auf ein bestimmtes Objekt. In unserem Beispiel werden bestimmte Gegenstände und Ereignisse erst durch die Deutung des Zöllners zu Zeichen. Was bei dem die Sprache betrachtenden de Saussure durch Konvention geleistet wird, nämlich die Herstellung einer Beziehung zwischen Signifikant und Signifikat, das leistet bei Peirce ein drittes Element, das er als den **Interpretanten** bezeichnet. Der Interpretant ist die Wirkung des Zeichens (Peirce 1987, 5.474f.) bzw. das, was im Geist des Interpreten erzeugt wird (Peirce 1987, 8.179). Die Beziehung zwischen Repräsentamen und Objekt ist also nicht direkt, sondern erfolgt erst über die Vermittlung eines dritten Elements. Dabei kommt Interpret und Interpretant eine aktive und kreative Rolle zu. Dies wird in der Geschichte aus *Le chien jaune* deutlich. Letztlich stellt der Zöllner die Beziehung zwischen Zeichenkörper (Gegenstand, Handlung, Ereignis) und Objekt (Reichtum, Trunkenheit) her. Gegenstände oder Ereignisse werden also dadurch zu Zeichen, dass ein Interpretant zwischen Repräsentamen und Objekt vermittelt. Halten wir fest:

> Für Peirce besteht das Zeichen nicht wie für de Saussure aus einer zweistelligen, sondern aus einer dreistelligen Relation. Zeichen gehören für Peirce zur Kategorie der Drittheit (*Thirdness*) (Peirce 1985, 144). Ein Zeichen ist demnach „etwas [1], das für jemanden [2] in gewisser Hinsicht für etwas [3] steht" (Peirce 1987, 228). Zeichen bestehen aus einer dreistelligen Relation zwischen Repräsentamen (Zeichenträger), bezeichnetem Objekt (Gegenstand) und einem Interpretanten (Bedeutung).

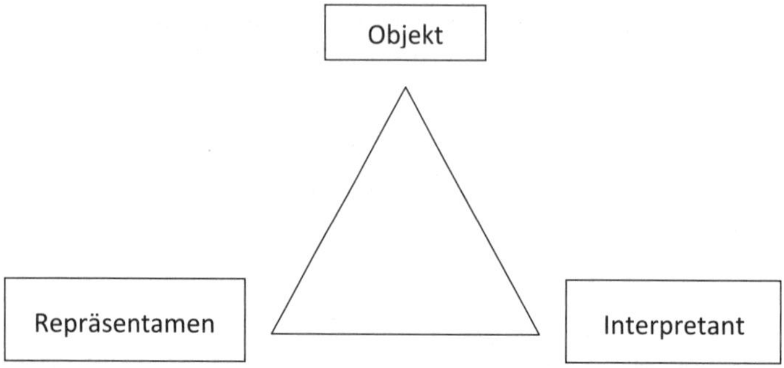

Abb. 1: Dreistelliger Zeichenbegriff nach Peirce

Auffällig an der Peirce'schen Definition ist, dass er völlig auf die Absicht des Senders verzichtet, ein Zeichen zu geben oder eine Botschaft zu übermitteln. Sie beschränkt sich auf das Vorliegen der drei Elemente Repräsentamen, Objekt und Interpretant. Ähnlich verfährt auch Umberto Eco, der allerdings – wie de Saussure – die Notwendigkeit einer sozialen Konvention für den Zeichengebrauch betont. Laut Eco ist ein Zeichen etwas, das aufgrund einer vorher festgelegten sozialen Konvention als etwas aufgefasst werden kann, das für etwas anderes steht (Eco 1986, 38). Zum Senden von Zeichen bedarf es mithin keiner Intention. Der Mann mit der Melone sendet nicht bewusst die Botschaft ‚Reichtum', sondern vermittelt sie über den gesellschaftlichen Kode der Kleidung als Ausdrucksmittel sozialer Zugehörigkeit. Dieser Punkt wird auch von Charles Morris in seiner Zeichendefinition besonders deutlich gemacht: „[...] etwas [ist] nur deshalb ein Zeichen [...], weil es von einem Interpreten als Zeichen für etwas interpretiert wird [...]" (Morris 1981, 75ff.). Menschen können also Zeichen senden, ohne dies explizit zu wollen. In unserem Beispiel deutet der Zöllner ja in der Tat das Schwanken und das Zittern der Hände des Mannes als (An-) Zeichen für dessen Trunkenheit, obwohl dieses Zeichen motiviert ist und der Mann gewiss nicht die Absicht hatte, dem Zöllner seine Trunkenheit mitzuteilen.

Allerdings ist der Peirce'sche Zeichenbegriff nicht unumstritten. Zwar bietet er eine klare Definition, doch trennt er nicht deutlich zwischen Zeichen, die jemand bewusst verwendet, um Informationen zu übermitteln, und Zeichen, die etwas anzeigen, weil zwischen ihnen ein kausaler Bezug besteht, so wie etwa Rauch auf Feuer hinweist. Rauch lässt zwar darauf schließen, dass es brennt, aber es findet keine Kommunikation im engeren Sinne statt. Dafür wäre ein Individuum nötig, das absichtlich Rauch produziert, um auf ein Feuer aufmerksam zu machen. Dies ist jedoch nicht der Fall. Der Rauch ist eine direkte, unvermittelte Folge des Feuers. Für das Beispiel aus dem Roman Simenons gilt sicherlich, dass der Mann im Mantel nicht die geringste Absicht hat, dem Zöllner durch seine Gangart zu vermitteln, dass er betrunken ist. Allerdings hindert dies den Zöllner nicht daran, sein Schwanken trotzdem als Zeichen für Trunkenheit zu deuten. Einige Semiotiker sind nun der Auffassung, dass es sich hierbei um kein Zeichen im engeren Sinne handelt, da der schwankende Gang nicht dazu dient, eine Botschaft zu übermitteln. Es stellt sich also die Frage, ob die Deutung eines Gegenstandes oder Ereignisses durch einen Interpreten ausreicht, um vom Vorliegen eines Zeichens zu sprechen oder ob in die Definition von Zeichen eine Kommunikationsabsicht integriert werden sollte. Das Argument für eine engere intentionalistische, das heißt mit einer Kommunikationsabsicht arbeitende Definition liegt auf der Hand: Wenn wir auch Anzeichen, Indizien und Bilder zu den Zeichen rechnen, dann ist eigentlich jede Wahrnehmung, jede Bildbetrachtung, jede Entnahme von Information ein Fall für die Semiotik. Semiotik wäre dann eine Universalwissenschaft, die von der Physik über die Chemie bis hin zur Psychologie und Literaturwissenschaft alles umfasst. Manche Einführungen in die Semiotik fassen daher nur das als Zeichen auf, was ganz und gar der kulturellen Sphäre, der so genannten ‚Semiosphäre' angehört, wobei Zeichenträger und Zeichenbedeutung in keiner kausalen, materiellen oder temporalen Relation zueinander stehen dürfen (Müller/Sottong 1998, 54). Auf der anderen Seite deuten wir aber ein Erröten ganz offenkundig als Zeichen für Verlegenheit oder das Schwanken einer Person in bestimmten Kontexten als Zeichen für Trunkenheit.

Obwohl der Mann aus unserem Beispieltext nicht die geringste Absicht hat, dem ihn beobachtenden Zöllner etwas mitzuteilen, übermittelt er ihm mehrere Botschaften über seine gesellschaftliche Stellung, seinen gegenwärtigen Zustand und über seinen Charakter. Ob wir es wollen oder nicht, wir kommunizieren beständig. Der Psychologe Paul Watzlawick hat dies in eine der von ihm geliebten Paradoxien gefasst. „Man kann nicht nicht kommunizieren" (Watzlawick/Beavin/Jackson 1982, 53). Das heißt, wir kommunizieren auch dann, wenn wir es nicht wollen und auch Dinge, die wir nicht kommunizieren wollen, etwa, wenn wir aus Verlegenheit, Scham oder Zorn erröten, wenn wir im Zustand äußerster Erregung fahrige Bewegungen machen oder aber bei der Polizeikontrolle nach Alkohol riechen.

Wie ist nun die Beziehung zwischen Zeichenträger, Interpretant und Objekt? Peirce bietet der Literaturwissenschaft auch in diesem Punkt eine interessante Theorie. Die Beispielgeschichte aus Simenons Roman zeigt, dass das Objekt nicht einfach ‚an und für sich' gegeben ist, sondern erst in der Beziehung zu Repräsentamen und Interpretant entsteht. Dementsprechend versteht Peirce unter **Objekt** all das, was als pragmatische Ursache eines Zeichenprozesses wirkt. „That thing which causes a sign as such is called the object (according to the usage of speech, the ‚real' but more accurateley the *existent* object) represented by the sign" (Peirce 1987, 5.473). Prinzipiell kann somit alles zum Objekt werden, unabhängig davon, ob es sich um reale oder fiktive, konkrete oder abstrakte, wahrnehmbare oder nur in der Vorstellung existierende Elemente handelt. Dabei wird der Bezug zwischen Repräsentamen, Interpretant und Objekt in der Regel spontan hergestellt. Peirce nennt das Objekt, das sich per spontanem Vorverständnis einstellt, das „Objekt im Zeichen" (Peirce 1987, 4.536), es entspricht dem Objekt, so wie es durch ein Zeichen unmittelbar dargestellt wird. Davon unterscheidet Peirce das mittelbare oder ‚dynamische'

Objekt, das „Objekt außerhalb des Zeichens" oder auch die Realität, die das Zeichen zu seiner Repräsentation veranlasst" (Peirce 1987, 4.536). Das unmittelbare Objekt ist mithin das Objekt, so wie es durch das Zeichen abgebildet und rasch erkannt werden kann. Das reale Objekt können Zeichen aber gar nicht abbilden, sondern allenfalls anzeigen, der Interpret muss es durch immer wieder neue Erfahrungen, Wahrnehmungen und Überlegungen erkennen. Da wir uns diesem realen Objekt immer nur durch praktische Nutzung, logische Analyse oder durch die Synthese verschiedener Erfahrungen annähern können, nennt Peirce es dynamisches Objekt. Bei Peirce existiert das Objekt also nicht an und für sich, sondern wird gemäß den pragmatischen Bedürfnissen nach Differenzierung einzelner Aspekte der Wirklichkeit erzeugt. Um ein klassisches Beispiel dafür zu geben: In bestimmten Kulturen ist es lediglich notwendig, für Schnee ein oder ein paar Worte zu bilden, mit denen man zwischen verschiedenen Schneearten unterscheiden kann. Bei Skiläufern, Alpenbewohnern und Eskimos hingegen sorgt ein bestimmtes praktisches Interesse dafür, dass zwischen sehr viel mehr Arten von Schnee unterschieden werden muss. Dadurch wird es notwendig, mehr Unterscheidungen im Kontinuum aller Schneearten zu treffen und damit auch mehr Schneearten oder ‚Objekte' zu bilden. Beim dynamischen Objekt werden also nicht nur Objekte mit neuen Interpretanten versehen, sondern auch neue Objekte erschaffen. Im Textbeispiel finden wir eine Spur dieses Prozesses. Zunächst deutet der Zöllner das Schwanken des Mannes und seinen Sturz ganz im Sinne eines unmittelbaren Objekts als Repräsentamen für seine Trunkenheit. Weil er dies tut, nimmt er ein bestimmtes Objekt zunächst auch gar nicht wahr, nämlich das nicht zum Sturm gehörende Geräusch des Schusses. Erst als der Mann länger regungslos auf der Straße liegen bleibt, wird das unmittelbare Objekt verworfen und der Zöllner bemüht sich durch neue Interpretationen der Ereignisse dem dynamischen Objekt näher zu kommen und sich vorzustellen, was wirklich passiert ist.

Aus dieser theoretischen Perspektive lässt sich **Literatur** als Versuch beschreiben, bekannte Objekte neu darzustellen oder aber neue Objekte zu bilden, bzw. das bisher Unsagbare sagbar zu machen und das bisher nicht Dargestellte darzustellen. Die Differenzierung von **unmittelbarem und dynamischen Objekt** erlaubt es, den besonderen Prozess zu beschreiben, durch den literarische Texte unmittelbare Objekte, wie wir sie in der Alltagssprache und in Alltagssituationen vorfinden, als Ausgangspunkt eines Prozesses nutzen, um durch Metaphern, Symbole, Metonymien oder andere literarische Verfahren und Techniken der Realität des dynamischen Objektes in immer wieder neuen Zeichenprozessen näher zu kommen.

Es ist deutlich geworden, dass die Konstitution von Objekten nicht unabhängig von Repräsentamen und Interpretant vor sich geht. Ein Zeichenträger verweist bei Peirce nicht auf getrennt existierende Objekte und Interpretanten, sondern auf die Relation zwischen beiden Elementen des Zeichens. Als **Interpretant**, in den Schriften häufig mit den Begriffen *signification, significance* und *interpretation* erläutert, bezeichnet Peirce die „Wirkung des Zeichens" (Pierce 1987, 5.474f.) bzw. „etwas, das im Geist des Interpreten erzeugt wird" (Pierce

1987, 8.179). Gedanken werden bei Peirce gleichfalls als Zeichen aufgefasst, so dass jeder Interpretant wieder ein Zeichen erzeugt: „Ein Zeichen wendet sich an jemanden, d.h. es erzeugt im Geiste dieser Person ein äquivalentes Zeichen, oder vielleicht ein noch mehr entwickeltes Zeichen. Das Zeichen, welches es erzeugt, nenne ich den Interpretanten des ersten Zeichens“ (Pierce 1987, 2.228). Jedes Zeichen erzeugt somit einen Interpretanten, der selbst wiederum als Zeichenträger eines weiteren Zeichens und damit eines neuen Interpretanten wirkt, so dass der Prozess der Semiose im Prinzip unendlich ist. Unser Textbeispiel kann zur Illustration von Peirce' Theorie herangezogen werden: Die Deutungen des Zöllners, das heißt die Interpretanten, die er der Beziehung zwischen Repräsentamen und Objekt zuordnet, werden wiederum zum Zeichenträger, das der Leser zum Beispiel als Zeichen dafür deuten kann, wie sehr die Zeichen bisweilen täuschen können. Denn was der Zöllner in Wirklichkeit beobachtet hat, ist – wie sich hinterher herausstellt – nicht der Sturz eines Betrunkenen, sondern eines Ermordeten. Die Eingangspassage liefert somit neben der Geschichte gleichzeitig eine gute Lektüreanweisung für einen Kriminalroman, nämlich den Zeichen zu misstrauen und nicht gleich auf die erste sich anbietende Deutung hereinzufallen. Im Alltag haben wir meistens keine Zeit, lange über verschiedene mögliche Deutungen einer Situation nachzudenken, so dass der Prozess der Semiose aufgrund praktischer Interessen unterbrochen bzw. beendet wird. Die literarische Kommunikation hingegen ist von solchen praktischen Interessen frei, so dass der Prozess der Semiose hier nicht nur im Prinzip, sondern tatsächlich nie zu einem Ende kommt.

Nicht nur beim Objekt, auch beim **Interpretanten** unterscheidet Peirce zwischen ‚**unmittelbarem**‘ und ‚**dynamischem**‘ Interpretanten. Der ‚unmittelbare‘ Interpretant entspricht dem bloßen interpretativen Potenzial eines Zeichens, das sozusagen im Zeichen selbst enthalten ist. Es ist die unmittelbare Wirkung, die ein Zeichen beim Interpreten hervorruft, ohne dass dieser in irgendeiner Weise darüber reflektiert (Pierce 1987, 8.315). Der **dynamische** Interpretant steht für die tatsächliche Wirkung des Zeichens auf einen Interpreten (Pierce 1987, 4.536). Peirce fügt diesen beiden Möglichkeiten eine dritte hinzu, den ‚**finalen**‘ Interpretanten, der das bezeichnet, was am Ende einer Semiose als die ‚wahre‘ Interpretation herauskäme, wenn je eine abschließende Meinung erreicht werden könnte (Pierce 1987, 8.814). Da Peirce Zeichenprozesse aber für prinzipiell unabschließbar hält, bleibt der finale Interpretant ein bloßes Ideal, das nie erreicht werden kann. Man kann die Semiose nie beenden, man kann sie lediglich aus praktischen Gründen unterbrechen. Ein solches Verständnis der Semiose kommt der literarischen Kommunikation natürlich entgegen, denn hier können Zeichenprozesse und Interpretationen nicht endgültig, sondern immer nur vorläufig abgeschlossen werden.

Über diese Einteilung hinaus hat Peirce ein Klassifikationssystem für Zeichen entwickelt. Er unterscheidet Zeichenformen nach der Art der Beziehung zwischen Zeichen und den Objekten, auf die sie verweisen (Peirce 1985, 151ff.). Im Rahmen dieser Typologie unterscheidet er drei Zeichentypen, Symbol, Index und Ikon.

(a) Das **Symbol** (nicht zu verwechseln mit dem Symbolbegriff der Literaturwissenschaft, vgl. Rhetorik) ist ein Zeichen, bei dem die Beziehung zwischen Zeichen und Objekt durch Konvention geregelt ist. Die meisten sprachlichen Zeichen sind Symbole.

(b) Beim Index besteht ein kausaler, temporaler oder modaler Zusammenhang zwischen Zeichen und Gegenstand. Zeichen funktionieren in diesem Fall als Anzeichen oder Symptome (z.B. Rauch als Index für Feuer, Erröten als Index für Verlegenheit etc.).

(c) Das Ikon ist durch eine Ähnlichkeitsbeziehung zwischen Zeichen und Objekt charakterisiert, die etwa bei Piktogrammen, Bildern oder Fotografien oder bei onomatopoetischen (lautmalerischen) Ausdrücken wie zum Beispiel „Gluck, Gluck, Gluck" für das Trinken zu finden ist.

Das Beispiel der onomatopoetischen Ausdrücke zeigt uns allerdings auch, dass die Gegensätze zwischen den drei Zeichentypen nicht absolut, sondern relativ sind. Während im Deutschen „Gluck, Gluck, Gluck" das Trinken bezeichnet, lautet der französische Ausdruck „Glou, glou, glou". Der deutsche Hund bellt bekanntlich „Wau, wau", während sein französischer Kollege sich mit einem „ouau, ouau" begnügt, der deutsche Hahn kräht „kikeriki", der französische hingegen „cocorico". Die Beispiele belegen, dass die Ähnlichkeit nicht zwischen Zeichen und Objekt besteht, sondern zwischen Zeichen und dem jeweils für das Objekt geltenden kulturellen Wahrnehmungsmuster, ein Umstand, auf den insbesondere Umberto Eco hingewiesen hat (Eco 1972, 202, 213).

> Wir unterscheiden je nach Beziehung zwischen Zeichenträger und Objekt zwischen drei Typen von Zeichen: Bei einem Ikon besteht zwischen Zeichenträger und Vorstellung eine Ähnlichkeitsbeziehung, beim Index oder Anzeichen besteht einer kausaler, zeitlicher oder räumlicher Bezug zwischen Zeichenträger und Objekt, während beim Symbol die Beziehung zwischen beiden Elementen des Zeichens arbiträr und konventionalisiert ist.

3 Zeichen in der literarischen Kommunikation

Während der Zeichencharakter von nicht-intentionalen und motivierten Zeichen in der Alltagskommunikation unter Theoretikern der Semiotik umstritten ist, herrscht weitgehend Einigkeit darüber, dass in der künstlerischen und literarischen Kommunikation auch Anzeichen und Ikone als Zeichen im engeren Sinne funktionieren. Die Gründe dafür liegen in der Besonderheit literarischer Kommunikation. Greifen wir noch einmal den Beispieltext von Georges Simenon auf: Während das Schwanken eines Mannes in der Realität laut einigen Theoretikern nicht als Kommunikations-, sondern als reines Informationszeichen wirkt, stellt es in der zitierten Romanstelle nicht nur ein bloßes Anzeichen, sondern auch im engeren Sinn ein Kommunikationszeichen dar, und zwar gleich in mehrfacher Hinsicht: Denn neben dem Zöllner, der das Verhalten des Mannes als Zeichen für Trunkenheit versteht, deutet der Leser die Beschreibung des Mannes als Zeichen für dessen sozialen Stand und möglicherweise auch für seinen Charakter.

Nicht nur das Verhalten einer Figur auf der Ebene der Geschichte, sondern auch der literarische Text selbst kann als komplexes Zeichen aufgefasst werden, das der Leser deuten kann. Die gesamte im Hafen spielende Szene kann als Zeichen für die Verkommenheit und Dekadenz des von Simenon in seinem Roman geschilderten Milieus interpretiert werden. Man könnte nun mit Fug und Recht einwenden, dass diese Deutung doch keineswegs lexikalisiert sei und die Trunkenheit des Mannes in Wirklichkeit für viele Dinge stehen könnte, wie zum Beispiel für fröhliche Ausgelassenheit, Lebensfreude und dergleichen mehr. Dieser Einwand ist im Prinzip richtig. Natürlich können literaturwissenschaftliche Deutungen Gefahr laufen überinterpretiert zu werden, frei nach der von Goethe in den *Zahmen Xenien* formulierten Devise: „Im Auslagen seid frisch und munter! Legt ihrs nicht aus, so legt was unter" (Goethe 1993, 329). Allerdings bietet der Kontext des Kriminalromans von Simenon viele weitere Elemente der Milieuschilderung, die ein in sich stimmiges Bild ergeben und damit eine Reihe von Hinweisen liefern, die eine solche Deutung plausibel machen und die Gewähr bieten, dass die ‚Grenzen der Interpretation' (Eco 1995) nicht überschritten werden. Das Problem der Überinterpretation, das Goethes Xenie anspricht, weist auf ein tiefer liegendes semiotisches Problem hin: Handelt es sich bei der Deutung der Milieuschilderung als Dekadenz wirklich noch um ein Zeichen im oben beschriebenen Sinne? Denn offenkundig gibt es in diesem Fall keinerlei Konvention, die uns erlauben würde, den Zeichenträgern eine bestimmte, in einer Kultur allgemein gültige Bedeutung zuzuordnen. Die Bedeutungen gelten nicht außerhalb des Romans, sondern nur in diesem ganz bestimmten Kontext. Der Roman konstruiert verschiedene Zeichen, deren Gültigkeitsbereich allerdings auf ihn selbst beschränkt bleibt, ungeachtet der Tatsache, dass solche auf einen bestimmten Kontext festgelegten Zeichen später tatsächlich eine gesellschaftliche Bedeutung erhalten können. Im Prinzip gilt für die literarische Kommunikation, dass alle Elemente eines Textes, das heißt auch diejenigen, die normalerweise nicht als Zeichen funktionieren, hier ‚wie' ein normales, das heißt konventionalisiertes Zeichen verwendet werden können. Da der Geltungsbereich dieses Zeichens allerdings nur auf das einzelne Werk beschränkt ist, kann es nicht als allgemeines, sondern lediglich als kontextgebundenes Zeichen gelten. Einige Theoretiker sprechen daher von ‚**Äquizeichen**', das heißt Zeichen, die innerhalb eines bestimmten Kontextes eine dem normalen Zeichen äquivalente Funktion aufweisen (Müller/Sottong 1998, 62). Ähnliches gilt auch für ikonische Zeichen. Geräusche im Hörspiel und Bilder im Film haben im Unterschied zum Alltag, wo sie als reine Ereignisse oder Gegenstände vorkommen, eine kontextuell gebundene Bedeutung. Das Geräusch eines aufbrausenden Motors bildet im Hörspiel ein Zeichen für ein Motorrad, im Film kann ein Fenstergitter als Zeichen für die Ausweglosigkeit der Situation des Helden wirken. Beides sind kontextgebundene Ikone bzw. Symbole. Die Jungkritiker der *Cahiers du cinéma* und späteren Regisseure der französischen *Nouvelle Vague* brillierten geradezu in solchen Deutungen von Filmbildern als Zeichen. François Truffaut beschreibt etwa in einer Rezension zu einem Film von Fritz Lang eine Szene, in der eine verirrte Kugel einen Milchbeutel trifft. Die auslaufende Milch deutet er als Unschuldssymbol und als Hinweis darauf, dass den beiden Helden des Films von nun ab nichts mehr geschehen kann (Truffaut 1975, 90). Auch wenn die Deutungen Truffauts, Godards, Rohmers, Rivettes oder Chabrols bisweilen übertrieben erscheinen mögen, sind sie dennoch legitim, denn sie beruhen auf der Fähigkeit von Literatur, Hörspiel und Film, jedes beliebige Objekt und Ereignis in ein – kontextgebundenes – Zeichen verwandeln zu können. Halten wir fest:

> Literatur hat das Vermögen, jedes beliebige Element des Textes in ein Zeichen zu verwandeln. Die Textelemente fungieren in diesem Fall als äquivalente Zeichen. Ihre Bedeutung ist nicht von allgemeiner kultureller Gültigkeit, sondern bleibt auf das jeweilige literarische Werk beschränkt.

Man könnte es auch anders formulieren: Literatur kennt im Unterschied zur alltäglichen Kommunikation und zu rein technischen Aufzeichnungsmedien kein ‚Rauschen' im informationstechnischen Sinn, das heißt keine bedeutungsfreien Elemente. In ihr kann sich prinzipiell alles in Zeichen und Bedeutung verwandeln. „Man kann nicht ein geladenes Gewehr auf die Bühne stellen", schreibt der russische Schriftsteller Anton Tschechow am 1. November 1889 an seinen Kollegen Aleksander S. Lazarev-Gruzinskij, „wenn niemand die Absicht hat, einen Schuss daraus abzugeben" (Tschechow 1979, 73). Für den Rezipienten gilt daher, dass ein im ersten Akt an der Wand hängendes Gewehr unweigerlich die Erwartung weckt, dass es auch im Laufe der Handlung abgefeuert wird. In jedem Fall ist das Gewehr aber ein Zeichen für Bedrohung. In der Literatur ist es daher schwierig, Gegenstände und Ereignisse aufzuzeichnen, ohne sie gleich als Zeichen erscheinen zu lassen. Die Autoren des französischen *Nouveau Roman* wie Michel Butor, Claude Simon, Robert Pinget oder Alain Robbe-Grillet haben in ihren frühen Romanen diesen Versuch unternommen. Hier ein Ausschnitt aus dem Roman *La Jalousie* von Alain Robbe-Grillet:

> Comme la nuque s'incline de biais sur ce côté, le visage se trouve légèrement tourné vers la fenêtre. Sur la plaque de marbre aux rares trainées grises sont alignés les pots et les flacons, de tailles et de formes diverses ; plus en avant repose un grand peigne d'écaille et une seconde brosse, en bois celle-ci, à manche plus long, qui présente sa face hérissée de soies noires (Robbe-Grillet 1957, 66f.).

Der Text illustriert, dass es gar nicht so einfach ist, Gegenstände rein phänomenologisch, in ihrem reinen An-Sich-Sein zu beschreiben. Denn obwohl der Textausschnitt sich auf nahezu geometrisch genaue Beschreibungen beschränkt, sind die beschriebenen Objekte doch mehr als nur Gegenstände. Sie weisen gleichzeitig auf die Eitelkeit der Frau hin, der sie gehören. Im Rahmen eines Romans, dessen Titel doppeldeutig *La Jalousie* (dt. ‚Jalousie' oder ‚Eifersucht') lautet, wird die Aufmerksamkeit des Beobachters, in diesem Fall möglicherweise des eifersüchtigen Ehemanns, auf diejenigen Indizien gelenkt, die seinen Verdacht erhärten, seine Frau betrüge ihn, wie zum Beispiel der große Wert, den sie auf ihr Aussehen legt. Im Unterschied zu Musik oder Malerei besteht das Rohmaterial der Literatur aus Elementen, die bereits eine Bedeutung tragen und schon als Zeichen funktionieren. Daher muss Literatur, will sie die von ihr verwendeten Zeichen ihrer vorgegebenen konventionellen Bedeutungen entkleiden, spezielle Verfahren entwickeln. Beispiele dafür liefern die Gedichte Arthur Rimbauds in den *Illuminations*, die jegliche Bedeutung aufhebenden Verfahren der Dadaisten oder auch das absurde Theater eines Eugène Ionesco. Hier ein Auszug aus einem in *écriture automatique* verfassten Gedicht der französischen Surrealisten André Breton und Philippe Soupault mit dem Titel „La glace sans tain" aus dem Band *Les Champs magnétiques*:

> Prisonniers des gouttes d'eau, nous ne sommes que des animaux perpétuels. Nous courons dans les villes sans bruits et les affiches enchantées ne nous touchent plus. À quoi bon ces grands enthousiasmes fragiles, ces sauts de joie desséchés ? Nous ne savons plus rien que les astres morts ; nous regardons les visages ; et nous soupirons de plaisirs. Notre bouche est plus sèche que les pages perdues ; nos yeux tournent sans but, sans espoir. Il n'y a plus que ces cafés où nous nous réunissons pour boire ces boissons fraîches, ces alcools délayés et les tables sont plus poisseuses que ces trottoirs où sont tombées nos ombres mortes de la veille. Quelquefois, le vent nous entoure de ses grandes mains froides et nous attache aux arbres découpés par le soleil. Tous, nous rions, nous chantons, mais personne ne sent plus son coeur battre. La fièvre nous abandonne. Les gares merveilleuses ne nous abritent plus jamais : les longs couloirs nous effraient. Il faut donc étouffer encore pour vivre ces minutes plates, ces siècles en lambeaux. Nous aimions autrefois les soleils de fin d'année, les plaines étroites où nos regards coulaient comme ces fleuves impétueux de notre enfance. Il n'y a plus que des reflets dans ces bois repeuplés d'animaux absurdes, de plantes connues (Breton/Soupault 1971, 27).

Selbst in diesem auf den ersten Blick offenbar sinnlosen Text fungieren die einzelnen Worte nicht als reines Material, sondern immer als Zeichen. Die willkürliche Kombination und Zusammenhanglosigkeit der Repliken zerstört die konventionellen Bedeutungen nur partiell. Im Fall des absurden Theaters hat diese geplante Bedeutungslosigkeit allerdings eine paradoxe Konsequenz, denn die Sinnlosigkeit der Zeichen funktioniert ihrerseits als Zeichen für die Sinnlosigkeit der Existenz.

Noch eine zweite Prämisse, die im Zusammenhang mit der Funktionsweise von Zeichen im Rahmen literarischer Texte häufig kontrovers diskutiert wird, muss hier kurz erwähnt werden: Wer garantiert dem Leser eigentlich, dass Simenon die in der Interpretation angesprochenen Bedeutungen tatsächlich vermitteln wollte bzw. dass ihm diese Bedeutung auch bewusst war? Die Antwort lautet: Niemand! Es ist völlig unerheblich, ob er diese Bedeutung bewusst geschaffen hat. Wichtig für den Literaturwissenschaftler ist allein, dass sich die Zeichen in Übereinstimmung mit anderen Elementen des Kriminalromans zu einer in sich stimmigen Bedeutung des Textes fügen. Eine **Interpretation** ist dann gesichert, wenn sie von anderen Lesern nachgeprüft werden und eine intersubjektive Geltung beanspruchen kann, und nicht, wenn sie die wirklichen oder vermeintlichen Intentionen des Autors reproduziert.

> Literatur hat das Vermögen, alle Gegenstände und Ereignisse in Zeichen zu verwandeln. Da sie bereits funktionierende sprachliche Zeichen als Material verwendet, kann es ihr im Gegenzug nur unter Nutzung komplexer Techniken der Bedeutungszerstörung gelingen, Sprache als reines Material zu benutzen. In der Literatur gibt es keine ursprünglich bedeutungslosen Elemente. Deshalb spielt es auch keine Rolle, ob ein Autor die literarischen Botschaften seines Textes bewusst und absichtlich vermitteln wollte. Entscheidend ist allein die sich aus dem Text ergebende, vom Interpreten erschlossene Bedeutung.

Ohnehin geht es in der literarischen Kommunikation nicht um die reale Person des Autors, das heißt nicht um die Privatperson Georges Simenon, der vielleicht an dem Tag, als er den Roman begonnen hat, schlecht geschlafen hatte und unter Kopfschmerzen litt. Diese Fragen sind allein für Biographen interessant, haben aber mit Literatur im engeren Sinne wenig zu tun. Zur literarischen Kommunikation gehört hingegen der (vom Leser) entworfene Autor als Verfasser des Werkes. Dieser entworfene oder ideale Autor weiß möglicherweise mehr über das Werk als die reale Person des Verfassers. Auf jeden Fall unterstellt der Leser dem idealen Autor die Konstruktion dieser Bedeutung *post factum*. Um diese Besonderheiten zu verstehen, ist es jedoch wichtig, sich zunächst mit dem Kommunikationsmodell vertraut zu machen.

4 Kommunikationsmodell

Die Elemente und Funktionen des Kommunikationsmodells lassen sich gut mit Hilfe eines kleinen Werbespots illustrieren. Es handelt sich um einen Spot für Maggi Tütensuppen, den der Filmregisseur Jean Becker 1985 für eine französische Werbeagentur gedreht hat. Die Konstruktion der 1. Sequenz ist relativ einfach gestrickt: Ein unauffällig gekleideter Mann verzehrt in seiner Küche eine Maggi-Tütensuppe und preist dem Betrachter ihre Qualitäten an. In den Begriffen der Kommunikationstheorie formuliert lautet die Beschreibung der Szene so:

Beispiel: Jean Becker. *Maggi, potage en flocon.*

1 Ein Sender (Der Mann in der Küche) übermittelt einem Empfänger (einem fiktiven Betrachter der Küchenszene) eine Botschaft (‚Maggitütensuppen schmecken ausgezeichnet'). Dafür bedient er sich eines Kanals, in diesem Fall sowohl des akustischen als auch des visuellen, denn er setzt ein glückliches Lächeln auf, zieht die Augenbrauen hoch, stößt ein verzücktes „Hm" aus und verdreht die Augen. Gleich zu Beginn zeigt er mit dem Finger direkt auf die beworbene Tütensuppe und verweist dadurch auf den Kontext oder die ihn umgebende Wirklichkeit. Die Kommunikation könnte allerdings nicht funktionieren, wenn Sender und Empfänger nicht beide den Kode oder zumindest einen Teil des Kodes kennen würden, innerhalb dessen die verwendeten Zeichen überhaupt eine Bedeutung haben. So muss man, um den Spot zu verstehen, der französischen Sprache mächtig sein. Gänzlich unverzichtbar ist die Kenntnis des Französischen allerdings nicht, denn der Spot bedient sich intensiv mimischer Kodes. Das Lächeln und das Hochziehen der Augenbrauen drücken Zufriedenheit, das Verdrehen der Augen ge-

radezu Verzückung über den Suppengenuss aus. Das Beispiel des Verdrehens der Augen zeigt jedoch, dass der mimische Kode, genauer das mimische Lexikon, vieldeutiger ist als der sprachliche und dass die genaue Bedeutung erst in der Verknüpfung mit anderen mimischen Zeichen entsteht. Mit nach unten gezogenen Lippen etwa drücken verdrehte Augen eher Ablehnung, Verachtung oder Missbilligung aus. Mehr als in der gesprochenen Sprache übernimmt im mimischen Kode die Syntax, das heißt die Beziehung zwischen den Zeichen, die Aufgabe der Monosemierung oder Vereindeutigung des Lexikons.

Die konkreten kommunikativen Funktionen von Zeichen lassen sich nun mit Hilfe der oben genannten sechs Elemente oder Konstituenten (Sender, Botschaft, Empfänger, Kanal, Kode, Kontext) genauer bestimmen (Jakobson 1979). Im vorliegenden Beispiel ist der Bezug zum **Sender** am deutlichsten ausgeprägt. Die mimischen und gestischen Zeichen dienen vor allem dazu, die geradezu exstatische Begeisterung auszudrücken, die der Verzehr der Tütensuppe bei dem Mann auslöst. Diese Funktion, welche die Beziehung zwischen Sender und Zeichen betrifft, nennt Roman Jakobson **emotive** oder **expressive** Funktion (Jakobson 1979, 89). Neben dem Sender beziehen sich Zeichen natürlich auf den **Empfänger**. In einer anderen Szene des Spots wird dies am deutlichsten. Wenn der Regisseur ausruft „Arrêtez tout cela! Allez, on recommence!“, so formuliert er damit eine direkte Aufforderung, einen Appell an die Bühnenarbeiter. In diesem Fall dominiert also die **appellative** Funktion, das heißt die Beziehung zwischen Zeichen und Empfänger. Zeichen verweisen darüber hinaus auf den Kontext, auf die Wirklichkeit, in der sie vorkommen. Wenn der Kommentator aus dem Off etwa sagt „Le nouveau potage en flocons est arrivé“, dann bezieht sich diese Aussage dominant auf die Tütensuppe. Noch deutlicher wird dieser Bezug auf den Kontext in der Szene, in welcher der junge Mann in der Küche mit dem Finger auf die Maggi-Packung zeigt. Diese auf den Kontext oder die Wirklichkeit bezogene Funktion sprachlicher Zeichen nennt Jakobson die **referenzielle Funktion**.

Es gibt noch eine weitere Funktion, die in dem Werbespot nicht ganz so offensichtlich ist wie die bereits behandelten. Wenn der von den um seinen Kopf herumschwirrenden Lauchstangen bedrohte Schauspieler sich mit der Frage „Vous ne trouvez pas que c'est un peu exagéré?“ an den Regisseur wendet, dann möchte er natürlich erreichen, dass das Problem abgestellt wird. Aber gleichzeitig stellt er dadurch einen **Kontakt** zwischen beiden her und überprüft, ob der Kommunikationskanal funktioniert. Ein deutlicheres Beispiel ist die bekannte, häufig zu Beginn eines Vortrags gestellte Frage „Können Sie mich akustisch verstehen?“. Es gibt allerdings auch eine ganze Reihe von Äußerungen, die dem Anschein nach eine referenzielle Funktion haben, aber in Wirklichkeit vor allem dazu dienen, den Kontakt zum Gesprächspartner herzustellen und aufrechtzuerhalten und damit eher der **phatischen Funktion** entsprechen. Das gilt zum Beispiel für den berühmten Gesprächseinsteiger über das schöne Wetter oder aber für eine Reihe von Leerformeln und Alltagsfloskeln wie zum Beispiel „Bonjour!“ oder „Ça va?“ etc. Die amerikanische Linguistin Deborah Tannen hat sogar die These aufgestellt, dass Frauen einigen Funktionen, wie zum Beispiel der phatischen und der appellativen, eine größere Bedeutung zumessen als dies bei Männern der Fall ist, während Männer stärker kontextorientiert kommunizieren (Tannen 1993, 84). Schließlich spielt noch eine weitere Funktion eine wichtige Rolle in der alltäglichen Kommunikation. Sie betrifft den **Kode** selbst, mittels dessen Hilfe wir kommunizieren. In der Linguistik unterscheidet man zwischen der so genannten **Objektsprache**, die sich auf Gegenstände und Ereignisse in der Wirklichkeit, also auf außersprachliche Objekte bezieht, und der **Metasprache**, bei der sich die Sprache auf Sprache bezieht. Wenn wir etwa ein französisches Wort nicht verstehen und – wie Jean Seberg in Jean-Luc Godards Film *A bout de souffle* – beständig fragen: „Qu'est-ce que ça veut dire?", dann wird die **metasprachliche** oder – im weiteren Sinne – metasemiotische – **Sprachfunktion** aktiviert. Diese Funktion dominiert im gesamten Werbespot, da er die Zeichensysteme des Werbespots thematisiert (positive Darstellung des Produkts) und sich gleichzeitig von ihnen distanziert (Dreh eines Werbespots als Thema des Werbespots).

Bisher wurden nur Sprachfunktionen erwähnt, die nicht spezifisch literarisch sind. Kann das Kommunikationsmodell auch einen Beitrag zum besseren Verständnis literarischer Kommunikation liefern? Gibt es eine Sprachfunktion, die von literarischen Texten in besonderer Weise genutzt wird? Es gibt sie, allerdings wird sie nicht ausschließlich von literarischen Texten verwendet, sondern kommt auch in der alltäglichen Kommunikation vor. Sogar die Werbung, die doch eigentlich eine klare appellative Funktion hat, nämlich den Absatz des beworbenen Produktes zu steigern, kann sich dieser Funktion bedienen. Roman Jakobson bezeichnet diese Funktion als **poetische Funktion**. Er beschreibt sie als „Einstellung auf die Botschaft als solche, [als] die Ausrichtung auf die Botschaft um ihrer selbst willen" (Jakobson 1979, 92). Wenn die poetische Funktion aktiviert wird, verweist die **Botschaft** bzw. das Zeichen also zunächst einmal auf sich selbst, es wird **autoreferenziell**. Ins Zentrum der Aufmerksamkeit rückt das Zeichen selbst und nicht das, worauf es verweist.

2 Betrachten wir noch einmal den Werbespot. Bereits in der ersten Szene nutzt der Spot bestimmte Verfahren, welche die Aufmerksamkeit vom beworbenen Produkt abziehen und auf den Werbespot selbst lenken. So wirken die Mimik und Gestik des Schauspielers übertrieben. Sowohl sein Lächeln als auch das Hochziehen der Augenbrauen zu Beginn und erst recht das exstatische Verdrehen der Augen ergeben eine visuelle Hyperbel (Barthes 1982; Eco 1972). Hinzu treten weitere Verfahren, die in der Summe gleichfalls dafür sorgen, dass das filmische Zeichen selbst in den Vordergrund unserer Aufmerksamkeit tritt: Der Schauspieler zeigt explizit auf die Tütensuppe, während gleichzeitig die Stimme des Kommentators aus dem Off, begleitet von harmonischer Musik, die Qualitäten der Suppe anpreist und damit nochmals ausspricht, was uns in allen semiotischen Dimensionen ohnehin schon vermittelt wird: „C'est bon". Gestik, Mimik, Sprache, Text, Musik und Geräusche drücken alle das Gleiche aus. Die Nennung des Produkts durch den Kommentator aus dem Off wird unterstützt durch die Gestik des Schauspielers, der parallel dazu auf die Packung hinweist, während Detail- und Großaufnahmen der Kameraperspektive die hinweisende Funktion unterstützen und das Produkt gleichzeitig hyperbolisch vergrößern. Das Allerweltsgesicht des Schauspielers, der sich in einer Allerweltsküche befindet, um ein Allerweltsgericht zu sich zu nehmen, fungiert als ‚Antonomasie': Er steht für alle möglichen Konsumenten und auch die Zuschauer. Nun schweben Lauch-Stangen durch den Raum, die visuell und synästhetisch den Geruch und Geschmack des Produkts und meto-

nymisch das Gemüse evozieren, aus dem es hervorgegangen ist. Bildkomposition, Musik, Gestik und Mimik der gesamten Szene suggerieren Harmonie, Glück und Zufriedenheit. Das in der alltäglichen Kommunikation wichtige semiotische Prinzip der Mehrfachkodierung, das heißt der Übermittlung ein- und derselben Botschaft durch mehrere Kodes (Müller/Sottong 1998, 120f.) wird in diesem Spot übertrieben, so dass die Informationen redundant werden und mittels der Übertreibung eine komische Wirkung erzeugen. Dadurch rückt das Grundprinzip der Werbung (Übertreibung) an sich ins Blickfeld. Der Werbespot als Ganzes verweist auf sich selbst. Ganz deutlich sichtbar wird dies durch einen Illusionsbruch nach der ersten Szene. Denn nun zeigt der Spot den Dreh eines Werbeclips. Damit wird er gänzlich autoreferenziell. Auch die metasprachliche bzw. metasemiotische Funktion wird aktiviert. Der Werbefilm bezieht sich reflexiv auf sich selbst. Diese Selbstthematisierung wird durch den radikalen Bruch mit den rhetorischen Verfahren des ersten Teils noch verstärkt. Auf der bildlichen Ebene bietet er statt hyperbolischer Großaufnahmen Totalen und Halbtotalen, statt symmetrischer Bildkomposition Asymmetrie, statt Plansequenz Schuss und Gegenschuss, statt des Schauspielers das reale Drehteam usw. Im Ton setzt er der Harmonie des ersten Teils Disharmonien entgegen, dem Off-Kommentar folgt Originalton, dem Monolog Dialog, die fiktiven Geräusche weichen realen. Insgesamt entblößt der zweite den ersten Teil als gekünstelte Illusion und stellt ihm ironisch die Wirklichkeit gegenüber.

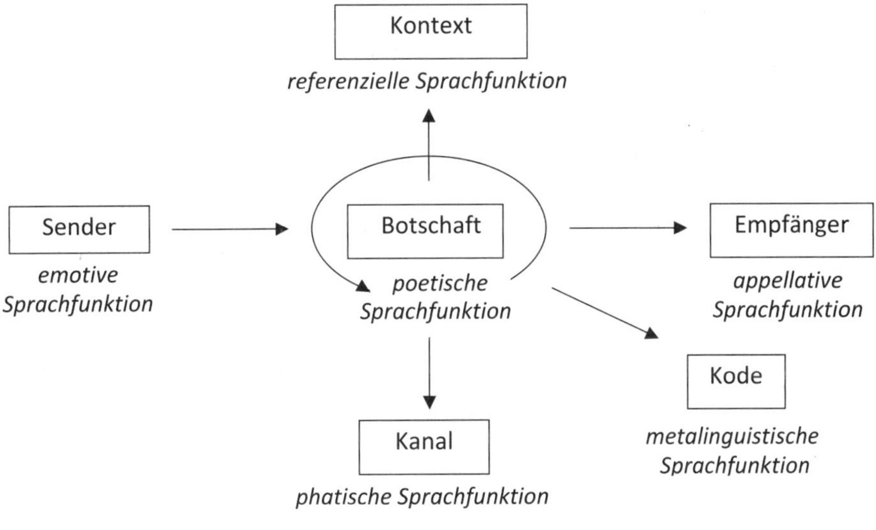

Abb. 2: Kommunikationsmodell nach Jakobson

Wir hatten im ersten Kapitel bereits eine ähnliche Erscheinung als eines der Definitionsmerkmale von Literatur kennengelernt: Die **Deautomatisation** sorgt dafür, dass das normale Funktionieren der Kommunikation zunächst einmal unterbrochen wird und dass das literarische Zeichen selbst in den Vordergrund der Aufmerksamkeit rückt. Mit seinem Kommunikationsmodell gelingt es Jakobson nun zu erklären, welche Folgen die Deautomatisation für den gesamten Kommunikationsablauf hat: Die übrigen Sprachfunktionen werden außer Kraft gesetzt. Allerdings bleibt es nicht dabei. Zu einem späteren Zeitpunkt kann das literarische Zeichen wieder alle semiotischen Funktionen übernehmen. Die Autoreferenzialität der poetischen Funktion ist daher nicht zu verwechseln mit dem *l'art pour l'art*, einer Bewegung, die in Kunst und Literatur einen reinen Selbstzweck sah. Zwar rückt die poetische Funktion das Zeichen selbst in den Vordergrund, doch das verhindert nicht, dass es danach unter intensiver Beteiligung des Rezipienten wieder in seine Funktionen eingesetzt wird. Das Beispiel des Werbespots zeigt, dass die poetische Funktion auch dazu dienen kann, eine Botschaft effektiver zu gestalten. Im ersten Teil inszeniert der Werbespot die klassischen Verfahren der Werbung in übertriebener Weise, um sich im zweiten und dritten Teil davon abzusetzen. Damit begegnet er dem klassischen Vorwurf der Manipulation, der die Werberezeption prägt. Effizient ist die Aktivierung der poetischen Funktion in der Werbung auch deshalb, weil der Rezipient aktiv an der Herstellung der Botschaft beteiligt wird, wobei diese Eigenbeteiligung seine Aufmerksamkeit erhöht und damit auch seine Behaltensleistung steigert. Die poetische Funktion ist mithin keineswegs auf die Literatur beschränkt, sondern kann genauso im Alltag oder in einzelnen Gattungen vorkommen, die – wie die Werbung – klar durch ein anwendungsbezogenes Ziel definiert sind und damit gerade nicht dem literarischen Kriterium der Entpragmatisierung entsprechen. Andererseits ist festzuhalten, dass Literatur nicht ausschließlich die poetische Funktion aktiviert. So hat die Lyrik sicherlich auch eine stark akzentuierte emotive Funktion, beim Roman spielt der Bezug auf die Wirklichkeit und damit die referenzielle Funktion eine große Rolle und im Theater rückt der Bezug zum Zuschauer in den Vordergrund, den man bewegen, überraschen oder zur Reflexion anregen will. Hier ist naturgemäß die appellative Funktion von großer Bedeutung.

Neben der Deautomatisation liefert das Kommunikationsmodell auch noch eine Erklärung für ein weiteres Bestimmungsmerkmal von Literatur. Im ersten Kapitel hatten wir gesehen, dass die **Fiktivität** des Aussageobjektes, vor allem jedoch die Fiktionalität der Aussageinstanz ein wichtiges Kriterium für Literatur bildet. **Fiktionalität** lässt sich mit Hilfe des Kommunikationsmodells aus einer anderen Perspektive betrachten und erklären. Die Ursache dafür liegt in der prinzipiellen Möglichkeit der **Aufteilung und Vervielfältigung der Instanzen der Kommunikation** (Jakobson 1979, 110f.). Was ist damit gemeint? Im Prinzip kann jedes Element der Kommunikation in zwei verschiedene Instanzen aufgespalten werden. Um ein einfaches Beispiel zu wählen: Wenn jemand einem Freund erzählt, wie er morgens eine Auseinandersetzung mit einem Kommilitonen hatte, dann übernimmt der Erzähler automatisch zwei Rollen, nämlich die des Erzählers und diejenige einer Person der erzählten Geschichte, er ist gleichzeitig die Person, die im Hier und Jetzt erzählt und die beiden Personen, die in der Vergangenheit die erzählte Geschichte erlebt haben: „Also da kommt er doch zu mir und wirft mir glatt vor, ich hätte den Termin für die Vorbereitung des gemeinsamen Referates verschlafen. Da sag ich ihm: ‚Das glaubst aber auch nur Du.' Und er darauf: ‚Das glaube ich nicht, das weiß ich.' Und ich: ‚Jetzt reicht es mir aber.' Und dann hab ich ihn einfach stehen lassen.“ Das Gleiche gilt auch für den Zuhörer. Er befindet sich in der Gegenwart der Erzählung, aber gleichzeitig übernimmt er unwillkürlich eine zum erzählten Ich komplementäre Rolle in der Vergangenheit. Schauen wir uns ein Beispiel aus Célines Roman *Voyage au bout de la nuit* an, das den Strukturen mündlichen Erzählens sehr nahe kommt:

> Ça a débuté comme ça. Moi, j'avais jamais rien dit. Rien. C'est Arthur Ganate qui m'a fait parler. Arthur, un étudiant, un carabin lui aussi, un camarade. On se rencontre donc place Clichy. C'était après le déjeuner. Il veut me parler. Je l'écoute. » Restons pas dehors ! qu'il me dit. Rentrons ! « Je rentre avec lui. Voilà. » Cette terrasse, qu'il commence, c'est pour les œufs à la coque ! Viens par ici ! « Alors, on remarque encore qu'il n'y avait personne dans les rues, à cause de la chaleur ; pas de voitures, rien. Quand il fait très froid, non plus, il n'y a personne dans les rues ; c'est lui, même que je m'en souviens, qui m'avait dit à ce propos : » Les gens de Paris ont l'air toujours d'être occupés, mais en fait, ils se promènent du matin au soir ; la preuve, c'est que lorsqu'il ne fait pas bon à se promener, trop froid ou trop chaud, on ne les voit plus ; ils sont tous dedans à prendre des cafés-crème et des bocks. C'est ainsi ! Siècle de vitesse ! qu'ils disent. Où ça ? Grands changements ! qu'ils racontent. Comment ça ? Rien n'est changé en vérité. Ils continuent à s'admirer et c'est tout. Et ça n'est pas nouveau non plus. Des mots, et encore pas beaucoup, même parmi les mots, qui sont changés ! Deux ou trois par-ci, par-là, des petits... « Bien fiers alors d'avoir fait sonner ces vérités utiles, on est demeuré là assis, ravis, à regarder les dames du café (Céline 1979, 15).

In der Erzähltheorie fasst man diese Doppelrolle des Ich-Erzählers in den Begriffen des erzählenden und des erzählten Ich. Die Struktur der Kommunikation ist allerdings noch etwas komplizierter, denn neben dem Ich-Erzähler existiert ja auch noch der Autor Céline. Wenn man alle Möglichkeiten mit einbezieht, lassen sich insgesamt fünf verschiedene Ebenen der Kommunikation unterscheiden, die jeweils aus der Spaltung bzw. Verdoppelung der einzelnen Instanzen von Sender und Empfänger entstehen. Die Erzählforschung hat dazu ein ausdifferenziertes Modell entwickelt, dessen wichtigste Ergebnisse von Rolf Fieguth zusammengefasst und weiterentwickelt worden sind (Fieguth 1973, 186-189). Im Maggi-Werbespot sind alle diese Instanzen nicht nur virtuell, sondern tatsächlich realisiert und werden zum Teil auch im Werbespot selbst gezeigt.

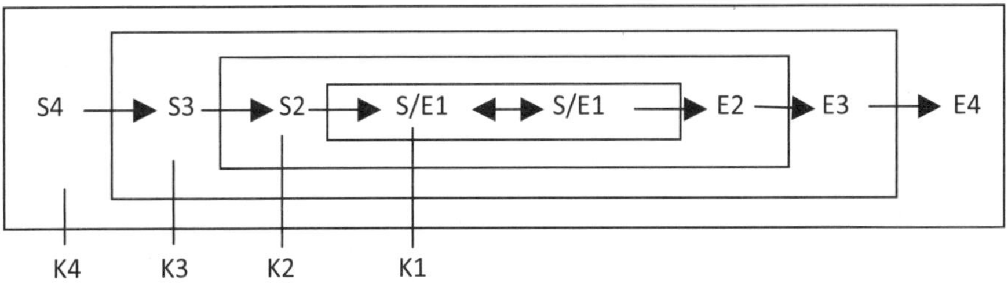

Abb. 3: Ebenen literarischer Kommunikation (nach Pfister 1977, 21)

Auf dem ersten, diegetischen Kommunikationsniveau der erzählten Geschichte (K1) sind die erzählten Figuren als Sender und Empfänger angesiedelt, in diesem Fall der die Suppe verzehrende Mann in der Küche und das nicht explizit anwesende, fiktive Gegenüber, an das er sich wendet. Auf der zweiten Ebene (K2) befinden sich der fiktive Erzähler, in diesem Fall der Präsentator der Tütensuppe, dessen Stimme aus dem ‚Off' ertönt, und sein (impliziter) Zuhörer. Nach dem Illusionsbruch wird jedoch ein drittes, bisher verdecktes Niveau sichtbar (K3) mit dem Regisseur als Sender des gesamten Werbespots und dem Zuschauer als dessen impliziten, hier nicht dargestellten Empfänger. Der Regisseur ist aber nicht der tatsächliche Sender der Werbebotschaft. Diese Position wird in diesem Fall vielmehr von der Firma eingenommen, die den Werbespot im Auftrag von Maggi produziert hat und der sich auf dem Kommunikationsniveau K4 befindet. Der dazu komplementäre Empfänger des Werbespots ist der reale Kino- oder Fernsehzuschauer. Auf der letzten Ebene K5 schließlich ist der außerhalb der filmischen Kommunikation anzusiedelnde reale Sender und Auftraggeber des Werbespots, das heißt die Firma Maggi und dazu komplementär der tatsächlich anvisierte Empfänger der Botschaft, der potenzielle Konsument von Maggitütensuppen. In der literarischen Kommunikation sind diese Instanzen nicht unbedingt durch verschiedene Personen repräsentiert, sondern können in einer einzigen Person zusammenfallen, die alle Kommunikationsrollen gleichzeitig übernimmt. Der **reale Sender** (S5) entspricht hier der empirisch-soziologisch beschreibbaren, konkreten Person, die sich etwa hinter einem Autornamen verbirgt und ohne literarische Attribute beschrieben werden kann. Ihm gegenüber steht die Person des **realen Lesers** (E5), die gleichfalls noch nicht zum literarischen Kommunikationssystem gehört. Diese Ebene ist außerliterarisch (K5). Interessant ist sie vor allem für biographische Fragen nach dem Verhältnis zwischen der realen Person und seiner Rolle als Autor. Daher können wir für unseren im engeren literaturwissenschaftlichen Diskussionszusammenhang auf diese Ebene verzichten. Davon zu unterscheiden ist die bereits zur literarischen Kommunikation gehörende Ebene (K4) des **Autors in seiner Rolle als Produzent** (S4) und des Lesers als **Rezipient** (E4) eines literarischen Werkes (s. Abb. 3). Im Fall von Céline sind die beiden Rollen bzw. Ebenen durch unterschiedliche Namen klar voneinander getrennt: Als real existierender französischer Bürger hieß der Verfasser des *Voyage au bout de la nuit* Louis-Ferdinand Destouches (S5), der Autor aber der Romane und Pamphlete und damit Produzent des Werkes trug den Namen Céline (K4). Auch dieses Kommunikationssysstem und die auf ihm angesiedelten Sender und Empfänger sind real. Davon zu unterscheiden ist der **entworfene Autor** als ideales Subjekt des Werkganzen (S3) und der dazu gehörende entworfene oder **ideale Leser** (E3). Denn der Rezipient deutet ja die in *Voyage au bout de la nuit* vorhandenen Zeichen als Botschaften eines – von ihm selbst ‚entworfenen' – ‚idealen' Autors, so wie der Autor selbst beim Schreiben einen idealen Leser vor Augen hat, der in der Lage ist, die von ihm konstruierte Botschaft zu dekodieren. Das Beispiel des Werbespots zeigt besonders deutlich, warum diese Instanz als ‚idealer' Autor bezeichnet wird. Denn in Wirklichkeit wird die Botschaft ja nicht von einem Regisseur allein, sondern von einem ganzen Kollektiv produziert, zu dem Beleuchter, Cutter, Schauspieler, Dekorateure, Kameramänner etc. gehören (K3). Die gewählten Termini ‚entworfener' oder ‚idealer' Autor bzw. Empfänger zeigen bereits an, dass es sich hier nicht mehr um reale, sondern um fiktionale Instanzen handelt. Die Schwelle von der Realität zur Fiktionalität der Kommunikationsinstanzen ist überschritten. Auf der nächsten, gleichfalls fiktionalen Ebene (K2) befinden sich der **Erzähler** (E2) von *Voyage au bout de la nuit*, der den Namen Ferdinand trägt und sein **impliziter Leser** oder **Zuhörer** (E2), während auf der Ebene der erzählten Geschichte (K1) der fiktive Held (E1) und dessen Freund Arthur wechselseitig die Rollen von **Sendern** (S1) und **Empfängern** (E1) übernehmen. Literatur ist fiktional, weil weder realer und entworfener Autor, noch realer Autor und fiktiver Erzähler identisch sind. Die Differenz zwischen realem und entworfenem Autor einerseits und dem Erzähler andererseits ist auch der Grund dafür, warum realer Autor und fiktionaler Erzähler nicht gleichgesetzt werden dürfen. Weil sie getrennte Rollen übernehmen, darf man Zitate des Erzählers nicht dem Autor unterschieben und darf der Autor nicht für Äußerungen des Erzählers verantwortlich gemacht werden.

Durch das Prinzip der Teilung bzw. Verdopplung der Konstituenten ergeben sich interessante ästhetische Möglichkeiten. Der Werbespot etwa nutzt die Aufspaltung der Konstituenten, um effizienter zu kommunizieren und sich ironisch von einer ‚direkten' Form der Werbung abzusetzen, die in den Augen seiner Produzenten nicht mehr funktionieren würde.

Zeichen können ganz unterschiedliche Funktionen übernehmen: Für den Sender hat die Mitteilung eine expressive oder emotive Funktion, denn sie dient dem Ausdruck seiner Meinungen, Einstellungen oder Empfindungen. Für den Empfänger hat sie eine appellative (konative) Funktion. In Bezug auf den Kanal hat die Botschaft eine phatische Funktion, die der Herstellung und Aufrechterhaltung des Kontaktes zwischen Sender und Empfänger dient. Die metasprachliche Funktion betrifft die Beziehung zwischen Botschaft und Kode, die referenzielle Funktion den Bezug zwischen Botschaft und Kontext bzw. die Wirklichkeit. Alle Funktionen sind in der Regel in der Kommunikation mehr oder weniger verwirklicht, wobei eine Funktion dominant sein kann. Die poetische Funktion ist autoreferenziell, d.h. sie verweist auf die Botschaft selbst und veranlasst den Rezipienten, sich mit dem komplexen Zeichen, seiner Form und seiner Bedeutung auseinanderzusetzen. Allerdings ist diese Selbstreferenz lediglich der erste Schritt eines poetischen Prozesses, an dessen Ende das sprachliche Zeichen wieder seine Funktionen übernimmt.

Makrostrukturen

Jochen Mecke/Ulrich Winter

1 Was sind Makrostrukturen?

Der französische Filmregisseur Jean-Luc Godard zeigt in seinem ersten, als Manifest der *Nouvelle Vague* geltenden Spielfilm *A bout de souffle* (F 1960) eine Szene, in welcher der Kleinverbrecher und Macho Michel Poiccard, gespielt von Jean-Paul Belmondo, mit einem gestohlenen Auto die Landstraße nach Paris entlangfährt. Am Straßenrand stehen zwei hübsche junge Frauen, die per Anhalter mitfahren wollen. Poiccard drosselt die Geschwindigkeit, bremst ab, betrachtet die beiden Anhalterinnen genauer und kommentiert: „Oh, la petite a de belles cuisses." Die beiden Frauen machen sich schon Hoffnungen, doch dann ruft Poiccard plötzlich aus: „Mais l'autre, elle est nulle" und gibt plötzlich Gas.

Diese kleine Szene ruft im Kino und beim Lesen Schmunzeln hervor, weil wir bereits gleich zu Beginn eine traditionelle Figurenkonstellation mit Autofahrer und hübschen Anhalterinnen im Kopf haben und von hier aus fast automatisch eine bestimmte Handlungsstruktur entwerfen, nämlich, dass der Autofahrer anhält, die Frauen einsteigen lässt und sich eine Beziehung zwischen ihm und einer der Frauen entwickelt. Denn wir sehen einen Film oder lesen einen Roman nicht nur in der chronologischen Abfolge, sondern entwerfen laufend Hypothesen über den möglichen Fortgang der Handlung und spinnen auf diese Weise den Faden der Geschichten weiter, so dass der eigentliche Lektürevorgang nicht in einer bloßen Abfolge von Ereignissen besteht, so etwa wie man Perle auf Perle auf eine Schnur zieht, sondern in fortwährenden Gedächtnissynthesen des bereits Gelesenen und Antizipationen der weiteren Entwicklung der Beziehungen zwischen den Figuren (Figurenkonstellation) und der Handlung (Handlungsstruktur) (Segre 1974, 6). Wir können dies, weil wir durch unsere vergangenen Lektüreerfahrungen eine Reihe literarischer Muster kennengelernt haben. Diese Muster kommen nicht nur in der Literatur vor, sondern auch in der alltäglichen kulturellen Praxis. Die Transaktionsanalyse des Psychologen Eric Berne (2007) etwa untersucht solche kulturell, sozial und psychologisch geprägten Strukturen von Beziehungen zwischen einzelnen Personen und daraus resultierende Handlungsschemata. Berne spricht gar von einem Lebensskript, einem Drehbuch für unser Leben, das wir in uns tragen und unbewusst ausführen, es sei denn, wir sind in der Lage, uns dessen bewusst zu werden und eine wirkliche Alternative zu wählen (Berne 2001, 115-124).

Historisch verfestigte, von literarischen Werken immer wieder behandelte Figuren-, Handlungs- oder Themenkomplexe wie zum Beispiel Generationskonflikt, Tyrannenmord oder Doppelgänger oder auch mythologische, historische oder biblische Muster der Figurenkonstellation und der Handlung oder Teilhandlung werden traditionell als Stoffe (Frenzel 1962) oder Motive (Frenzel 1976) bezeichnet. In der Erzählforschung nennen wir diese und alle anderen Handlungs- und Figurenkonstrukte **Makrostrukturen**. Wir bezeichnen damit die Groß-Bauformen erzählender Texte, vergleichbar dem Grundriss von Bauwerken (Bierwisch 1971, 584-586). Makrostrukturen sind diejenigen Elemente von Erzählungen, die im Langzeitgedächtnis behalten werden (Bierwisch 1971, 584; Dorner-Bachmann 1979, 122). Aber welche Elemente sind dies? In seiner berühmten Rezension von *Madame Bovary* hat Charles Baudelaire diese Ordnungsprinzipien aufgezählt und gleichzeitig das Wagnis Flauberts verdeutlicht:

> « Quel est le terrain de sottise, le milieu le plus stupide, le plus productif en absurdités, le plus abondant en imbéciles intolérants? » «La province.» «Quels y sont les acteurs les plus insupportables? » «Les petites gens qui s'agitent dans de petites fonctions dont l'exercice fausse leurs idées. » «Quelle est la donnée la plus usée, la plus prostituée, l'orgue de Barbarie le plus éreinté?» «L'Adultère.» (Baudelaire 1968, 451; Hervorhebungen J.M.).

Damit hat Baudelaire diejenigen Elemente der Makrostruktur genannt, die für Flauberts Roman charakteristisch sind: Im Einzelnen handelt es sich dabei um die Figuren und ihre Beziehungen („Les petites gens …"), um die Handlung („L'adultère") und die zeitlichen und räumlichen Konfigurationen („La province"), die in der Makrostrukturforschung unter der Kategorie des Chronotopos behandelt wird.

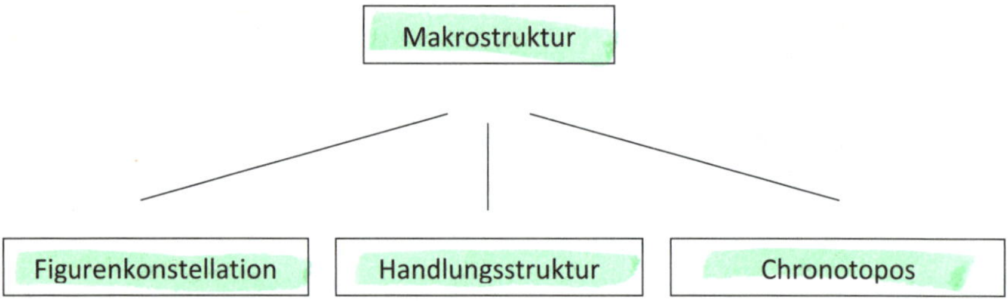

Abb. 1: Elemente der Makrostruktur

Um ein konkretes Beispiel zu geben: In Gustave Flauberts Roman *Madame Bovary* (1856) haben wir es mit einer klassischen Dreierkonstellation zu tun: Emma steht dabei zwischen ihrem Ehemann Charles Bovary und ihren jeweiligen Liebhabern. Zunächst wird diese Rolle von Rodolphe, später dann von Léon ausgefüllt. Man kann die Figuren auch als Akteure, das heißt als Träger von Handlungsfunktionen beschreiben. Demnach wäre Emma Täter und Charles das Opfer. Die sich daraus ergebende Teilhandlung des Romans lässt sich in einem Satz zusammenfassen: Emma betrügt ihren Mann Charles mit ihren Liebhabern. Handlungen setzen sich insgesamt jedoch aus mehreren solcher Ereignisse zusammen, die durch bestimmte Verknüpfung miteinander verbunden werden. Die Formen der Verknüpfung können kausallogisch („Emma stirbt aufgrund einer Vergiftung"), chronologisch („Emma stirbt, nachdem sie sich vergiftet hat") oder psychologisch sein („Emma nimmt Gift und stirbt, weil sie mit ihrem Leben unzufrieden ist"). Die Handlung entfaltet sich in einer bestimmten Raum-Zeit-Konfiguration, in diesem Fall in der französischen Provinz des 19. Jahrhunderts, einem Chronotopos (Bachtin 1989, 7) der quälend langsam verstreichenden Zeit an einem Ort der Bedeutungslosigkeit, der Routine, des Alltags, unter dem Emma besonders leidet, während Orte wie Paris und auch Rouen Freiheit und Abenteuer versprechen. Die entsprechende Zusammenfassung im Hinblick auf den Chronotopos würde hier lauten: „Emma leidet an der Bedeutungslosigkeit der Provinz und stirbt dort, nachdem sie in Rouen Charles betrogen hat." Schließlich entfalten sich in Makrostrukturen Themen oder Konzepte (vgl. Stierle 1975), wie z.B. der Ehebruch. Strukturell lassen sich diese Elemente in Form von Ereignistypen, Handlungsschemata, Figurentypen, räumlichen Konfigurationen und chronologischen Modellen beschreiben (s.u.).

Makrostrukturen nennen wir Bauformen des Erzählens, die sich aus konkreten Erzählungen abstrahieren lassen. Sie bestehen aus der Figurenkonstellation, der Handlungsstruktur und der Raum-Zeit-Konfiguration (Chronotopos). Es sind diejenigen Strukturen eines Textes, die nach der Lektüre im Langzeitgedächtnis gespeichert werden. Aufgrund ihres Abstraktionsgrades lassen sich diese Bauformen ohne Abstriche auf verschiedene Epochen, Gattungen und Medien übertragen. Ihre Analysemethode ist somit gleichermaßen auf Narrativik, Drama, Hörspiel, Film und Hyperfiction anwendbar.

Einschlägige Fragestellungen, die sich auf der Grundlage von Makrostrukturanalysen angehen lassen, sind etwa: Welche Handlungsschemata sind typisch für bestimmte Gattungen (Märchen, Novelle, Drama, Roman) und Epochen und wie hat sich deren poetische Formengeschichte entwickelt? Der russische Anthropologe Vladimir Propp hat etwa die gesamten Märchen der Afanasev-Sammlung im Hinblick auf ihre Konstanten untersucht und dabei abstrakte Schemata herausdestilliert, auf die sich alle in der Sammlung enthaltenen Märchen zurückführen lassen (Propp, 1972). Eine ähnlich geartete Untersuchung hat der französische Literaturwissenschaftler Tzvetan Todorov für die hundert Novellen aus Boccaccios *Decamerone* (Todorov 1969) und für die Figuren und Handlungen aus Choderlos Laclos' Roman *Les Liaisons dangereuses* (Todorov 1966) vorgelegt. Mit solchen Untersuchungen lassen sich Schemata bestimmter Epochen oder Gattungen herausfinden, die als Erwartungshorizont die Lektüre des einzelnen Lesers bestimmen. Wer einen Kriminalroman kauft, hat sofort und ohne eine Zeile gelesen zu haben die konventionelle Figurenkonstellation von Opfer, Verdächtigen, Detektiv, Helfer, Täter und das klassische Handlungsschema von Verbrechen und Aufklärung mit abschließender Identifizierung des Täters im Kopf. Der französische Ethnologe Claude Lévi-Strauss hat demonstriert, dass sich auch die Mythen und Geschichten der Amazonasindianer auf bestimmte Handlungsschemata zurückführen lassen (Lévi-Strauss 1974), während der amerikanische Ethnologe Alan Dundes gezeigt hat, dass Handlungsschemata nicht nur von Literatur zu Literatur, sondern auch von Kultur zu Kultur differieren. Während etwa die in der europäischen Kultur vorherrschende Struktur der Heldenerzählung immer Sequenzen des Verzichts, der Prüfung oder der Überwindung von Hindernissen auf dem Weg zum Glück enthält, ist dies in den Geschichten bestimmter indianischer Völker keineswegs der Fall (Dundes 1964). Man kann also auf der Basis der Makrostrukturanalyse auch Unterschiede zwischen Kulturen bestimmen.

Ein weiteres Anwendungsfeld ist die Alltagskultur, da wir auch hier Konstellationen wie zum Beispiel Chef und Angestellter, Vater und Sohn oder komplexere Beziehungsgeflechte mit mehreren Personen antreffen. Die französische Schriftstellerin Nathalie Sarraute hat in Romanen wie zum Beispiel *Le Planétarium* (1956) gezeigt, dass solche Konstellationen auch in unserem Inneren existieren. Wenn wir in Ausbildung, Beruf oder Privatleben vor einer Herausforderung stehen, so stellen sich fast automatisch in unserem Inneren zwei Antagonisten ein, der risikofreudige Draufgänger und der ängstliche Bedenkenträger. Man kann letztendlich von uns getroffene Entscheidungen durchaus als Handlungen auffassen, die sich aus dem Kräfteverhältnis dieser ‚inneren' Figurenkonstellation ergeben (Schulz von Thun 1999, 21-48).

Makrostrukturanalysen geben auch Antwort auf die Frage, wie ein gegebener Stoff in verschiedenen Epochen, Gattungen oder Medien unterschiedlich bearbeitet wird. Zum Beispiel: Welche Elemente der Handlung und der Figurenkonstellation übernimmt Pierre Corneille in seinem Stück *Le Cid* (1636) von Guillén de Castros Theaterstück *Las mocedades del Cid* (1618)? Welche lässt er aus, welche formt er um? Welche Handlungselemente und Figuren übernimmt Molière in seinem *Dom Juan* von Tirso de Molinas Vorlage *El burlador de Sevilla y convidado de piedra* (1619). Oder welche Figuren und Ereignisse übernimmt François Truffaut aus dem Roman *Jules et Jim* von Henri-Pierre Roché für seinen gleichnamigen Film (Roché 1953; Truffaut 1962)?

Die Makrostrukturanalyse lässt sich nicht nur auf Erzählungen in unterschiedlichen Medien anwenden, sondern auch auf narrative Texte jeglicher Art: literarische, fiktive, aber auch Alltagserzählungen und Mythen, auf ethnographische und historiographische Werke oder auch auf geschichtsphilosophische Entwürfe mit narrativen Strukturen wie etwa den Marxismus, der die Geschichte als Abfolge von Klassenkämpfen beschreibt (vgl. Löwith 1983/White 1973; Clifford/Marcus 1986). Zwei Einschränkungen müssen allerdings an dieser Stelle gemacht werden: Erstens gilt das im Folgenden vorgestellte Analysemodell nur für narrative und nicht für argumentierende oder beschreibende Texte. Zweitens bleibt darüber hinaus festzuhalten, dass die verwendeten Kategorien wie ‚Kohärenz', ‚Schlüssigkeit', ‚Motiviertheit', ‚Logik', ‚Wahrscheinlichkeit' etc. keine Normen, sondern nur Analysebegriffe darstellen und dass poetische Innovation – wie das Beispiel aus Jean-Luc Godards Film zeigt – häufig darin besteht, etablierte Schemata zu durchbrechen.

Makrostruktur – Diskursstruktur – Mikrostruktur

So wie man bei einem Bauwerk von dem Baumaterial und bestimmten Gestaltungsvarianten absehen muss, um seinen Grundriss, seinen Bauplan erkennen zu können, ist es nötig, bei einem Text von verschiedenen Elementen zu abstrahieren, um die Makrostruktur herauszuschälen. Nehmen wir als Beispiel ein berühmtes französisches Gedicht, Jean de La Fontaines „Le corbeau et le renard“ aus den *Fables*:

> Maître Corbeau, sur un arbre perché,
> Tenait en son bec un fromage.
> Maître Renard, par l’odeur alléché,
> Lui tint à peu près ce langage :
> Hé bonjour, Monsieur du Corbeau.
> Que vous êtes joli ! que vous me semblez beau !
> Sans mentir, si votre ramage
> Se rapporte à votre plumage,
> Vous êtes le Phénix des hôtes de ces bois.
> A ces mots, le Corbeau ne se sent pas de joie ;
> Et pour montrer sa belle voix,
> Il ouvre un large bec, laisse tomber sa proie.
> Le Renard s’en saisit, et dit : Mon bon Monsieur,
> Apprenez que tout flatteur
> Vit aux dépens de celui qui l’écoute.
> Cette leçon vaut bien un fromage, sans doute.
> Le Corbeau honteux et confus
> Jura, mais un peu tard, qu’on ne l’y prendrait plus.
> (La Fontaine 1995, 76)

Die Makrostruktur des Gedichtes ist schnell beschrieben: Es liegt eine relativ einfache Figurenkonstellation vor: Fuchs und Rabe sind Antagonisten, die sich miteinander in Konkurrenz um ein begehrtes Objekt befinden. Den beiden Figuren kommen bestimmte Merkmale zu, von denen allerdings nur diejenigen Eingang in die Makrostrukturanalyse finden, die systematische Oppositionen bilden bzw. für die Handlung eine zentrale Bedeutung haben. In diesem Fall spielt es keine Rolle, dass der Rabe Federn hat und fliegen kann oder der Fuchs ein rotes Fell besitzt. Es werden einzig und allein diejenigen Merkmale herausgefiltert, durch welche Fuchs und Rabe zueinander in Opposition stehen: Der Fuchs ist begierig auf das Objekt, das der Rabe besitzt, er ist schlau und gerissen, während der Rabe dumm und eitel ist.

Fuchs	Rabe
+ schlau	– schlau
– eitel	+ eitel
– Besitz	+ Besitz

Abb. 2: Figurenmerkmale in „Le corbeau et le renard“

Die Figurenkonstellation kann gleichfalls mit Hilfe eines einfachen Schemas dargestellt werden.

Fuchs ------------------> Käse <------------------ Rabe

Abb. 3: Figurenkonstellation in „Le corbeau et le renard"

Die Handlung, die sich daraus ergibt, lässt sich in einem Satz zusammenfassen: Der Fuchs jagt dem Raben durch List einen Käse ab.

Um zur **Figurenkonstellation** zu gelangen, mussten wir von zwei Bereichen abstrahieren: Zum einen haben wir von der konkreten textuellen bzw. sprachlichen Ausgestaltung der Geschichte und damit auch vom Medium abgesehen, in dem die Geschichte erzählt wird, in diesem Fall die Gedichtformen mit Metren, Reimen, Tropen und rhetorischen Figuren. Diesen Bereich der minimalen Verknüpfungen zwischen Textelementen, die es erlauben, einen Text simultan im Kurzzeitgedächtnis zu behalten, bezeichnet man in der Literaturwissenschaft als **Mikrostrukturen**. Darüber hinaus haben wir aber auch von der besonderen Art und Weise der Präsentation des Textes abgesehen, das heißt von den Verfahren der Vermittlung (z.B. Erzählperspektive oder Redewiedergabe), den sogenannten **Diskursstrukturen**, die je nach Gattung, Epoche und Medium unterschiedlich sein können. Wenn man unter einer Erzählung (*récit*) die Gesamtheit der literarischen Strukturen eines Textes versteht – und nur um diese Strukturen geht es im Moment – gilt die Faustformel: Literarische Erzählung = Makrostruktur + Diskursstruktur + Mikrostruktur. Die Unterscheidung zwischen erzähltem Inhalt (Geschichte) und der Art seiner Präsentation ist in der französischen Literaturwissenschaft unter den Begriffen *histoire* und *discours* eingeführt worden. In der Tat wurden seit alters her das ‚Was' und das ‚Wie' der Erzählung unterschieden, allerdings mit je etwas verschobenen Akzentsetzungen. Aristoteles differenziert zwischen *logos* (die zugrunde liegende Handlung, der Stoff, auf den der Autor zurückgreift) und *mythos* (gr. ‚Erzählung', d.h. die Art und Weise, wie die Handlung durch Sprache nachgeahmt wird) (Aristoteles 1976, 23). Für die klassische **Rhetorik** war schon die Trennung von ‚Materie', ‚Thema' (‚Stoff', ‚Rohstoff') (bzw. *inventio*) und der Ausarbeitung, Behandlung, dem ‚Traktieren' des Stoffes (*tractatio*, *dispositio*) maßgeblich. Etwas anders akzentuiert ist die im angelsächsischen Sprachraum verbreitete Gegenüberstellung von *story* und *plot*, die Forster (1964) einführt. *Story* meint die Anordnung der Handlung als zeitliche Sukzession betrachtet („Emma betrügt Charles und stirbt"), *plot* die Anordnung als kausale Folge („Emma verschuldet sich, weil sie mit ihrem Leben unzufrieden ist") (vgl. Lämmert 1955, 24-26; 1982, 68f.). Für die französische Literaturwissenschaft unmittelbar prägend wurde die vom russischen Formalismus her bekannte Unterscheidung zwischen ‚Fabel' und ‚Sujet': ‚Fabel' meint den narrativen Gehalt, die Summe der Ereignisse, und ‚Sujet' die Art und Weise, wie diese Ereignisse in der Erzählung angeordnet werden (Erlich 1973, 268). Die französische narratologische Forschung übersetzt Fabel und Sujet mit einer weiteren Akzentverschiebung in das Begriffspaar *histoire* und *discours*. Tzvetan Todorov (1966, 126) formuliert diese Unterscheidung wie folgt:

> Ganz allgemein betrachtet hat das literarische Werk zwei Aspekte: es ist gleichzeitig eine Geschichte (*histoire*) und eine Rede, ein Diskurs (*discours*). Es ist *histoire*, insofern es eine gewisse Wirklichkeit evoziert, Ereignisse, die passiert sein sollen (oder hätten passieren können, wenn es nicht eine Geschichte wäre), Figuren, die in dieser Hinsicht auch reale Personen sein könnten. Diese gleiche Geschichte hätte uns auch durch ein anderes Medium erzählt werden können: durch einen Film z.B.; man hätte sie auch als mündliche Zeugenerzählung erfahren können, ohne dass die Geschichte zu einem Buch geworden wäre. Aber das Werk ist gleichzeitig eine Rede, ein Diskurs: es gibt einen Erzähler, der die Geschichte erzählt; und einen Leser, der sie liest, hört oder sieht. Auf dieser Ebene sind es nicht die erzählten Ereignisse die zählen, sondern die Art und Weise, wie der Erzähler uns davon in Kenntnis setzt (Todorov 1966, 126).

Die Diskurs-Ebene ist zugleich die Ebene der Integration und der erzählstrategischen Konkretisation der Handlung bzw. der Geschichte (jede Geschichte ist eine erzählte Geschichte). Die Diskursstruktur ihrerseits ist gleichfalls das Ergebnis einer Abstraktion, denn hier wird von der Mikrostruktur abgesehen, das heißt von der konkreten sprachlichen Vertextungsebene, die aber die Basis der Lektüre darstellt, nämlich den Text, wie wir ihn lesen. Aus der konkreten Textgestalt können wir dann den literarischen Diskurs isolieren, also die Art und Weise der Vermittlung, etwa durch eine bestimmte Form der Erzählperspektive, z.B. autobiographisch, und eine zeitliche Darstellung wie zum Beispiel eine Raffung der erzählten Zeit oder eine bestimmte Form der Redewiedergabe wie z.B. der *discours indirecte libre*, die ‚erlebte Rede'. Dabei ist allerdings zu beachten, dass sowohl die Erzählperspektive als auch die narrative Zeitdarstellung durch die konkrete Textgestalt, das heißt durch die Mikrostruktur aufgebaut werden. Das Gleiche gilt für die Makrostruktur. Auch sie wird durch Mikro- und Diskursstruktur aufgebaut. Das heißt allerdings nicht, dass Mikrostrukturen nur dazu dienen, Diskurs- und Makrostrukturen zu konstruieren. Sie können vielmehr durchaus in Spannung zur Makrostruktur stehen. Ein berühmtes Beispiel dafür sind die Romane Balzacs, deren Figurenkonstellation und Handlungsstruktur (Makrostruktur) und auktoriale Kommentare (Diskursstruktur) häufig eine klare ideologische Tendenz aufweisen, während die Ebene der konkreten Versprachlichung (Mikrostruktur) häufig ein anderes Bild zeichnet (Macherey 1966, 202). Die drei Ebenen des narrativen Textes und folglich der Analyse lassen sich in folgendem Schema darstellen:

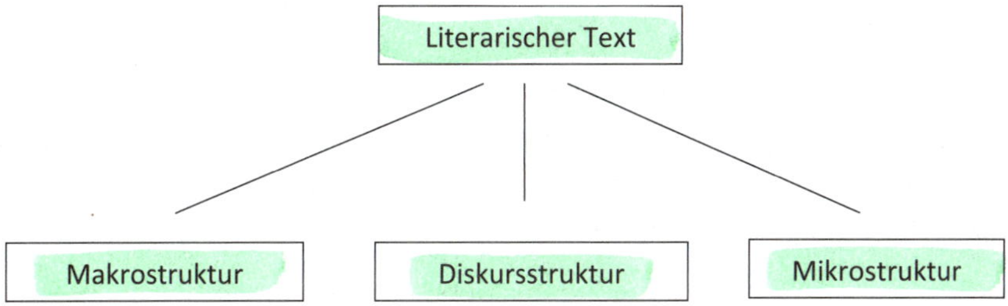

Abb. 4: Die drei Dimensionen von Texten

Die Gegenstände und Formen der auf diese Elemente des Textes bezogenen Analysen sind in der folgenden Tabelle dargestellt:

Ebene der Analyse	Gegenstand der Analyse	Elemente der Analyse	Form der Analyse
1) Makrostruktur	Erzählte oder dargestellte Geschichte	Figurenkonstellation Handlungsstruktur Chronotopos	Abstraktion aus Ebene 2 und 3; Rekonstruktion; Identifikation von Strukturen
2) Diskursstrukturen	Art und Weise, das Wie der Darstellung	Zeitliche Strukturen Erzählperspektiven Formen der Redewiedergabe	Vergleich zwischen erzählter Geschichte und Form der Darstellung
3) Mikrostrukturen	Text (= Konstituierungsebene der Makro- und Diskursstruktur)	Stil, Tempus, rhetorische Figuren und Tropen etc. Schreibweise	Analyse von Tropen, rhetorischen Figuren, Metrik, Reimstrukturen, Schreibweisen etc.

Histoire und *discours* lassen sich mithin getrennt voneinander analysieren. Während die *histoire*-Ebene – unabhängig von Gattungen und Medien – Gegenstand der Makrostrukturanalyse ist, kommen bei einer Diskursanalyse verschiedener Medien und Gattungen (Narrativik, Theater, Hörspiel, Film, Hyperfiction) je eigene Analysemodelle abhängig vom jeweiligen Medium (Buch, Bühne, Radio, Tonband, Mp3-Player, Zelluloid, DVD etc.) und dem verwendeten Kodesystem zur Anwendung. Das Kapitel ‚Makrostrukturen' lässt sich deshalb auf alle Gattungen und Medien anwenden, während Diskurs- und Mikrostrukturanalyse Gegenstand der Einzelkapitel zu ‚Narrativen Texten', ‚Drama/Theater', ‚Hörspiel', ‚Film' und ‚Hyperfiction' sind. Die makrostrukturelle Untersuchung der erzählten Geschichte bietet sich daher aus methodischer Sicht als sinnvoller erster Schritt zur Analyse einzelner Gattungen und Medien an. Da sich Handlungsstrukturen aus der Figurenkonstellation entwickeln, soll mit einer Darstellung der Figurenkonstellation begonnen werden.

2 Figuren und ihre Beziehungen: Figurenkonstellation

2.1 Figuren und Figurenkonzeption

In der Makrostrukturanalyse ist jede Figur vollständig durch ihre Beziehung zu den anderen Figuren definiert. Dieses Prinzip lässt sich über die direkten Handlungsfunktionen hinaus noch verallgemeinern und auf die handlungsrelevanten Eigenschaften beziehen, die dem Akteur als Figur zukommen. Relevant für die Makrostruktur sind alle Figurenmerkmale, die sich in das Beziehungsgeflecht der Figuren einpassen und die Handlung mitbestimmen. Im bereits zitierten Beispiel der Fabel von La Fontaine wären dies die Eigenschaften:

‚Schlauheit' und ‚Gier' (Fuchs), ‚Eitelkeit' und ‚Dummheit' (Rabe) sowie ‚Attraktivität' (Käse). Diese Eigenschaften lassen sich nach verschiedenen, untereinander aber kombinierbaren Schemata systematisieren (Pfister 1982, 220-264; Asmuth 1994, 85-101; Bal 1997, 195-207; Hamon 1977):

Auf elementarer Ebene bietet es sich an, verschiedene **Merkmalstypen** zu unterscheiden: (a) geistige oder charakterliche Eigenschaften (Tugenden, Laster, kognitive Fähigkeiten wie das Maß an Intelligenz oder Emotionalität); (b) körperliche Eigenschaften (Geschlechtszugehörigkeit, Alter, Schönheit, Stärke); (c) äußere Umstände (soziale Verhältnisse, Herkunft, Stand, materielle Besitzwerte, Beruf, soziale Beziehungen) – all dies sind Charakterisierungen, die direkt oder indirekt für die Handlung relevant sind, die Figuren also als Akteure definieren.

Die Grundkonstellationen des klassischen Dramas mit seiner Ständeklausel können hier als Beispiel dienen. In Corneilles *Cid* ist Rodrigue ein junger, starker, tugendsamer Angehöriger des Hochadels, Chimène eine junge, schöne, tugendsame Angehörige des Hochadels. Wir haben damit acht Merkmale aus den drei Kategorien vorliegen, aus denen sich bereits diverse Möglichkeiten eines Handlungsgerüstes ergeben. Es fehlen noch ein Konflikt, im Fall des *Cid* der zwischen den Konzepten Ehre und Liebe, Pflicht und Neigung sowie ein Gegenspieler, hier der Vater von Chimène, Don Gomès.

Ebenso wie sich die Handlungsfunktionen einzelner Akteure erst durch das Funktionsgeflecht oder System aller Akteure ergeben, lassen sich auch die handlungsrelevanten Merkmale und Eigenschaften der Figuren am besten durch Kontraste und Korrespondenzen untereinander bestimmen. Strukturell gesehen kommen Figuren für die Makrostrukturanalyse als Ensembles semantischer Merkmalskomponenten in Betracht, sie stellen „Schnittpunkte von Kontrast- und Korrespondenzrelationen" (Pfister 1982, 224) im Gefüge aller Figuren dar. Solche Relationen können, wie gesagt, in Bezug auf geistige, charakterliche, körperliche Eigenschaften oder äußere Umstände der Figuren bestehen, die übrigens bis ins 19. Jahrhundert – teils auch darüber hinaus – zum Grundrepertoire der Figurenkonstruktion gehörten und deshalb wichtige historische Kriterien für die Figurenanalyse sind. Die weltlichen Kardinaltugenden und der christliche Tugend- und Sündenkatalog sind insbesondere als historische Schemata zu nennen. Über diese historischen und zugleich konkreten und eindimensionalen Ordnungsschemata hinaus sind weitere Spezifizierungen möglich. Dazu zählen etwa (d) Kompetenzen der Figuren, (e) ihre Machtfülle und ihr Wissen, (f) ihr Verhältnis zur Wahrheit und (g) psychologische Beziehungen. Im handlungsbezogenen Modell (s.u.) können auch psychische Instanzen (Ich, Es, Über-Ich) die Rolle von Akteuren übernehmen, so dass die Handlung nach psycho(patho-)logischer Logik verläuft. Dazu gehören auch (h) im weitesten Sinne ideologische Zuschreibungen die zum Beispiel durch die Gegensätze konservativ/progressiv, Stadt/Land, Herr/Knecht (Unternehmer/ Arbeiter, Kolonialherr/Ausgebeuteter), Weiblichkeit/Männlichkeit etc. ausgedrückt werden können.

Neben der analytischen Beschreibung der Figuren als Akteure, in der einzelne Merkmale zugeordnet werden, hat es sich als sinnvoll erwiesen, auch das Gesamtbild von Figuren zu typisieren. Die **Figurenkonzeption** erfasst die Eigenschaften einzelner wichtiger Figuren, zunächst einmal ohne direkte Berücksichtigung ihrer Beziehung zu anderen Figuren sowie ihrer Stellung im Figurengefüge und im Handlungsverlauf. Dabei werden mehrere Dimensionen unterschieden. Jeder dieser Dimensionen liegt eine bestimmte ästhetische Wirkungsabsicht und ein spezifisches Welt- und Menschenbild zugrunde.

Figuren können statisch oder dynamisch angelegt sein. Dynamische Figuren wandeln sich im Laufe des Werkes, sie machen eine Entwicklung durch, ihre Merkmale verändern sich dadurch. Statische Figuren hingegen ändern sich nicht, sondern bleiben über die gesamte Dauer der Handlung identisch. Statische Figuren sind für komische Texte charakteristisch, im Theater etwa die Komödie, dynamische für ernsthafte Texte, wie zum Beispiel im realistischen Drama. So ändern sich Haupt- und Nebenfiguren in den Theaterstücken von Molière zumeist nicht, während die Figuren im realistischen Roman des 19. Jahrhunderts dynamisch angelegt sind. Julien Sorel, der Held von Stendhals Roman *Le Rouge et le noir* (1830), durchläuft eine Entwicklung vom besessenen Karrieristen und Heuchler zu einem Menschen, der den gesellschaftlichen Schein durchschaut hat, zur Wahrhaftigkeit findet und zum Verzicht bereit ist.

In der zitierten Fabel „Le corbeau et le renard“ von La Fontaine sind die beiden Figuren statisch angelegt, eine mögliche Veränderung des Raben, der schwört, dass er sich nicht mehr so leicht hereinlegen lassen wird, findet erst außerhalb des Gedichtes statt. Illustrieren wir die Kategorien durch ein berühmtes französisches Theaterstück, Edmond Rostands 1898 uraufgeführtes und mehrmals verfilmtes Drama *Cyrano de Bergerac:*

1 Das Stück handelt von dem bekannten Dichter des 17. Jahrhunderts, der mit außergewöhnlichem Mut, Stärke, militärischem und literarischem Talent und Esprit begabt ist. Cyrano ist unsterblich in seine schöne Cousine Roxane verliebt. Doch leider ist sein Gesicht durch eine übergroße Nase entstellt. Da er Roxanes Ablehnung befürchtet, verbirgt er seine wahren Gefühle ihr gegenüber. Zudem gehört Roxanes Zuneigung dem gutaussehenden Christian de Neuvillette, einem Kadetten in der Kompanie Cyranos. Christian erwidert die Gefühle Roxanes, verfügt aber leider nicht über den für Roxane so wichtigen literarischen Esprit, also genau jene Eigenschaft, die Cyrano im Übermaß besitzt. Die beiden Männer schließen einen Pakt: Cyrano leiht dem Nebenbuhler seine literarischen Fähigkeiten, um ihm bei Roxane zum Erfolg zu verhelfen, während Cyrano auf diese Weise Roxane durch den Mund Christians seine Gefühle endlich erklären kann. Um die Machenschaften des Duc de Guiche zu umgehen, der Roxane zu seiner Geliebten machen möchte, veranlasst Cyrano Roxane und Christian zu heiraten. Der Duc de Guiche rächt sich daraufhin, indem er die Gascogner Kadetten im Krieg gegen Spanien auf ein Himmelfahrtskommando an die vorderste Front schickt. Für Cyrano ist die Situation ideal, denn nunmehr kann er Roxane – zwar immer noch im Namen Christians – aber nichtsdestoweniger selbst schreiben. Zweimal täglich schmuggelt er unter Einsatz seines Lebens die Briefe durch die feindlichen Linien. Diese Briefe ergreifen Roxane so sehr, dass sie zu den umzingelten Gascogner Kadetten durchbricht und Christian gesteht, dass sie ihn nun nicht mehr wegen seiner äußeren Hülle, sondern wegen der Schönheit seiner Seele liebe. Doch bevor Cyrano der geliebten Frau den tatsächlichen

Urheber der Briefe nennen kann, trifft die Meldung ein, dass Christian gefallen ist, eine Meldung, die Cyrano, der Roxanes Andenken an Christian nicht zerstören will, zum Schweigen verurteilt. Roxane zieht sich in ein Kloster zurück, Cyrano lebt sein Leben als Dichter, Soldat und Abenteurer weiter. 14 Jahre vergehen. Roxane entdeckt die Wahrheit zu spät, denn Cyrano ist kurz vor seinem üblichen Samstagsbesuch im Kloster seiner Cousine durch einen Anschlag tödlich verwundet worden. Er stirbt in den Armen der von ihm geliebten Frau.

Edmond Rostand: *Cyrano de Bergerac* (Dramentext als PDF-Datei)

Die Zusammenfassung zeigt, dass alle drei Hauptfiguren statisch angelegt sind. Cyranos ‚Größe' erwächst aus der Tatsache, dass seine Leidenschaft für Roxane über Jahre unvermindert anhält. Auch im Alter bleibt er ein stolzer Draufgänger, redegewandt, bissig und widerspenstig. Sein Charakter ist zwar komplex angelegt, aber er durchläuft dennoch keine Entwicklung. Trotz der historischen Figur und des Anspruchs auf eine historische Rekonstruktion des Dichtermilieus um 1640 ist Cyrano eher eine überhöhte und idealisierte statische Figur. Dieser statischen Figurenkonzeption diametral entgegengesetzt ist eine Figurenkonzeption, die wir etwa im realistischen Roman vorfinden.

Eine zweite Kategorie der Figurenkonzeption ist ihre Komplexität. Figuren können ein- oder mehrdimensional sein. Eindimensionale Figuren weisen im Extremfall nur eine charakteristische Eigenschaft auf. Sie können aber auch einige wenige, in sich stimmige Merkmale in sich vereinen, die in sich keine Spannung bergen. Der Übergang zu mehrdimensionalen Figuren ist fließend, je nachdem ob eine Figur mehr oder weniger in sich stimmige oder in sich gespannte Merkmale aufweist. Die beiden Pole ‚eindimensional' und ‚mehrdimensional' sind also nur Idealtypen, zwischen denen die real vorkommenden Figuren sich bewegen können. Auf dieser Skala lassen sich verschiedene Grade von Komplexität anordnen: Am einen Ende befindet sich ein Figurentyp, der eine Personifikation einzelner Eigenschaften (Tugenden, Laster, Abstrakta) ist. Die **Personifikation** oder Allegorie weist nur wenige, in sich stimmige Merkmale auf, die auch einen abstrakten Begriff illustrieren können. Solche Figuren kommen im mittelalterlichen Moralitätendrama vor. Im Stück *La Moralité de Bien avisé, Mal avisé* (1439) gibt es zum Beispiel Figuren wie *Bien avisé, Mal avisé, Franche Volonté, Vertu, Pauvreté* oder *Désespérance,* die reines Konzept bleiben und nicht auf Entwicklung angelegt sind (sie sind also nicht nur eindimensional sondern im Allgemeinen auch statisch). Diese Art von Figuren verfügen über keine psychologische Wahrscheinlichkeit. Fügen wir den Figuren mehr charakterisierende Eigenschaften hinzu, so erhalten wir den Typ oder **Charakter.** Als Typ stellt die Figur eine soziologische oder psychologische Merkmalskomplexion dar, etwa ein Rollenfach aus der *commedia dell'arte.* In Molières Charakterkomödien werden diese Figuren zum wichtigsten Träger der Handlung, wie sich dies etwa in den Titeln wie *L'Avare, Le Misanthrope, Le Tartuffe* oder *Le Malade imaginaire* zeigt. Molières Komödien belegen, dass der Charakter zwar auf einer dominanten Eigenschaft wie zum Beispiel Geiz beruht, dass der Figur aber weitere typische Eigenschaften beigegeben werden, so dass sie im Sinne einer gewissen Psychologisierung menschlicher erscheint.

Dennoch ist für den Charakter die Absicht maßgeblich, überindividuelle Merkmale mit dem Anspruch auf Allgemeingültigkeit zu entwerfen. Bei Molière stehen moralische Eigenschaften im Vordergrund. Es können aber ebenso soziale Rollen oder Schicht-/Klassenangehörigkeit, wie zum Beispiel ‚der Arbeiter' oder ‚der Adlige' typenbildend sein. Als **Individuum** ist die Figur über soziologische, psychologische oder ideologische Festlegungen hinaus charakterisiert, sie ist zugleich vielschichtig, widersprüchlich und kontingent etc. (vgl. Pfister 1982, 240-249; Asmuth 1994, 90-93). Dieser Figurentyp steht am anderen Ende der Skala, am Pol der Mehrdimensionalität. Das Individuum ist eine Figurenart, die auf die Darstellung des Einmaligen, des Besonderen, des Unwiederholbaren angelegt ist. Solche Figuren finden sich im Naturalismus. Auch in Dramen, deren Protagonist individuell angelegt ist, sind die weniger ausgeführten Figuren oft Typen.

2 Cyrano ist eine mehrdimensionale Figur, die individuelle Züge trägt. Zwar wird der konflikttragende Widerspruch der Figur, der Kontrast eines „schönen Geistes" in einem hässlichen Körper grotesk-komisch überspitzt und nicht wirklich psychologisch ausgeleuchtet, aber die Figur Cyranos ist dessen ungeachtet relativ komplex angelegt: Er ist nicht nur ein verwegener, derber Haudegen sondern auch ein geistreicher, gebildeter und charmanter Dichter mit teilweise durchaus höfischen Umgangsformen. Zudem steht er unverbrüchlich zu seinem Wort, zeigt Verantwortungsbewusstsein (siehe seine ‚Vaterrolle' für die ihm anvertrauten Kadetten, speziell für Christian) und ein starkes Ehrgefühl mit ritterlichem Anklang. Alles in allem ist er eine geradezu perfekte Überfigur mit einem kleinen, oberflächlichen Makel, der allerdings sein Schicksal besiegelt. Diese märchenhafte Charakteranlage weist Cyrano als die idealisierte und sentimental bemitleidete Identifikationsfigur eines letztlich evasiven Unterhaltungsstücks aus. Mitleid und Tragik sind heiter-komisch gebrochen.

Eine weitere Dimension der Figurenanalyse ist hinzuzufügen: Je nachdem, ob die Handlungsweisen der Figuren voll und ganz erklärbar sind oder ob Informationen zu ihrem Verständnis fehlen, so dass sie zum Beispiel geheimnisvoll wirken, sprechen wir von geschlossenen und offenen Figuren.

3 Cyrano und Christian sind als geschlossene Figuren konzipiert, wir kennen ihre grundlegenden Charaktermerkmale und können ihre Reaktionen vorausahnen. Das Gleiche gilt in der Regel für die Figuren der Romane Jules Vernes wie zum Beispiel der Ingenieur James Starr aus dem Science-Fiction-Roman *Les Indes Noires* (1877). Doch selbst hier, in dem relativ geschlossenen Figurenuniversum des französischen Jugendbuchautors finden sich Figuren, die tendenziell offen sind und zunächst mit der Aura des Geheimnisses umgeben werden. Bekannte Beispiele sind Kapitän Nemo aus *20.000 lieues sous la mer* (1870), dessen Reaktionen zunächst weder die Wissenschaftler, die von ihm gefangen genommen wurden, noch der Leser versteht, oder Phileas Fogg aus *Le tour du monde en quatre-vingts jours* (1873), dessen Person und Handlungsweisen zu Beginn unklar erscheinen. Bei der offenen oder geschlossenen Konzeption der Figuren spielt natürlich auch die Diskursstruktur, genauer gesagt die Erzählperspektive eine Rolle: Figuren, die aus einer Innenperspektive geschildert werden, erscheinen dem Leser in Bezug auf ihre Motive klar und daher als in ihren Reaktionen berechenbare, geschlossene Figuren; bei aus der Außensicht geschilderten Figuren wirken deren Handlungsweisen eher unklar, undurchsichtig oder geheimnisvoll. Dass die beiden Aspekte sich dennoch gut voneinander trennen lassen, zeigt ein berühmtes Werk des französischen

Existenzialismus. Obwohl der Held Meursault aus Camus' Roman *L'Étranger* (1942) aus der Innenperspektive beschrieben wird, erscheint die Figur offen, weil Meursault die Ereignisse nur registriert, ohne Erklärungen zu liefern und ohne sich über seine Handlungsmotive im Klaren zu sein, so als würde er sich selbst von außen zuschauen.

Die Bedeutung einer Figur wird qualitativ bestimmt, indem man untersucht, mit wie vielen anderen Figuren sie durch Merkmalsoppositionen und -korrespondenzen verbunden ist. Die Hauptfigur ist dadurch charakterisiert, dass sie zu den meisten anderen Figuren in Relation steht und sich im Zentrum des Beziehungsgeflechtes eines literarischen Werkes befindet. Die Definition zeigt jedoch bereits, dass die Bedeutung einer Figur nicht isoliert, sondern nur im Kontext ihrer Beziehungen zu anderen Figuren behandelt werden kann.

2.2 Figurenkonstellation

Als Figurenkonstellation bezeichnet man die Ordnung der Figuren im Hinblick auf deren Gruppierung im ganzen Werk, das Muster ihrer Beziehungen, wie es sich in Merkmalsoppositionen und -korrespondenzen beschreiben lässt. Die Merkmalskonstellation enthält in ihrer Grundstruktur dabei bereits den Kern möglicher Handlung. Um die für die Figurenkonstellation relevanten Merkmale der Figuren zu bestimmen, führt man eine Semanalyse, das heißt eine semantische Analyse der Figurenmerkmale durch. Die Gesamtheit charakteristischer Merkmale einer Figur wird dann auf Oppositionen und Korrespondenzen in Bezug auf andere Figuren überprüft. Nicht strukturbildende Merkmale sind hinsichtlich der Figurenkonstellation uninteressant, auch wenn sie für die Figurencharakterisierung eine Rolle spielen. Wenn wir die drei Hauptfiguren aus Cyrano de Bergerac betrachten, also Cyrano, Roxane und Christian, so müssen die für die Konstellation relevanten Merkmale herausgefiltert werden, um zu den konstitutiven Merkmalen zu gelangen.

4 In einem ersten Reduktionsschritt können die folgenden Merkmale Cyranos ausgemustert werden: mutiger Draufgänger, Gascogner, Soldat. Für den zentralen Konflikt des Dramas sind sie nicht bedeutsam. Die Beziehungen Cyranos zu den Nebenfiguren können hier vernachlässigt werden. In einem zweiten Reduktionsschritt werden die Eigenschaften gestrichen, die die Grundopposition nur zusätzlich stützen. So steht Cyrano zu Christian bezüglich des Merkmals alt/erfahren in Opposition. Zwar kann er dadurch als Beschützer Christians auftreten, doch privilegiert Christian seine Jugend bei Roxane nur insofern, als sie gepaart mit Schönheit auftritt. Übrig bleiben dann die tatsächlich zentralen Merkmale der drei Hauptfiguren, die sich als handlungsbestimmend erweisen. Die Figurenkonstellation beruht auf einer grundlegenden Asymmetrie zwischen Roxane und ihren Verehrern, denn Roxane vereinigt in sich die Merkmale Schönheit und Esprit, während Christian und Cyrano jeweils nur eines dieser Merkmale zukommt. Diese Merkmale entfalten ihre Dynamik für die Handlung allerdings erst in Kombination mit den Merkmalen ‚männlich' bzw. ‚weiblich'. Das Ergebnis lässt sich in der folgenden Tabelle darstellen:

Figuren / **Merkmale**	Cyrano	Christian	Roxane
männlich/weiblich	+	+	–
schön/hässlich	–	+	+
geistreich/dumm	+	–	+

Damit haben wir bereits zwei (unglückliche) Liebesgeschichten, die in Form einer Dreieckskonstellation zusammengefügt werden können. Die Grundkonstellation der Figuren in Cyrano de Bergerac ist die eines so genannten erotischen Dreiecks, in welchem in diesem Fall zwei Männer um eine Frau konkurrieren, zwischen denen aber – und das ist die Besonderheit des Stücks – gleichzeitig ein Pakt besteht.

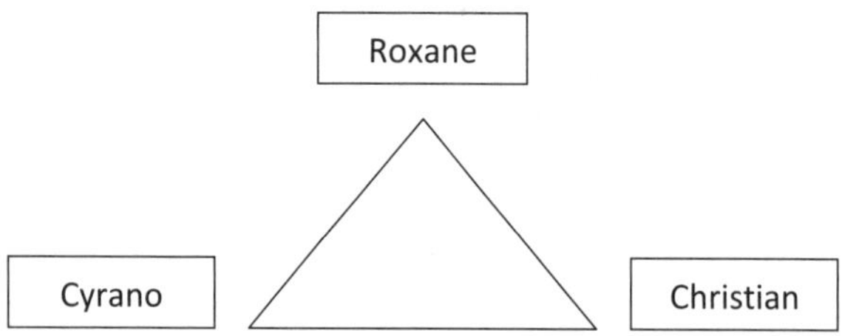

Abb. 5: Figurenkonstellation in *Cyrano de Bergerac*: Das erotische Dreieck

2.3 Figuren als Handlungsträger

Wenn wir bei der Charakterisierung der Figuren noch einen Schritt weiter gehen und von allen Merkmalen abstrahieren, die nicht unmittelbar handlungsbestimmend sind, erhalten wir die so genannten ‚Akteure'. **Akteure** nennen wir diejenigen Faktoren der Handlung, die Zustandsveränderungen herbeiführen. Zu ihnen zählen neben intentional handelnden Subjekten, die im vorigen Abschnitt ausschließlich behandelt wurden, auch solche Agenten, die nicht-intentionale Geschehnisse herbeiführen (nicht-menschliche Wesen, Dinge oder Kräfte). Dem Akteur als Gesamtheit der Handlungsfunktionen einer Figur auf der Makrostrukturebene entspricht auf der Ebene des Textes die Figur als Gesamtheit aller weiteren ihr zugeschriebenen Eigenschaften, Merkmale und Tätigkeiten. Welches auch immer die Funktionen und Eigenschaften literarischer, dramatischer oder filmischer Figuren darüber hinaus sein mögen, auf der Ebene der Makrostrukturen kommen sie allein als Träger von Handlungsfunktionen in Frage. Ob sie psychologisch schlüssig oder unwahrscheinlich sind, anthropomorph oder nicht, sympathisch oder unsympathisch, identifizierbar mit historischen Persönlichkeiten oder fiktiven Figuren aus Mythos,

Religion, Kunst oder Literatur (vgl. Iser 1975, 1993) – ihre Eigenschaften interessieren nur insoweit, als sie handlungsrelevant sind. Ein Beispiel dafür liefert nochmals die Fabel von La Fontaine.

5 Wenn unter ‚Akteur' nur das jeweilige Ensemble handlungsrelevanter Eigenschaften einer Figur verstanden wird, so lässt sich die Handlung direkt auf das Merkmals- und Beziehungsgefüge der Akteure abbilden. Aus der Geschichte: ‚Fuchs bringt Raben dazu, ihm seine Beute zu überlassen', lassen sich die Akteure: Fuchs (handelndes Subjekt; schlau, begierig), Rabe (Gegner; dünkelhaft, eitel,) rekonstruieren. Auch das Objekt der Begierde, der Käse, der sich zuerst im Schnabel des Raben, dann im Maul des Fuchses befindet, muss miteinbezogen werden, da er die Beziehung zwischen Fuchs und Rabe erst herstellt, obwohl er, ebenso wie der Rabe, kein intentional handelndes Subjekt ist. Er hat den Status des Objekts und die Haupteigenschaft ‚begehrenswert'. Jede der den Akteuren zugeschriebenen Eigenschaften ist unmittelbar handlungsrelevant, d.h. birgt einen möglichen Handlungsverlauf. Offensichtlich lässt sich auch umgekehrt aus dieser Konstruktion der Akteure die Handlung ableiten: Bestimmt man als Vorgabe für eine Geschichte, dass diese drei Akteure mit diesen Eigenschaften vorkommen sollen, so ergibt sich beinahe zwangsläufig die bekannte Fabel. Manfred Pfister (1980, 220) spricht in diesem Sinne von einer „strukturellen Interdependenz" von Akteur und Handlung. Aus diesem Grund kann man in klassischen Komödien oder Dramen oder in den Rollenfächern der *commedia dell'arte* bereits an der Personenaufstellung eines Stückes ablesen, wie die Handlung verlaufen könnte.

Das geläufigste Modell zur Analyse der Handlungsfunktionen von Figuren ist das sogenannte **Aktantenmodell** von Algirdas Julien Greimas (1966, 1971). ‚Akteure' sind für Greimas Verkörperungen universeller, handlungsfunktional definierter Rollen, die er entsprechend „Aktanten" oder „aktantielle Rollen" nennt. Das Arsenal von Rollen ist begrenzt: **Subjekt** (Handelnder) – **Objekt** (auf welches die Handlung des Subjekts intentional bezogen ist) – **Sender** (Auftraggeber des Helden) – **Empfänger** (Nutznießer der Handlung) – **Adjuvant** (Helfer) – **Opponent** (Gegner). Diese aktantiellen Rollen werden auf der Ebene der Geschichte von konkreten Akteuren verkörpert. Ähnlich wie Greimas hat auch Etienne Souriau eine Kategorisierung vorgelegt (Soriau 1950). Er unterscheidet die Funktionen (in der dt. Fassung von Lausberg): zielgerichtete Kraft (z.B. Liebe, Ehrgeiz, Macht- oder Besitzstreben), die von einer Figur verkörpert wird – gewünschtes Gut (Wert oder Person, um deretwillen die Kraft eingesetzt wird) – gewünschter Erwerber (wer soll das Gut bekommen?) – Gegner – Situationsmächtiger (Richter, Gott etc., der in einer gegebenen Situation eingreifen und die Situation lenken bzw. entscheiden kann) – Helfer. Eine Makrostrukturanalyse der Fabel von La Fontaine ergibt nach Soriau und Greimas folgendes Ergebnis:

Akteur	Aktantenrolle (Greimas)	Handlungsfunktion (Souriau)
Fuchs	Subjekt	Sender / Auftraggeber
		Verkörperung der zielgerichteten Kraft ‚Besitzstreben'
		gewünschter Erwerber
Rabe	Gegner	Gegner
Käse	Objekt	gewünschtes Gut

Wie schon an diesem Beispiel zu sehen ist, hat die Aktantenanalyse den Vorteil, dass durchaus auch nicht-menschliche, anthropomorphe (menschenähnliche) und in anderen Fällen auch kollektive Akteure (z.B. das ‚Volk') von ihren Handlungsfunktionen her bestimmt werden können. Umgekehrt ist zu bedenken: Nicht alle Funktionen müssen in einer Handlungssequenz besetzt sein; jede kann mehr als einmal vorkommen; ein Akteur kann mehrere Funktionen zugleich oder nacheinander besetzen. Gegebenenfalls muss auch das Repertoire der Funktionen erweitert werden. (vgl. Pfister 1982, 234f.; Asmuth 1994, 100f.).

3 Handlung

3.1 Das triadische Schema

Um von **Handlung** im Sinne eines Geschichtsverlaufes, einer Handlungssequenz sprechen zu können – und nicht im Sinne einer Einzeltat oder Aktion einer Figur –, muss mindestens eine Voraussetzung erfüllt sein: Es gibt eine Situation A („Emma ist unverheiratet und sehnt sich nach romantischer Liebe"), die sich von Situation B unterscheidet („Emma ist mit Charles Bovary verheiratet"), wobei zwischen A und B eine Situationsveränderung bzw. ein **Ereignis** stattfindet, das A und B in einen logischen Zusammenhang bringt. Das Minimal-Modell von Handlung lässt sich mit Claude Brémond als ‚**triadisches Schema**' formulieren: Ausgangssituation – Situationsveränderung – veränderte (Ausgangs)situation (Brémond 1964). Eine Ausgangssituation ist ein Zustand und als solcher immer auch ein Ensemble einer oder mehrerer Möglichkeiten zukünftiger Ereignisse, d.h. veränderter Situationen. Wird eine Situation in eine andere überführt, eröffnen sich zugleich neue Handlungsmöglichkeiten. Dies ist das Grundprinzip, von dem sich zahlreiche Varianten ableiten lassen.

Die **Handlungssequenz** lässt sich auch als eine Folge von Zustandsveränderungen begreifen. Diese konkretisieren sich in Ereignissen, die man als Scharnier zwischen einem zurückliegenden und einem vorausliegenden Ereignis bzw. Zustand betrachten kann. Sie bestimmen das Spektrum möglicher zukünftiger Ereignisse und Zustände. Die Handlung setzt sich also auf elementarer Ebene aus Ereignissen zusammen und besteht auf der Ebene der Ereignislogik aus der Folge von Situation und Situationsveränderung. Alles was nicht in diesem Zusammenhang situierbar ist, also etwa Beschreibungen, gehört nicht zur Handlung im engeren Sinne. Umgekehrt ist die Handlung das, was sich zusammenfassen und als narrativer Zusammenhang auch in einem anderen Medium (Film, Theaterstück) darstellen lässt. Eine Zusammenfassung ist deshalb eine nützliche Probe, um herauszufinden, ob Sachverhalte der Erzählung zur Handlungsstruktur gehören oder nicht, d.h. ob sie notwendig für den Nachvollzug der Handlungslogik sind. Im französischen Drama der Klassik durfte es kein überflüssiges Element geben und auch keines, das die Handlung allzu sehr komplizierte; in einem regelkonformen Stück musste jedes Element der Haupt- und Nebenhandlung im narrativen Zusammenhang des Dramas notwendig motiviert sein. Betrachten wir die kurze Erzählung *Un drame bien parisien* von Alphonse Allais (1898).

6 Die einzelnen Kapitel lassen sich wie folgt zusammenfassen: Kapitel I: Raoul und Marguerite sind verheiratet. Sie streiten öfter aus Eifersucht und versöhnen sich wieder aus Liebe. Kapitel II: Eines Tages löst ein gemeinsamer Theaterbesuch eine ungewöhnlich heftige Auseinandersetzung aus. Doch Marguerite gelingt es durch einen Trick, Raoul zu besänftigen. Kapitel III: Das Paar versöhnt sich wieder. Kapitel IV: Raoul und Marguerite erhalten zeitgleich zwei Briefe, die den jeweiligen Partner als untreu kompromittieren und dem jeweils anderen die geplante Kostümierung auf einem Maskenball verraten. Marguerite erfährt, dass Raoul sich als Templer, Raoul dagegen, dass Marguerite sich als Piroge verkleiden wird. Unter dem wechselseitigen Vorwand, dringend das Haus verlassen zu müssen, planen beide, heimlich den Ball zu besuchen. Kapitel V: Der Templer und die Piroge sind auf dem Ball und machen miteinander Bekanntschaft. VI. Der Templer reißt sich selbst und der Piroge die Maske vom Gesicht. Aber darunter sind gar nicht Raoul und Marguerite [An dieser Stelle wartet die Erzählung mit einem paradoxen Illusionsbruch auf]. Kapitel VII: Raoul und Marguerite haben die Lektion verstanden. Ab jetzt streiten sie nicht mehr und sind glücklich.

Alphonse Allais: *Un drame bien parisien* (Dramentext als PDF-Datei)

Die erste Frage lautet nun: Gehören Kapitel II und III wirklich zur Handlung oder nicht? Immerhin bleibt die Ausgangssituation erhalten (glückliche Ehe), verzichtbar sind die Episoden allerdings auch nicht. Um die Frage nach der Funktion von Kapitel II und III zu beantworten, müssen wir nun näherhin den Begriff des Ereignisses untersuchen.

3.2 Das Ereignis

Juri Lotman definiert das **Ereignis** als „Versetzung einer Figur über die Grenze eines semantischen Feldes“ (Lotman 1972, 332). Damit ist gemeint: Eine Figur verlässt ihre angestammte Welt oder etwas Fremdes dringt, z.B. in Form einer Figur, in deren Welt ein.

7 Im Beispiel von Allais sind es die beiden Briefe bzw. ihre anonymen Autoren, die eine solche Grenze überschreiten, indem sie real in die Zweisamkeit des Ehepaares eindringen. Aber auch symbolisch wird eine Grenze überschritten, denn mit den Briefen wird der Verdacht der Untreue gesät. Falls Raoul und Marguerite nun tatsächlich maskiert auf den Ball gehen, so überschreiten sie ebenfalls eine konkrete räumliche Grenze (sie betreten die Welt der Täuschungen und Verführungen) und eine moralische (nämlich die von Treue und Untreue, Wahrheit und Lüge).

Der Vorteil dieses Ereignisbegriffes besteht in seiner Kontext- und Kulturunabhängigkeit. Was ein Ereignis ist und was nicht, entscheidet nicht der konkrete Vorgang, sondern die Bedeutung, die er für die Erzählung bzw. genauer für die Struktur der Handlung hat. Da Ereignisse nicht immer von Menschen verursacht werden, sondern auch – wie dies häufig in der antiken Tragödie der Fall ist – durch Götter oder ein unpersönliches Schicksal in die Welt hereinbrechen können, unterscheiden wir drei Formen von Ereignissen:

(1) **Aktionen**, d.h. im engeren Sinne intentionale, d.h. absichtsvolle und zielgerichtete Einzelhandlungen von Figuren. Dieser Handlungsbegriff hat sich mit Pfister (1982, 269) durchgesetzt. Zu Aktionen zählen auch nonverbale Akte, Sprechakte oder Gedanken, während Gefühle, Empfindungen und Sinneseindrücke auch zu Gruppe (2) gehören können.
(2) **Geschehnisse**, d.h. nicht-intentionale Ereignisse.
(3) **Zustände**, die sich an Figuren vollziehen oder sie betreffen und auf die die Figuren reagieren oder nicht reagieren (vgl. Ludwig 1982, 145-147; Pfister 1982, 265-273).

3.3 Funktion, Indiz und Motivierung

Fasst man eine Geschichte zusammen, zeigt sich schnell, dass nicht alle Ereignisse auf gleiche Weise konstitutiv für die Kernhandlung sind. Wie wir gesehen haben, führt in Allais' Beispiel nur der Brief wirklich eine Situationsveränderung herbei, denn er eröffnet Handlungsmöglichkeiten: Raoul und Marguerite können den Ball besuchen oder nicht. Im Gegensatz zum üblichen Ehestreit ist der Brief ein Element, das für die Gesamthandlung konstitutiv ist. Ohne dieses Ereignis gäbe es keinen Fortgang der Geschichte. Anders wäre es bei einer episodischen Erzählung, die – wie zum Beispiel Alain René Lesages' Schelmenroman *Gil Blas* (1715-1735) – Abenteuer aneinanderreiht: Dabei spielt es nicht unbedingt eine Rolle, ob eine Episode mehr oder weniger erzählt oder die Reihenfolge der Episoden verändert wird.

Ereignisse, die die Situation verändern, sich mit anderen Handlungselementen verketten, bezeichnen wir – mit Barthes (1985, 178) – als funktionale Ereignisse oder **Funktionen**. Die Handlung besteht aus einer Abfolge funktionaler Ereignisse. Die Handlungssequenz lässt sich in kleinste narrative Einheiten untergliedern, die man entsprechend auch funktionale Erzähleinheiten nennen kann. Funktionale Ereignisse sind nicht isoliert, sondern chrono- oder kausallogisch miteinander verknüpft. Je dichter und zwingender solche logischen Korrelationen sind, umso höher ist die narrativ-logische Kohärenz der Geschichte.

8 Die Fabel vom Raben und vom Fuchs kennzeichnet so gesehen eine hohe narrative Kohärenz. Anders verhält es sich mit Raymond Queneaus *Exercices de style* (1947), in denen die gleiche Geschichte auf 99 verschiedene Arten erzählt wird. Hier eine kurze Zusammenfassung: Der Erzähler begegnet im Bus einem auffällig gekleideten jungen Mann, der in einen heftigen Wortwechsel mit einem anderen Fahrgast verfällt und sich nach diesem Streit auf einen frei gewordenen Platz setzt. Einige Zeit später trifft der Erzähler zufällig den jungen Mann wieder, als dieser mit einem Freund diskutiert. Hier gibt es in der Kernhandlung kein Ereignis, das zwingend eine Zustandsänderung mit sich führt. Das ist natürlich bei Queneau Absicht, denn die Banalität, Belanglosigkeit und Trivialität der Minimalhandlung lässt die verschiedenen „Stile“, in der sie beschrieben wird, umso mehr hervortreten.

Raymond Queneau: *Exercices de style*

Halten wir fest: Ereignisse sind dann funktional, wenn sie im Gesamtzusammenhang wechselseitig voneinander abhängig, d.h. aufeinander beziehbar sind. Sie werden durch ihren narrativen Sinn definiert. Die narrative Funktion einer Erzähleinheit ist ihr Potenzial, in eine Korrelation mit anderen Erzähleinheiten und mit der ganzen Geschichte einzutreten. Deshalb hat jedes funktionale Ereignis in einer Erzählung zwei Bedeutungen: eine Bedeutung an sich (ein Brief, der geschrieben wurde), und eine Bedeutung, die es durch Korrelationen mit anderen Ereignissen (der Brief führt möglicherweise zur Untreue), und schließlich im Gesamtkontext der Erzählung bekommt (vgl. Todorov 1966, 125). Nun bestehen aber nicht alle Erzählungen, vor allem wenn sie länger sind, allein aus Funktionen. Wie steht es z.B. in *Un drame bien parisien* mit den Kapiteln über den Ehekrach? Welche Bedeutung haben sie in der Handlungslogik?

9 In den ersten vier Kapiteln von Allais' *Drame* lassen sich drei Erzähleinheiten (EE) unterscheiden:

Kap. I:	EE 1:	kleiner Ehestreit – Versöhnung (interne Korrelation);
Kap. II/III:	EE 2:	größerer Ehestreit – Versöhnung (interne Korrelation);
Kap. IV:	EE 3:	Briefe – beiderseitige Ausrede

In den Kapiteln I-III wird eine Handlung geschildert, deren Ereignisse intern korreliert sind (Streit – Versöhnung), jedoch nicht in einer zwingenden externen Korrelation mit der Makrohandlung (Ausrede, Ballbesuch etc.) stehen. Ohne diese drei Kapitel wäre die Wirkung der Gesamtgeschichte jedoch weniger plausibel, außerdem erhöhen sie die Spannung. Diese Handlungselemente bezeichnet man als Indizien.

Indizien geben charakterliche und identitätsbezogene Informationen zu Personen, atmosphärische Beschreibungen etc., die zunächst nicht funktional für den Handlungszusammenhang sind, sich aber im Nachhinein in die narrative Logik fügen und diese plausibler oder zwingender erscheinen lassen (Barthes 1966, 8f.; Schardt 1995, 51-54). Die Kapitel I-III haben bei Allais genau diese Aufgabe: Sie motivieren die Handlungsweise der Figuren (z.B. die Eifersucht). – und dies schafft indirekt größere Kohärenz, Wahrscheinlichkeit und Folgerichtigkeit der Erzählung. Indizien können den Leser freilich auch auf falsche Fährten locken, wie es bei Allais in den folgenden Kapiteln tatsächlich der Fall sein wird, denn unsere dank einer langen Vertrautheit mit Makrostrukturen erworbene Leseerwartung wird hier an der Nase herumgeführt und enttäuscht. Während sich Funktionen im engeren Sinne auf einen direkten komplementären und folgenden Akt beziehen (Brief ↔ Ausrede ↔ Ballbesuch), müssen Indizien nicht als Plausibilisierungsfaktor in die nächste Funktion eingehen. Sie können erst viel später zum Tragen kommen (z.B. das zu Beginn des Krimis aufgefundene Beweisstück, mit dem aber erst am Ende der Täter überführt werden kann). In jedem Fall gilt deshalb, dass alle in einer Erzählung gegebenen Informationen wichtig sind, auch wenn sie erst in späteren Analyseschritten eingeholt werden können – in einer Erzählung ist keine Information austauschbar oder bloßes Beiwerk.

Die Handlungssequenzen einer Erzählung lassen sich nach Maßgabe der Abfolge von Indizien und funktionalen Ereignissen in **Erzähleinheiten** untergliedern. Indizien können einzelne charakterisierende Wörter und Wendungen, Erwähnungen, Beschreibungselemente und Ereignisse sein, aber eben auch ganze Kapitel, ja beinahe ganze Erzählungen. Typische indiziell (und auch argumentierend und begründend) erzählende Gattungen sind das analytische Drama, der psychologische Roman und natürlich der Kriminalroman. Untergattungen wie Fabel oder Märchen erzählen hingegen stark funktional.

Wie kann man nun bestimmen, ob funktionale Ereignisse oder Indizien einer Erzählung vorliegen? Hier hilft die Leitfrage: Was bedeutet es (handlungslogisch), dass diese Information an dieser Stelle gegeben wird? Die Frage lässt sich nicht nur mit den Begriffen funktional oder indizierend beantworten, sondern auch mit verschiedenen Typen der Motivierung von Ereignissen und führt allgemein in die Analyse narrativer Argumentationsstrategien (vgl. dazu ausführlich Martinez/Scheffel 2000, 111-118).

3.4 Narrative Logik und ‚Bauformen des Erzählens'

Eine Ereignisfolge ergibt zwar eine Handlungssequenz, aber noch keine Geschichte. Auf der Ebene der Handlungsanalyse ist Voraussetzung für die Geschichte, dass (1) eine bestimmte narrative Logik und (2) auch eine Geschlossenheit der Handlungssequenz vorliegt. Ausgehend von diesen Voraussetzungen ist es möglich, *‚Bauformen des Erzählens'* (Lämmert 1955) und Handlungsschemata in verschiedenen Dimensionen zu unterscheiden.

(1) Ereignisse lassen sich nach **unterschiedlichen Logiken** zu einer **Handlungssequenz** verknüpfen: kausallogisch und chronologisch. Chronologie und Kausallogik hängen zwar miteinander zusammen, sind jedoch nicht völlig voneinander abhängig. Nur weil etwas später geschieht, muss es nicht unbedingt die Folge eines früheren Ereignisses sein. Der Grundsatz *post hoc, ergo propter hoc* gilt nicht uneingeschränkt (Barthes 1966, 10; Brémond 1971, 1973). Eine wichtige Sonderform logischer Bezüge ist die psychologische Verknüpfung. Sie liegt dort vor, wo Handlungen nach menschlichen Verhaltens- und Reaktionsmustern strukturiert sind, z.B. als Auseinandersetzungen zwischen einzelnen psychischen Instanzen wie Ich, Es und Über-Ich (Psychoanalyse), Eltern-Ich, Erwachsenen-Ich, Kinder-Ich (Transaktionsanalyse) oder etwa zwischen den Stimmen des „inneren Teams" (Kommunikationspsychologie) dargestellt werden.

10 In Nathalie Sarrautes Roman *Le Planétarium* (1956) spielt sich das Geschehen nur in sehr geringem Maße in äußerlich sichtbarer Form ab. Vielmehr verlegt die zum französischen *Nouveau Roman* gehörende Autorin die Handlung in das Innerste der Figuren. Jede Figur trägt in sich die Stimmen anderer Personen, zum Beispiel von Freunden, Eltern, Ehepartnern. Diese ‚innere Figurenkonstellation' bestimmt nun die sich im Innern der Personen abspielende Handlung. An der Oberfläche geht es um scheinbar belanglose Dinge, wie zum Beispiel die Frage, ob der Schwiegersohn die von der Schwiegermutter extra für ihn zubereiteten geriebenen Karotten mag, doch im Untergrund spielt sich das wirkliche Drama ab, in dem es um den Versuch des Schwiegersohnes geht, sich von den Beherrschungsversuchen seiner Schwiegermutter zu befreien (Sarraute 1972, 98-106).

Einzelne Untergattungen haben auch eine handlungsspezifische Logik ausgebildet, die in traditionellen Gattungspoetiken vorgebildet sind, wie zum Beispiel die Motive der ‚Verkennung' (*Hamartia*) und des ‚Erkennens' bzw. ‚Wiedererkennens' (*Anagnorisis*) aus der antiken Tragödie. Erzählungen können natürlich auch bewusst die kausale, temporale und psychische Logik durchbrechen und die Ereignisse alogisch oder aleatorisch (zufällig) verknüpfen. Wird die natürliche, nach den Gesetzen der Wahrscheinlichkeit funktionierende Logik durchbrochen, so kann dennoch durchaus eine in sich kohärente Logik vorliegen. Das Märchen etwa hat seine eigene Logik des Wunderbaren, nach der sich Menschen in Tiere verwandeln, Zwerge Stroh zu Gold machen und Frösche zu Prinzen werden können. Dies gilt auch für Erzählungen, die nicht eindeutig als Märchen gekennzeichnet sind, aber gleichfalls der Logik des Wunderbaren entsprechen, wie zum Beispiel Antoine de Saint-Exupérys Kinder- und Erwachsenenbuch *Le Petit prince* (1943). Science-Fiction-Romane haben gleichfalls ihre eigene Gesetzmäßigkeit der Handlung. Einen Sonderfall stellt die phantastische Erzählung dar wie zum Beispiel Guy de Maupassants Novelle *Le Horla* (1887), denn hier wird bewusst offen gelassen, ob die Ereignisse einer natürlichen oder aber einer übernatürlichen Logik folgen (Todorov 1970).

Greifen wir nochmals das eingangs zitierte Beispiel auf: Der Kriminalroman hat im Laufe seiner Gattungsgeschichte eine ganz bestimmte Handlungsstruktur entwickelt, die sich aus einem zunächst geschilderten Verbrechen und der darauf folgenden Aufklärung zusammensetzt. Der französische Semiotiker Tzvetan Todorov ist sogar der Auffassung, dass Verbrechen und Aufklärung genauer besehen eigentlich zwei getrennte Geschichten bilden und dass man deren Verhältnis zueinander zu einer Typologie des Kriminalromans nutzen kann (Todorov 1971).

(2) Die **Geschlossenheit** der Handlung wird häufig durch Wiederholungen erreicht (vgl. Schardt 1995, 55), die gleichzeitig auch ein wesentliches Merkmal des Poetischen sind (Jakobson 1964).

11 Alphonse Allais erreicht die Geschlossenheit der Handlung durch Verdoppelungen: die mehrfachen Eifersuchtsszenen oder die Parallelisierung des Ballbesuchs etc. Schließlich endet die Geschichte beinahe, wie sie begonnen hat; sie bildet jedoch keinen Zirkel, sondern eine Spirale, denn den beiden Figuren war das Ball-Abenteuer ja eine Lehre. In den *Exercices de style* von Queneau hingegen lässt sich der Ereignischarakter der erzählten Begebenheiten schwer bestimmen, da zwar eine raumzeitliche Struktur angedeutet wird (»deux heures plus tard, à la Cour de Rome«) und auch eine Wiederholung vorliegt (das Wiedersehen der Figur), jedoch keine Situationsveränderungen. Folglich ist die Handlung auch nicht geschlossen. Ein Kriterium für die Charakterisierung von Geschichten kann man hieraus bereits ableiten: Die Geschichten von Allais und Queneau weisen einen unterschiedlichen Grad an narrativer Kohärenz oder logischer/motivationaler Dichte auf. Das Kriterium der Geschlossenheit ist natürlich auch dort gültig, wo eine Geschichte provokativ offen bleibt, bewusst abbricht etc.

(3) **Wiederholungsstrukturen** und andere ‚Bauformen des Erzählens' lassen sich auf verschiedenen Ebenen identifizieren. Todorov unterscheidet drei Bauprinzipien für die narrativ-logische Entfaltung der Geschichte, die sich alle

als Wiederholungsstrukturen auffassen lassen: Antithese, Gradation, Parallelismus (Todorov 1966).

12 In seinem *Drame bien parisien* bedient sich Allais zu Beginn zwei Mal konsekutiv der Antithese, nämlich in der Abfolge: kleiner Eifersuchtsstreit – Versöhnung; größerer Eifersuchtsstreit – Versöhnung. Die Aufeinanderfolge zweier, sich steigernder Ereignisse ist zugleich ein Beispiel für die narrative Gradation. Diese Steigerungsstruktur baut Spannung für den Höhepunkt der Geschichte auf dem Ball auf. Parallel konstruiert ist die Briefepisode: Beide Figuren erhalten die Mitteilung nacheinander und erfinden daraufhin eine ähnliche Ausrede.

(4) **Komplexität und Kombinatorik**. Die Handlung kann unterschiedlich komplex sein, einsträngig oder mehrsträngig (mit alternierenden, additiv, korrelativ oder konsekutiv verbundenen Sequenzen), verschachtelt oder in Reihentechnik (episodisch) aufgebaut sein (Lämmert 1955, 43-67; Pfister 1982, 285ff); ggf. ist zwischen Rahmen und Binnenhandlung zu unterscheiden. Hier ist zu beachten, dass funktionale Ereignisse für eine, aber auch gleichzeitig für mehrere parallel laufende Handlungssequenzen relevant sein können. Die Rekonstruktion von Ereignisketten impliziert unter Umständen auch interpretatorische Entscheidungen über das Thema der Geschichte. Eine Geschichte kann nach kausaler Logik anders interpretiert werden als nach psychologischer Logik.

(5) **Spannung** wird durch strategische Vergabe der Informationen erreicht. Wir unterscheiden zwischen einer narrativen, auf den Ausgang gerichteten Was-Spannung, einer analytischen, auf den Gang gerichteten Wie-Spannung, einer auf den intellektuellen Nachvollzug gerichteten Erkenntnis-Spannung und einer auf emotionale oder affektive Konflikte bezogenen Gefühls-Spannung (vgl. Ludwig 1982).

(6) **Anfang und Ende** der Geschichte lassen sich nach den historischen Typen *ab ovo* (von Beginn an, etwa ab der Geburt wie beim Schelmenroman), *in medias res* (Beginn innerhalb einer Situation, bevor ihre Entstehung geschildert wurde) oder *in ultimas res* (vom Ende her) unterscheiden. Das Ende mag geschlossen (Heirat, Tod, *happy end* etc.), offen (Neuanfang, rätselhaft, mehrdeutig, allegorisch, mehrere alternative Schlüsse, ungelöster Konflikt, Abbruch, zirkulär [Rückbezug zum Anfang], offen für Fortsetzung, Nachwort etc.), erwartet (spannungsauflösend, ‚poetische Gerechtigkeit', Resümee, Peroratio, Nachwort) oder überraschend (*deus ex machina*, Abbruch, unlogischer Schluss) sein (Ludwig 1982, 160-164).

(7) **Handlungsschemata**: Bestimmte Handlungsstrukturen oder Ensembles von Strukturelementen können gattungskonstitutiv sein (Schelmenroman, Entwicklungsroman, Kriminalroman, Tragödie etc.). Gattungen beruhen unter anderem auf festgefügten Handlungsschemata oder Verlaufsformen. Dies ist etwa bei Fabel, Märchen, Novelle, Schelmenroman oder Kriminalroman der Fall.

4 Zeit und Raum: Chronotopos

Auch Zeit und Raum gehören zu den großen Ordnungsprinzipien eines literarischen Textes, sie strukturieren Erzählungen, Dramen, Filme oder Hörspiele ebenso wie die Konstellation der Figuren und die Geschichte, denn die Handlungssequenz muss sich in ihnen entfalten. Als Elemente der Handlung sind sie folglich auch Gestaltungskategorien. Tatsächlich behalten wir Ort und Zeit, an dem sich Geschehnisse abspielen, ebenso wie die beiden erstgenannten Strukturprinzipien im Langzeitgedächtnis. Was wäre Stendhals *Le Rouge et le noir* ohne die Restaurationszeit und die kleine Stadt Verrières, Balzacs Romanzyklus *La comédie humaine* ohne das Paris des 19. Jahrhunderts oder *Madame Bovary* ohne die verschlafene Langeweile des Provinznestes Yonville.

(1) **Zeit** ist das Apriori der Geschichte. Allein im Medium des zeitlichen Kontinuums kann sich überhaupt eine narrative Logik entfalten, sei sie chronologisch, kausallogisch oder psychologisch. Dabei variieren Zeitformen der Erzählung in der Ereignisdichte der Handlung (Mecke 1990, 44), sie sind zwischen den Polen ‚Krise' (Konzentration vieler Ereignisse in kurzer Zeit) und ‚Entwicklung' (langsames Voranschreiten der Handlung) (vgl. Bal 1997, 208-214) angesiedelt.

(2) Auch die **Raumgestaltung** hat für die makrostrukturelle Analyse eine zentrale Bedeutung. Wie der russische Semiotiker J.M. Lotman (1972, 311-329; 1975) dargelegt hat, ist Räumlichkeit ein grundlegendes Paradigma kultureller Selbstbeschreibung überhaupt und damit auch literarischer Darstellung. Begriffe, Wertordnungen und allgemein Weltbilder bedienen sich räumlicher Verhältnisse als einer (metaphorischen) Metasprache zum Ausdruck ihrer selbst – und umgekehrt lassen sich an räumlichen Strukturen auch inhaltliche/semantische oder auch axiologische (wertorientierte) Strukturen ablesen. Raumstrukturen sind also immer auch semantische und/oder axiologische Strukturen. Grundlegendes Strukturmittel des Raumes ist die Grenze. Sie macht sich überall dort bemerkbar, wo sie als Hindernis oder Trennung wirkt bzw. ihre Überschreitung ein Ereignis im handlungstheoretischen Sinne darstellt. Sie teilt die erzählte Welt in disjunkte Teilräume (z.B. zwei Kulturen, Stadt und Land etc.), schließt ein (Innen: z.B. Schutz, Intimität, Unfreiheit) und aus (Außen: z.B. Gefahr, Öffentlichkeit, Freiheit). Neben Innen/Außen finden sich zahlreiche weitere semantisierbare, absolute oder relative Oppositionen (oben/unten, rechts/links, nah/fern, zentral/peripher etc.), Transformationen, Abstufungen oder Modulationen. Solche Oppositionen können sich komplex oder paradox verbinden und im Laufe der Erzählung verändern. Ebenso wie es Grenztypen gibt (z.B. durchlässig/undurchlässig, starr/variabel), gibt es auch Raumtypen (immobile Räume und Vehikel; Oppositionen und Übergangsräume wie etwa das *antichambre* in Racines Theaterstücken (Barthes 1979, 10)). Aussagekräftig können vielfältige Beziehungen zwischen Ereignistyp, Raumtyp und Figur sein, etwa: Welche Figuren sind mit welchen Räumen verbunden/identifiziert und folglich auch durch diese charakterisiert?

Allerdings strukturieren Raum und Zeit die Erzählung nicht getrennt voneinander, sondern in einer engen Wechselbeziehung, die wir mit einem Begriff des russischen Semiotikers Michail Bachtin als **Chronotopos** bezeichnen. Für Bachtin bilden Raum und Zeit einen untrennbaren, wechselseitigen Zusammenhang (Bachtin 1989, 7). Für diesen Begriff hat die Relativitätstheorie Modell gestanden. So wie dort Zeit und Raum relative, aufeinander bezogene Begriffe sind, so gilt dies auch für den Chronotopos. In der Relativitätstheorie ist die Zeit von der Geschwindigkeit im Raum abhängig, in der Theorie des Chronotopos sind die zeitlichen Konfigurationen einer Erzählung eng verknüpft mit dem Raum, in dem sie spielt. Im Chronotopos verschmelzen mithin „räumliche und zeitliche Merkmale zu einem sinnvollen und konkreten Ganzen" (Bachtin 1989, 8). Solche Chronotopoi haben Affinitäten zu bestimmten Handlungsstrukturen, Figurenkonstellationen, Erzählgattungen und Epochen. Die Straße oder das Hotelfoyer sind Orte der Begegnung zwischen den Figuren, der Weg ist der Ort des Abenteuers. In Honoré d'Urfés Schäferroman *L'Astrée* (1607-1627) dominiert die Landschaftsidylle der Weidewiesen an den Ufern des Lignon, an denen die Zeit stillzustehen scheint. In Diderots *Jacques le Fataliste* (1796) wird der von Jacques und seinem Herrn zurückgelegte Weg zum Ort zahlreicher Begegnungen, Zufälle und Abenteuer und liefert gleichzeitig eine Metonymie für die immer wieder unterbrochene, mit neuen Wendungen aufwartende, endlose Geschichte der Liebesabenteuer Jacques'. Darüber hinaus entwickeln Chronotopoi Affinitäten zu bestimmten Gattungen und Epochen. Der Chronotopos des Abenteuerromans etwa besteht in der Durchwanderung des Raumes, wobei die biographische Zeit still zu stehen scheint. Solche gattungstypischen Chronotopoi können als Bezugsrahmen oder Normen für literarische Deautomatisationen dienen:

13 In Madeleine de Scudérys *Artamène ou le Grand Cyrus* (1649-53) sind Held und Heldin nach vielen Jahren und Abenteuern noch genau so jung und schön wie zu Beginn. Dieser Chronotopos dient Voltaire in seiner Erzählung *Candide* als Vorlage für eine literarische Ohrfeige. Fast über die gesamte Erzählung beachtet Voltaire den Chronotopos des Abenteuerromans, die Helden durchwandern den Raum, erleben eine Reihe von Abenteuern, ohne einen Hinweis auf die Spuren der Zeit, die ihre Erfahrungen eigentlich bei ihnen hinterlassen müssten. Erst am Schluss fällt der überraschte Leser aus allen Wolken, wenn Voltaire die von Candide so geliebte Cunégonde als gealtert, von ihren Erfahrungen gezeichnet und hässlich beschreibt.

Der Chronotopos des Schelmenromans ist mit dieser Raum-Zeit-Konfiguration verwandt. Er besteht in der Durchwanderung des geographischen (und sozialen) Raumes in einer zirkulär angelegten Zeit, die den Schelm immer wieder das Auf und Ab von Fortunas Glücksrad erleben lässt, wie dies zum Beispiel im Roman *Gil Blas* (1715-1735) von Alain René Lesage der Fall ist. Darüber hinaus lassen sich mit Hilfe der Chronotopoi auch bestimmte Epochen charakterisieren. So werden die idyllischen Landschaften und adligen Salons des 17. und 18. Jahrhunderts im 19. Jahrhundert von bürgerlichen Salons, Wohnungen, Fabriken und Bergwerken abgelöst. Anhand einer Analyse von Gebrauch und funktionaler Gestaltung solcher Chronotopoi lässt sich eine Subgattung, eine Epoche oder der Wandel einer Gattung in verschiedenen Epochen beschreiben. Sie kann allerdings genauso gut dazu dienen, die Besonderheiten eines Autors oder eines einzelnen Werkes zu untersuchen.

14 In *Madame Bovary* gelingt es Flaubert, durch verschiedene Techniken, eine neue Ausdrucksform für die Darstellung der französischen Provinz zu entwickeln. Damit

ist nicht nur ein bestimmter Raum gegeben, sondern gleichzeitig auch eine konkrete Zeitkonfiguration. Es ist die quälend langsam verstreichende Zeit des ereignislosen Alltags, unter der die auf eine erlebnisreiche, dicht gefüllte Zeit fixierte, notorische Romantikerin Emma Bovary so sehr leidet und aus der sie ausbrechen möchte. Als Flaubert im dritten Teil diesen Ausbruch, Emmas Liebesbeziehung zu Léon, darstellt, wählt er dafür einen bekannten Chronotopos, den einer kleinen Insel, einen Ort, abgelegen von hektischer Stadt und trister Provinz, einen Ort in dem die Zeit stillzustehen scheint (Flaubert 1986, 329). In der klassischen und traditionellen Literatur ist dafür der *locus amoenus* vorgesehen, der Ort der Idylle (Curtius 1978, 202-206).

Figurenkonstellation, Handlungsstruktur und Chronotopos bilden mithin nicht nur sinnvolle Kategorien für Vergleiche zwischen verschiedenen Werken, Autoren, Gattungen oder Medien, sondern lassen sich auch mit Gewinn auf die Untersuchung einzelner Werke anwenden. Die ästhetische Wirkung eines Werkes kann die Makrostrukturanalyse jedoch nicht allein, sondern nur in enger Wechselwirkung mit der Diskurs- und der Mikrostruktur bestimmen, die in den folgenden Kapiteln präsentiert werden sollen.

Rhetorik – Hilfswissenschaft literarischer Analyse

Julia Mitko

1 Einleitung

In den vergangenen Jahren sind verschiedene Disziplinen aus je eigenem Blickwinkel an die Rhetorik herangetreten und haben jeweils sie interessierende Teilbereiche der antiken Rhetoriklehre aufgegriffen (Spillner 1977, 93). Politiker und Werbefachleute wollen mit ihrer Rede vor allem überzeugen und interessieren sich für Rhetorik, um Reden oder Werbebeiträge wirkungsvoll zu gestalten. Ein ähnliches Interesse an der Rhetorik haben Juristen – der Anwalt im Plädoyer – oder Theologen – der Pfarrer in der Predigt. Auch wer ein Buch mit dem Titel *Führen durch das Wort* (Lay 2006) oder *Rhetorik für Frauen* (Schlüter 1987) erwirbt, will als Rede- oder Textproduzent wissen, wie er seine Botschaft verbal und non-verbal wirksam aufbauen kann, um seine Zuhörer zu beeinflussen.

Der Gebrauch des Begriffs *Rhetorik* im Sinne einer Lehre wirkungsvoller **Textproduktion** entspricht seiner ganz ursprünglichen Verwendung im Griechischen und Lateinischen. Ursprünglich bestand die Rhetorik nämlich aus einem Komplex von fünf Teil-Lehren: die Lehre vom Finden der Argumente (*inventio, Topik*), von deren Strukturierung und Anordnung (*dispositio*), der angemessenen Versprachlichung (*elocutio*, Stillehre) und des Auswendiglernens (*memoria*) und Einübens des Vortrags (*pronuntiatio, actio*). Nach Aristoteles ist Rhetorik eine erlernbare Fertigkeit (*techné*), anzuwenden in jenen Bereichen, in denen es keine ‚objektiven' Wahrheiten, sondern nur wahrscheinliche Begebenheiten gibt: Dazu rechnet er zwischenmenschliche Belange sowie gesellschaftliche und politische Fragen.

Für eine literaturwissenschaftliche Einführung interessiert die Frage, inwiefern die Rhetorik heute noch eine dienliche Hilfswissenschaft sein kann. Hier sehen wir von der Rhetorik in ihrer ursprünglichen Bedeutung als einer Lehre von der Textproduktion ab und bedienen uns rhetorischer Kategorien, um die Machart von Texten zu analysieren, die Wirkung der Texte auf den Rezipienten zu untersuchen und diese auf textspezifische, rhetorische Verfahren zurückzuführen.

2 Topik

Die **Topik** ist eine Disziplin innerhalb der Lehre der Stoff-Findung für die Rede (*inventio*) und hilft dem Redner bei der Suche passender Argumente. Die Bedeutung des Begriffs *topos* (‚Ort'; Pl. *Topoi* ‚Örter') hat sich im Laufe der Wortgeschichte stark gewandelt (Jehn 1972, Hebekus 1995). Heute wird im Allgemeinen unter Topos ein ‚Gemeinplatz' verstanden, d.h. eine ‚Binsenweisheit' bzw. ihre Versprachlichung in einer stereotypen Redensart. Griech. *topos* bzw. lat. *locus* bezog sich dagegen nicht auf inhaltlich fertige Argumente. Bei der Lehre von den *topoi* handelte es sich vielmehr um ein formales Verfahren, das erst zu den konkreten Einzelargumenten führen sollte. *Topoi* sind bei Aristoteles Kategorien, unter denen man ein Thema betrachtet, um festzustellen, ob sie in einem vorliegenden Fall einen Beweis ergeben können (Mertner 1972, 30f.). Quintilian definiert in der *Institutio oratoria* (um 95 n. Chr.) lat. *locus* als *sedes argumentorum*, also einen Ort, an dem die Argumente gewissermaßen ‚sitzen' und den man bei der Stoffsammlung aufsuchen muss, um Argumente zu finden. Quintilian unterschied über ein Dutzend auf die Person und knapp ein Dutzend auf die Sache bezogene *loci*. Es handelt sich um eine Art Raster von Fragen oder Feldern („Plätzen"), das an ein Thema angelegt wird und zu Argumenten führt. Das entspricht auch dem *topos*-Verständnis des Mittelalters. Die Frage nach dem *wer*?, *was*?, *wo*?, *womit*?, *warum*?, *wie*?, *wann*? (Mertner 1972, 32) sollte helfen, möglichst alle relevanten Punkte eines Themas zu erfassen. Ebenfalls seit dem Altertum, insbesondere aber im Humanismus, findet sich *locus* in der Funktion einer Überschrift, unter der Einzelargumente und Exempla gesammelt werden (Mertner 1972, 64). Auch hier bezeichnen die *loci* noch Kategorien und haben eine ordnende Funktion. Bald wurde der Begriff *locus* metonymisch für die Argumente selbst verwendet. Diese metonymische Übertragung liegt insbesondere dann nahe, wenn Argumente nicht auf einzelne Themen eingeschränkt sind, sondern allgemein verwendet werden können (*loci communes*). Die Bedeutungsverengung von *locus communis* auf das einzelne (stereotype) Argument stammt aus der Zeit des Niedergangs der Rhetorik im 18. Jahrhundert, als ein neues ästhetisches Ideal (Genieästhetik) die traditionelle Definition von Kunst ablöste und die Rhetorik in Verruf brachte. Damals entstand auch erst die deutsche Übersetzung ‚Gemeinplatz' (nicht: *All*gemeinplatz!). Gemeinplatz wurde von Anfang an in der Bedeutung ‚stereotype Formel, Klischee' verstanden (Mertner 1977, 66f.).

In den 40er Jahren des 20. Jahrhunderts wurde die Topik von Ernst Robert Curtius in seinem Werk *Europäische Literatur und lateinisches Mittelalter* mit neuem Erkenntnisinteresse wieder zum Leben erweckt. Curtius hat den Blickwinkel auf die Topik modifiziert: Sie wird ein Instrument der **Textanalyse**, nicht mehr der Textproduktion. Curtius nennt sein Anliegen „historische Topik". Ihn interessieren *topoi* in literarischen, also ihrer einstigen rednerischen Praxis enthobenen Texten (Curtius 1967, 79f.) zu einer Zeit, als poetische Texte sich am Maßstab der verwendeten rhetorischen Mittel bemessen ließen. Dabei begegnet uns der Begriff *topos* in mehrfacher Bedeutung (Jehn 1972, VII-LXIV, Mertner 1972, 23-28). Er bezieht sich sowohl auf makro- (Textaufbau, z.B. Exordialtopik) wie auch auf mikrostrukturelle Elemente (z.B. geläufige Metaphern). Curtius' Anliegen ist es, „rhetorische Themen der Poesie" zusammenzutragen, die die europäischen Literaturen des Mittelalters geprägt haben, und damit den „inneren Zusammenhang der europäischen Literatur" aufzuzeigen (Curtius 1967, 385).

> [Die historische Topik] ermöglicht eine Scheidung zwischen Individuellem und Typischem, aber auch zwischen Volkstümlichem und Gelehrtem. Man kann einen mittelalterlichen Text – sei er historischer, philosophischer oder sonstiger Art – nur dann verstehen, wenn man untersucht hat, ob er in der Tradition eines Topos steht (Curtius 1972, 10).

Er zählt dabei Motive und Stoffe, Exempla, poetische Bilder, fertige Argumentationsmuster und Redestrategien auf (Mertner 1972, 24f.).

So gehört es z.B. zur Exordialtopik (Curtius 1967, 95-99) (lat. *exordium* ‚der Beginn, Anfang'), wenn ein Redner zu Beginn seiner Ausführungen betont, dass er „noch nie Gesagtes" erzählt oder seine Tätigkeit mit dem Argument begründet, dass „Trägheit zu meiden", „Müßiggang lasterhaft" (Curtius 1967, 98) sei.

Curtius führt nicht nur rekurrente Argumentationsschablonen von der Antike zum Mittelalter auf; er hat auch geläufige Metaphern aufgespürt. Ein Beispiel dafür ist die Schiffahrtsmetapher in metaliterarischen Passagen:

> Die Schiffahrtsmetaphern gehören ursprünglich der Poesie an. [...] Aber schon Cicero hatte diese Wendungen in die Prosa aufgenommen. Soll er das ‚Ruder der Dialektik' benutzen oder gleich ‚die Segel der Rede' setzen (*Tusc.*IV 5,9)? Quintilian fühlt sich wie ein einsamer Schiffer auf hoher See (*prooemium* zu Buch XII). Hieronymus spannt ‚die Segel der Interpretation' (PL 25, 903D). [...] Die Metaphorik ist im ganzen Mittelalter außerordentlich verbreitet und hält sich auch später noch lange (Curtius 1967, 139).

Unter **Topos** finden sich bei Curtius zudem literarische Beschreibungen mit festen wiederkehrenden Attributen, wie z.B. der *locus amoenus*:

> Der *locus amoenus* bildet „von der Kaiserzeit bis zum 16. Jahrhundert das Hauptmotiv aller Naturschilderung. Er ist [...] ein schöner, beschatteter Naturausschnitt. Sein Minimum an Ausstattung besteht aus einem Baum (oder mehreren Bäumen), einer Wiese und einem Quell oder Bach. Hinzutreten können Vogelgesang und Blumen. Die reichste Ausführung fügt noch Windhauch hinzu (Curtius 1967, 202).

Curtius betreibt somit schon früh **Intertextualitätsforschung**. Allerdings sind die von ihm aufgespürten Intertexte an keine individuelle Urheberschaft gebunden, sondern sprachlich erfasstes Gemeingut, das im europäischen Kontext zirkulierte und von den Autoren über Jahrhunderte tradiert wurde. Zur Beurteilung von Literatur vor dem 18. Jahrhundert kann Curtius' Werk wertvolle Hilfsdienste leisten.

3 Literaturwissenschaft als Analyse ästhetisch gestalteter Rede

Literaturwissenschaft hat es mit ästhetisch gestalteten, poetischen, nicht primär pragmatischen Texten zu tun. Im poetischen Text werden der Zeichenträger selbst (in der Literatur i.d.R. Papier) sowie die Art und die Anordnung der Zeichen ebenso bedeutungsvoll wie der Umgang mit Sprache. Ein literarischer Text tritt uns als ein vielschichtiger **Zeichenkomplex** entgegen, den wir erst entschlüsseln müssen. Wir müssen seine individuelle ‚Sprache' auf allen Ebenen erst erlernen, um ihn zu deuten und zu verstehen. Die Rhetorik bietet uns dazu gewissermaßen universelle Sprachregeln an, nach denen alle ‚Einzelsprachen' – sprich: die einzelnen literarischen Texte – organisiert sind. Mit dem Rüstzeug der Rhetorik können wir uns an jeden Text wagen. Die Rhetorik stellt Analysekriterien zur Verfügung, um einen Text zu entschlüsseln und ist damit eine zentrale Hilfswissenschaft der Literaturwissenschaft. Sie ermöglicht es uns, sprachliche Phänomene eines Textes zu erkennen und zu benennen und die Wirkung von Texten auf bestimmte strukturelle Eigenschaften dieser Texte zurückzuführen. Auch stellt sie uns eine angemessene, d.h. präzise Begrifflichkeit für sprachliche Phänomene zur Verfügung. Sie stellt eine **Metasprache** zur Textanalyse bereit.

3.1 Rhetorische Figuren als Mittel der Deautomatisierung der Textrezeption

Üblicherweise werden rhetorische Figuren als ‚Abweichungen' von der sprachlichen Norm definiert (z.B. Plett 2000, 20). Als Folie, auf der die Abweichungen erkennbar werden, dient der Sprachstandard, die präskriptive Norm. Ein Stilmittel ist dieser Definition gemäß eine gegenüber dem Standard signifikante Abweichung.

Diese Definition ist nicht unproblematisch: Die Qualität eines Textes kann natürlich nicht an der Zahl der Abweichungen festgemacht werden; ein nur aus Abweichungen bestehender Text ist nicht mehr lesbar. Außerdem ist auch ein Fehler eine Abweichung. Und eine Häufung von Abweichungen ohne inhaltlichen Mehrwert gegenüber der Alltagssprache ist nur spielerischer Sprachschmuck. Die häufige Assoziation von rhetorischen Mitteln mit sprachlichem Schmuck erklärt sich aus der Herkunft der Stilmittel aus dem Bereich des *ornatus* („Schmuck', ‚Verzierung') in der Rhetorik. Doch rhetorische Mittel dienen nicht eigentlich zur Dekoration, sieht man von Sprachspielereien zur Zeit der *Rhétoriqueurs* (14./15. Jh.) in Frankreich, im Barock oder von der Sprachakrobatik der *Parnassiens* (19. Jh.) einmal ab. Stilmittel bewirken eine Deautomatisierung der Textrezeption und können damit zu einem neuen, erkenntniserweiternden Blick auf die Wirklichkeit führen. Daneben haben Stilmittel – pragmatisch gesehen – natürlich auch die Macht zu manipulieren und werden daher in der Werbung eingesetzt.

Eine Abweichung ist eine relationale Größe: Sie kann nur in Bezug auf eine Norm festgestellt werden. Als Norm gelten im Allgemeinen die in Wörterbüchern und Grammatiken beschriebenen Regeln. Eine ästhetisch signifikante Abweichung liegt auf jeden Fall dann vor, wenn die Abweichung selbst Systemcharakter (Plett 1975, 121) hat. So ist z.B. das Fehlen eines einzelnen Kommas noch nicht unbedingt ästhetisch relevant (kann es aber sein!). Die konsequente Tilgung jeglicher Interpunktion – z.B. in weiten Teilen der modernen Lyrik seit Mallarmé und Apollinaire – dagegen schon. In Bezug steht die Abweichung somit auch zum Ko-Text, d.h. zum textuellen Umfeld: Abweichungen selbst können regelbildend werden. So stellt z.B. Rede in isometrischen Versen mit regelmäßigem Endreim eine Abweichung gegenüber der Normsprache dar; doch ist diese Abweichung aufgrund ihrer Systematik zugleich ein sekundäres Regelwerk (**Sekundärstruktur**). Derartige Abweichungen, die selber wieder eine feste Struktur annehmen, werden in **Regel-**

poetiken beschrieben. Diese informieren z.B. über feste Strophenformen in der Lyrik, über Stiltrennungsregeln im Drama etc. Auch Verstöße gegen diese sekundären Normen sind signifikant und müssen interpretiert werden. Die Analyse rhetorischer Mittel setzt die Vertrautheit mit der Norm voraus. Hierzu zählen die Normen für die **primären sprachlichen Kodes** (Orthographie, Phonologie, Prosodie, Morphologie, Semantik, Syntax) und für **sekundäre Kodes**, wie z.B. Vorgaben der Regelpoetik. Außerdem ist für die Analyse eine präzise Beschreibung der Abweichungen erforderlich. Das Analyse-Instrumentarium der Rhetorik ermöglicht es uns, diese Voraussetzung zu erfüllen. Im Anschluss an die textimmanente Analyse kann dann der Blick auf den (historischen, gesellschaftlichen, evtl. auch den biographischen) Kontext des Werks erweitert werden. Die Analyse rhetorischer Mittel kann die Interpretation nicht ersetzen, sie kann diese aber unterstützen und leiten (Posner 1971, 255); sie ist Voraussetzung einer Interpretation.

3.2 Die Ebenen sprachlicher Analyse

Rhetorische Mittel treten auf allen sprachlichen Ebenen auf (vgl. Plett 2000; Ueding/Steinbrink 1994, 283-327):

- **Lautung**: Stilfiguren können einzelne Lautsegmente (**Phoneme**) betreffen. Phonematische Stilfiguren sind uns in der Regel gut vertraut. Hierzu gehören etwa Alliteration, Reim, Assonanz und Paronomasie.
- **Prosodie**: Die Prosodie befasst sich mit der Intonation und der Akzent- und Pausenstruktur (Rhythmus; Metrum).
- **Morphologie** oder **Formenlehre:** Basiseinheit auf dieser Ebene sind die Morpheme, d.h. die kleinsten bedeutungstragenden Zeichen einer Sprache, z.B. Flexionsendungen und Wortbildungsaffixe (Präfix, Infix, Suffix).
- **Syntax**: Die Syntax befasst sich mit der Kombination sprachlicher Zeichen in der Redekette und untersucht, wie in einer Sprache wohlgeformte Sätze gebildet werden.
- **Semantik** oder **Bedeutungslehre**: Sie befasst sich mit den inhaltlichen Konzepten, die einem Signifikanten zugeordnet werden, und sie betrachtet die Relation zwischen dem sprachlichen Zeichen und den Referenten der außersprachlichen Welt oder der Welt eines Textes, auf die wir mit Hilfe der sprachlichen Zeichen verweisen. Figuren auf dieser Ebene verknüpfen die Signifikanten auf ungewöhnliche Weise mit Signifikaten oder stellen Verknüpfungen zwischen unvereinbaren Signifikaten her.
- **Graphematik/Typographie**: Auch auf der Ebene der Schriftzeichen (Grapheme) kann es zu Abweichungen kommen, z.B. zu bedeutungstragenden Schriftgrad-Änderungen, zu Schrifttypenwechsel, zu bestimmten Anordnungsfiguren der Buchstaben.

3.3 Lautung

3.3.1 Alliteration, Assonanz, Reim, Paronomasie

Gemeinsam ist den Verfahren der **Alliteration**, der **Assonanz**, des **Reims** und der **Paronomasie**, dass bestimmte gleiche oder ähnliche Laute (Lautfolgen) in auffälliger Häufigkeit wiederholt werden. Die Alliteration ist die Wiederkehr gleicher Konsonanten oder Vokale in Folge, und zwar unabhängig von ihrer Position (Anfang, Mitte, Ende) im Wort. (Im Deutschen wird unter Alliteration häufig nur die Wiederholung von Anfangslauten oder gar nur Anfangskonsonanten verstanden.)

Berühmt ist die Alliteration von [s] in der letzten Szene von *Andromaque*, als Orest im Wahn die Rachegöttinnen mit ihrem Schlangenhaar vor sich sieht: „Pour qui sont ces serpents qui sifflent sur vos têtes?“ (Racine, *Andromaque*, Akt V, Sz. 5, V. 1638). Die Alliteration bildet das Geräusch zischender Schlangen ikonisch ab.

Assonanz und Reim sind Wiederholungsfiguren am Versende. Bei der Assonanz liegt lediglich eine Gleichheit des betonten Endvokals, nicht jedoch der ihm folgenden Konsonanten vor (*vitres* : *sinistres*) (Elwert 1978, §123).

Die Assonanz spielt in der altfranzösischen Dichtung vom 9.-12. Jh. eine große Rolle (z.B. in den Laissen im altfranzösischen *Alexiuslied* und im *Rolandslied*): „As porz d'Espaigne en est passét Roll**ant** / Sur Veillantif, sun bun cheval cur**ant**, / Portet ses armes, mult li sunt aven**anz**; / Mais sun espiét vait li bers palmai**ant**, / Cuntre le ciel vait al mure turn**ant**, / Laicét en sum un gunfanun tut bl**anc**.“ (Rolandslied, V. 1152ff.) (Elwert 1978, §113; Hervorhebung J.M.) [Assonanz zwischen Endungen auf -*ant* und -*anz* bzw. -*anc*.]

Ein Reim liegt dann vor, wenn vom letzten betonten Vokal an phonologisch gleichwertige Einheiten (Vokale und Konsonanten) wiederholt werden. Da die Vokallänge im Französischen nicht distinktiv ist, sondern vom konsonantischen Umfeld abhängt, scheidet das quantitierende Versmaß – des Griechischen und Lateinischen – für das Französische aus. Auch ein akzentuierender Versbau – wie in den germanischen Sprachen – ist kaum realisierbar, weil im Französischen nicht das einzelne Wort, sondern die letzte Silbe innerhalb des *mot phonétique* (*groupe rythmique*) stets den Ton trägt; man spricht vom Satz- bzw. Satzgliedakzent. Damit ist ein durchlaufendes rhythmisches Muster – wie es etwa der lateinische Vers aufweist –, ausgeschlossen (Elwert 1978, §27f.). Im französischen Vers gibt es stattdessen nur eine „feste, den Vers oder Halbvers schließende Tonstelle“ (Elwert 1978, §26), die übrigen Tonstellen im Vers sind frei und variieren. Dem Endreim kommt die wesentliche Funktion zu, den Versschluss zu signalisieren. Der Reim und eine feste Silbenzahl charakterisieren den französischen Vers bis ins 19. Jahrhundert.

Reime lassen sich nach ihrem **Reimgeschlecht** unterscheiden. Beim ‚weiblichen‘ Reim folgt auf die letzte Tonsilbe ein *e instable*. Der ‚männliche‘ Reim hingegen endet mit einer Tonsilbe:

weiblicher Reim: fameuse : joyeuse; joie : proie; fromage : langage
männlicher Reim: fameux : joyeux; bois : voix; perché : alléché (vgl. auch Elwert 1978, §115)

Reime lassen sich ferner nach ihrer **Fülle**, d.h. der Zahl der gleichklingenden Elemente, charakterisieren (Elwert 1978, §122f.):

***rime pauvre** (rime faible;* **Assonanz**): Der Gleichklang beschränkt sich auf den betonten Endvokal der Reimwörter: moi : roi; remue : salue (Vokal – Vokal).
rime suffisante: Der Tonvokal und der folgende Konsonant sind lautgleich: cheval : égal; bise : grise (Vokal + Konsonant – Vokal + Konsonant).
rime riche: Die Reimwörter weisen drei lautliche Übereinstimmungen auf. Mehrere Möglichkeiten sind denkbar: 1. Sie können zusätzlich zur *rime suffisante* in Bezug auf den Konsonanten vor dem Tonvokal (sog. *consonne d'appui*, Stützvokal) übereinstimmen: cheval : rival; crime : escrime (KVK – KVK). 2. Sie zeichnen sich durch die klangliche Übereinstimmung von zwei Konsonanten vor dem Tonvokal aus: tordu : perdu (KKV). 3. Zwei dem Tonvokal folgende Konsonanten und der Tonvokal selbst sind identisch: verve : serve (VKK).
***rime superflue** (rime double; rime léonine):* Der Reim erstreckt sich auf zwei Silben: abonder : inonder; ressentir : repentir (VKV(K)).

An den Reim wird insbesondere in der Klassik die Forderung der **Reinheit** gestellt. Das bedeutet, dass die Qualität der reimenden Vokale (ggf. mit den sie umgebenden Konsonanten) übereinstimmen muss. Für die Tonvokale heißt dies, dass die Öffnungsgrade bei den mittleren Vokalen (*e* und *o*) und bei *a* (palatal oder velar) in den Reimwörtern identisch sein müssen. Zum Beispiel dürfen offenes und geschlossenes *e* resp. *o* nicht gereimt werden. Reinheit bedeutet auch, dass weibliche und männliche Endung auch bei gleichem Klang nicht reimen (ausführlicher dazu auch Elwert 1978, §§137-142).

Damit liegt in „Les Pas" von Paul Valéry in der 3. Strophe kein Reim zwischen „avancées" und „l'apaiser" und auch nicht zwischen „pensées" und „baiser" vor! Vielmehr beachtet er die in der Klassik seit Malherbe geforderte *alternance des rimes*, die den regelmäßigen Wechsel des Reimgeschlechts vorsieht (auf weiblichen folgt männlicher Reim und umgekehrt): „[...] Si de tes lèvres avancées, / Tu prépares pour l'apaiser, / A l'habitant de mes pensées / La nourriture d'un baiser [...]" (Valéry 1957, 120f.).

Ein auf das Schriftbild beschränkter Reim wird **Augenreim** genannt. Die Graphie der gereimten Silben stimmt überein, doch differieren die Wörter in ihrer Aussprache, wie z.B. *Tunis* [-is] : *réunis* [-i] (Elwert 1978, §142). Augenreime entstehen häufig erst im Laufe der Sprachentwicklung, wenn ursprünglich reine Reime infolge von Ausspracheveränderungen zu Augenreimen reduziert werden. Meistens entstehen Augenreime dadurch, dass Konsonanten am Wortende wieder ausgesprochen werden, die in früherer Zeit stumm waren. Seit dem 17. Jahrhundert – verstärkt seit dem 20. – gibt es im Französischen unter dem Einfluss des Schriftbildes eine starke Tendenz, ehemals stumme Laute wieder auszusprechen (z.B. in *jadis* oder *le fait*). So sind *brebis* [-i] : *jadis* [-i] (La Font. I, 6, 1-3) in Zeiten La Fontaines korrekt gereimt; nach der Restituierung des *–s* in *jadis* ist der Reim jedoch zum bloßen Augenreim geworden. Die Wörter *brebis* und *jadis* assonieren, sie reimen nicht mehr. Natürlich muss sich die Beurteilung der Reinheit und des Reichtums des Reims auf die Aussprachenorm zum Entstehungszeitpunkt des Gedichts beziehen!

Reime strukturieren ein Gedicht durch ihre Anordnung, wobei eine **feste strophische Gliederung** entstehen kann. Folgende Grundmuster lassen sich unterscheiden:

rime continue (fortgesetzter Reim): aaaaaa, bbbbbb etc.
rimes plates oder *rimes jumelles* (Paarreim): aa bb cc dd etc. In klassischer Dichtung ist es seit Malherbe Pflicht, dass weibliche und männliche Reime alternieren müssen *(alternance des rimes)*.
rimes embrassées (umschlingender Reim): abba cddc effe etc.
***rimes croisées**, rimes entrelacées, rimes alternantes* (Kreuzreim): abab cdcd etc.

Das 16. und insbesondere das 17. Jahrhundert (Malherbe, Boileau) setzen bezüglich der Reinheit des Reims, seiner Anordnung wie auch seiner Fülle strenge Maßstäbe an. Erst im 19. Jahrhundert – insbesondere bei den Symbolisten gegen Ende des Jahrhunderts – werden die Reglementierungen bewusst durchbrochen, verschiedene Reime verwendet oder Reime und Assonanzen gemischt. Schließlich verzichten die Dichter auch ganz auf den Reim. Angesichts der Rolle des Reims für den französischen Vers von altfranzösischer Zeit bis zum 19. Jahrhundert sind die Durchbrechungen als ein Aufbegehren gegen die traditionelle Regelpoetik zu werten. Umgekehrt gilt natürlich auch, dass in einer Zeit, wo die Durchbrechung selbst zur Norm geworden ist, der Rückgriff auf vormoderne Normen eine signifikante Abweichung darstellt.

Befinden sich lautähnliche Wörter in syntagmatischer Nachbarschaft – gleich ob in Endposition oder im Innern des Verses sowie auch in Prosatexten – liegt eine **Paronomasie** vor.

> Le radis rose / Du radis homme / Le radis gris / Du rat dit homme / Il fait un somme / Au paradis / Du radium (Gilbert-Lecomte 1977, 29).

Lautliche Figuren sind für die Sinnstiftung im dichterischen Text besonders interessant. Der Dichter kreiert aus dem arbiträren sprachlichen Material sekundär Indices und Ikone (**Lautmalerei**).

3.3.2 Tilgung, Umstellung und Ergänzung von Lauten

Bei **Synkope**, **Apokope** und **Aphärese** handelt es sich um Verfahren, bei denen Laute im Wortinnern (Synkope), am Wortende (Apokope) oder am Wortanfang (Aphärese) getilgt werden.

Synkope: *ptête* für *peut-être*
Apokope: *proprio* für *propriétaire*; *prof* für *professeur*
Aphärese: *bus* für *autobus*

Da diese lautlichen Abweichungen gegenüber dem Standard in der Sprechsprache sehr häufig sind, lässt sich ihr Auftreten in geschriebenen Texten häufig als der Versuch deuten, sich der Mündlichkeit anzunähern. Dies betrifft nicht nur das *e instable*, sondern z.B. auch den Ausfall von *l* bei *il* („i fait"), den Ausfall von *u* bei *tu* („t'y as pas pensé?"), den Ausfall von *-le* / *-re* nach *p* und *b, d* und *t*

(„la tab'“, „quat'“). Diese Interpretation muss jedoch jeweils am Text überprüft werden, vor allem dann, wenn diese Merkmale nicht in der Figurenrede, sondern im Erzählerbericht vorkommen.

Seltener werden Wörtern auch Laute hinzugefügt: Man spricht von einer **Epenthese**. Der häufigste parasitäre Laut dieser Art ist das *e instable* bei Konsonantenhäufungen:

Epenthese: *un match[ə] de foot*

Werden Laute umgestellt, so liegt eine **Metathese** vor:

Metathese: „hynoptisme“ statt „hypnotisme" (Plett 2000, 54), „cacocalo“ statt „coca-cola“ (Queneau 1959, 47). Die Metathese dient häufig sprachspielerischen Zwecken und wirkt komisch; sie tritt aber auch als übliches Verfahren lautlichen Wandels (vulgärlat. **formaticum* > frz. **fro**mage ‚Käse‘) und intersprachlichen Kontakts (**Ro**land > **Or**lando) auf.

Verfahren der Lauttilgung oder Lauthinzufügung können in der Versdichtung eingesetzt werden, wenn es darum geht, eine feste Silbenzahl pro Vers zu erreichen. Im Französischen ist davon in erster Linie das *e instable* betroffen, das ja in der Dichtung zumindest bis zum 20. Jahrhundert im Versinnern vor Konsonant und *h aspiré* gesprochen wird und als Silbe zählt. Ein Apostroph dient dazu, den Ausfall des *e instable* zu markieren:

Die **Synkope** („tellment“ statt „tellement“, „curdent“ statt „cure-dents“) in Queneaus „Je crains pas ça tellment“ sichert die isometrische 12-Silbigkeit: „[...] Mais je crains pas tellment ce lugubre imbécile / qui viendra me cueillir au bout de son curdent / lorsque vaincu j'aurai d'un œil vague et placide / cédé tout mon courage aux rongeurs du présent“ (Queneau 1989, I, 123). Der Reiz des Verfahrens liegt darin, dass Queneau einen Kontrast zwischen der hohen poetischen Ausdrucksform des Alexandriners – in seiner klassischen Ausprägung mit Zäsur nach der sechsten Silbe! – und dem niedrigen, z.T. die Sprechsprache imitierenden Vokabular aufbaut (Synkope in „tellment“ und „curdent“, stilistisch niedriges Wort „curdent“ ‚Zahnstocher‘, „imbécile“ ‚Dummkopf‘).

3.3.3 Prosodische Ebene

Bei der prosodischen Ebene ist in erster Linie an die Metrik zu denken. Wie bereits erwähnt gibt es im Französischen keinen durchlaufenden, festen Rhythmus, der den Vers strukturieren könnte. Der französische Vers hat eine feste Tonstelle am Ende und, bei Versen von mehr als acht Silben Länge, eine weitere, schwächere feste Tonstelle im Innern, die sog. **Zäsur**. Die übrige Akzentverteilung variiert (vgl. auch Elwert 1978, §26). Das **Metrum** (Versmaß) definiert sich entsprechend im Französischen nach der Silbenzahl, nicht etwa wie im Lateinischen nach der Zahl der Versfüße.

Zur prosodischen Ebene zählen auch **Intonationsverlauf** und **Pausenstruktur**. Um im schriftlichen Text den Intonationsverlauf und die Durchführung oder Unterlassung einer *liaison* zu signalisieren, können graphische und drucktechnische Mittel angewandt werden. Das Gleiche gilt für die Markierung der Pausen. Eine Pause tritt z.B. am Ende eines Verses auf; sie wird durch ein *blanc* im Text signalisiert. Eine Pause erfolgt auch bei der Zäsur, die allerdings nicht immer graphisch signalisiert wird. Wird sie signalisiert, dann z.B. in Form eines Kommas nach einer Sinneinheit. Die Pause trägt ähnlich wie der Reim zur Strukturierung des Verses bei. Zudem kennzeichnet sie das Ende einer Strophe nach einer bestimmten Versabfolge.

Ein **Enjambement** (Zeilensprung) liegt vor, wenn syntaktische und metrische Grenzen differieren und ein „syntaktisch mit dem Vorausgehenden eng zusammenhängender Satzteil in den nächsten Vers hinübergenommen wird“ (Elwert 1978, §98). Die durch das Enjambement entstehenden syntaktischen Brüche können mehr oder weniger stark sein.

Auffällige Enjambements stören in Rimbauds „Dormeur du Val“ die Harmonie des in der ersten Strophe aufgebauten Szenarios des *locus amoenus*: „C'est un trou de verdure où chante une rivière / Accrochant follement aux herbes **des haillons / D'argent**, où **le soleil**, de la montagne fière, / **Luit**; c'est un petit val qui mousse de rayons“ (Rimbaud 1960, 76; Hervorhebungen J.M.).

Je enger die syntaktischen Einheiten zusammengehören, die durch das Enjambement auseinandergerissen werden, desto stärker ist der Bruch:

Bei Rimbaud finden wir gleich in der ersten Strophe einschneidende Enjambements: die Trennung von Substantiv und Ergänzung mit *de* in „les haillons // D'argent“ in V.2f.; gleich darauf durchbricht ein langes Hyperbaton – „de la montagne fière“ – die Verbindung von Subjekt „le soleil“ und Verb „Luit“ in V.3f. Die abrupten Schnitte durch eng zusammengehörige Satzglieder sowie die Kürze der **Rejets** – der in die Folgezeile gestellten Teile des Syntagmas oder Satzes – („D'argent“; „Luit“) und die dadurch entstehenden ungewöhnlichen Zäsuren im Alexandriner (V.3 nach der zweiten Silbe, V.4 nach der ersten Silbe) bringen damit schon zu Beginn des Sonetts Unruhe in die Beschreibung der scheinbar idyllischen Natur. Dieser Eindruck, der auf semantischer Ebene durch den Gebrauch ungewöhnlicher Wörter zur Beschreibung eines *locus amoenus* bereits angedeutet wird („trou de verdure“ für ‚grünes Tal‘, Verwendung der Begriffe „follement“ und „haillons“), bestätigt sich im letzten Vers des Gedichts: „Trou“ verweist hier auf eine tödliche Verletzung des scheinbar schlafenden Soldaten („Il a deux trous rouges au côté droit“).

Übungen zu lautlichen Stilmitteln finden Sie im Modul unter Einübung der Stilmittel.

3.4 Die morphologische Ebene

Morphologische Figuren können freie Morpheme (d.h. Lexeme, Einzelwörter) oder gebundene Morpheme (d.h. Wortbildungsaffixe, Flexionsendungen) betreffen. Zu beachten sind daher auffällige Wiederholungsmuster von gleichen oder etymologisch verwandten Wörtern und Wortbestandteilen einerseits, Auffälligkeiten im Bereich der Wortbildung andererseits.

3.4.1 Wiederholungsfiguren: Anapher, Epipher, Geminatio, Kyklos, Anadiplose

Anapher, **Epipher**, **Geminatio**, **Kyklos** und **Anadiplose** verbindet, dass bei allen fünf Figuren jeweils (mindestens) ein Lexem (Wort) wörtlich wiederholt wird. Was sie unterscheidet, ist die Position des wiederholten Elements im Vers oder Satz.

Die Begriffe Anapher, Epipher und Anadiplose beziehen sich auf Wiederholungsphänomene, die sich auf mindestens zwei Sätze (Verse) erstrecken: Bei der Anapher steht das wiederholte Lexem bzw. eine ganze Wortgruppe zu Anfang eines Satzes (Verses) oder Gedankenabschnitts, bei der Epipher in Endposition. Die Anadiplose zeichnet sich dadurch aus, dass ein Wort in Endposition eines Satzes (Verses) in der Anfangsposition des nächsten wieder erscheint. Während Anapher und Epipher häufig mit der syntaktischen Figur des Parallelismus verknüpft sind, geht die Anadiplose häufig mit der syntaktischen Gegenfigur, dem Chiasmus, einher.

Eine **Anapher** – kombiniert mit syntaktischem Parallelismus – liegt demnach vor in: „**Vous trahissez** l'époux à qui la foi vous lie; / **Vous trahissez** enfin vos enfants malheureux (Racine, *Phèdre*, Akt I, Sz. 3, V. 198f.; Hervorhebungen J.M.). / **La Babylone j'ai vu**, Marie! / **La Babylone j'ai vu**, Jésus! / **Sept étages** et Jésus, dessus! / **Sept étages** avec des colonnes." (Jacob 2000, 143; Hervorhebungen J.M.). Eine Anadiplose findet sich in: „Les roues sont **les moulins à vent** du pays de Cocagne / Et **les moulins à vent** sont les béquilles qu'un mendiant fait / tournoyer" (Cendrars 1947, 27; Hervorhebungen J.M.).

Wird eine **Anadiplose** mehrfach wiederholt, kann, semantisch gesehen, eine **Gradatio** oder **Klimax** vorliegen. Meistens besteht eine Klimax jedoch aus einer „steigernde[n] Reihung synonymer Wörter oder gleicher Satzglieder" (nach Ueding/Steinbrink 1994, 302).

> Telle est ma petite chambre où mon inflexible Roi ne veut **rien**, **rien** qu'il n'ait malmené, confondu, réduit **à rien** (Michaux 1998, 424; Hervorhebungen J.M.). Il me l'a **ravie**. Il me l'a **perdue**. Il me l'a **réduite à rien**! (Michaux 1998, 425; Hervorhebungen J.M.).

Geminatio (Reduplicatio) und **Kyklos** definieren sich im Unterschied zur ersten Gruppe von Figuren dadurch, dass sie Wiederholungsfiguren innerhalb eines Satzes (Verses) bezeichnen. So liegt bei der **Geminatio** die unmittelbare Wiederholung (mindestens) eines Lexems vor, wobei die Wiederholungsglieder in Kontakt stehen wie in folgendem Beispiel aus „Mon Roi" von Michaux:

> [...] sa face d'abord bleuie, après peu de temps redevient naturelle, et sa tête se relève, **chaque nuit**, **chaque nuit**. (Michaux 1998, 422; Hervorhebungen J.M.) // Que ne le laissai-je dans cette chambre **tranquillement**, **tranquillement** sans m'occuper de lui (Michaux 1998, 424; Hervorhebungen J.M.).

Diese Wiederholungsfigur ist in der Regel mit einer Klimax verbunden. Das zweite Wiederholungsglied wird häufig durch Adjektive oder Adverbien o.ä. erweitert und verstärkt:

Erweiterung durch Adjektiv: „Cependant, il est bien évident que c'est lui le Roi, et moi **son sujet**, **son unique sujet**" (Michaux 1998, 423; Hervorhebungen J.M.). // Erweiterung durch Adverb: „Il est revenu; **il est là. Il est toujours là**" (Michaux 1998, 423; Hervorhebungen J.M.).

Beim **Kyklos** dagegen stehen die Wiederholungsglieder auf Distanz: das eine in Anfangs-, das andere in Endposition eines Satzes (Verses) oder einer syntaktischen Einheit. Der Vers (bzw. eine syntaktische Einheit) wird damit eingerahmt, umkreist:

> **Imperceptibles** sont les mouvements de sa face, **imperceptibles** (Michaux 1998, 425; Hervorhebungen J.M.).

In den aufgeführten Beispielen verstärken die Wiederholungsfiguren den auch auf semantischer Ebene ausgedrückten bedrohlichen Charakter der Situation, aus der kein Entkommen möglich scheint.

3.4.2 Polyptoton und Figura etymologica

Bei **Polyptoton** und **Figura etymologica** werden teilweise gleiche Morpheme wiederholt (Plett 2000, 127): Ein Polyptoton liegt vor, wenn ein Wort in einer anderen grammatikalischen Form wiederholt wird. Änderungen treten bezüglich des Numerus oder Kasus beim Substantiv, des Tempus, der grammatischen Person, der Diathese (aktiv/passiv) beim Verb auf:

Variation im Tempus: „Il **a gagné** mon seuil, il **va gagner** ma chair“ (Bataille 2000, 71; Hervorhebungen J.M.). // Variation der grammatischen Person: „Ah! s'il vous faut **rougir**, **rougissez** d'un silence / Qui de vos maux encore aigrit la violence“ (Racine, *Phèdre*, Akt I, Sz. 3, V. 185; Hervorhebungen J.M.).

Die **Figura etymologica** ist demgegenüber eine Wiederholungsfigur, bei der beide Wiederholungsglieder auf einen gemeinsamen Wortstamm (ein gemeinsames Etymon) zurückgehen:

> Vous vous abandonniez au **crime** en **criminel** (Racine, *Andromaque*, Akt 4, Sz. 5; Hervorhebungen J.M.). // Mais de faire **fléchir** un courage **inflexible** [...], / C'est là ce que je veux (Racine, *Phèdre*, Akt II, Sz. 1, V. 449; Hervorhebungen J.M.).

Die **Figura etymologica** ist auch in der Umgangssprache üblich, z.B. in festen syntagmatischen Verbindungen (**Kollokationen**): *jouer le jeu* (auch dt.: ‚das Spiel spielen'), *vivre sa vie* (dt. ‚sein Leben leben').

3.4.3 Wortbildung

Wortbildung ist die Schöpfung neuen Wortmaterials auf der Basis vorhandener sprachlicher Mittel. Sieht man von einfachen Wortklassewechseln – Konversionen – (z.B. vom Verb zum Substantiv in *marcher* → *la marche*) oder Ausweitungen des Gebrauchs (ein vormals intransitives Verb wird z.B. transitiv verwendet) einmal ab, lässt sich Wortbildung definieren als die Verknüpfung eines freien Morphems mit einem weiteren (freien oder gebundenen) Morphem.

Ein Beispiel: Aus der Kombination des gebundenen Morphems *re-* ‚wieder-', ‚neu' (Präfix) mit dem freien Morphem (Lexem) *faire* ‚machen' entsteht *refaire* ‚wieder/neu machen'. Aus den freien Morphemen (Lexem) *ouvrir* ‚öffnen' und *bouteille* ‚Flasche' wird die Wortzusammensetzung *ouvre-bouteilles* ‚Flaschenöffner' gebildet.

Für die Literaturwissenschaft wird die Wortbildung dort interessant, wo Autoren sprachschöpferisch tätig werden, Wortmaterial innovativ verwenden und neue Wörter auf der Basis vorhandenen Materials oder auch *ex nihilo* schaffen. In Gedichten beispielsweise, die mit **Neologismen** arbeiten, reicht der Blick ins Wörterbuch häufig nicht zum Textverständnis aus. Hier liegt es am Leser, sich Wortbedeutungen zu erschließen, indem er die Wörter für sich ‚durchsichtig' macht. Neologismen sind ‚durchsichtig' oder motiviert, wenn sie eine Verbindung zu ihrem Referenten erkennen lassen (**primäre Motivation** wie in der Lautmalerei) oder wenn sie sich mit vorhandenem, bekanntem Wortmaterial in Verbindung bringen lassen (**sekundäre Motivation**).

Ein anderer Typ von Wortbildung begegnet alltäglich vor allem im journalistischen Stil: Die Rede ist vom **Akronym**, einer Wortneuschöpfung auf der Basis der Anfangsbuchstaben mehrerer Einzelwörter. Hintergrund dieser Neubildungen ist einerseits der Trend zu kurzer Ausdrucksweise (vgl. Kronsbein 2005). Ein weiterer denkbarer Grund für die Verwendung von Akronymen ist eine euphemistische, d.h. beschönigende Redeweise: Dies gilt v.a. im Bereich sozialer Tabus. Beispiele hierfür sind frz. *HLM* (*Habitation à loyer modéré*) für ‚Sozialwohnungen', *SDF* (*Sans domicile fixe*) für ‚Obdachlose' oder *IVG* (*Interruption volontaire de grossesse*) für ‚Abtreibung'.

Übungen zur Morphologie finden Sie im Modul unter Einübung der Stilmittel.

3.5 Die syntaktische Ebene

Mit Figuren auf syntaktischer Ebene sind wir im Allgemeinen besser vertraut als mit solchen auf morphologischer Ebene, weil sie uns nicht nur in literarischer Sprache, sondern auch im Mündlichen häufig begegnen.

3.5.1 Syntaktischer Parallelismus und Chiasmus

Zu den häufigsten Erscheinungen poetischer Sprache und rhetorischer Prosa gehören syntaktischer **Parallelismus** und **Chiasmus**. Der **Parallelismus** zeichnet sich dadurch aus, dass gleichartige Satzglieder in zwei (oder mehr) aufeinanderfolgenden (Teil-)Sätzen in gleicher Abfolge aneinandergereiht werden. Für seine Beliebtheit lassen sich mehrere Gründe anführen. Er mag in der Verssprache durch ein vorgegebenes Metrum mit bedingt sein. Außerdem erlaubt der Parallelismus ein subtiles Wechselspiel zwischen der syntaktischen und der semantischen Ebene: So können syntaktisch parallele Strukturen auf eine inhaltliche Steigerung hinwirken, besonders in Fällen, in denen der Parallelismus aus mehr als zwei Gliedern besteht:

Dies gilt für das folgende Beispiel, in dem außerdem eine Kopplung mit der Anapher vorliegt: „Ce n'est point avec des roses / et une traîne de paon bleu / ni avec du genièvre, des cocktails / ni avec la cocaïne, une aile de papillon / ni avec des mots en peuples de rythmes / ni avec une épée ou un poignard / que nous montons vers cette coupe / étalée dans nos cœurs déserts, [...]" (Boschère 2000, 106).

Oft liegt der Reiz der Struktur aber gerade in der Diskrepanz zwischen syntaktischer Parallelität und semantischem Gegensatz:

„[...] Ainsi n'attendez pas que l'on puisse aujourd'hui / Vous répondre d'un cœur si peu maître de lui: / Il peut, Seigneur, il peut, dans ce désordre extrême, / **Épouser ce qu'il hait, et punir ce qu'il aime**" (Racine, *Andromaque*, Akt I, Sz. 1; Hervorhebungen J.M.). // „[...] **Elle est veuve d'Hector, et je suis fils d'Achille**: / Trop de haine sépare Andromaque et Pyrrhus" (Racine, *Andromaque*, Akt II, Sz. 5; Hervorhebungen J.M.). In diesem Parallelismus konzentriert sich der Grundkonflikt der gesamten Tragödie: Pyrrhus, Sohn des Achill, der Hektor im trojanischen Krieg getötet und seine Leiche geschändet hat, liebt ausgerechnet die Witwe Hektors, Andromache, und dies, obwohl ein Eheversprechen mit Hermione besteht. Andromache willigt entgegen ihrem Gefühl in eine Ehe ein, um ihren gefangenen Sohn aus den Händen des Pyrrhus zu befreien. Die eifersüchtige Hermione lässt Pyrrhus durch Orests Hand töten und nimmt sich daraufhin selbst das Leben.

In der Prosa trägt der Parallelismus dem klassischen Stilideal der Klarheit (*clarté*) des Aufbaus Rechnung, da die syntaktische auch eine gedanklich-argumentative Strukturierung nahe legt. Dies ist besonders bei der auditiven Rezeption eines Textes (Rede, Predigt, Theater) wichtig.

> **Corneille** nous assujettit à ses caractères et à ses idées: **Racine** se conforme aux nôtres; celui-là peint les hommes comme ils devroient être, celui-ci les peint tels qu'ils sont (La Bruyère 1912, 142; Hervorhebungen J.M.).

Das Gegenstück des Parallelismus ist der **Chiasmus** – die überkreuzte syntaktische Stellung (Ueding/Steinbrink 1994, 307) einander entsprechender Satzglieder. Die syntaktisch durch den Chiasmus aufgebaute Spannung – Modellbildung im ersten Satz, Umkehrung des Modells im zweiten Satz – findet ihre Entsprechung auf semantischer Ebene in der Antithese:

> [...] L'un [Corneille] élève, étonne, maîtrise, instruit; l'autre [Racine] plaît, remue, touche, pénètre. **Ce qu'il y a de plus beau, de plus noble et de plus impérieux** dans la raison, est manié **par le premier; et par l'autre**, **ce qu'il y a de plus flatteur et de plus délicat dans la passion.** Ce sont dans celui-là des maximes, des règles, des préceptes; et dans celui-ci, du goût et des sentiments. [...] Corneille est plus moral, Racine plus naturel (La Bruyère 1912, 142; Hervorhebungen J.M.).

Als ein Parallelismus auf Distanz mit zusätzlich morphologischer, semantischer und lautlicher Äquivalenz lässt sich der Refrain definieren (Plett 2000, 162). Diese Äquivalenz kann total sein, wie in Louis Aragons Gedicht „La rose et le réséda", oder partiell. Ein Refrain verleiht Dichtung einen volksliedhaften Charakter.

Zur Definition des Parallelismus genügt es, dass die parallel konstruierten (Teil)Sätze oder Satzglieder sich in ausreichend exponierter Stellung befinden, um den Parallelismus erkennbar werden zu lassen, auch wenn sie nicht in unmittelbarer Nachbarschaft stehen. Natürlich darf die Distanz nicht zu groß sein, damit die Parallelität noch prägnant (d.h. auffällig, ersichtlich und signifikant) bleibt. Exponierte Position bedeutet: Anfang oder Ende einer Strophe in lyrischen Texten, Beginn oder Ende eines Abschnitts im Prosatext.

3.5.2 Asyndeton, Polysyndeton

Satzglieder und Satzteile können mit oder ohne Konjunktion aneinandergereiht werden. Werden sie ohne Konjunktion aneinandergereiht, spricht man von **asyndetischer Reihung**. Im anderen Fall von **syndetischer Reihung**. Bei einer Häufung von Bindewörtern zwischen den Teilsätzen liegt ein **Polysyndeton** vor.

In folgender Passage aus „Mes occupations" von Michaux suggeriert das Asyndeton die Geschwindigkeit und zugleich die hämmernde Bewegung (vgl. *battre*) der Handlung: „Je peux rarement voir quelqu'un sans le battre. D'autres préfèrent le monologue intérieur. Moi, non. J'aime mieux battre. [...] Je le rince, je l'étire [...], je le masse, je le serre, je le résume et l'introduis dans mon verre, et jette ostensiblement le contenu par terre, et dis au garçon: [...]" (Michaux 1998, 471). Polysyndetisch wird die Verknüpfung der Satzteile dort, wo die hämmernde Bewegung des Schlagens selbst beendet, das Opfer am Boden ist („et l'introduis [...], et jette [...], et dis [...]"); die Geschwindigkeit jedoch wird durch das Polysyndeton nicht gebremst, da die Konjunktion *et* (‚und') die einfachste Form der Satzverknüpfung darstellt und nicht zusätzlich semantisch aufgeladen ist.

Asyndeton und Polysyndeton sind häufig, aber nicht notwendig, auf eine inhaltliche Steigerung (Klimax) hin angelegt. Das berühmteste Beispiel einer Kopplung von Asyndeton und Klimax ist Caesars Ausspruch: *veni, vidi, vici.*

3.5.3 Ellipse, Aposiopese, Zeugma

Die **Ellipse** zeichnet sich dadurch aus, dass syntaktisch notwendige Bestandteile des Satzes ausgespart bleiben. Dass wir in der Alltagssprache meistens elliptisch sprechen, machen wir uns in aller Regel nicht bewusst. Wenn das Verständnis des Satzes auch ohne die syntaktisch vollständige Versprachlichung gesichert ist, wäre es unökonomisch, eine aufwändigere Versprachlichung zu suchen. Im Gesprochenen wird unsere Botschaft durch den situativen Kontext und – falls vorhanden – den gemeinsamen Wissenskontext von Sprecher und Hörer ergänzt. Typischerweise elliptisch sind auch Botschaften in Telegrammen („Arrivée à 10h30." „Suis contente.") und Zeitungsannoncen.

Zumeist **euphemistisch** motiviert, um ein Tabu nicht zu brechen, ist die **Aposiopese**, bei der das oder die Schlüsselworte der Aussage fehlen. Alltagssprachlich sehr häufig, finden sich Beispiele zuweilen auch in der Literatur, z.B. in „Glu et gli" von Michaux: „Le rire est dans ma... [bouche] Un pleur est dans mon... [œil]" (Michaux 1998, 110). Aposiopesen sind Ausdruck emotional aufgewühlter Rede.

Eine Sonderform der Ellipse ist auch das **Zeugma**, bei dem ein Satzglied, das sich auf mehrere andere Satzglieder bezieht, nur einmal gesetzt wird. Meist wortspielerisch verwendet und mit komischer Wirkung ist dabei die Form des Zeugmas, bei der ein Verb mit zwei Objekten kombiniert wird, wobei eines der Objekte die eigentliche Bedeutung des Verbs aktiviert, das andere die übertragene: „Vêtu de **probité** candide et de **lin** blanc (Hugo, „Booz endormi", zit. nach Dupriez 1984, 473; Hervorhebungen Dupriez). In weiten Bereichen der modernen Lyrik ist der elliptische Stil mitverantwortlich dafür, dass diese

Texte ‚dunkel' erscheinen. Die Ellipse kann bis zum Agrammatismus und zur völligen Auflösung der Syntax getrieben werden. Die Interpretation dieses Stilmittels muss am jeweiligen Text erarbeitet werden.

3.5.4 Inversion, Hyperbaton

Sowohl bei der **Inversion** als auch beim **Hyperbaton** wird die kanonische Wortstellung im Satz (Subjekt – Verb – Objekt) durchbrochen: Bei der Inversion tritt das Subjekt hinter das Verb; beim Hyperbaton werden syntaktisch eng zusammengehörende Wörter durch einen eingeschobenen Satzteil auseinandergerissen.

Inversion: „Tandis que la Princesse causait avec moi, faisaient précisément leur entrée le duc et la duchesse de Guermantes" (Proust, *A la recherche du temps perdu*, zit. nach B. Dupriez 1984, 264).

Hyperbaton: Einschub einer Parenthese zwischen dem Nominalsyntagma in Subjektfunktion und dem Verb *être*: „La pompe de ces lieux, / Je le vois bien, Arsace, est nouvelle à tes yeux" (Racine, *Bérénice*, Akt I, Sz. 1).

Die Motive für die Umstellungen müssen jeweils am Einzelfall untersucht werden. Sie reichen von lautlichen und prosodisch-rhythmischen zu semantischen Gründen. Für die klassische Zeit sind Inversionen und Hyperbata Merkmale des gehobenen Stils, wie er für die Tragödie gefordert wird, solange nur die *clarté* nicht beeinträchtigt wird. Abgesehen von den Fällen, in denen Umstellungen das Signum gehobener poetischer Sprache sind, und abgesehen von den Fällen grammatikalisierter Inversion kann die Umstellung der Satzglieder auch ein Marker für die emotionale Aufgewühltheit des Sprechers sein.

Dies ist der Fall in folgendem Beispiel: „La Babylone j'ai vu, Marie! / La Babylone j'ai vu, Jésus!" (Jacob 2000, 143). Die Bedrohlichkeit der Situation wird in Rimbauds „Dormeur du Val" unter anderem mit dem Mittel des Hyperbatons – Trennung von Subjekt und Verb durch eine präpositionale Ergänzung – konnotiert: „[...] où **le soleil**, de la montagne fière, // **Luit**; [...]" (Rimbaud 1960, 76; Hervorhebungen J.M.). Das Hinauszögern des Kusses wird in Paul Valérys „Les Pas" im Hyperbaton geschickt ikonisiert (**Kookkurrenz** zwischen Inhalt und Form): „[...] **Si** de tes lèvres avancées, / **Tu prépares** pour l'apaiser, / A l'habitant de mes pensées, / **La nourriture d'un baiser**, [...]". Dieser Spannungsaufbau wird im folgenden Vers der 4. Strophe beim Namen genannt: „[...] Ne hâte pas cet acte tendre / [...]" (Valéry 1957, 120f.; Hervorhebungen J.M.).

Neben Veränderungen in der Anordnung der Satzglieder gibt es Umstellungen innerhalb der Satzglieder. Dies betrifft z.B. die Stellung des attributiven Adjektivs. Als Grundregel gilt im Französischen, dass vorangestellte Adjektive häufig eine übertragene Bedeutung annehmen, nachgestellte Adjektive ihre eigentliche Bedeutung behalten und eine charakterisierende, unterscheidende Funktion haben. Die Platzierung eines charakterisierenden Adjektivs vor das Substantiv führt in der Regel dazu, dass der Leser versucht, dem normalerweise charakterisierenden Adjektiv eine übertragene Bedeutung zuzuweisen.

Übungen zur Syntax finden Sie im Modul unter Einübung der Stilmittel.

3.6 Die semantische Ebene

3.6.1 Figuren der Synonymie und der Antonymie

Semantische Figuren liegen vor, wenn Wörter in einen für ihre Bedeutung unpassenden Sinnzusammenhang gestellt werden. Relativ einfache Fälle semantischer Deviation stellen **Oxymoron** und **Pleonasmus** dar. Wörter werden hier in einem Syntagma kombiniert, die im Hinblick auf (mindestens) ein Bedeutungsmerkmal (Sem) (1) **Antonyme** sind, d.h. konträre Bedeutung haben, so dass sich die verbundenen Begriffe logisch ausschließen (Oxymoron); (2) oder **Synonyme** sind, d.h. (teil)identisch, so dass die Information redundant ist wie in „weißer Schimmel" (Pleonasmus). Von der eingliedrigen Figur des Pleonasmus ist die (mindestens) zweigliedrige **Tautologie** abzugrenzen. Tautologisch formuliert ist z.B. „Dieser Schimmel ist weiß", weil das Prädikat „ist weiß" nichts aussagt, was nicht bereits im Substantiv „Schimmel" enthalten wäre. Typische Tautologien sind Kopplungen zweier Synonyme in sog. **Zwillingsformeln** der Art: *arriver sain et sauf, partir avec armes et bagages, n'avoir ni sou ni maille*. Abgesehen von den schon lexikalisierten Formen können Tautologien z.B. zur Bekräftigung der Aussage dienen.

In alt- und mittelfranzösischer Zeit ist die Synonymenhäufung ein prägendes **Stilmerkmal** (Stempel 1964). Sie treten stereotyp im Zusammenhang mit Beschreibungen moralischer und physischer Qualitäten von Personen auf: „Car mout i ot buens chevaliers, / **Hardiz** et **corageus** et **fiers**, (‚wagemutig, tapfer und stolz') / Et riches dames et puceles, / Filles a rois, **jantes** et **beles**" (‚edel und hold') (Chrétien de Troyes 1966, V. 31-34; Hervorhebungen J.M.).

Davon zu unterscheiden sind Fälle nur scheinbarer Tautologie, bei denen einer der verknüpften Begriffe auf eine andere Bedeutung ausweicht. In einer Äußerung wie „Mon père – c'est un homme!" liegt in *homme* eine Wertung im Sinne von „vrai homme", „un homme digne de ce nom", „un homme pas comme les autres" vor. Statt mit einer Tautologie haben wir es in Fällen einer derartigen Uminterpretation mit einer **Emphase** (Hervorhebung) zu tun.

Beim **Oxymoron** liegt ein Widerspruch auf engstem syntaktischen Raum, nämlich innerhalb eines Syntagmas, vor: so z.B. zwischen Adjektiv und Substantiv in „schwarzer Schimmel", wo die Inkompatibilität der Kombination darauf beruht, dass das Substantiv Schimmel das Sem [+ weiß] im Bedeutungskern selbst aufweist. Die Funktion des Oxymorons ist am jeweiligen Beispiel zu prüfen; im entsprechenden Kontext kann es z.B. zur Abbildung widersprüchlicher Gefühle eines Menschen – z.B. eines unglücklich Verliebten zwischen Lachen und Weinen, Hoffen und Bangen – dienen.

Das Oxymoron darf nicht mit dem **Paradoxon** verwechselt werden. Beim Paradoxon basiert der Widerspruch der Aussage nicht auf sich ausschließenden semantischen Merkmalen (Semen) der Einzelwörter, sondern auf unserem Weltwissen (v. Wilpert 1961, s.v. **Paradoxon**). Ein Paradoxon umfasst daher in der Regel auch nicht ein einzelnes Syntagma, sondern eine Gesamtäußerung. Ein Paradoxon ist eine **Gedankenfigur**.

Dass ein Paradoxon nicht unbedingt auf Widersprüchen in der Semstruktur der beteiligten Signifikanten gründet, zeigt folgendes Beispiel: „Qu'il meure, puisqu'enfin, il a dû le prévoir, / Et puisqu'il m'a forcée enfin à le vouloir. / A le vouloir? Hé quoi? c'est donc moi qui l'ordonne? / Sa mort sera l'effet de l'amour d'Hermione?" (Racine, Andromaque, Akt V, Sz. 2). Hermione, die Pyrrhus ungeachtet seiner Neigung zu Andromache rasend liebt, wird sich der Paradoxie ihrer Situation bewusst: Wissend um ihre große Liebe zu Pyrrhus hat sie dennoch seine Ermordung angeordnet.

Da die Semstrukturen der Signifikanten sich nicht widersprechen, wird auch erklärbar, wieso beim Paradoxon ein nur scheinbarer Widerspruch vorliegt, der auflösbar ist. Sehr häufig haben Paradoxa aphoristischen, sentenzhaften Charakter. Ein anschauliches Beispiel hierfür gibt B. Dupriez:

> Les défauts de style de Molière ne sont pas seulement le revers ou la rançon de ses qualités, ils en sont la condition même. **Il eût écrit moins bien, s'il avait mieux écrit** (Brunetière zitiert nach Dupriez 1984, 318; Hervorhebungen B.D.).

Ebenso im Gegensatz zum Oxymoron werden in der **Antithese** semantisch unvereinbare Begriffe nicht gekoppelt, sondern gegenübergestellt; die Gegensatzbereiche bleiben syntaktisch wie semantisch getrennt. Die Antithese wird häufig mit weiteren rhetorischen Figuren, wie z.B. dem syntaktischen Parallelismus oder dem Chiasmus, verbunden.

3.6.2 Polysemie und Homonymie

Das Französische ist aufgrund seiner Lautentwicklung besonders reich an Homonymen, da durch die Schrumpfung der Silbenzahl vom Lateinischen hin zum Französischen zahlreiche Wörter klangidentisch geworden sind. **Polyseme** und **Homonyme** lassen sich nicht immer klar voneinander abgrenzen. Als Grundregel gilt: Eine **Polysemie** liegt vor, wenn ein Signifikant (sa^1) mehrere Signifikate ($sé^{1,2,3}$...) aufweist, die mindestens ein gemeinsames semantisches Merkmal haben: z.B. *homme* ‚Mensch', ‚Mann'. Dagegen liegen bei der **Homonymie** lautlich und graphisch identische Signifikanten mit unterschiedlichen Signifikaten vor: $sa^1 = sé^1$, $sa^2 = sé^2$ etc., z.B. *voler*^{1} = ‚fliegen', *voler*^{2} = ‚stehlen', *louer*^{1} = ‚mieten', *louer*^{2} = ‚loben'.

Dass sich Homonymie und Polysemie hervorragend für Wortspiele eignen, hat nicht zuletzt die moderne Werbesprache entdeckt. Zur Illustration einige Beispiele (nach Grunig 1990, 14):

C'est pas du vol (SNCF): *le vol*^{1} = ‚Diebstahl', *le vol*^{2} = ‚Flug' (Homonymie); Werbung für die Bahn, die ‚am Boden bleibt' in jedem Wortsinne, also 1. natürlich keine Flüge anbietet und 2. (zum Zeitpunkt, als diese Werbung erschien) billiger als das Flugzeug ist, also einem das Geld nicht aus der Tasche ‚stiehlt'. // *Du son qui fait crac-crac* (Cracottes): *le son*^{1} = ‚Kleie', *le son*^{2} = ‚der Klang'; Werbung für Vollkorn-Kräcker.

Das Spiel mit Homonymien und Polysemien kann nur dann funktionieren, wenn der Rezipient tatsächlich beide Bedeutungen parallel aufruft. In der Doppeldeutigkeit liegt der Reiz des Sprachspiels.

In der Werbung werden diese Zweideutigkeiten durch verschiedene Methoden bewusst herausgearbeitet: (i) Dies geschieht z.B. durch Wiederholungen: *Coup de coeur, pas coût de coeur* (Ford) (Grunig 1990, 15); *OTIS. Des ascenseurs qui arrivent quoi qu'il arrive* (Grunig 1990, 16); (ii) oder durch das Zusammenspiel von Text und Bild: Während der Text auf eine übertragene Bedeutung anspielt, stellt das Bild die eigentliche Bedeutung dar.

Homonyme können wie Metaphern funktionieren, da über ein Lautbild zwei Bildbereiche aufgerufen werden, die interagieren.

3.6.3 Tropen: Periphrase, Antonomasie, Metapher, Metonymie, Allegorie

Die Gruppe der **Tropen** (Sg. *Tropus*; griech. ‚Wendung [der Bedeutung]') ist die wichtigste Gruppe innerhalb der semantischen Figuren. Die traditionelle Rhetorik definierte den Tropus als die ‚uneigentliche' Verwendung eines Wortes, derzufolge ein Wort in seiner geläufigen Bedeutung in einen gegebenen Kontext nicht passt, so dass es uminterpretiert werden muss. Tropen gelten als klassische Fälle des *ornatus*, des sprachlichen Schmucks. Die traditionelle Rhetorik unterschätzt damit aber erheblich das Bedeutungspotential, das Tropen eröffnen können.

Die Periphrase

Eine **Periphrase** ist eine Umschreibung. Motive, etwas zu umschreiben, gibt es zahlreiche, etwa um die Wiederholung eines Begriffs zu vermeiden oder im Bemühen um rhetorische Ausschmückung. Eine sehr große Rolle spielt die Periphrase als Verfahren des **Euphemismus**. Sie dient dazu, tabuisierte Wörter zu umgehen (s. Kap. 3.6.4). Eine besondere Form der Periphrase liegt bei der Umschreibung von Personennamen vor. Statt der Person wird ein typisches Attribut der Person gesetzt (*Messias* statt ‚Jesus') wie auch umgekehrt ein bekannter Personenname für eine bestimmte Eigenschaft, die mit dem Namensträger verbunden wird (*Judas* für ‚Verräter'), stehen kann. In beiden Fällen spricht man von einer **Antonomasie**. In der jüdischen und christlichen Tradition finden sich aufgrund des Tabus, den Gottesnamen auszusprechen, zahlreiche Beispiele für antonomastische Umschreibungen: ‚der Allmächtige', ‚der Schöpfer', ‚der Höchste' (Ueding/Steinbrink 1994, 290).

Metapher, Metonymie und Vergleich

Folgt man der traditionellen Rhetorik, so beruhen **Metapher** und **Metonymie** auf der Ersetzung eines ‚eigentlichen' durch einen ‚uneigentlichen' Begriff. Diese Theorie wird als **Substitutionstheorie** bezeichnet. Ihrzufolge können dem Ersetzungsvorgang zwei semantische Operationen zugrunde liegen: Die Ersetzung kann auf einer Beziehung der **Ähnlichkeit** (**Similarität**) oder auf einer Beziehung der sachlichen **Nachbarschaft** (**Kontiguität**) zwischen ersetztem und zu ersetzendem Begriff gründen. Im ersten Fall liegt eine Metapher, im zweiten eine Metonymie vor.

Metapher: Verschmelzung verschiedener konzeptueller Bereiche

Die sog. **Substitutionstheorie**, derzufolge Metaphern nur sprachlicher Schmuck sind, greift für die moderne Poesie zu kurz. Die Metapher kann ein effizientes

Mittel sein, neue Inhalte durch einen kreativen Umgang mit Sprache zu vermitteln. Der Strukturalismus des 20. Jahrhunderts hat die klassische Substitutionstheorie daher durch die **Interaktionstheorie** ersetzt. Ihr zufolge werden bei der Metapher semantische Merkmale (**Seme**) des Bildspenders (**Vehikel**) auf den Bildempfänger (**Tenor**) übertragen, wobei diejenigen Merkmale ausgewählt (selegiert) werden, die eine Ähnlichkeit zwischen Tenor und Vehikel nahelegen (**reziproke Selektion**). Die Begriffe Vehikel und Tenor gehen auf Richards (1936) zurück.

Das Gedicht „Rideaux" von André Breton aus den *Champs magnétiques* (1920) setzt im Anschluss an die Überschrift „Rideaux" (‚Vorhänge') mit der Metapher „Souricières de l'âme" (‚Mausefallen der Seele') ein (Breton 1988, I, 93). Durch die Wahl des Vehikels „Souricières" treten bestimmte Eigenschaften des Tenors „Rideaux" in den Hintergrund: zum Beispiel die Farbe, der Stoff, die Fähigkeit, den Raum abzudunkeln etc. Andere mögliche Eigenschaften von Vorhängen, die eine Ähnlichkeit mit dem Vehikel nahelegen, werden dagegen selegiert: Die Gitterstruktur der Mausefalle lässt eine optische Ähnlichkeit mit Vorhängen zu, die aus einem Stoff mit durchbrochener Struktur bestehen. Auch lässt sich an die Tatsache denken, dass die Gitterstäbe der Mausefalle – wie auch die Vorhänge in einem Raum – ein Innen (die gefangene Maus bzw. den Innenraum einer Wohnung) gegenüber einem Außen (die Freiheit bzw. die Welt vor den Fenstern) trennen. Durch die Wahl des Vehikels „Souricières" werden **negative Konnotationen** auf „Rideaux" übertragen: z.B. Gefangenschaft (der Seele, des Ichs), Eingeschlossen-Sein, (unfreiwillige) Trennung von Außen. Mögliche **positive Konnotationen** von „Rideaux" wie z.B. Schutz vor Blicken von außen, Geborgenheit, Wohnlichkeit etc., werden dagegen unterdrückt.

Die moderne Metaphernforschung korrigiert die Interaktionstheorie insoweit, als sie feststellt, dass Metaphern nicht auf der Basis unseres Wissens um semantische Merkmale von Wörtern, sondern auf der Basis unseres Wissens um **Konnotationen** von Wörtern und auf der Basis unseres Weltwissens gebildet werden (Blank 1997, 54ff.). Das Weltwissen variiert natürlich je nach Wissensstand von Sprecher zu Sprecher, was dazu führt, dass auch Metaphern dem einen mehr, dem anderen weniger zugänglich sind.

Mit dem Lexem *pigeon* verbinden wir z.B. Vorstellungen wie ‚relativ großer Vogel, Stadt, große Plätze, Dreck, ekelhaft, verliebte Pärchen etc.', mit dem Lexem *colombe* dagegen ‚Frieden, Ölzweig, Arche Noah, Heiliger Geist, Unschuld, weiß, schön, rein' etc. „Diese Assoziationen [...] beziehen sich nicht mehr auf das Wort selber, sondern auf den vom Wort repräsentierten Sachverhalt bzw. auf die Vorstellung und auf unser durch Welterfahrung und kulturelle Vermittlung geprägtes Wissen davon" (Blank 1997, 73).

Ein Wort ruft demnach Vorstellungen – genannt **Designate** – in uns auf, die weit über die eigentliche Kernbedeutung des Wortes hinausgehen. Mit Hilfe der Designate ist es uns überhaupt erst möglich, konkrete Referenten zu erkennen und sie mittels der sprachlichen Zeichen zu benennen. Designate sind in konzeptuellen Zusammenhängen, in ‚Rahmen' (*frames*) oder **Bildfeldern/Bildbereichen** (Weinrich 1963, 331f.) organisiert. Ein Rahmen ist ein Wissenskontext. Dieser variiert von Kultur zu Kultur. So verbinden die Europäer etwa das Designat ‚Haus' mit Designaten wie ‚Fenster mit Glasscheiben, Türen, Dach, Kamin' etc., was sich von anderen Kulturen erheblich unterscheiden kann. Alle diese Elemente gehören einem Rahmen an; sie sind benachbart. Die Metapher beruht nun darauf, dass eine Ähnlichkeit zwischen Designaten hergestellt bzw. erkannt wird, die verschiedenen Bildfeldern angehören. In der Metapher werden zwei Bereiche zusammengezwungen, die unserem außersprachlichen Wissen nach gerade nicht in einen einzigen Bildbereich gehören (Blank 1997, 160). Eine Metapher weist also drei Bestandteile auf: Designate aus zwei verschiedenen Wissenskontexten, die beide parallel aufgerufen werden, und ein ***tertium comparationis*** – eine Ähnlichkeit, die zwischen den beiden Bildbereichen gesehen wird und die die Analogiebildung motiviert.

Der handgroße, mit dem Computer verkabelte Gegenstand, den wir als ‚Maus' bezeichnen, wird mit der Vorstellung von einer Maus in eine Similaritätsrelation gebracht; er wird als Maus wahrgenommen und schließlich so benannt (Blank 1997, 160f.). Das *tertium comparationis*, auf dessen Basis die Analogiebildung ‚Kästchen am Computer' – ‚Maus' (auch im Französischen *la souris*) vollzogen wird, sind Form und Farbe. Im Gegensatz zur nicht-habitualisierten poetischen Metapher spricht man in Fällen wie dem der Computermaus, bei denen eine Metapher eine sprachliche Lücke füllt und nicht deautomatisierend wirkt (‚Tischbein', ‚Flussarm'), von einer **Katachrese**.

Werden sowohl Tenor als auch Vehikel versprachlicht, spricht man von einer ***metaphora in praesentia*** wie in „Bergère ô tour Eiffel" (Apollinaire 1965, 39), wo der Eiffelturm (Tenor) als Hirtin (Vehikel) der um sie herum gescharten Gebäude apostrophiert wird. Ist nur das Vehikel an der sprachlichen Oberfläche vorhanden, spricht man von einer ***metaphora in absentia***, deren Analyse meistens schwieriger ist.

Beide konzeptuellen Bereiche – der bildspendende und der bildempfangende Bereich – werden gedanklich parallel aufgerufen. Je weiter die beiden Bildbereiche auseinanderliegen, desto schwieriger wird der Semioseprozess. Man spricht von der großen **Bildspanne** (Weinrich 1963, 328 und 336) einer Metapher oder von einer **dunklen Metapher**. In diesem Falle werden der Analogiebildung nicht die zentralen (wie etwa Farbe und Form der Computermaus), sondern **periphere**, nicht unmittelbar auffallende Wissenssegmente zugrunde gelegt. Eine weite Bildspanne stellt eine Herausforderung an das Analysevermögen des Rezipienten dar. Er muss mühsam das *tertium comparationis* der beiden aufgerufenen Bereiche aufspüren. Schon ein einzelnes als gemeinsam angesehenes Merkmal genügt, um die Distanz zwischen dem Bildempfänger- und dem Bildspender-Bereich zu überbrücken (Blank 1997, 190).

Die **Karikatur** ist der Metapher insofern überlegen, als in der Karikatur Bildspender und Bildempfänger tatsächlich in einem Bild verschmelzen und auch simultan rezipiert werden können, während dem sprachlichen Bild ein komplexer Prozess zugrunde liegt: Die aufeinanderfolgenden sprachlichen Zeichen werden erst im Kopf in ein Bild zusammengefasst. Lediglich im Falle eines Spiels mit Polysemen oder Homonymen kann es zu einer ähnlichen absoluten Verschmelzung zweier Bildfelder kommen.

Um aufzuspüren, auf welcher Basis die Analogiebildung zwischen Tenor und Vehikel im konkreten Textbeispiel beruht, stehen Hilfsmittel zur Verfügung: Als nützlich erweisen sich die Erklärungen in großen einsprachigen Wörterbüchern und die Ausführungen in **Enzyklopädien**. Da dem metaphorischen Prozess das außersprachliche, enzyklopädische Wissen (Blank 1997, 160) zugrunde liegt, das weit über die reine Definition der Bedeutung eines Wortes hinausgeht, leisten gerade Enzyklopädien bei der Metaphernanalyse eine große Hilfe.

In V.2 von G. Apollinaires Gedicht „Zone" findet sich folgende Metapher: „Bergère ô tour Eiffel le troupeau des ponts bêle ce matin". Der Blick in ein großes einsprachiges Wörterbuch hilft hier nicht weiter: Die Definition von *bergère* ‚Hirtin' bietet kein einziges semantisches Merkmal an, das eine Analogie mit dem Eiffelturm rechtfertigen könnte. Darüber hinaus handelt es sich beim Eiffelturm um einen Eigennamen, der definitionsgemäß überhaupt nur sehr begrenzte semantische Merkmale aufweist, denn Eigennamen verweisen direkt auf den Referenten, den Namensträger. Eine Semanalyse ist damit zum Scheitern verurteilt. Bleibt also nur der Rückgriff auf das enzyklopädische Wissen. In einigen Punkten stehen Hirtin und Eiffelturm dabei in Kontrast: Während wir mit ‚Hirtin' Designate wie Natur, Primitivität, Tradition, Idylle und Einsamkeit verbinden, steht der Eiffelturm für Moderne, Fortschritt, Zivilisation und Kommunikation (vgl. Telegraphenstation auf dem Eiffelturm!). Eine erste Analogie lässt sich mit Hilfe der sich anschließenden Metapher „le troupeau des ponts" ziehen: Beide, Hirtin wie Eiffelturm, werden als Hüterin über eine Herde wahrgenommen. Auf Basis der ersten Analogie erschließen sich weitere Ähnlichkeiten: Beide, Hirtin wie Eiffelturm, ragen aufgrund ihrer Größe über die Umgebung hinaus, sie haben Überblick, sie stellen eine Art ‚Leitzentrale' orientierungsbedürftiger Herdentiere dar. Nun kommt es bei Apollinaires Metapher gerade auf die Spanne zwischen den beiden Bildbereichen an. Apollinaire sucht in seiner Dichtung – sowohl inhaltlich als auch formal – einen Effekt der Überraschung durch die Verschmelzung von Tradition und Moderne. Sein Ziel ist die Schöpfung neuer Wirklichkeiten, neuer Mythen aus der Synthese von Alt und Neu, die der Menschheit mögliche Wege der Zukunft weisen könnten. So gehen auch in „Zone" Reminiszenzen an althergebrachte Traditionen (z.B. an religiöse Vorstellungen und Feste) und technische Errungenschaften des 20. Jahrhunderts eine kreative Synthese ein.

Metonymie

Anders als bei der Metapher werden bei der **Metonymie** zwei Konzepte in Beziehung gebracht, die in den gleichen Wissenskontext oder Rahmen (*frame*) gehören, die also benachbart sind. Während die Metapher auf einer Similarität zwischen Designaten beruht, die in spontane Beziehung gesetzt werden, liegt der Metonymie die semantische Beziehung der **Kontiguität** (der Nähe) der Designate zugrunde. Deshalb ist uns eine Metonymie in aller Regel leichter zugänglich als eine Metapher und bringt das semantische Universum des Rezipienten weniger in (kreative) Unordnung. In Verbindung gebracht wird, was unserem Weltwissen nach in einem Sachzusammenhang steht. Statt des zu erwartenden Designats erscheint ein diesem benachbartes: z.B. ‚Dach' für ‚Haus' in: „sie leben unter einem Dach" (Detges 1999, 36).

Vergleich

Im Gegensatz zur Metapher werden beim **Vergleich** immer beide Bildbereiche, Tenor wie Vehikel, explizit versprachlicht und durch ein **Vergleichswort** in Beziehung gesetzt: Dies kann ein Verb (*ressembler à*), eine Vergleichspartikel (*comme*), ein Adjektiv (*tel, semblable à*) oder Ähnliches sein. Die Bildbereiche bleiben damit getrennt. Das *tertium comparationis* kann ausgedrückt werden, muss es aber nicht. Vergleiche sind dem Leser in aller Regel sehr viel leichter zugänglich als Metaphern. Die Logik eines regulären Vergleichs besteht darin, dass das Vehikel **prototypischer Vertreter** einer genannten Eigenschaft ist. Im Vergleich „amer comme fiel" wird der Grad der Bitterkeit durch die konkrete Nennung der Galle, bei „sale comme un cochon" der Grad des Schmutzes durch den Inbegriff eines als schmutzig geltenden Tieres veranschaulicht. Erst als Träger einer bestimmten Eigenschaft wird das Vehikel überhaupt tauglich dafür, eine Eigenschaft des Tenors zu veranschaulichen.

Nicht immer lassen sich Vergleiche so leicht erschließen: Ein Gedicht aus der Sammlung *L'Amour la poésie* (1929) des Surrealisten Paul Eluard beginnt mit dem Vergleich „La terre est bleue comme une orange" (Eluard 1968, I, 232). Vorhanden sind der Tenor „la terre", das Vehikel „une orange" und die Vergleichsbasis „bleue". Interessanterweise tut sich der Leser – mit Blick auf die äußere Gestalt – relativ leicht mit der Analogie zwischen „terre" und „orange". Verwirrend ist jedoch, dass das *tertium comparationis* („bleue") offensichtlich nicht zum Vehikel „orange" passt. Höchstens mit Bezug auf den Globus lässt sich aufgrund seiner weiten Wasserflächen an „bleue" denken. Erwartbares Vehikel des Vergleichs wäre z.B. „la mer" – wegen seiner semantischen („bleue") wie lautlichen Äquivalenzen zu „terre". Zur Kernbedeutung von ‚Orange' aber gehört ihr Farbmerkmal, das in Opposition zum Merkmal ‚blau' steht. Das Vehikel Orange durchbricht radikal die Lesererwartung und wirkt deautomatisierend. Nicht nur wird eine stereotype Lektüre unmöglich gemacht, der Leser wird auf die Stereotypie der Sprache selbst aufmerksam. Die Rollen von Tenor und Vehikel sind genau vertauscht: Die Erde erscheint als ein geeigneterer Vertreter der Eigenschaft ‚blau' als das Vehikel Orange. Dass uns Eluards surrealistischer Vergleich vor den Kopf stößt, liegt daran, dass Eluard die Logik des Vergleichs selbst unterminiert!

Allegorie

In der Allegorie (von griech. ‚etw. anders sagen', ‚bildlich reden') wird ein begrifflich vorgegebener Inhalt ins Bild gefasst: Z.B. wird das abstrakte Konzept ‚Gerechtigkeit' durch die allegorische Figur der *Justitia* personifiziert. Die Allegorie hat damit „einen wortsprachlich eindeutig und vollständig bestimmbaren Inhalt" (Kutschera 1988, 61), der bildlich vermittelt wird. Ihre Bedeutung ist durch Konvention festgelegt. Interpretationsspielräume, wie sie die Metapher eröffnet, gibt es bei der Allegorie nicht. Goethe betrachtete die Allegorie daher als gegenüber dem Symbol minderwertig.

> Die Allegorie verwandelt die Erscheinung in einen Begriff, den Begriff in ein Bild, doch so, daß der Begriff im Bild immer noch begränzt und vollständig zu halten und zu haben und an demselben auszusprechen sei (Goethe 1907, 230f.).

Bei der Allegorie wird zu einem abstrakten Begriff ein konkretes Bild gesucht; darin erschöpft sich der Inhalt der Allegorie. Anders, so Goethe, beim **Symbol** (nicht in seiner semiotischen Bedeutung, sondern eher in der Bedeutung ‚Bild', ‚Metapher'): Hier gehe man vom konkreten Einzelding aus, ohne ein Abstraktum vorher zu denken, und zeige an ihm etwas Allgemeines. Das ist der Schritt, den jeder Künstler – ob Schriftsteller oder bildender Künstler – mache:

> Die Symbolik verwandelt die Erscheinung in Idee, die Idee in ein Bild, und so, daß die Idee im Bild immer unendlich wirksam und unerreichbar bleibt und, selbst in allen Sprachen ausgesprochen, doch unaussprechlich bliebe (Goethe 1907, 231).

3.6.4 Litotes, Ironie, Hyperbel, Euphemismus

Die Figuren **Litotes, Hyperbel, Ironie** und **Euphemismus** verbindet eine Kluft zwischen der **Semantik** und der **Pragmatik** der Äußerung: Es wird bei ihnen etwas anderes, z.T. genau Gegenteiliges, von dem gesagt, was gemeint ist. Der sprachliche und/oder der situative Kontext sorgen für die richtige Interpretation.

Die **Litotes** ist eine Art *understatement*. Durch die Verneinung des Gegenteils soll die eigentliche Aussage betont werden: Französisch *pas fameux* meint z.B. ‚sehr schlecht'. Im mündlichen Gebrauch spielen bei Litotes, Hyperbel und Ironie suprasegmentale Faktoren, speziell die **Intonation**, und nicht-sprachliche kommunikative Faktoren (**Gestik**, **Mimik**) eine entscheidende Rolle, um die Äußerung richtig zu verstehen. Hier zeigt sich, dass nicht nur segmentale Elemente in der Sprache bedeutungsunterscheidende Funktion haben, sondern auch **parasprachliche** (Intonation, Betonung) und **nonsprachlich-kommunikative** Elemente: Ob etwa *pas mal* im eigentlichen Sinne zu verstehen (als ‚nicht ganz schlecht, aber auch nicht wirklich gut') oder als Litotes zu lesen ist (als ‚sehr gut'), darüber entscheidet der Tonfall.

Durch das Definitionsmerkmal ‚Ausdruck des Gegenteils' steht die Litotes der **Ironie** nahe. Laut klassischer Definition wird bei der Ironie das Gegenteil vom eigentlich Gemeinten geäußert. Es liegt z.B. dann eine ironische Äußerung vor, wenn jemand angesichts eines Unwetters ausruft: „Tolles Wetter heute!" In solchen Fällen sichert der situative Kontext das korrekte Verstehen ab. Hier liegt die einfachste, da offensichtlichste Form der Ironie vor, die sog. **Antiphrase** (gr. „entgegengesetzte Redeweise"). In der Mehrzahl der Fälle ist Ironie jedoch eine komplexere Figur. Dies gilt insbesondere für die **literarische Ironie**. Weinrich bezeichnet in *Linguistik der Lüge* (1966) die Ironie als Verstellung, die sich als solche zu erkennen gibt (Weinrich 1966, 60), und zählt Signale dieser Verstellung auf: Augenzwinkern, Räuspern, emphatische Stimme, besondere Intonation, „Häufung bombastischer Ausdrücke, gewagte Metaphern, überlange Sätze, Wortwiederholungen oder – in gedruckten Texten – Kursivdruck und Anführungszeichen" (1966, 61). Weinrich gesteht aber auch ein, dass die Signalisierung von Ironie im geschriebenen Text ungleich schwieriger ist als im gesprochenen, da wir wissen, so Weinrich,

> wie viele Ironiesignale nur in Nuancen liegen und der Notierung mit den Zeichen des Alphabets nicht zugänglich sind. Ironiesignale, die durch geschriebene und gedruckte Texte wirken sollen, müssen vielfach aus der nuancenreichen gesprochenen Sprache erst in ein anderes Ausdrucksmedium übersetzt werden. Die Worte müssen so gewählt sein, daß man gar nicht anders kann, als sie mit einem gewissen ironischen Tonfall zu lesen (Weinrich 1966, 64).

Dass man durchaus „anders kann", zeigen Missverständnisse. Jeder weiß aus eigener Erfahrung, dass es zweifelhafte Fälle von Ironie gibt („Ist das jetzt ironisch oder ernst gemeint?"). Im Gegensatz zur Antiphrase verbleibt Ironie in einer „schwebend-unentschiedenen Zwischenlage" (Allemann 1978, 391) zwischen wörtlichem Sinn und der Unterminierung des wörtlichen Sinns: „Au cœur de l'ironie, il y a un principe d'incertitude" (Almansi 1978, 421). Ironie kann also nicht an einem Wort, einem Satz oder konkreten rhetorischen Figuren festgemacht werden (Alleman 1978, 389): Sie verzichtet im Idealfall sogar auf ironische Signale der Art, wie Weinrich sie nennt. Allemann kommt denn auch zu dem Schluss, dass es keine befriedigende formale Definition von Ironie gibt:

> Là où les signaux manquent, et où le manque de signaux devient même la condition *sine qua non* du degré le plus haut que puisse atteindre l'ironie, la pure analyse de forme doit nécessairement échouer; car du point de vue formel, on ne peut caractériser davantage ce qui est un pur signal-zéro (Allemann 1978, 390).

Dennoch lassen sich einige Charakteristika ironischer Äußerung festhalten: Die Ironie ist keine rein **textimmanente Figur**; zu ihrer Dechiffrierung ist die Vergegenwärtigung der Kommunikationssituation notwendig, wie z.B. der sozio-historischen Lage zum Äußerungszeitpunkt und der Situation des textexternen Sprechers (Groupe μ 1978, 441). Ironie wird nur unter Berücksichtigung der sprachlichen (segmentalen und suprasegmentalen Ebene), para- (Gestik, Mimik) und außersprachlichen Kontexte erkennbar (Groupe μ 1978, 428). Eine ironische Äußerung ist ein **indirekter Sprechakt**: Geäußert wird etwas anderes, als gemeint ist (Bange 1976, 66). Ironie setzt einen bestehenden – literarischen, politischen oder gesellschaftlichen – Diskurs voraus, dem der Sprecher kritisch gegenübersteht. Außerdem setzt sie – anders als die Lüge – voraus, dass der Rezipient die wahre – kritische – Einstellung des Senders zu diesem Diskurs kennt. Der Sprecher macht sich aber selbst diesen Diskurs scheinbar zu eigen, d.h. er spricht nicht mit ‚eigener', sondern mit ‚fremder Stimme'. Aufgrund ihrer ‚Doppelzüngigkeit' kann die Ironie als ‚dialogische' Äußerung im Sinne Bachtins (1990) bezeichnet werden. Konstitutiv für Ironie ist damit zum einen ihr Zitatcharakter (zitiert wird ein bestimmter Diskurs), zum anderen der Widerspruch zwischen einer erwarteten und der tatsächlichen Äußerung des Sprechers. Zudem ist Ironie auf die Mitarbeit des Rezipienten angewiesen. Sie sucht seine Komplizenschaft mit Hilfe mehr oder weniger deutlicher Signale auf das gemeinsame und geteilte Vor-Wissen. Der Rezipient wird aufgefordert, sein Vor-Wissen über die tatsächliche Einstellung des Sprechers zu aktivieren und die Äußerung des Sprechers als Ironie zu entlarven. Die Komplizenschaft zwischen Sprecher und Rezipient geht in der Regel auf Kosten eines Dritten, nämlich des- oder derjenigen, die den ironisch zitierten Diskurs vertreten. Diese(r) Dritte ist nicht notwendigerweise eine Person, sondern kann auch ein literarischer Stil oder eine Gattung sein. Ziel der Ironie ist es, den Rezipienten auf die Seite der Kritiker des Diskurses zu ziehen.

Vergegenwärtigen wir uns die Kommunikationsinstanzen eines literarischen Werks, so lässt sich anhand der Ironie beweisen, weshalb neben der Instanz des (realen) Autors und der Instanz des Erzählers eine Instanz des ‚impliziten Autors' anzunehmen ist: Während in ironischen Passagen der Erzähler die buchstäbliche Rede äußert, ist der ‚implizite Autor' die Instanz der ‚eigentlichen Stimme', die dem buchstäblichen Diskurs kritisch gegenübersteht.

Umgangssprachlich wird der Begriff **Ironie** und insbesondere das Adjektiv ironisch häufig in der Bedeutung von ‚sarkastisch', ‚bissig', ‚spöttisch' verwendet. Mit dem Sarkasmus teilt die Ironie ihre distanziert-spöttische Haltung gegenüber einem herrschenden Diskurs. Beim Sarkasmus liegt im Gegensatz zur Ironie allerdings offener Spott vor.

Der Ironie nahe steht die **Parodie** (griech. ‚Nebengesang'): Eine Parodie ist eine über ein Gesamtwerk (oder über Teile eines Werks) ausgedehnte Ironie. Die Parodie ist auf der Folie eines zweiten, als bekannt vorausgesetzten Werks oder einer literarischen Tradition geschrieben; sie ahmt das Vorbild – in formaler, sprachlicher, inhaltlicher Hinsicht – nach, indem sie seine Grundzüge übertreibt und damit eine Distanz zum Vorbild signalisiert. Ziel ist es, das Original lächerlich zu machen, die dort propagierten Werte zu unterminieren oder sich von einer literarischen Tradition zu emanzipieren (Hutcheon 1978, 471f., 474). Wie bei der Ironie gibt es demnach auch bei der Parodie eine Spanne zwischen einem Diskurs und seinem Gegendiskurs. Bei affirmierender, d.h. bejahender Nachahmung (dem *pastiche*) fehlt dagegen diese ‚Doppelstimmigkeit'. Parodien sind nicht auf den Bereich der Literatur beschränkt. Auch eine Komposition oder ein Werk der bildenden Kunst kann parodistisch sein. Bezugsgröße ist dann das jeweilige Regelsystem der Musik, der Malerei oder der Bildhauerei.

Gegenfigur zur Litotes ist die **Hyperbel**, die Übertreibung – in positiver wie in negativer Richtung: *mort de fatigue* bedeutet nicht den wirklichen Tod, auch hat derjenige, der etwas schon ‚tausendmal wiederholt hat', seine nicht annähernd so häufigen Äußerungen tatsächlich gezählt. Die Hyperbel kann auch in Ironie umschlagen. Es gibt kein bestimmtes sprachliches Verfahren der Hyperbel, vielmehr können verschiedene rhetorische Mittel – vorzugsweise der Vergleich oder die Metapher – dem kommunikativen Ziel der Übertreibung verschrieben sein. Hyperbolische Sprache hat expressiven wie auch appellativen Charakter. Sie zeugt von einem hohen Grad an Sprecherempathie, d.h. an persönlicher Emotion und Betroffenheit des Sprechers. Doch zielt der Sprecher gerade wegen seiner Betroffenheit auch darauf ab, den Rezipienten durch die drastische Schilderung auf die Dringlichkeit eines Problems und auf eine unmittelbare Handlungsnotwendigkeit hinzuweisen.

Ähnliches wie für die Hyperbel gilt für den **Euphemismus** (griech. ‚gut, schön sprechen'): Es gibt nicht ein euphemistisches Verfahren; vielmehr stehen verschiedene rhetorische Mittel im Dienst des Euphemismus. Ähnlich wie Ironie und Litotes ist auch der Euphemismus ein Typ verschleierter Rede und wird erst auf pragmatischer Ebene analysierbar. Anders als diese zielt der Euphemismus aber nicht darauf ab, als solcher entlarvt zu werden. Im Gegenteil: Die unangenehme ‚eigentliche' Aussage soll gerade nicht aufgedeckt werden. Euphemistisches Sprechen deutet immer auf das Bestehen von Tabubereichen hin. Kernbereiche für Tabus sind Religion (z.B. das Verbot, den Namen Gottes auszusprechen), Sexualität, Krankheit, körperliche Gebrechen, Tod, gefürchtete Tiere (*la belette, le renard*). Die tabuisierten Bereiche zeichnen sich durch eine überdurchschnittlich hohe sprachliche Kreativität aus; das liegt daran, dass Euphemismen über kurz oder lang durchsichtig werden, sich abnutzen und nicht mehr als solche taugen. Die Folge: Das ursprünglich ‚schön sprechende' Wort verschleiert nichts mehr und stürzt ins Vulgäre – da nun direkt Bezeichnendes – ab. Auf der anderen Seite werden die Sprecher sprachschöpferisch tätig und schaffen neue Euphemismen.

Dieses Schicksal hat im Französischen z.B. das Wort *baiser* ereilt. Urspr. aus spätlat. *BASSIARE bedeutete es bis ins 17. Jh. „küssen". Heute ist es in dieser Bedeutung noch erhalten, allerdings mit Spezifizierung z.B. *baiser la main* oder *baiser qn au front*, während es mit direktem Personenobjekt konstruiert vulgär den Sexualakt bezeichnet.

Tabus gibt es in allen Gesellschaften, doch variieren die Tabubereiche von Kultur zu Kultur. Während in sogenannten primitiven Gesellschaften die Tabus im Bereich von Kultus und Religion dominieren, sind es in sogenannten zivilisierten Gesellschaften die Bereiche Gesundheit, Politik und Wirtschaft.

Neben dem häufigsten euphemistischen Verfahren, der **Periphrase** (z.B. *le mal napolitain* oder *le mal français* für ‚Syphilis'), sind zu nennen: **Xenismus** (der Anglizismus *handicapé* statt dem früherem frz. *infirme* ‚behindert'), **Siglenbildung** (SIDA ‚Aids'; s. o. Akronyme), **Metapher**, **Litotes** („je ne te hais point" als Liebesgeständnis von Corneilles Cid), **Phonemsubstitutionen** (*diantre* statt *diable*, *parbleu* statt *par [le sang de] Dieu*), bestimmte Wortbildungen, z.B. Diminutiva (von den „ersten Fältchen" statt von „Falten" ist z.B. in der Kosmetikwerbung die Rede), unscharfe Begrifflichkeit (z.B. *Interruption de grossesse* ‚Schwangerschaftsunterbrechung', so als könne sie später fortgesetzt werden).

3.6.5 Frage statt Aussage: die rhetorische Frage

Traditionell als Gedankenfigur der semantischen Ebene zugeordnet, gehört die **rhetorische Frage** doch tatsächlich zur Ebene der Pragmatik, da sie nicht der Sprechakt ist, der sie zu sein vorgibt. Der syntaktischen Form nach eine Frage, liegt eigentlich eine Aussage vor. Deshalb wird die rhetorische Frage häufig als eine Frage definiert, die keine Antwort erwartet. Ihre Ziele sind unterschiedlicher Natur: Rhetorische Fragen können der Hervorhebung dienen („Wer glaubt schon diesem Lügner?" für „Keiner glaubt diesem Lügner!") oder – da es sich um einen indirekten Sprechakt handelt – abschwächend wirken, wenn es dem Rezipienten überlassen wird, die eigentliche Aussage zu konstruieren. Dann dient die rhetorische Frage als Euphemismus. Ein typischer Intonationsverlauf trägt zur Markierung des Stilmittels bei.

3.7 Die graphematische Ebene/Typographie

Mit Stilmitteln auf graphematischer Ebene hat sich die klassische Rhetorik noch nicht auseinandergesetzt, stand sie doch in einer überwiegend mündlichen Kultur. Doch auch in den zunehmend von Schriftlichkeit geprägten Jahrhunderten der Neuzeit sind die Möglichkeiten graphematischer Stilfiguren lange Zeit – bis auf wenige Ausnahmen wie bei den *Rhétoriqueurs* (14./15. Jahrhundert) – ungenutzt geblieben.

Folgende Abweichungen sind auf graphematischer und typographischer Ebene denkbar (Plett 2000, 211f.): (1) Verstöße gegen orthographische Konventionen sowie (2) das Spiel mit Buchstabengrößen, mit Groß- und Kleinschreibung, mit Schriftarten und Farben; (3) Abweichungen von den Gebrauchsnormen diakritischer Zeichen: Besonderheiten der Interpunktion, der Absatzsetzung (z.B. zur Strophengliederung eines Gedichts) oder ein auffälliger Gebrauch von Leerzeichen (z.B. um Sprechpausen zu markieren).

Hatte Jakobson die poetische Sprachfunktion definiert als den Verweis der Botschaft auf sich selbst, auf ihre Machart (**Autoreferenzialität**), so bezieht die moderne Dichtung dies nicht nur auf die lautliche, semantische und syntaktische, sondern auch auf die graphematische und typographische Ebene: Semantisiert werden nun auch die Konventionen des sekundären Kodes ‚Schrift': das Druckbild (Gestaltung und Art des Seitenrands, Bündigkeit, Blocksatz oder Flattersatz, Absatzbildung), die Interpunktion, die Buchstaben selbst. In den *Calligrammes* (1918) geht Guillaume Apollinaire so weit, dass er eine ‚Lyrik fürs Auge' schafft, die mit dem Anspruch auftritt, die Grenzen zwischen Zeichnung und Literatur aufzuheben und Text- und Bildkunst in einem zu sein. Er ordnet in den Figurengedichten die Buchstaben eines Textes so an, dass sie den Inhalt des Textes ikonisch abbilden.

Auch das **Anagramm** und seine Sonderform, das **Palindrom**, sind von alters her beliebte sprachspielerische Verfahren: Beim Anagramm werden aus den Buchstaben eines Wortes oder Syntagmas ein oder mehrere neue Wörter kombiniert. Beliebt ist das Anagramm zur Bildung von Pseudonymen: z.B. das Pseudonym *Alcofribas Nasier* für François Rabelais. Beim Palindrom ergeben die Buchstaben eines Wortes (oder Syntagmas) in umgekehrter Reihenfolge gelesen das gleiche Wort (oder Syntagma) noch einmal: *élu par cette crapule.*

Über den ludischen Charakter hinaus werden Anagramme häufig mit sprachmagischen Vorstellungen verbunden. **Sprachmagie** leugnet die Arbitrarität des sprachlichen Zeichens und geht stattdessen von einer unmittelbaren Verbindung zwischen den Buchstaben und Lauten der Wörter und den ihnen zugeordneten Referenten aus. Kombiniert man die Buchstaben der Wörter zu neuen Wörtern, kann man sprachmagischer Vorstellung zufolge verborgene Eigenschaften der Dinge zu Tage fördern.

Francis Ponge stellt in seinem Text „Le Gymnaste" eine Verbindung zwischen dem Klang des Worts und zwischen Charakteristika des Referenten her: z.B. erobert der Turner die Herzen, ist keusch und flucht auf Italienisch, weil sich *dévaste* (*les cœurs*), *chaste* und *baste*! auf *Gymnaste* reimen. Andererseits leitet er humorvoll – im trockenen Ton eines mathematischen Beweises – vom Schriftbild der Buchstaben des Wortes *Gymnaste* Charakteristika der bezeichneten Person ab:

LE GYMNASTE

Comme son G l'indique, le gymnaste porte le bouc et la moustache que rejoint presque une grosse mèche en accroche-cœur sur un front bas.

Moulé dans un maillot qui fait deux plis sur l'aine il porte aussi, comme son y, la queue à gauche.

Tous les cœurs il dévaste mais se doit d'être chaste et son juron est baste! [...] (Ponge 1999, I, 33)

Eine derartige **visuelle Poesie** setzt einen lesenden Rezipienten voraus. Visuelle Poesie ist eine Form konkreter Dichtung.

Übungen zur Typographie finden Sie im Modul unter Einübung der Stilmittel.

4 Stillehre

4.1 Die traditionelle Stillehre

Die traditionelle **Stillehre** (*elocutio*) informiert über die angemessene Versprachlichung des gedanklich schon vorgeordneten Stoffs. Die traditionelle Rhetorik unterscheidet drei **Redegattungen** – lat. *genus iudicativum, genus deliberativum* und *genus demonstrativum* –, die den Redesituationen Gerichtsrede, politische Rede und Festrede zugeordnet sind. Der Redner muss je nach Redegattung und je nach Abschnitt der Rede typische ‚Register ziehen'. Darüber klärt die Lehre der Angemessenheit (*aptum*) auf. Für die Festrede ist der erhabene Stil (*genus grande/sublime*) angebracht, für die politische Rede der mittlere (*genus medium*), für die Rede vor Gericht schließlich der schlichte (*genus tenue, subtile, humile*). Auch soll der Stil je nach beabsichtigter Wirkung variieren, danach, ob das Publikum belehrt, unterhalten oder gerührt werden soll (Vollhardt 1995, 255f.). Zudem richtet sich die Wahl des rechten Stils auch nach dem Redeteil: So bezwecken z.B. der Anfang (Exordium) und der Schluss (Epilog) der Rede, an die Gefühle zu appellieren, weshalb ein erhabener Stil angebracht ist. Demgegenüber geht es bei der Tatsachenschilderung (*narratio*) und der Aufstellung der Beweise (*confirmatio*) darum, zu informieren und zu überzeugen (*rem docere*), was einen sachlichen Stil erfordert (Barthes 1990, 73). Es gilt also, die Stile richtig zu mischen und auf die drei Faktoren Publikum, Redegattung und Redeteil abzustimmen. Neben der stilistischen Angemessenheit belehrt die traditionelle *elocutio* auch über die Tugenden der Sprachrichtigkeit (*latinitas*), der Klarheit (*perspicuitas*), des Sprachschmucks (*ornatus*) und der Kürze (*brevitas*). Schon mit Beginn der römischen Kaiserzeit wird die Rhetorik jedoch ihrer lebenspraktischen Bezüge beraubt:

> Die freie politische Rede hört in Rom auf, als das Kaisertum entsteht. Auch die Gerichtsrede tritt zurück und behandelt fiktive Fälle. Die öffentlichen Redner werden schulmäßige Deklamatoren. Von dem Forum vertrieben, dringt die Rhetorik in die Kunstprosa, die Philosophie, die Poesie ein. [...] (Curtius 1972, 7).

Ab dem Mittelalter zeichnet sich eine Verknüpfung der Stile mit den literarischen Gattungen ab. Erstmals begegnet in dieser Zeit die sog. **Stiltrennungsregel** – d.h. die feste Zuschreibung des Stils zu Gattung, Gegenstand und Personal (Ueding/Steinbrink 1994, 66-69) –, die ihre strengste Form jedoch erst im 16. und 17. Jahrhundert erreicht. Die Stillehre und die Lehre vom Redeschmuck rücken im Laufe der Geschichte der Rhetorik immer stärker in den Vordergrund, bis die Rhetorik schließlich auf die Stillehre reduziert wird. Bis ins 18. Jahrhundert werden „rhetorische Kategorien [...] für die Poetik und damit für die Auffassung von Literatur maßgeblich" (Torra 1995, 101) und Dichtung selbst definiert als die Kunst, einen traditionellen Stoff nach festgelegten Regeln geschickt zu variieren. Dem Dichter wird in dieser Zeit nicht **Originalität**, sondern im Gegenteil die *imitatio* abverlangt. Dichterische Vollkommenheit wurde an der Frage der Beachtung der Regeln gemessen (Torra

1995, 103). Nur der Gelehrte kann diese Dichtung produzieren, nur der Gelehrte sie wirklich goutieren.

Dabei ändern sich im Lauf der Jahrhunderte natürlich die Richtlinien für den ‚guten' Stil. Während der Barock hohen Stil mit üppigem Gebrauch sprachlichen Schmucks identifiziert und damit den Akzent auf den *ornatus* setzt, zeichnet sich in Frankreich Anfang des 17. Jhs. mit Malherbe (1555-1628) eine Schwerpunktverlagerung hin zu den Stilqualitäten der Klarheit (*clarté*), Richtigkeit (*précision, justesse*) und Kürze (*brièveté*) ab. Eine Zusammenfassung des neuen Stilideals bietet am Jahrhundertende die Poetik von Boileau (*L'Art poétique*, 1674).

4.2 Sprachstile, Stilmischung und Stilbruch

Sprache ist kein **monolithisches System**, auch wenn die sprachlichen Regelwerke (Grammatiken, in geringerem Maße die Lexika) das glauben machen wollen, indem sie vermeintlich die französische (deutsche, italienische etc.) Sprache schlechthin vorstellen. In Wirklichkeit bilden sie lediglich Regeln für die Standardsprache zu einem bestimmten Zeitpunkt im Verlauf einer langen Sprachgeschichte ab. Sie stellen synchrone Schnitte durch die Sprache dar. Die Sprachwissenschaft spricht von Sprache als einem **Diasystem**, das aus einer **diachronischen** (1), **diatopischen** (2), **diastratischen** (3) und **diasituativen/diaphasischen** (4) Dimension aufgebaut ist. Das bedeutet: Sprache variiert im Lauf der Zeit (diachronisch), je nach Ort (diatopisch), je nach gesellschaftlicher Schicht (diastratisch) und je nach Situation (diasituativ oder diaphasisch).

Die Sprache der Literatur ist in der Regel am **Primärkode** Standardsprache orientiert, darüber hinaus an sekundären literarischen Kodes. Werden die sprachlichen Varietäten vermischt, spricht man von **Stilmischung**. Ein Autor kann Stilmischung zu einem ästhetischen Prinzip erklären und daraus ‚seinen' Stil schaffen. Stilmischung ist z.B. charakteristisch für den Stil Louis-Ferdinand Célines (vgl. Blank 1991). Stilmischung kann auch sprachsystemübergreifend sein: Als geläufigstes Beispiel für einen Systemwechsel kann die Einstreuung von **Xenismen**, von fremdsprachlichem Vokabular, genannt werden.

Das Verfahren wird nicht erst im 20. Jh. bekannt: Bei Molière (*Le Médecin malgré lui*) dienen die eingestreuten Latinismen z.B. dazu, die Ärztezunft und ihren Jargon zu parodieren und die Fachsimpler vor der höfischen Gesellschaft lächerlich zu machen.

Stilbruch liegt vor, wenn eine extra- oder intratextuelle Norm durchbrochen wird. Extratextuelle Normen sind z.B. Vorgaben der Regelpoetiken, die für die Tragödie hohes Personal, einen hohen Stil und einen angemessenen Gegenstand vorsehen. In einer Tragödie Patois sprechen zu lassen, ist Stilbruch.

Eine andere Form des Stilbruchs liegt in Alphonse Allais' Novelle *Une Pétition* vor. Allais verstößt hier systematisch gegen die Erwartungen über das in der Situation angebrachte Register: Banalitäten werden in ausgefeilter Hochsprache präsentiert (etwa juristischer Jargon bei der Frage der Bürgersteigbenutzung), das ‚hohe Personal' fällt durch das niedrigste Sprachregister auf (so äußert der Präfekt: „Mais... qu'est-ce que ça peut me f... à moi, ces histoires-là") (Zimmer 1978, 92f.). Auch die Autoren der Postmoderne haben den Stilbruch zum Prinzip erklärt. Gebrochen werden hier jedoch nicht nur sprachliche und gattungsspezifische Normen, sondern auch etablierte Erzähltechniken (z.B. durch plötzlichen Wechsel der Erzählperspektive). Die postmodernen Autoren schreiben in bewusst ‚stümperhaftem' Stil (Mecke 2002).

Um von einem bestimmten Stil sprechen zu können, müssen alternative sprachliche Ausdrucksmöglichkeiten existieren. Die Wahl aus mehreren Alternativen muss jedoch nicht bewusst geschehen, um stilistisch relevant zu sein. Die Wahl des Stils ist abhängig von verschiedenen Faktoren: von der Frage, welche sprachlichen Varietäten (Register, Dialekte) existieren sowie von außersprachlichen Faktoren; hierzu zählen die Kommunikationsintention, der Redegegenstand, die biographischen Umstände des Autors, die anvisierte Leserschaft sowie „Einflüsse der normativen Rhetorik, literarische und ästhetische Doktrinen, herrschende Stilideale, gesellschaftlich bedingte sprachliche Konventionen usw." (Spillner 1974, 65). Durch die Einbeziehung des Rezipienten in die Stilanalyse wird die Wahl des Stils auch mit der Lesererwartung verbunden. Diese hängt ab von seinem Vorwissen,

> z.B. von seinen Leseerfahrungen, seiner Kenntnis anderer literarischer Werke, von Vorstellungen über literarische Qualitäten und ästhetische Maßstäbe etc. Die Lesererwartung ist natürlich auch abhängig von literarischem Genus und Textsorte, eventuell auch vom Funktionalstil. In einem Heldenepos erwartet man andere sprachliche Mittel als in einer Satire oder einem Liebesbrief (Spillner 1974, 66).

Die Stilanalyse setzt bei den Kontrasten oder bei Entsprechungen zur Lesererwartung an. Wird Stil als eine Auswahl aus den Möglichkeiten des Systems unter Berücksichtigung der Erwartungen des Rezipienten aufgefasst, so bietet das den Vorteil, dass die Stilanalyse vom Kriterium der sprachlichen Abweichung unabhängig wird. Stilanalysen sind auch dann möglich, wenn ein Text keine Abweichungen gegenüber der Standardsprache aufweist. Ein Individualstil ist auch dann beschreibbar, wenn er ‚normkonform' ist. Rhetorische Mittel stellen zusätzliche Analyse-Bausteine im Rahmen der Stilanalyse dar.

Das Sprachsystem stellt verschiedene Möglichkeiten zum Ausdruck von Kausalbeziehungen bereit: Die einfachste Form ist die asyndetische Reihung: „Il y avait du verglas, la voiture dérapa dans un virage." Die zwei Hauptsätze können auch mit einer beiordnenden Konjunktion verknüpft werden: „La voiture dérapa dans un virage, car il y avait du verglas." Schließlich ist ein Gefüge aus Haupt- und Nebensatz möglich: „Comme il y avait du verglas, la voiture dérapa dans un virage." Alle drei Möglichkeiten sind vom System her zugelassen; die gezielte Auswahl aus diesen Möglichkeiten kann jedoch charakteristisch für einen Individualstil werden.

In der Sekundärliteratur finden sich neben dem Begriff **Individualstil** auch die Begriffe **Epochenstil**, **Nationalstil**, **Gattungsstil**. Dahinter steht der Versuch, über das Einzelwerk hinaus Stilmerkmale zu erfassen, die typisch für eine bestimmte Zeit, eine bestimmte Nation oder Region oder eine bestimmte literarische Gattung sind. Gelingt es, solche Merkmale durch die Zusammenschau möglichst vieler Werke (einer Zeit, einer Region, einer Gattung) zu eruieren, so lässt sich das Ergebnis mit dem Einzelwerk vergleichen, kontrastieren und die Konformität oder der Innovationsgrad eines Textes bestimmen. In der Stilanalyse treffen Sprach- und Literaturwissenschaft zusammen. Die sprachwissenschaftliche Analyse liefert das Material für eine literaturwissenschaftliche Auswertung der Daten. Die sprachwissenschaftliche Analyse bleibt textimmanent. Die Auswertung dagegen wird auf textexterne Bezugspunkte nicht verzichten können, will sie die literaturgeschichtliche Bedeutung eines Werks bemessen.

Modul Rhetorik

Auf der CD finden Sie weiterführende Materialien und Übungen zu

- Einübung der Stilmittel
- Analyse von Wortbildungen
- Syntax: Elliptischer Stil
- Stilanalyse
- Semantisierung der graphischen Ebene
- Parodie

Lyrik

Hermann H. Wetzel

Während Rätsel nur eine einzige richtige Lösung kennen, ähneln Gedichte eher spannenden Kriminalfällen, bei denen aus der Analyse verschiedenster (hier sprachlicher) Indizien und der Synthese der Einzelergebnisse eine möglichst in sich stimmige, intersubjektiv nachvollziehbare Gesamtinterpretation gewonnen wird. Gegenüber Kriminalfällen haben sie den Vorteil, dass man die aus der Analyse abgeleiteten Urteile immer wieder, in der Regel ohne jemandem zu schaden, revidieren und verbessern kann aufgrund sorgfältigerer, keinesfalls willkürlicher Indiziendeutung. Während sich jedoch ein juristisches Urteil bevorzugt auf ein Geständnis stützt, sind Aussagen zur sogenannten Autor-Intention mit Vorsicht zu genießen. Grundsätzlich gilt für den Interpreten das, was der Text sagt (die Text-Intention), und nicht, was der Dichter (angeblich) sagen wollte.

In Gedichttexten lassen sich immer wieder ungewohnte Bildwelten, Blickwinkel und Gedankenbahnen entdecken, lassen sich Imagination, Sprache und Weltsicht entgrenzen. Zu diesem Zweck nutzt Lyrik in speziellen Verfahren die literarischen und sprachlichen Möglichkeiten intensiver als andere Gattungen und bietet eine hohe Informationsdichte auf engstem Raum. Poetische Verfahren werden auch von den anderen Gattungen, ja teilweise sogar von der Alltagssprache benützt, jedoch nicht in dieser konzentrierten Form. Diese verlangt deswegen auch nach einer besonderen Art Lektüre, mit der sich die folgenden Kapitel beschäftigen werden.

1 Was ist Lyrik?

1.1 Dominanz der poetischen (ästhetischen) Sprachfunktion und Deautomatisation

Lyrische Texte unterscheiden sich – wie übrigens alle anderen ‚literarischen' Texte (Romane, Erzählungen, Dramen etc.) auch – von gebrauchssprachlichen dadurch, dass in ihnen die **poetische** (ästhetische) **Sprachfunktion** gegenüber den anderen Sprachfunktionen dominant ist und nicht wie in der alltäglichen Rede in erster Linie die referenzielle, emotive oder appellative. Die Rede von der Dominanz der ‚poetischen' Sprachfunktion bezieht sich daher nicht, wie es der Begriff nahe legen könnte, nur auf die Poesie (Lyrik) allein; besser spräche man (mit Eco 1972, 145-167) von der Dominanz der ästhetischen Sprachfunktion. ‚Dominant' heißt auch nicht, dass die anderen Sprachfunktionen wegfallen, sondern sie werden lediglich der ästhetischen vorübergehend untergeordnet. Die Aufmerksamkeit des Lesers wird in einem dominant ästhetischen Text zunächst auf die Verfasstheit, die künstlerische Gestalt der Mitteilung, auf ihre inhaltlichen (***signifié***) sowie materiellen und formalen (***signifiant***) Merkmale gerichtet. Man spricht daher auch (nicht ganz korrekt) von der Selbst- oder Autoreferenzialität des Zeichens. Erst wenn der Leser die genannten Merkmale in ihrer sinnlichen Qualität als Zeichenkörper, entsprechend dem ursprünglichen Wortsinn von griech. Aisthesis ‚sinnliche Wahrnehmung', gespürt und in ihrer inhaltlichen Komplexität imaginiert hat, kommen auch die anderen Sprachfunktionen zusätzlich, in ihrer Wirkung solchermaßen verstärkt, zum Tragen.

Text 1: Roman Jakobson

Woran sieht man nun, dass die poetische (ästhetische) Sprachfunktion dominant ist? Um dem Leser (das Gleiche gilt analog auch für den Betrachter einer Zeichnung oder eines Bildes) zu signalisieren, dass er besonders auf die Ausgestaltung der Mitteilung in all ihren formalen und inhaltlichen Komponenten achten soll, bevor er sie auf den Kontext, den Sender oder den Empfänger bezieht, wird der **Kommunikationsprozess**, der normalerweise weitgehend automatisch abläuft und scheinbar unmittelbar ‚zur Sache' (zur referenziellen Information, zum Sprecher und zum Empfänger) geht, absichtlich gestört, er wird deautomatisiert. Der Philosoph Hans Blumenberg (1966, 150) spricht statt von **Deautomatisation** von einer „Entselbstverständlichung der Gemeinsprache". Dies kann durch eine sprachliche Doppeldeutigkeit geschehen, die aufmerken lässt; die Dominanz der ästhetischen Sprachfunktion kann aber auch durch ausdrückliche Kennzeichnung (etwa durch die Bezeichnung ‚Roman' oder ‚Gedichtsammlung' auf dem Titelblatt), auffällige rhetorische Mittel wie mehr oder weniger ungewöhnliche Metaphern und Vergleiche („La terre est bleue comme une orange", Eluard 1968, I, 232) oder auch ganz äußerliche, typographische Auffälligkeiten wie die Schreibung in Verszeilen signalisiert werden und den Leser zu einer speziellen Rezeptionshaltung veranlassen.

Beispiel 1: Deautomatisation

Der Übergang von ‚Gebrauchstexten' zu künstlerischen oder ‚literarischen' Texten ist fließend. Vor allem die Werbung setzt auf poetische oder im weiteren Sinne künstlerische Verfahren, ohne dadurch immer schon zu Kunst oder zu Lyrik zu werden, denn sie hat in der Regel als vorherrschenden Zweck immer noch die Verkaufsförderung (d.h. die poetische Sprachfunktion ist nach vorübergehender Dominanz der appellativen eindeutig untergeordnet). Im Museum jedoch werden Werbeplakate ihrem Verwertungszusammenhang entzogen und (fast) ausschließlich ästhetisch.

Beispiel 2: Dominanz der poetischen Sprachfunktion

1.2 Spezifische Merkmale der Lyrik im Vergleich zu den anderen literarischen Gattungen

Auch wenn die Dominanz der poetischen (ästhetischen) Sprachfunktion allen literarischen Gattungen gemeinsam ist, so unterscheidet sich die Lyrik doch von den anderen durch das Ausmaß an Deautomatisation und in der Verwendung poetischer Textbildungsverfahren. Die Deautomatisation ist jedoch nur die negative Seite der Medaille: Als abweichend und deautomatisierend erscheint Lyrik auch nur aus dem Blickwinkel der normierend verengten Sprachverwendung der Alltagssprache und der mit ihr wie selbstverständlich verbundenen ‚realistischen' Weltsicht. Betrachtet man aus einer nicht normativen Perspektive die positive Seite dieser Art von Sprachverwendung, so kann man sagen: Die dichterische Sprache ist nicht wesentlich Abweichung von der Norm (*écart*), sondern in der Poesie entfaltet die Sprache erst ihre Möglichkeiten in vollem Umfang. Die dichterische Sprache ist auch keine Sondersprache, denn sie verwendet nur zu bestimmten Zeiten und in Ausnahmefällen ein besonders erlesenes ‚poetisches' Vokabular.

> Bei der dichterischen Sprache kommt nichts hinzu, was nicht in der Sprache bereits vorhanden wäre, jedoch kommt in der Dichtung vieles von dem voll zur Entfaltung, was in anderen Modalitäten des Sprachgebrauchs sozusagen ‚ungenutzt bereitsteht' (Coseriu 1981, 110).

Das normalerweise nur „ungenutzt" Bereitstehende der Sprache wird im poetischen Text intensiv genutzt und die Aufmerksamkeit des Lesers durch die Deautomatisation darauf gelenkt, besonders durch Auffälligkeiten, die über Mehrdeutigkeit und außergewöhnliche rhetorische Ausgestaltung hinausgehen und einen Text durch äußere Präsentation, Titel und typographische Gestaltung (viel unbedrucktes Weiß um wenig Text, etwa durch Schreibung in Verszeilen) als Dichtung kennzeichnen.

Deautomatisation oder Fehler?

Dass Lyrik im Ausnützen der sprachlichen Möglichkeiten besonders weit geht, über die Grenzen unserer vertrauten Wirklichkeitsvorstellungen und unserer Grammatik hinaus, die ja ein Spiegel dieser Wirklichkeitsvorstellungen ist, soll an zwei Beispielen demonstriert werden, die ein weiteres Problem beleuchten: Wie unterscheidet man, ob ein Text aus Versehen abweicht oder ob er bewusst gegen die Regeln verstößt bzw. eine normalerweise nicht genutzte sprachliche Möglichkeit ausschöpft? Die Entscheidung fällt leicht, wenn es sich gegenüber der Alltagssprache um zusätzliche Regeln, sog. **Überstrukturierungen**, etwa die Versifizierung handelt; schwieriger wird es bei unabsichtlichen Verstößen gegen die Norm, sog. Fehlern.

Text 2: Arthur Rimbaud, *Lettre à Georges Izambard*

Rimbaud schreibt in einem Brief „Je est un autre" (Rimbaud 2000, 362), statt die grammatisch korrekten Formen ‚Je suis un autre' oder ‚Il est un autre' zu benutzen.

Betrachtet man dieses Diktum nicht als Fehler, sondern als eine absichtliche Erweiterung der französischen Grammatik, dann wird auf diese Weise die Kategorie des Subjekts, seine zentrale Stellung im Erkenntnisprozess und die fraglose Selbsterkenntnismöglichkeit des Subjekts ohne umständliche systematisch philosophische Erklärung, allein durch die grammatikalische ‚Unkorrektheit' grundsätzlich in Frage gestellt. Von Lautréamont stammt der berühmt-berüchtigte Vergleich aus *Les Chants de Maldoror*: „[...] beau [...] comme la rencontre fortuite sur une table de dissection d'une machine à coudre et d'un parapluie" (Lautréamont/Nouveau 1970, 224-225). Dieser Vergleich erscheint zunächst als bloße Provokation, wenn man nicht das Ganze dem Druckfehlerteufel oder einem Verrückten zuschreiben will. Lautréamont bringt Dinge miteinander in Verbindung, die in unserem alltäglichen semantischen Universum nichts miteinander zu tun haben und es daher dem Leser nicht erlauben, Zusammenhänge zwischen den Begriffen zu entdecken. Gerade die Rätselhaftigkeit bietet jedoch einen Anreiz, den Text nicht ‚wörtlich', sondern ‚bildlich' oder ‚übertragen' zu lesen, unerprobte, abgelegene Analogien zu suchen und neue Erklärungsmuster auszuprobieren. Dann haben wir es mit der durchaus geläufigen Figur eines ‚kühnen' Vergleiches zu tun. Nicht umsonst waren die Surrealisten von diesem Satz begeistert, verliert er doch im Lichte der Psychoanalyse und ihrer Erkenntnisse über die Arbeit des Unbewussten sowie über sog. Verschiebungen schnell einen Großteil seiner Rätselhaftigkeit: Ein nach grammatischem Geschlecht als auch den Umrisslinien nach vage weiblicher („une machine à coudre") und ein männlicher („un parapluie") Gegenstand treffen sich gar nicht so zufällig an einem ebenso wenig zufälligen Ort, dem Seziertisch, der ein ungewöhnliches Bett assoziieren lässt.

Die beiden Beispiele zeigen, dass die bloße Deautomatisation nicht ausreicht, um aus einem Text einen ‚poetischen' zu machen. Auch Druck- und Grammatikfehler deautomatisieren, wenn auch unfreiwillig, und sie werden deshalb mehr oder minder automatisch vom Leser korrigiert. (Er sollte dabei allerdings nicht voreilig sein!) Das Abweichen vom normalen Sprachgebrauch ist zwar üblich, aber weder notwendig noch hinreichend, um aus einem Text einen poetischen Text zu machen. Auch daran kann man sehen, dass nicht die Deautomatisation, sondern der spezielle, zur Sinnschöpfung anregende Sprachgebrauch das entscheidende Kriterium für die Lyrik ist. Ein sprachlich unkorrekter Text ist nur ‚falsch', wenn er – und das ist das entscheidende Kriterium für eine ‚fruchtbare Inkorrektheit' im poetischen Text – keine zusätzliche Bedeutungsebene schafft. Das heißt, die sprachliche Inkorrektheit darf nicht auf Unvermögen beruhen, sondern sie muss im Gegenteil durch ein besonderes Gefühl für Sprache und durch stützende Strukturen im Text als Sinnpotential plausibilisiert und gerechtfertigt sein. Im auf der CD vorhandenen Beispiel aus Rimbauds Brief wird durch den ebenso ungewöhnlichen umgebenden Text klar, dass es sich nicht um generelle Unfähigkeit oder um einen ‚Fehler', sondern um eine bewusste, gekonnte und daher Bedeutung schaffende Abweichung von der Norm handelt. Zur Deregulierung kommt folglich im poetischen Text eine andersgeartete **Neuregulierung** in Form einer Überstrukturierung (vgl. Kloepfer 1975, 49) hinzu. Besonders offensichtlich wird sie in Versen, Reimen, Rhythmen etc.

Die angeführten Beispiele von Lautréamont und Rimbaud zeigen, dass es unmöglich ist, in einem Text von der Länge eines Romans die ‚automatische'

Kommunikation derart systematisch zu stören. Um den Zusammenhang über mehrere hundert Seiten hinweg nicht völlig zu verlieren, braucht der Leser eine ‚realistischere', d.h. eine traditionellere semantische Kohärenz – wenn es auch, etwa im *Nouveau Roman,* nicht an Versuchen gefehlt hat, poetische Verfahren in den Roman einzuführen.

Der Versuch, Lyrik von der Alltagssprache und den anderen literarischen Gattungen abzugrenzen und ihr spezifisches Merkmal in einer besonders intensiven Nutzung der sprachlichen Möglichkeiten zu sehen, verzichtet auf eine Ontologisierung der Gattungen, d.h. auf die Behauptung, die drei „Naturformen der Dichtung" (Goethe), Lyrik, Epik und Dramatik, seien im Wesen des Menschen und der Dichtung begründet, wie dies in der klassischen Ästhetik üblich war. Schon René Wellek (1972, 124) forderte kategorisch: „Man sollte den Versuch gänzlich aufgeben, die allgemeine Natur der Lyrik oder des Lyrischen bestimmen zu wollen." Wenn wir es trotzdem versuchen, so in dem Bewusstsein, dass es nicht um das Wesen des beschriebenen Phänomens geht, sondern um ein hervorstechendes, charakteristisches Merkmal, und dass die Grenzen zu den anderen Gattungen und auch zur Gebrauchsrede fließend sind.

Ebenso wenig taugt die Unterscheidung von Poesie (Verse) und Prosa zur Definition der Lyrik, wie man schon an der Gattung des Prosagedichts ablesen kann, die zwar ohne metrische Form und ohne Verse auskommt, dennoch aber traditionell zur Poesie gerechnet wird. Poesie und Prosa sind offensichtlich in allen Gattungen möglich: So stehen gereimte Versdramen neben Prosadramen, Versepen und Versromane neben Prosaromanen etc. Die Bindung der Lyrik an den Vers, zumal wenn man ihn eng definiert, würde den Ausschluss vieler moderner Texte aus der Gattung bedeuten. Der Vers ist nur eine der Möglichkeiten, poetischen Mehrwert zu erzeugen, wenn Vers und Reim auch lange Zeit als Kennzeichen der Lyrik gegolten haben und im Französischen eine besondere Rolle spielen.

2 Poetischer Mehrwert

Die Dominanz der poetischen (ästhetischen) Sprachfunktion und eine entsprechende poetische Lektüre können einen Mehrwert an konzentrierter Information, Erkenntnisgewinn und kreativem Lektürevergnügen vermitteln, der aus der besonderen Ausnützung aller sprachlichen Möglichkeiten resultiert. Diese sprachlichen Möglichkeiten werden in der Regel bei einem Gedicht vom Dichter selbst – bewusst oder unbewusst – im Text angelegt, und solche Gedichte sind üblicherweise Gegenstand literaturwissenschaftlicher Analyse und Interpretation. In der Moderne ist es aber durchaus denkbar, dass in einem Gebrauchstext absichtslos vorhandene sprachliche Potentiale erst durch ihre Montage in ein unzweifelhaft poetisches Umfeld und durch eine entsprechend sich darauf einlassende Lektüre ‚zum Sprechen gebracht' werden.

2.1 Poetische (ästhetische) Lektüre ursprünglich ‚unpoetischer' Texte (Bilder, Gegenstände etc.)

Man kann die ästhetische Sprachfunktion auch ‚künstlich', entgegen der ursprünglichen Text- oder Bildintention (bzw. dem Gebrauchswert eines Gegenstandes), auf zweierlei Weise in den Vordergrund rücken – durch sog. Readymades und durch einen speziellen ‚poetischen Blick' bzw. eine ‚poetische Lektüre'.

2.1.1 Readymades

Befassen wir uns zuerst mit der von einem Künstler veranlassten ästhetischen Betrachtung eines ursprünglich ‚unpoetischen' Gegenstandes. Der Bildende Künstler nimmt Gegenstände des alltäglichen Gebrauchs, d.h. nützliche Gebrauchsgegenstände und versetzt sie in eine andere, ‚ästhetische' Umgebung, wobei er sie mehr oder weniger stark verändert.

Diese Art von Kunst hat in den letzten hundert Jahren – vor allem seit der historischen Avantgarde, mit Marcel Duchamps (1887-1968) *Readymades,* z.B. mit seinem berühmten *Flaschenständer* (1914) oder mit dem als *Springbrunnen* (1917) deklarierten, gekippten Urinoir – zunehmend an Bedeutung gewonnen, da auf diese Weise der Betrachter, wenn er sich nicht verweigert, in den kreativen Prozess mit einbezogen und aktiv an der **Semiose**, d.h. dem Zeichendeutungsprozess, beteiligt wird. Wenn eines der Ziele der Kunst darin besteht, die Seh- und Denkgewohnheiten des Betrachters zu modifizieren, ihn Neues erkennen zu lassen, dann ist es allemal effektiver, wenn ihm nicht nur die Ergebnisse solchen Um-Denkens von einem kreativen Kopf vorgesetzt werden, sondern wenn er selbst die Verfahren ausprobiert und die Mechanismen durchschaut.

Abb. 1 und 2: Marcel Duchamp, *Readymades*

Betrachten wir ein literarisches Readymade: André Breton nimmt eine Seite aus dem Pariser Telefonbuch von 1920 und druckt sie in seinem Gedichtband *Claire de terre* (1923) unter dem Titel „PSTT" ab.

Neuilly 1-18.......	Breton, vacherie modèle, r. de l'Ouest, 12, Neuilly.
Nord 13-40.........	Breton (E.), mon. funèbr., av. Cimetière Parisien, 23, Pantin.
Passy 44-15.........	Breton (Eug.), vins, restaur., tabacs, r. de la Pompe, 176.
Roquette 07-90...	Breton (François), vétérinaire, r. Trousseau, 21, (11e).
Central 64-99......	Breton frères, mécaniciens, r. de Belleville, 262, (20e).
Bergère 43-61.....	Breton et fils, r. Rougemont, 12, (9e).
[...]	

Allein schon durch die Veränderung der Rezeptionsvorgaben wird die Kommunikationssituation grundsätzlich geändert: Ein eindeutig dominant referenzieller Text (das Telefonbuch), bei dessen Lektüre sich der Nutzer normalerweise nur für die Telefonnummer und eventuell noch für die Adresse einer gesuchten Person interessiert, wird willkürlich zu einem dominant poetischen Text umfunktioniert, der entsprechend anders gelesen werden muss. Breton sorgt darüber hinaus selbst dafür, indem er verschiedene Elemente verwendet, die den Unterschied zum Gebrauchstext betonen:

Die Überschrift: Breton behält nicht den Titel des Druckerzeugnisses bei, aus dem er die Seite entnommen hat (*Annuaire des téléphones*), sondern er gibt dem Text, wie für ‚Literatur' üblich, einen eigenen, in diesem Falle uneindeutigen, daher deautomatisierenden Titel, für den er eine Kombination aus der damals gebräuchlichen Abkürzung für ‚Postes, Télégraphie, Téléphones' (PTT) und der Interjektion ‚pst!' oder ‚psitt!' verwendet. Die Aufforderung zum Schweigen steht dabei in komischem Kontrast zum (damals neuen) Medium der Telekommunikation. Die typographische Anordnung mit viel weißem Raum um den Text dürfte kaum der Anordnung in einem Telefonbuch entsprochen haben, wo aus kommerziellen Gründen eher am Platz gespart wird. Dagegen ist die Anordnung in Einzelzeilen, die an Verszeilen erinnert, aus praktischen Gründen in Telefonbüchern durchaus üblich. Die Telefonnummern werden im Gedicht nur gekürzt wiedergegeben; d.h. sie werden für ihren ursprünglich referenziellen Zweck unbrauchbar. Da Zahlen bzw. Zahlenkombinationen bis auf ganz wenige Ausnahmen (etwa „007") aber ohnehin unbrauchbar sind für assoziative Anschlüsse von Bedeutungen, haben sie in einem Gedichtband auch keine erkennbare Funktion. Dagegen wird die Aufmerksamkeit auf den Text selbst gelenkt: Zunächst einmal durch die Auswahl; Breton wählt nämlich nicht den Beginn des Telefonbuchs oder einen zufälligen Ausschnitt, sondern ausgerechnet diejenige Seite, die eine Aufzählung seiner Namensvettern enthält. Die Wiederholung des Namens ‚Breton', die im Telefonbuch lediglich eine Ordnungsfunktion hatte, wird durch den Abdruck im Umfeld eines Gedichtbands zur bedeutungssteigernden Anapher. Zusätzlich wird der Leser von einer zielgerichteten (referenziellen) Lektüre, nämlich von der möglichst raschen Identifizierung der gesuchten Telefonnummer, weg zu einer schöpferisch ‚schwadronierenden', frei assoziierenden Lektüre verleitet, die durch Querbezüge zwischen Name, Beruf, Straßenname und Wohnviertel, d.h. zwischen normalerweise semantisch nicht zusammenhängenden Begriffen, nach Art der Metapher je nach kreativer Begabung des Lesers meist witzige Bedeutungen entstehen lässt: Neuilly, ein eher gehobenes Wohnviertel im Nord-Osten von Paris, ist inkompatibel mit einem Musterhof für Rinderzucht; ebenso ‚anrüchig' ist die Verbindung eines Weinhändlers mit einer Straße, die ihren Namen einer (Wasser-)Pumpe verdankt; oder die Verbindung von Grabsteinen und Friedhof mit einer burlesken Marionette (‚pantin') etc.

2.1.2 Der poetische Blick, die poetische Lektüre

Unter bestimmten Voraussetzungen kann man Alltagstexte, die intentional lediglich informativ, d.h. referenziell sein wollen, auch ohne Hilfe eines Künstlers poetisch lesen, nach der von Apollinaire (1965, 39) in „Zone" (1912) propagierten Methode: „[...] Tu lis les prospectus les catalogues les affiches qui chantent tout haut / Voilà la poésie ce matin [...]". Man verändert selbst willkürlich die **Rezeptionsbedingungen** und liest etwa eine dafür prädestinierte Provinzzeitung ‚gegen den Strich' oder ‚quer'. Dazu eignen sich z.B. (zufällig oder von einem Witzbold) nebeneinandergestellte Titel oder Text-Bild-Kombinationen: So stand im Nachrichtenportal von web.de am 19. April 2005 nach der Papstwahl die Schlagzeile „Joseph Kardinal Ratzinger neuer Papst Benedikt XVI" unmittelbar über der folgenden: „Teufel [der damalige baden-württembergische Ministerpräsident Erwin Teufel] erklärt Rücktritt".

Poetisch lesen kann man allerdings nur, wenn der Text Ansatzpunkte bietet, an denen sich die kreative Phantasie des Lesers entzünden kann, und er über die nötige Phantasie und ‚Einbildungs'-Kraft verfügt. Wir schulen diese Art der

Lektüre im Allgemeinen an Texten, die nicht nur durch die Änderung der Rezeptionsbedingungen zur poetischen Lektüre auffordern, sondern die von Dichtern kunstvoll, in Anlehnung an eine lange poetische Tradition, mit Hilfe poetischer Verfahren absichtsvoll geformt und ausdrücklich als Gedichte publiziert wurden.

2.2 Textbildungsverfahren zur Erzeugung poetischen Mehrwerts

Da Gedichttexte aus sprachlichen Zeichen, d.h. (mit Ausnahme der lautmalenden Wörter, der sog. Onomatopoetika) aus arbiträren **Symbolen** (im zeichentheoretischen Sinn) bestehen, können sich die Abweichungen von der Norm und die Ausschöpfung aller sprachlichen Möglichkeiten auf beide Komponenten des sprachlichen Zeichens, auf den Zeichenkörper (*signifiant*) und den Zeicheninhalt (*signifié*) bzw. eine Kombination der beiden beziehen.

Als besonders ‚poetisch' gelten Verse, Reime, Strophenformen; alles Elemente, die nicht in der Alltagssprache, in den anderen Gattungen nur historisch begrenzt verwendet werden und die als sog. **Sekundärstrukturen** die sprachlichen Möglichkeiten auf der Ebene des *signifiant* ausnutzen. Als nicht minder typisch für die Dichtung gilt (allerdings auf der *signifié*-Seite) der Gebrauch von sprachlichen Bildern, wenn dieser auch nicht so ausschließlich der Lyrik zugerechnet wird wie Vers und Strophe.

Um die Wirkung von poetischen Textbildungsverfahren zu demonstrieren, wird im Folgenden zunächst der ungewöhnliche Weg gewählt, aus einem Zeitungstext ein Gedicht zu machen, in der Hoffnung, damit die spezifische Leistung poetischer Verfahren auf der Ebene des Zeichenkörpers deutlicher hervortreten zu lassen.

2.3 Die Ebene des Zeichenkörpers (*signifiant*)

2.3.1 Figurengedichte, Calligramme

Vorweg soll eine ungewöhnliche und nur in bestimmten Literaturepochen übliche Art des Zeichengebrauchs erwähnt werden. Die schwarzen Zeichenkörper der Buchstaben und Wörter können mit kürzeren und längeren, ja auch mit gebogenen Zeilen als eine Art Strich oder als Schraffur eine zusätzliche Funktion zu ihrer symbolisch-arbiträren übernehmen und als ikonische Elemente einer Zeichnung verwendet werden. Die Druckzeilen werden je nach abzubildendem Gegenstand graphisch als Blume, Vase etc. angeordnet. Beliebt sind Figurengedichte im Barock; im 20. Jahrhundert wurden sie u.a. von Apollinaire in den „Calligrammes" (1965, 163-268) wieder belebt, der z. B. die Gedichtzeilen so anordnet, dass sie eine über einem Springbrunnen schwebende Taube ‚zeichnen'.

Abb.3: Guillaume Apollinaire, Calligramme

2.3.2 Sekundärstrukturen: Versifizierung, Segmentierung, Rhythmus

Doch wenden wir uns dem üblichen Verfahren zu, dem, was bei einem traditionellen Gedicht sofort in die Augen springt, nämlich der typographischen Anordnung in Versen, und fragen uns, was es ‚bringt', wenn man einen Text nicht über die ganze Breite des Satzspiegels, sondern in kürzeren, einzelnen (Vers-) Zeilen schreibt. (Falls es sich wie etwa im Prosagedicht um andere, weniger regelmäßige Unterteilungen des Textes handelt, spricht man genereller von Segmentierung.)

Um deutlich hervortreten zu lassen, wie sich die Schreibung in Verszeilen auf einen ursprünglich fortlaufend geschriebenen Text auswirkt, soll zunächst ein *fait divers* analysiert werden, der in der Zeitung als sog. Fließtext steht, d.h. er wird dort vom linken Rand des Satzspiegels ausgehend von links nach rechts geschrieben, die Zeile am rechten Rand des Satzspiegels umgebrochen und am linken Rand der darunter stehenden Zeile fortgesetzt.

Durch bloße typographische Modifikationen transformiert Jean Cohen (1966, 76) den Text in ein ‚Gedicht', wenn er selbst es auch ausdrücklich nicht so bezeichnet. Bis auf die Interpunktion hat Cohen nichts an den einzelnen Wörtern noch an der Wortstellung geändert.

Zeitungstext in einer Spalte und in Blocksatz gedruckt (Fassung I):

> Hier, sur la Nationale sept, une auto-
> mobile, roulant à cent à l'heure, s'est
> jetée sur un platane. Ses quatre occu-
> pants ont été tués.

Wenn ein Text über die ganze Breite des Satzspiegels bzw. der Spalte gedruckt wird, fällt das Zeilenende höchstens zufällig mit einer Wortgrenze oder einem syntaktischen Einschnitt zusammen, und daher gilt das Zeilenende auch nicht als rhythmischer Einschnitt beim Lesen. Im Französischen verlieren bekanntlich die einzelnen Wörter im Satzzusammenhang ihren Wortton zugunsten eines Satztons vor dem Endpunkt bzw. vor syntaktischen Einschnitten, die meist durch Interpunktion markiert sind. Die Sprechtakte (*mesures*) werden im Französischen nach der Anzahl der Silben (hier als kleines x, ohne die nicht gesprochenen *e caducs*) notiert, die syntaktisch zusammengehören und deren letzte einen expiratorischen Akzent (Wortgruppenakzent, *accent de groupe*; notiert als großes X) trägt.

Bei normalem Sprechtempo lässt sich der **Rhythmus** des Zeitungstextes in folgende Sprechtakte zerlegen (die einfachen Schrägstriche markieren kürzere bzw. die doppelten Schrägstriche längere Pausen):

X / xxxxxX/ xxxxX/ xxxxxX/ xxxxxxX// xxxxxxxxX//

Oder nach der Anzahl der Silben geschrieben, wobei man sich jeweils die letzte Silbe einer Gruppe als betont denkt:

1 / 6/ 5/ 6/ 7// 9//

Text 3: Rhythmus

Der Prosarhythmus weist unregelmäßige Sprechtakte auf. Sie umfassen 1-9 Silben in unregelmäßiger Folge von insgesamt aber zunehmender Länge. Nach einer typographischen Konvention gilt eine nicht bis zum Rande des Satzspiegels gefüllte und schon vorher umgebrochene Zeile (mit oder ohne zusätzliche Markierung des Endes durch einen Reim oder Markierung des Anfangs durch Großbuchstaben) als **Vers**. Das Versende fällt grundsätzlich mit einer Wortgrenze und meist auch einer syntaktischen Grenze zusammen, so dass dort ein rhythmischer Einschnitt und davor gleichzeitig eine Betonung (Akzent) liegt. Innerhalb des französischen Verses, der durch seine Silbenzahl definiert wird, herrscht, abgesehen von den Langversen (ab neun Silben) mit festliegender Zäsur und Betonung, eine weitgehend freie Verteilung der Wortakzente. Der Rhythmus des Verses ergibt sich „aus der Verteilung der satzgliedernden expiratorischen Akzente" (Coenen 1998, 97) und kann durch die typographische Anordnung der Wörter, sprich den Zeilenumbruch/Verslänge, geändert werden.

Text 4: Vers

> Wir nennen Verse also nicht nur Zeilen von gleicher Silbenzahl (isometrische Verse) bzw. nach bestimmten Regeln wechselnder, verschiedener Silbenzahl (heterometrische Verse), wie sie bis ins 19. Jahrhundert in Frankreich vorherrschend waren. Um nicht einen Großteil der modernen Poesie seit der Erfindung des *vers libre* (reimlose Verse in freien Rhythmen) im Symbolismus von vorne herein auszuschließen, sprechen wir auch von einem Vers, wenn die Zeilen unregelmäßig lang und nicht gereimt sind. Allerdings sollte der Vers eine ‚gewisse' Binnenstruktur, d.h. eine gegenüber dem Prosarhythmus relativ erhöhte Regelmäßigkeit aufweisen. Der Übergang zum Prosagedicht, das trotz des Fließtextes im Allgemeinen stärker rhythmisch gegliedert ist als ein Prosatext, ist fließend.

1 Untersuchen wir, ob der obige Zeitungstext solche Sekundärstrukturen enthält bzw. zugesprochen bekommen kann, die es erlauben, ihn bei entsprechender Schreibung und Lektüre als eine Art Gedicht zu betrachten. Dazu schreiben wir die durch die Interpunktion vorgegebenen Segmente so, dass jeder syntaktische Einschnitt wie ein Versende erscheint. Jede Zeile bekommt dadurch nur einen expiratorischen Akzent auf der letzten (das *e caduc* wird am Versende nicht als Silbe gezählt) Silbe (jeweils fett markiert). Diese ‚Verse' weisen dann die gleichen expiratorischen Akzente und den gleichen Rhythmus wie der Prosatext (Fassung I) auf. (Traditionell würden die Verse auch noch alle mit einem Großbuchstaben beginnen.) Hier ist der Prosarhythmus in ‚Versform' geschrieben (Fassung II):

Hier,
sur la Nationale sept,
une automobile,
roulant à cent à l'heure,
s'est jetée sur un platane.
Ses quatre occupants ont été tués.

So gelesen, ist der Rhythmus des ersten Hauptsatzes („[...] une automobile [...] s'est jetée sur un platane.") aufgrund der syntaktischen Segmentierung (drei vorausgehende bzw. nachgestellte Umstandsbestimmungen zu Zeit, Ort und Geschwindigkeit zwischen Kommata) zerhackt und stockend; der Satz kommt nicht bzw. erst ganz zum Schluss (Z. 5) ‚richtig in Fahrt'. Der zweite, vom Tod der Insassen sprechende Satz dagegen ist, da ohne syntaktische Einschübe und ohne Zäsuren, flüssig. Dieser Rhythmus (auf der Ebene des Zeichenkörpers) ‚widerspricht' den auf der Ebene des Zeicheninhalts beschriebenen Vorgängen: Auf eine rasende Fahrt, die rhythmisch stockend erzählt wird, folgt der abrupte Stopp an der Platane und der vierfache Tod in der rhythmisch eher fließenden Sprachfügung eines trockenen, emotionslosen Polizeiberichts. Von dem eben genannten Inhalt steht im Text allerdings nur etwas über die Fahrt, die Geschwindigkeit, mit der das Auto auf den Baum zu rast, und über den Tod der vier Insassen, nichts jedoch über den Moment des Aufpralls selbst.

Soll die Information einprägsamer, d.h. auch sinnlich wahrnehmbarer (ästhetisch) vermittelt werden, so gilt es, zusätzliche Semiosemöglichkeiten der Sprache zu nutzen. Wie kann etwa der Rhythmus dergestalt verändert werden, dass er dem Inhalt besser ‚entspricht'? Die Mitteilung ist so zu gestalten, dass sie den *signifiant* zur Unterstützung und Ergänzung des *signifié* einbezieht.

Mit Hilfe einer modifizierten Schreibung in Verszeilen kann der Rhythmus signifikant verändert werden: Einmal können durch weitere Segmentierungen, die über die ‚natürlichen' syntaktischen Einschnitte hinausgehen, zusätzliche, im Prosarhythmus nicht vorkommende Akzente am Versende gesetzt werden. Andererseits können vorhandene syntaktische Einschnitte und damit Akzente sowie Pausen herabgestuft werden, etwa dadurch, dass man sie in das Zeileninnere verlegt. Dies eröffnet die Möglichkeit, die rhythmische Form dem erzählten Inhalt anzugleichen; ja es kann dem Leser mit Hilfe des Zeichenkörpers (hier mit Hilfe des Rhythmus und der Lautfolge) sogar etwas vermittelt werden, was die Wirkung der Mitteilung auf den Leser verstärkt, obwohl es im Ausgangstext so gar nicht ausdrücklich als Zeicheninhalt steht.

2 Schreibung in ‚Versen' (jetzt mit Zählung des *e caduc*, wenn auch nicht am Versende; die Tilden markieren in der Fassung I vorhandene, in der folgenden Fassung III aber unterdrückte syntaktische Einschnitte bzw. Enjambements):

Hier, sur la Nationale sept	1 / 7 /
Une automobile	5 ~
Roulant à cent à l'heure s'est jetée	7 ~ 3 ~
Sur un platane	4 /
Ses quatre occupants ont été	5 ~ 3 ~
Tués.	1 //

Die ursprünglichen Satzzeichen werden in der Tradition Mallarmés und Apollinaires, die als erste mit fehlender Interpunktion experimentierten, bis auf zwei (das Komma nach der ersten Silbe und den Endpunkt) eliminiert, was bedeutet, dass lediglich diese beiden syntaktischen Einschnitte in voller Stärke erhalten bleiben sollen, während die anderen früher durch Satzzeichen markierten Einschnitte, wenn sie nicht mehr mit einem Versende zusammenfallen, heruntergestuft werden.

Die durch die fast fehlende Interpunktion gewonnenen Freiräume werden zu einer teilweise veränderten Segmentierung genutzt. Das heißt nicht, dass die ursprünglichen syntaktischen Einschnitte wegfielen (sonst wäre ein sinnvolles Lesen der beiden Sätze gar nicht mehr möglich), doch werden durch die künstliche Segmentierung des Textes in Zeilen (Verse) zusätzliche expiratorische Akzente geschaffen bzw. gegenüber dem Originaltext verstärkt. Da expiratorische Akzente und Pausen im normalen Vers auf Parallelität mit den syntaktischen Strukturen angelegt sind, können aus der Missachtung dieser Parallelität zusätzliche rhythmische Effekte erzielt werden. Das heißt, man beendet die Zeile an einer Stelle, wo syntaktisch keine Pause hingehört, und erzeugt dadurch **Enjambements**, wie beim Übergang von Z. 2 zu Z. 3, von Z. 3 zu Z. 4 und von Z. 5 zu Z. 6. Oder man stuft rhythmische Pausen mit Tonvokal herunter, indem man die syntaktischen Einschnitte ins Innere einer Zeile verlegt, wie in Z. 1 und Z. 3. Beim Übergang von Z. 5 zu Z. 6 wird das Syntagma „ont été tués" gewaltsam auseinandergebrochen und der Rejet, der kürzere syntaktische Satzteil („tués"), in die nächste Zeile verbannt, was dazu führt, dass am Ende der Z. 5 wegen des Enjambements die Stimme nach dem Schlussakzent („été") nicht gesenkt und der Satz erst nach einem kurzen Innehalten vollendet wird. Dadurch wird die Spannung auf das hinausgezögerte fatale Schlusswort ungewöhnlich gesteigert.

Text 5: Enjambement

Durch die Schreibung in Versen wird gegenüber der ‚widersprüchlichen' Originalfassung der Rhythmus (die Form) dem Inhalt angepasst. In der Originalfassung (I + II) ‚widersprachen' sich Form und Inhalt, der stockende Rhythmus passte nicht zum Tempo der Fahrt; in der Fassung III jedoch, deren rhythmisch statische, eher kurze bzw. durch Zäsur geteilte Zeile 1 (1 + 7 Silben) zunächst weitgehend identisch mit Fassung I + II ist, ‚enthemmt' sich der Rhythmus des ersten Satzes im Kontrast zu der ersten Zeile sukzessive durch die Enjambements (Z. 2-3-4) und wird entsprechend dem semantischen Gehalt des zweiten Satzteils zur ungebremsten Fahrt. Dieser Effekt wird vor allem durch zwei Maßnahmen erzielt: Der ursprüngliche syntaktische Einschnitt in Z. 3 nach „heure" wird durch den Wegfall des Kommas und die Verlegung ins Zeileninnere weitgehend unterdrückt und somit der Hauptakzent bis zum Versende auf der zehnten Silbe hinausgezögert – ja sogar, nimmt man die Verlängerung um den Rejet bis ans Ende der Z. 4 hinzu, um weitere vier **Silben.** Darauf folgt am Ende der Z. 4 eine solchermaßen besonders betonte und in die Länge gezogene Pause, da erstmals im Text Satzende und Zeilenende zusammenfallen. Diese Pause (die man noch durch eine Leerzeile verlängern könnte) bildet rhythmisch eine sinnlich-emotionale Komponente nach, die im sachlichen Originalbericht (Fassung I) gar nicht vorhanden ist, nämlich die schreckliche Stille und Ungewissheit über das Schicksal der Insassen unmittelbar nach dem Aufprall. Nach dieser Pause folgt ein rhythmisch unauffällig gleichmäßiger, trockener (auch hier spielt die weiter unten analysierte lautliche Gestalt wieder eine wesentliche Rolle) Bericht, dessen Höhepunkt, nämlich die Feststellung des Todes, wieder durch einen Zeilensprung (Enjambement) hinausgezögert und durch den Rejet, eine einzige alleinstehende Silbe in Z. 6, abrupt beendet wird. Das Verdikt fällt nach dem kurzen Zögern des Enjambements wie eine Guillotine, um dann dem endgültigen, durch einen Punkt markierten Schweigen Raum zu geben.

Text 6: Silbenzählung

Die rhythmische Formung des Zeichenkörpers mit Hilfe von Versen eröffnet durch die Schaffung zusätzlicher Pausen (*coupes*, *césures* und Endpausen) und expiratorischer Akzente bzw. durch die Überspielung syntaktischer Einschnitte (Enjambements) erweiterte Bedeutungsmöglichkeiten, die teilweise den Zeicheninhalt redundant ‚vertonen' (Geschwindigkeit, Stillstand), aber auch zusätzliche, auf der Ebene des Zeicheninhalts nicht zum Ausdruck kommende Informationen vermitteln können (hier: die sich steigernde Geschwindigkeit, die bedrückende Stille nach dem Aufprall und die Brutalität des unwiderruflichen Endes). Zusammenfassend ist festzustellen, dass auf der Ebene des Rhythmus aus unmotivierten Zeichen (Wörtern, Symbolen) motivierte Zeichen konstruiert werden, die Bewegungen/Stillstand abbilden (ikonisieren).

2.4 Lautliche Parallelismen: Reim, Assonanz, Alliteration etc.

Tatsächlich wird durch die Zeilenschreibung aber nicht nur der Rhythmus verändert, es werden außerdem lautliche Parallelismen, die im Textmaterial der Zeitungsfassung schon vorhanden sind, erst auffällig und dadurch semiotisch relevant.

(1) Verschiedene Laute kommen durch Neusegmentierung in die Vers-Endstellung und werden dadurch erst offensichtlich zum (reichen) Reim (Elwert 1966, § 123.3) „jetée“ : „été“ [te], d.h. die Versschlüsse klingen im Tonvokal und im vorausgehenden Stützkonsonanten (*consonne d'appui*) gleich; bzw. sie werden zur Assonanz wie „Tués“ [e], in der zwar der Vokal, aber nicht der vorausgehende Halbvokal übereinstimmt (Elwert 1966, § 111). (Außerdem zur Binnenassonanz [ɛ] in „hier“: „sept“ und „sept“: „s'est“). Sie klammern den gesamten Text von der ersten bis zur letzten Zeile in gleichmäßigem Abständen und einer Verdichtung zum Schluss zusammen (Z. 1-3-5-6) und stellen dadurch auch einen zusätzlichen, sinnlich-lautlich vermittelten, sozusagen zwangsläufigen und ‚in der Natur der Sache (lies: der Laute) liegenden‘ Zusammenhang zwischen dem Straßenverkehr („Nationale sept“), Unfall („s'est jetée sur“) und Tod („Tués“) her. (Zur Wirkung lautlicher Ähnlichkeit s. Kap. 2.6 Äquivalenzprinzip.)

(2) Die in Z. 5 und 6 gehäuften **Alliterationen** stimmloser Verschlusslaute (zweimal [k] plus einmal [p] plus viermal [t]) passen in ihrer Härte zum Geräusch des Aufpralls und zum unwiderruflichen Inhalt, zumal im semantischen Kontrast zu den in Z. 1 bis 4 noch vorherrschenden Liquiden (fünfmal [r] plus sechsmal [l]), die in dem durch die Stellung am Zeilenanfang hervorgehobenen Wort „roulant“ vereint sind und von ihm ihre Bedeutung erhalten.

Hier haben wir es mit einem Einsatz des Zeichenkörpers zur Bedeutungskonstitution zu tun, der nicht auf dem Rhythmus, sondern auf den verwendeten Lauten und ihrer Verteilung beruht. Allerdings gilt es zu beachten, dass eine solche Semantisierung des *signifiant* nicht völlig losgelöst vom *signifié* funktioniert. Der *symbolisme phonétique* ist gebunden an den semantischen Gehalt der Wörter und ihr lautliches Umfeld. (In einem Gedicht in einer unbekannten Sprache vermitteln selbst die ausgefeiltesten Sekundärstrukturen kaum eine Bedeutung.) Der oben genannte Liquid [l] kann in anderem Zusammenhang auch andere Bedeutungen als das ‚Rollen‘ (seinerseits ein lautmalendes Wort) haben. So drängen etwa in Verlaines „Chanson d'automne“ eher die ‚dunklen‘ Vokale und Nasale in „sanglots“, „violons“ und „langueur“ den [l]-Lauten ihre ‚melancholischen‘ Assoziationen auf: „Les sanglots longs / des violons de l'automne / Blessent mon cœur d'une langueur monotone".

Text 7: Alliteration

> Wie bei der rhythmischen Modellierung werden auch bei der lautlichen dem Zeichenkörper in Verbindung mit dem manifesten Zeicheninhalt Bedeutungen zugeschrieben, die ihn unterstützen, verstärken und ergänzen. Auch hier bekommt die ‚Form' eine eigene Bedeutung (s. Kap. 2.6.1 Indizierung und Ikonisierung).

Jedes Wort einzeln und alle zusammen haben als Zeichen, wie in der Alltagsrede üblich, einen ihrem Zeichenkörper durch Konvention zugeordneten Zeicheninhalt (*signifié*), der zusammen den Sinn des Satzes ergibt. Zusätzlich verfügt aber in der poetischen Rede auch noch das organisierte Zusammenspiel aller einzelnen Zeichenkörper (*signifiants*; abgek. *Sa*) in ihrer Gesamtheit über einen eigenen (ikonischen, indiziellen) Zeicheninhalt (*signifié*; abgek. *Sé*).

Einzelwort	Sa	+	Sé
+	+		+
Einzelwort	Sa	+	Sé
+	+		+
Einzelwort	Sa	+	Sé
↓	↓		↓
Satz	Sé	+	Sé

Der anhand des Cohen-Beispiels analysierte poetische Mehrwert war im sprachlichen Material (*signifiant*) des Zeitungstextes schon latent vorhanden, er musste nur durch die typographische Gestaltung sichtbar und hörbar gemacht werden. Dichter hingegen wählen schon das sprachliche Material und seine Formung im Hinblick auf einen möglichst hohen Mehrwert aus, sodass ihre Gedichte eine wesentlich komprimiertere Informationsdichte erhalten.

2.5 Zum Charakter verschiedener Versarten und Strophenformen

Der entscheidende Unterschied eines von Anfang an nach allen Regeln der Dichtkunst geformten Textes gegenüber dem eben analysierten, erst nachträglich als ‚Gedicht' geschriebenen besteht darin, dass nicht nur der Bereich des *signifié* (zur Modellhaftigkeit und Bildhaftigkeit vgl. Kap. 2.7), sondern auch die Ebene des Zeichenkörpers durch den Einsatz zusätzlicher Regeln der Versifikation (Metrik) und ihre gezielte Durchbrechung mit weiterer Bedeutung aufgeladen wird. Die in einer langen Tradition entwickelten Vers- und Strophenformen tragen schon allein durch ihren historischen Gebrauch in bestimmten Kontexten und mit bestimmten Inhalten Bedeutung.

Ob der Dichter einen klassischen geradzahligen (*pair*) Langvers von zwölf Silben wie den Alexandriner wählt oder einen kürzeren, ungeradzahligen (*impair*) Vers, hängt vom Thema ab und wirkt ganz verschieden: Der Alexandriner als Vers der klassischen Tragödie ist eher gravitätisch-ernsthaft und für erzählende und reflektierende Gedichte geeignet, der ungeradzahlige gilt seit Verlaine und seinen Bemerkungen über den „impair" in seiner *Art poétique* als leichter, volksliedhafter und musikalischer, während ganz kurze oftmals eine scherzhafte Wirkung entfalten.

Text 8: Paul Verlaine, *Art poétique*

Das hängt mit ihren spezifischen rhythmischen Eigenschaften zusammen: Der regelmäßige zwölfsilbige Alexandriner mit der traditionellen Mittelzäsur nach der sechsten Silbe und den entsprechenden festen Tonstellen auf der sechsten und der zwölften Silbe, der etwa im Vergleich zu einem weniger als halb so langen Fünfsilber relativ selten einen lautlichen Parallelismus (Reim) verlangt, wirkt durch die Aufteilung in zwei gleiche Teile statisch. Dieses ruhige Gleichmaß kann jedoch durch entsprechende Freiheiten und Abweichungen (vor allem seit der Romantik) dynamisiert werden.

> Das bedeutet, dass die Sekundärstruktur doppelt bedeutungstragend wirken kann: Einmal durch die Etablierung der Regel und dann zusätzlich mit Hilfe der Durchbrechung eben dieser Regel.

Das lässt sich sehr anschaulich an einem Gedicht Victor Hugos („Le Rouet d'Omphale") zeigen, das sich auf eine Szene in der griechischen Mythologie bezieht, in welcher der gewaltige, Männer und Ungeheuer zähmende bzw. mordende Herakles von der lydischen Königin Omphale derart versklavt wird, dass er sich sogar ans Spinnrad setzt.

Während die vier Verse der ersten Strophe das ruhende Spinnrad der Omphale in statischen Alexandrinern episch schildern, mit der traditionellen Mittelzäsur, die den Versen die ausgewogene (fast leiernde) Regelmäßigkeit gibt (durchweg mit Akzent auf der 6. und der 12. Silbe), und mit dem regelmäßigen Zusammenfallen von syntaktischem Einschnitt und Versende, kommt in der zweiten Strophe ‚Leben' in den Rhythmus, als ein Detail der Dekoration des Atriums geschildert wird, das in Kontrast zu dieser Idylle die Entführung Europas durch Zeus in Gestalt eines Stiers darstellt. (Einfache Schrägstriche für die Zäsur, doppelte am Versende, Tilde für Enjambements.)

Le Rouet d'Omphale (Hugo 1967, II, 538)

Il est dans l'atrium, le beau rouet d'ivoire.
6 / 6//
La roue agile est blanche, et la quenouille est noire;
6 / 6//
La quenouille est d'ébène incrusté de lapis.
6 / 6//
Il est dans l'atrium sur un riche tapis.
6 / 6//

Un ouvrier d'Égine a sculpté sur la plinthe
6 / 6~
Europe, dont un dieu n'écoute pas la plainte.
2 / 3´ 6//
Le taureau blanc l'emporte. Europe, sans espoir
6 / 2 / 3~
Crie, et, baissant les yeux, s'épouvante de voir
1/ 1/ 4 / 6~
L'Océan monstrueux qui baise ses pieds roses.
6 / 6//
[...]

Text 9: Victor Hugo, Le Rouet d'Omphale

V. 5 durchbricht mit dem Enjambement zu V. 6 und dem dreisilbigen Rejet („Europe") erstmals die ruhige Beschreibung und kündigt die Dramatik der kommenden Ereignisse an, die allerdings ihren Höhepunkt erst mit den neuerlichen Enjambements zwischen V. 7 und 8 und 9 sowie dem rhythmisch und lautlich im Rejet hervorgehobenen Schrei in V.8 („Crie") erreicht, um im V. 9 wieder zum ruhigen Ausgangsrhythmus zurückzukehren. Der Schrei wird durch die rhythmische Stellung des Wortes im Rejet und die Lautgestalt des Wortes abgebildet, d.h. der Zeicheninhalt findet eine Entsprechung im Zeichenkörper; dieses Phänomen nennt man **Kookkurrenz** (Kloepfer 1975, 102).

Die Verfahren sind im Grunde die gleichen wie diejenigen, die bei der ‚Verwandlung' des Cohen-Textes beobachtet wurden, nur fallen sie auf der Folie der zunächst aufgebauten Regelmäßigkeit und auf Grund ihrer Dichte viel mehr auf, denn die Regelmäßigkeit etwa eines Alexandriners hat sich durch die kulturelle Sozialisation der französischen Schule jedem halbwegs Gebildeten derart eingeprägt, dass Abweichungen davon vom Ohr in der Regel sofort wahrgenommen werden, zumal auch die Regel in jedem Gedicht immer wieder in Erinnerung gerufen wird.

Der Charakter eines Fünf- oder Siebensilbers ohne feste Zäsur mit nur einem festliegenden Akzent am Versende und im Übrigen frei verteilten rhythmischen Gruppierungen ist ein anderer als der des Alexandriners. Dazu kommt die durch die Kürze der Verse erhöhte Frequenz der Lautparallelismen (Reime). Der schaukelnde Rhythmus vom Beginn des Gedichts „L'Invitation au voyage" von Baudelaire wird noch durch den heterometrischen Wechsel von Fünf- zu Siebensilbern verstärkt. Andererseits beweist der Refrain, dass auch ein ungeradzahliger Vers durchaus einen eher statischen Rhythmus bekommen kann, wenn er auf der entsprechenden Kontrastfolie erscheint.

Mon enfant, ma sœur,
Songe à la douceur
D'aller là-bas vivre ensemble!
Aimer à loisir,
Aimer et mourir
Au pays qui te ressemble!

Les soleils mouillés
De ces ciels brouillés
Pour mon esprit ont les charmes
Si mystérieux
De tes traîtres yeux,
Brillant à travers leurs larmes.

Là, tout n'est qu'ordre et beauté,
Luxe, calme et volupté.
[...]

Text 10: Charles Baudelaire, L'Invitation au voyage

Zwei durch Paarreim verbundene fünfsilbige, auf eine betonte Silbe endende (d.h. ‚männliche') Verse weisen unterschiedliche Betonungen auf und werden von einem längeren siebensilbigen, ‚weiblich' (das heißt auf ein nicht gezähltes *e caduc*) schließenden Vers gefolgt. Diese unregelmäßig schaukelnde, jeweils aber in der dritten Zeile zur Ruhe kommende (nicht in V. 9, der die vorausgehenden Enjambements fortführt) Bewegung wird pro Strophe viermal wiederholt, bevor im Refrain ein ganz neuer, betont ruhiger, statischer Rhythmus auftaucht. Die Refrainverse sind auch siebensilbig, aber im Gegensatz zu den Siebensilbern der Strophen haben sie einen männlichen Versschluss. Wir beobachten nicht nur einen mechanischen Wechsel von männlichen und weiblichen Versen, wie er seit der klassischen Zeit als *alternance des rimes* empfohlen wurde, sondern einen, der bedeutungstragend eingesetzt wird.

Während der erste Vers der ersten Strophe zwei Mal mit durch Zäsur getrenntem **‚steigendem'** (d.h. mit unbetonten Silben beginnenden) Rhythmus einsetzt, unterbricht der Refrain mit **‚fallendem' Rhythmus** seine Bewegung gleich schon nach der ersten betonten Silbe mit einer Zäsur, um dann mit lauter (im Vers) zweisilbigen Substantiven (bis auf das abschließende dreisilbige) und mit männlichen Versschlüssen fortzufahren. Man kann sich vorstellen, dass die Strophen das angenehme Schaukeln einer Bootsfahrt und damit die Bewegung der Liebenden ikonisieren, während der Refrain kookkurrent zum Gesagten den Gegenpol, die ruhige Ordnung der Schönheit und der Befriedigung wiedergeben.

> Die Analyse des Rhythmus ist ein wissenschaftlich diffiziles Gebiet, nicht zuletzt, da es sich teilweise um anthropologische, physiologische und psychologische Phänomene (Herzschlag, Gefühle, Musik, Tanz) handelt und die Terminologie alles andere als einheitlich ist. Im Französischen werden Metrum (*mètre*) und Rhythmus (*rythme*) oft synonym verwendet und bezeichnen dann lediglich die (regelmäßige Abfolge der) Silbenzahl der Verse. Sinnvoller wäre es, die Regelmäßigkeit (etwa den durchgehenden Alexandriner von Baudelaires „Albatros" beziehungsweise den regelmäßigen Wechsel von Fünf- und Siebensilbern in „L'Invitation au voyage") als Metrum und die freie Verteilung der Zäsuren und Tonsilben innerhalb der vorgegebenen metrischen Grenzen als Rhythmus zu bezeichnen.

Bravourstückchen mit zwei- oder gar nur einsilbigen Versen haben einen eindeutig scherzhaften Charakter. Hier zwei Rimbaud zugeschriebene Beispiele aus dem Abschnitt „Conneries" des *Album zutique*, einer Sammlung von launigen Stücken, meist Parodien, die in feucht-fröhlicher Runde von verschiedenen Dichtern im Umkreis von Verlaine und Rimbaud verfasst wurden (Rimbaud 2000, 316, 318).

Jeune goinfre

Casquette
De moire,
Quéquette
D'ivoire,

Toilette
Très noire,
Paul guette
L'armoire,

Projette
Languette
Sur poire,

S'apprête,
Baguette,
Et foire.

Cocher ivre

Pouacre
Boit:
Nacre
Voit:

Acre
Loi,
Fiacre
Choit!

Femme
Tombe:
Lombe

Saigne:
  Clame!
Geigne.

Die Tatsache, dass es sich dazu hin noch um die strenge, in erster Linie für die klassische Liebeslyrik seit Petrarca verwendete Sonettform handelt, verstärkt den parodistischen Charakter. Daran lässt sich auch zeigen, dass die räumliche Zusammenfassung mehrerer Verse (meist noch durch ein Reimschema unterstützt) zu einer Einheit, der Strophe, nicht nur eine allgemeine, meist inhaltliche Gliederungsfunktion im Gedicht hat, sondern dass vor allem die sog. festen Strophenformen eine durch ihre Verwendung im Laufe der Literaturgeschichte etablierte Eigenbedeutung besitzen, die allerdings mit dem Kontext variiert.

Text 11: Strophe

2.6 Das Äquivalenzprinzip nach R. Jakobson

Die Regel, nach der eine Textbildung, die auch den *signifiant* in die Bedeutungskonstitution mit einbezieht, funktioniert, hat Roman Jakobson als **Äquivalenzprinzip** beschrieben (Jakobson 1993, 94):

> Die poetische Funktion projiziert das Prinzip der Äquivalenz von der Achse der Selektion auf die Achse der Kombination. Die Äquivalenz wird zum konstitutiven Verfahren der Sequenz erhoben.

Jakobson unterscheidet bei der Bildung von sprachlichen Äußerungen allgemein zwei Grundprozeduren (Jakobson 1996, 163-174): die Selektion und die

Kombination. Bei der Bildung eines Satzes geht es (1.) um die Auswahl der einzelnen Wörter aus einer Gruppe (Paradigma) bedeutungsähnlicher Begriffe, die dann (2.) in einem Satz mit solchen Wörtern zu einem Syntagma kombiniert werden, mit denen sie nach den Regeln der Kontiguität (der semantischen Kohärenz auf der Grundlage des Weltwissens) in Verbindung gebracht werden können.

Text 12: Äquivalenzprinzip

Im vorliegenden Zusammenhang interessiert nur ein ganz bestimmter Bereich, der sich mit Hilfe des Äquivalenzprinzips erklären lässt, nämlich der Übergang von der rhythmisch-lautlichen zur semantischen **Similarität**: Jakobson erklärt das Äquivalenzprinzip mit Hilfe des Syntagmas „horrible Harry" (Jakobson 1993, 93). Aus dem Paradigma der eine Person negativ charakterisierenden Eigenschaftswörter (‚bad', ‚terrible', ‚ugly' etc.) wird, da sie sich inhaltlich ähnlich sind (Similarität, Äquivalenz), zur Kombination mit dem Eigennamen just dasjenige ausgewählt, welches lautlich am besten zu Harry ‚passt', eben ‚horrible' (Alliteration, Paronomasie). Nicht die Kontiguität (das Harry semantisch am besten charakterisierende Adjektiv: Vielleicht ist Harry eher ‚eklig' oder ‚grässlich' als ‚schrecklich'?) bestimmt in erster Linie die Kombination, sondern die (lautliche) Ähnlichkeit zwischen Substantiv und Adjektiv. Das Prinzip der Ähnlichkeit (Äquivalenz), das sonst die Selektion aus dem Paradigma regelt, wird zum beherrschenden Prinzip auch auf der Achse der Kombination.

Beispiel 3: Äquivalenzprinzip

> Wenn man das Beispiel betrachtet, ist das Entscheidende am Äquivalenzprinzip (was in der Formulierung Jakobsons gar nicht so deutlich wird) der Wechsel von der ursprünglichen Ähnlichkeit (Similarität) der Bedeutungen innerhalb eines Paradigmas zur Ähnlichkeit der Zeichenkörper im Syntagma – eine Ähnlichkeit, die durch die Kontiguität der Kombination eine zusätzliche semantische Ähnlichkeit suggeriert.

Indizierung, Ikonisierung

Um den Vorgang, besonders die Wirkung des poetischen Verfahrens auf den Leser genauer zu analysieren, bedarf es über die sprachwissenschaftlichen Begriffe Jakobsons hinaus semiotischer Terminologie.

Mit Hilfe der oben beschriebenen poetischen Verfahren gelingt es nämlich dem Dichter, die Arbitrarität der sprachlichen Zeichen zu reduzieren. Semiologisch gesprochen transformiert er Symbole (Wörter) durch entsprechende Kombination in sprachliche Indices bzw. Ikone, was allerdings erst funktioniert, wenn dem schriftlichen Wort (Symbol) durch Aussprache seine sinnliche Qualität wiedergegeben wird: Dann wird nämlich das „horrible Harry" mit seiner Kombination von scharf aspiriertem [h] und verdoppelt rollendem [r] zur Lautmalerei (zum Indiz und Ikon) des sich vor Abscheu Schüttelns, in Erinnerung an expressive, negativ konnotierte Interjektionen (Vgl. frz., engl., dt. ha!; frz. hé!, haro!; dt., frz. brrr!; dt. Herr[...]!). Im Gegensatz dazu enthält der Wahlslogan „I like Ike“ die dreifache Imitation des kindlichen Schmeichellautes [ai] als Indiz der Zuneigung.

> Wir sprechen von Indizierung und Ikonisierung, wenn durch die Kombination von Symbolen (die jeweils nach wie vor ihren arbiträren Zeicheninhalt haben) in der Buchstaben- und Wortfolge außerdem noch Indices bzw. Ikone entstehen (die zusätzlich zum arbiträren auch noch einen motivierten Zeicheninhalt bekommen).

Lautmalende Neologismen in der Art der Comics, besonders aber auch Lautmalereien über die Wortgrenze hinweg mit Hilfe von Wiederholungen von Vokalen, Konsonanten und Rhythmen, bilden zwar akustische Indices (Schmeichellaute, den Lärm explodierender Granaten etc.) ikonisch ab, aber immer nur auf dem Umweg über arbiträre Zeichen (Buchstaben) und über die Tongebung des Sprechers bzw. die Imagination des Hörers/Lesers. Es entsteht so lediglich die Illusion von Motiviertheit (Quasi-Ikone und Quasi-Indices).

Text 13: Quasi-Ikone und -Indices

Der einfachste Fall von Ikonisierung, bei dem die Gedichtanalyse oft stehen bleibt, ist die kookkurrente Lautmalerei, die über den lautmalenden Charakter eines einzigen Wortes wie ‚zischen‘ hinausgeht, indem sie eine ganze Verszeile durchzieht und einen im Text erwähnten Sachverhalt ‚vertont‘. Wie der berühmte Vers aus Racines *Andromaque* (V, 5; Vers 1638), der mittels Zischlaut-Alliterationen das wiederholte Zischen einer Schlange wiedergibt: „Pour qui **s**ont **c**es **s**erpents qui sifflent **s**ur vos têtes ?“ Weniger offensichtlich ist die Bedeutung einer Vokal-Alliteration wie der folgenden von Valéry (folgende Beispiele nach Dupriez 1977): „Salut ! encore endorm**i**es / A vos sour**i**res jumeaux, / S**i**m**i**litudes amies / Qu**i** br**i**llez parm**i** les mots !“ Der vielfach wiederholte Vokal [i] hat mit dem rhetorischen Begriff ‚similitudes‘ (‚Vergleich‘) streng genommen nichts zu tun, da ‚similitude‘ ein arbiträres Zeichen ist. Da das Wort aber so überdeutlich von diesem Vokal beherrscht wird, verleiht das wiederholte [i] den Zeichen den Schein einer Pseudo-Motivation.

Es gibt aber auch Lautwiederholungen ohne jegliche ikonische Komponente, die folglich auch nicht semantisierbar sind, sondern lediglich bestimmte Wörter hervorheben: „**P**aul a des moyens **p**our **p**ersuader“. Daher wird davor gewarnt, jeglichem Lautparallelismus über die allgemeine Hervorhebungsfunktion hinaus auch eine inhaltlich bestimmte Bedeutung zuordnen zu wollen.

Auf der Ebene des Zeichenkörpers kann auf diese Weise nur eine beschränkte Anzahl von Phänomenen zum Ausdruck gebracht werden, da ein schriftlicher und/oder gesprochener Text nur auf ganz Bestimmtes durch eine Ähnlichkeitsrelation (Ikon) oder eine Kausalbeziehung (Index) zeichenhaft verweisen kann. Mit sprachlichen Mitteln können (unabhängig vom Zeicheninhalt) durch Ähnlichkeitsrelationen verschiedene Arten von Ordnung und Unordnung (über die Wortbildung, Syntax, typographische Gliederung etc.), von Bewegung und Aussetzen der Bewegung bzw. Verharren (durch den Rhythmus, dessen Möglichkeiten durch Sekundärstrukturen wie den Vers vermehrt werden) und eventuell damit verbundene Gefühle (Erstarrung, Melancholie, tänzerische Heiterkeit, lustvolles Schaukeln etc.) ikonisiert bzw. indiziert werden. Gefühle sind eher eine Domäne der Laute, weil man, wie es schon die metaphorischen Bezeichnungen nahe legen, davon ausgeht, dass etwa ‚spitze' Schreie bzw. ‚harte' Explosiv- und Reibelaute sowie ‚helle' Vokale auch auf Grund von Ähnlichkeit mit Schmerz(ensschreien) verbunden sind, Glückgefühle dagegen eher mit ‚warmen', harmonisch fließenden (Liquida) Tönen und gleichmäßig schaukelnden Rhythmen. Wie jedoch sollte man ein Gefühl wie die Liebe ikonisieren oder indizieren? Glücklicherweise verfügt die Dichtung auch noch über Möglichkeiten der Bedeutungsschöpfung auf der Seite des *signifié* (s. Kap. 2.7).

Es ist hier nicht der Ort, wahrnehmungspsychologisch zu untersuchen, woher solche metaphorischen Bezeichnungen wie ‚dunkle' oder ‚helle' Vokale stammen. Der Interpret von Lyrik ist jedenfalls gut beraten, wenn er nicht nur allgemein von ‚Wohllaut' oder Ähnlichem spricht, sondern sich die Mühe macht, Rhythmen und Lautungen sorgfältig zu analysieren. Tatsache ist, dass sich die Wörter einer Sprache, abgesehen von solchen onomatopoetischen Ursprungs, als arbiträre Zeichen in der Regel in ihrer Lautgestalt nicht an ihrer Bedeutung ausrichten: Das Wort ‚monoton' hat nur auf Grund eines etymologischen Zufalls auch einen ‚eintönigen' Zeichenkörper, wie man schon an der deutschen Übersetzung sehen kann. Das Wort *nuit* könnte kaum ‚heller', *jour* kaum ‚dunkler' sein. Dieser ‚Mangel' der Sprache – allerdings nur unter der atavistischen Voraussetzung, dass die Namen der Dinge den Dingen entsprechen müssten – lässt sich teilweise reparieren durch die Kombination mit anderen Wörtern: So klingt die *profonde nuit* schon dunkler und die *clarté du jour* schon heller.

Text 14: „Metaphorische" Bezeichnungen

Mallarmé (1945, 364) sieht in dieser Unvollkommenheit der Sprache überhaupt die Voraussetzung der Poesie, da sie erst die Möglichkeit eröffne, diese „Perversität" zumindest teilweise zu reduzieren. Dahinter steht das Bedürfnis nach lautlich motivierten Sprachzeichen und die Vorstellung, dass lautmalende Wörter ‚irgendwie näher' an dem Bezeichneten sind. Poesie arbeitet mit ähnlichen Verfahren wie die Musik, mit der die Lyrik (die ihren Namen nicht umsonst von der Lyra ableitet) die Verwendung von Lauten und Rhythmen sowie von Sekundärstrukturen (Takte, Sätze, Tonarten, Kompositionsregeln allgemein) teilt. Die Ebene des sprachlichen Zeichenkörpers entspricht in etwa der Klavierbegleitung eines vertonten Gedichts – weshalb Mallarmé auch der Meinung war, ein gutes Gedicht vertrage keine Vertonung, da es sie bereits in sich enthalte und folglich eine musikalische Vertonung im besten Fall redundant sein könne.

Text 15: Stéphane Mallarmé

Gleichzeitig gilt es aber festzuhalten, dass ein aus Worten und Sätzen bestehender Gedichttext nicht ohne Zeicheninhalt denkbar ist und deswegen eben nicht zu reiner Musik werden kann. Glücklicherweise, ist man versucht zu sagen, denn nicht nur die Ebene des Zeichenkörpers bietet die Möglichkeit der sekundären Motivation, sondern auch die Ebene des Zeicheninhalts. Dies ist sogar die Ebene, die normalerweise, wenn auch nicht immer zu Recht, die meiste Aufmerksamkeit bei der Lektüre erhält.

2.7 Die Ebene des Zeicheninhalts

Welche Möglichkeiten der Sprache gibt es nun auf der Seite des Zeicheninhalts (*signifié*), poetischen Mehrwert zu erzeugen? Die Antwort auf diese Frage kann gleichzeitig eine Antwort auf die folgende bedeuten: Über welche Möglichkeiten verfügt die Sprache, seither Unbekanntes beziehungsweise zwar schon Bekanntes, aber Unbenanntes oder nur sehr abstrakt oder umständlich Benanntes (Dinge, Sachverhalte, Gefühle etc.) nicht nur zu indizieren und zu ikonisieren, sondern begrifflich, wenn auch auf Umwegen zu benennen oder zumindest zu suggerieren?

Eine erste, nicht für die Lyrik spezifische Möglichkeit bietet die **Konnotation**, die streng genommen nichts Neues formuliert, sondern bereits im Begriff angelegte oder mit ihm üblicherweise verbundene, aber oft nicht aktualisierte (Neben-)Bedeutungen oder das lebensweltliche Umfeld des Begriffs ins Bewusstsein hebt. Die Bedeutung wird lediglich erweitert und stellt insofern eine erste Stufe einer poetischen Lektüre dar. Dabei muss immer klar sein, dass ein Begriff im poetischen Text nicht in seiner üblichen, eingeschränkten, möglichst eindeutigen Bedeutungen zu verstehen ist, sondern häufig in einer erweiterten oder gar übertragenen.

Dass der Begriff Revolution nicht immer einen plötzlichen Umsturz der Verhältnisse meint, sondern auch und ursprünglich fast das Gegenteil, nämlich die ewige Wiederkehr des Gleichen in Form der geordneten Umlaufbahn der Gestirne, kann durch eine entsprechende Markierung (etwa im Motto von Claude Simons Roman *Le Palace* 1962) bewusst gemacht werden. Oft entspricht die Konnotation allerdings einer lexikalisierten metaphorischen Bedeutung. Häufig ist sie auch metonymisch: Das Gucci-Täschchen ist auf der Kontiguitätsachse ein Element des Schicki-Micki-Wirklichkeitsausschnitts und steht für diese spezielle Welt. Häufig sind die Konnotationen (seien es nun Metaphern oder Metonymien) in einem umfangreicheren Wörterbuch lexikalisiert. Da sie sich von einer Sprache zur anderen selten vollständig entsprechen, empfiehlt sich für den Anfänger (und auch den Fortgeschrittenen) eine regelmäßige Kontrolle der eigenen konnotativen Kompetenz anhand eines umfangreicheren einsprachigen Lexikons.

(Körperliche) Blindheit konnotiert im poetischen Text immer auch die übertragene geistige Blindheit (vgl. Baudelaire, „Les Aveugles“) oder aber ihr Gegenteil, eine besondere Hellsichtigkeit (im oxymorischen Topos des ‚blinden Sehers‘ oder Dichters). Im Gegensatz zur außerliterarischen Lebenswelt ist Blindheit in einem literarischen Text nie zufällig, sondern vom Autor als Eigenschaft gewählt und damit bedeutend.

Text 16: Charles Baudelaire, Les Aveugles

Auch Anspielungen und intertextuelle Verweise (versteckte oder offene Zitate) erweitern Bedeutungen. Sie sind ebenfalls nicht charakteristisch für die Lyrik, werden dort aber ebenso wie in anderen (literarischen) Texten häufig verwendet. Die Bedeutungserweiterung eines Textes geschieht hier durch die Einbeziehung anderer vollständiger Texte und deren jeweiliger Bedeutung: ein Begriff wie ‚Brot' oder gar ein Begriffspaar wie ‚Brot und Wein' verweist unvermeidlich auf den biblischen und kirchlichen Kontext der Eucharistie; ‚Windmühlen' als Metonymie auf den *Don Quijote* etc.

Während Konnotation und Anspielung sich in verkürzendem Hinweis auf bereits Vertrautes stützen (allerdings nur, wenn der Leser die entsprechenden Texte kennt) und diese eventuell neu kombinieren und fokussieren, benötigen neue Sachverhalte neue Bezeichnungen: Dazu dienen in erster Linie die sog. Neologismen, etwa neue Ableitungen bereits vorhandener Einträge im Lexikon (‚hannetonner' zu ‚hanneton' ‚Maikäfer'; Rimbaud 2000, 416), Übernahmen aus Sondersprachen (etwa der Ammensprache, dem Argot etc.) und Dialekten sowie aus fremden Sprachen (neue Produktbezeichnungen wie ‚mazagran'), heute vorwiegend aus dem Englischen, früher aus dem Griechischen, Lateinischen, Arabischen etc.

Im Zusammenhang mit Lyrik denkt man allerdings weniger an Konnotationen und Neologismen als an die sog. uneigentlichen, übertragenen oder bildlichen Redeweisen (Tropen), die etwas anderes sagen als sie meinen. Es gilt jedoch festzuhalten, dass Bildlichkeit nur ein, nicht einmal ein notwendiges Merkmal von Lyrik ist. Es gibt Gedichte ohne eine einzige Metapher, andererseits werden Metaphern auf allen Wissensgebieten, selbst oder gerade in den ‚objektiven' Naturwissenschaften zur Bezeichnung von seither Unbenanntem benützt.

Für die Poesie wichtig sind nicht die weitgehend ‚toten' Metaphern (Katachresen) wie ‚(elektrischer) Strom' oder ‚Widerstand', sondern diejenigen übertragenen Bedeutungen, die nicht im Lexikon fixiert sind und denen daher die Fähigkeit zugetraut wird, Neues zum Ausdruck zu bringen, wenn sich die Wissenschaft auch darüber streitet, ob eine Metapher neue Erkenntnisse selbst generiert oder nur bereits Gedachtes zu vermitteln vermag (Laks 1994). Die Begriffe ‚Bild', ‚Vergleich', ‚Metonymie', ‚Metapher', ‚poetisches Modell', ‚Allegorie' etc., die alle auf dem Prinzip der ‚Ähnlichkeit', der ‚Analogie' zwischen dem Tenor und einem Vehikel beruhen, verweisen darauf, dass es sich dabei auch – wie oben bei der Ikonisierung (der Zeichenkörper wird dem Zeicheninhalt ähnlich gemacht), nur diesmal nicht auf der Ebene des Zeichenkörpers, sondern auf der Ebene des Zeicheninhalts – um den Versuch handelt, eine auf Ähnlichkeit beruhende Motivierung unmotivierter Zeichen herzustellen. Doch diese Art Motivierung ist auf einer anderen Ebene angesiedelt als die Motiviertheit der Zeichenarten Ikon und Index. Statt nur eine konventionelle Bezeichnung (ein Wort-Symbol) oder mehrere in ihrer Materialität zu verwenden, wird ein Begriff oder eine Kombination von Begriffen verwendet, deren Zeicheninhalt ein Analogon (ein *tertium comparationis*) zum neu zu bezeichnenden Zeicheninhalt aufweist. Dabei bezieht alles, was man unter dem Begriff Bildlichkeit zusammenfasst, seine Motiviertheit, d.h. die Ähnlichkeit mit dem Bezeichneten, erst aus der Imagination des Hörers/Lesers, der aus den einzelnen arbiträren Symbolen des Textes (den einzelnen Wörtern) in seiner Phantasie ein Bild, ein poetisches Modell zusammensetzt, das vor seinem inneren Auge ersteht und dessen Ähnlichkeit er weitgehend selbst ermitteln muss, selbst wenn es sich um einen ausdrücklichen Vergleich handelt, der das *tertium comparationis* angibt. Im Unterschied zur Ikonisierung und Indizierung wird die Zeichenart nicht erweitert: Die Wörter bleiben zeichentheoretisch Symbole und werden nicht zu (Quasi-)Ikonen. Sie wirken auch nicht wie Laute und Rhythmen, die als Indices direkt, ohne bewusste Verarbeitung auf das Nervensystem wirken können, sondern müssen den Umweg über begriffliches Denken nehmen, das die Bilder mit Hilfe der konventionellen Zeichen erst konstruiert.

Wenn Baudelaire etwas über den Dichter seiner Zeit sagen möchte, konstruiert er aus zahlreichen arbiträren Zeichen (im Unterschied zu den Ein-Wort-Metaphern) ein mehr oder weniger in sich geschlossenes Bild, z.B. eine Szene, in deren Mittelpunkt ein Albatros steht, den er als „poetisches Modell" (Black 1962) mit dem Dichter vergleicht. Das heißt, wie bei einem maßstäblichen Modell handelt es sich nicht um die Kopie einer Wirklichkeit, sondern ‚nur' um ein auf das Wesentliche reduziertes und konzentriertes Abbild.

Souvent, pour s'amuser, les hommes d'équipage
Prennent des albatros, vastes oiseaux des mers,
Qui suivent, indolents compagnons de voyage,
Le navire glissant sur les gouffres amers.

À peine les ont-ils déposés sur les planches,
Que ces rois de l'azur, maladroits et honteux,
Laissent piteusement leurs grandes ailes blanches
Comme des avirons traîner à côté d'eux.

Ce voyageur ailé, comme il est gauche et veule!
Lui, naguère si beau, qu'il est comique et laid!
L'un agace son bec avec un brûle-gueule,
L'autre mime, en boitant, l'infirme qui volait!

Le Poète est semblable au prince des nuées
Qui hante la tempête et se rit de l'archer;
Exilé sur le sol au milieu des huées,
Ses ailes de géant l'empêchent de marcher.

Charles Baudelaire, L'Albatros (1975, 9-10)

In diesem poetischen Modell werden diejenigen Eigenschaften des Albatros benannt, die Baudelaire für übertragbar und aussagekräftig für den Typ von Dichter hält, den er charakterisieren will: Des Albatros souveräner, über die Niederungen der Masse hinweggleitender Flug, sein weißes Gefieder, andererseits auch seine Hilflosigkeit und Hässlichkeit, wenn er auf den Boden der Banalität herabgeholt und von der brutalen Menge gehänselt wird. Aus dem Bildbereich des Albatros werden nur diejenigen Elemente nach dem Prinzip der „Interaktion" (Black 1962, 41-42) und der **„reziproken Selektion"** (Riffaterre 1979, 220) ausgewählt, die sich für eine übertragene Verwendung im anderen Bildbereich eignen – die ‚passen'. *Ex negativo* erhellend sind aber auch die Elemente, die nicht erwähnt werden und daher auch nicht in den Analogieprozess eingehen, obwohl sie zur Referenz des Wortes Albatros gehören: Der (wirkliche) Albatros ist ein Aasfresser, hat meist ein weiß bis schmutzig graues Federkleid, stößt eher krächzende Schreie aus etc. Baudelaire orientiert sich also nur sehr beschränkt an der außerliterarischen Wirklichkeit; im Grunde konstruiert er das poetische Modell eines künstlichen Vogels, das es dem Leser erlaubt, seine Hervorhebungen und Weglassungen, ja alles, was überhaupt erwähnt wird, als bedeutsam zu interpretieren. Baudelaire modelliert in seiner Albatros-Szene die tiefe Kluft zwischen dem Dichter und der ihn umgebenden, zeitgenössischen bürgerlichen Gesellschaft in der Mitte des 19. Jahrhunderts, die kein Auge für die Schönheiten und die Fähigkeiten des Dichters hat, weil sie sich nicht auf seiner erhabenen Ebene bewegt, sondern analog zur Schiffsbesatzung, die lediglich für das mechanische Funktionieren des Schiffes zuständig ist, auf der niedrigen Ebene des Nützlichen.

Es ist für eine ästhetische Lektüre entscheidend, dass der Leser den Text nicht nur zur Aktualisierung der Ebene des Lautkörpers laut liest, sondern sich auch die im Gedicht repräsentierte Szene (Zeicheninhalt des Vehikels) imaginativ vergegenwärtigt, sie dadurch emotional auflädt und nicht so tut, als stünde im obigen Beispiel statt dem Wort ‚Albatros' der ‚Dichter' (Tenor), sonst bringt er sich gerade um die sinnliche Seite der künstlerischen Formung und würde besser gleich einen Traktat oder einen wissenschaftlichen Artikel über das Thema des Gedichts lesen.

Doch nicht alle poetischen Modelle nehmen den Umweg über die Bildlichkeit im oben ausgeführten Sinn. Selbst wenn das Gedicht die ‚Realität', etwa eine Alltagsszene schildert, die nicht als Vergleich gestaltet ist (Prévert, „Déjeuner du matin"; Kloepfer 1975, 51-54), dann ist auch dieser Wirklichkeitsausschnitt, diese Momentaufnahme – einmal abgesehen von der Vermittlung über Sprache und Schrift – keine ‚Realität', keine bloße ‚Kopie' der Wirklichkeit, sondern ein ganz bewusst gestaltetes Modell von Wirklichkeit, das durch die Wahl des Ausschnitts und seine spezifische künstlerische Formung auf all den genannten Ebenen zusätzliche Bedeutung gewinnt.

Text 17: Jacques Prévert, Déjeuner du matin

Die künstlerische Gestaltung der Ebene des Zeichenkörpers, z. B. des „Albatros", wird aus systematischen Gründen im Zusammenhang dieses Kapitels, das von den Möglichkeiten handelt, poetischen Mehrwert auf der Ebene des Zeicheninhalts zu erzeugen, vernachlässigt. Sie wird ausführlich im Modul Lyrik des Übungsteils der CD berücksichtigt.

Von einem poetischen Modell und von Modellierung sprechen wir folglich (im Unterschied zur Ikonisierung), wenn mit Hilfe des Zeicheninhalts mehrerer Wörter über ein ganzes Gedicht hin vermittels der Einbildungskraft des Lesers mentale Bilder entstehen, die direkte (der Dichter lässt z.B. ein lyrisches Ich von sich selbst sprechen) oder übertragene (der Autor sagt etwas über einen Albatros, meint aber den Dichter) Ähnlichkeiten mit einem bestimmten Wirklichkeitsausschnitt aufweisen. Das Gedicht verweist so über die ‚Welt des Gedichts', die zunächst durch die dominant poetische Sprachfunktion in den Vordergrund der Aufmerksamkeit gerückt wird und den Gegenstand der literaturwissenschaftlichen Analyse und Synthese bildet, hinaus auf die reale Situation des Dichters in der konkreten, historischen Lebenswelt, deren künstlerische Gestaltung Gegenstand der Interpretation bildet.

Alle genannten Verfahren zur Erzeugung poetischen Mehrwerts auf der Ebene des Zeicheninhalts haben wie Bilder (Ikone) generell den Nachteil, dass sie nicht eindeutig sind, sondern in ihren Eigenschaften missverstanden werden können. Es ist zum Beispiel möglich, diese Art von Mitteilung trotz ihrer Gedichtform in ihrer Poetizität zu verkennen und nicht als konstruiertes (Ab)Bild, sondern platt referenziell zu lesen, etwa – so als gäbe es die vierte Strophe des „Albatros" nicht – als ‚bloße', ‚schöne' Beschreibung eines Albatros. Baudelaire hat sein Gedicht gegen ein solches Missverständnis gewappnet, indem er kein absolutes Modell, kein Dinggedicht schreibt, sondern einen ausdrücklichen Vergleich entfaltet, der die Analogie bzw. das *tertium comparationis* in der vierten Strophe abschließend nennt und damit dem Leser eine Deutungshilfe gibt. Steht das poetische Modell ‚absolut', (wie in „L'Abricot" von Francis Ponge, *Le Parti pris des choses*, 1942) so hat es keinen Sinn mehr, den Tenor vom Vehikel zu unterscheiden, wenn es der Imaginationskraft des Lesers auch unbenommen ist, immer neue Analogien zwischen dem absoluten Vehikel (dem Gedicht, dem Gesagten) und einem angenommenen Tenor (dem virtuell damit Gemeinten) oder gar immer neue Tenorvarianten zu entdecken. Der Semioseprozess ist prinzipiell offen und unabschließbar.

Text 18: Dinggedicht

Die Uneindeutigkeit des Bildes bietet aber gleichzeitig einen unbestreitbaren Vorteil: Das Bild geht, obwohl es auf sprachlichen Begriffen (mit konventionellen Bedeutungen) aufbaut, immer über das vom Autor begrifflich Formulierbare hinaus, es eröffnet neue Horizonte, da die ‚Ähnlichkeit' nicht genau definiert ist und sich auf sehr Verschiedenes beziehen kann. Ganz im Gegensatz zur Allegorie, wo eindeutig, sozusagen durch eine offiziell verbindliche Bildlegende, festgelegt ist, was etwa die Binde vor den Augen der Justitia zu bedeuten hat: Nicht etwa, dass die Personifikation der Gerechtigkeit ohne genau hinzuschauen oder blind urteilte, sondern ‚ohne Ansehen der Person', d.h. ohne sich vom äußeren Schein der Prozessparteien blenden zu lassen. (Doch selbst in diesem Fall kann man niemanden daran hindern, die Allegorie aus Unkenntnis falsch zu deuten.)

Text 19: Goethes Allegorie-Definition

Angesichts der wesenhaften Mehrdeutigkeit von Bildern und poetischen Modellen ist Vorsicht geboten angesichts von Gedicht-Kommentaren, die behaupten, ein bestimmtes Wort sage zwar dies und das, meine aber etwas ganz bestimmtes Anderes, und auf diese Art ein für alle Mal festlegen wollen, wie ein Bild zu deuten sei.

Die sogenannte bildliche Redeweise kennt verschiedene Grade der Modifizierung und Störung konventioneller sprachlicher Weltmodelle: Vergleich – Metonymie – Metapher (‚zahme' Metapher, ‚kühne' Metapher, *metaphora in praesentia, metaphora in absentia*, ‚absolute' Metapher) stören in zunehmendem Maße unser normales sprachliches Universum: Ausdrückliche Vergleiche zwischen Schiff und Dichter (etwa: „das Leben des Dichters gleicht einem Schiff auf stürmischer See") lassen unsere lebensweltlichen und sprachlichen Kategorien (Schiff ‚unbelebt' *versus* Dichter ‚belebt') nach wie vor in Kraft; die Metonymie stört sie schon eher, wenn Rimbaud in „Le Bateau ivre" einen Teil (den Kiel) für das Ganze (das Schiff) nimmt („Ô que ma quille éclate!"). Noch verwirrender ist jedoch die Metapher, die eine Identität zwischen zwei in unserem Welt- und Sprachverständnis inkompatiblen Bereichen behauptet: Ein Schiff spricht von sich in der ersten Person: „Or moi, bateau perdu" oder Vorhänge werden mit Mausefallen identifiziert: „Rideaux / Souricières de l'âme" (Breton 1988, I, 93).

Text 20: Arthur Rimbaud, Le Bateau ivre

So kann Aragon in seinem „Discours de l'imagination" (in *Le Paysan de Paris*) mit einigem Recht (besonders mit Bezug auf ‚kühne' Metaphern) behaupten: „[l'image] entraîne dans le domaine de la représentation de perturbations imprévisibles et de métamorphoses: car chaque image à chaque coup vous force à réviser tout l'Univers" (Aragon 1972, 82).

3 Lyrik als Versuch, sprachliche Zeichen zu motivieren

Man kann Themen wie Liebe, Tod und Vergänglichkeit auf verschiedenste Weise darstellen. Man kann in einem Traktat oder Essay darüber reflektieren. Die Wirkung auf den Leser wird dann eher intellektuell als emotional sein. Wenn der Verfasser es auf eine möglichst vielseitige und nachhaltige Wirkung abgesehen hat, wird er die oben dargestellten Möglichkeiten der lyrischen Sprache zur Bedeutungsverdichtung nützen und sich dem Thema auf dem ‚Umweg' über Bilder (Bildlichkeit) und über die sinnliche Erfahrbarkeit des Zeichenkörpers (Ikonisierung, Indizierung) nähern. Die beiden aus systematischen Gründen oben getrennt beschriebenen Verfahren zur Motivierung des Zeichenkörpers und des Zeicheninhalts werden im Gedicht kombiniert.

Die Lyrik ‚bebildert' dabei in der Regel nicht nachträglich einen vorher abstrakt definierten Begriff, wie es die Allegorie tut, sondern sie geht eher umgekehrt vor und lässt im Besonderen das Allgemeine aufscheinen. Verlaines berühmte Verse „Les sanglots longs / Des violons / De l'automne" („Chanson d'automne") ‚bebildern' einerseits metaphorisch den Herbst, indem sie auf der begrifflichen Ebene der Zeicheninhalte eine Ähnlichkeit zwischen langgezogenen Violinschluchzern und der ‚schmerzlichen' („blessent mon cœur") Herbststimmung (die obligaten torkelnd fallenden Blätter folgen später) feststellen, sie ‚vertonen' den Herbst aber auch, indem sie andererseits kookkurrent diese zunächst lediglich in der Imagination des Lesers schluchzende Violine bei der Rezitation der Verse sinnlich als Ikon (die Liquide [l] und vor allem der [gl]-Laut imitieren zusammen mit den zahlreichen dunklen, zum Teil nasalierten Vokalen Geigentöne) als auch als Index für das Gefühl der Trauer zu Gehör bringen, das dieses lautgemalte Schluchzen auslöst.

Text 21: Paul Verlaine, Chanson d'automne

Damit werden dieselben Zeichen (Wörter, Begriffe) gleichzeitig als arbiträre und in ihrem Zusammenspiel auch noch als motivierte Zeichen genützt. Diese polyvalente und synchrone Nutzung der Wörter als Zeichen verschiedener Art führt zu einer sonst nicht erreichten Dichte und Komplexität der Information. Die partielle Verwandlung arbiträrer in (quasi-)motivierte Zeichen ruft die Illusion eines authentischen Sprechens, eines Zusammenhangs, wenn nicht Zusammenfallens von Zeichenkörper und Zeicheninhalt hervor. Besonders wirksam ist, dass diese ‚Informationen' eben nicht nur begrifflich vermittelt werden, sondern über den Zeichenkörper direkt auf die emotionalen Zentren des Gehirns wirken, ähnlich der Musik, die uns erschauern lässt oder zu Tränen rührt. So lässt sich der Eindruck erklären, den ein gutes Gedicht beim Leser hervorruft und den man etwas hilflos mit Sprachzauber oder Sprachmagie zu umschreiben pflegt. ‚Magisch' ist daran, dass die Sprache im Gedicht – allerdings durchaus wissenschaftlich analysierbar – etwas näher an den mythischen Zustand herangerückt wird, in dem Name und Benanntes angeblich zusammenfielen, wenn auch der grundsätzliche ‚Mangel' der Sprache, die Kluft zwischen der Welt und ihrer symbolischen Repräsentation mit Hilfe von Sprachzeichen, letztlich nicht zu beheben ist.

Nicht zu allen Zeiten und von allen Autoren werden die poetischen Verfahren auf der Seite des Zeicheninhalts und der des Zeichenkörpers gleichmäßig und ausgewogen genutzt. Rhetorische Mittel dienen im Gefolge der antiken Rhetorik in der Frühzeit der französischen Dichtung häufig ‚nur' als Schmuck und Dekor: Die Ausgestaltung der Ebene des Zeichenkörpers hebt nur einzelne Wörter oder Passagen besonders hervor, ohne zusätzliche Bedeutungen zu schaffen, oder es unterstützt das ausdrücklich Gesagte lediglich redundant (Kookkurrenz) oder Metaphern ersetzen lediglich einen ‚eigentlich' gemeinten Ausdruck (Substitutionsmetaphern im Gegensatz zu Interaktionsmetaphern).

Die Bevorzugung des ausdrücklichen Vergleichs gegenüber der Metapher, wie wir sie noch in vielen Baudelaire-Gedichten vorfinden, lässt sich generell noch bis ins 19. Jahrhundert beobachten, macht dann aber bei Lautréamont und Rimbaud immer selbständigeren und kühneren Metaphern Platz. Unabhängig davon, aber zum Teil auch in Verbindung damit, verselbständigt sich die Ebene des Zeichenkörpers mit ihren musikalischen Qualitäten immer mehr.

Verlaine beginnt seine *Art poétique* programmatisch mit dem Vers „De la musique avant toute chose“, um diese Forderung später noch zu bekräftigen „De la musique encore et toujours!“ Dagegen arbeiten die Surrealisten seit den zwanziger Jahren des 20. Jahrhunderts wieder eher mit inhaltlichen Assoziationen, die in erster Linie der Erweiterung des Bewusstseins durch die Aufdeckung des Unbewussten dienen.

Die hier in dieser Einführung präsentierten poetischen Verfahren orientieren sich an den bis ins 20. Jahrhundert von der Dichtung verwirklichten Möglichkeiten, und wie die Erfahrung zeigt, hinkt die literaturwissenschaftliche Theorie immer um einige Jahre, ja oft ein halbes Jahrhundert hinter der Praxis her. Man darf gespannt sein, ob die Dichter über diese in der zweiten Hälfte des 20. Jahrhunderts systematisch ermittelten Möglichkeiten hinaus neue Felder sprachlicher Innovation entdecken werden.

Modul Lyrik

Auf der CD finden Sie weiterführende Materialien und Übungen zu

- Textverständnis
- Merkmale der Lyrik
- Metrik
- Rhetorische Mittel

Narrative Texte

Ulrich Winter

1 Vorbemerkung

Gegenstand dieses Kapitels ist die Analyse der **Erzählung**. Mit Erzählung (*récit*) ist nicht eine bestimmte Gattung, sondern zunächst jeder schriftlich fixierte erzählende Text gemeint, der unter dem Blickpunkt seiner Kommunikationsform, seiner Medialität und seiner narrativen Strukturen betrachtet wird. Um dies kenntlich zu machen, ziehen wir den weiteren Begriff ‚Narrativik' der Bezeichnung ‚Prosa' vor, der das Kriterium der Vertextungsform zugrunde liegt (Prosa vs. Vers), und ebenso dem doppeldeutigen Begriff ‚Epik', der auf Prosa, aber auch auf die Gattung des Epos verweist. Neuere Einführungen in die Analyse von Erzählliteratur pflegen auf die Vielfalt der Ansätze, Methoden und Begriffsbildungen hinzuweisen, die sich in den vergangenen Jahrzehnten herausgebildet hat. Heute stehen Erzähltheorien aus mindestens vier, untereinander teils verwandten Forschungstraditionen nebeneinander: Die angelsächsische (Chatman 1978, Booth 1983), die germanistische (Lämmert 1955, Stanzel 1981 und 1989, Petersen 1993), die russisch-tschechische (etwa Lotman 1972) und die französische Narratologie (Barthes 1964, Todorov 1966, Genette 1972 und 1983 u.a.). Zumeist orientieren sich die Einzelphilologien an der je eigenen Forschungstradition, ohne aber auf fruchtbare Ergänzungen aus anderen Bereichen zu verzichten. Aber nicht nur aus diesem Grund baut das Kapitel theoretisch und methodisch weitgehend auf der französischen Narratologie auf. Sie ist zudem systematisch ausgereift, differenziert, kohärent und anschlussfähig für textübergreifende Fragestellungen. Die Narratologie wendet die Prinzipien des Strukturalismus auf Erzähltexte an und benützt dabei Modelle der Rhetorik, Linguistik und Filmanalyse. Von daher interessiert sich die Narratologie zunächst für formal, strukturell und typisiert beschreibbare, universelle Eigenschaften der Erzählung. Andere – auf den ersten Blick vielleicht näher liegende – Fragestellungen wie hermeneutische, kulturhistorische, biographische, rezeptions-, motiv- oder gattungsgeschichtliche Hintergründe und Bedeutungen eines Romans oder seine Bezüge zu anderen Künsten, Medien und kulturellen Praktiken werden vorerst weitgehend ausgeblendet, können aber auf der narratologischen Analyse aufbauen. Die Narratologie fasst Erzählen als strategische Informationsvergabe im Hinblick auf bestimmte Darstellungs- und Wirkfunktionen auf. Sie behandelt narrative Verfahren als Akte einer sprachlichen Modellierung und unterscheidet sie nach formalen und funktionalen Gesichtspunkten als typisierte Muster oder **Strukturen**. Für die Narratologie definiert sich die ‚Erzählung' (*récit*) daher genauer als Gesamtheit der narrativen Strukturen eines Textes. Nach Gérard Genettes 1972 erschienenem

Standardwerk *Discours du récit* und dessen Aktualisierung (1983; dt. 1994) ist in den vergangenen Jahren eine Reihe wichtiger Korrekturen, Ergänzungen, Erweiterungen und Zusammenfassungen dieses Ansatzes erschienen, die in das vorliegende Kapitel eingegangen sind. Der Ausbau der Narratologie zu einer kohärenten und systematisch umfassenden Erzähltheorie geschieht zum Preis einer bisweilen recht formalisierten Sprache. Sie ermöglicht dafür Synthesen mit Ansätzen aus anderen Fachtraditionen (Lodge 1998, Martinez/Scheffel 2000) sowie den Anschluss angrenzender kultur- und medienwissenschaftlicher Fragestellungen. Wir kommen auf diese textübergreifenden Aspekte im 4. Unterkapitel kurz zu sprechen.

2 Die Erzählung

2.1 Merkmale der Erzählung

Wie bereits in dem Kapitel Makrostrukturen erläutert wurde, kann ein und dieselbe Handlung in verschiedenen Medien und Kodes erzählt werden: als Film, Bild, Tanz, Schauspiel, Plastik oder Literatur. Doch ist es jedes Mal eine andere Geschichte, je nachdem, wie sie präsentiert wird: gezeigt, getanzt, aufgeführt, gemalt oder im engeren Sinne sprachlich erzählt. Das Medium (Sprache, Körper, Bild etc.) und das jeweils verwendete Kode-System (sprachlich, kinetisch, visuell etc.) geben die technischen Möglichkeiten und Grenzen des Erzählens vor. Eine gezeigte Figur etwa ist in ihren äußerlichen Eigenschaften konkretisiert, während in der sprachlichen Darstellung zunächst allgemeine Vorstellungen vermittelt werden. Dies wird schnell deutlich, wenn man sich fragt, wie sich die unbestimmten Artikel, die Personalpronomen oder die Negationen aus folgenden Romananfängen von Jean Echenoz (*Cherokee* 1983; Beispiel 1), Jean-Philippe Toussaint (*La Télévision*, 1997; Beispiel 2) oder Albert Camus (*L'Étranger* 1942; Beispiel 3) ohne Informationsverlust filmisch wiedergeben ließen:

1 Un jour, un homme sortit d'un hangar. (Echenoz 1983, 7)

2 J'ai arrêté de regarder la télévision. (Toussaint 1997, 7)

3 Aujourd'hui, maman est morte. Ou peut-être hier, je ne sais pas. (Camus 1942, 9)

Wenn das Narrativik-Kapitel insbesondere schriftlich fixierten Erzählungen gewidmet ist – und diese Darstellungsform ist speziell hier mit dem Begriff ‚Erzählung' gemeint –, müssen wir zunächst deren unterscheidende (distinktive) Merkmale bestimmen. Daraus lässt sich sodann das Analyseverfahren ableiten.

Die Erzählung unterscheidet sich durch die Kombination folgender Merkmale von anderen ästhetischen Genres.

(a) **Narrativität:** Erzählungen beziehen sich vorrangig erzählend auf die Welt. Dabei können sie durchaus beschreibende und argumentierende Passagen integrieren, wie der Beginn von Honoré de Balzacs Roman *Le père Goriot* (1835) zeigt. Beschreiben, Erzählen und Argumentieren folgen in den drei Absätzen aufeinander:

4 Madame Vauquer, née de Conflans, est une vieille femme qui, depuis quarante ans, tient à Paris une pension bourgeoise établie rue Neuve-Sainte-Geneviève, entre le quartier latin et le faubourg Saint-Marceau. [...] depuis trente ans ne s'y était-il jamais vu de jeune personne, et pour qu'un jeune homme y demeure, sa famille doit-elle lui faire une bien maigre pension.

Néanmoins, en 1819, époque à laquelle ce drame commence, il s'y trouvait une pauvre jeune fille.

En quelque discrédit que soit tombé le mot drame par la manière abusive et tortionnaire dont il a été prodigué dans ces temps de douloureuse littérature, il est nécessaire de l'employer ici [...] Après avoir lu les secrètes infortunes du père Goriot, vous dînerez avec appétit en mettant votre insensibilité sur le compte de l'auteur, en le taxant d'exagération, en l'accusant de poésie. Ah ! sachez-le: ce drame n'est ni une fiction, ni un roman. *All is true*, il est si véritable, que chacun peut en reconnaître les éléments chez soi, dans son cœur peut-être (Balzac 1971, 21).

(b) **Erzählerische Vermitteltheit**: Als Form der Vergegenwärtigung eines Geschehens wird das Erzählen seit alters her vom Aufführen oder Zeigen unterschieden; Platon verwendet dazu die – heute etwas anders gebrauchten Begriffe – *diegesis* (Erzählen) und *mimesis* (nachahmendes Spiel, der Schauspieler als Mime). Die Erzählung kennzeichnet gegenüber der Inszenierung in Film, Theater, Tanz oder Hörspiel, dass alle Informationen durch eine Erzählinstanz vermittelt werden. In Beispiel (2) und (3) ist dies besonders deutlich gekennzeichnet durch die Verwendung der ersten Person, aber auch in (1) und (4) ist eine Erzählinstanz anwesend. Die narrative Kommunikationssituation lässt sich im Unterschied zur dramatischen und filmischen wie folgt schematisieren:

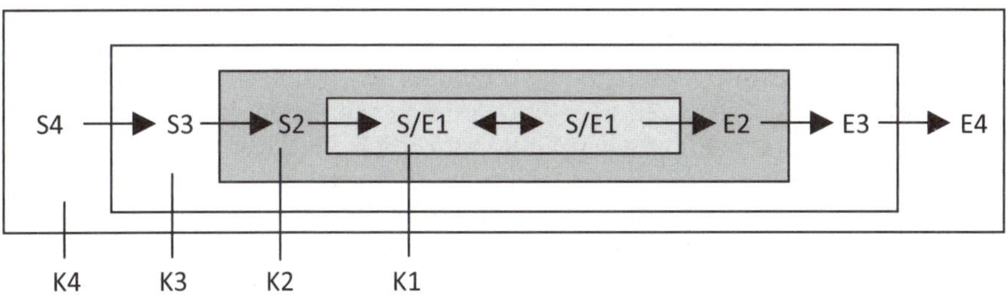

Abb. 1: Narrative Kommunikationssituation

Das Schaubild lässt erkennen, dass im Erzähltext Kommunikation auf vier verschiedenen Ebenen gleichzeitig stattfindet. Die miteinander sprechenden und interagierenden Figuren in einem Roman oder einer Erzählung (S1/E1) konstituieren das innere Kommunikationssystem (K1). Sender- und Empfänger ist jeweils, wer gerade spricht bzw. zuhört. Das vermittelnde Kommunikationssystem (K2) bildet die Erzählinstanz (S2), die die Inhalte von K1 nach außen darstellt. Ohne Erzählinstanz gibt es keine Geschichte. In der szenisch-dramatischen Kommunikationssituation fällt diese Ebene aus, in der narrativen Kommunikation ist sie immer besetzt, selbst wenn der Erzähler nicht personal zu fassen ist. Bei K3 handelt es sich um eine abstrakte, nur gedachte Ebene, die die Gesamtheit der im Erzähltext vermittelten Informationen abbildet (Haupttext, Titel, Bilder, Buchrücken, Konnotationen, Interpretationen individuelle Lektüren). Im äußeren Kommunikationssystem K4 stehen einander gegenüber der reale/empirische Autor (S4) als tatsächlicher, rechtsverbindlicher Urheber des Textes, und der reale/empirische Leser (E4).

Der Autor steht außerhalb des Werkes, der Erzähler innerhalb, der eine ist aus Fleisch und Blut, der andere ist sprachlicher Natur. Beide haben verschiedene Seinsweisen, so wie das Wort ‚Hund' und das Tier Hund. Eine personelle Identifizierung ist nur dort möglich, wo der Text autobiographisch ist.

Bei dieser schematischen Darstellung literarischer Kommunikation wird nur ein gradueller Unterschied gemacht, ob die Kommunikationsprozesse innerhalb der Geschichte oder außerhalb des Textes, ob sie zwischen Figuren (K 1), zwischen Leser und Autor oder zwischen Text und Leser (K3) stattfinden, ob sie wechselseitig (K1), einseitig (K3) oder nur optional wechselseitig (K4) sind. Mit Ausnahme von K1 ist für unser Verständnis der Sender entscheidend; die Empfängerpositionen können wir vorerst vernachlässigen, sie wurden nur vollständigkeitshalber erwähnt. Das gleiche gilt für K3 und K4, die aus systematischen Gründen im Schema erscheinen, sie vervollständigen das narrative Kommunikationssystem, spielen aber für unsere Analyse kaum eine Rolle.

Mit den Kriterien (a) und (b) haben wir Merkmale festgelegt, die gattungsneutral sind – eine narrative Struktur und eine Vermittlungsinstanz weisen Heldenepos, Ballade, Roman, Novelle, Kurzgeschichte, Anekdote und Witz gleichermaßen auf –, die aber das Erzählen von der szenischen Aufführung unterscheiden, nicht so jedoch vom Film: Hier entsprechen der erzählerischen Vermittlung das Kameraverhalten sowie Schnitt bzw. Montage. Es kommen deshalb weitere Kriterien hinzu.

(c) **Sprachlicher Kode**: Das Kodesystem der Erzählung ist die Sprache (gegenüber kinetischem bzw. visuellem Kode im Film).

(d) **Schriftmedium**: Während das Erzählen im weitesten Sinne nicht auf bestimmte Medien, Gattungen oder Textsorten festgelegt ist, bezeichnet ‚Erzählung' im engeren narratologischen Sinne schriftlich fixierte Erzählliteratur. Zu dem kommunikationstheoretischen Merkmal ‚Vermitteltheit durch eine Erzählinstanz' kommt also noch das medientechnische Merkmal ‚Schriftlichkeit' hinzu (im Unterschied zum mündlichen oder zeigenden Erzählen). Die schriftliche Fixiertheit von Erzählliteratur geht mit der

(e) **Linearität des Textverlaufs** einher. Für schriftlich fixierte Erzähltexte kommen in der neuzeitlichen Literatur noch produktions- und rezeptionstechnische Besonderheiten hinzu.

(f) Die **singuläre Produktionssituation**: Im Gegensatz zu Film und Theater erzeugt nicht ein Autorenkollektiv, sondern in der Regel ein einzelner Autor den Text. Ähnliches gilt für

(g) die **singuläre Rezeptionssituation**, nämlich die in der Regel einsame und stille Lektüre. In dem Ausschnitt aus Balzacs *Le Père Goriot* (Beispiel 4) schlägt sich diese Besonderheit übrigens direkt nieder: Eine persönliche Erzählstimme spricht einen einzelnen (fiktiven) Leser in seinem Ohrensessel an:

Wie so häufig in der Formengeschichte des Erzählens schlägt sich hier ein außertextliches Symptom, nämlich die bürgerliche Lesekultur des 19. Jahrhunderts, als narrative Struktur im Text nieder, und diese wirkt wiederum auf den Leser – auch den realen – zurück.

2.2 Konstituenten der Erzählung

Die Erzählung wird durch drei Konstituenten bestimmt: den Erzähler bzw. den Erzählakt, die Erzählung als Text bzw. Signifikantenkette und das Erzählte als Geschichte oder erzählte Welt. Diese drei Konstituenten gestalten sich gleichzeitig im Akt des Erzählens (oder Lesens) aus und bedingen einander.

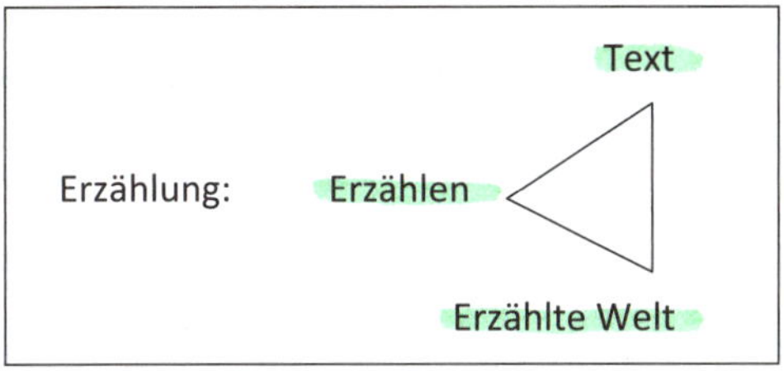

Abb. 2: Die Konstituenten der Erzählung

Vergegenwärtigen wir uns diesen grundlegenden Zusammenhang an einem einfachen Beispiel, dem Beginn von Michel Houellebecqs Roman *Extension du domaine de la lutte* (1994):

5 Vendredi soir, j'étais invité à une soirée chez un collègue de travail. On était une bonne trentaine, rien que des cadres moyens âgés de vingt-cinq à quarante ans (Houellebecq 1998, 5).

Im Fortschreiten des Textes entfaltet sich von Wort zu Wort das Erzähluniversum in den Dimensionen von Zeit („vendredi soir") und Raum („chez un collègue") durch die Aktivität eines Erzählers („je"). Raum, Zeit und Subjekt sind nicht absolut oder vorgegeben, sondern bilden in wechselseitiger Bedingtheit das in sich geschlossene Orientierungssystem der erzählten Welt. Diese erzählte Welt nennen wir fortan mit Genette (1972) **Diegese** (*diégèse*). Diegese leitet sich von dem oben bereits erwähnten Begriff der *diegesis* ab, dem Erzählen, das Platon als Grundgattung des Darstellens von der *mimesis*, dem nachahmenden Aufführen, unterschieden hatte. Die erzählte Welt entsteht nach Maßgabe der im Erzählakt erteilten Informationen. So wird z.B. erst nach der Zeitangabe „vendredi soir" das Erzählersubjekt eingeführt, und erst danach ein vager räumlicher Bezugspunkt („chez un collègue de travail"). Das Erzähler-Ich eröffnet eine Perspektive auf die erzählte Welt von ‚innen' her und nicht, wie in den Beispielen (1) oder (4), von ‚außen'. Der zweite Satz konkretisiert das Thema des ersten, nämlich die „soirée". Die sukzessive Entfaltung der erzählten Welt ließe sich auf diese Weise bis zum Ende des Romans nachzeichnen. Während wir in den seltensten Fällen – und auch dann nur bruchstückhaft und hypothetisch – anhand von Manuskripten den Schreibprozess nachvollziehen können, so vermögen wir doch modellhaft zu rekonstruieren, wie für den Leser die erzählte Welt im Laufe der Lektüre als ein sinnvolles Ganzes entsteht: Sei es durch eine textlinguistische Analyse, die den Zusammenhalt (Kohäsion) und die thematische Progression (Isotopien) einer Erzählung erforscht (vgl. Tisset 2000), oder durch die rezeptionsästhetische (Iser 1976) oder semiotische (Eco 1987) Rekonstruktion des Leseaktes als einen sukzessive fortschreitenden Prozess der Sinnbildung.

Dieses Beispiel führt uns zu einer grundlegenden Einsicht. Die erzählte Welt gründet ausschließlich auf der Darstellung, die wir von ihr erhalten, sie hat ausschließlich die Merkmale, die ihr sprachlich zugeschrieben werden. Dieses Zuschreiben oder Beschreiben und das Erschaffen der erzählten Welt sind ein einziger Vorgang. Die Diegese ist gleichzeitig Objekt und Produkt der Erzählung. Patricia Waugh (1984, 14f. und 88) spricht hier deshalb von dem „creation/description-paradox". Was erzählt wird, ist Teil der Diegese, und was nicht erzählt wird, nicht. Keine Information ist bloßer Schmuck, und jede sprachliche Variante würde streng genommen eine andere erzählte Welt ergeben. Anders als in Theater und Film ist die erzählte Welt, sind Zeit, Raum, Figuren und Erzähler, Effekte abstrakter, nämlich sprachlicher Strukturen. Die Erzählung erscheint daher nicht als ein Text, der ‚von etwas' erzählt oder ‚über etwas' spricht, was auch ohne die Erzählung genauso wäre oder sein könnte. Die narratologische Analyse interessiert sich dabei besonders für die Art und Weise, wie die Erzählung gemacht ist, für ihre Konstrukthaftigkeit, da nur so dem fiktionalen Charakter der Erzählung Rechnung getragen werden kann. **Fiktionale**, auf ein imaginäres Universum bezogene Erzählungen wie Roman oder Novelle unterscheidet von **faktualen Erzählungen** wie etwa Geschichtsschreibung oder Zeugenberichten, dass sie keinen Wahrheitsanspruch stellen, indem sie einen Bezug auf gegenwärtige oder vergangene Tatsachenwelten behaupten, mit allen Folgen, die dies mit sich bringt (Glaubwürdigkeit, rechtliche Konsequenzen bei Täuschungsversuch etc.). Anders als im faktualen Erzählen, bei dem der Sprecher bzw. Autor real von oder über etwas Wirkliches berichtet, spricht im fiktionalen Erzählen der Autor allein über etwas Imaginäres, und zwar indem er einen Erzähler ‚sprechen' lässt, der selbst Funktion und Teil des imaginären Erzählten ist (vgl. Genette 1991; Martinez/Scheffel 2000, 9-19). Erzähler, Erzählung (Text) und Erzähltes (erzählte Welt) bilden die Ausgangspunkte der Analyse. Deren Verständnis ist daher unabdingbar für die weiteren Abschnitte dieses Kapitels.

2.2.1 Erzählung und Erzähler

Erzählen bedeutet, formal gesprochen, ein Geschehen in eine Ordnung zu bringen, der Darstellung eine Perspektive zu geben und sie als Text sprachlich zu realisieren. Als Rede (*discours*) ist die Erzählung eine Folge von Sätzen oder – da diese Sätze Urheber haben – eine Folge von Aussagen (*énoncés*). Daraus leiten sich einige Merkmale der Erzählung ab, die sie zugleich von der ‚wirklichen' Welt bzw. von faktualen und fiktionalen Erzählungen in anderen Medien oder Kodes unterscheidet. Erzählungen sind sprachlicher Natur, als Folge von Satzaussagen organisiert, die auf Subjekte als deren Urheber bezogen sind; sie haben einen Anfang und ein Ende, insofern sie als materieller Text (ab)geschlossen sind. Als linear angeordnete Folge von Aussagen weisen Erzählungen eine charakteristische Doppelstruktur auf, in der neben der Ordnung der darstellenden Rede (Abfolge der Aussagen) auch die Ordnung des Dargestellten (Abfolge der Handlungsereignisse) organisiert ist. Beide Ordnungen können sich deutlich voneinander abheben. Die Erzählung weist somit zwei verschiedene zeiträumliche Kontinua auf. So gibt es zunächst eine doppelte Linearität: Die lineare Abfolge der Aussagen, in denen das Geschehen als Geschichte erzählt wird, und die kausal-chronologische Abfolge der erzählten Ereignisse, wie sie aufeinander folgen oder nach den Gesetzen der Wahrscheinlichkeit aufeinander gefolgt sein könnten. Von der Lese- oder Erzählzeit ist mithin die erzählte oder Ereigniszeit zu unterscheiden. In der Ordnung des Dargestellten entsteht, wie wir soeben gesehen haben, ein eigenes zeiträumliches und subjektives Bezugssystem, ein ‚Hier-Jetzt-Ich-Ursprung', der die Grundorientierung jeder Diegese bietet. Er bezeichnet die Koordinatenachsen für das zeiträumliche und personale Ordnungssystem jeder Erzählung. Erzählungen spielen beide Ordnungen gegeneinander aus. Zu Beginn des *Étranger* (Beispiel 6) von Albert Camus ist deutlich zu erkennen, dass der Orientierungsrahmen vom Erzählsubjekt („je") abhängig ist: „aujourd'hui" und „hier" haben nur in diesem Bezugssystem einen Sinn, nicht im raumzeitlichen Referenzrahmen des Lesers:

6 Aujourd'hui, maman est morte. Ou peut-être hier, je ne sais pas. J'ai reçu un télégramme de l'asile: „Mère décédée. Enterrement demain. Sentiments distingués." Cela ne veut rien dire. C'était peut-être hier (Camus 1942, 9).

Die Zeitbestimmungen der erzählten Zeit sind nicht einfach auf die Erzählzeit oder Lesezeit zu übertragen, so wenig wie sich das Erzählsubjekt („je") mit dem Urheber des Romans (Camus) identifizieren lässt. Das Äußerungssubjekt (*sujet de l'énonciation*) der Erzählung ist nicht der reale Autor (S4), sondern die Erzählinstanz oder der Erzähler (*narrateur*) (S2). Der reale Autor oder ein Herausgeber ist letztinstanzlich für den Text, den wir lesen, verantwortlich und in dem Sinne sein rechtmäßiger Urheber und erstes Äußerungssubjekt; er kann zur Rechenschaft gezogen werden oder selbst Urheberrechte einklagen. In der Ordnung der Erzählung ist jedoch der Erzähler das sprachliche Redesubjekt. Er imitiert eine sprachliche Kommunikationssituation mit dem Leser. Der Autor ist so wenig mit dem Erzähler identisch wie ein Filmregisseur mit der Kamera, durch deren Optik wir einen Film sehen, oder den Schnittfolgen und Ausschnitten, aus denen der Film besteht.

Wer oder was ist aber der Erzähler? Als Informationsquelle, Äußerungssubjekt, Vermittlungsinstanz ist der Erzähler zunächst ein kommunikationstheoretischer Sachverhalt: So wie es keinen Film ohne Kamera gibt, ist der Erzähler mit der Erzählung immer schon gegeben: Ohne Erzähler keine Sätze, ohne Sätze keine Geschichten. Der Erzähler kann sich darüber hinaus als Figur konstituieren, wie es in Beispiel (4) der Fall ist, oder als Figur Teil der Handlung sein wie in den Beispielen (2), (3) und (5). Andere Male ist er weniger profiliert und nicht personal identifizierbar wie in (1). Als Instanz ist der Erzähler in allen Fällen präsent, also auch dann, wenn er sich nicht als Figur konstituiert. Wir müssen also zum besseren Verständnis zwei Unterscheidungen treffen.

(1) Ontologisch (d.h. seinsmäßig) und funktional trennen wir erstens den Autor vom Erzähler, also den realen Urheber vom Erzählmedium als sprachlicher Vermittlungsinstanz. Da wir den Text narratologisch angehen, wird uns der reale Autor und seine Lebenswelt fortan nicht weiter interessieren, ebenso wenig wie etwa die Stimmung, in der ein konkreter realer Leser das Buch liest.

(2) Auf der Erzählerseite unterscheiden wir zum einen die Funktion Vermittlungsinstanz, Medium oder Quelle der Erzählung zu sein – dies ist, wie gesagt, eine kommunikationstheoretische Eigenart sprachlicher Texte, über die weiter nichts gesagt werden muss, da sie mit dem Medium Sprache gegeben ist. Weiterführend für die Analyse ist hingegen, dass sich diese Vermittlungsinstanz als ein Ensemble von Einstellungen manifestiert, vergleichbar der Kameraeinstellungen im Film, die die erzählte Handlung in eine bestimmte Form bringen oder modellieren. Diese Einstellungen werden wir als ‚Erzählertypen' untersuchen. Von dieser Vermittlungs- und Steuerungsfunktion unterscheiden wir die Frage, ob sich der Erzähler darüber hinaus auch noch als eine Figur konstituiert, etwa durch Verwendung von Personalpronomen wie das „je" in den Beispielen (2), (3) und (5) oder durch Zuschreibung menschlicher Eigenschaften (Name, Entscheidungs- und Urteilsfähigkeit, Absichten, Ziele, Vergangenheit etc.).

Kommunikationstheoretisch können wir zusammenfassen: Der Autor lässt die Erzählinstanz sprechen (in den Abbildungen 3 bis 6 ist diese Relation jeweils durch Pfeile symbolisiert), die sich wiederum in einem personalisierten Erzähler konkretisieren kann (diese Möglichkeit ist in den Darstellungen 3, 4 und 6 durch eckige Klammern ausgedrückt):

Autor → Erzählinstanz
[personalisierter Erzähler]

Abb. 3: Die interne Äußerungssituation der Erzählung (Erzählerseite)

Dies ist auch dann der Fall, wenn überhaupt kein Erzähler anwesend zu sein scheint (Beispiel 1), Erzähler und Protagonist identisch sind (Beispiele 2, 3 und 5) oder wenn wie bei Balzac (Beispiel 4) ein fiktiver Autor die Erzählung organisiert, d.h. ein personalisierter Erzähler, der als Schriftsteller auftritt. Nichts rechtfertigt also, den realen Autor mit dem Erzähler zu identifizieren. Selbst im Fall der Autobiographie ist die Trennung von Autor, Erzähler und Protagonist für die Analyse zunächst methodisch unumgänglich, auch wenn durch einen Pakt zwischen Verfasser und Leser gesichert sein soll, dass Autor, Erzähler und Protagonist „identisch" sind (Lejeune 1975, 23).

2.2.2 Wer spricht? Erzähler – Figur – Polyphonie

In der Erzählung treten nicht nur Erzähler als Äußerungssubjekte auf, sondern auch Figuren, die nicht mit dem Erzähler identisch sind. Ein Beispiel bietet der Beginn von André Gides Roman *Les faux-monnayeurs* (1925):

> 7 „C'est le moment de croire que j'entends des pas dans le corridor", se dit Bernard. Il releva la tête et prêta l'oreille. Mais non [...] Une goutte de sueur coula le long de son nez, et s'en alla tomber sur une lettre qu'il tenait en main:
> „Ça joue la larme, pensa-t-il. Mais mieux vaut suer que de pleurer" (Gide 1925, 13).

Die **Figurenrede** (*rhesis*) ist hier durch Anführungsstriche und *Inquit*-Formeln oder *verba dicendi/credendi* wie „se dit", „pensa-t-il" markiert. Worin unterscheiden sich aber Figuren und Erzähler? ‚Erzähler' werden Äußerungssubjekte nur dann genannt, wenn ihre Rede (Erzählerrede, *diegesis*) ein raumzeitliches Erzähluniversum, eine *Diegese* erzeugt. Dies ist bei der Replik einer Figur in einer Dialogszene meistens noch nicht der Fall. Wenn die Figur dennoch als weiteres Äußerungssubjekt zu gelten hat, dann deshalb, weil ihre Rede nicht auf das Konto des Äußerungssubjektes ‚Erzählinstanz' geht. Die Anführungsstriche und die *Inquit*-Formeln zeigen, dass die Figurenrede durch ein anderes Äußerungssubjekt verantwortet, zugleich aber durch die **Erzählerrede** vermittelt wird. Die oben gegebene Abb. 3 ist daher zu erweitern: Der Autor lässt eine Erzählinstanz sprechen, die sich gegebenenfalls als Erzähler-Figur konstituiert, und dieser Erzähler lässt wiederum gegebenenfalls Figuren zu Wort kommen:

Autor	→	Erzählinstanz	[→ Figuren]
		[personalisierter Erzähler]	[→ Figuren]

Abb. 4: Die interne Äußerungssituation der Erzählung (Erzählerseite)

Die Vermittlung der Figurenrede durch den Erzähler ist formal gesehen ein Akt des Zitierens. Die Rede des Erzählers erstreckt sich zwar noch auf die *Inquit*-Formeln, diese sind Teil des Erzählerberichts, die Rede der Figur selbst aber zitiert er. Das Zitat-Verhältnis bestätigt, dass wir es in der Tat bei Erzähler und Figur mit verschiedenen Äußerungssubjekten zu tun haben. Wir können die Erzählung deshalb prinzipiell als zweipolig betrachten.

Diese Sichtweise bietet sich aus verschiedenen Gründen an. Zunächst wird an der ‚Zweistimmigkeit' der Erzählung ein gattungsästhetisches Merkmal literarischer Erzählungen, insbesondere des Romans, sichtbar. Für den russischen Semiotiker Michail Bachtin liegt die Besonderheit des Romans überhaupt in der Mehrstimmigkeit **(Polyphonie)** der Erzählung (Bachtin 1979, 154-300). Durch die Möglichkeit, gleichzeitig unterschiedliche Redesubjekte zu beherbergen und in einen Widerstreit treten zu lassen, ist gerade der Roman als Gattung dazu bestimmt, unterschiedliche soziale oder ideologische Standpunkte und Weltbilder in Form einer Stimmenvielfalt miteinander konkurrieren zu lassen, ohne dass es einen vereinheitlichenden oder privilegierten Standpunkt geben muss. Als Gattung ist der Roman ein Patchwork der Stimmen; Bachtin bezeichnet ihn deshalb als dialogische bzw. polyphone Gattung.

Der Roman ist „künstlerisch organisierte Redevielfalt" (Bachtin 1979, 157), in der zum Ausdruck gebracht wird, dass jede Rede immer schon dialogisch auf andere Rede bezogen ist. Diese Polyphonie der Erzählung kann in der Stimmenvielfalt unterschiedlicher Erzähler- oder Figurensubjekte bestehen; sie kann sich aber auch in Stilkontrasten, intertextuellen Verweisen oder in der Integration anderer Gattungen (z.B. Gedichte, Abhandlungen), Textsorten (z.B. Zeitungsausschnitte, historische Dokumente) und Medien (Bilder) äußern.

Bleiben wir bei der Polarisierung Erzähler/Figur. Sie ist nämlich auch konstitutiv für eine Reihe grundlegender Kategorien der Erzählung und der Erzählverfahren und damit geeignet, diese in eine systematische Ordnung zu bringen. Dies betrifft die Erzählertypen, die sich zwischen den Polen ‚erzählerorientiert' und ‚figurenorientiert' beschreiben lassen, aber auch die Formen der Redewiedergabe zwischen den Polen ‚Erzählerrede' und ‚Figurenrede'. In diesen beiden Hinsichten nützt uns die Polarisierung ‚Erzählerseite'/‚Figurenseite' auch zur Gewinnung historischer Kriterien. So können wir in der Formengeschichte des Romans vom 17. bis zum 20. Jahrhundert eine Verlagerung der Rede und Perspektive von der Erzähler- auf die Figurenseite feststellen, d.h. eine zunehmende „Reduktion der Vermittlungsebene" (Küpper 1987, 111).

2.2.3 Erzählte Welt(en) und Erzählebene(n)

Von den bisherigen Bestimmungen her lässt sich eine weitere Eigenheit der Erzählung absehen: Die Anzahl erzählter Welten kann in zwei Richtungen erhöht werden. Zum einen durch die Vervielfältigung gleichberechtigter Erzähler, die nebeneinander bestehen; diese horizontale Vervielfältigung finden wir etwa im Briefroman, z.B. in Rousseaus *La nouvelle Héloïse* (1761), in dem alle Briefautoren ebenbürtige Erzählsubjekte sind:

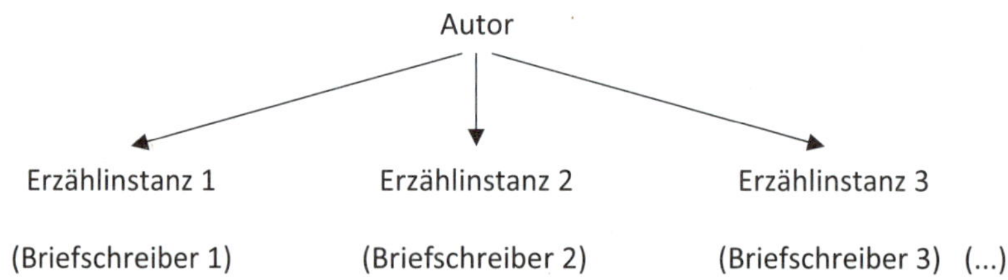

Abb. 5: Die interne Äußerungssituation der Erzählung (Erzählerseite) beim Briefroman

Komplizierter ist die Vervielfältigung der Erzähler in vertikaler Richtung, nämlich durch die Ausbildung verschiedener **Erzählebenen** (*niveaux narratifs* oder *diégétiques*). Erzählebenen vervielfältigen sich, indem eine Figur selbst zum Erzähler wird. Berühmte Beispiele sind Geschichten- und Novellensammlungen wie die *Erzählungen aus 1001 Nacht* (8. Jh.), Boccaccios *Decamerone* (1349-51), Chaucers *Canterbury Tales* (vor 1380) oder Marguerite de Navarres *Heptaméron* (1542-49). Hier gibt es jeweils eine Rahmenerzählung wie z.B. im *Decamerone* die Flucht mehrerer junger Damen und Herren vor der Pest in Florenz an einen sicheren Ort, die das Erzählen der Novellen durch die Mitglieder der kleinen Gemeinschaft motiviert. Jede Figur kann zu einem beliebigen Zeitpunkt Erzähler werden, so dass eine beliebige Multiplikation von Erzählebenen möglich ist. Unser Aussage-Schema lässt sich also noch erweitern:

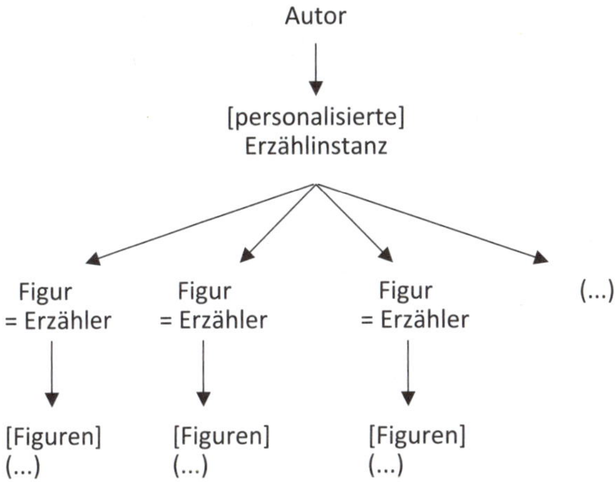

Abb. 6: Die interne Äußerungssituation der Erzählung (Erzählerseite) bei der Novellensammlung mit Rahmenerzählung

Die Vervielfältigung von Erzählebenen bleibt überschaubar, wenn wie im *Decamerone* eine Erzählung in eine Erzählung höheren Grades eingebettet wird. Prinzipiell kann aber jeder vermeintlich als primäre Instanz auftretende Erzähler sich als Figur eines vorgängigen Erzählers herausstellen. Dies ist freilich seltener als der oben beschriebene umgekehrte Fall.

Übungen zur Erzählebene finden Sie im Modul unter Diskursstruktur

3 Narrative Verfahren

Erzählen bedeutet, darstellungs- und wirkungsstrategisch die Möglichkeiten auszunutzen, die die in Kap. 2.2 beschriebenen Konstituenten der Erzählung bereitstellen. Solche erzählstrategischen Verfahren nennen wir fortan Modellierungen. Die folgende Darstellung der Erzählstrategien konzentriert sich auf den drei Strukturebenen **Makrostruktur, Diskursstruktur** und **Mikrostruktur** wieder auf die Spezifika des narrativen Diskurses. Am ausführlichsten kommt die Diskursstruktur zur Sprache, da sich hier die narrativen Verfahren im engeren Sinne finden: Erzählperspektive, Redewiedergabe, Zeitformung. Stärker als die allgemeine Makrostrukturanalyse, bei der Handlungs- und Figurenschemata aus dem Text abstrahiert oder rekonstruiert werden, gestaltet sich die Diskurs- und Mikrostrukturanalyse weithin als eine Indiziensuche, von der ausgehend bestimmte Modelle, Typen oder Formen im Text identifiziert werden. Die folgende Darstellung versucht dem Rechnung zu tragen, indem sie ebenso Definitionen wie Kriterien zur Identifizierung von Formen gibt. Im Einzelnen sind die folgenden Kapitel so angeordnet, dass sich in ihrem Verlauf immer wieder ein exemplarischer methodischer Analyseweg abzeichnet, man also aus dem Aufbau zugleich das Ablaufschema einer konkreten Analyse und ihre Leitfragen ableiten kann. Unter anderem aus diesem Grund werden die einzelnen Analyseaspekte sowohl in der Abfolge der Strukturebenen vom Großen zum Kleinen als auch – wo es möglich und sinnvoll ist – innerhalb der Kapitel 3.1, 3.2 und 3.3 grob von globalen zu regionalen und zu Feinstrukturen hin angeordnet. Spätestens bei der selbst durchgeführten Analyse wird man feststellen, dass einige der hier besprochenen Aspekte sich an Schnittstellen zwischen den Strukturebenen ansiedeln bzw. auf weitere Ebenen strukturelle Auswirkungen haben (z.B. Redewiedergabe und Tempus). Mag dies auch als ein von der Narratologie nicht einheitlich gelöstes systematisches Problem erscheinen, unwillkommen ist es nicht: Die Synthese und die Interpretation der Analysedaten bestehen ohnehin darin, die Ebenen aufeinander zu beziehen und zu integrieren. Vor allem aber sind die folgenden Begriffe und Kategorien zumeist als Pole oder Koordinaten zu verstehen, die weniger eine bestimmte Variante als vielmehr ein Feld von Möglichkeiten des Erzählens abstecken.

3.1 Makrostruktur

Für die Narrativik spezifische Handlungsschemata und Figurenkonzeptionen gibt es definitionsgemäß nicht, wohl aber prägnante Gattungen, Subgenres und Erzählformen wie Autobiographie, Novelle und Märchen, die aus der Narrativik hervorgegangen sind und festgefügte Aufbauprofile bereitstellen. Umgekehrt lassen sich auf traditionelle Erzählungen häufig Verlaufsformen des Dramas (Exposition, Peripetie, Katastrophe etc.) übertragen. Der Roman hat indessen keine bedeutende eigenständige Gattungspoetik hervorgerufen.

Ein spezifischer Aspekt narrativer Erzählungen ist die Einbettung des Haupttextes in eine **peritextuelle Umgebung** (*péritexte*). Darunter fasst Genette alle Texte und sonstigen Angaben, die sich „dans l'espace du même volume" (Genette 1987, 10) befinden: Titel, Autorname, Vorwort, Widmung, Kapitelüberschriften etc. Einige dieser Texte oder Angaben dienen der optischen und inhaltlichen Gliederung der Erzählung; besonders Titel und Zwischentitel sowie Vorworte und Nachworte können in Deutungszusammenhängen mit dem Haupttext stehen (Rothe 1986) (vgl. unten die Beispiele 8, 9 und 24 sowie Kap. 3.3.2).

Übungen zur Makrostruktur finden Sie im Modul unter Analyse

3.2 Diskursstruktur

3.2.1 Analyse des Erzählers

So wenig es Geschichten ohne Erzählung gibt, so wenig gibt es Erzählungen, die die Handlung nicht modellierten. Noch der sachlichste Zeugenbericht nimmt eine bestimmte Perspektive ein. Zweimal dieselbe Handlung auf unterschiedliche Weise erzählt, ergibt zwei verschiedene Geschichten. Hauptakteur der narrativen Modellierungen ist der Erzähler (*narrateur*): Er ist ein strategisches Steuerungsinstrument, vergleichbar dem Objektiv einer Kamera und dem Schneidetisch für die Montage. Die Möglichkeiten und Grenzen der erzählerischen Modellierung sind jedoch davon gänzlich verschieden. Technisch sind sie von Medium und Kode vorgegeben, historisch haben sie sich in einer langen Geschichte poetischer Erzählformen herausgebildet, teils in deutlicher epochaler Beschränkung. Die Diskursanalyse besteht in der Praxis weitgehend darin, **Erzählertypen, Erzählsituationen oder Erzählperspektiven** anhand von Indizien zu erkennen und zu beschreiben. Wie wir sehen werden, handelt es sich bei diesen Mustern erzählerischer Modellierung um Abweichungen von der kausalchronologischen Ereignisfolge sowie um gezielte Verteilung von Information.

Diegetische Situierung und Fokalisierung

Der Erzählertyp lässt sich allgemein in seinem Verhältnis zu den Konstituenten der Erzählung bestimmen, d.h. in Bezug auf (i) sich selbst: seine Identität und Äußerungssituation; (ii) sein Verhältnis zur erzählten Welt/Diegese bzw. Erzählebene und (iii) sein Verhältnis zum Wissen anderer Äußerungssubjekte.

Diegetische Situierung:

(i) Die erste Bestimmung des Erzählers zielt im weitesten Sinne auf dessen Identität. Sie lässt sich durch drei Leitfragen ermitteln:

(a) Wer spricht?

(b) Lässt sich der Erzähler nur als Informationsquelle oder auch als Person identifizieren? Falls der Erzähler sich als Figur konstituiert, stellt sich die weitere Frage:

(c) Ist er identisch mit einer Figur aus der erzählten Welt? Trifft dies zu, so handelt es sich um eine **homodiegetische Erzählung** (*récit homodiégétique*). Der Erzähler ist hier als Figur in der erzählten Welt präsent, er erzählt eine Geschichte, an der er teilhat. Ein Sonderfall der homodiegetischen Erzählung ist die **autodiegetische Erzählung** (*récit autodiégétique*), in der Erzähler und Protagonist identisch sind (vgl. die Beispiele 2, 3 und 5). Ist der Erzähler mit keiner Figur der erzählten Welt identisch, nennen wir die Erzählung **heterodiegetisch** (*récit hétérodiégétique*). Dies ist der Fall in den Beispielen (1), (4), (7) und dem weiter unten zitierten Beispiel (11) (s. zu diesen Begriffen Genette 1972, 252-259).

(ii) Da alle Äußerungssubjekte in einer Erzählung selbst Erzähler werden und sich die Erzählebenen dadurch vervielfältigen können, müssen wir auch den Erzähler hinsichtlich der von ihm erzählten Diegese bzw. der Erzählebene bestimmen. Im einfachsten Fall bringt die Verwandlung einer Figur in einen

Erzähler innerhalb einer Geschichte die Struktur von **Rahmenerzählung/ Binnenerzählung** hervor, wie im *Decamerone* Giovanni Boccaccios oder dem *Heptaméron* von Marguerite de Navarre. Während dort die Rahmenerzählung hinter die erzählten Novellen zurücktritt und hauptsächlich den Vorwand liefert, sie erzählen zu können, werden in Romanen wie Lesages *Gil Blas* (1715-1735) umgekehrt Erzählungen in den Lebensbericht des Helden eingelegt. So heißt es zum Ende des 10. Kapitels im 1. Buch:

8 Je lui contai mon histoire pour la confirmer dans la bonne opinion qu'elle avait conçue de moi. Par là je l'engageai à me donner sa confiance et à m'apprendre ses malheurs, qu'elle me raconta comme je vais le dire dans le chapitre suivant.
CHAPITRE XI
Histoire de doña Mencia de Mosquera.
Je suis née à Valladolid, et je m'appelle doña Mencia de Mosquera. Don Martin, mon père, après avoir consumé presque tout son patrimoine dans le service, fut tué en Portugal [...] (Lesage 1955, 37-38).

In solchen eingeschlossenen Erzählungen (*récits enchâssés*) rückt umgekehrt der Erzählerbericht der ersten Ebene nur für die Dauer der Erzählung einer Figur in den Hintergrund. In beiden Fällen unterscheiden wir jedoch zwei Erzählebenen. Die eine Ebene wird durch den Erzählakt definiert und begründet, die darunter liegende Ebene durch die Ereignisse, die der Erzähler berichtet. Beide Ebenen sind insofern gegeneinander abgeschlossen. Eine solche Doppelung der Erzählebenen liegt auch dann vor, wenn der Erzähler die von ihm erzählten Ereignisse als fiktive Geschichte ausgibt, etwa indem er sich selbst zum fiktiven Autor stilisiert wie zu Beginn von Alphonse Allais' Erzählung *Un drame bien parisien* (1894):

9 *Un drame bien parisien*
CHAPITRE PREMIER
Où l'on fait connaissance avec un Monsieur et une Dame qui auraient pu être heureux, sans leurs éternels malentendus.
À l'époque où commence cette histoire, Raoul et Marguerite (un joli nom pour les amours) étaient mariés depuis cinq mois environ. [...] (Allais 1989, 44).

Der Erzähler situiert sich durch die Bezeichnung „cette histoire", durch Wertungen wie „un joli nom pour les amours" und indem er die Namen der Protagonisten nennt, außerhalb des Erzähluniversums (ähnlich in Beispiel 4). Auch in diesem Fall besteht zwischen der Ebene, die der Erzählakt erzeugt und auf der sich der Erzähler situiert, und der Ebene, auf der sich die erzählte Welt befindet, keine Kontinuität: Die Figuren kennen nicht den fiktiven Autor, der sie erzählt, dieser gehört nicht zur Welt der Figuren. Eine Aufspaltung in verschiedene Erzählebenen ist immer dann anzusetzen, wenn markiert wird, dass der Erzählakt sich auf einer anderen Ebene befindet als die durch ihn erzählten Ereignisse. Dieser Fall liegt bei den eingeschlossenen Geschichten des *Heptaméron* und bei jenen des *Gil Blas* (Beispiel 8) vor, aber auch in der Allais-Geschichte (Beispiel 9), und er lässt sich noch in vielen weiteren Formen denken (Genette 1972, 239-241).

Wir bezeichnen die Situierung des Erzählers außerhalb der erzählten Welt, also den Erzähler auf der oberen bzw. ersten Ebene als **extradiegetisch** (*récit extradiégétique*) und die Ereignisse und Figuren auf der zweiten Ebene als diegetisch oder **intradiegetisch** (*récit intradiégétique*). Gibt es nur eine Erzählebene, so handelt es sich um eine extradiegetische Erzählung. Figuren, die wie doña Mencia aus Beispiel (8) Teil einer Erzählung sind, aber selbst eine Geschichte – in der Geschichte – erzählen, nennen wir intradiegetische Erzähler. Die Erzählung in der Erzählung selbst nennen wir **metadiegetische** Erzählung (*récit métadiégétique*) oder Erzählung zweiten Grades (*récit au second degré*) (Genette 1972, 238-243).

Bei der Analyse metadiegetischer Erzählungen stellt sich vor allem die Frage, welche Funktion sie für die Haupthandlung bzw. die Handlung auf weiteren Erzählebenen haben und in welchem Verhältnis sie zu ihnen stehen (Genette 1983, 61-64). Dies hat auch Auswirkungen auf die Handlungsfunktion des Erzählers: In einigen Novellen Balzacs wie z.B. *L'auberge rouge* oder *Sarrasine* erweist sich der Erzähler der Rahmengeschichte als persönlich in die Handlung der Binnengeschichte verstrickt, auch wenn er nicht in sie eingreifen kann; in diesen Fällen tritt er zugleich als homo- und autodiegetischer Erzähler auf. Bei komplexen Verschachtelungen lassen sich verschiedene Erzählebenen auch als Erzählung ersten Grades, zweiten Grades, dritten Grades (*récit au premier, second, troisième degré*) etc. durchnummerieren, dabei kommt der Erzählung ersten Grades besondere Bedeutung für die Interpretation der Geschichte zu. Leser von Marcel Prousts Romanzyklus *À la recherche du temps perdu* (1913-27), Gides *Les faux-monnayeurs* oder der Autoren des *Nouveau Roman* wissen, dass im 20. Jahrhundert die Beziehungen zwischen verschiedenen Erzählebenen sehr komplex werden können (Bal 1997, 52ff.). Einer beliebigen Multiplikation und Überlappung von Erzähluniversen steht ja nichts im Wege. Wie vermeintlich starre Grenzen zwischen Fiktion und Wirklichkeit verschwimmen, wenn erzählte Welten durcheinander geraten, haben Miguel de Cervantes oder Laurence Sterne im 17. und 18. Jahrhundert bereits vorgeführt. In dieser Traditionslinie stellt Denis Diderot in seinem Roman *Jacques le fataliste et son maître* (1796) die Willkür des Erzählens durch Übergriffe von der extradiegetischen auf die intradiegetische Ebene zur Schau:

10 [Jacques et son maître] furent accueillis par un orage qui les contraignit de s'acheminer... – Où? – Où? lecteur, vous êtes d'une curiosité bien incommode ! Et que diable cela vous fait-il ? Quand je vous aurai dit que c'est à Pontoise ou à Saint-Germain, à Notre-Dame de Lorette ou à Saint-Jacques de Compostelle, en serez-vous plus avancé ? Si vous insistez, je vous dirai qu'ils s'acheminèrent vers... oui ; pourquoi pas ? ... vers un château immense [...] (Diderot 1973, 56).

Die komische Wirkung dieser **narrativen Metalepse** (*métalepse narrative*), d.h. der zeitweiligen Überschreitung diegetischer Grenzen durch den Erzähler, zeigt deutlich, wie sehr diese Grenze zwischen den Erzählebenen, von der Balzac im *Père Goriot* (Beispiel 4) vierzig Jahre später wieder selbstverständlich ausgehen wird, im Lesebewusstsein etabliert ist. Bereits bei Diderot und seinen Vorgängern lässt sich absehen, in welchem Maße sich das Spiel mit Erzählebenen zu einer radikalen Infragestellung der Romankategorien Fiktion, Figur, Handlung, Erzähler, Zeit eignet – denn diese Kategorien sind es ja, die Erzählakte, -ebenen und -welten konstituieren. Systematisch setzt sich der *Nouveau Roman* seit Ende der 1950er Jahre mit diesen Kategorien in der Absicht einer Denunziation und zugleich Verschärfung realistischer Erzählverfahren durch Doppelungen, Vervielfältigungen, Spiegelungen und Selbstspiegelungen von Erzählungen, Erzählakten und Lesern auseinander. Das grundlegende metafiktionale Verfahren ist dabei eine Figur, die nachweislich, wie das Diderot-Beispiel zeigt, auch vor dem 20. Jahrhundert Anwendung fand, in der kritischen Erzählpraxis des *Nouveau Roman* jedoch zur höchsten Differenzierung gefunden hat und deshalb eng mit dieser Strömung verbunden ist: die *mise en abyme* (auch *mise en abîme*). *Mise en abyme* bezeichnet jede Form, in der der Erzählakt, die Erzählung als ästhetisches Gebilde oder der Leseakt innerhalb der Erzählung thematisiert oder, metaphorisch gesprochen, ‚gespiegelt' wird. Dies kann durch Analogien zwischen Erzählwelten auf verschiedenen Erzählebenen geschehen. So etwa wenn in Robbe-Grillets Roman *La jalousie* (1957) die Figuren einen Roman lesen, in dem ähnliche Dinge geschehen wie in der Haupthandlung. Die *mise en abyme* muss nicht zwangsläufig zur Vervielfältigung von Erzählebenen führen; sie liegt auch dort vor, wo etwa Autorfiguren, Leserfiguren und Kunstwerke beschrieben werden, die sich auf irgendeine Weise thematisch-interpretierend oder durch strukturelle Ähnlichkeit auf die Gesamterzählung beziehen lassen (nähere Differenzierungen der *mise en abyme* bei Dällenbach 1977).

Fassen wir die beiden ersten Leitfragen zur Erzähleranalyse zusammen, so kommen wir zu einer doppelten Bestimmung. Zum einen geht es um die personale Identität des Erzählers, die zugleich sein Verhältnis zur Geschichte bestimmt (homo-/heterodiegetisch), zum anderen um die Erzählebene, auf der er sich befindet (intra-/extradiegetisch). Vier Grundtypen sind folglich zu unterscheiden.

a) **extradiegetisch-heterodiegetisch**: Mit personalisiertem Erzähler in den Beispielen (4), (9), (10); ohne personalisierten Erzähler in (1), (7) und (11) – hier ist der Erzähler als Erzählinstanz extradiegetisch und heterodiegetisch.

b) **extradiegetisch-homodiegetisch**: Beispiele (2), (3), (5) sowie der Ich-Erzähler in (8) – auch hier gilt: Als Instanz (nicht als Figur) ist der Erzähler außerhalb der erzählten Welt.

c) **intradiegetisch-heterodiegetisch**: Eine Figur erzählt innerhalb der erzählten Welt, wie im *Héptaméron*, eine Geschichte, an der sie nicht teil hat.

d) **intradiegetisch-homodiegetisch**: Die Erzählung doña Mencias in Beispiel (8).

Diese vier Erzählereinstellungen können für ganze Erzählungen bestehen, aber auch innerhalb von Absätzen oder gar Sätzen wechseln, selbst Misch- und Grenzformen sind denkbar.

Fokalisierung

(iii) Die dritte Dimension des Erzählers ergibt sich aus dem Verhältnis zum Wissen der Figuren. In Beispiel (6) situiert sich der Erzähler innerhalb, in (9) außerhalb der erzählten Welt, jedoch kommt es in keinem der beiden Fälle zu einer Diskrepanz zwischen dem Subjekt der Äußerung (Erzähler) und jenem Subjekt der Aussage (Figur), welches zugleich das Orientierungs-, Wissens- bzw. Wahrnehmungssubjekt der Erzählung ist:

(6) Aujourd'hui, maman est morte. Ou peut-être hier, je ne sais pas (Camus 1942, 9).
(9) À l'époque où commence cette histoire, Raoul et Marguerite (un joli nom pour les amours) étaient mariés depuis cinq mois environ (Allais 1989, 44).

Der Leser folgt exakt den Informationen, die der Erzähler auch ‚hat' (Beispiel 6) bzw. gibt (Beispiel 9). Anders im folgenden Beispiel aus Gustave Flauberts Roman *L'éducation sentimentale* (1869). Hier löst sich diese Kongruenz nach den ersten Absätzen in dem Maße auf, in dem der Erzähler allmählich die Figurenperspektive einnimmt:

11 Le 15 septembre 1840, vers six heures du matin, *la Ville-de-Montereau*, près de partir, fumait à gros tourbillons devant le quai Saint-Bernard.
Des gens arrivaient hors d'haleine ; des barriques, des câbles, des corbeilles de linge gênaient la circulation ; les matelots ne répondaient à personne ; on se heurtait ; les colis montaient entre les deux tambours, et le tapage s'absorbait dans le bruissement de la vapeur, qui, s'échappant par des plaques de tôle, enveloppait tout d'une nuée blanchâtre, tandis que la cloche, à l'avant, tintait sans discontinuer.
Enfin le navire partit ; et les deux berges, peuplées de magasins, de chantiers et d'usines, filèrent comme deux larges rubans que l'on déroule.
Un jeune homme de dix-huit ans, à longs cheveux et qui tenait un album sous son bras, restait auprès du gouvernail, immobile. A travers le brouillard, il contemplait des clochers, des édifices dont il ne savait pas les noms; puis il embrassa, dans un dernier coup d'œil, l'île Saint-Louis, la Cité, Notre-Dame ; et bientôt Paris disparaissant, il poussa un grand soupir (Flaubert 1985, 47).

Flaubert engt die visuelle Perspektive vom Panorama (Absatz 1-2) auf den „jeune homme" ein, der neben dem Steuerrad des Schiffes steht, Frédéric Moreau, wie man kurz darauf erfährt, der Held des Romans. Im gleichen Zuge verändert sich die Wahrnehmungsperspektive. Die ersten beiden Absätze sind aus unmarkierter Perspektive geschildert. Da es keine Figur gibt, die den Standort einnimmt, von dem aus der Hafenbetrieb wahrgenommen wird, vermuten wir zunächst eine allwissende Perspektive. Im dritten Absatz befindet sich der Blickpunkt bereits eindeutig auf dem Schiff: „les deux berges, peuplées de magasins, de chantiers et d'usines, filèrent". Die Perspektive ist im Vergleich zu den ersten beiden Absätzen eingeschränkt. Handelte es sich um einen Film, so wäre die Kamera nun auf dem Schiffsdeck postiert. Die Orientierung des Lesers passt sich dem an, was eine Figur wahrnehmen würde, die neben dem Steuerrad steht. Eine solche Figur wird im folgenden Absatz auch tatsächlich als „un jeune homme" eingeführt. Die Wahrnehmungsperspektive ist nun in der Figur verankert. Der junge Mann auf dem Schiff ist es, der die Namen der Gebäude nicht kennt und für den „Paris verschwindet". Das Subjekt der Äußerung bleibt freilich der Erzähler; allein die Informationen, mit denen er den Leser in der erzählten Welt orientiert, sind nun durch die Wahrnehmung der Figur, des Subjekts der Aussage, gefiltert. Folglich ‚sehen' wir die Welt nun nicht mehr durch die ‚Augen' des Erzählers, sondern durch jene der Figur. Die Vermittlungsinstanz ist in das wahrnehmende und denkende Bewusstsein der Figur eingelassen. Diese Form der ‚Besessenheit' ist eine der produktivsten Eigenarten narrativer Texte.

> Wenn aus der Sicht der Figur erzählt wird, heißt das noch nicht, dass die Figur auch der Erzähler ist. Identität des Erzählers und Fokalisierung sind zwei getrennte Dimensionen des Erzählens. Der Fokus einer Erzählung kann zwar von der Identität des Erzählers abhängen, lässt sich aber nicht direkt aus ihr ableiten: Wer spricht (Identität) und wer wahrnimmt (Fokalisierung) sind voneinander unabhängig zu beantwortende Fragen.

Es reicht daher nicht, die personale Identität des Erzählers zu ermitteln und ihn in Bezug auf die Erzählebene zu verorten. In einem weiteren Schritt ist zu prüfen, wessen Perspektive die Wahrnehmung bestimmt, d.h. über die Informationen entscheidet, die der Erzähler gibt und die den Leser orientieren. Wir können hier von der bewusstseinsbezogenen oder kognitiven Veranlagung der Erzählung sprechen. Wenn das kognitive Orientierungszentrum diegetisch, also in der erzählten Welt verankert ist, im Bewusstsein einer Figur, dann sind Wahrnehmen, Orientierung, Wissen, Erkennen und Reflektieren abhängig von der Wahrnehmung, ihren psychologischen und anthropologischen Möglichkeiten und Grenzen, ihrer interessegeleiteten oder zufälligen Selektivität, der Ausrichtung der Aufmerksamkeit, der zeiträumlichen und geschichtlichen Situierung der Figur in einem bestimmten Moment in der erzählten Welt. Wir nennen fortan der Einfachheit halber dieses kognitive und situative Informationsraster der Erzählung ‚Wissen'. Spannung kann dadurch entstehen, dass Figuren zu einem bestimmten Zeitpunkt bestimmte Dinge wissen (glauben, bemerken, erfahren) oder es gerade noch nicht bzw. erst zu einem späteren oder zu späten Zeitpunkt oder nie tun. Anzeichen für diese kognitiven Restriktionen sind Verben der inneren und äußeren Wahrnehmung und der Reflexion (fühlen, sehen, hören, denken etc.) sowie epistemische Verben (glauben, meinen) oder raumzeitliche Adverbien. Betrachten wir zur Illustration noch einmal das Beispiel (7):

Zu Beginn der *Faux-monnayeurs* fällt Bernard ein Brief an seine Mutter in die Hände, der ihm Aufschluss über seinen unbekannten Vater geben könnte. Da er allein zu Hause ist, liest er den verbotenen Brief und stellt sich sogleich vor, dass er dabei entdeckt wird. Diese Ausgangssituation bestimmt die gesamte kognitive Veranlagung der Eingangsszene des Romans:

(7) „C'est le moment de croire que j'entends des pas dans le corridor, se dit Bernard. Il releva la tête et prêta l'oreille. Mais non: son père et son frère aîné étaient retenus au palais ; sa mère en visite ; sa sœur à un concert ; et quant au puîné, le petit Caloub, une pension le bouclait au sortir du lycée chaque jour. [...] Une goutte de sueur coula le long de son nez, et s'en alla tomber sur une lettre qu'il tenait en main:
„Ça joue la larme, pensa-t-il. Mais mieux vaut suer que de pleurer" (Gide 1925, 13).

Die Erzählung lässt sich ganz auf das Bewusstsein Bernards ein, sein Wahrnehmen und Reflektieren („se dit Bernard", „il [...]prêta l'oreille", „pensa-t-il"). Gleichzeitig ist die selektive Ausrichtung der Wahrnehmung und das Erkennen („C'est le moment de croire [...]. Mais non [...]") vom Wissen und den Erwartungen in der spezifischen diegetischen Situation bestimmt, in der Bernard sich befindet: Er weiß noch nicht, was er finden wird, er sieht sich in einen Kriminalroman versetzt, bei dem jemand überraschend die Wohnung betritt.

In der Geschichte literarischer Formen haben sich vor allem drei Modelle oder Pole mit Varianten und Abstufungen herausgebildet. Hier ist wieder die Unterscheidung Figur/Erzähler als Leitdifferenz hilfreich:

(1) personal oder aktorial (subjektiv/immanent relativ)
(2) narratorial oder auktorial (objektiv/transzendent/absolut)
(3) neutral

(1) meint die relative, raumzeitlich bedingte, kognitiv oder intentional (von der Wahrnehmbarkeit bzw. der zielgerichteten Aufmerksamkeit her) eingeschränkte Situation der Figur; dieser subjektive Blickwinkel entspricht der Wahrnehmungssituation des Menschen und wird in der Literatur durch eine innerhalb der erzählten Welt (immanent) situierte, psychologisch gestaltete Figur abgebildet (daher personal/aktorial). Der Eindruck von Subjektivität entsteht gerade durch merkliche Einschränkungen des Blickwinkels. Das funktioniert aber nur, wenn die aufgebaute Perspektive in sich kohärent und stimmig ist. Nicht immer war dies so und nicht jedem Autor gelingt dies.

(2) entspricht einer erzählerisch-schreibenden Haltung zur Welt (auktorial oder narratorial). Hier geht es weniger um Markierung von Subjektivität durch Zurückhaltung von Information, vielmehr lässt sich die Auswahl und Anordnung der Information von der Logik eines bestimmten Erzählstils leiten (z.B. episch oder ironisch). Dieser objektive (transzendente) Blickwinkel außerhalb der erzählten Welt gibt den des Autors, des allmächtigen Erfinders wieder.

(3) entspricht einem nach (1) oder (2) nicht-markierten Erzählen.

Diese Erzählpositionen sind Schemata, die es dem Leser ermöglichen, ausgehend von seinem Weltwissen und seinen Wahrnehmungsgewohnheiten die erzählte Welt als zeiträumlich zusammenhängend und psychologisch nachvollziehbar zu erleben. Eine gezielte Durchbrechung dieser Perspektive, z.B. indem durch die Augen eines Kindes oder Hundes erzählt wird, kann daher ungewöhnliche Effekte bewirken.

Das Verhältnis zwischen Erzählposition und kognitiver Veranlagung können wir im Anschluss an Genette (1972, 206ff.) mit dem Begriff **Fokalisierung** (*focalisation*) näher fassen. Der Begriff meint wörtlich ‚Brennpunktbildung' oder ‚Einstellung der Tiefenschärfe'. Als Bezeichnung aller Formen der kognitiven Einschränkung ist er also eigentlich eine visuelle Metapher, die aber den Vorteil hat, eine Reihe zuvor gebräuchlicher und teils sich überschneidender Begriffe wie *point de vue, vision, point-of-view,* Innensicht, Außensicht oder Erzählperspektive systematisch zu ersetzen.

Berichtet der Erzähler nach Maßgabe des Figurenwissens (aktorial), so sprechen wir von **interner Fokalisierung** (Innensicht, *focalisation interne*). Mit Figurenwissen ist wieder der grundsätzlich einschränkende, durch die diegetische und kognitive Situation der Figur bestimmte Informationsfilter gemeint. Mit der internen Fokalisierung geht deshalb die Introspektion in die Figur, in ihr Wahrnehmen, Fühlen, Denken, Wissen und Wollen einher. Für die interne Fokalisierung gilt die Faustformel: Erzählerwissen = Figurenwissen.

Im Zweifelsfall empfiehlt sich der von Roland Barthes (1966, 20) vorgeschlagene Test: Gelingt es, die Erzählung ohne Informationsverlust in die erste Person umsetzen, so haben wir es meistens mit interner Fokalisierung zu tun.

Den Anfang der *Faux-monnayeurs* (Beispiel 7) wird man als interne Fokalisierung bezeichnen, wenngleich die beschreibenden Passagen wie „Il releva la tête et prêta l'oreille" streng genommen diese Perspektive bereits durchbrechen. Robbe-Grillets *La jalousie* stellt den Sonderfall einer Erzählung in interner Fokalisierung dar, die in der Hauptfigur verankert ist – ohne dass diese jedoch identifiziert wird oder sich selbst nennt, da sie nämlich restlos in der Erzählposition aufgeht (Beispiel 22).

Externe Fokalisierung (Außensicht, *focalisation externe*) liegt vor, wenn das individuelle Figurenwissen, hier: die Innenwelt der Figur, deutlich von der Erzählung ausgespart bleibt (Erzählerwissen < Figurenwissen). In diesem Fall passt sich die Erzählposition der Situation einer beobachtenden Figur innerhalb der erzählten Welt an, die nicht in andere Figuren ‚hineinzusehen' vermag.

Die externe Fokalisierung überlässt tendenziell dem Leser die Deutung der Handlungsmotivationen der Figuren und die Divination ihres Charakters. Dies kann etwa bei enigmatischen Figuren spannungsfördernd sein, aber auch den Eindruck von Wahrscheinlichkeit, behavioristischer Beobachtung und Objektivität erzeugen.

Extern fokalisiert ist die Eingangsszene von Balzac (Beispiel 4). Camus (Beispiel 6) erzählt zwar in der Ich-Perspektive (homodiegetisch), die ganze Erzählung ist praktisch als Monolog gestaltet, dennoch lässt sich in diesem Fall mit Recht von einer externen Fokalisierung sprechen, da der Leser kaum etwas von der Figur erfährt, was nicht auch ein äußerer Beobachter wahrnehmen würde. Echenoz verwendet in *Cherokee* (Beispiel 1, Beispiel 23) die externe Fokalisierung, um eine filmische Schreibweise zu erreichen, die die charakteristischen Kennzeichen der so genannten *Camera-Eye*-Technik aufweist – und zugleich ironisiert.

Die **Null-Fokalisierung** oder nicht-fokalisierte Erzählung (*focalisation zéro, récit non-focalisé*) ist dadurch definiert, dass die Erzählerrede entweder keine markierte Fokalisierung, d.h. keine deutliche Einschränkung des Wissens, erkennen lässt oder dass sie das aktoriale Bewusstsein einer beobachtenden Figur und auch einer (einzigen) bzw. der im Erzählmoment gerade gegenwärtigen Figur(en) übersteigt (Erzählerwissen > Figurenwissen).

Die Null-Fokalisierung kann also entweder einer auktorialen Logik folgen: In diesem Fall stellt der Erzähler sein Verfügungswissen über das gesamte innere und äußere, vergangene und zukünftige, nahe und entfernte Geschehen zur Schau und offenbart sich damit eher als fiktiver Autor einer erfundenen Geschichte denn als fingierter objektiver Beobachter eines Geschehens (Beispiele 4 und 9). Oder aber die Perspektive funktioniert nach der aktorialen Logik. In diesem Fall lässt sich der Erzähler abwechselnd auf die nach außen verschlossene Bewusstseinsebene der Figuren ein, deren kognitive Beschränkung er aber respektiert (*focalisation interne variable*) – die Null-Fokalisierung wird dann eher implizit durch das beliebige Vagabundieren des Erzählers zwischen Bewusstseinsebenen als explizit durch Grenzüberschreitungen markiert. In diesem Fall ist die Grenze zwischen Null-Fokalisierung und **wechselnder Fokalisierung** (*focalisation variable*) fließend. *In nuce* findet sich letzteres Verfahren in Flauberts *Éducation sentimentale*, als zwei an Frédéric interessierte Damen, Mme Arnoux und Louise, von dessen Liaison mit einer dritten erfahren und über ihn innerlich richten (Flaubert 1985, 420):

12 – « Comme il me mentait ! » se dit Mme Arnoux.
– « C'est donc pour cela qu'il m'a quittée ! » pensa Louise. (Flaubert 1985, 420)

Bisweilen werden dominante Fokalisierungen durch eingestreute oder vorenthaltene Informationen gebrochen, ohne dass gleich von einem Fokalisierungswechsel die Rede sein müsste. Solche Brüche (*altérations*) können spannungssteigernde Wirkung haben (Genette 1972, 211-213). Ebenso sind komische oder ironisierende Fokalisierungswechsel möglich wie in Beispiel (12). Wie Genette (1972, 208f.) bemerkt, ist nicht nur die Unterscheidung zwischen wechselnder und Null-Fokalisierung schwierig, es kann durchaus auch eine Frage der Sichtweise sein, ob man ein und dieselbe Passage als externe Fokalisierung (mit Bezug auf die beobachtete Figur) oder als interne Fokalisierung (in Bezug auf die beobachtende Figur) klassifiziert. All diese zuletzt angesprochenen Zweifelsfälle können nur im Rahmen einer umfassenden Interpretation geklärt werden, die dominante Funktions- und Wirkungszusammenhänge der narrativen Techniken einer Erzählung in einen formgeschichtlichen Zusammenhang bringt. Es macht einen Unterschied, ob eine Geschichte aus der Sicht eines nicht-personalisierten Erzählers oder aus der internen Fokalisierung einer Figur erzählt wird. Das klassische Beispiel ist hier Guy de Maupassants Erzählung „Le Horla" (1887), die in zwei Versionen vorliegt, einmal aus der Sicht des Protagonisten in Tagebuchform und einmal in extradiegetisch-heterodiegetischer Perspektive. Ebenso spielt es für die Interpretation eine entscheidende Rolle, welche Figur die personale Perspektive trägt. *Madame Bovary* wäre, aus der Sicht von Charles oder Emma erzählt, eine gänzlich andere Geschichte. Camus' *L'Étranger* würde durch Null-Fokalisierung deutlich an Eindringlichkeit verlieren. Allgemein gilt für die Fokalisierungsmodi: Sie können innerhalb der Erzählung einförmig konstant bleiben oder variieren, kohärent oder inkohärent gestaltet sein, einer wahrscheinlichen bzw. psychologisch schlüssigen Darstellung zuarbeiten oder aber diese durchkreuzen; schließlich erscheinen sie auch in Misch-, Grenz- und ambivalenten Formen.

Eben dies trifft auch für die vier Pole zu, die sich zusammenfassend und als praktische Orientierungshilfe für die Analyse der perspektivischen Veranlagung einer Erzählung unterscheiden lassen.

(A) und (B) betreffen die personale Identität des Erzählers:

(A) personal erzählerorientiert (narratorial): Erzähler ist mit sich selbst d.h. dem Redesubjekt identisch, nicht mit der Figur; er kann sich als Erzählerfigur konstituieren oder nicht;

(B) personal figurenorientiert (aktorial): Erzähler ist personal identisch mit der Hauptfigur oder einer Zeugenfigur.

(C) und (D) betreffen die kognitiv-situative Veranlagung der Erzählung:

(C) kognitiv erzählerorientiert (narratorial): absolute Fokalisierung, d.h. unabhängig von anthropologischen Wahrnehmungsgrenzen, zeit-räumlichen Situierungen und Wissensständen innerhalb der Diegese;

(D) kognitiv figurenorientiert (aktorial): relative Fokalisierung, d.h. abhängig von anthropologischen Wahrnehmungsgrenzen, zeit-räumlichen Situierungen und Wissensständen innerhalb der Diegese.

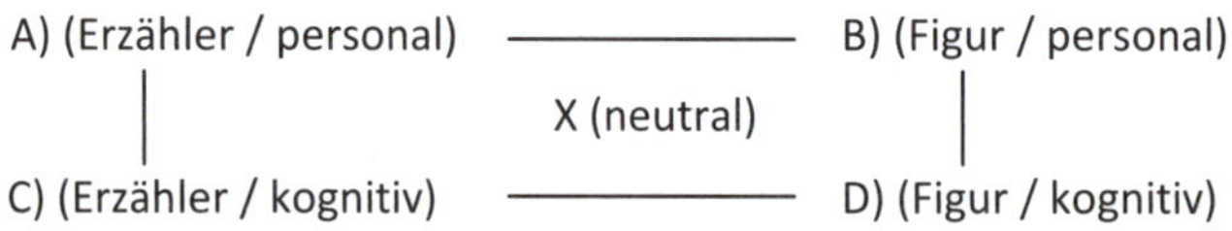

Abb. 7: Erzählertypen

Die Positionen A, B, C, D stecken ein Feld der Möglichkeiten ab, in dem es auch einen neutralen, nach keinem der Pole hin markierten Erzählstandpunkt X gibt.

Übungen zur Erzählerfokalisierung finden Sie im Modul unter Diskursstruktur

Erzählsituationen

Die narratologische Begrifflichkeit vermag eine Reihe geläufiger Typisierungen von Erzählperspektiven oder Erzählsituationen zu ersetzen, die sich im Laufe des 20. Jahrhunderts in teils verwirrender Überschneidung herausgebildet hat. Der Klarheit halber sollen sie deshalb auch hier nicht mehr ausführlich erläutert und miteinander abgeglichen werden (vgl. dazu Cohn 1978; Genette 1983, 64-89; Martinez/Scheffel 2000, 89-107). Es soll lediglich auf einige Begriffe hingewiesen werden, die durch einflussreiche Autoren wie vor allem Franz Stanzel (Stanzel 1981, 1982) in der universitären Lehre geläufig sind:

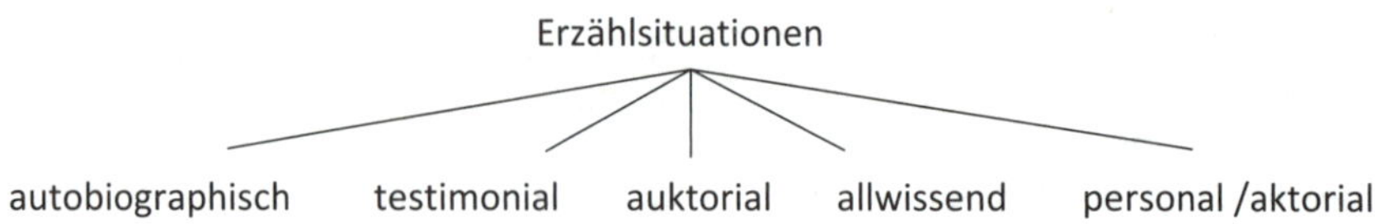

Abb. 8: Erzählsituationen

Diese Reihe ist zweifellos anschaulicher als die narratologische und bietet sich daher auch für bestimmte Verwendungszwecke an. Andererseits ist sie weniger systematisch und anschlussfähig. Im Verhältnis zur narratologischen Reihe ist sie synthetisch in dem Sinne, dass jeder dieser Erzählertypen ein Ensemble von narratologischen Bestimmungen umfasst.

Bei der **autobiographischen Erzählsituation** ist der Erzähler personal mit dem Protagonisten identisch (*narrateur-protagoniste*) (extradiegetisch/autodiegetisch). Aufgrund der zeitlichen Distanz und der daraus entstehenden Differenzen zwischen Erzähler, Erzählakt, Figur und Ereignissen bildet sich eine variable Spannung zwischen „erlebendem Ich" und „erzählendem Ich" (Spitzer 1961). Diese Spannung reduziert sich durch die Verwendung von *présent* und *passé composé* in den Beispielen (2) und (3) auf ein Minimum; in der traditionellen autobiographischen Fiktion nach dem Muster des pikaresken oder Bildungsromans (Beispiel 8) kann sich der Spannungsbogen über verschiedene Lebensalter des Helden erstrecken. Typisch ist der Wechsel zwischen der Fokussierung auf das erlebende Ich (interne Fokalisierung) und das erzählende Ich (meist Null-Fokalisierung). In der **testimonialen Erzählsituation** hat der Erzähler Zeugenfunktion; er konstituiert sich als Figur, im Mittelpunkt steht aber nicht seine Geschichte, sondern das Geschehen, das er beobachtet oder miterlebt. Die **auktoriale Erzählsituation** kann der nicht-fokalisierten heterodiegetischen Erzählung entsprechen. Der Erzähler ist in dem Sinne ‚auktorial', dass er sich ‚autorhaft' gibt, sei es, indem er sich als fiktiver Autor und damit als Urheber der Geschichte ausweist, sei es, dass er die Autorität der Bewertung, der Einmischung, des Kommentars, der Leseranrede beansprucht (Beispiele 4, 9, 10). Der **allwissende Erzähler** hat weder raum-zeitliche noch kognitive Einschränkungen und entspricht damit der Null-Fokalisierung. Indizien sind deutliche Überschreitungen aktorialer Wissensgrenzen wie die wechselnde Innensicht in Figuren (ohne allerdings darauf beschränkt zu sein), Vorausdeutungen, Rückgriffe, willkürliche Szenenwechsel etc. In der **personalen bzw. aktorialen Erzählsituation** ist der Erzähler selbst nicht als Figur wahrnehmbar, es wird aber aus der Perspektive einer Figur erzählt (heterodiegetisch, interne Fokalisierung). Indizien sind deutliche Perspektiveneinschränkungen in raum-zeitlicher oder psychologischer Hinsicht (Beispiele 1 und 11). Soll eine perspektivisch kohärente, d.h. wahrscheinliche und psychologisch schlüssige Darstellung gelingen, so gibt jede dieser Erzählsituationen ebenso wie eine jeweilige diegetische Situierung des Erzählers und Fokalisierungsart bestimmte Optionen der Redewiedergabe vor.

3.2.2 Redewiedergabe und Distanz

Wie wir in Kap. 2.2.2 festgestellt haben, ist die Polarisierung ‚Erzähler'/narratorial – ‚Figur'/aktorial grundlegend für das Erzählsystem und die Ausdifferenzierung narrativer Verfahren. In Kap. 3.2.1 war zu sehen, welche Wirkung die Überlagerung und der Wechsel von narratorialen und aktorialen Perspektiven erzielen kann. Erzähler und Figur lassen sich aber auch als Äußerungssubjekte der Erzählung gegeneinander ausspielen. So können die Aussagen beider Subjekte in aufeinander folgenden Sätzen oder innerhalb eines einzigen Satzes in unterschiedliche Verhältnisse zu einander treten, je nachdem, wie der Erzähler die Figurenrede wiedergibt bzw. zitiert. Betrachten wir dazu noch einmal Beispiel (7), den Beginn von André Gides *Les faux-monnayeurs*:

(7) „C'est le moment de croire que j'entends des pas dans le corridor", se dit Bernard. Il releva la tête et prêta l'oreille. Mais non: son père et son frère aîné étaient retenus au palais ; sa mère en visite ; sa sœur à un concert ; et quant au puîné, le petit Caloub, une pension le bouclait au sortir du lycée chaque jour. [...] Une goutte de sueur coula le long de son nez, et s'en alla tomber sur une lettre qu'il tenait en main: „Ça joue la larme, pensa-t-il. Mais mieux vaut suer que de pleurer" (Gide 1925, 13).

Der Roman hebt direkt mit der Figurenrede an („„C'est le moment de croire [...]'"), erst dann kommt der Erzähler zu Wort („[...] se dit Bernard. Il releva la tête et prêta l'oreille."). Im zweiten Satz erfahren wir zwar die Gedanken der Figur, jedoch nicht mehr wörtlich, sondern nur noch dem Inhalt nach, durch den Erzähler vermittelt, in der distanzierteren Form der erlebten Rede („Mais non: son père et son frère étaient retenus au palais [...]" – und nicht etwa als Gedankenzitat wie z.B.: „‚Mais non: mon père et Georges sont retenus...', pensa Bernard"). Es folgt ein weiterer Erzählerbericht („Une goutte de sueur [...]"), sodann abermals Figurenrede, die jedoch nur gedacht, nicht geäußert wird („‚Ça joue la larme, pensa t-il. [...]'"). Systematisch betrachtet, unterscheiden sich diese Formen in der unterschiedlichen Distanz zwischen Figurenrede und ihrer Wiedergabe bzw. im Grad an Mittelbarkeit, mit der die Figurenrede durch die Erzählrede zitiert wird. Vermittelt der Erzähler die Rede oder Gedanken der Figur durch erlebte Rede, so hält er den Leser in größerer Distanz zur Figur und damit zur erzählten Welt, als wenn er sie in der direkten Rede wiedergäbe. Der Distanzunterschied lässt sich auch als ein unterschiedliches Beteiligungsverhältnis von Erzählerseite und Figurenseite an der Aussage beschreiben. Im ersten Satz beschränkt sich die Präsenz der Erzählinstanz auf ein Verb des Sagens („se dit Bernard"), während der Erzähler im zweiten Satz die Gedankenrede der Figur von der ersten in die dritte Person und vom Gegenwartstempus in ein Vergangenheitstempus umsetzt.

Maßgeblich für die Unterscheidung von Distanzformen ist daher, welche der einzelnen Elemente der Figurenrede wiedergegeben wird und wie: (a) der Redeakt (die Tatsache, dass die Figur spricht), (b) der Redeinhalt (worüber die Figur spricht) und (c) die Ausdrucksweise (wie die Figur spricht). Ingesamt lassen sich drei Gruppen von Distanzhaltungen unterscheiden (vgl. Genette 1972, 184-203; Martinez/Scheffel 2000, 51-63): **erzählte Rede** (*discours narrativisé* oder *raconté*), **transponierte Rede** (*discours transposé*) und **zitierte Rede** (*discours rapporté*). Diese Gruppen und ihre Unterformen siedeln sich zwischen den Polen Erzähler (narrativer Modus) und Figur (dramatischer Modus) auf einer Skala abnehmender Distanz oder Vermitteltheit an. Innerhalb dieser Gruppen lässt sich noch unterscheiden, ob es sich bei der referierten Äußerung der Figur um gesprochene Rede oder um Gedanken handelt:

<table>
<tr><td rowspan="10">Distanz/
Rede-
wieder-
gabe</td><td colspan="3">erzählerorientiert/narrativer Modus
maximale Distanz oder Mittelbarkeit</td></tr>
<tr><td rowspan="2">erzählte Rede
(discours narrativisé oder raconté)</td><td>Erwähnung des sprachlichen Aktes [Sprechen]/ Bewusstseinsbericht [Denken]</td><td>(7a) Bernard parla à voix basse.

(7b) Bernard réfléchit.</td></tr>
<tr><td>Gesprächsbericht [Sprechen]/ Bewusstseinsbericht [Denken]</td><td>(7c) Bernard parla de sa famille.

(7d) Bernard pensa à sa famille.</td></tr>
<tr><td rowspan="2">transponierte Rede
(discours transposé)</td><td>indirekte Rede [Sprechen/Denken]</td><td>(7e) Bernard dit que son père et son frère (...)
(7f) Bernard pensa que son père et son frère (...)</td></tr>
<tr><td>erlebte Rede [Sprechen/Denken]</td><td>(7g) Mais non: Son père et son frère aîné étaient retenus au palais (...)</td></tr>
<tr><td rowspan="3">zitierte Rede
(discours rapporté)</td><td>direkte Rede [Sprechen]/ Gedankenzitat [Denken]</td><td>(7h) « Mon père et Georges sont retenus au palais », se dit Bernard/ pensa Bernard.</td></tr>
<tr><td>autonome direkte Rede [Sprechen]/</td><td>(7i) « Mon père et Georges sont retenus au palais [...] »
(7j) Mon père et Georges sont retenus au palais [...]</td></tr>
<tr><td>(autonomer) innerer Monolog [Denken]</td><td>(7k) « Y a-t-il quelqu'un...? Attendons ... Non! Mon père et Georges sont retenus au palais (...) »
(7l) Y a-t-il quelqu'un...? Attendons ... Non! Mon père et Georges sont retenus au palais (...)</td></tr>
<tr><td colspan="3">figurenorientiert/dramatischer Modus
minimale Distanz oder Mittelbarkeit</td></tr>
</table>

Abb. 9: Redewiedergabe/Distanz

Maximale Distanz zur Rede und damit auch zum Figurenbewusstsein hält die erzählte Rede. Der Erzähler reduziert hier die Äußerung der Figur auf den Akt des Sprechens bzw. Denkens selbst (7a, 7b) oder, in bereits geringerer Distanz, auf das Thema der Rede/Gedanken (7c, 7d). Die **erzählte Rede** kann natürlich auch in der homodiegetischen Erzählung bzw. der autobiographischen Perspektive vorkommen: „Je lui contai mon histoire [...]“, berichtet der Erzähler im oben angeführten Beispiel (8) aus *Gil Blas*. Der Bewusstseinsbericht (Martinez/Scheffel, 2000, 55-58), als inneres Pendant zur geäußerten Rede, kann neben sprachlich formulierbaren Gedanken auch Vorstellungen, Assoziationen, Gedankenfolgen oder Empfindungen beinhalten, die nicht-sprachlich sind, und daher gar nicht wörtlich präsentiert werden könnten, es sei denn im *stream of consciousness*.

Während bei der erzählten Rede das Sprechen bzw. Denken der Figur Erzählgegenstand ist (deshalb ‚erzählte‘ Rede), dringt in der **transponierten Rede** bereits der Gehalt der Rede durch, also nicht mehr dass und worüber geredet wird, sondern was gesagt wird. In der indirekten Rede (*discours indirect*) (7e, 7f) geschieht dies noch nicht wörtlich wie im Redezitat; der Redeinhalt wird temporal und deiktisch nach den grammatikalischen Umformungsregeln transponiert und meist zusammengefasst oder gekürzt.

Bei der **indirekten Rede** wird deutlich, dass die verschiedenen Redewiedergabeformen sich auch als unterschiedliche Mischungsverhältnisse von Erzähler- und Figurenbeteiligung auffassen lassen. Bei der erlebten Rede (*style indirect libre*) bleibt der Leser zwar auch noch durch den Erzählerfilter von der direkten Rede der Figur getrennt, die Distanz ist aber deutlich verringert. Das Beteiligungsverhältnis von Erzähler- und Figurenrede ist hier komplizierter, als es den Anschein hat. Der Erzähler gibt Rede oder Gedanken einer Figur wieder, jedoch in der dritten Person und unter Beibehaltung der Tempora der indirekten Rede (also mit Tempustransposition im Französischen). Von der Erzählerseite hat die erlebte Rede Tempus und grammatikalische Personen (3. Person) ‚geerbt‘, von der Figurenseite den Redeinhalt selbst, insbesondere den Stil, die Wortwahl und damit die Indvidualität der Figur, soweit sie sich verbal manifestiert (z.B. das „mais non“ in Beispiel 7 und 7g). Der Erzähler ist also zwar grammatikalisch das Aussagesubjekt, was er jedoch sagt, könnte er nicht ohne das Bewusstsein der Figur tun. Wir haben es hier mit einer echten Zwitter- oder Hybridform zu tun. Unter der Bezeichnung transponierte Rede fassen wir zwei Formen zusammen, die für sich genommen sehr unterschiedliche Ausdrucksmöglichkeiten bieten. Besonders reich – und eigentümlich für die literarische Schreibweise – ist die erlebte Rede, auf die wir deshalb noch einmal eingehen müssen.

Die **zitierte Rede** entspricht grammatikalisch der direkten Rede. Direkte Rede ist im System der Redewiedergabe der Begriff dafür, dass der Erzähler die Figuren für sich sprechen lässt, er zeigt, das er deren Repliken wortgetreu wiedergibt (der Ausdruck ‚zitierte Rede‘ ist daher genauer als Genettes *discours rapporté*). Erzählerrede und Figurenrede sind syntaktisch und grammatikalisch-morphologisch klar voneinander zu trennen. Es ist offensichtlich, dass hier die Distanz zur Figurenrede am geringsten ist, der Erzähler beschränkt sich auf die sogenannten *Inquit*-Formeln oder *verba dicendi* wie z.B. „[...]‘, (se) dit Bernard“ (7h) im **Mono-, Dia- oder Polylog** (Vogt 1990, 179-192). Die Autonomie der

Figurenrede bzw. der dramatische Charakter einzelner Passagen lässt sich noch steigern, wenn die genannten verbalen Redemarkierungen in der autonomen direkten Rede (7i) bzw. dem nicht geäußerten (autonomen) **inneren Monolog** (*monologue intérieur*) (7k) ausbleiben. Fallen auch die Anführungsstriche weg (7j, 7l) und damit die letzten Anzeichen des Zitatcharakters der Figurenrede, kann Erzählerrede nicht mehr eindeutig von der Figurenrede unterschieden werden und die Distanz ist potentiell aufgehoben. Eine Steigerung der Figurenautonomie durch stilistische Mittel ist der **Bewusstseinsstrom** (*courant de conscience, stream of consciousness*), d.h. die sprachliche Imitation des Bewusstseins- oder Gedankenstroms einer Figur, gekennzeichnet durch fehlende syntaktische und semantische Kohärenz der Rede.

Die Distanztechnik erlaubt es, den Erzählfluss im Wechsel von Mittelbarkeit und Unmittelbarkeit zu dynamisieren, etwa indem Themenwechsel oder dramatische Zuspitzung durch den (sparsamen) Einsatz von Dialogen markiert werden. Und schließlich ist die Distanz auch ein sensibles literarhistorisches Kriterium. Der allmähliche Rückzug des Erzählers (vgl. die in Kap. 2.2.2 angesprochene Reduktion der Vermittlungsebene) in der Romangeschichte zwischen dem 17. und dem 20. Jahrhundert findet sein Pendant in der wachsenden Autonomie der Figur gegenüber dem Erzähler und der gesteigerten Aufmerksamkeit auf deren Individualität. Maßgeblich ist hier, inwieweit die einzelnen Bestandteile der Figurenrede wiedergeben werden. Am stärksten kommen Autonomie und Individualität der Figur (etwa gemäß sozialem Stand, Weltsicht, Bildung, Alter, charakterlichen Eigenheiten etc.) in der Ausdrucksweise zur Geltung; die Gedankenrede signalisiert gegenüber dem geäußerten Wort Nähe zur Figur und deren Innerlichkeit. So bringt erst Flaubert die Technik der erlebten Rede zur Meisterschaft, und der innere Monolog tritt mit Édouard Dujardins *Les lauriers sont coupés* (1888) nicht vor Ende des 19. Jahrhunderts konsequent in der Romangeschichte auf. Im dialogischen Spiel von Erzähler- und Figurenrede kann es durchaus entscheidend sein, in wessen Mund ideologische oder wertende Aussagen gelegt sind, ob sie unkommentiert bleiben oder durch erlebte oder indirekte Rede relativiert oder ironisiert werden. Kaum eine Distanzhaltung zeigt dies deutlicher und zugleich subtiler als die erlebte Rede. Sie veranschaulicht, dass insbesondere die hybriden Redeformen eine in keinem anderen Erzählmedium imitierbare, dem schriftlichen Erzählen besonders eigentümliche und wirkungsmächtige Ausdrucksmöglichkeit sind (Cohn 1978, 99-140; Wagner 1972). Die Analyse der erlebten Rede bietet gleichzeitig die Gelegenheit, das Zusammenspiel verschiedener Redewiedergabeformen zu beobachten.

Erlebte Rede

Flaubert lässt den Erzähler der *Éducation sentimentale* stets kritisch bis mitfühlend-ironisch den (Anti-)Helden Frédéric durch das Paris der Julimonarchie und des Second Empire begleiten. Besonders subtil äußert sich die ironische Distanznahme des Erzählers zu seinem Helden und den durch ihn vermittelten Ereignissen der Zeitgeschichte im Gebrauch der erlebten Rede. Flaubert gewinnt ihr in diesem Roman bislang ungekannte Nuancen ab; sie ermöglicht eine kritische *impartialité*, da sie eine variable Distanz zum Protagonisten schafft, die nicht nur zeiträumlich oder kognitiv ist, sondern auch wertend oder kommentierend sein kann, ohne dass dies wörtlich nachweisbar formuliert wäre. Ein erstes Beispiel bietet die folgende Szene. (Die Passagen in erlebter Rede sind kursiv gesetzt.)

13 Frédérics große und unerfüllte Liebe, die schöne, tugendsame Mme Arnoux, die Frau des Freundes und Kunsthändlers Arnoux, hat soeben erfahren, dass ihr Mann sie betrogen und darüber belogen hat. Aufgebracht beklagt sie sich über ihren Mann bei Frédéric. Dieser gibt sich als guter Hausfreund, der den Ehekrach schlichten möchte und deshalb den abwesenden Arnoux scheinbar verteidigt; innerlich aber triumphiert er, weil der Seitensprung seines Freundes ihm die Chance bietet, sich Mme Arnoux als Vertrauter und besserer Ehemann zu empfehlen.

– « Je le laisse bien libre! Il n'avait pas besoin de mentir ! » [dit Mme Arnoux].
– « Certainement », dit Frédéric.
C'était la conséquence de ses habitudes sans doute, il n'y avait pas songé, et peut-être que, dans des choses plus graves ...
– « Que voyez-vous donc de plus grave ? »
– « Oh ! rien ! »
Frédéric s'inclina, avec un sourire d'obéissance. *Arnoux néanmoins possédait certaines qualités ; il aimait ses enfants.*
– « Ah ! et il fait tout pour les ruiner ! »
Cela venait de son humeur trop facile ; car, enfin, c'était un bon garçon.
Elle s'écria : « Mais, qu'est-ce que cela veut dire, un bon garçon ! »
(Flaubert 1985, 227; Hervorhebungen U.W.)

Die markierten Sätze sind schon allein deshalb keine Erzählerrede, weil sie Repliken zu Mme Arnoux' Einlassungen darstellen und von niemand anderem als ihrem Gesprächspartner stammen können. Indem Flaubert Frédérics Dialogpart in erlebte Rede setzt, lässt er sie im Gegensatz zu den offenen, direkten Einlassungen Mme Arnoux' als verdeckt erscheinen und imitiert damit perspektivisch Frédérics Scheinheiligkeit. Der Erzähler ‚durchschaut' gewissermaßen dieses Spiel und schafft eine ironische Distanz, die der Leser mit ihm teilen kann, zumal dies nicht die erste Gelegenheit einer solchen Distanzierung in dem Roman ist.

Die erlebte Rede würdigt aber auch die Subjektivität der Figur. Sie adaptiert einerseits das Figurenwissen, also die interne Fokalisierung sowie das personale und raumzeitliche Bezugssystem der Figur in der erzählten Welt, und andererseits die Individualität der Figur, die sich in Wortwahl, Redestil, Sichtweise, Ideologie, evaluativen oder affektiven Äußerungen etc. kundtut; Auffälligkeiten in diesen Registern sind daher zugleich Indizien, um die manchmal schwer zu entscheidende Frage zu lösen, ob eine Passage Erzählerbericht oder erlebte Rede ist.

14 Frédéric besucht mit seiner Mätresse, der kindlich-durchtriebenen Rosanette, Fontainebleau. In einem vertrauten Moment erzählt sie ihm den Verlust ihrer Unschuld im Kindesalter, als ihre Mutter sie an einen Freier verkaufte. (Die in erlebter Rede gehaltenen Passagen sind wieder durch Kursivsatz markiert.)

Elle [Rosanette, U.W.] soupira, et se mit à parler de son enfance. Ses parents étaient des canuts de la Croix-Rousse. Elle servait son père comme apprentie. Le pauvre bonhomme avait beau s'exténuer, sa femme l'invectivait et vendait tout pour aller boire. Rosanette voyait leur chambre, avec les métiers rangés en longueur contre les fenêtres, le pot-bouille sur le poêle, le lit peint en acajou, une armoire en face, et la soupente obscure où elle avait couché jusqu'à quinze ans. Enfin un monsieur était venu, un homme gras, la figure couleur de buis, des façons de dévot, habillé de noir. Sa mère et lui eurent ensemble une conversation, si bien que, trois jours après... Rosanette s'arrêta, et, avec un regard plein d'impudeur et d'amertume : – « C'était fait ! » (Flaubert 1985, 402)

Der erste Satz in Beispiel (14) ist erzählte Rede, genauer Gesprächsbericht (Beispiel 7c). Es wird über Rosanettes Erzählung berichtet und nicht ihre Rede selbst. Im Zweifelsfall liegt erlebte Rede dann vor, wenn die Aussage in direkte Rede der Figur umgeformt werden kann. Der zweite Satz („Ses parents [...]") könnte auch Erzählerbericht sein, wenn er nicht ungewöhnlich evaluative Ausdrücke wie „le pauvre bonhomme" enthielte und der Stil gegenüber dem Erzählerbericht nicht abfiele („pour aller boire"). Außerdem wird mit dem Beginn des folgenden Satzes „Rosanette voyait [...]" zusätzlich Distanz zu ihrer Rede geschaffen. Unzweideutig ist die erlebte Rede im nächsten Satz, der bis in Wortwahl und Satzbau hinein von der Kinderperspektive geprägt ist: „Enfin", „un monsieur", „un homme gras", „une conversation". Flaubert beendet den Bericht, als wäre er direkte Rede („Rosanette s'arrêta") – um sodann die direkte Rede selbst zur Profilierung des katastrophalen Endes der Erzählung einzusetzen: „C'était fait!". Weitere Anhaltspunkte für eine Individualisierung durch erlebte Rede können evaluative oder argumentative Interjektionen („mais", „alors", etc.), emphatische Ausrufe („hélas"), rhetorische Fragen oder Modalverben mit subjektiver Qualität sein, die zwangsläufig auf die Figur als ihren Urheber verweisen. So etwa das „Mais non" in Beispiel (7).

Flauberts Technik der erlebten Rede lässt deutlich werden, dass Modulierungen der Redewiedergabe nur eine Form der Regulierung von Distanz zwischen Leser und erzählter Welt sind (aus diesem Grund übrigens ist der Begriff Redewiedergabe zwar sperriger, jedoch eindeutiger als der Begriff ‚Distanz').

Übungen zur Redewiedergabe finden Sie im Modul unter Diskursstruktur

3.2.3 Zeitformung

Anders als in Drama und Theater ist die Zeitformung ein spezifisches und effizientes Ausdrucksmittel schriftlicher Erzählungen. Zeit ist die Bedingung der Möglichkeit des Erzählens: Die erzählte Handlung entfaltet sich in der Zeit, und Zeit benötigt das Erzählen bzw. die Lektüre des Erzählten selbst. Die Handlungszeit – auch Ereigniszeit, diegetische, erzählte oder ästhetische Zeit genannt – und die Erzähl- oder Lesezeit stellen zwei Kontinua dar, die jeweils eine Ordnung und eine Ausdehnung besitzen, nämlich die zeitliche Anordnung und Ausdehnung der erzählten Ereignisse einerseits und die zeiträumliche Abfolge und Ausdehnung der Aussagen, die die Handlung erzählen, andererseits. Die Verdopplung des Zeitkontinuums gegenüber der szenischen Aufführung kommt durch die erzählerische Vermittlung zustande. Vergegenwärtigen wir uns zunächst diese Doppelstruktur an einem Beispiel. In der bereits oben zitierten Eingangspassage der *Éducation sentimentale* (Beispiel 11) vergeht kaum Handlungszeit, da nur eine Beschreibung gegeben wird, wohl aber Erzählzeit:

(11) Le 15 septembre 1840, vers six heures du matin, *la Ville-de-Montereau*, près de partir, fumait à gros tourbillons devant le quai Saint-Bernard.
Des gens arrivaient hors d'haleine ; des barriques, des câbles, des corbeilles de linge gênaient la circulation ; les matelots ne répondaient à personne; on se heurtait ; les colis montaient entre les deux tambours, et le tapage s'absorbait dans le bruissement de la vapeur, qui, s'échappant par des plaques de tôle, enveloppait tout d'une nuée blanchâtre, tandis que la cloche, à l'avant, tintait sans discontinuer. (Flaubert 1985, 47)

Geradezu verkehrt ist das Verhältnis von Handlungszeit und Erzählzeit in einer Passage am Ende des Romans, in der Flaubert mehrere Jahre in wenigen Zeilen zusammenfasst.

15 Frédéric verlässt nach persönlichen und politischen Enttäuschungen Paris und begibt sich auf Reisen:

Il voyagea.
Il connut la mélancolie des paquebots, les froids réveils sous la tente, l'étourdissement des paysages et des ruines, l'amertume des sympathies interrompues.
Il revint.
Il fréquenta le monde, et il eut d'autres amours, encore. [...] Des années passèrent ; et il supportait le désœuvrement de son intelligence et l'inertie de son cœur.
Vers la fin de mars 1867, à la nuit tombante, comme il était seul dans son cabinet, une femme entra (Flaubert 1985, 500).

Erzählerische Zeitformung besteht darin, das Verhältnis von Handlungszeit und Erzählzeit zu modellieren. Die Analyse besteht im Wesentlichen darin, solche Modellierungen der ästhetischen Zeit als wechselnde Verhältnisse zwischen dem Zeitkontinuum der Handlung und dem Zeitkontinuum der Erzählung zu identifizieren. Die Beispiele (11) und (15) unterscheidet so gesehen vor allem: (11) präsentiert ein Tableau, in dem kaum Handlungszeit vergeht, wohl aber Erzählzeit – nämlich die, die die Beschreibung des Tableaus benötigt; in (15) hingegen ist die Erzählzeit minimal im Vergleich zu den Jahren, die auf der Handlungsebene vergehen. Neben solchen Modellierungen der **Dauer** analysieren wir Zeitformung auch hinsichtlich **Anordnung** und **Frequenz** (Genette 1972, 77-182 mit weiteren Differenzierungen). Die Analyse der Zeitformen interessiert sich folglich weder für die historische oder chronometrische Zeit (In welchem Jahr spielt die Geschichte? Wie spät ist es?) noch etwa für das Verbtempus. Die zentrale Bezugsebene für die Analyse erzählerischer Zeitformung bilden Anordnung, Dauer und Häufigkeit der Ereignisse.

Ordnung

Die einfachste Form der Zeitgestaltung ist die Veränderung der Anordnung (*ordre*), d.h. der Reihenfolge der Ereignisse im Erzählen. Die Abweichung von der chronologischen Ereignisordnung, nämlich die **Anachronie** (*anachronie*), stellt geradezu den Normalfall des Erzählens dar. So verfährt bereits jede Geschichte anachronisch, die *in medias res* beginnt, und jeder Krimi, der erst die Ermittlung und dann die Umstände eines Verbrechens berichtet. Das **chronologische Erzählen** etwa der Autobiographie oder des pikaresken Romans ist eine seltene, dadurch auffällige und kaum wirklich konsequent durchhaltbare Erzählweise. Es gibt nur eine Grundform chronologisch zu erzählen, aber verschiedene Formen der Anachronie.

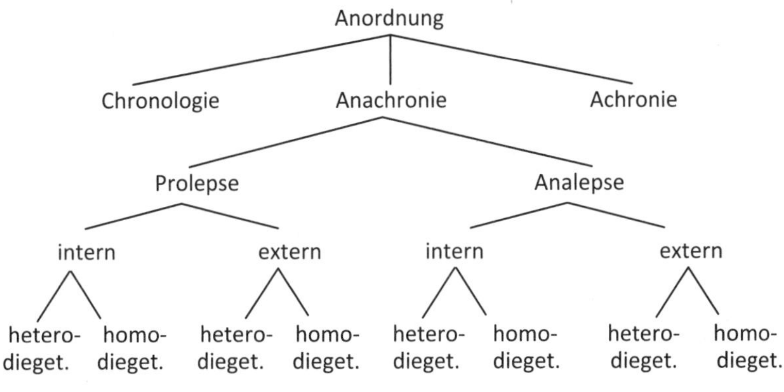

Abb. 10: Anordnung

Beim Rückgriff oder der **Analepse** (*rétrospection, analepse*) wird ein Ereignis später als an der ihm zeitlich korrespondierenden Stelle berichtet. Der Vorgriff oder die **Prolepse** (*anticipation, prolepse*) platziert umgekehrt ein in der Chronologie der Geschichte erst später stattfindendes Ereignis auf eine frühere Stelle in der Erzählung. Einen Ausnahmefall bildet die **Achronie** (*achronie*): Hier erscheint ein Erzählsegment völlig von der Zeitspanne der Handlung gelöst. In der Literatur der letzten beiden Jahrhunderte kommt die Analepse weitaus häufiger vor als die Prolepse. Jede Erzählung, die *in medias res* beginnt, wird früher oder später eine Analepse enthalten. In Flauberts *Éducation sentimentale* erscheint sie bereits auf der ersten Seite. Erst nachdem wir Frédéric mit dem Schiff haben auslaufen sehen, erfahren wir, weshalb er sich überhaupt auf diesem Schiff befunden hat:

16 [...] et bientôt Paris disparaissant, il poussa un grand soupir.
M. Frédéric Moreau, nouvellement reçu bachelier, s'en retournait à Nogent-sur-Seine, ou il devait languir pendant deux mois, avant d'aller *faire son droit*. Sa mère, avec la somme indispensable, l'avait envoyé au Havre voir un oncle, dont elle espérait, pour lui, l'héritage ; il en était revenu la veille seulement [...] (Flaubert 1985, 47; Hervorhebung im Original).

Prolepsen können etwa „Vorausdeutungen" (Lämmert 1955, 139-194) auf den zukünftigen Verlauf oder Ausgang einer Handlung sein. Dazu gehört die Bemerkung „qui auraient pu être heureux" aus Beispiel (9) oder die Vorwegnahme der Ereignisse im Vorwort von *Manon Lescaut* (1731) des Abbé Prévost (Prévost 1965, 4f.):

17 J'ai à peindre un jeune aveugle, qui refuse d'être heureux, pour se précipiter volontairement dans les dernières infortunes ; qui, avec toutes les qualités dont se forme le plus brillant mérite, préfère, par choix, une vie obscure et vagabonde, à tous les avantages de la fortune et de la nature [...] (Prévost 1965, 4f.).

Anachronische Elemente sind für sich genommen eingeschobene Erzählsegmente, die eine eigene zeitliche Ausdehnung besitzen; als Anachronien definieren sie sich durch das zeitliche Verhältnis zu der Zeitachse des umgebenden Erzählsegments. In Beispiel (16) reicht die Anachronie von dem Moment, da Frédérics Mutter ihn nach Le Havre schickt, bis zum Vorabend seiner Rückkehr. Als Analepse erscheint dieser Einschub im Verhältnis zu jener Geschichte, die zu Beginn des Romans mit Frédérics Abreise aus Paris am 15. September 1840 einsetzt und 500 Seiten oder 30 Jahre später endet. Wir halten fest: Eine Anachronie lässt sich nur im Verhältnis zu einer zeitlichen Bezugsachse bestimmen. Diese Bezugsachse nennen wir primäre Erzählung (*récit premier*).

Aus den Grundformen Analepse und Prolepse ergibt sich eine Reihe weiterer Differenzierungsmöglichkeiten. Zunächst können wir Anachronien nach der zeitlichen Distanz, d.h. der Weite des Zeitsprungs (*portée*), und nach der zeitlichen Ausdehnung des anachronischen Elements (*amplitude*) relativ zur zeitlichen Erstreckung der Handlung unterscheiden. Ferner lässt sich präzisieren, wie sich die Zeitpunkte, die die Anachronie begrenzen, zu denen verhalten, die die primäre Erzählung abstecken. Liegen Anfangs- und Endpunkt der eingeschobenen Anachronie außerhalb der Zeitspanne der Bezugsachse, so sprechen wir von **externer Anachronie** (*anachronie externe*). Liegen Anfangs- und Endpunkt der eingeschobenen Anachronie hingegen innerhalb der Zeitspanne der primären Erzählung, handelt es sich um eine **interne Anachronie** (*anachronie interne*). Bei der **gemischten Anachronie** (*anachronie mixte*) überschneidet sich die Zeitspanne der Anachronie mit der der Bezugsachse. Die Unterscheidung intern/extern lässt sich schließlich noch auf die Unterscheidung homodiegetisch/heterodiegetisch anwenden, je nachdem, ob die Anachronie sich auf die gleiche Geschichte bezieht, in der sie vorkommt und in der sie einen zeitlichen Einschnitt darstellt (homodiegetisch), oder sich das anachronische Element auf einen anderen Handlungsstrang bezieht als den, den sie zeitlich unterbricht (heterodiegetisch). In diesem letzteren Fall bewirkt die Unterbrechung der Chronologie auch eine Kreuzung von zwei Handlungssträngen (weitere Differenzierungen: Genette 1972, 92-100). Analepsen haben häufig die Funktion, die Vorgeschichte oder ausgelassene Episoden der gerade anwesenden Figuren (homodiegetisch) oder aber neu eingeführte Figuren mit ihrer Vorgeschichte (heterodiegetisch) in die Erzählung einzubringen. Die analeptische Herauslösung einzelner Elemente der erzählten Welt aus der Chronologie der Geschichte bewirkt allgemein eine stärkere Profilierung der Erzählung durch Fokussierungswechsel, die einzelne Figuren, Ereignisse oder Handlungsstränge akzentuieren. Sie dient auch der spannungssteigernden Verzögerung

(Retardation) oder der komplexen geschichtlichen Motivierung des Ereigniszusammenhangs.

Im Gegensatz zur Analepse kommt die Prolepse, zumal im traditionellen realistischen Roman Balzacs oder Flauberts, wie gesagt, weitaus seltener vor. Als Vorgriff auf zukünftige Ereignisse durchkreuzt sie den Bogen der Wie-Spannung und stört die Unmittelbarkeit der erzählten Welt. Außerdem muss der Wissensvorsprung, den sie voraussetzt, erzählperspektivisch motiviert sein. Die Prolepse findet sich deshalb häufig im Zusammenhang mit nicht-fokalisierter Erzählung oder im autobiographischen Erzählmodus, denn dort ist sie durch die Allwissenheit des Erzählers bzw. die Wissensdifferenz zwischen erlebendem und erzählendem Ich gerechtfertigt.

Es hat sich als zweckmäßig erwiesen, bei zeitlich komplexen Erzählungen Anachronien durch eine Buchstaben-/Zahlen-Kennung zu notieren, bei denen die Buchstaben die Reihenfolge in der Handlungssequenz markieren, während die den Zahlen zugeordneten Buchstaben die Position des anachronischen Elements in der Ordnung der Erzählung wiedergeben. In der einmal vorwärts und einmal rückwärts erzählten Geschichte aus Raymond Queneaus *Exercices de style* (1947) würde eine solche Reihe für „Récit" so aussehen: A1 – B2 – C3 – D4; und für „Rétrograde" so: D1 – C2 – A/B3.

18 Récit

[A1] Un jour vers midi du côté du parc Monceau, sur la plate-forme arrière d'un autobus à peu près complet de la ligne S (aujourd'hui 84), j'aperçus un personnage au cou fort long qui portait un feutre mou entouré d'un galon tressé au lieu de ruban. [B2] Cet individu interpella tout à coup son voisin en prétendant que celui-ci faisait exprès de lui marcher sur les pieds chaque fois qu'il montait ou descendait des voyageurs. [C3] Il abandonna d'ailleurs rapidement la discussion pour se jeter sur une place devenue libre.

[D4] Deux heures plus tard, je le revis devant la gare Saint-Lazare en grande conversation avec un ami qui lui conseillait de diminuer l'échancrure de son pardessus en en faisant remonter le bouton supérieur par quelque tailleur compétent (Queneau 1947, 27).

Rétrograde

[D1] Tu devrais ajouter un bouton à ton pardessus, lui dit son ami. Je le rencontrai au milieu de la Cour de Rome, [C2] après l'avoir quitté se précipitant avec avidité vers une place assise. [A/B3] Il venait de protester contre la poussée d'un autre voyageur, qui, disait-il, le bousculait chaque fois qu'il descendait quelqu'un. Ce jeune homme décharné était porteur d'un chapeau ridicule. Cela se passa sur la plate-forme d'un S complet ce midi-là (Queneau 1947, 12).

Anachronien können in literarischen Erzählungen sehr komplex sein. Eine umständliche Abbildung des Zeitprofils ist aber nicht immer sinnfällig und aussagekräftig. Die Analyse sollte deshalb bestimmte wiederkehrende Verfahrensweisen oder globale Muster nicht aus dem Auge verlieren. Queneaus Text „Rétrograde" lässt sich einfacher als zeitliche Umkehrung charakterisieren denn als dreifacher Rückgriff. Um die Komplexität der Zeitformung in den Griff zu bekommen, kann es sinnvoll sein, subjektive oder diegetisch motivierte Anachronien von objektiven, narrativen Anachronien zu trennen. Im ersten Fall entsteht die Anachronie dadurch, dass einer Figur ein zu einem anderen Moment stattfindendes Ereignis ins Bewusstsein tritt, sei es durch Information, Erinnerung oder Entdeckung (Beispiel 6). Solche diegetisch motivierten Anachronien sind auch bei chronologischer Erzählung möglich. Objektive oder narrative Anachronien hingegen stellen eine von der Chronologie abweichende Anordnung auf der syntagmatischen Achse der Erzählung durch den Erzähler dar (Beispiel 16). Die Unterscheidung zwischen beiden ist allerdings nicht immer klar zu treffen. Letztlich entscheidet auch hier die Analyse von Funktions- und Wirkungsstrategien im Rahmen der Gesamtinterpretation eines Textes.

Entscheidend für die Rekonstruktion komplexer Zeitordnungen ist häufig – ähnlich wie bei der Unterscheidung von Erzählebenen – die Festlegung einer primären Zeitachse oder eines zeitlichen Bezugspunkts, relativ zu der oder den Prolepsen, Analepsen und Achronien als solche bestehen. In einigen Fällen lässt sich dieser ‚archimedische Punkt' jedoch nicht bestimmen oder das ästhetische Zeitgerüst ist so errichtet, dass sich Vorgriffe und Rückgriffe unterschiedlich auffassen lassen, je nachdem welche Zeitschiene als primäre angesetzt wird (Bal 1997, 78-99). An den Formen der Zeitordnung zeigt sich besonders deutlich, dass Analyse, Synthese und Interpretation in einem engen Wechselverhältnis stehen und dass die Differenziertheit der Analyse sich nach dem interpretatorischen Ziel richten muss.

Dauer

Der Begriff **Dauer** (*durée*) erfasst Divergenzen zwischen der zeitlichen Erstreckung des erzählten Ereignisses (Handlungszeit) und der in Anspruch genommenen Zeit des Erzählens oder Lesens dieses Ereignisses (Erzählzeit). Beispiele für Divergenzen der Dauer hatten wir bereits zu Beginn dieses Kapitels betrachtet (Beispiele 11, 15). Anders als bei der Modellierung der Anordnung hat die Erzähltheorie diese Dimension der ästhetischen Zeit mit Hilfe von Begriffspaaren wie Erzählzeit/erzählte Zeit (Müller 1968) nur zu einem bestimmten Grad befriedigend formalisieren können. Denn weder lässt sich die Dauer von Ereignissen genau berechnen noch scheinen die Lesezeit (falls sie überhaupt messbar ist) oder die Länge der Aussage (Zeilen- oder Seitenanzahl) eine angemessene Vergleichsgröße für die Zeitdauer des erzählten Ereignisses zu sein. Wenig problematisch ist dieses Verhältnis in drei Fällen: In der Szene, der Pause und der narrativen Ellipse.

Im ersten Fall ist das Erzählte von gleicher Art wie das Erzählen selbst, nämlich Sprache. Im Figurendialog wird Sprache (Handlungsebene) durch Sprache (Erzählebene) wiedergegeben. Für die zeitdeckende **szenische Darbietung** (*scène*) gilt deshalb die Faustformel: Handlungszeit (HZ) = Erzählzeit (EZ).

Bei der **Pause** (*pause*) verstreicht Erzählzeit ohne Handlungszeit (EZ = 1; HZ = 0). Eine Pause liegt bei deskriptiven oder argumentativen Passagen vor. Genau besehen vergeht Erzählzeit jedoch nur wirklich dort nicht, wo Beschreibungen und Kommentare auf das Konto des Erzählers gehen wie in der aus *Père Goriot* zitierten Passage (Beispiel 4), die Balzac wie folgt fortführt, indem er die Beschreibung der Pension Vauquer mit Erzählerkommentaren durchsetzt:

19 [...] La maison où s'exploite la pension bourgeoise appartient à madame Vauquer. Elle est située dans le bas de la rue Neuve-Sainte-Geneviève, à l'endroit où le terrain s'abaisse vers la rue de l'Arbalète par une pente si brusque et si rude que les chevaux la montent ou la descendent rarement. Cette circonstance est favorable au silence qui règne dans ces rues serrées entre le dôme du Val-de-Grâce et le dôme du Panthéon, deux monuments qui changent les conditions de l'atmosphère en y jetant des tons jaunes, en y assombrissant tout par les teintes sévères qui projettent leurs coupoles (Balzac 1971, 22f.).

Je stärker eine Erzählung aktorial perspektiviert ist, umso eher sind solche Beschreibungen durch die interne Fokalisierung bestimmt; die Beschreibung verläuft dann nach Maßgabe des zeitlich linear verlaufenden Blicks einer Figur, so dass auch während der Beschreibung Handlungszeit vergeht. Im gleichen Zuge tritt die räumliche Anordnung der Beschreibungselemente in eine zeitliche Sukzession. Zu Beginn der *Éducation sentimentale* (Beispiel 11) wird dies zudem durch Verben der Wahrnehmung („contempler", „embrasser") und temporale Angaben („enfin", „puis") unterstützt, die die Fokalisierung auf die Figur übertragen:

(11) *Enfin* le navire partit [...]; et les deux berges, peuplées de magasins, de chantiers et d'usines, filèrent comme deux larges rubans que l'on déroule [...].
A travers le brouillard, *il contemplait* des clochers, des édifices dont il ne savait pas les noms; *puis* il *embrassa*, dans un dernier coup d'œil, l'île Saint-Louis, la Cité, Notre-Dame; et *bientôt* Paris disparaissant, il poussa un grand soupir (Flaubert 1985, 47; Hervorhebungen U.W.).

In anderen Fällen kommt es ohne solche Angaben zu einer Verzeitlichung der intern fokalisierten Raumbeschreibung, indem der Prozess der Wahrnehmung, die die Beschreibung in-formiert, selbst zur Handlung wird.

20 Frédéric erscheint auf dem Maskenball seiner Mätresse Rosanette. Flaubert installiert die Figurenperspektive gleich zu Beginn, indem er die Beschreibung gemäß Frédérics überraschter Wahrnehmung der Ballgesellschaft organisiert. Zunächst sind nur großflächige Materialien und Fragmente zu erkennen, sodann wird der Raum von außen nach innen und von vorne nach hinten ‚ausgeleuchtet':

Frédéric fut d'abord ébloui par les lumières ; il n'aperçut que de la soie, du velours, des épaules nues, une masse de couleurs qui se balançait aux sons d'un orchestre caché par des verdures, entre des murailles tendues de soie jaune, avec des portraits au pastel, çà et là, et des torchères de cristal en style Louis XVI. De hautes lampes, dont les globes dépolis ressemblaient à des boules de neige, dominaient des corbeilles de fleurs, posées sur des consoles, dans les coins ; – et, en face, après une seconde pièce plus petite, on distinguait, dans une troisième, un lit à colonnes torses, ayant une glace de Venise à son chevet (Flaubert 1985, 169-170).

Einen Grenzfall der Beschreibung stellt, wie in so vielen Hinsichten, Robbe-Grillets *La jalousie* dar. Der Roman hebt an mit einer zeitlosen und zugleich auf einen Zeitpunkt reduzierten Beschreibung:

21 Maintenant l'ombre du pilier – le pilier qui soutient l'angle sud-ouest du toit – divise en deux parties égales l'angle correspondant de la terrasse. Cette terrasse est une large galerie couverte, entourant la maison sur trois de ses côtés. Comme sa largeur est la même dans la portion médiane et dans les branches latérales, le trait d'ombre projeté par le pilier arrive exactement au coin de la maison ; mais il s'arrête là, car seules les dalles de la terrasse sont atteintes par le soleil, qui se trouve encore trop haut dans le ciel (Robbe-Grillet 1957, 9).

In dieser bis zur Unanschaulichkeit exakten Beschreibung löst sich übrigens auch der von Roland Barthes (1984) beschriebene „Realitätseffekt" (*effet de réel*) auf, der bei Flaubert noch intendiert war: Er besteht darin, eine Beschreibung durch Detailfülle so zu gestalten, dass dadurch das „Reale selbst" zur Anschauung gebracht wird (Hamon 1981; Tisset 2000, 107-116).

Bei der **narrativen Ellipse** (*ellipse*) vergeht Ereigniszeit ohne Aufwand an Erzählzeit (HZ = 1; EZ = 0). Solche Zeitsprünge können explizit durch Zeitangaben (z.B. „deux mois plus tard"), oder implizit durch die Evokation historischer Ereignisse, Situationsveränderungen in der Diegese oder Vorgriffe angezeigt werden. Mikroskopisch betrachtet kommt eine Erzählung kaum ganz ohne Ellipsen aus.

Raffung und Dehnung sind relative Verzerrungen der Handlungsdauer durch die Erzählung. Bei der **Raffung** (*accélération, récit sommaire*) ist die Handlungszeit größer als die Erzählzeit (HZ > EZ). Raffungen kommen häufig bei der zusammenfassenden Vorgeschichte (Beispiel 17) oder Lebensgeschichte (Beispiel 8) einer Figur sowie allgemein in stark ereignisorientierten Passagen oder Gattungen wie der Novelle zur Anwendung.

Bei der **Dehnung** (*récit ralenti*) ist die Handlungszeit kleiner als die Erzählzeit (HZ < EZ). Nimmt man diese Definition beim Wort, dann erscheint eine künstliche Verlangsamung der Ereignisse durch den Akt des Erzählens selbst äußerst selten in der Literatur. Für die Mehrzahl literarischer Texte bietet es sich bestenfalls dort an von einer Dehnung zu sprechen, wo das Erzähltempo deutlich in Richtung Pause verringert wird.

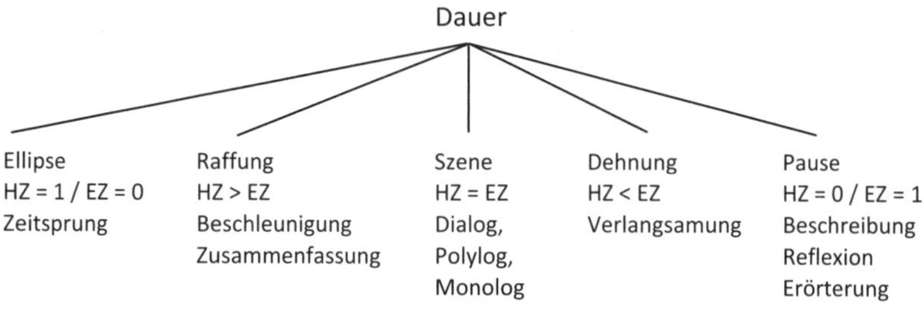

Abb. 11: Dauer

Modellierungen der Dauer lassen sich als Einzelerscheinungen interpretieren oder aber im globalen Rahmen der Erzählung als Ausdruck von Erzählgeschwindigkeit (*vitesse*) und Erzählrhythmus (*rythme*) erfassen. Tempo und Rhythmus können durch Einfügen alternativer Elemente durchbrochen, dynamisiert, erhöht bzw. beschleunigt und verlangsamt werden. Erzählrhythmen lassen sich so zwischen den Polen extensives (langsames) und verdichtetes (schnelles) Erzählen ansiedeln. Rhythmen und Tempi der Erzählung können ihrerseits in ein Verhältnis zu bestimmten Wirkungsstrategien und zur Handlungsstruktur insgesamt gebracht werden: Beschleunigung und Retardation kann der Dramatisierung dienen, Szenen können ebenso Unmittelbarkeit und aktoriale Perspektive suggerieren wie auch, sparsam eingesetzt, Schlüsselmomente der Handlung hervorheben. Eine Analyse der Zeitformung ermöglicht auf diese Weise, bis zu einem bestimmten Grade das rhythmische Relief einer Erzählung zu formalisieren und funktional zu deuten.

Dass die Bestimmung der Erzählgeschwindigkeit allerdings problematisch sein kann, zeigt sich spätestens dann, wenn man Tempo und Rhythmus verschiedener Erzählungen miteinander vergleichen will. Alle Versuche, die Erzählgeschwindigkeit zu berechnen, indem man Seiten- oder Zeilenzahlen ins Verhältnis zur Dauer der darin erzählten Ereignisse setzt, sind unbefriedigend und literarischem Erzählen nicht angemessen. Außerdem gibt es keine Gattungen und Epochen übergreifende Richtgeschwindigkeit des Erzählens. Rhythmus und Geschwindigkeit sind keine absolut bestimmbaren Größen. Letztlich hängt auch hier vieles von der Synthese und Interpretation der Analysedaten ab. Ein zweites Problem lässt sich an den eingangs zitierten Beispielen (11) und (15) ablesen. Die Erzählgeschwindigkeit ist in (15) ungleich höher als in (11). Gleichwohl entsteht in (15) durch die anaphorische Wiederholung von Personalpronomen und Verb („il voyagea", „il revint" etc.) – und trotz des Ereignishaftigkeit indizierenden *passé simple* – der Eindruck eines langsameren Vergehens der Zeit. Erst in der letzten Zeile („Vers la fin de mars 1867[...]") scheint die Erzählung wieder in Gang zu kommen, auch wenn jetzt die Zeit gar nicht mehr stark gerafft wird. Umgekehrt wirkt (11) dynamischer, obwohl hier nicht wirklich Ereignisse geschildert werden – dies verrät schon der Gebrauch des *imparfait*. Die Beispiele zeigen, dass die rein rechnerische Ermittlung der Erzählgeschwindigkeit aus dem Quotienten von Handlungs- und Erzählzeit nicht befriedigt, da sie den Leseeindruck nicht bestätigt. Die Analyse von Erzählgeschwindigkeiten muss also nicht nur den Rhythmus berücksichtigen, in dem verschiedene Modellierungen der Dauer einander abwechseln; das Tempo ist auch in Relation zum Aufkommen an erzählten Ereignissen, d.h. zur „Ereignisdichte" (Mecke 1990, 44) zu setzen.

Frequenz

Frequenz (*fréquence*) bezeichnet die Häufigkeit eines Ereignisses auf der Handlungsebene im Verhältnis zu seiner Häufigkeit auf der Erzählebene. Im **Singulativ** (*récit singulatif*) wird ein Ereignis ebenso oft berichtet, wie es geschieht. ‚Einmal geschehen – einmal erzählt' ist der häufigste Fall, der deshalb bei der Lektüre nicht unbedingt als markiert wahrgenommen wird. Im **Repetitiv** (*récit répétitif*) wird das ein Mal geschehene Ereignis mehrfach erzählt, etwa aus verschiedenen Perspektiven. In Robbe-Grillets *La jalousie* finden sich gar wörtliche Wiederholungen von Passagen mit nur geringfügigen stilistischen Varianten. Den Umkehrfall bezeichnet man als **Iterativ** (*récit itératif*): Ein sich wiederholendes Ereignis wird ein einziges Mal berichtet. Im *Drame bien pari-*

sien von Alphonse Allais finden wir zunächst die Erwähnung des häufigen Ehestreits zwischen Raoul und Marguerite im Iterativ, sodann greift Allais eine besonders ernste Auseinandersetzung heraus, die er im Singulativ darstellt:

> 22 Le ménage eût été le plus heureux de tous les ménages, sans le fichu caractère des deux conjoints.
> Pour un oui, pour un non, crac! une assiette cassée, une gifle, un coup de pied dans le cul.
> À ces bruits, Amour fuyait éploré, attendant, au coin du grand parc, l'heure toujours proche de la réconciliation.
> [...]
> Un jour, pourtant, ce fut plus grave que d'habitude.
> Un soir plutôt.
> Ils étaient allés au Théâtre d'Application [...] (Allais 1989, 44).

Bei der Unterscheidung solcher Häufigkeitsstufen ist freilich zu bedenken, dass Ereignisse in der Erzählung keine abstrakten Elemente sind, die identisch zu kopieren oder in Mengen zusammenzufassen wären. Ein mehrfach auftretendes Ereignis ist eigentlich eine Mehrzahl von Ereignissen, ebenso ist ein aus verschiedenen Perspektiven erzähltes Ereignis eben nicht mehr dasselbe Ereignis. Analysen komplexerer Zeitformung, die das narratologische Instrumentarium auf die Probe stellen, finden sich u.a. bei Genette (1972, 77-182) und Bal (1997, 81f.). Eine zeittheoretische Fundierung narrativer Zeitanalyse und eine nützliche Synopse „prämoderner", „moderner" und „postmoderner" Zeitformen findet sich bei Mecke (1990, 232f.), eine grundlegende philosophische Vertiefung des Problems narrativer Zeit bietet Ricœur (1983-85).

Übungen zur Zeitformung finden Sie im Modul unter Analyse

3.3 Mikrostrukturen und Schreibweisen

Eine vollständige Analyse der Erzählung muss auch Darstellungstechniken auf der Ebene der sprachlichen Textkonstitution mit einbeziehen. Modellierungen der Mikrostrukturebene sind untrennbar mit den spezifischen Möglichkeiten von Medium und Kode verbunden, am wenigsten in andere Medien übersetzbar und gehören folglich zu den eigentümlichsten Strukturen poetischer oder allgemein schriftlicher Erzählliteratur. Dazu zählen u.a. Sprache, Stil, rhetorische Tropen und Figuren, Tempus – syntaktische, semantische, lexikalische und phonetische Erscheinungen mithin, die teils in den Kapiteln Rhetorik und Stilistik abgehandelt werden. Hier beschränken wir uns auf die für narrative Texte typische Tempusgestaltung.

3.3.1 Tempus

In der Erzählung markiert das Verbtempus weniger eine Zeitstufe als vielmehr eine bestimmte Sprechhaltung und eine Sprechperspektive, die ihrerseits pragmatische Einstellungen beim Rezipienten steuern. Harald Weinrich (1971) unterscheidet dabei **Tempora des Besprechens** von **Tempora des Erzählens**. Die Sprechhaltung ‚Besprechen' ist für den Rezipienten das Signal für Gespanntheit, ihm sind die Tempora Präsens, Futur und Perfekt zugeordnet; die Haltung ‚Erzählen' hingegen bewirkt rezipientenseitig den Modus Entspanntheit, ihm sind die Tempora Konditional, Imperfekt bzw. *passé simple* und Plusquamperfekt zugeordnet. Von der Sprechperspektive her gesehen, markieren das *passé composé* bzw. das *plus-que-parfait* und das *passé antérieur* einen Rückgriff vom Moment des Sprechens in der Erzählzeit (bei Weinrich: „Textzeit") auf einen zurückliegenden Zeitmoment innerhalb des Zeitkontinuums der Ereigniszeit (oder „Aktzeit"), das *futur* und das *conditionnel* hingegen einen Vorgriff. Rückgriff und Vorgriff beziehen sich als solche auf eine zeitliche Nullstufe, die aber ihrerseits auch allein durch Tempora markiert ist: Dieser relative Gegenwartsmoment wird durch die Tempora *présent, passé simple* bzw. *imparfait* bestimmt. *Passé simple* und *imparfait* erlauben zudem eine Reliefgebung, d.h. die Unterscheidung von Vordergrundhandlung (*passé simple*) und Hintergrundhandlung (*imparfait*). Tempusübergänge, die eine oder mehrere Stufen überspringen (sog. Tempusmetaphern), Tempuswechsel zwischen Besprechen und Erzählen, Vordergrund und Hintergrund oder allgemein die abweichende Verwendung von Tempora erlauben über subtile Spannungsmodulation die Aufmerksamkeitssteuerung des Rezipienten und können in der Interpretation als besondere stilistische Merkmale geltend gemacht werden. Während etwa im traditionellen realistischen Roman der Gebrauch des französischen Erzähltempus schlechthin, nämlich des *passé simple* bzw. des *imparfait*, die erzählte Welt als – weniger vergangene, sondern vielmehr – abgeschlossene, vom Erzähl- und Lesemoment distanzierte fiktive Welt markiert (freilich unter Mithilfe weiterer Erzählstrategien wie dem auktorialen Erzähler) (Beispiele 8-11), rücken im Roman der zweiten Hälfte des 20. Jahrhunderts häufig Tempora des Besprechens an seine Stelle, nämlich das *présent* und das *passé composé*. Als Tempus der Offenheit des Erzählens gebraucht, bindet vor allem das *passé composé* immer wieder den Erzählmoment an die Erzählzeit und bewirkt, etwa im existentialistischen Roman, den Eindruck einer kontingenten, diskontinuierlichen Folge „existentiell erlebter Momente" (Beispiel 6), während mit dem anschließenden *Nouveau Roman* die Polysemie dieses Tempus ausgenutzt wird, aus der heraus ein Oszillieren zwischen Erzählzeit und Ereigniszeit zur Formung einer „labyrinthischen Zeiterfahrung" entstehen kann (Mecke 1990, 112f.).

3.3.2 Schreibweisen

Der Begriff der Schreibweise ist im Deutschen nicht eindeutig definiert, er lässt sich auch nur ungenau vom Französischen *écriture* her erhellen. Wir verstehen darunter besonders markierte stilistische oder intentionale Haltungen und Gesten, die sich auf einzelne Ausdrücke oder Sätze beschränken, aber auch Passagen oder ganze Erzählungen umfassen und untereinander kombiniert werden können. Schreibweisen steuern umgekehrt entsprechend die Rezeption, die Wirkung kann Verfremdung, Komik, Distanzierung, Polysemie und Ähnliches sein. Deutlich markiert als Schreibweise sind Ironie und Parodie, die sich in Polyvalenzen oder Stilkontrasten äußern können. Flaubert schafft ironische

Distanz durch erlebte Rede (Beispiel 13), aber auch auf stilistische Weise wie in Beispiel (15) eine ganze Passage im „verallgemeinerten Asyndeton" (Barthes 1973, 16). Glaubt man einigen Medienhistorikern, so hat Flaubert durch die montagehafte Gestaltung der berühmten Verführungsszene zwischen Rodolphe und Emma während der Landwirtschaftsaustellung in Teil II, Kap. 8 von *Madame Bovary* eine Schreibweise vorweggenommen, die erst im 20. Jahrhundert mit der Erfindung des Films Karriere macht, nämlich die so genannte **filmische Schreibweise.** Sie lässt sich systematisch in verschiedenen Darstellungs- und Wirkungsdimensionen der Makro-, Diskurs- und/oder Mikrostrukturebene des Textes lokalisieren (Tschilschke 2000, 79-115). Zu filmischen Bezügen, die die filmische Schreibweise ausmachen, sofern sie erkennbar systematisch angewendet werden, gehören neben inhaltlich-thematischen und intertextuellen Aspekten etwa auf der Makroebene die Wiederaufnahme kodifizierter Erzählmuster, Figurenkonstellationen und gattungsspezifischer Zeit-Raum-Gefüge (Chronotopoi) bestimmter Filmgenres wie dem *film noir,* ‚harte' Schnitte, Rückblenden, Ellipsen, Montage – Techniken allesamt, die dadurch den Leseeindruck des Filmischen erzeugen, dass sie medien- und kodefremde Verfahren des Films in das mediale Ausdrucks- und Darstellungssystem der Literatur übersetzen. Solche filmischen Bezüge können als Parodie, Zitat, Pastiche gestaltet sein (Genette 1982). Das folgende Beispiel für eine filmische Schreibweise, die zugleich parodistisch bis ironisch auf den *roman noir* und den *film noir* und damit auf den eigenen Text Bezug nimmt, ist Jean Echenoz' Roman *Cherokee* entnommen. Filmisch sind an dieser Passage auf makrostruktureller Ebene der Schauplatz (Bar, Tankstelle) und die Handlungssituation (ein Verbrecher auf der Flucht), auf diskursstruktureller Ebene die montagehaften zeitlichen, räumlichen und kognitiven Sprünge, auf mikrostruktureller Ebene die Fokussierung auf die Oberfläche, der Vorrang visueller Wahrnehmung:

23 Peu de monde autour de lui, peu de véhicules ; une fois une voiture de police, et l'homme fort s'était poussé dans une entrée d'immeuble, contre une haute poubelle amplifiant les grognements hâtifs et hargneux d'un chat dans une carcasse. Plus loin, plus tard, il dépassait une station-service trés éclairée : dans une cabine de verre somnolait un veilleur en combinaison blanche et casquette à pois, terrassé sur le bureau, comme piétiné par le grand cheval ailé rouge derrière lui. Juste après se dressait un grand portail en fer près duquel stationnaient trente personnes des deux sexes, en couples, en groupes, vêtus de couleurs vives qui tranchaient la nuit par instants. (Echenoz 1983, 8f.)

Begleitende Übungen zu Mikrostruktur finden Sie im Modul

4 Die Erzählung im Kontext

Die Techniken der Parodie oder des filmischen Schreibens haben schon gezeigt, dass bestimmte narrative Verfahren ohne textexterne Kontexte nicht zu verstehen sind. Dies soll zum Anlass dienen, abschließend einige übergreifende Fragestellungen der Erzähltextanalyse anzusprechen. Übergreifend sind die folgenden Bemerkungen im doppelten Sinne: Sie betreffen alle Ebenen der Analyse, richten aber auch den Blick auf die Einbettung jeder Erzählung in einen historischen, kulturellen und ästhetischen Kontext. Mehr als Bemerkungen können die folgenden Hinweise allerdings auch nicht sein, da für jeden der angesprochenen Gesichtspunkte spezialisierte Analysetechniken zu entwickeln sind. Wenigstens genannt werden sollen sie aber dennoch, da erst sie eine sinnvolle Interpretation des Textes auf Basis der in den vorausgegangenen Kapiteln dargestellten Analyse ermöglichen und diese selbst über die ja nur methodisch um den Text gezogenen Grenzen fortsetzen. Traditionelle interpretatorische Bezugspunkte der Erzählung sind der Werkkontext, die Biographie des Autors, die Geschichte der Gattung, poetologische Vorgaben, gesellschaftliche oder kulturhistorische Kontexte, Themen und Motive sowie produktions- und rezeptionsästhetische Perspektiven. In den letzten Jahrzehnten sind weitere narrationsspezifische Fragestellungen im Rahmen der Narratologie entwickelt bzw. an sie angeschlossen worden:

(a) Unmittelbar eingebettet ist die Erzählung in einen paratextuellen Kontext (Genette 1987). Dazu zählen neben der **peritextuellen Umgebung** werkexterne **Epitexte** (*épitextes*), wie z.B. Autoreninterviews.

(b) Des Weiteren stehen Erzählungen in einem **intertextuellen oder transtextuellen Kontext** (Genette 1982; Broich/Pfister 1985; Helbig 1998), der sie ins Verhältnis zu früheren oder gleichzeitig entstehenden Texten oder Prätexten setzt. Solche Bezüge können Parodie, Pastiche, Allusion, Zitat u.v.a. sein. Die intertextuelle Einbettung macht die für die Erzählung spezifische Polyphonie oder Dialogizität in textübergreifender Dimension deutlich. Eine Passage aus Jean-Philippe Toussaints Roman *La salle de bain* (1985) verbindet paratextuelle mit intertextuellen Bezügen. Die durchgezählten Absätze verweisen den gebildeten Leser auf die *Pensées* Blaise Pascals, dieser Bezug wird durch thematische Parallelen im Roman (Bewegung und Stillstand, Tod, Einsamkeit) verstärkt, sogar durch ein (englisch) verfremdetes Pascal-Zitat (Toussaint 1985, 87) explizit markiert, dann aber durch Stilparodien und Stilkontraste wieder ironisch gebrochen:

24 10) Assis sur le rebord de la baignoire, j'expliquais à Edmondsson, qu'il n'était peut-être pas très sain, à vingt-sept ans, bientôt vingt-neuf, de vivre plus ou moins reclus dans une baignoire. Je devais prendre un risque, disais-je les yeux baissés, en caressant l'émail de la baignoire, le risque de compromettre la quiétude de ma vie abstraite pour. Je ne terminai pas ma phrase [...] (Toussaint 1985, 15).
33) Il y a deux manières de regarder tomber la pluie, chez soi, derrière une vitre. [...] Ainsi est-il possible de se représenter que le mouvement, aussi fulgurant soit-il en apparence, tend essentiellement vers l'immobilité, et qu'en conséquence, aussi lent peut-il parfois sembler, entraîne continûment les corps vers la mort, qui est immobilité. Olé (Toussaint 1985, 36).

(c) Ein dritter Deutungskontext sind **intermediale Fragestellungen**. Sie kamen bei der Erörterung der filmischen Schreibweise zur Sprache, können aber auch in Text-Bild-Beziehungen oder in Interferenzen zwischen Mündlichkeit und Schriftlichkeit eine Rolle spielen (Zumthor 1983; Ong 1987; Helbig 1998, 2009; Hiebler 1998).

(d) In den letzten Jahren wurden verstärkt teils disziplinenübergreifend angelegte Versuche unternommen, narratologische Perspektiven in einen kulturwissenschaftlichen Rahmen zu stellen. Dazu zählen Aspekte der *Postcolonial Studies* und *Gender Studies*, der historischen und Kulturanthropologie, aber auch Fragestellungen, die umgekehrt narratologische, strukturalistische und poststrukturalistische Literaturtheorie auf andere Disziplinen übertragen und auf bemerkenswerte Wechselwirkungen zwischen literarischen und historiographischen oder ethnographischen Texten bzw. Quellen verweisen. Hier stellt sich etwa die Frage nach der Autorität der Erzählstimme (White 1987; Clifford 1988). (Zugänge und Fallstudien zu den in (c) und (d) genannten Aspekten finden sich unter anderem in Pechlivanos et al. 1995; Bal 1999; Grünzweig/ Solbach 1999). Einen weiteren Kontext stellen literaturanthropologische Ansätze dar, die nach der sinn- und identitätsstiftenden Funktion sprachlichen Erzählens, von Räumlichkeit und Bildlichkeit als Ausdrucks- und Reflexionsmedium des Menschen fragen (Benjamin 1977; Iser 1991). Die hier genannten und weitere Analyse- und Deutungskontexte der Erzählung folgen je gegenwärtigen kulturwissenschaftlichen Forschungsparadigmen oder *cultural turns* (z.B. *performative turn*, *spatial turn*, *iconic turn* etc.; vgl. Bachmann-Medick 2009).

Modul Narrativik

Auf der CD finden Sie weiterführende Materialien und Übungen zu

- Merkmale der Erzählung
- Diskursstruktur
- Mikrostruktur

Drama

Dagmar Schmelzer

1 Vorbemerkung

Die dritte Hauptgattung der Literatur, das Drama, das in diesem Kapitel vorgestellt werden soll, hat eine illustre Tradition, die bis in die Antike zurückreicht. Höhepunkte der Theaterkultur in Frankreich waren z.B. die Klassik, als das Theater als anspruchsvolle Unterhaltung am Hofe geschätzt war, und das 19. Jahrhundert, als es der Treffpunkt der bürgerlichen Gesellschaft war. In vielen Epochen war Theater ein Politikum und oft auch politisch. Man denke an die Geschichte der Zensur, die berühmten Skandale um den *Cid*, um Molière, um Beaumarchais' Theater und die Stücke des Romantikers Victor Hugo.

Heute ist der Roman zur Bestseller-Gattung aufgestiegen und das Kino hat das Theater als kulturellen Treffpunkt des öffentlichen Lebens abgelöst, doch kann gerade in der heutigen Mediengesellschaft Theater anregend sein, befasst es sich doch mit dem Darstellungsmodus des Als-Ob, mit einer vorgestellten Welt, die sich als „real" inszeniert – oft in selbstironischer Relativierung ihres Repräsentationsanspruchs. „Theatralität" ist selbst alltagssprachlich das bewusste und überzeichnete Erleben der Künstlichkeit eines auf Wirkung bedachten Auftretens vor Zuschauern, das Rollenangebote, Masken und Selbstinszenierungen als schematisch entlarvt. Das Spiel mit dem Wirklichkeitsstatus literarischer und theatralischer Darstellung ist eine Konstante des modernen Theaters in seiner dialektischen Beziehung zu den Normen der Vergangenheit, zu dem was noch heute – wenn auch nicht mehr normativ – die Vorstellung „Theater" prägt. Diese Art des Theaters ist daher auch vorzüglich geeignet, die Spezifika der dramatischen Kommunikation bewusst zu machen.

Um sich der Eigenart des dramatischen bzw. theatralischen Diskurses zu nähern, soll ein komparatistischer, d.h. vergleichender Ansatz gewählt werden, der die Besonderheiten von Drama und Theater anhand der Unterschiede zunächst zur narrativischen Darstellung herausarbeitet. Als unterstützende Beispiele werden hauptsächlich moderne Theaterstücke gewählt, die auf diese theaterspezifischen Besonderheiten dialogisch reagieren, die mit ihnen spielen, um ihr Funktionieren vorzuführen. In einem Exkurs werden filmische und theatralische Präsentationsmöglichkeiten verglichen (s. Kap. 6).

Das Kapitel 7 bietet eine Einführung in dramenanalytische Werkzeuge und ein Begriffsinventar, das bei der praktischen Beschäftigung mit konkreten Dramen hilfreich sein kann. Die vorgestellten Konzepte wurden im Laufe der Forschungsgeschichte hauptsächlich aus der Analyse konventioneller Theaterstücke abgeleitet. Moderne Theaterstücke sprengen oder unterlaufen oft diese

Kategorien, was aber deren Anwendung auf diese uns zeitlich näheren Werke gerade interessant macht.

Zur Illustration der einzelnen Sachverhalte und Begriffe dient Edmond Rostands Theaterstück *Cyrano de Bergerac* (1897), das daher vorab zur Lektüre empfohlen wird. *Cyrano* bietet den Vorteil, dass es am Ende einer dramengeschichtlichen Entwicklung viele der konventionellen Theaternormen in Kombination aufgreift. Zwar fehlt dem Stück innovativer Ehrgeiz und seine Handlung und Figuren zeigen eine eindeutige Tendenz zum konfliktlosen Evasions- und Unterhaltungstheater, doch bedient sich Rostand virtuos aus dem reichen Fundus der Dramentechnik. Die große Bühnenwirksamkeit ist sicher nicht der unwichtigste Grund für den erstaunlichen historischen und aktuellen Erfolg des *Cyrano* (zum literarhistorischen Hintergrund des Stücks vgl. Schulz-Buschhaus 1971). Das abschließende Kapitel zur Ent-Dramatisierung (7.2.5) bedient sich dann im Kontrast dazu wieder moderner Stücke.

Übungstext: Edmond Rostand: *Cyrano de Bergerac* (PDF-Datei)

2 Einleitung: *monstration, narration* und die Absolutheit des Dramas

Die einfachste Definition von narrativen Texten ist: Hier wird eine Geschichte erzählt. Die Betonung liegt dabei auf erzählen. Auf der Bühne ist das anders.

> *drama* kommt aus dem Griechischen und heißt ‚Handlung'. Ein aufgeführtes **Drama** ist theatralisch realisierte, das heißt auf der Bühne zur Anschauung gebrachte Handlung. Eine Theateraufführung ist gezeigte Geschichte.

In der vergleichenden Narratologie unterscheidet man zwischen ***narration***, der Erzählung im engeren Sinne, Erzählung im Sinne der Narrativik, wo Handlung sprachlich nachgeahmt und durch einen Erzähler vermittelt wird, und ***monstration***, der Als-ob-Nachstellung von Handlung. Das Begriffspaar stammt vom Narratologen Gaudreault (1988). Die Unterscheidung als solche geht aber bis in die Antike auf die *Poetik* des Aristoteles (1982) und Platon zurück. Semiotisch gesehen zeichnet sich die *monstration* durch die Analogie der semiotischen Kodes des Dargestellten und der Darstellung aus. Das heißt, eine Geste wird durch eine Geste wiedergegeben, Mimik durch Mimik etc. In der *narration* dagegen werden Gesten, Mimik und alle weiteren nicht-sprachlichen Kodes in Sprache übersetzt.

1 Luigi Pirandellos Theaterstück *Sechs Personen suchen einen Autor* (1921) spielt mit dem Unterschied zwischen *narration* und *monstration* und gewinnt dadurch eine metatheatralische Dimension. Es kommentiert das Wesen von Theater. Vater und Mutter mit vier Kindern bzw. Stiefkindern platzen in eine Theaterprobe und verlangen lautstark, dass „ihre Tragödie" aufgeführt wird. Zwar versuchen Sie, ihre Geschichte narrativ vorzubringen, doch fallen sie dabei immer wieder ins Rollenspiel: Sie verkörpern ihre Geschichte: „Das Drama ist in uns; wir verkörpern es."

DIE STIEFTOCHTER. Es ist einfach nicht wahr! (*Zum Direktor.*) Glauben Sie es nicht! Wissen Sie, warum sie das sagt? Seinetwegen (*zeigt auf den Sohn*) sagt sie das! Weil sie sich verzehrt, zugrunde geht wegen der Gleichgültigkeit dieses Sohnes da, dem sie zu verstehen geben will, daß sie ihn als Zweijährigen nur deshalb verließ, weil er (*deutet auf den Vater*) sie dazu zwang.

DIE MUTTER (*heftig*). Er zwang mich, er zwang mich und dafür rufe ich Gott als Zeugen an! (*Zum Direktor.*) Fragen Sie ihn (*zeigt auf den Gatten*), ob es wahr ist! Lassen Sie es ihn sagen...sie (*weist auf die Tochter*) kann nichts darüber wissen.

DIE STIEFTOCHTER. Ich weiß, daß du mit meinem Vater, solange er lebte, immer zufrieden und glücklich warst. Streite es ab, wenn du kannst!

DIE MUTTER. Das bestreite ich nicht, nein...

DIE STIEFTOCHTER. Er war immer voller Liebe und Fürsorge für dich! (*Wütend zu dem Jungen.*) Stimmt das nicht? Warum redest du nicht, Dummkopf?

DER VATER. Es ist wahr, Herr Direktor. Ich war schuld. (*Pause.*)

DER ERSTE SCHAUSPIELER (*zu seinen Kollegen*). Schau sich einer dieses Schauspiel an!

DIE ERSTE SCHAUSPIELERIN. Ausgerechnet uns führen sie es vor!

(Pirandello 1995, 38f.)

Während eine sprachliche Zuweisung völlig ausreichend wäre, um die Beteiligten und ihre Beziehungen zu bezeichnen, nehmen die Figuren Gesten zu Hilfe, um ihre Worte zu stützen. Sie verzichten auf die deiktischen Möglichkeiten der Sprache und verwenden lieber den konkreten Fingerzeig der Geste. In ihrer Körpersprache machen sie auf die körperliche Präsenz der Figuren der vorgetragenen Geschichte aufmerksam. Zwar sprechen die Figuren in narrativer Vergangenheitsform von ihrer Geschichte, doch ‚leben' sie ihre Beziehungen vor. Sie sind wütend und heftig. Ihre Geschichte öffnet eine Bühne auf der Bühne und verdoppelt die Kommunikationssituation des Theaters: Die ‚echten' Schauspieler und der Direktor werden zu Zuschauern der streitenden Familie, die angetreten ist, ihre Geschichte zu ‚spielen'.

Durch die leibliche Präsenz der Schauspieler auf der Bühne ergeben sich weitere Besonderheiten der theatralischen, der szenischen Darstellung: Die Figuren sprechen für sich selbst, in Gegenwart der Zuschauer. Sie sprechen unmittelbar, bedürfen keines Vermittlers. Darin besteht ein wesentlicher Unterschied zur Narrativik. In Erzähltexten wird dem Leser die Geschichte durch einen Vermittler nahegebracht, durch den Erzähler. Es kann auch in Figurenperspektive geschrieben werden, dann sieht der Leser durch die Augen einer Figur als wahrnehmendes Subjekt. In jedem Fall ist eine erzählte Geschichte eine vermittelte Geschichte, sozusagen eine Geschichte im indirekten Modus. Im Drama gibt es keinen Vermittler, die Geschichte spricht für sich selbst. Der Zuschauer sieht aus seiner Perspektive. Der Dramentheoretiker Peter Szondi spricht in diesem Zusammenhang von der **Absolutheit** des Dramas (1963).

> Das Drama präsentiert sich als Welt, sinnlich konkret und semiotisch analog zur Wahrnehmungssituation im Alltag, ohne zeitliche Differenz zwischen Darstellung und Rezeption der Darstellung.

Trotz dieser Wahrnehmungsäquivalenz ist die dramatische Wirklichkeit nicht wirklich ‚real', sie ist inszeniert. Wie die Wirklichkeit der Narrativik ist sie fiktional. Die Institution des Theaters setzt einen konventionellen Rahmen, in dem der Zuschauer seine Zweifel an der Echtheit der vorgestellten (repräsentierten) Welt suspendiert, in dem er das theatralische Spiel mitmacht. Nach Erving Goffman (1974) nennt man einen solchen die Deutung einer sozialen Situation vorstrukturierenden Rahmen *frame*. Charakteristisch für die Rezeptionshaltung des Theaters ist dabei einerseits die Bereitschaft, sich auf die **Theaterillusion** einzulassen, andererseits aber auch das Bewusstsein, sich einer inszenierten Als-ob-Welt, sozusagen einem Spiel ohne pragmatische Konsequenzen in der Lebenswelt gegenüber zu sehen.

2 In *Racine et Shakespeare* erklärt Stendhal das Funktionieren der Theaterillusion am folgenden Beispiel:

L'année dernière (août 1822), le soldat qui était en faction dans l'intérieur du théâtre de Baltimore, voyant Othello qui, au cinquième acte de la tragédie de ce nom, allait tuer Desdemona, s'écria : « Il ne sera jamais dit qu'en ma présence un maudit nègre aura tué une femme blanche. » Au même moment le soldat tire son coup de fusil, et casse un bras à l'acteur qui faisait Othello. [...] Eh bien ! ce soldat avait de l'*illusion*, croyait vraie l'action qui se passait sur la scène. Mais un spectateur ordinaire, dans l'instant le plus vif de son plaisir, au moment où *il applaudit* avec transport Talma-Manlius disant à son ami : « Connais-tu cet écrit ? » par cela seul qu'il applaudit, n'a pas l'*illusion complète*, car il applaudit Talma, et non le Romain Manlius [...] (Stendhal 1996, 22).

Bestimmte Anzeichen der Künstlichkeit der Bühnenwelt, die übertriebene Artikulation und Sprechlautstärke, die Pausen für Applaus und andere Publikumsreaktionen etwa werden als ‚natürlich' akzeptiert und nicht als **illusionsbrechend** empfunden. Die Grenzen dieser Konvention sind historisch. Wie Aufführungsstil, Bühnentechnik und nicht zuletzt die Vorgaben der Dramentexte ändert sich von Epoche zu Epoche das, was vom Zuschauer als ‚normale' Abweichung von der Alltagswelt toleriert wird.

So ist das klassische Theater in Versen geschrieben und wird von relativ unbewegten Schauspielern deklamatorisch vorgetragen. Der Anspruch klassischer *vraisemblance* betrifft nicht diesen in heutigen Augen höchst künstlichen Aufführungsmodus, sondern hauptsächlich inhaltlich gefasste Kriterien, die aus der sozialen Welt des Barock stammen: Die Unterscheidung der Stilhöhen nach tragischen und komischen Formen je nach sozialer Herkunft des Personals und dem Charakter der Handlung, die Vorschrift der Fallhöhe tragischer Helden, die Grenzen sozialer Schicklichkeit (*bienséance*) etc. Die heute als ‚realistisch' empfundenen inhaltlichen und aufführungstechnischen Maßstäbe sind relativ jungen Datums. Die psychologisch und vom sozialen Hintergrund der Figur her schlüssige (Prosa-) Rede, die Konvention der Guckkastenbühne mit fehlender ‚vierter Wand', der Reichtum des Bühnenbilds bis ins historisch korrekte Detail sind Errungenschaften des naturalistischen Theaters des ausgehenden 19. Jahrhunderts. Heutige illusionsbrechende Praktiken, von der kargen, minimalistischen Bühnen- und Kostümgestaltung bis zur Aufgabe einer festen Bühne und Mischung der Figuren ins Publikum, nehmen dialogischen Bezug hauptsächlich auf dieses bis heute Norm gebende Illusionstheater, das zu überwinden das moderne Theater des 20. Jahrhunderts angetreten ist.

Auch war es nicht immer Wirkungsziel des Theaters, eine möglichst große Illusion, d.h. Identifikation des Zuschauers mit den Bühnenfiguren und der Handlung, zu erreichen. Mittelalterliche Theaterformen zeichneten sich durch bewegungsreiche Gestik und Choreographie aus, die akrobatische Form annehmen konnten und gerade die Künstlichkeit der gezeigten Welt betonten. Das Spiel mit Masken, wie in der *commedia dell'arte*, stellte gerade die semiotische Parallelität zur Alltagssituation in Frage, verhinderte es doch den Einsatz der Mimik. Die Figuren waren Typen, deren Wiedererkennung durch das Publikum nicht im Modus der Identifikation (d.h. in der Parallelsetzung zu lebensweltlichen, sozialen Erfahrungen), sondern durch Aufruf konventionalisierter Schemata erfolgte. Ähnlich konventionalisiert war auch der Einsatz von Requisiten. Trat eine Figur mit einer Lampe auf, bedeutete das ‚Nacht', obwohl die Beleuchtungsverhältnisse auf der Bühne (im Freien oder im hell erleuchteten Theatersaal) sich nicht änderten. Die auf die Identifikation Schauspieler/Rolle und Zuschauer/Bühnenfigur angelegte Interiorisierung des Schauspielstils setzte erst mit dem ausgehenden Mittelalter ein. Die Illusion steht dabei auch im Zusammenhang mit der Wirkungsästhetik, die sich im Zuge der Aristoteles-Rezeption durchsetzte. In der Tradition des Aristoteles lässt ein Theaterstück (insbesondere die Tragödie) den Zuschauer über die Identifikation mit der Handlung Jammer und Schauder erleben, um in einer Art Affektabfuhr den reinigenden Effekt der **Katharsis** zu bewirken.

3 Im absurden Theater ist die Aufdeckung der Künstlichkeit der Theatersituation Programm. Dazu kann der folgende Abschnitt aus Samuel Becketts *Warten auf Godot/En attendant Godot* (1952) ein Beispiel geben.

VLADIMIR. En effet, nous sommes sur un plateau. Aucun doute, nous sommes servis sur un plateau.

ESTRAGON. On vient par là aussi.

VLADIMIR. Nous sommes cernés! *Affolé, Estragon se précipite vers la toile de fond, s'y empêtre, tombe.* Imbécile! Il n'y a pas d'issue par là. *Vladimir va le relever, l'amène vers la rampe. Geste vers l'auditoire.* Là il n'y a personne. Sauve-toi par là. Allez. *Il le pousse vers la fosse. Estragon recule épouvanté.* Tu ne veux pas? Ma foi, ça se comprend. Voyons. *Il réfléchit.* Il ne te reste plus qu'à disparaître.

ESTRAGON. Où?

VLADIMIR. Derrière l'arbre. *Estragon hésite.* Vite! Derrière l'arbre. *Estragon court se mettre derrière l'arbre qui ne le cache que très imparfaitement.* Ne bouge plus! *Estragon sort de derrière l'arbre.* Décidément cet arbre ne nous aura servi à rien. *A Estragon.* Tu n'es pas fou?

(Beckett 1971, 182)

Die medialen Einschränkungen und Konventionen des materiell-konkreten Theaterraums, die normalerweise den nicht semantisierten, d.h. unsichtbaren bzw. ausgeblendeten und die Illusion nicht beeinträchtigenden Rahmen der Vorführung bilden, werden thematisiert (‚Präsentierteller') und vorgeführt (Kulisse als Hindernis). Es wird mit der Konvention gespielt, dass das Publikum für die Figuren nicht vorhanden ist, dass diese Figuren in einer abgeschlossenen Als-ob-Welt agieren. Vladimir ignoriert die Zuschauer, Estragon weicht (wovor?) erschrocken zurück, Vladimirs Kommentar bleibt mehrdeutig. Die Grenzen der *vraisemblance* und die Haltung des *good will* beim illusionsbereiten Zuschauer werden ironisch kommentiert. (Die unvollkommene Deckung des Baums wird zwar erst vorgeschlagen, aber dann als unbrauchbar zurückgewiesen.) Da alle Äußerungen doppelgründig sind und neben einer geschichtsinternen Komponente einen Kommentar zur (nie explizit angesprochenen) Aufführungssituation darstellen, wird die Überlappung von innerer und äußerer Kommunikationsebene bewusst. Die Illusion wird entlarvt – ohne tatsächlich gebrochen zu werden, denn keine der Figuren wendet sich ausdrücklich an das Publikum.

Der konventionelle Rahmen des Theaters sieht vor, dass der Zuschauer seine Zweifel an der Echtheit der vorgestellten (d.h. repräsentierten) Welt suspendiert und das theatralische Spiel mitmacht. Die Konventionen, unter denen sich diese Theaterillusion einstellt, sind kultur- und epochenabhängig.

3 Theater und Drama

Alle genannten Kennzeichen gelten zunächst und vor allem für das aufgeführte Drama, das heißt für **Theater**. Nun muss man aber zwischen diesem Theater und dem **Dramentext** unterscheiden, der im Normalfall die Basis für die Beschäftigung mit der Gattung im Rahmen eines literaturwissenschaftlichen Studiums bilden wird. Es wird folgende Begriffstrennung vorgenommen:

Der schriftlich fixierte Text, der Grundlage einer Theateraufführung ist, wird als Drama bzw. Lesedrama bezeichnet. Es handelt sich dabei nur um einen potentiellen dramatischen Diskurs, der erst durch die szenische Darstellung (Theater) zum konkreten dramatischen Diskurs wird. Diese Konkretisierung kann man als **Adaptation** bezeichnen.

Das heißt, eine Theateraufführung funktioniert analog zu einer Verfilmung, es handelt sich um eine mediale Transformation, die immer auch Interpretation ist. Das wird unmittelbar anschaulich, wenn man sich verschiedene Inszenierungen eines Dramas ansieht: Sie unterscheiden sich wesentlich. Und nicht nur das: Eine jede Aufführung ist ein eigener Text und wird sich von anderen (wenn auch nur in Details) unterscheiden. Diese semiotische und semantische Verschiebung bei der Aufführung ist nicht Folge eines (zu) freien Umgangs mit dem zugrundeliegenden Text, sondern liegt in der Natur der Sache selbst. Die sinnliche Konkretisierung ist immer zugleich sowohl eine Reduktion des Bedeutungspotentials des Lesedramas als auch eine Amplifikation der gegebenen Informationen.

4 Am Beispiel des „distingierten Trunkenbolds" im *Cyrano* („Lignière, un peu débraillé, figure d'ivrogne distingué"; Rostand 1996, 13) lässt sich dies zeigen. Konkrete Angaben enthält dieser Nebentext nur zur Kleidung und auch hier zählt er nicht etwa die Kleidungsstücke und deren Farbe auf. Es wird kein Vorschlag gemacht, wie der Eindruck der Nachlässigkeit vermittelt werden soll, beispielsweise durch einen offen stehenden Hemdkragen, eine speckige Hose, einen zerknitterten Überrock oder ähnliches. Die Umsetzung ist der Phantasie des Kostümbildners, des Schauspielers oder des Regisseurs anheim gegeben. Wie Lignière abgesehen von der Kleidung den Eindruck des „distinguierten Trunkenbolds" hinterlassen soll, wird ebenfalls nicht fixiert. Die

Festlegung erfolgt erst in der Aufführung durch Schauspielerauswahl, Kostüm und Maske, Körperhaltung, Sprachduktus, Gestik und Mimik. Ein Dreitagebart, raumgreifende, selbstbewusste Gestik, ein leicht schwankender Gang und eine sichere, überzeugend männliche Stimme können das Bild ergänzen. Zwar gewinnt die Figur Lignières durch ihre Konkretisierung eine Vielzahl benennbarer Charakteristika, die im Schrifttext nicht erwähnt sind (Amplifikation der Informationen), doch wird sie durch ihre sinnliche Präsenz auch auf eine Ausprägung festgelegt. Die phantasieanregende Suggestivität der verbalen Skizze geht verloren (Reduktion).

Übung zu Beispiel 4: Intermediale Informationsvergabe

Parallel zur Trennung in Drama und Theater kümmern sich jeweils spezialisierte Wissenschaften um die beiden Teilaspekte. Die Theaterwissenschaft befasst sich mit dem Theater, die Literaturwissenschaft mit dem schriftlich fixierten Drama. Diese Unterteilung hat aber einen Haken: Ein Drama ist auf die theatralische Realisierung hin geschrieben und richtet sich, die dort geltenden medialen Beschränkungen und Möglichkeiten vorwegnehmend, nach den Gepflogenheiten der Theaterinstitution. Es nimmt also eine Selbstbeschränkung vor, wenn es die sprachlichen Möglichkeiten nicht voll nutzt, weil deren Umsetzung auf der Bühne zu kompliziert oder unmöglich wäre. Gleichzeitig versucht es unter Umständen an jenen Stellen über sich hinaus zu wachsen, wo die sinnlich-konkrete Präsentation mehr zu bieten hat, um diese vorzeichnen zu können. Sprich: Dramen können nicht unabhängig vom Theater gelesen werden. Andererseits werden Theateraufführungen (speziell in unserer wort- und schriftzentrierten, d.h. logozentrischen Kultur) immer mit Bezug auf den Dramentext gesehen. Inszenierungen werden an dem Grad gemessen, in dem sie der Schrifttextvorlage gerecht werden.

Wenn im Folgenden die Konsequenzen beschrieben werden, die die spezifisch theatralische Kommunikations- und Repräsentationsstruktur für das Theater hat, gelten diese in modifizierter Form immer auch für das Drama. Es wird bei jedem Punkt auf diese Unterscheidung verwiesen.

4 Besonderheiten der theatralischen/dramatischen Darstellung

4.1 Kommunikationssituation

Einem dramatischen Text liegt eine ganz andere Kommunikationssituation zugrunde als einem narrativen. Das soll anhand des **Kommunikationsmodells** von Manfred Pfister (1977) anschaulich gemacht werden.

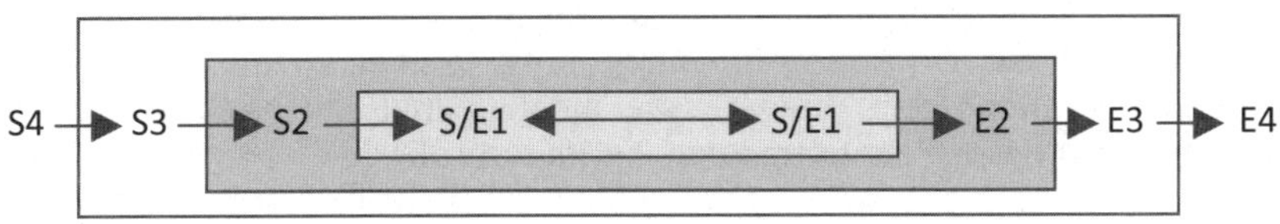

Abb. 1: Kommunikationsmodell narrativer Texte (nach Pfister 1977, 20)

In einem Erzähltext ist zwischen der Ebene der Geschichte bzw. der Figuren als Träger der Rede (S/E1) und dem impliziten Autor (S3), also zwischen dem inneren (hellgrau) und dem äußeren (leer) Kommunikationssystem eine vermittelnde Ebene, die Ebene der Erzählung (dunkelgrau) situiert. Die Position S2 wird von einer verschieden ausgestaltbaren Erzählinstanz ausgefüllt, die sich auf gleicher Ebene an einen fiktiven Leser (E2) richtet.

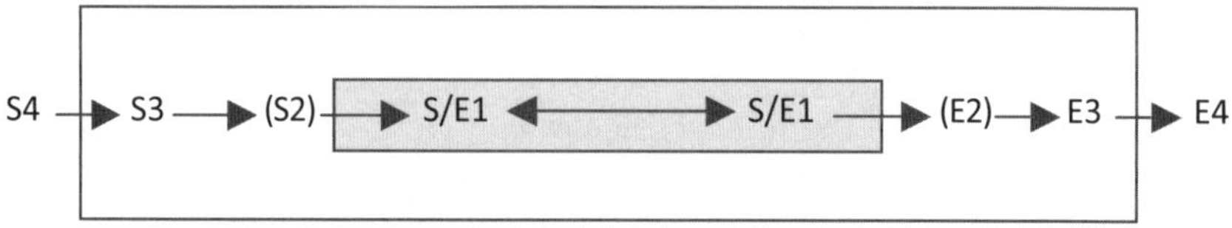

Abb. 2: Kommunikationsmodell dramatischer Texte (nach Pfister 1977, 21)

Im aufgeführten Theaterstück ist die Zwischenebene der Vermittlung nicht besetzt. Es überlagern sich direkt das innere und das äußere Kommunikationssystem.

Da der Sender des äußeren Kommunikationssystems (Theaterapparat) sich im Allgemeinen aber nicht direkt ans Publikum als seinen Empfänger wendet, sondern den ‚Umweg' über das Bedeutungspotential der Geschichte, d.h. des inneren Kommunikationssystems, geht, muss alle Information, die von S3 zu E3 gelangen soll, im inneren Kommunikationssystem kodiert werden. Dies geschieht entweder explizit in der Figurenrede oder aber in impliziter Form in nicht-verbalen Kodes. Es gibt nur wenige Ausnahmen einer direkt auktorialen verbalen Informationsvergabe im Theater, zum Beispiel den Einsatz sprechender Namen.

Es soll bei alledem natürlich nicht der Eindruck entstehen, dass der (implizite) Autor keinen Einfluss auf Aussage und Form seines Stücks hat. Im Gegenteil führt die alleinige Präsenz der Instanzen der inneren Kommunikation auf der Bühne dazu, dass die ausgelagerten Kommunikationsebenen in die Kommunikation erster Ordnung quasi eingeschrieben sind. Es überlappen sich sozusagen die Kommunikationen. Die Rede der ersten Ebene ist dadurch doppelt gerichtet im Sinne Michail Bachtins (1990), einmal innerhalb der ersten Kommunikationsebene und gleichzeitig innerhalb der zweiten. Jede Replik einer Figur hat zum einen eine Funktion im inneren Kommunikationssystem, das heißt sie ist an eine andere Figur gerichtet, soll deren Reaktion hervorrufen, reagiert etwa auf vorhergehende Äußerungen der anderen Figuren, hat also eine Stelle im Handlungsgeflecht der Geschichte. Zum anderen ist eine jede Replik aber auch auf den Zuschauer gerichtet, hat also eine Funktion im äußeren Kommunikationssystem. Eine Analyse, die die Funktion einer dramatischen Replik im Kommunikationszusammenhang klären soll, eine so genannte pragmatische Analyse, muss immer die Stellung der entsprechenden Replik auf allen Ebenen der Kommunikation berücksichtigen. (Zur pragmatischen Redeanalyse im Drama siehe Ubersfeld 1996).

5 Die Unterhaltung der Figuren über Cyrano im ersten Akt vor dem ersten Auftreten des Helden ist ein Gespräch im Rahmen der Handlung, das seinen Platz in der Geschichte hat. Dennoch erfüllt es vor allem eine auf das äußere Kommunikationssystem gerichtete Funktion: Es informiert den Zuschauer über Elemente der Vorgeschichte. So hat Cyrano dem Schauspieler Montfleury für einen Monat den Auftritt auf der Bühne untersagt. Cyrano wird bereits fremdcharakterisiert: Er ist ein mutiger Draufgänger, adlig, mit Degen und Vers gewandt und verteidigt seine (hässliche) Nase bei Beleidigung blutig. Man erfährt etwas über die Beziehungen zwischen den Figuren: Roxane ist die Kusine Cyranos. All diese Elemente der Exposition kommen nicht umsonst zur Sprache, sie sind für den Zuschauer gedacht. Er erfährt etwas über die Ausgangssituation, bekommt die Figuren und ihre bereits konfliktträchtige Konstellation vorgestellt.

Übung 1: Informationsvergabe/Aparte (Beaumarchais: *Figaro*)
Übung 2: Doppelte Gerichtetheit der Theaterrede (Apollinaire: *Les Mamelles*)

Auch das Drama hat keinen Erzähler. Im Schrifttext muss zwischen **Haupt- und Nebentext** (frz. *didascalie*) unterschieden werden. Der Haupttext umfasst die Figurenrede, die auf der Bühne ebenfalls sprachlich repräsentiert wird. In ihr kommen die Figuren selbst zu Wort, im Sinne der angesprochenen Absolutheit des Dramas. Der Nebentext enthält explizit-sprachliche Angaben des impliziten Autors des Dramas (also nicht des Erzählers!), die auf der Bühne anders als sprachlich umgesetzt werden und dadurch in der Aufführung nur noch implizit rezipierbar sind. Ausdrückliche Charakterzuweisungen z.B. werden in Gesten, Verhalten, Mimik u.ä. umgesetzt. Während also auf der Bühne auch dieser Teil der Information in der Absolutheit der dargestellten Welt absorbiert wird, ist er im schriftlichen Text auktorial-explizit. Ein Erzähler existiert aber auch im schriftlichen Dramentext nicht.

4.1 Kollektivität von Sender und Empfänger

Richtet man den Blick nun auf die genaue Beschaffenheit der jeweiligen Sender und Empfänger des Textes Theateraufführung, stellt sich ein weiterer Unterschied zu narrativen Texten heraus, der in diesem Fall auch Theater und Drama trennt. Literarische Schrifttexte haben (im Normalfall) einen individuellen Autor, der mit einem zwar pluralen aber letztlich in seiner Rezeptionssituation der (stillen) Lektüre individuellen Leser kommuniziert.

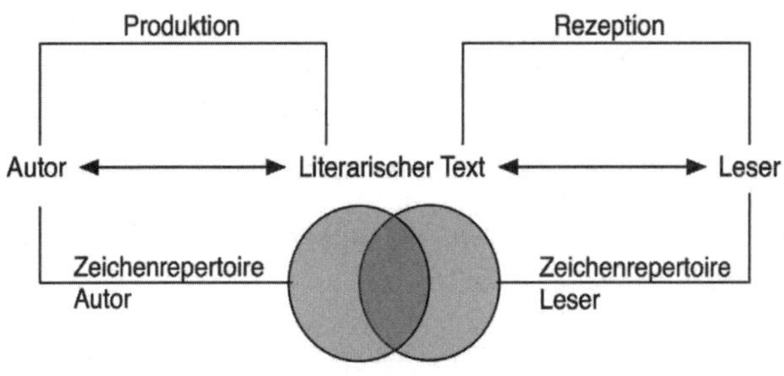

Abb. 3: Modell künstlerischer Kommunikation nach Max Bense (Platz-Waury 1978, 40)

In der Aufführungssituation dagegen stehen sich ein Autorenkollektiv und ein kollektives Publikum gegenüber.

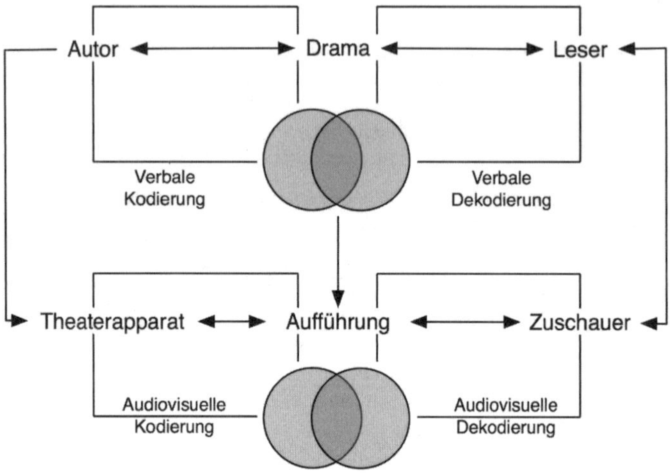

Abb. 4: Modell dramatischer und theatralischer Kommunikation (nach Platz-Waury 1978, 41)

Wie man sieht, ist der Autor des Dramentextes nicht der einzige, der an der Kommunikation mit dem Zuschauer Teil hat. Der ‚Theaterapparat' wirkt ebenfalls auf die Aufführung ein. Der Sender der Information ist ein **Kollektiv**. Der Regisseur hat durch seine Adaptation, d.h. Interpretation, ebenso Einfluss auf die Gesamtaussage der Inszenierung wie die Schauspieler in ihrem persönlichen Ausdruck, der Bühnen- und der Maskenbildner mit ihren Ideen, der Beleuchter mit seinen Effekten usw. Selbst wenn man einen entscheidenden Einfluss des Regisseurs als des ‚Chefs' der Inszenierung auf die Gesamtheit der semiotischen Zeichen einer Aufführung annimmt (Regietheater), kann dessen zentrale Stellung den Kommunikationsprozess nicht bis ins Detail unter Kontrolle haben. Auf die Tagesverfassung der Schauspieler beispielsweise hat er keinen Einfluss. Außerdem bleibt selbst dann die Dualität Regisseur/Verfasser als reduzierte Kollektivität bestehen.

Die Frage nach dem Autor einer Theateraufführung stellt sich also anders als in der Narrativik. Die Autoren von Textvorlagen haben unterschiedlich auf diese kollektive Produktion reagiert. So können beispielsweise die Länge und der Detailreichtum des Nebentextes vom Versuch des Autors zeugen, möglichst großen Einfluss auf die Inszenierung zu nehmen. Die Einflussnahme kann natürlich auch außertextuell durch Teilnahme an den Proben etc. erfolgen.

6 Während in der Klassik die Regieanweisungen karg waren und sich meist auf kurze Angaben zu Rederichtung, Sprachduktus oder minimale Gestik beschränkten, sind

spätere Texte zunehmend ausführlich. Zwar hängt das sicher auch mit veränderten Ansprüchen an die *vraisemblance* (Guckkastenbühne etc.) und Publikationspraktiken (Buchpublikation vor der Aufführung und nicht umgekehrt) zusammen, doch ist es auch ein Zeichen für den Versuch des Dramentexters, auf die Aufführung Einfluss zu nehmen, die sich sonst seinem Zugriff entzieht. Ein Autor wie Molière, der seine Stücke selbst inszenierte, hatte das nicht nötig.

Während Racines *Phèdre* (1677) nur die kurze Notiz „La scène est à Trézène, ville du Péloponnèse." (Racine 1965, 200) vorwegstellt, ist Edmond Rostand in *Cyrano* weit ausführlicher. Er hat genaue Vorstellungen von der Raumaufteilung der Bühne über die Ausstattung mit Requisiten bis zur Beleuchtung.

Premier acte
Une Représentation à l'Hôtel de Bourgogne

La salle de l'Hôtel de Bourgogne, en 1640. Sorte de hangar de jeu de paume aménagé et embelli pour des représentations. La salle est un carré long: on la voit en biais, de sorte qu'un de ses côtés forme le fond qui part du premier plan, à droite, et va au dernier plan, à gauche, faire angle avec la scène, qu'on aperçoit en pan coupé.

Cette scène est encombrée, des deux côtés, le long des coulisses, par des banquettes. Le rideau est formé par deux tapisseries qui peuvent s'écarter. Au-dessus du manteau d'Arlequin, les armes royales. On descend de l'estrade dans la salle par de larges marches. De chaque côté de ces marches, la place des violons. Rampe de chandelles.

Deux rangs superposés de galeries latérales: le rang supérieur est divisé en loges. Pas de sièges au parterre, qui est la scène même du théâtre; au fond de ce parterre, c'est à dire à droite, premier plan, quelques bancs formant gradins et, sous un escalier qui monte vers des places supérieures, et dont on ne voit que le départ, une sorte de buffet orné de petits lustres, de vases fleuris, de verres de cristal, d'assiettes de gâteaux, de flacons, etc.

Au fond, au milieu, sous la galerie de loges, l'entrée du théâtre. Grande porte qui s'entrebâille pour laisser passer les spectateurs. Sur les battants de cette porte, ainsi que dans plusieurs coins et au-dessus du buffet, des affiches rouges sur lesquelles on lit: *La Clorise.*

Au lever du rideau, la salle est dans une demi-obscurité, vide encore. Les lustres sont baissés au milieu du parterre, attendant d'être allumés (Rostand 1996, 7f.).

Übung zu Beispiel 6: Regieanweisung zum Bühnenbild

4.2 Präsenz und Singularität

Die Kommunikation über den publizierten Schrifttext richtet sich an ein Publikum anonymer Individuen, die in zeitlicher und räumlicher Versetzung zum Produktionsakt das Rezeptionsangebot annehmen. Die Kommunikation ist im Allgemeinen einseitig, d.h. die Richtung der Informationsübermittlung vom Autor zum Leser steht fest und ist nicht umkehrbar. Im Theater dagegen sind Produktion und Rezeption des Textes simultan, d. h. sie finden zeitgleich statt. Dadurch ergibt sich für das konkret anwesende Publikum in Grenzen die Möglichkeit, die Kommunikationsrichtung umzukehren und durch Applaus, Buhrufe usw. eine Rückkopplung zu bewirken. Erika Fischer-Lichte spricht von einer *feedback*-Schleife (2004). Man kann dieses Charakteristikum im Begriff der **Präsenz** fassen.

7 Letztlich ist es dieses Merkmal der leiblichen Ko-Präsenz von Schauspielern und Zuschauern, das es dem Soldaten im Beispiel (2) erlaubt, sich handgreiflich ins Bühnengeschehen zu mischen. Einen ähnlichen Streich spielt Cyrano, wie später noch

zur Sprache kommen soll. Gerade die Situation körperlicher Ko-Präsenz macht es mit anderen Worten möglich, die auf der Bühne vorgestellte Wirklichkeit entweder in der Ordnung der Repräsentation als Als-ob-Wirklichkeit wahrzunehmen oder in der Ordnung der Präsenz als ‚Alltagssituation'. Der vom Soldaten begangene Bruch des ‚Rahmens' (*frame*) kann also nicht nur ein Missverständnis sein; eine ähnliche Zwitterrezeptionshaltung kann – gerade in der zeitgenössischen Performance-Kunst – auch intendiert sein. Das Oszillieren zwischen beiden Positionen nennt Erika Fischer-Lichte „perzeptive Multistabilität", einen liminalen, d.h. im Grenzraum der Erfahrung angesiedelten Bewusstseinszustand, der die Aufmerksamkeit des Zuschauers auf den Akt der Wahrnehmung als solchen richtet (Fischer-Lichte 2004, 255-262). Als Beispiel führt Fischer-Lichte eine Performance an, in der die Artistin auf der Bühne Akte der Selbstverstümmelung vollzieht. Sie geht damit an die Grenzen der Akzeptanz der Zuschauer, die schließlich eingreifen, um die Artistin ‚zu retten' – damit begehen sie aber einen Rahmenbruch: Sie verletzen den ‚Nichteingriffspakt', den der Zuschauer im Theater angesichts einer konventionell als entpragmatisiert verstandenen Bühnenhandlung stillschweigend akzeptiert. Es wird hier also nicht nur die Differenz zwischen Illusion (dramatische Rezeptionshaltung) und perzeptiver Distanz (theatralische Rezeptionshaltung), sondern auch die Differenz der Theatersituation zur Alltagswirklichkeit (epische Rezeptionshaltung) aufgerufen (Matzat 1982).

Übung zu Beispiel 7/9: Umkehr der Kommunikationsrichtung

Zudem ist eine Theateraufführung transitorisch und irreversibel, d.h. man kann nicht zurückblättern oder zurückspulen, das Abgelaufene ist ein für alle Mal vorbei, die Rezeption ebenso einmalig, singulär, wie die Produktion. Theater hat damit Ereignis-Charakter.

Diese letzten beiden Besonderheiten gelten nur für die Aufführung, wenn sie auch dazu anregen, bestimmte Textstrukturen schon im geschriebenen Text zu privilegieren. Die Konzeption eines Dramas für die Bühne muss so die Spezifität der Aufführungssituation mitdenken, um im Normalfall einfach die Bühne nicht zu überfordern. Das Drama hat in Form des Buchs einen nicht-transitorischen materiellen Träger, der Wiederholung, Unterbrechung und Selektion durch den Leser erlaubt. Schwierige Sprachverwendung, viele Figuren etc. sind bei individueller, reversibler und anhand einer schriftlichen Vorlage erfolgenden Rezeption eher zumutbar als im mündlichen Vortrag vor einem gefüllten Theatersaal und ohne die Möglichkeit zur Wiederholung.

4.3 Multimedialität

Die Tatsache, dass Handlung auf der Bühne visualisiert wird, führt noch zu einer weiteren wichtigen Konsequenz: Der Dramendiskurs umfasst nämlich sprachliche und **außersprachliche Elemente**. Das ist unmittelbar einsichtig; eine Bühnenhandlung läuft ja sichtbar vor den Augen des Publikums ab. Es werden Informationen über Mimik, Gestik, Choreographie, Kostüme, Bühnenbild, Requisiten, Beleuchtung usw. vermittelt, die von den Schauspielern nicht sprachlich artikuliert werden. Wichtiges Merkmal von Theater ist also seine Multimedialität. (Die außersprachlichen Informationen fallen in die Kompetenz der Semiotik, vgl. Fischer-Lichte 1983).

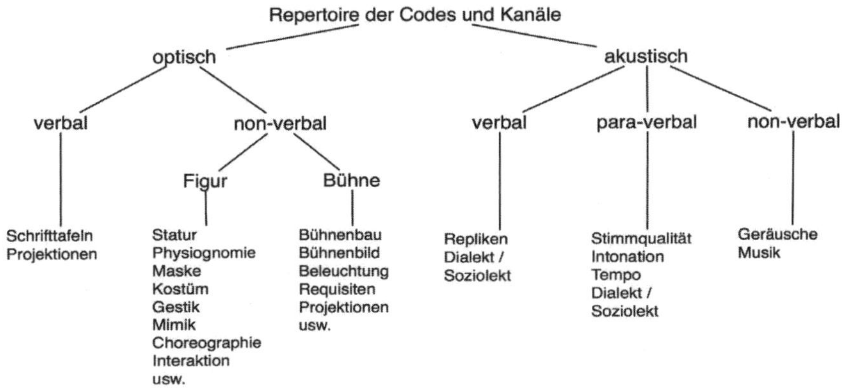

Abb. 5: Repertoire der Kodes und Kanäle (nach Pfister 1977, 27)

Multimedialität prägt nicht erst die Aufführung, sondern auch den zugrundeliegenden Dramentext, in dem sich Haupttext und Nebentext etwa durch Kursivierung unterscheiden lassen. Der Haupttext hält die Sprechrollen fest, das heißt Monologe und Dialoge, der Nebentext enthält Angaben zur Rollenverteilung, Hinweise auf Gestik und Mimik, Festlegungen zum Bühnenbild usw. Gerade auf die nicht-sprachlichen Informationen hat aber nicht nur der Textproduzent, sondern haben genauso der Regisseur, die Schauspieler, der Beleuchter usw. Einfluss. Außerdem ist die Multimedialität des Dramentextes natürlich keine tatsächliche, sondern eine potentielle, *in nuce* angelegte. Im Dramentext sind zunächst alle Informationen sprachlich und in Schriftform über den visuellen Kanal vermittelt.

Die Nutzung verschiedener Kanäle und Kodes im Theater steigert die Komplexität wesentlich, denn nicht nur sprachliche (explizite und implizite) und nicht-sprachliche (implizite) Information können in verschiedene Relationen zueinander treten, sondern jeder Kode kann unabhängig von den anderen eingesetzt werden. Wird mehrfach und in verschiedenen Kodes die gleiche Information gesendet, spricht man von Mehrfachkodierung oder von Redundanz. Eine solche Wiederholung kann dem Verständnis eines Rezipienten dienen, der schließlich nicht die Möglichkeit zum Nachfragen oder Zurückspulen hat, sie kann Betonung wesentlicher Charaktereigenschaften der Figuren bedeuten, kann aber auch als Ironiesignal dienen. Verschiedene Aussagen können sich ergänzen, sich komplementieren, d.h. sich durch Widerspruch ergänzen, wie im Fall des ungeschickten Verstellens in dem das (non-verbale) Verhalten die (verbale) Lüge entlarvt, oder sich unauflöslich diskrepant verhalten.

Die Konkretisierung erfolgt erst in der Aufführung durch den Schauspieler, eventuell angeleitet durch den Regisseur. Das endgültige Kommunikat hat also einen kollektiven Sender bzw. Autor.

8 Roxanes Liebesgeständnis wird von Cyrano mit einer Reihe von Ausrufen („Ah!") begleitet, die nur dann Aussagekraft über seinen wechselnden Gemütszustand gewinnen, wenn man sie in einer Inszenierung mit entsprechenden unterschiedlichen prosodischen Nuancen, mit Gestik und Mimik anreichert. Die impliziten Informationen ergänzen hier also den zu armen sprachlich-expliziten Ausdruck.

ROXANE, *sans quitter sa main.* [...]
Oui, j'ose maintenant. Voilà. J'aime quelqu'un.
CYRANO.
Ah!...
ROXANE. Qui ne le sait pas d'ailleurs.
CYRANO. Ah!...
ROXANE. Pas encore.
CYRANO. Ah!...
ROXANE. Mais qui va bientôt le savoir, s'il l'ignore.
CYRANO.
Ah!...
ROXANE. Un pauvre garçon qui jusqu'ici m'aima
Timidement, de loin, sans oser le dire...
CYRANO. Ah!...
ROXANE.
Laissez-moi votre main, voyons, elle a la fièvre. –
Mais moi, j'ai vu trembler les aveux sur sa lèvre.
CYRANO.
Ah!...
ROXANE, *achevant de lui faire un petit bandage avec son mouchoir.*
Et figurez-vous, tenez, que, justement
Oui, mon cousin, il sert dans votre régiment!
CYRANO.
Ah!...
ROXANE, *riant.*
Puisqu'il est cadet dans votre compagnie!
CYRANO.
Ah!...
ROXANE. Il a sur son front de l'esprit, du génie;
Il est fier, noble, jeune, intrépide, beau ...
CYRANO, *se levant tout pâle.* Beau!

(II, 6; Rostand 1996, 78f.)

Video zu Beispiel 8: Komplementarität der nonverbalen Information

Übung 3: Kodepluralität (Apollinaire: *Les Mamelles*)

5 Diskursstruktur

Zu guter Letzt hat die Kommunikationssituation des Theaters mit ihren Besonderheiten der Unvermitteltheit, der Kollektivität von Sender und Empfänger, der Präsenz und Singularität und der multimedialen Kodierung Auswirkungen für die Gestaltung der dramatischen **Diskursstruktur**. Die Diskursstruktur war definiert worden als das Verhältnis der Geschichte zu ihrer Erzählung.

$$\text{DS} = \frac{\text{Geschichte}}{\text{Erzählung}}$$

Abb. 6: Definition der Diskursstruktur in narrativen Texten

Nachdem es im Drama keine Erzählung gibt, muss diese Definition allgemeiner gefasst werden, um auch auf dramatische Texte zu passen. Statt Erzählung soll es heißen ‚Form der Präsentation'. Im Theater ist diese Form der Präsentation die Re-Präsentation beziehungsweise die Aufführung.

$$\text{DS} = \frac{\text{Geschichte}}{\text{Form ihrer Präsentation}}$$

Abb. 7: Allgemeine Definition der Diskursstruktur

Die im Vergleich zur Narrativik veränderte Diskursstruktur wirkt sich in vielen Bereichen aus. So können in der Raumdarstellung keine Ausschnitte ausgewählt werden, es gibt keine Zooms. Der Zuschauer sieht immer die ganze Bühne und trifft selbst die Auswahl, welchem Teil der Bühne, welcher Figur etc. er seine Hauptaufmerksamkeit schenkt (vgl. Kap. 7.2.2). Für die Zeit bedeutet das, dass Zeitsprünge, Ellipsen, Rückgriffe wesentlich schwieriger zu bewerkstelligen sind als im Roman. Die Kontinuität ist während der Szenen normalerweise gewährleistet, nur zwischen ihnen, vor allem bei Aktwechsel, gibt es Ellipsen (vgl. Kap. 7.2.1).

Übung 4: Diskursstruktur/Zeitformung (Marguerite Duras: *Der Liebhaber*)

Für die Figurendarstellung gilt, dass eine direkte Figurenperspektive, also eine *vision du dedans*, nicht möglich ist. Der Zuschauer sieht die Handelnden immer von außen. Innere Monologe, erlebte Rede etc. kann es nicht geben. Entweder spricht die Figur laut oder man hört nicht, was sie sagt. Dialoge sind zentral (vgl. Kap. 7.2.2 und 7.2.4). Insbesondere ist zu bemerken, dass alle Möglichkeiten entfallen, Erzähler und Figur zueinander in Spannung zu setzen. Es gibt keine Erzählinstanz, die die Figuren durch Distanzierung oder Ironie diskreditieren kann. Auch die spezifische Dialogizität des polyphonen Romans, in dem Figuren- und Erzählerrede sich gleichwertig entgegenstehen, sich ergänzen und komplementieren, ist ausgeschlossen. Auktoriale Kommentare, explizite auktoriale Wertungen und ähnliches können im Drama nicht untergebracht werden. Im Dramentext können die Nebentextangaben zwar Wertungen, auch Angaben zu Rollendistanz, Selbstdiskreditierung der Figuren durch ihr Verhalten etc.

enthalten, die aber in der Aufführung impliziert werden (vgl. Kap. 4.1). Die Stimme des (impliziten) Autors kommuniziert also niemals in direktem sprachlichem Ausdruck; sie bedient sich immer impliziter Techniken der Informationsvermittlung (vgl. Kap. 7.2.3). Ähnlich dem Erzählerwort eines *reliable narrator* ist die implizite Information im Drama nicht zuletzt aus diesem Grund immer verlässlicher als die Information aus Figurenmund.

Übung 5: Figurendarstellung (Gide: *Les faux-monnayeurs*)

Beispiel: Die Aufführungssituation in *Cyrano de Bergerac*

Um noch anders als theoretisch über die spezielle Kommunikationssituation von Theater nachzudenken, soll der Anfang von *Cyrano de Bergerac* vorgestellt werden, der sehr gut geeignet ist, die besonderen Bedingungen des Theaters zu reflektieren.

9 Schauplatz ist ein Theater. Wir wohnen einer Aufführung im Jahr 1640 bei. Auf dem Spielplan steht das Stück *La Clorise* von Balthazar Baro, eine Schäferdichtung. In guter bukolischer Tradition beginnt es mit dem *Beatus-ille*-Topos: Schimpfe auf den Hof, Lob auf das Landleben: „Heureux qui loin des cours, dans un lieu solitaire…“ Solche Stücke waren bis ins 17. Jahrhundert beliebt. Es handelt sich also um eine Szene des Theaters auf dem Theater, um eine Spiegelung der Kommunikationssituation des Werkes im Werk selbst. Das heißt, wir als Zuschauer sehen Zuschauer, die auf der Bühne einem Stück zusehen. Auf Französisch wird diese Situation eine *mise en abyme* genannt.

Übung zu Beispiel 7/9: Umkehr der Kommunikationsrichtung

Wozu dient eine solche *mise en abyme*? Durch die Spiegelung wird uns die Spezifität der Kommunikationssituation, in der wir uns selbst befinden, vor Augen geführt und bewusst gemacht. In *Cyrano* sieht das so aus: Das Theater füllt sich mit Besuchern, die Aufführung wird in einen sozialen Kontext gerückt, bevor sie überhaupt losgeht. Theater ist Geschäft: Es werden Limonade und andere Erfrischungen verkauft. Eine Bande Taschendiebe bereitet sich auf den Einsatz vor. Theater ist Unterhaltung, für die die Zuschauer teilweise selbst sorgen: Die Pagen angeln Perücken und entblößen die Glatzen vornehmer Herren. Theater ist soziale Repräsentation: Die Akademie ist vertreten, Kardinal Richelieu beehrt die Aufführung mit seiner Anwesenheit. Sehen und Gesehenwerden sind wichtig, z.B. ärgern sich die Marquis zu früh eingetroffen zu sein, da sie so nicht richtig Eindruck schinden können. Mit Spannung beobachten die Besucher sich gegenseitig und tauschen Klatsch aus. Theater bietet Raum für soziale Kontakte: Christian wird vorgestellt, in die Gesellschaft eingeführt und hat bereits Gelegenheit, Roxane von weitem anzustaunen. Theater ist repräsentatives Bildungsgut: Der Bürger zählt seinem Sohn die bekannten Schauspieler auf und lobt den Stückeschreiber.

Der Zuschauer als Figur wird am Dramenbeginn also in den Mittelpunkt gerückt, er ist als Zuschauer auf der Bühne die Verdoppelung von uns, den Zuschauern im Zuschauerraum. Diese Bewusstmachung der Kommunikationssituation ist gewissermaßen eine Reflexion über die Bedingungen von Theater, es ist eine metaliterarische bzw. ‚metatheatralische‘ Reflexion.

Weil wir in dieser Einführung aber weder die literatursoziologische Untersuchung von Theater als gesellschaftlicher Institution noch die literaturhistorische Beschreibung der

Bedingungen des Theaters im 17. Jahrhundert (oder im 19., aus dem Rostands Werk stammt) betonen, sondern literatur- und kommunikationstheoretische Zusammenhänge, interessiert uns an der vorgeführten *mise en abyme* noch etwas anderes. Wie wirkt sich die Kommunikationssituation auf das literarische Werk als solches aus?

Die Situation ist, kurz skizziert, folgende: Das Publikum hat sich im Theater versammelt, und das Stück kann anfangen. Der Starschauspieler Montfleury tritt auf die Bühne und beginnt mit seiner Deklamation. Doch er hat den ersten Satz noch nicht beendet, als er von Cyranos Stimme unterbrochen wird, die ihn dazu auffordert, die Aufführung abzubrechen. Montfleury lässt sich zunächst nicht beirren und setzt erneut an, wieder unterbrochen von Cyrano. Der Wettstreit um die Stimme hält an, bis Cyrano schließlich auf die Bühne steigt, um Montfleury handgreiflich zu verjagen.

Die Kommunikationssituation auf dem Theater ist geprägt durch:

- Präsenz und Singularität. Produktion und Rezeption einer Theateraufführung finden zeitgleich statt. Das unterscheidet Theater vom Roman, wo die Textvorlage auch Jahrzehnte oder gar Jahrhunderte nach ihrer Produktion der Lektüre – sprich Rezeption – zur Verfügung steht. Das unterscheidet Theater im Übrigen auch vom Film, wo eine vergangene Aufführung im Kinosaal beliebig oft reproduziert wird, ohne dass die Schauspieler tatsächlich anwesend sind. Dieses Charakteristikum ist es auch, das es Cyrano erlaubt, Montfleury ins Wort zu fallen und gewissermaßen den Spielplan zu ändern: Statt *La Clorise* ist für die versammelten Zuschauer jetzt ein Wortduell Cyrano-Montfleury zu sehen. Es handelt sich dabei um eine extreme Form der Rückkopplung, die diese Aufführung speziell einmalig macht: Sicher wiederholt sie sich am nächsten Abend nicht.
- Kollektive Produktions- und Rezeptionssituation. Am vorliegenden Stück wird das für die Rezeption unmittelbar augenscheinlich: Ein heterogenes Publikum füllt den Saal und reagiert auf die gebotene(n) Vorführung(en) äußerst unterschiedlich. Einen Roman dagegen liest man idealtypisch allein, im Stillen vor dem Kaminfeuer. Auch die Produktion erfolgt im Team: Der Verfasser des Dramas hat auf die Aufführung nur begrenzt Einfluss. Der Regisseur, der Bühnenbildner, der Beleuchter, der Kostümbildner und die verschiedenen Schauspieler mit ihren Temperamenten und Talenten prägen die Aufführung in Form und Gehalt. Individuelle Verantwortlichkeit für das Gesamtwerk kann es nicht geben. Das muss natürlich bei der Interpretation berücksichtigt werden. Hier etwa lässt der Starkult um den Schauspieler Montfleury andere Mit-Autoren, auch den Stückeschreiber, ins Hintertreffen geraten.

6 Exkurs: Theater und Film

Ein Vergleich der Bühnenfassung des *Cyrano* (des Dramentextes) mit ihrer Verfilmung durch Jean-Paul Rappeneau mit Gérard Dépardieu in der Hauptrolle aus dem Jahr 1990 kann ergänzend einige Unterschiede der filmischen und der dramatisch-theatralischen Realisierung aufzeigen. Dieser Vergleich behandelt weder systematisch noch abschließend die Liste filmischer Besonderheiten, sondern soll lediglich als eine weitere Gegenüberstellung für das spezifisch Theatralische sensibilisieren. Als Beispielmaterial dient die Verfilmung der Szenen 1-4 des ersten Aktes.

10 Die Raumdarstellung differiert ganz wesentlich von der des Dramas. Am Anfang des Films stehen Außenaufnahmen, die die Straße vor dem Hôtel de Bourgogne im Regen zeigen. Eine Kutsche fährt vor. Die Einstellung ist dabei nicht statisch, sondern begleitet die Bewegung der Kutsche, zeigt die Straße aus Sicht der Kutscheninsassen (eines kleinen Jungen mit seinem Vater). Ein schneller Ortswechsel ins Innere baut einen Gegensatz Innen-Außen auf, der beim Verlassen des Theaters durch Christian wieder genutzt wird. Eine solche Dynamik des Blicks durch die Kamerabewegung und durch die Ortswechsel ist im Theater ebenso wenig (oder nur begrenzt) möglich wie die Schaffung von Atmosphäre durch Wetterbedingungen: Regen, Straßenmatsch etc. Der Filmausschnitt wirkt besonders lebendig, quirlig, lebensecht, was zur Massenszene des Theaters mit vielen Statisten und sich überlappenden simultanen Polylogfetzen gut passt.

Übung zu Beispiel 10: Perspektive/Aufmerksamkeitslenkung

Die Kamera versteht es auch, der Tiefe des Raums Wirkung zu verleihen. Die Gliederung des Bildes in Vorder- und Hintergrund betont Entfernungen, schafft eine Unterscheidung zwischen ‚Protagonisten' und ‚Kulisse' und erlaubt durch den unterschiedlichen Einsatz der Tiefenschärfe die Ausbildung einer Perspektive. Mit anderen Worten: Es stehen ganz andere Techniken der Aufmerksamkeitslenkung zur Verfügung. Der grüßende Kuss Montfleurys auf der Bühne (Schuss) an Roxane auf der Galerie (Gegenschuss) muss den ganzen Raum durchmessen. Die Blicke aller im Parterre folgen seinem Weg und betonen als staunende Kulisse die Isolation Roxanes im Bild, die ihr den gleichen Status wie dem Schauspieler Montfleury einräumt: Sie steht im Rampenlicht. Als schließlich Cyrano die Bühne stürmt, um Montfleury zu vertreiben, richtet er seinen Blick ins Publikum, das hinter dem Vordergrund seines Rückens bewundernd und neugierig zu ihm aufblickt. Er hat die Bühne okkupiert, *La Clorise* ist abgesetzt, es wird *Cyrano* gegeben.

Der Wechsel zwischen Nahaufnahmen und Panoramen ist eine Selektionsleitung, die zur Aufmerksamkeitslenkung eingesetzt werden kann. So wird die Handlung zwischen Christian und dem Taschendieb durch Einstellung nur auf diese beiden Figuren in Halbtotalen hervorgehoben. Eingeleitet wird sie in leichter Aufsicht, wie sie der Perspektive Roxanes von der Galerie aus entspricht. Roxanes warnende Handbewegung steht in Schuss-Gegenschuss-Technik der Szene voraus. Nahaufnahmen machen zudem Details sichtbar, die dem Theaterzuschauer in seiner größeren Distanz zur Bühne verborgen bleiben müssen: Die Mimik der Figuren kommt wesentlich besser zum Ausdruck. Schließlich kann der Wechsel der Einstellungen eine (wenn auch hier lediglich visuelle) Innenperspektive schaffen: Teile des Theatergeschehens werden aus dem staunenden Blickwinkel des kleinen Jungen wahrgenommen.

Übung zu Beispiel 10: Innenperspektive

Die schnellen Raum-, Einstellungs- und Perspektivenwechsel rhythmisieren und dynamisieren die Präsentation und lassen sie weit atemloser erscheinen, als es im Theater der Fall ist. Zuletzt entfallen auch die Zugeständnisse an die Präsenzsituation der Theateraufführung wie langsame und deutliche Artikulation, Sprechpausen zwischen den Sätzen und den Repliken, Pausen für die Zuschauerreaktion (Applaus, Lachen etc.). Musik und Geräusche untermalen das Geschehen. Während die erste selten durch das Bild motiviert ist, sondern hauptsächlich zur unterschwelligen Emotionssteuerung und zum Spannungsaufbau dient, suggerieren die Geräusche eine größere Realitätsnähe.

7 Kategorien der Dramenanalyse

7.1 Makrostruktur

Die dramatische **Makrostruktur** wird in den Elementen der Figuren und ihrer Beziehungen zueinander, der Handlung und des groben räumlichen und zeitlichen Rahmens, des Chronotopos, beschrieben. Ihre Grundbestandteile sind somit die gleichen wie in der Narrativik und können auch mit den gleichen Analysewerkzeugen untersucht werden. Die Makrostruktur der Geschichte wird von der unterschiedlichen gattungsspezifischen Darstellungsweise am wenigsten beeinflusst. Zwar gibt es auch hier gattungstypische Ausprägungen, die sich nicht zuletzt aus den medialen Bedingungen des Theaters ableiten. So konzentriert die klassische Einheitsregel Handlungszeit und Handlungsort und legt die Handlung selbst auf einen zentralen Konflikt fest. Auch das Dramenpersonal ist konventionell eher begrenzt. Diese Reduktion nimmt auf die Aufführungssituation des Theaters Rücksicht, indem sie im Sinne der *vraisemblance* Zeitsprünge und zu große zeitliche Raffung innerhalb der festen Aufführungszeit von etwa zwei bis höchstens drei Stunden vermeidet. Sie kalkuliert die Möglichkeiten der Bühnentechnik, die den Rahmen für Schauplätze und Schauplatzwechsel absteckt. Ebenso versucht sie, das Gedächtnis der Zuschauer nicht durch zu viel Personal und zu viele Nebenhandlungen zu überlasten. Zwar gelten diese Beschränkungen grundsätzlich für jedes Drama, zumindest für jedes, das für die Aufführung konzipiert ist und deren Bedingungen Rechnung trägt, das also bühnentauglich und bühnenwirksam sein will. Doch ist die Normstrenge der Reduktion historisch, einmal vor dem Hintergrund wechselnder technischer und dispositiver Rahmenbedingungen, zum anderen aber auch, weil nicht jede Epoche in dieser Reduktion das stilbildende Merkmal guten Theaters schlechthin anerkennt, wie das in der Klassik der Fall war. So sind Zeitsprünge zwischen den Akten und wechselnde, detailreich mit *couleur locale* ausgemalte Schauplätze im Theater des 19. Jahrhunderts weniger die Ausnahme denn die Regel (wie auch im *Cyrano*).

11 In *Cyrano* dient die durchaus straffe Einheit des Grundkonflikts der Dreiecksbeziehung und der unerfüllten idealistischen Liebe Cyranos als Hintergrund für epische, lyrische und burleske Einlagen, die durchaus Episodencharakter haben, wie die bekannten Wortduelle (Cyrano-Vicomte über die Nase und während des Fechtens I, 4; Christian-Cyrano über die Nase II, 9; Rostand 1996, 38-46 und 98-100), die Szenen in der Rôtisserie des Poètes (II, 1+2; Rostand 1996, 62-66), der Botenbericht über den Kampf an der Porte de Nesle (II, 9; Rostand 1996, 98), die Balkonszene, in der das Verehrerduo Roxane den Hof macht (III, 7; Rostand 1996, 124-132). Interesse und Spannung gelten hier nicht der Haupthandlung, sondern der virtuos gefügten, auf ästhetische und unterhaltende Wirkung angelegten Einzelszene. Trotzdem kann von einem Bruch mit der Einheit der Handlung nicht die Rede sein, denn alle Passagen finden ihre Funktion auch in der Hauptintrige.

Übung zu Beispiel 11: Machtverhältnisse im Dialog

Über diese dramentypischen Besonderheiten der Makrostruktur hinaus bildeten sich im Diskurs über Drama und Theater eigene Begrifflichkeiten heraus, deren Anwendung auch auf andere Makrostrukturen durchaus vielversprechend ist. Solche dramenspezifischen Kategorien sollen im Folgenden vorgestellt werden.

7.1.1 Figuren

Figurenkonzeption und -konstellation wurden bereits im allgemeinen Kapitel zur Makrostruktur behandelt. Die **Figurenkonfiguration** ist die Teilmenge des Personals, die jeweils an einem bestimmten Punkt des Textverlaufs auf der Bühne präsent ist (Pfister 1977, 235). Man kann dabei Rückschlüsse aus der so genannten **Konfigurationsstruktur** schließen, d.h. man untersucht, ob es Figuren gibt, deren Auftritt immer den anderer im Gefolge hat, oder im Gegenteil den anderer immer ausschließt. So gibt es **konkomitante** Figuren, d.h. solche, die immer gemeinsam auf der Bühne erscheinen. Der Gegenbegriff lautet **alternierend**. Alternierende Figuren sind also solche, die nie gemeinsam zu sehen sind.

12 Im *Cyrano* sind die Poeten der Rôtisserie und Ragueneau konkomitant, das heißt sie treten immer in einer Gruppe auf. Ab dem 2. Akt und Cyranos Schutzauftrag sind auch Cyrano und Christian konkomitant; denn einerseits muss Cyrano ja über seinen Kadetten wachen, und andererseits werden die beiden zum werbenden Duo, das nur gemeinsam Erfolg bei Roxane erzielen kann. Die Konkomitanz endet selbstverständlich mit dem Tod Christians.

Die **Konfigurationsfolge** gibt Auskunft über die Abfolge der Figurenanzahl in verschiedenen Szenen. Eine starke Variation in der Konfigurationsfolge kann das Drama rhythmisieren. Ein Wechsel der Figurenanzahl kann auch zur Aufmerksamkeitslenkung eingesetzt werden, indem beispielsweise Gesprächsszenen mit nur wenigen, so aus der Personalmenge herausgehobenen Hauptfiguren mit kulissenartigen Massenszenen alternieren. Nicht zuletzt kann der Einsatz großer Statistenzahlen ideologische Gründe haben, z.B. den Versuch, das Kollektiv ‚Volk' darzustellen.

13 Im ersten Akt des *Cyrano* nimmt das Personal auf der Bühne immer mehr zu, die Zuschauer strömen ins Theater, der Raum füllt sich. Eine solch große Zahl von Statisten ist typisch für ein historisierendes Stück wie den *Cyrano*. Es wird nicht nur die Handlung repräsentiert, sondern gleichzeitig das Lokalkolorit einer bestimmten Epoche. In diesem Fall dient der Menschenauflauf als Kulisse und Rahmen für die Exposition. Es wird Raum für den Auftritt Cyranos geschaffen, er wird in vielen Kommentaren vor seinem ersten Erscheinen fremdcharakterisiert, der Zuschauer wird neugierig.

Man bekommt zunächst einen Gesamteindruck, dann treten wenige wichtige Figuren (allen voran Cyrano) in den Vordergrund. Das wirkt wie ein Zoom. Nachdem das Theater (anders als der Film) keine Möglichkeit hat, einen Bildausschnitt vergrößernd auszuwählen und den Hintergrund auszublenden, muss hier die Auswahl per Aufmerksamkeitslenkung geschehen. Die Hauptfiguren sind die einzigen Dialogträger, die anderen erstarren zu Statisten, rühren sich möglichst wenig, treten in den Hintergrund, werden quasi zur Kulisse.

Eine andere Möglichkeit wäre, die Hintergrundfiguren abtreten zu lassen, d.h. die Konfigurationsfolge zu ändern. Auch das passiert nach einiger Zeit des Spiels vor doppeltem Publikum im *Cyrano*: Das Theater wird geräumt, nachdem feststeht, dass die Aufführung von *La Clorise* ausfällt. Zurück bleibt nur Cyrano mit wenigen Gesprächspartnern.

Die **Konfigurationsdichte** besagt, wie viele der rechnerisch möglichen Anwesenheiten auf der Bühne tatsächlich realisiert sind, welche Kombinationsmöglichkeiten von Figuren ausgenutzt und welche Rollen wie oft gebraucht werden.

14 In *Cyrano* ist die Konfigurationsdichte gering. Es gibt sehr viele Figuren, von denen viele nur eine geringe Bühnenpräsenz haben. Sie dienen oft nur als Statisten, als eine Art Kulisse. Das ist typisch für historisierende Theaterstücke (man denke auch an den Film).

7.1.2 Handlung

Am Aufbau der Handlung soll hier nur die oberflächenstrukturelle, dramenspezifische Segmentierung der Handlung interessieren. Einschnitte werden durch Wechsel der Figurenkonfiguration, durch Unterbrechungen der raum-zeitlichen Kontinuität und durch visuelle und auditive Signale, z.B. Vorhang oder Pausenzeichen markiert.

Kleinste Segmentierungseinheit ist der **Auftritt** (frz. *scène*). Er zeichnet sich durch raum-zeitliche Kontinuität und eine unveränderte Figurenkonfiguration aus. Gibt es eine kleine zeitliche Ellipse oder tritt eine Figur auf oder ab, so haben wir es mit einem neuen Auftritt zu tun. Im französischen und generell im romanischen Kontext ist die nächstgrößere Einheit bereits der **Akt** (frz. *acte*). Akte sind durch eine Unterbrechung der raum-zeitlichen Kontinuität und/oder durch den Abtritt aller Figuren voneinander getrennt (d.h. die Bühne ist zwischenzeitlich leer). Im Deutschen und Englischen gibt es zwischen Auftritt und Akt noch eine dritte Größe, die Szene, in der mehrere Auftritte zusammengefasst sind. Diese Szene ist nicht identisch mit der französischen *scène*, die eben nur einen Auftritt meint. Insbesondere bei Übersetzungen ist also Vorsicht geboten, damit es nicht zu Verwechslungen kommt.

15 Im *Cyrano* sind die einzelnen Akte klar und deutlich durch einen Konfigurationswechsel, durch einen Wechsel des Ortes und durch einen mehr oder weniger großen zeitlichen Sprung, durch eine narrative Ellipse gekennzeichnet.

Die Komposition der Handlung befasst sich mit der Zusammenstellung der Aufbauelemente zu einem Stückganzen. Dabei unterscheidet man grundsätzlich zwischen Dramen der geschlossenen und solchen der offenen Form (Klotz 1969). Dramen der **geschlossenen Form** zeichnen sich durch eine völlig in sich gerundete Handlung aus, die sich kontinuierlich und logisch entwickelt. Die klassische Norm der Einheit der Handlung wird respektiert. Die Handlung lässt sich im Prinzip auf eine einzige narrative Sequenz, die Haupthandlung, zurückführen. Eventuelle Nebenhandlungen sind klar als untergeordnet zu erkennen. Die Architektur dieser Form ist relativ symmetrisch und einfach. Von Anfang an wird eine Finalspannung aufgebaut, das heißt eine Spannung auf den Ausgang hin. Es wird sozusagen in der Exposition ein Pfeil losgeschickt, dessen Flugbahn genau auf das Dramenende zielt und dort sein Ziel auch erreicht. Jede Handlung im Drama der geschlossenen Form ist gerichtete Handlung, sie ordnet sich der Gesamthandlung unter. Die Spannung ist im Allgemeinen eine Was-Spannung, das heißt, sie richtet sich auf den Ausgang des Geschehens: Was wird passieren? Ein typischer Spannungsbogen ist der des klassischen Fünfakters:

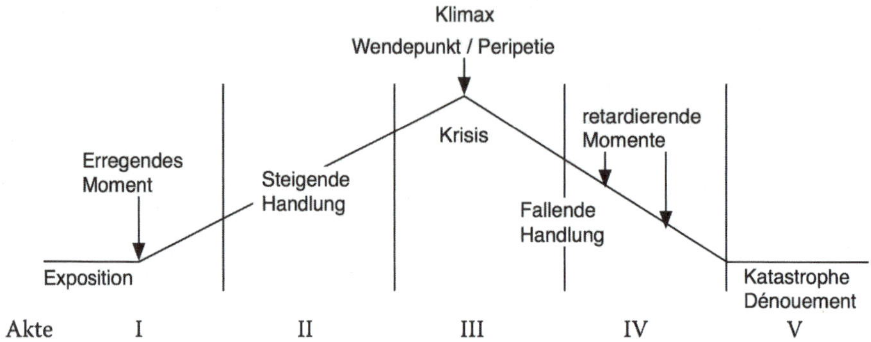

Abb. 8: Fünfaktschema (nach Tennyson, in: Platz-Waury 1978, 103)

Von der Exposition entwickelt sich die Handlung kontinuierlich und konsequent über steigende Handlung, Klimax bzw. Höhepunkt und Krise, Peripetie, fallende Handlung und etwaige retardierende Momente bis hin zur Katastrophe. Es handelt sich um ein Tragödienschema, das für Komödien modifiziert werden muss. Komödien weisen über einen großen historischen Zeitraum hin einen weniger strengen Aufbau auf, sie sind die weniger normierte, aber auch weniger angesehene Gattung. Klassische Formen versuchen daher, sich am Fünfaktschema der Tragödie zu orientieren, so zum Beispiel die *haute comédie* Molières. Sein *Le Tartuffe* folgt dem **Fünfaktschema**.

16 *Cyrano* folgt dem Fünfaktschema mit seinem stringenten Aufbau. Der erste Akt dient der Exposition (Vorstellung der Figuren und ihrer Beziehungen), der zweite ebenfalls der Exposition (Enthüllung der Gefühle Roxanes) und der Knüpfung des Knotens (Schutzauftrag Roxanes an Cyrano und Bildung des werbenden Gespanns Cyrano/Christian), der dritte enthält den Höhepunkt und die Wende (Roxanes Kuss, die Hochzeit mit Christian und die Bedrohung der Liebe durch den Krieg bzw. die Rache de Guiches), der vierte bringt bereits (klassisch gesehen vorschnell) die Katastrophe: Christians Tod und die gescheiterte Liebe Cyranos. Man vergleiche dazu Cyranos Ausruf: „J'ai deux morts à venger: Christian et mon bonheur!" (IV, 10; Rostand 1996, 195). Die retardierenden Momente im vierten Akt betreffen hauptsächlich die noch mögliche Abwendung der Katastrophe II, des Scheiterns der Liebe, durch die Enthüllung der Autorschaft Cyranos an den Liebesbriefen, die durch den Tod Christians aber schließlich für die Lebensdauer Cyranos unmöglich gemacht wird. Der fünfte Akt kann als eine Art szenisches Nachwort gesehen werden. Er ist durch einen größeren Zeitsprung von den anderen getrennt, ist weniger spannungsgeladen und hebt die Tragik des vierten Aktes in

einem versöhnlicheren Ende auf: Cyrano gesteht doch noch seine Liebe, wird wiedergeliebt und nach seinem Tod betrauert. Obwohl dieser fünfte Akt vom klassischen Schema etwas abweicht und die Tragödie fast als Komödie enden lässt, werden die Einheit der Handlung und der einheitliche Spannungsbogen davon nicht tangiert. Auch dieser Akt steht unter dem Thema ‚Liebe Cyranos'.

Wesentliche Nebenhandlungen mit eigener Intrige hat das Drama nicht. Allerdings weicht die Spannung auf den Ausgang, wie bereits beschrieben, teilweise dem kurzfristigen Interesse an den sehr bühnenwirksamen Selbstinszenierungen Cyranos, deren funktionale Zuordnung zur Haupthandlung nicht immer zwingend ist. Sieht man die Funktion dieser Passagen allerdings in der Figurencharakterisierung, stören sie die Handlungseinheit nicht.

Eine neuere Variation stellt der moderne **Dreiakter** dar:

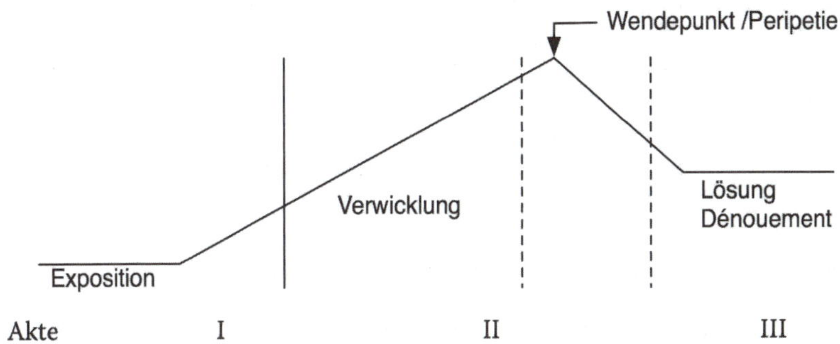

Abb. 9: Dreiaktschema (nach Tennyson, in: Platz-Waury 1978, 103)

Der Aufbau ist hier vereinfacht. Trotzdem handelt es sich um eine geschlossene Form, was einsichtig wird, wenn man die Eigenschaften von Dramen der offenen Form dagegenhält:

Offene Formen heben die aristotelische Einheit der Handlung auf, es kann mehrsträngige Handlung geben, episodische Strukturen, die Szenen können locker gefügt sein, ihre Ordnung wirkt willkürlich, das Vertauschen der Szenen würde nichts Wesentliches ändern. Den Zusammenhalt des Stücks garantiert oft nur noch ein allen Szenen gemeinsamer Protagonist, wie im expressionistischen Stationendrama. Noch extremer: Alle Szenen gruppieren sich um ein gemeinsames Thema, sind sonst aber voneinander unabhängig, wie in der expressionistischen Revue. Die Spannung verlagert sich vom Was auf das Wie, was z.B. Brecht ganz bewusst macht, indem er in Kapitalüberschriften das Was-Ende jeweils schon vorwegnimmt. Der Schluss solcher Dramen kann auch ganz offen bleiben. Godot erscheint z.B. trotz noch so langen Wartens nicht auf der Bühne.

Offene und geschlossene Form sind als Idealtypen zu verstehen. Reale Dramen können durchaus zwischen den beiden Polen angesiedelt sein und Elemente der beiden Formen vereinen.

7.2 Diskursstruktur

7.2.1 Zeitdarstellung

Die zeitliche Struktur ergibt sich aus der Konzentration der dargestellten Handlung auf in der Regel zwei bis drei Stunden, auf die Dauer der Aufführung. In der Narrativik werden bezüglich der Zeit die Ordnung, die Dauer und die Frequenz unterschieden (Genette 1994). Was die Ordnung bzw. Sukzession angeht, ist der Zeitverlauf im (traditionellen) Drama zumindest innerhalb der Szenen streng kontinuierlich. Die Sukzession der Darstellung folgt strikt der Sukzession der Geschichte. Auch von Szene zu Szene beziehungsweise zwischen den Akten werden in der Regel keine Rück- oder Vorgriffe vorgenommen, sondern die Handlung läuft in der Reihenfolge ihres Geschehens ab. Was die Dauer betrifft, besagt der Begriff der „Szene" bereits, dass die Dauer der einzelnen Handlungssequenz und die Dauer ihrer Darstellung als sich exakt entsprechend vorgestellt werden. Auch für die Narrativik ist die „Szene" durch das Verhältnis 1:1 der Zeit der Darstellung zur dargestellten Zeit definiert. Davon unbenommen können zwischen den Szenen und vor allem zwischen den Akten natürlich zeitliche Ellipsen liegen. Was das Merkmal Frequenz betrifft, so ist der Singulativ die Regel, das heißt jede Handlung wird genau einmal dargestellt. Eine Ausnahme von dieser Regel aus neuerer Zeit ist genügend bekannt: Im absurden Theater wird oft dieselbe Sequenz wieder und wieder abgespielt.

17 Bezüglich der Zeitdarstellung verhält sich *Cyrano* erwartungsgemäß dramenkonform. Die Sukzession der Erzählung folgt der Sukzession der fiktionalen Ereignisse, die Dauer der einzelnen Auftritte und selbst der Akte ist relativ deckungsgleich mit der der geschilderten Ereignisse.

Zwischen den Akten I und II liegt nur eine zeitliche Auslassung von einer Nacht, in der allerdings der Kampf an der Porte de Nesle stattgefunden hat, der szenisch nicht repräsentiert wird. Zwischen den Akten II und III und III und IV liegt jeweils eine nicht näher bestimmte Zeitspanne, die von ein paar Tagen im ersten Fall (Roxane hat sich in der Zwischenzeit von den Liebesbriefen einnehmen lassen) bis zu ein paar Wochen im zweiten Fall (die Soldaten sind bereits abgemagert) reichen kann. Der fünfte Akt spielt erst fünfzehn Jahre später. Zwar hält *Cyrano* die Einheit der Zeit nicht ein, abgesehen von der deutlichen Ellipse zwischen Akt IV und V ist daran aber für ein nicht klassisches Stück nichts allzu Ungewöhnliches.

Alle Ereignisse werden nur einmal szenisch repräsentiert (Singulativ), wenn auch die Fechtballade aus dem ersten Akt im zweiten von Ragueneau narrativ wieder aufgegriffen und szenisch angespielt wird (vgl. Kap. 7.2.5). Diese Wiederholung in der Dimension der Frequenz geschieht auf der untergeordneten (in der Sprache der Narratologie hypodiegetischen) Ebene einer erzählenden Figur, was eine signifikante Verschiebung darstellt und eben keine echte Repetition der Situation bedeutet.

7.2.2 Perspektive

Neben dem Verhältnis dargestellte Zeit/Zeit der Darstellung ist die Fokussierung, Fokalisation oder Perspektive ein wichtiges Beschreibungselement der Diskursstruktur in Erzähltexten. Was ist **Perspektive**? Perspektive entsteht, indem man nur einen Ausschnitt aller möglichen Informationen an einem Zeitpunkt der Geschichte sichtbar werden lässt. Dinge, Objekte, Informationen werden im Hinblick auf die Figuren organisiert. Dadurch ergibt sich eine leichte Verzerrung der Proportionen, die wichtig ist, um Perspektive zu konstituieren. Im Drama gibt es normalerweise keine Perspektive wie im Roman, die direkte Informationen aus der Innensicht der Figuren vermitteln kann. In der Narrativik hatten wir zur Klärung der Perspektive gefragt: „Wer sieht?“ Diese Frage können wir im Drama ganz einfach beantworten. Die Figuren sehen, die Zuschauer sehen. Aber beide sehen jeweils nur das, was von außen feststellbar ist, so wie im alltäglichen Leben auch. Es liegt die Situation vor, die in der Narrativik Nullmarkierung heißt: eine Außenperspektive. Es gibt aber auch im Drama etwas, was als Fokus bezeichnet wird. Dahinter verbergen sich verschiedene Techniken der **Aufmerksamkeitslenkung** des Zuschauers durch das Stück. So kann z.B. durch die Vergabe eines ideologischen Standpunktes die Rezeption des Zuschauers in eine bestimmte Richtung gelenkt werden. In anderen Fällen werden einzelne Figuren als Sympathieträger ausgestattet. Auch rein quantitativ kann Aufmerksamkeit dadurch geweckt werden, dass eine Figur deutlich die größte Bühnenpräsenz oder den größten Dialoganteil hat. In der Aufführung kann auch durch die Ausgestaltung der Choreographie die Aufmerksamkeit gelenkt werden. Es können Vorder- und Hintergrund aufgebaut, die Opposition Zentrum vs. Peripherie der Bühne genutzt und ‚Bewegungshierarchien‘ mobiler und eher statischer Figuren konstituiert werden.

Zuletzt kann durch Informationsdifferenzen die Identifikation des Zuschauers beeinflusst werden: Die Informationsvergabe kann so gestaltet sein, dass der Informationsstand des Zuschauers sich genau mit dem einer einzigen Bühnenfigur deckt (während z.B. die anderen Figuren mehr wissen, aber mit ihrem Wissen hinter dem Berg halten, oder weniger wissen und vom Wissenden als Ignoranten übertölpelt werden). Es bleibt aber festzuhalten, dass Perspektive oder Fokus in Roman und Drama unterschiedlich zustande kommen.

18 Die Aufmerksamkeit des Zuschauers wird in *Cyrano* durch eine breite Kombination von Techniken auf die Hauptfigur als Sympathieträger gelenkt. Schon die auktoriale Vorabinformation des Titels rückt Cyrano de Bergerac ins Zentrum des Interesses. Seine Fremdcharakterisierung vor seinem ersten Auftreten und in seiner Abwesenheit schafft Neugierde. Ab seinem ersten Auftritt hat er einen großen Redeanteil. Die Zuschauer auf der Bühne strukturieren die Reaktion des Publikums vor, indem sie Cyranos Auftritt Raum verschaffen, ihm Beifall spenden. Die Menge fiktionsinterner Bewunderer bereitet einer positiven Lektüre der Figur den Weg. Ohne diese Sympathielenkung könnte der Auftritt Cyranos ja auch als arrogant und anmaßend interpretiert werden.

Die Choreographie weist Cyrano mit seinem Vordringen auf die (fiktionsinterne) Bühne einen exponierten Platz zu. Nach dem 4. Auftritt wird durch einen Konfigurationswechsel und die Räumung des Theaters eine Reduktion der anwesenden Figuren und somit eine Konzentration auf die wichtigeren Figuren (darunter zu allererst natürlich Cyrano) vorgenommen.

Nicht nur der Blick auf Cyrano wird solchermaßen gelenkt, auch der Blick mit ihm als Identifikationsfigur und Perspektiventräger wird durch geschickte Informationsvergabe vorgezeichnet (vgl. dazu Kap. 7.2.3).

Übung 6: Aufmerksamkeitslenkung

7.2.3 Informationsvergabe

Im Dramentext sind natürlich zunächst alle Informationen sprachlich und in Schriftform über den visuellen Kanal vermittelt. Allerdings ist das Drama auf die Aufführung hin konzipiert, die sich verschiedener Kodes und Kanäle bedient. Während der Dramentext explizite und implizite auktoriale Informationsvergabe kennt (im Nebentext, durch Namensgebung, in Ausarbeitung von Korrespondenz- und Kontrastrelationen), ist eine solche auf der Bühne (fast) nur implizit möglich (nicht-sprachliche Umsetzung des Nebentextes). Bezüglich der Figuren ist zwischen expliziter (Redeanteile) und impliziter (aus der Handlung, der Art des Sprechens, aus dem Verhalten, der Gestik, Mimik, der Kostüme etc.) Information zu unterscheiden.

Die Möglichkeiten der Informationsvergabe seien am Beispiel der **Figurencharakterisierung** vorgestellt. Die unter den auktorial-expliziten Techniken angeführte Beschreibung im Nebentext wird genau genommen in der Aufführung zum impliziten Pol verschoben. Kennt der Zuschauer den Dramentext nicht, kann er zwischen der impliziten figuralen Information und der Beschreibung im Nebentext nicht differenzieren, – kann er doch nicht wissen, ob im Nebentext Angaben zu den Kostümen, zur dialektalen Färbung, zur Gestik etc. gemacht wurden oder nicht. Die gesamte implizite Information steht somit unter dem Verdacht auktorial zu sein, und zwar unabhängig davon, ob man als Autor den Dramentexter oder den Theaterapparat ansetzt, und wird somit vom Zuschauer als verlässlicher eingestuft.

Übung zu Beispiel 4: Intermediale Informationsvergabe

Selbstverständlich können Informationen aus verschiedenen Quellen sich im Sinne einer Komplementierung widersprechen (vgl. Kap. 4.4). Ein vom Eigenkommentar abweichender Fremdkommentar oder eine abweichende implizite Charakterisierung können beispielsweise auf die Selbstüberschätzung der Figur hinweisen. Divergierende Fremdkommentare verschiedener Figuren charakterisieren nicht nur die explizit angesprochene Figur, sondern implizit den Sprecher selbst und sein (freundschaftliches oder feindliches) Verhältnis zum explizit Kommentierten. Um eine gelungene Figurencharakterisierung zu leisten, müssen daher immer alle Informationsarten berücksichtigt werden, unter Einbezug ihres Glaubwürdigkeitsstatus und ihrer eventuellen perspektivischen Färbung.

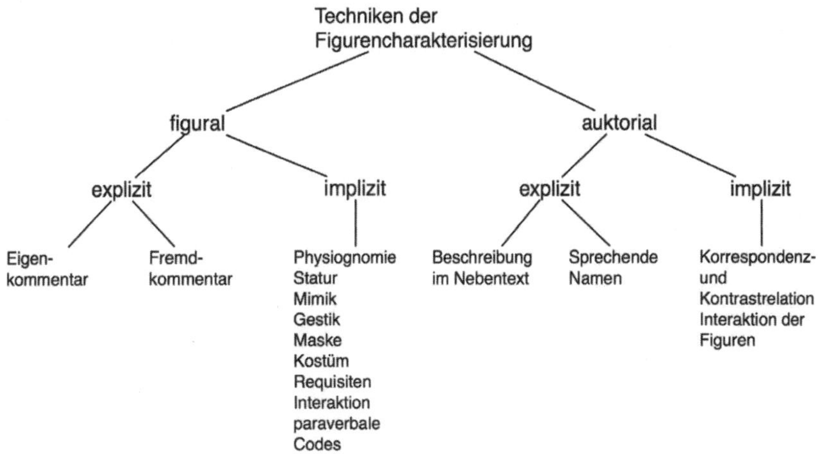

Abb. 10: Techniken der Figurencharakterisierung (nach Pfister 1977, 252)

19 Die Informationsvergabe bezüglich der Figur Cyrano ist sehr stimmig. Die hauptsächliche Beziehung der verschiedenen Informationsarten ist die der Redundanz und der Ergänzung. Das erste Auftreten Cyranos (I, 3, Rostand 1996, 27f.) bestätigt die Informationen, die der Zuschauer bereits aus dem Fremdkommentar erhielt. Die völlige Widerspruchsfreiheit in der Figurencharakterisierung entspricht der idealisierten Anlage der Figur als positiver Held.

Cyranos Rede ist bestimmt, selbstbewusst, etwas grob, sie zeugt von Überlegenheit, Witz, Großmut, ist wortgewaltig, einfallsreich und intelligent. Diese Charakterisierung ist implizit aus der Wahl der Anrede, der Syntax der ersten Sätze, der Wortwahl, den Concetti und Wortspielen zu ersehen. In der Aufführungssituation könnten zusätzlich Informationen aus dem Tonus der Stimme und dem Sprachduktus abgeleitet werden. Die physische Erscheinung Cyranos erweitert die Information noch einmal: Der Stolz der Haltung (aufrecht, gekreuzte Arme), seine körperliche Gewandtheit (er steht auf einem Stuhl), sein schwungvoll-ruppiges Auftreten, sein männlicher Schnurrbart und seine „*nez terrible*“ bekräftigen bereits Bekanntes. Eine Inszenierung wird Daten zur Kleidung (Zurechenbarkeit zur Epoche und den Kadetten) und zur Statur liefern.

Interessant für die Analyse ist nicht nur die Art der Informationsvergabe, sondern auch ihr Zeitpunkt. Durch die (unterschiedliche) Verteilung von Information zwischen den Figuren und zwischen Bühne und Zuschauerraum werden erst Handlungsspielräume im inneren Kommunikationssystem eröffnet und ein Spannungspotential für die Rezipienten des äußeren Kommunikationssystems geschaffen. So sind Informationsdifferenzen zwischen den Figuren die unbedingte Voraussetzung für intrigante Verwicklungen. Ein Informationsdefizit des Zuschauers bezüglich der Figuren kann den Aufbau einer Was-Spannung (einer Spannung auf den Fort- und Ausgang der Handlung) unterstützen. Ein Mehrwissen des Zuschauers (tragische Diskrepanz oder dramatische Ironie) schafft

Sympathie, Identifikation und „Mitfiebern“ mit den (leidenden) Figuren, kann aber auch zur Distanzierung des Zuschauers genutzt werden.

20 Die Informationsdifferenz zwischen den Figuren in *Cyrano* ermöglicht erst den Gang der Intrige(n). So kann das Duo Cyrano/Christian seinen Plan, als nur ein Liebeswerber aufzutreten, nur umsetzen, weil Roxane davon nichts weiß. De Guiche kann seinerseits im dritten Akt nur deshalb getäuscht werden, weil er von der sich im Vollzug befindenden Vermählung Roxanes und Christians nichts ahnt, etc.
Eine grundsätzliche Informationsdifferenz zwischen Bühne und Zuschauerraum gibt es dagegen nicht. Der Zuschauer befindet sich ab dem ersten Auftritt des Protagonisten auf dem Informationsstand Cyranos – der auch deswegen zur Identifikationsfigur wird. Im fünften Akt wird zum Beispiel Sorge getragen, dass der Zuschauer noch vor dem Zusammentreffen Cyranos und Roxanes vom prekären Gesundheitszustand des Helden in Kenntnis kommt, der Roxane aber noch verschwiegen wird (V, 3, Rostand 1996, 205f.). Die Spannung des Dramenendes rührt von einem doppelten Informationsvorsprung Cyranos und des Zuschauers vor Roxane her. Im Gegensatz zu ihr wissen sie um die Autorschaft des vorgelesenen Liebesbriefs und um den zu erwarteten Tod Cyranos.

7.2.4 Redewiedergabe

Letzter wichtiger Bestandteil der Diskursstruktur ist die Redewiedergabe. Charakteristisch für das Drama im Vergleich mit narrativen Texten ist wieder der Wegfall der (perspektivisch) vermittelten Wiedergabe: Es gibt keine indirekte oder ‚erlebte‘ Rede, wo der Erzähler als Vermittler eingeschaltet ist. Es gibt auch keinen Bewusstseinsstrom aus der subjektiven Perspektive der Figuren. Die für den Roman typische Dialogizität, das heißt die Spannung zwischen Erzählerwort und Figurenwort, gibt es im Drama nicht, auch nicht was die Redewiedergabe angeht. Dialog und Monolog sind Ausdrucksformen der Figuren. Dem Dialog kommt besondere Bedeutung bei, da das Drama ja vor allem gezeigte und gesprochene Handlung ist und ein Zwiegespräch zwischen zwei ‚Gegnern‘ am meisten Handlungspotential birgt. Der **Dialog** ist eine sprachliche Äußerung, die von zwei Gesprächsteilnehmern hervorgebracht wird. Will man Dialoge formal beschreiben, kann man verschiedene Gesichtspunkte untersuchen: die Dauer der Repliken, den Rhythmus, der durch die wechselnde Länge der Gesprächsbeiträge entsteht, deren Kohärenz im Inneren, zwischen aufeinander folgenden Repliken und zwischen den Repliken einer bestimmten Figur, die Verteilung der Repliken nach Anzahl und Länge auf verschiedene Figuren. Die Häufigkeit von Unterbrechungen kann ebenfalls interessant sein. Sie kann soziale oder argumentative Machtverhältnisse zwischen den Figuren deutlich machen.

21 Die Machtverhältnisse im Duell Cyrano/Le Vicomte (I, 4) sind beispielsweise klar verteilt: Der Vicomte kommt kaum zur Sprache, Cyrano kann brillieren.
Folgen einzeilige Verse als Repliken schnell aufeinander, spricht man von **Stichomythie**. Diese Form ist besonders dynamisch und spannungsgeladen und taucht oft am Höhepunkt von Dramen auf. Sie kann die Form eines regelrechten Rededuells annehmen, sie verwirklicht also die handlungskonstitutive Opposition zwischen zwei Figuren, ist in hohem Grade selbst Handlung.

Als Beispiel dient folgender Abschnitt aus *Cyrano*, in dem Christian den Titelhelden mit Anspielungen auf seine (zu große) Nase aus der Fassung bringen will:

CYRANO. [...]
Va, Cyrano! Et ce disant, je me hasarde,
Quand, dans l'ombre, quelqu'un me porte...
CHRISTIAN. Une nasarde.
CYRANO.
Je la pare, et soudain me trouve...
CHRISTIAN. Nez à nez...
CYRANO, *bondissant vers lui.*
Ventre-saint-gris!
Tous les Gascons se précipitent pour voir; arrivé sur Christian, il se maîtrise et continue.
Avec cent braillards avinés
Qui puaient...
CHRISTIAN. À plein nez...
CYRANO, *blême et souriant.* L'oignon et la litharge!
Je bondis, front baissé...
CHRISTIAN. Nez au vent!
CYRANO. Et je charge!
(II, 9; Rostand 1996, 100)

Der Schritt zum **Polylog** ist nicht nur ein quantitativer. An dieser Form der Redewiedergabe sind mehr als zwei Figuren beteiligt, was Möglichkeiten komplexerer Rollenverteilung eröffnet. Zum Beispiel kann einer der Beteiligten zum Vermittler, Schlichter oder Kommentator des Streitgesprächs der beiden anderen werden. Besonders interessant ist die Mischung bzw. Verschränkung verschiedener, im inneren Kommunikationssystem pragmatisch voneinander unabhängiger und nur ‚zufällig' simultaner Dialoge, die aber für den Empfänger des äußeren Kommunikationssystems in der Zusammenschau aufeinander bezogen sind. Die verschiedenen Redestränge können sich z.B. ironisch kommentieren oder ihre Verkoppelung kann einen besonderen dramatischen Effekt ergeben.

22 In der Sterbeszene Christians ist mit dem Polylog zwischen den drei Protagonisten die Kette von Befehlen des Kommandanten an seine Soldaten verwoben. Diese Unterbrechungen dramatisieren und beschleunigen die Szene, indem sie inhaltlich den kriegerischen Hintergrund des Kampfgetümmels wach halten und formal schnellere und komplexere Replikenwechsel verlangen. Im letzten der zitierten Wechsel ruft das Wortspiel mit der erkaltenden Wange Christians und dem „En joue!" des Kommandanten einen ironischen Effekt hervor:

CHRISTIAN, *d'une voix mourante.*
Roxane!...
CYRANO, *vite et bas à l'oreille de Christian, pendant que Roxane affolée trempe dans l'eau, pour le panser, un morceau de linge arraché à sa poitrine.*
J'ai tout dit. C'est toi qu'elle aime encor!
Christian ferme les yeux.

Roxane.
Quoi, mon amour?
Carbon. Baguette haute!
Roxane, *à Cyrano.* Il n'est pas mort?...
Carbon.
Ouvrez la charge avec les dents!
Roxane. Je sens sa joue
Devenir froide, là, contre la mienne!
Carbon. En joue!
(IV, 10; Rostand 1996, 192)

Die dritte wichtige Form der Rede ist der **Monolog**. Die sprechende Figur befindet sich allein auf der Bühne und spricht zu sich, quasi im Selbstgespräch. Das laute Denken ist das dramatische Analogon der Innenperspektive, sei sie autobiographisch oder personal, in narrativen Texten. Wir erfahren durch Monologe etwas über innerste Beweggründe einer Figur, über ihre geheimen Pläne usw. Puristen empfinden den Monolog aber als künstlich und dramenfremd, weil er strenggenommen gegen die *vraisemblance* verstößt. Daher wird der nachsinnenden Figur oft eine (konkomitante) Vertrauensperson an die Seite gestellt, etwa ein Diener, zu der dann in einer Art Scheindialog gesprochen wird.

23 Der Monolog Cyranos im dritten Akt (III, 12; Rostand 1996, 139) ist kurz und wenig erhellend. Er hat Überleitungscharakter. Christian und Roxane haben mit dem Kapuzinerpater die Bühne verlassen, um die Trauung zu vollziehen. Cyrano wartet auf De Guiche, den er aufhalten soll. Er trifft Vorbereitungen und macht dabei gemurmelte Anspielungen auf seinen Plan. Verglichen mit seinen virtuosen und auf Wirkung bedachten Redekaskaden in Anwesenheit von Zuhörern ist er ausgesprochen wortkarg. Der Monolog eröffnet keine personale Innensicht, sondern füllt nur das Loch zwischen den Handlungssequenzen. Seine Rolle ist untergeordnet und nur insofern signifikant, als sie belegt, dass der Selbstdarsteller Cyrano aus seinen dialogischen Auftritten lebt.

7.2.5 Ent-Dramatisierung: Entsprechungen narrativer Formen im Drama

Bisher wurde davon ausgegangen, dass dramatischer Dialog und dramatische Handlung weitgehend isomorph sind, dass Dialog also Handlung ist und entsprechend die gleiche Form aufweist. Dieses Merkmal des Dramas wird in der Definition Luigi Pirandellos, Theater sei *azione parlata*, gesprochene Handlung, mustergültig ausgedrückt.

Es gab aber in der Dramengeschichte schon immer dialogisch realisierte Passagen, die streng genommen narrativisch sind und in den Handlungsfluss sozusagen eine aufschiebende Klammer einfügen. Nachdem solche Passagen durchaus im Dialog untergebracht werden, könnte man sie auch einfach unter den Formen des Dialogs behandeln, wie es traditionell gehandhabt wurde. Hier sollen sie aber eine gesonderte Stelle zugewiesen bekommen, um deutlich zu machen, dass sie sich von den handlungsorientierten Dialogformen grundsätzlich unterscheiden. Als wichtigste Formen solcher Einschübe sind zu nennen:

(1) **Epische Einblenden**
Teile der Handlung, die szenisch dargestellt wurden, werden durch eine Figur noch einmal erzählt. Es handelt sich also um eine narrative Repetition, eine Wiederholung von Handlung in der Dimension der Frequenz.

24 Cyrano wird von Ragueneau in der Rôtisserie auf seinen Kampf im Hôtel de Bourgogne angesprochen, reagiert aber äußerst zerstreut, weil er auf Roxane wartet. Außerdem hatte er in der Nacht noch einen viel gewagteren Kampf, von dem Ragueneau noch nichts weiß. Der Pâtissier gerät trotzdem ins Schwärmen und erlebt die Szene mit dem „À la fin de l'envoi, je touche" noch einmal nach, allerdings erzählt er sie nicht nur, er spielt sie in Ansätzen nach (II, 3; Rostand 1996, 67).

(2) **Botenbericht**
Eine zeitlich zurückliegende Handlung, die nicht szenisch realisiert wurde, wird von einer Figur berichtet. Eine Ellipse wird also nachträglich durch einen narrativen Rückgriff gefüllt.

25 Cyrano erzählt von seinem Kampf an der Porte de Nesle (II, 9; Rostand 1996, 98-100, Zitat siehe Kap. 7.2.4). Der Fokus liegt hier weniger auf dem nachgetragenen Geschehen als solchem, wie man angesichts des neutralen Terminus ‚Bericht' vielleicht vermuten wird, sondern auf dessen sprachlicher Ausmalung und seiner mythenträchtigen Verbrämung in der Stilisierung Cyranos. Außerdem wird das Interesse am Bericht bald durch Christians provokante Zurufe quasi umgeleitet und auf die aktuelle Konkurrenzsituation zwischen Cyrano und Christian verschoben, der der Bericht nur noch als Anlass dient. Schließlich bricht Cyrano seine Erzählung deshalb auch ab.

(3) **Verdeckte Handlung**
Teile der Geschichte werden weder sprachlich noch szenisch repräsentiert, sondern nur durch Anspielungen und Andeutungen evoziert.

26 Cyrano spielt gegenüber Roxane auf den Überfall an, dessen Opfer er wurde und der ihn das Leben kosten wird. Er bezeichnet ihn euphemistisch als „une visite assez inopportune", die seine Verspätung verschuldet habe. Er deutet auch an, er werde früher gehen müssen, ohne zu erzählen, dass er verletzt wurde und erwartet zu sterben (V, 5; Rostand 1996, 208). Diese Aussparung ist insofern charakterisierend, als sie Cyranos selbstzerstörenden Stolz zum Ausdruck bringt. Er holt den hier ausgesparten Botenbericht, der in V,3 schon von Le Bret und Ragueneau vorausgenommen wurde, jedoch später ebenso selbstdistanziert in Form einer Gazette nach und kommentiert in bitterer Selbstironie: „J'aurai tout manqué, même ma mort" (Rostand 1996, 216).

(4) **Teichoskopie** (Mauerschau)
Dieses Verfahren besteht darin, eine nicht mehr zeitlich früher, sondern simultan ablaufende Handlung narrativ zu schildern, durch einen Blick „von der Mauer", die für die Zuschauer das Geschehen verdeckt.

27 Den Ansatz zu einer Teichoskopie findet man in folgender Szene des *Cyrano:* Ein Wachposten meldet eine Kutsche. Im Chor kommentieren die Soldaten, wie das Gefährt näher kommt und sich mit dem Ruf „Service du Roi" legitimiert. Allerdings geht die Mauerschau in szenische Repräsentation über: Die Kutsche rollt auf die Bühne und Roxane steigt aus (IV, 4, Rostand 1996, 168f.).

(5) **Aparte (Beiseitesprechen)**

Das Beiseitesprechen ist zwischen Monolog und Dialog angesiedelt. Es sind zwar mehrere Figuren auf der Bühne, aber die sprechende Figur tut so, als sei sie allein oder von den anderen getrennt. Die anderen Figuren reagieren nicht auf die Replik. Gesteigert wird der Effekt der Episierung, wenn sich die Figur direkt ans Publikum richtet (*ad spectatores*). Eigentlich durchbricht das Aparte die Normen des Dramas, weil es weder Zeigen noch dialogisches Sprechen unter den Figuren ist, sondern aus der Geschlossenheit des inneren Kommunikationssystems ausbricht. Es ist allerdings (ähnlich wie der Monolog) stark konventionalisiert und wird vom Zuschauer nicht als Durchbrechung der Bühnenillusion gewertet.

28 Wie auch der Monolog ist das Aparte in *Cyrano* nicht besonders häufig. Im folgenden Beispiel kommentiert Roxane zufrieden ihre scheinbar greifende Intrige: Sie hat De Guiche vorgeschlagen, Cyrano zu bestrafen, indem sie ihn vom geliebten Kampfgeschehen des nahen Krieges ausschließt. Damit bliebe auch Christian als Untergebener Cyranos in Sicherheit. De Guiche darf von der Sorge Roxanes um Christian nichts ahnen, weil er ja ebenfalls um die Gunst der begehrten Dame wirbt. Roxanes erleichtertes Aparte in seiner Gegenwart nimmt er nicht zur Kenntnis:

ROXANE.
Le siège, Arras…
DE GUICHE. Tant pis! Permettez!
ROXANE. Non!
DE GUICHE. Permets!
ROXANE, *tendrement.*
Je dois vous le défendre!
DE GUICHE. Ah!
ROXANE. Partez!
À part. Christian reste.
Haut.
Je vous veux héroique, – Antoine!
DE GUICHE. Mot céleste!
(III, 2; Rostand 1996, 117)

Diese bisherigen narrativen Formen sind dem dramatischen Diskurs untergeordnet. (Bis auf die Ausnahme des Aparte.) Sie sind in die Rede einer Figur integriert und liegen somit quasi hierarchisch auf einer Ebene, die die Bühnenillusion nicht stören kann. Eine Figur erzählt, aber sie erzählt anderen Figuren, d.h. innerhalb des inneren Kommunikationssystems. Die Absolutheit der repräsentierten Welt ist nicht beeinträchtigt.

> Konventionalisierte narrative Einschübe im Drama, wie Botenbericht und Mauerschau, stören die Bühnenillusion traditionell nicht. Ebenso steht es mit dem Aparte. Entdramatisierend sind nur solche Einschübe, die den institutionellen Rahmen des Theaters überschreiten, um eine direkte Kommunikation zwischen Bühne und Zuschauer aufzubauen.

Entdramatisierende Techniken im engeren Sinne durchbrechen bewusst den inneren Kommunikationsrahmen, sie sprengen die Welt der Figuren und machen darauf aufmerksam, dass man sich im Theater befindet und nicht etwa die Wirklichkeit sieht. Sie tun das, indem sie eine Vermittlung zwischen innerer und äußerer Kommunikation herstellen.

Einschlägig ist beispielsweise die narrative Einbettung des Dramas durch Voraus- bzw. Nachstellen eines **Prologs** oder **Epilogs**.

29 In *Antigone* von Jean Anouilh (1946) tritt eine Prologfigur auf, die die Figuren vorstellt, bevor die Geschichte beginnt. Sie fungiert ausdrücklich als Erzähler, der sich über die Geschichte stellt. Er identifiziert jede der sich bereits auf der Bühne befindenden Figuren quasi per Fingerzeig und vermittelt dabei deutlich zwischen der Bühne und den im „vous" direkt angesprochenen Zuschauern. Der Prologsprecher besitzt gegenüber dem Publikum einen Wissensvorsprung, an dem er es teilhaben lässt. Er perspektiviert nicht nur den Blick auf die Bühne, indem er die Augen der Zuschauer auf Ausschnitte (eine Figur nach der anderen) und Details (körperliche Merkmale, Verhalten) lenkt. Er führt auch eine personale Innensicht vor, indem er die Gedanken Antigones verbalisiert. Darin nimmt er (in der Perspektive Antigones) bereits das Dramenende vorweg, nimmt dem Drama also die Möglichkeit zur Was-Spannung. Das Interesse des Zuschauers wird während des Dramas also eher dem Wie gelten:

Un décor neutre. Trois portes semblables. Au lever du rideau, tous les personnages sont en scène. Ils bavardent, tricotent, jouent aux cartes.
Le Prologue se détache et s'avance.

LE PROLOGUE. Voilà. Ces personnages vont vous jouer l'histoire d'Antigone. Antigone, c'est la petite maigre qui est assise là-bas, et qui ne dit rien. Elle regarde droit devant elle. Elle pense. Elle pense qu'elle va être Antigone tout à l'heure, qu'elle va surgir soudain de la maigre jeune fille noiraude et renfermée que personne ne prenait au sérieux dans la famille et se dresser seule en face du monde, seule en face de Créon, son oncle, qui est le roi. Elle pense qu'elle va mourir, qu'elle est jeune et qu'elle aussi elle aurait bien aimé vivre. Mais il n'y a rien à faire. Elle s'appelle Antigone et il va falloir qu'elle joue son rôle jusqu'au bout... (Anouilh 1988, 5).

Im zeitgenössischen Drama ist die Einführung **kommentierender Figuren** häufig, die sich aus dem inneren Kommunikationssystem herauslösen, es von außen betrachten und ähnlich wie ein Erzähler in einem narrativen Text über Mehrwissen verfügen, die die Handlung interpretieren, kommentieren, werten, in Kontexte setzen. Die Figur gehört dann – zumindest im Augenblick ihres Kommentars – nicht wirklich in die Figurenkonstellation der dramatischen Geschichte selbst, sondern steht über ihr, als ein Erzählerersatz. Im antiken Drama wurde diese Funktion oft vom **Chor** ausgefüllt, eine Möglichkeit, auf die das moderne Drama in entdramatisierender Absicht zurückgreift.

30 In *Antigone* tritt der Chor das erste Mal nach der Knüpfung des Knotens mit einem Metakommentar auf.

LE CHŒUR. Et voilà. Maintenant le ressort est bandé. Cela n'a plus qu'à se dérouler tout seul. C'est cela qui est commode dans la tragédie. On donne le petit coup de pouce pour que cela démarre, [...] C'est tout. Après, on n'a plus qu'à laisser faire.
(Anouilh 1988, 35)

Das Wissen um das Funktionieren von Tragödien hindert den Chor aber nicht daran, später auf der Ebene der Geschichte auf die Figuren einwirken zu wollen, um die Katastrophe, die Todesstrafe für Antigone, (erfolglos) abzuwenden.

LE CHŒUR (*s'approche*). Est-ce qu'on ne peut pas imaginer quelque chose, dire qu'elle est folle, l'enfermer?
CREON. Ils diront que ce n'est pas vrai. Que je la sauve parce qu'elle allait être la femme de mon fils. Je ne peux pas.
LE CHŒUR. Est-ce qu'on ne peut pas gagner du temps, la faire fuir demain?
CREON. La foule sait déjà, elle hurle autour du palais. Je ne peux pas.
(Anouilh 1988, 68)

Der Chor übernimmt es, Créon in einem Botenbericht über den Selbstmord seiner Frau zu informieren. Schließlich kommentiert er: „Et tu es tout seul maintenant, Créon" (Anouilh 1988, 79) und beschließt das Drama in einem Epilog, in dem er Bilanz zieht – alle die sterben mussten, sind tot, die Ruhe kehrt wieder ein – und einen Zukunftsausblick eröffnet: Vergessen breitet sich über die Sache, doch das Schweigen im Palast ist traurig und Créon „va à commencer à attendre sa mort" (Anouilh 1988, 81).
Der Chor erfüllt also Funktionen innerhalb der Geschichte ebenso wie klassische Erzählerfunktionen (auktorialer Metakommentar, Allwissenheit, Resümee und Wertung der Handlung, Prolepse), er ist eine Zwitterfigur.

Nimmt eine Figur teilweise an der Handlung des inneren Kommunikationssystems teil, um nur zeitweilig aus ihm herauszutreten und sich in direktem Kommentar an den Zuschauer zu wenden, spricht man von **Rollendistanz.** Der dramatische Status dieser Figur ändert sich, je nachdem ob sie sich gerade der Rolle getreu dem inneren Kommunikationssystem fügt oder ob sie sich von dieser Rolle distanziert und auf einer höheren Ebene kritisch zu ihr Stellung nimmt.

31 Als Beispiel kann die oben (Beispiel 1) angeführte Passage aus *Sechs Personen suchen einen Autor* dienen.

Entdramatisierung kann auch durch Einsatz von Spruchbändern, Songs, eingespielten Filmsequenzen und ähnlichem Material mit kommentierendem Potential erreicht werden, sobald der Sender der dort präsentierten Information nicht (eindeutig) in die Ebene des inneren Kommunikationssystems eingeordnet werden kann. Das Einfügen fremder Medien in den Kontext des Dramas sensibilisiert für den Status der ‚Gemachtheit' von Theater, weil es den Blick auf die mediale Bedingtheit von Information und deren Vermittlung lenkt.

32 Zwar stellt im folgenden Beispiel aus *Les Mamelles de Tirésias* die fiktionsinterne Figur des Volks von Sansibar die Plakate auf, die Plakataufschriften sind allerdings klar auf einer Metaebene zu lesen. Der Schauplatz des Dramas – Sansibar – kann als Paris gelesen werden.

[...] pendant ce temps le peuple de Zanzibar place une pancarte de chaque côté de la scène

PANCARTE POUR PRESTO
COMME IL PERDAIT AU ZANZIBAR
MONSIEUR PRESTO A PERDU SON PARI
PUISQUE NOUS SOMMES À PARIS

PANCARTE POUR LACOUF
MONSIEUR LACOUF N'A RIEN GAGNÉ
PUISQUE LA SCÈNE SE PASSE À ZANZIBAR
AUTANT QUE LA SEINE PASSE À PARIS

(Apollinaire 1987, 50)

Zwar bedeuten die besprochenen entdramatisierenden Techniken den Bruch mit der Dramen- bzw. Theaterkonvention einer in sich abgeschlossenen Welt, die für sich selbst spricht. Dennoch betonen sie durch ihr dialektisches Spiel gerade die Besonderheit der dramatischen Kommunikationssituation, ohne die ein solches Spiel seinen Reiz verlieren würde. Auch und gerade im modernen Theater ist die Bühnenpräsentation geprägt durch die leibliche, semiotisch komplexe Präsenz der Schauspieler, Requisiten und Bühnenbilder, durch die Simultanität und besondere Dynamik von (jeweils kollektiver) Produktion und Rezeption, durch die Singularität und Irreversibilität des Textes „Aufführung". Die Handgreiflichkeit eines solch „lebendigen" medialen Dispositivs kann im Kontext der zunehmend mittelbaren kulturellen Repräsentationen unserer (post-)modernen Medienwelt einen besonderen Reiz besitzen.

Modul Drama

Auf der CD finden Sie weiterführende Materialien und Übungen zu

- Merkmale des Dramas
- Textverständnis
- Makrostruktur Figuren
- Makrostruktur Handlung
- Diskursstruktur

Das Hörspiel als mediale Kunstform

Jochen Mecke

1 Das Hörspiel – ein illegitimes Objekt der Literaturwissenschaft?

Die Aufnahme des Hörspiels in eine Einführung in die Literaturwissenschaft ist allein schon deshalb gerechtfertigt, weil eben nicht nur Bücher, sondern auch technische Kommunikationsmedien Literatur transportieren. Dies gilt in einem doppelten Sinne: Zunächst sind zahlreiche Hörspiele und Filme Adaptationen literarischer Werke. Noch viel wichtiger aber ist, dass beide Mediengattungen auch bei Werken, die nicht auf eine Adaptation zurückgehen, auf literarische Techniken zurückgreifen. Allerdings hat das Hörspiel in Frankreich niemals – auch nicht in seiner Blütezeit – eine so prägende Rolle gespielt wie etwa in Deutschland, England oder den Vereinigten Staaten. Diese Randstellung findet ihre Entsprechung in einer terminologischen Unklarheit. Während die Bezeichnung für das Hörspiel in der deutschen Sprache festgelegt ist, gibt es in Frankreich eine ganze Palette unterschiedlicher Bezeichnungen, die eine Unsicherheit im Umgang mit dem Genre verraten: Auf den Hüllen von Compactdiscs wird der Inhalt mit *fiction radiophonique*, *film radiophonique* oder bisweilen auch mit *film à écouter* umschrieben. Die Hörspielabteilung von *Radio France* verwendet die Bezeichnungen *fiction radiophonique* mit verschiedenen Unterbegriffen, die ihre Herkunft literarischen Gattungen verdanken, wie z.B. *Le feuilleton* mit Hörspielserien, *cycle de théâtre européen*, *polar*, *science fiction*, *fantastique* oder *oeuvre dramatique* (Radio France 2008). Die neutralsten und gebräuchlichsten Begriffe sind allerdings *pièce radiophonique* und *œuvre dramatique* bzw. einfach *[une] dramatique*. Oftmals wird auch von *théâtre radiophonique* oder *film sonore* gesprochen, Begriffe, die aufgrund ihrer starken Anlehnung an Theater und Film nicht unproblematisch sind.

Wer sich in der Vergangenheit mit dem französischen Hörspiel beschäftigte, war mit einer Reihe von Problemen konfrontiert: Noch bis vor einigen Jahren lebte es als mediales Aschenputtel. Selbst in den Radioprogrammen der staatlichen Sender wurde es aufgrund der Audimat-Konkurrenz privater Radiostationen an den Rand gedrängt (Delaporte 2004). Die Hörspielrezeption war in Frankreich statistisch gesehen eine eher zu vernachlässigende Größe, obwohl die Direktorin von *Radio France*, Laure Adler, die Gesamtsendezeit reiner Neuproduktionen in ihrer Sendeanstalt auf immerhin fast sieben Stunden beziffert (Delaporte 2004). Für deutsche Rezipienten kam bisher noch eine zusätzliche Schwierigkeit hinzu: Während französische Kinofilme ohne Probleme den Rhein überschreiten und im Kino, im deutschen oder im per Satellit empfangbaren französischen Fernsehen oder aber auf DVD gesehen werden konnten, gab es lange Zeit beim Hörspiel eine unüberwindbare mediale Hürde, die mit der begrenzten Reichweite französischer Radiosender zusammenhängt.

Diese Situation hat sich allerdings in den letzten Jahren grundlegend gewandelt, denn wie in Deutschland, so hat das Hörspiel auch in Frankreich eine Renaissance erlebt. Die Gründe dafür hängen mit einem kulturellen und medialen Wandel zusammen. Unsere (post-)moderne Mobilität bringt es mit sich, dass wir immer mehr Zeit in Bussen, Straßenbahnen, Zügen, Autos oder Flugzeugen zubringen. Während der Sehsinn dabei jedoch zumeist voll und ganz in Anspruch genommen wird, gilt dies für den Hörsinn nur zum Teil. Was früher vor allem auf Kinder zutraf, die des Lesens noch nicht mächtig waren, stimmt heute auch für Erwachsene: Literatur wird nicht nur gelesen, sondern zunehmend – vor allem unterwegs – gehört. Hinzu kommen neue Komprimierungstechniken, die es erlauben, ganze Hörspiele als MP3-Dateien auf einem USB-Stick oder MP3-Player zu speichern und beim Spazierengehen oder Joggen anzuhören. Im Zuge der wachsenden Bedeutung akustischer Medien widmen sich auch französische Verlage verstärkt der Produktion und dem Vertrieb von Hörspielen. Dieses neue Interesse bringt auch neue Aufführungsformen mit sich. Längst ist das Hörspiel nicht mehr auf das Medium Radio allein beschränkt. Vielmehr werden in Frankreich Hörspielfestivals mit öffentlichen Aufführungen in Gegenwart der Autoren und vor großem Publikum veranstaltet. Hörspiele werden nicht nur gesendet, mitgeschnitten und gespeichert, sondern auch – dank privater Initiativen – in Theatern oder Konzertsälen öffentlich aufgeführt, wie das Beispiel der von Yohann Bernard und Mathieu Delozier produzierten Inszenierung des Hörspiels *La Chambre Triste* zeigt (Bernard/Delozier 2004).

Zu den öffentlichen Aufführungen treten neue technische Möglichkeiten hinzu. Das Internet hat das Problem begrenzter Reichweiten gelöst, so dass fast alle französischen Radiosender standortunabhängig mit kostenlosen Programmen wie *Real Player*, *Quick Time*, *Windows Media Player* etc. angehört werden können. Darüber hinaus bieten die drei für die Hörspielproduktion wichtigsten Sender *France Culture*, *France Inter* und *Radio Bleu* die Möglichkeit an, Hörspiele unabhängig vom Zeitpunkt der Radiosendung anzuhören. Mit ein wenig technischem Know-how kann man diese mit kostenlosen Programmen zum Herunterladen wie *Phonostar* oder *Station Ripper* aufnehmen und als MP3-Datei abspeichern. Einige Sender bieten darüber hinaus Hörspiele zum Herunterladen per *Podcast* an. In Verbindung mit gleichfalls kostenlos im Internet angebotenen Audioumwandlungs- und Verarbeitungsprogrammen wie zum Beispiel *Audacity* können auch auf einer Audiokassette analog aufgenommene Hörspiele in digitale MP3-Dateien umgewandelt und mit elektronischen Mischpulten wie zum Beispiel *Wavelab* weiterverarbeitet werden. Das neue Interesse und das größere Spektrum der Verbreitungsformen hat auch für neue Formen der Hörspielkultur gesorgt, die bisher eigentlich dem Film vorbehalten waren: Seit 2002 wird in Paris jährlich das Hörspielfestival *Radiophonies* durchgeführt, das neben öffentlichen Aufführungen und Podiumsdiskussionen auch Preise für die beste Textvorlage, die beste Regie, das beste Kurzhörspiel und die besten weiblichen und männlichen Hörspieler aufwartet (Radiophonies 2008).

Der kleine Ausflug in Verbreitungspraxis und Technik zeigt: Das Hörspiel erfreut sich zunehmender Beliebtheit. Es gibt genügend technische Möglichkeiten, französische Hörspiele aufzunehmen und speicherplatzsparend zu archivieren. Dieser relativ geringe Aufwand ist in jedem Fall lohnend. Denn der Hörer wird – sofern er nicht bereits mit der genuinen Kunstgattung des Mediums vertraut ist – in ein neues Universum eintauchen, das sein eigenes ästhetisches Empfinden und das Gespür für akustische Phänomene steigert. Darüber hinaus lassen sich gerade Hörspiele ausgezeichnet im Fremdsprachenunterricht einsetzen, um Schüler und Studenten zu einem genauen Hinhören und zur Beachtung jener sprachlichen Feinheiten anzuregen, die im Alltag häufig überhört werden und verloren gehen. So kann man z.B. mit dem Programm *Audacity* die Abspielgeschwindigkeit um 9 % verlangsamen, so dass der häufig sehr schnell gesprochene Text für Fremdsprachenschüler besser verständlich wird.

Die verbesserte technische Verfügbarkeit bedeutet allerdings nicht automatisch ein besseres Verständnis für die ästhetischen Strukturen, Verfahren und Prinzipien dieser genuin radiophonen Kunstform. Das beginnt bereits bei der reinen Rezeption: Die französische Sprache unterscheidet zwischen dem bloßen Hören, d.h. der einfachen und mehr oder weniger beiläufigen Wahrnehmung („entendre"), und dem bewussten Hin- und Zuhören („écouter"), das wesentlich mehr Aufmerksamkeit, Konzentration und Aufnahmebereitschaft erfordert. Das vorliegende Kapitel möchte einen Beitrag zum besseren Verstehen der Strukturen und Prinzipien des Hörspiels leisten.

2 Medientheoretische Überlegungen

2.1 Der Begriff des Mediums

Die theoretische Basis für die folgenden Kapitel zu Hörspiel, Film und Hyperfiction liefert der von Niklas Luhmann vorgeschlagene systemtheoretische Begriff des **Mediums**. Zunächst ist damit eine „lose Koppelung von Elementen" gemeint, im Unterschied zu ‚**Formen**', die sich durch eine relativ feste Verknüpfung ihrer Elemente auszeichnen (Luhmann 1995, 168). So konstituieren etwa die aus dem Rascheln von Papier, dem Scharren von Füßen, Husten etc. bestehenden Geräusche in einem Raum ein solches Medium. Die Koppelung zwischen diesen Elementen ist locker, denn es lassen sich kaum Regeln finden, nach denen die Geräusche miteinander verknüpft werden. Die einzige Festlegung ist durch die Grenzen des menschlichen Hörvermögens zwischen 20 und 20.000 Hertz gegeben (Klippert 1986, 51). Schränkt man nun allerdings die Menge der Geräusche auf diejenigen ein, die durch die menschliche Stimme artikuliert werden können und dazu geeignet sind, in bestimmten Lautkombinationen Bedeutungen zu übertragen, so schält sich die menschliche Sprache aus diesem Medium als Form heraus. Die Form der Sprache unterscheidet sich von den bloßen Geräuschen als ihrem Medium durch eine relativ feste Verknüpfung ihrer Elemente nach den Regeln phonetischer, syntaktischer und semantischer Kombinationsmöglichkeiten (Luhmann 1995, 172). Jede Form kann ihrerseits wieder zum Medium einer höheren Form werden. So kann die

Sprache zum Beispiel als Medium für die Form der Lyrik fungieren. Als Medium zeichnet sich die Sprache im Unterschied zur Lyrik durch eine relativ lockere, lediglich von den Regeln der Syntax bestimmte Verbindung von Wortelementen aus. Das Gedicht konstituiert sich hingegen als Form durch zusätzliche feste Verknüpfungen nach den Regeln des Metrums, des Rhythmus, des Reims etc. innerhalb der Sprache. Aus diesem abstrakten, relativen Medienbegriff, dessen Spannbreite von Geräuschen und Lichtwellen über Sprache und Schrift, Raum und Zeit bis hin zu komplexen Formen der Erzählung reicht, muss allerdings der für die Beschäftigung mit medialen Literaturformen relevante Medienbegriff ausgegrenzt werden.

Als **Medien** im engeren Sinne bezeichnen wir daher all jene Kommunikationstechniken, deren Funktionen im Speichern, Übertragen und Verarbeiten von Informationen bestehen (Kittler 1987, 429; Kittler 1993, 8).

Das **Radio** ist ein reines Übertragungsmedium, denn seine wesentliche Funktion besteht darin, Informationen mittels Radiowellen zu übertragen. Dies wird deutlich, wenn man sich vor Augen führt, dass Hörspiele in der Anfangszeit des Radios nicht einfach nochmals gesendet werden konnten, sondern jeweils neu inszeniert werden mussten. Erst später kamen die Schallplatte als Speichermedium und dann schließlich das Tonband als Verarbeitungsmedium hinzu (Richard 1951; Chardonnier 1997).

2.2 Medientechnische Prinzipien des Hörspiels

Aus systemtheoretischer Perspektive entsteht das Hörspiel, wenn das durch eine relativ lockere Koppelung seiner Elemente definierte Übertragungsmedium des Radios die durch wesentlich festere Koppelungen charakterisierte Form der ‚Literatur' bzw. genauer narrative oder dramatische Literatur enthält. Medien enthalten immer andere Medien, lautet eine berühmte These Marshall McLuhans (McLuhan 1994, 8). Allerdings enthalten sie diese Medien nicht einfach, sondern verändern diese und sich selbst, indem sie neue Darstellungsformen entwickeln.

Beispiel 1: Auszug *Reportage d'un match international de football*

Dies lässt sich anhand eines Ausschnitts aus Jean Thibaudeaus Hörspiel *Reportage d'un match international de football* (Thibaudeau 19961/1998) illustrieren. Die Passage beginnt mit einer Sprecherstimme, die das Geschehen eines Sonntags erzählt, so wie dies etwa auch im literarischen Medium möglich wäre. Allerdings wird diese Erzählerstimme gegen Ende der Passage durch Sendegeräusche, den Lärm des Fußballstadions und die Stimmen der Zuschauer unterbrochen und schließlich von diesen aus der fiktiven Welt des Hörspiels selbst stammenden Geräuschen in den Hintergrund gedrängt.

Das Beispiel zeigt, dass das Hörspiel im Unterschied zur Literatur, zur Malerei und anderen Künsten in der Lage ist, die Wirklichkeit nicht nur symbolisch, das heißt wie in einer Erzählung, sondern auch rein mechanisch, das heißt ohne menschliches Zutun zu reproduzieren. Daraus ergeben sich bedeutsame

Konsequenzen. Dort, wo wir als Menschen die Wiedergabe der Wirklichkeit immer schon in Bezug auf unsere Erwartungen von Bedeutung und Sinn filtern und nur diejenigen Informationen auswählen, die uns sinnvoll erscheinen, ist das Radio und mit ihm das Tonband und Mikrophon etc. in der Lage, die Realität kontinuierlich, in Echtzeit mittels einer elektroakustischen Vorrichtung zu reproduzieren. Damit dringen aber Elemente in das Hörspiel ein, die im Medium des Buches zunächst einmal ausgeschlossen sind. Das Hörspiel ist in der Lage, all das kontinuierlich und in Echtzeit aufzuzeichnen, was in einer bestimmten Situation an Geräuschen vorkommt, ungeachtet der Frage, ob dies nun Motoren, Bohrmaschinen, Wortfetzen, Gesprächsausschnitte oder Erzählungen sind. Damit kann das Hörspiel, wie das folgende Beispiel zeigt, auch Bereiche der Wirklichkeit integrieren, die nicht von vornherein durch semantische Regeln im Hinblick auf einen bestimmten Sinn miteinander verknüpft, sondern lediglich locker miteinander gekoppelt sind.

Beispiel 2: Auszug O-Ton-Aufnahmen *On Nagra*

Das **Hörspiel** ist in der Lage, das traditionell auf das Symbolische, das heißt auf Sinn und Bedeutung ausgerichtete Medium der Literatur um das Reale zu erweitern und auch das ‚Rauschen' jenseits des Sinns aufzuzeichnen.

Damit erweitert Literatur ihren Wirklichkeitsbereich nicht nur um Geräusche, Töne und Musik, sondern auch um die Möglichkeit, die mechanisch aufgezeichnete Realität selbst als Rohmaterial zu nutzen und dadurch neue Perspektiven zu entwickeln. Dies erlaubt es dem Hörspiel auch, menschlich vorgegebene Sinnperspektiven zu verlassen und die Realität neu zu entdecken. Diese Möglichkeit lässt sich durch ein kleines Gedankenexperiment illustrieren.

Stellen wir uns eine Unterhaltung unter Freunden oder Verwandten vor. Wenn die Gesprächsteilnehmer im Anschluss gebeten werden, das Gespräch wiederzugeben, wird jeder bestimmte Akzente setzen: Eine Person wird vielleicht aus der Sicht der anderen dominieren, ein anderer erscheint allen als schweigsam, ein im Verlauf entstandener Streit wird von jedem Teilnehmer einer bestimmten Ursache zugeordnet. Wurde das Gespräch jedoch durch ein mitlaufendes Tonband aufgezeichnet, so ist man dank der nicht-menschlichen, technischen, d.h. in diesem Fall elektromagnetischen Aufzeichnung in der Lage, völlig neue Aspekte zu entdecken, die sich vielleicht der Aufmerksamkeit der Beteiligten während des Gesprächs entzogen haben, wie zum Beispiel, dass jemand eine bestimmte Person beständig unterbricht, dass ein anderer das große Wort führt oder auch, dass jemand in einem aggressiven und bedrohlichen Unterton redet.

Diese andere Sichtweise des Geschehens wurde möglich, weil das Hörspiel, im Unterschied zur Literatur als dem Medium des Symbolischen und der Bedeutung *par excellence,* im elektroakustischen Medium auch das Reale aufzeichnen kann. Dabei können zusätzliche ästhetische Wirkungen aus der Diskrepanz zwischen Symbolischem und Realem entstehen.

Ein weiteres Gedankenexperiment illustriert dies. Nehmen wir etwa einen kurzen Dialog zwischen zwei Freunden, so wie er zum Beispiel in einem Originaltonhörspiel vorkommen könnte: „Tu viens avec nous au cinéma ce soir?" „Oui! Avec plaisir!" Während Literatur vor allem die vom Sprecher intendierte Bedeutung des Gesagten aufzeichnet, ist das Radio in der Lage, auch das zu übertragen, was nicht intendiert ist, wie zum Beispiel die Einsilbigkeit und Monotonie des Tonfalls, welcher die Behauptung dementiert. Ein literarischer Text müsste, um den gleichen Effekt zu erreichen, weitere Erklärungen liefern wie „Il disait cela sur un ton qui trahissait son manque d'envie".

Die elektroakustische Aufzeichnung erlaubt es, Sinnerwartungen zu durchbrechen. Dadurch, dass sie das Nicht-Beabsichtigte, die Kontingenz und das Zufällige aufzeichnen kann, erschließt sie neue Arten und Weisen der Darstellung. Diese Möglichkeit wird insbesondere im experimentellen und im Originaltonhörspiel genutzt, in dem nicht mehr ein vorgefertigtes Drehbuch das gesendete Stück bestimmt, sondern die Zufälligkeiten der Aufnahme. Während der Verfasser eines literarischen Werkes sprachliche Ausdrücke im Hinblick auf die intendierte Bedeutung auswählt und daher, ebenso wie der Rezipient, in seinem Material zunächst einmal nicht mehr entdeckt, als er hineingelegt hat, können Hörspielautor und Regisseur die Kontingenz der Sprache, Stimmen und Geräusche aufzeichnen und der Realität damit bisher unbekannte und neue Aspekte entlocken. Die durch das Medium der Schrift und des Buchdrucks transportierte Literatur hat ihre Stärken vor allem in der Gestaltung von Sinn und Bedeutung, im Medium des Hörspiels hingegen kann Literatur zum Instrument der Erforschung des Realen werden.

Dank der elektroakustischen Übertragung, Aufzeichnung und Verarbeitung ist das Hörspiel in der Lage, neben dem Symbolischen, das heißt Sinn und Bedeutung, auch das Reale aufzuzeichnen und damit einen Bereich zu erschließen, der in der traditionellen, auf dem Schriftmedium beruhenden literarischen Kommunikation nicht erfasst wird. Das im Radio gesendete Hörspiel hat in seiner Geschichte eine medientechnische Entwicklung durchlaufen, die von der reinen Übertragung, über die durch das Grammophon hinzukommende Möglichkeit der Aufzeichnung bis hin zur Verarbeitung der Aufzeichnungsobjekte durch das Tonband führt. Durch die Entwicklung leichter Tonbandgeräte, wie des berühmten Nagra3 und eines speziell für Original- und Außenaufnahmen entwickelten Mikrophons, wurde dann später auch die Aufzeichnung und Übertragung von O-Ton-Aufnahmen erleichtert (Paranthoën 1994).

2.3 Die Botschaft des Mediums Radio

Während die meisten Künste wie Literatur, Malerei, Skulptur, Architektur, Film, Theater usw. vor allem den visuellen Kanal nutzen und den Sehsinn ansprechen, bedient sich das Hörspiel ausschließlich des akustischen Kanals und richtet sich nur an den Hörsinn. In McLuhans Medientheorie erscheint das Radio daher als eine Verlängerung dieses Sinns, die eine im Vergleich zu anderen Medien direktere und effizientere Einwirkung auf das Nervensystem des

Rezipienten erlaubt. Daraus ergibt sich eine, von der Hörspieltheorie häufig bemerkte paradoxe Wirkung: Einerseits ist – wie die traditionelle deutsche Bezeichnung ‚Rund-Funk' besagt – das Radio im Unterschied zu traditionellen Kommunikationsmedien nicht auf einen individuellen Rezipienten, sondern auf eine unbestimmte Masse ausgerichtet. Andererseits wird trotz dieser massenmedialen Kommunikationsform durch den auditiven Kanal gleichzeitig eine große Nähe und Vertrautheit suggeriert, so als würde etwa eine durch das Radio übertragene menschliche Stimme aufgrund des Mangels an visueller Distanz unbestimmt im Raum schwingen und direkt in Ohr und Gehirn eindringen. Obwohl sie aus der Ferne kommt, klingt die radiophone Stimme ganz nah, obwohl sie sich an ein Kollektiv richtet und öffentlich ist, erscheint sie als individuell und privat.

2.4 Defizite des Hörspiels?

Die Konzentration auf den akustischen Kanal und den Hörsinn wurde allerdings nicht nur als Chance betrachtet, sondern hat auch häufig zu einer Abwertung des Hörspiels geführt. Es ist daher kein Wunder, dass die in Frankreich gebräuchlichen Bezeichnungen, wie z.B. *théâtre radiophonique* oder *théâtre pour les aveugles*, den defizitären Charakter des Hörspiels gegenüber anderen literarischen Gattungen unterstreichen. Diese Abwertung hing auch mit der zu Beginn weit verbreiteten Praxis zusammen, Adaptationen von Romanen (Richard 1951, 94) und Live-Übertragungen von Theaterstücken zu senden, so dass Hörspiele natürlicherweise aus der Perspektive von Literatur und Theater betrachtet wurden. Zwar hat die Masse der Funkbearbeitungen literarischer Werke die neue Kunstform anfangs mit einer zusätzlichen Legitimität ausgestattet, mittelfristig wurde die ästhetische Kreativität dadurch jedoch eingeschränkt. Die Theatralität früher Hörspiele (Prager 1952, 409) konnte dabei im Extremfall bis an die Grenze kommunikationslogischer Inkohärenz gehen (Richard 1951, 72). So wandte sich die Hörspielkritik bereits sehr früh gegen die „diffusion d'œuvres théâtrales" und gegen das gekünstelte, dem neuen Medium nicht gerecht werdende Rezitieren vor dem Mikrophon (Richard 1951, 72). Gegen diese **Defizithypothese** und die damit verbundene Praxis hat Rudolf Arnheim in seinem Buch *Rundfunk als Hörkunst* (2001) einen wichtigen Einwand erhoben: Er vergleicht die Praxis der Live-Übertragung eines Theaterstückes mit einem Originalhörspiel. Während der Ton im Theater lediglich Teil eines umfassenden Ganzen ist, das sich aus dem Bühnenbild, dem Aussehen, den Stimmen, Mimiken, Gesten und Bewegungen der Schauspieler zusammensetzt, werden im Hörspiel alle wichtigen Informationen ausschließlich akustisch übermittelt (Arnheim 2001, 88f.). Der akustische Kanal bedarf hier keiner visuellen Ergänzung, sondern überträgt selbst alle wichtigen Informationen. Alter, Einstellungen und Emotionen der Figuren werden voll und ganz durch die Stimme des Hörspielers vermittelt. Die medientechnische Beschränkung ist somit kein Defizit, sondern bietet ein **reichhaltiges ästhetisches Potenzial**. Die Reduktion der Kommunikationskanäle ermöglicht die Konzentration der ansonsten auf alle Sinne verteilten, zerstreuten Aufmerksamkeit auf einen einzigen und damit dessen intensivere Nutzung. Damit geht eine zweite Fähigkeit des Hörspiels Hand in Hand.

Beispiel 3: Auszug *Le Port, polyphonie pour une absente*

Wenn Sie dem Ausschnitt aufmerksam zugehört haben, dann werden Sie das Gehörte durch ihre ‚Ein-Bildungs-Kraft', durch ihre Phantasie ergänzt haben. Beim aufmerksamen Hören des Beispiels setzen wir die Beschreibung Juliette Weilers automatisch in Vorstellungen um, mit denen wir versuchen, uns von dem beschriebenen jungen Mann ein Bild zu machen. Wir entwerfen aus der Stimme der Erzählerin und der von ihr geschilderten Szene Menschen aus Fleisch und Blut mit einem bestimmten Geschlecht, Alter und Aussehen. Indem es die Informationen allein über den akustischen Kanal vermittelt, aktiviert das Hörspiel also unsere Einbildungskraft und erzeugt innere Bilder. Mit der Übertragung des Symbolischen, des Sinns und des Realen, des ‚Rauschens' der Kommunikation, kann das Hörspiel auch innere Bilder, das heißt das Imaginäre evozieren.

Die ausschließliche Übermittlung von Informationen über den akustischen Kanal prägt das Spektrum darstellerischer Möglichkeiten. Das „Weltbild des Ohres" (Arnheim 2001, 18f.) bringt einige Besonderheiten mit sich, die sich auch auf die radiophone Kommunikation auswirken. Im Unterschied zur räumlichen Wahrnehmung durch das Auge, das in der Lage ist, einen Gegenstand im Nu zu erfassen, bedarf die akustische Wahrnehmung der zeitlichen Entfaltung. Darüber hinaus ist die Wahrnehmung des Ohres im Unterschied zum Auge auf Kontinuität gestellt: Wir hören immer, auch wenn wir schlafen. Vor dieser Kontinuität profiliert sich jedoch eine grundlegende Diskontinuität: Das akustische Weltbild sorgt darüber hinaus dafür, dass wir die Existenz der Dinge nicht permanent wahrnehmen, sondern immer nur dann, wenn sich Tätigkeiten oder Veränderungen einstellen (Arnheim 2001, 19f.). So können Gegenstände oder Handlungen im Hörspiel nur aktuell, d.h. durch die Geräusche dargestellt werden, die sie hervorrufen.

2.5 Die radiophone Kommunikationssituation

2.5.1 Kommunikationstheorie des Hörspiels

Auch in kommunikationstheoretischer Hinsicht weist das Hörspiel Besonderheiten auf. Zwar gibt es beim Hörspiel gleichfalls einen **impliziten Autor/** Regisseur (S3), der als Subjekt des Werkganzen gedacht wird und letztendlich für die Gestaltung des vermittelnden und des inneren Kommunikationssystems (Inszenierung/*mise en ondes*) verantwortlich ist, zwar steht ihm ebenfalls ein **impliziter Hörer** gegenüber, der als idealer Rezipient gedacht wird, es handelt sich hier allerdings nicht um eine einzelne Person, sondern um ein ganzes Kollektiv. Denn der reale Sender eines Hörspiels existiert nur im Plural, weil Produktion und Rezeption genauso wie im Theater eine kollektive Angelegenheit sind. Das Hörspiel ist das Ergebnis der Ideen, Leistungen und des Könnens eines Schriftstellers, eines Regisseurs, eines Tontechnikers, der beteiligten Hörspieler, eines Komponisten, eines Geräuschtechnikers und schließlich eines Toningenieurs, der – meist zusammen mit dem Regisseur – für den Schnitt zuständig ist. So wurde das Hörspiel *Reportage d'un match international de football* in der Zusammenarbeit zwischen dem Schriftsteller Jean Thibaudeau, dem Regisseur Alain Trutat, dem Tontechniker Guy Louvet, dem Geräuschemacher Joe Noël und der Hörspieler Silvia Montfort, Daniel Gelin, Claude Martin u.a. produziert (Thibaudeau/Trutat 1998). Aber noch entscheidender als die **kollektive Form der Produktion und Rezeption** ist eine zweite kommunikationstechnische Besonderheit des Hörspiels.

Vergleichen wir die für das Hörspiel typische Kommunikationsstruktur mit der narrativen und der dramatischen Kommunikationssituation, so wird deren Grundstruktur deutlich. Das Charakteristikum theatralischer Kommunikation war dadurch gekennzeichnet, dass die Geschichte durch Dialog und Handlung dargestellt wird und dass es zwischen der fiktiven Ebene der Handlung, d.h. dem Dialog auf der Bühne einerseits und der äußeren Kommunikation, d.h. zwischen dem Autor/Regisseur und dem Zuschauer des Stückes andererseits, keine Vermittlungsinstanz gibt (vgl. Szondi 1970, 15).

Die narrative Kommunikationssituation ist demgegenüber durch das Vorliegen eines vermittelnden Kommunikationssystems charakterisiert. Natürlich können narrative Texte in der gleichen Weise dramatisiert werden wie sich Dramen – etwa durch Einschaltung einer kommentierenden Figur oder das Zeigen von Spruchbändern – epischer Verfahren bedienen. Aber selbst dann, wenn narrative Gattungen dramatische Verfahren nutzen, also etwa bei einer ‚szenischen Darstellung' und der Wiedergabe von direkter Rede, wird die Rede der Figuren immer von einem vermittelnden Erzähler getragen. Die Figuren sprechen streng genommen im Dialog nicht selbst, sondern mit Hilfe eines Anderen, der ihre Rede wiedergibt. Das Gleiche gilt auch für die Versuche des *Nouveau Roman* – wie zum Beispiel in Alain Robbe-Grillets *La Jalousie* (1957) –, die subjektiven Kommentare der traditionellen Erzählerfigur durch eine allein auf die Außenperspektive beschränkte kameraähnliche Darstellung zu ersetzen. Immer werden die Ereignisse durch einen Erzähler wiedergegeben.

Hier sind allerdings zwei Dimensionen der Kommunikationssituation zu unterscheiden, die mit unterschiedlichen Graden an Explizitheit gekoppelt sind: *Conditio sine qua non*, notwendige und unverzichtbare Bedingung der Erzählung ist ein Erzähler, der die Geschichte vermittelt. Aber diese Vermittlungsinstanz muss nicht explizit gemacht werden. Der Erzähler kann sich wie in Gustave Flauberts *Madame Bovary* völlig zurückhalten, keinerlei Indizien und Rückschlüsse auf seine Meinungen und Einstellungen zulassen und sich allein auf seine fundamentale Funktion des Erzählens beschränken. Wenn allerdings die Funktion des Erzählens in der Erzählung explizit gemacht und als Erzählerfigur dargestellt wird, so liegt ein extradiegetischer und heterodiegetischer Erzähler vor, der sich, wie in Honoré de Balzacs *La Peau de Chagrin*, in expliziten Kommentaren zum Geschehen äußert. Daneben gibt es noch weitere Möglichkeiten der Kodierung oder Markierung von Vermittlungsinstanzen, etwa wenn das Geschehen durch eine bestimmte Figur des Romans entweder in einer autobiographischen oder einer personalen Erzählperspektive dargestellt wird. Hier wird aus dem Gesamtbereich des Geschehens ein bestimmter Ausschnitt ausgewählt, so wie er sich für eine fiktive Figur darstellt und gleichzeitig die Tatsache dieser Auswahl zeichenhaft vermittelt.

Auch für das Hörspiel lässt sich festhalten, dass das innere Kommunikationssystem (S1/E1) bzw. die dargestellte Handlung – anders als im Theater – niemals direkt zugänglich ist, sondern immer einer vermittelnden Instanz bedarf (S2). Rein kommunikationstechnisch betrachtet ähnelt das Hörspiel somit der Erzählung: Während sich das Geschehen im Theater unabhängig von Vermittlungsinstanzen selbst darbietet, während es in der Erzählung nur dank der Vermittlung durch den Erzähler existiert, gibt es das Geschehen im Hörspiel nur dank der elektroakustischen Übertragung durch Mikrophon und Radioempfänger. Dieses Prinzip gilt völlig unabhängig davon, ob die technische Vermittlungsinstanz selbst dargestellt oder vom Hörer wahrgenommen wird. Im Unterschied zu einem Erzähler, der sich direkt an seinen Leser wenden kann, ist die Möglichkeit einer direkten Kommunikation zwischen Mikrofon einerseits und dem Hörer andererseits nicht gegeben. Das elektroakustische Dispositiv kann keine direkten, expliziten Wertungen oder Kommentare zum Geschehen abgeben. Es muss dies implizit, durch ein besonderes Mikrofonverhalten oder durch eine besondere Art der Montage leisten. Um diese Möglichkeit angemessen zu beschreiben, müssen wir unser vereinfachtes Kommunikationsmodell aus den Kapiteln zur Semiotik, zu erzählenden Texten und zum Drama etwas differenzieren. Die Tatsache, dass Wertungen und Kommentare zum Geschehen in der Regel nicht – wie beim Erzähler explizit und direkt, sondern nur implizit und indirekt, das heißt eben durch Mikrofonverhalten und Montage abgegeben werden können, bezeichnen wir im Anschluss an die filmwissenschaftliche Terminologie als ‚Digressionen'.

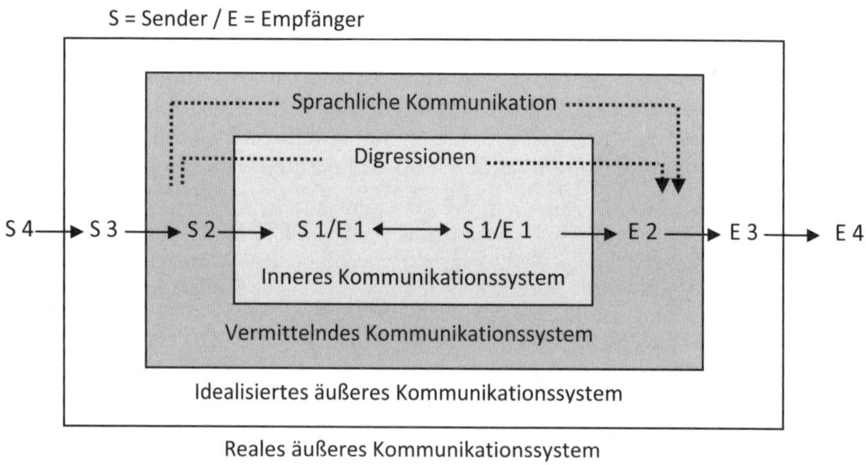

Abb. 1: Radiophone Kommunikationssituation
(analog zu Pfister 1988, 20f. und Lohmeier 1996, 45)

2.5.2 Der radiophone Erzähler? Explizite Vermittlungsinstanz: Vergleich Literatur – Hörspiel

Hören wir uns dazu einen Ausschnitt aus dem Hörspiel *La planète des cendres* von David Zane Mairowitz in der Vertonung von Christine Bernard-Sugy an:

Beispiel 4: Auszug *La planète des cendres*

Im ersten Teil der Szene wird der Dialog zwischen der Ärztin Tamar und dem Patienten Gorelik scheinbar direkt übertragen, ohne dass der Hörer eine Vermittlungsinstanz zwischen äußerer und innerer Kommunikation wahrnimmt. Eine explizite Vermittlungsinstanz, zwischen Autor/Regisseur auf der einen Seite und dem Hörer auf der anderen Seite, ist auf Anhieb nicht zu bemerken. Weder erklärt ein Erzähler kommentierend das Geschehen noch werden die Ereignisse aus der Sicht einer Figur dargestellt.

Wenn die Möglichkeiten des Hörspiels sich allerdings auf diese für das Theater geltenden kommunikationstechnischen Prinzipien beschränken würden, wäre seine Kennzeichnung als Theater für Blinde gerechtfertigt. Erst wenn dank der technischen Vermittlungsinstanz neue spezifische Ausdrucksmöglichkeiten hinzukommen, können wir tatsächlich von einer genuinen Kunstform sprechen.

Hören wir uns das Ende der Szene an: Hier tritt eine spezifisch radiophone, elektroakustische Vermittlungsinstanz in den Vordergrund der Aufmerksamkeit und verleiht dem Geschehen eine andere, zusätzliche Bedeutung, die nicht bereits durch den Dialog der Figuren gegeben ist. Im vorliegenden Beispiel bleibt das Mikrophon bei dem Patienten Gorelik, während sich die Ärztin von ihm entfernt. Die Ärztin Tamar ist in Weitaufnahme bzw. im Hintergrund zu hören. Im Zentrum der akustischen Wahrnehmung steht Gorelik. Der Zuschauer ‚hört' die Ereignisse mit seinen Ohren, die Geräusche in der Nähe der Figur werden in einer akustischen Nahaufnahme dargeboten, während die sich entfernende Stimme der Ärztin und das Geräusch ihres Stiftes auf dem Papier eine Fern- oder Weitaufnahme darstellen. Damit baut die Regisseurin Christine Bernard-Sugy eine aurikulare Perspektive mit Gorelik als Hörpunkt bzw. Wahrnehmungszentrum auf.

Beispiel 5: Auszug *Le Port, polyphonie pour une absente* – Mono-Stereo

Eine andere Form elektroakustischer Kodierung der Vermittlungsinstanz wählt der französische Hörspielregisseur Jacques Taroni im Hörspiel *Le Port, polyphonie pour une absente* von Anne Théron. Zusammen mit seinem Toningenieur Philippe Pallarès setzt er den Wechsel zwischen Stereophonie und Monophonie als bedeutungsveränderndes und bedeutungstragendes Merkmal ein, in diesem Fall um den Status der Erzählerin von einem extradiegetischen in einen intradiegetischen zu verändern.

Die sich verändernde Distanz des Mikrophons von der Geräuschquelle oder der Wechsel zwischen Monophonie und Stereophonie zeigen, dass die dargestellte Szene nicht absolut ist, sondern durch spezifisch elektroakustische Techniken vermittelt wird. Darüber hinaus wird deutlich, dass die Vermittlungsinstanz eine spezifisch radiophone Herstellung von Bedeutungen ermöglicht. Das Mikrophon gibt dem Geschehen durch seinen Verbleib bei der ersten Figur und durch die leiser werdenden und sich entfernenden Schritte eine Perspektive:

Auf diese Weise wird ein **aurikulares Wahrnehmungszentrum** aufgebaut (s.u.), das aus dem neutralen Raum des Geschehens einen Ausschnitt, einen Standpunkt, auswählt und damit eine **akustische Perspektive** konstruiert. Die radiophonen Mittel erweisen sich als die bedeutungsverändernden Einheiten des Hörspiels. Aus den bisherigen Überlegungen lässt sich eine etwas genauere kommunikations- und medientechnisch begründete Definition des Hörspiels ableiten:

> Das **Hörspiel** ist eine eigenständige literarische Gattung des Rundfunks, das seine Informationen allein über den akustischen Kanal überträgt. Es unterscheidet sich vom Theater durch die Existenz einer Vermittlungsinstanz zwischen innerer und äußerer Kommunikationssituation. Im Gegensatz zur Erzählung ist diese Vermittlungsinstanz allerdings nicht menschlicher, sondern technischer Natur. Zur **elektroakustischen Vermittlungsinstanz** gehören Mikrophon, Tonband, Mischpult, Synthesizer, Geräuschmaschine, Hallplatte und der Computer.

2.6 Semiotische Prinzipien des Hörspiels

Aus dem Beispiel lassen sich noch weitere Merkmale des Hörspiels ableiten: Im Gegensatz zum Text, der vor allem auf einem bestimmten Zeichentyp beruht, nämlich dem symbolischen Zeichen im Sinne von Peirce, bei denen die Bezeichnung zwischen Bezeichnendem und Bezeichnetem willkürlich und konventionell festgelegt ist, stützt sich das Hörspiel neben symbolischen insbesondere auf **indizielle** und **ikonische Zeichen**, die sich durch einen kausal motivierten oder aber durch Ähnlichkeit bestimmten Bezug zwischen Zeichen und Bezeichnetem definieren. Während der literarische Text zum Beispiel die Verlegenheit einer Figur dank der Vermittlungsfigur des Erzählers einfach explizit benennen kann („Elle était gênée"), kann das Hörspiel diese Verlegenheit zu Gehör bringen, indem es deren auch aus der Alltagserfahrung vertrauten Anzeichen wie z.B. zögerliches Sprechen, Stottern oder eine veränderte Stimmlage reproduziert. In den Termini von Peirce formuliert:

> Das Hörspiel hat die Möglichkeit, Situationen und Empfindungen nicht nur durch Symbole, sondern darüber hinaus auch mittels indizieller und ikonischer Zeichen darzustellen. Dort, wo der literarische Text die Interpretation der Ereignisse mitliefert, kann das Hörspiel Dialoge, Ereignisse, Stimmen und Geräusche selbst zu Gehör bringen.

Wo ein literarischer Text etwa das Meeresrauschen durch einen bloßen Ausruf („Das Meer!") oder einen Satz („Die Brandung übertönte das Gespräch.") evozieren kann, muss das Hörspiel das Rauschen des Meeres hörbar machen, d.h. ikonisch abbilden.

Beispiel 6: Auszug *Le Port, polyphonie pour une absente* – Meeresrauschen

Allerdings ist das Hörspiel nicht auf die Aufzeichnung von Geräuschen im O-Ton angewiesen. Es genügen Geräusche, die dem benötigten Geräusch ähnlich sind. Dies illustriert ein Rückblick auf die Pionierzeit des Hörspiels.

Da für das erste französische Hörspiel, *Maremoto*, noch keine Tonbänder mit Originalgeräuschen zur Verfügung standen, sondern die Geräusche vielmehr *live* erzeugt werden mussten, griffen Pierre Cusy und Gabriel Germinet zu Hilfsmitteln, mit denen sie Geräusche produzierten, die den dargestellten Gegenständen oder Handlungen ähnelten. So heißt es in der Hörspielvorlage unter „Voix et décors sonores: Mer = sable dans une grande boîte en fer continuellement agitée" oder unter „La Pluie : balles de plomb tombant sur du bois" (Cusy/Germinet 1924/1992, 6). Die ikonischen Zeichen erzeugen in diesem Fall ein akustisches Dekor. Sie können aber auch Elemente der Handlung darstellen oder Leitmotive evozieren.

Entscheidend ist die Ähnlichkeitsbeziehung zwischen akustischem Signifikanten und Signifikat. Durch die Nutzung ikonischer Zeichen ist das Hörspiel in der Lage, statt einer abstrakten Bedeutung einen konkreten sinnlichen Eindruck des Geschehens zu produzieren. Allerdings ist diese ikonische Abbildung selbst wiederum vermittelt. Das Hörspiel kann Gegenstände, wie zum Beispiel einen Tisch, nicht direkt durch ikonische Zeichen abbilden, wie dies in der Photographie oder im Film der Fall ist. Beim akustischen Dekor oder der Handlung erfolgt die Abbildung nicht direkt durch ikonische, sondern indirekt durch die Vermittlung indizieller Zeichen. Es handelt sich um akustische Zeichen, die in einem kausalen Zusammenhang mit dem bezeichneten Objekt stehen: Das Geräusch eines Motors bezeichnet auf diese Weise ein Auto, das Rücken eines Tisches einen Tisch oder das Zwitschern eines Vogels einen Vogel etc. Das Hörspiel evoziert Dekor und Handlung also nicht direkt durch Ikone, sondern durch Ikone von Indizien. Es bedient sich also allein des akustischen Kanals, verwendet aber drei **Zeichentypen** und zwei Kodetypen.

Kanal / Zeichen-/ Kodetyp	Akustisch
Sprachlich	Sprache
Außersprachlich	Geräusch Musik

Abb. 2: Kanal und Zeichen-/Kodetypen des Hörspiels

Was bedeuten die medien-, kommunikations- und zeichentheoretischen Prinzipien des Hörspiels für den Rezipienten? Die Beschränkung auf den auditiven Kommunikationskanal veranlasst den Hörer, das Gehörte durch die eigene Phantasie, durch innere Bilder zu ergänzen. Die Abwesenheit einer menschlichen Vermittlung zwischen innerer und äußerer Kommunikation etwa in Form eines Erzählers, die große Bedeutung indizieller und ikonischer Zeichentypen und schließlich das medientechnische Prinzip der Aufzeichnung des Realen veranlassen den Hörer, sich in einer aktiveren Form an der Rezeption zu beteiligen als dies in anderen Künsten der Fall ist.

3 Die Gestaltungsmittel des Hörspiels und ihre Funktionen

Für Hörspiele gilt im Prinzip das Gleiche wie für alle Medien, die in der Lage sind, die Realität technisch zu reproduzieren. Um ihre Bilder zu sehen und ihre Töne zu hören, bedarf es eigentlich keiner besonderen Kenntnisse. Wer allerdings mehr hören und sehen und auch besser verstehen will, der muss sich mit den Gestaltungsmitteln des Hörspiels näher beschäftigen. Der Gewinn dabei ist beträchtlich. Der französische Filmtheoretiker und Kritiker André Bazin, einer der geistigen Väter der französischen *Nouvelle Vague,* hat in einem Aufsatz über die Entwicklung der Filmsprache die These aufgestellt, dass die Filme des italienischen Neorealismus den Zuschauer befähigen, jenen Reichtum und die ursprüngliche Vielfalt der Realität zu entdecken, die der auf die Konstruktion von Bedeutungen fixierte Montagefilm ihm genommen habe (Bazin 1993, 77). Ähnliches lässt sich über das Verhältnis des Hörspiels zur Realität sagen. Es kann uns den im Alltag häufig verschütteten akustischen Reichtum der Realität neu entdecken lassen. Welches sind nun die Gestaltungsmittel, mit denen das Hörspiel arbeitet? Das folgende Hörbeispiel illustriert die verschiedenen Bestandteile:

Beispiel 7: Auszug *Sextine* – Musik, Stimme, Geräusche

In der ausgewählten Passage sind drei Elemente zu unterscheiden, die als die Konstituenten des Hörspiels betrachtet werden können, nämlich die vom Fließen des Flusses hervorgebrachten **Geräusche**, die **Stimme** des Flusses Rhône und der von Phil Glass geschriebenen **Musik** aus dem Album „Glassworks". All diese Elemente sind allerdings bloß Gegenstände der Hörspielaufnahme, die auch in anderen Medien, wie zum Beispiel im Theater oder im Film, vorkommen können. Das Spezifikum kann also nicht im bloßen Vorhandensein dieser Elemente bestehen, sondern muss in der besonderen Art und Weise liegen, in welcher die radiophone Gattung sie einsetzt. Im Folgenden geht es mithin um die spezifischen Darstellungsmittel des Hörspiels. Diese kommen im Rahmen der kleinsten Darstellungseinheit, der akustischen Einstellung, zum Tragen.

3.1 Die akustische Einstellung als kleinste Einheit des Hörspiels

Der französische Hörspieltheoretiker Etienne Fuzellier definiert die akustische Einstellung analog zum Kino als eine Abfolge ‚akustischer Bilder', die in einer einzigen Aufnahme aufgezeichnet bzw. gesendet werden und eine kontinuierliche Einheit bilden (Fuzellier 1965, 53). Während die Einstellung oder Aufnahme im Film allerdings klar als Bildkontinuum zwischen zwei Schnitten definiert ist, kann man bei dem Versuch, die akustische Einstellung des Hörspiels zu bestimmen, weder auf eine klare räumliche Begrenzung noch automatisch auf einen Bruch in der zeitlichen Kontinuität zurückgreifen. Der Raum im Hörspiel ist prinzipiell unbegrenzt und auch der Wechsel zwischen zwei Einstellungen ist in der Regel nicht unbedingt durch einen klaren Schnitt markiert. Daher verschwimmt auch die Grenze zwischen der technisch definierten akustischen Einstellung (*mise en scène*, s.u.) einerseits und der erzähltechnisch definierten narrativen Sequenz (*mise en chaîne*, s.u.) andererseits. Eine akustische Einstellung lässt sich somit nicht allein durch technische Kriterien bestimmen. Vielmehr müssen auch narrative oder dramaturgische Gesichtspunkte berücksichtigt werden. Eine **akustische Einstellung** wird definiert als minimale, durch räumliche und zeitliche Kontinuität festgelegte syntagmatische Einheit (Balsebre 1994, 149).

Eine zweite Schwierigkeit tritt hinzu: Während beim Film klar getrennt werden kann zwischen dem Inhalt einer Abbildung, also der Szene, die sich vor der Kamera abspielt einerseits, und dem Verhalten der Kamera andererseits, also der Art und Weise, wie die Kamera diese Szene aufnimmt, ist eine solche Trennung im Hörspiel wesentlich problematischer. So ist zum Beispiel die Grenze zwischen dem von der akustischen Einstellung aufgenommenen und dem von ihr ausgeschlossenen Raum nicht deutlich. Auch die zu einer Szene gehörenden Geräusche werden in der Regel nicht unbedingt gleichzeitig aufgenommen, sondern oft erst am Mischpult hinzugefügt, so dass das Geräusch – produktionstechnisch gesehen – oftmals nicht ein Element der Szene (**Paradigma**), sondern ein Effekt der Montage (**Syntagma**) ist. Dies gilt ebenso für die akustische Perspektive (s.u.), denn auch hier kann nicht klar getrennt werden zwischen Technik und Gegenstand einer Aufnahme, zwischen dem Aufnahmeobjekt und dem, was Mikrophon und Mischpult hinzufügen. Während der Film klar zwischen der Position einer Figur im Raum einerseits und der Einstellungsgröße der Kamera andererseits differenzieren kann, ist dies beim Hörspiel nicht der Fall, denn die Nähe zum Mikrophon, ein Phänomen der radiophonen Inszenierung, kann statt durch eine akustische Großaufnahme ebenso gut durch das Hochfahren des Lautstärkereglers am Mischpult erreicht werden und wäre in diesem Fall eine Wirkung der elektroakustischen Verarbeitung. Da Distanz und Lautstärke der Schallquelle nicht klar voneinander zu trennen sind, können auch die Gestaltung der Szene, die sich vor dem Mikrophon abspielt einerseits, d.h. die *mise en son*, und die akustische Aufzeichnung bzw. Aufnahme andererseits nicht immer klar voneinander unterschieden werden. Das Gleiche gilt für die Trennung zwischen einzelnen akustischen Einstellungen und ihrer Kombination zu einer syntagmatischen Einheit durch die Montage, also der *mise en chaîne* (Gaudreault/Jost 1980, 55). Im Unterschied zum Film kann das Hörspiel die Übergänge zwischen verschiedenen Räumen und Zeiten fließend gestalten, so dass in diesem Fall nur die narrative Situierung einer Szene den Hörer dazu befähigt, einen Szenenwechsel festzustellen.

Unter dem Stichwort der akustischen ***mise en scène*** oder **Inszenierung** wird die sich vor dem Mikrophon abspielende fiktive Szene untersucht. Dazu gehören insbesondere Dialog, Geräusche, Musik und Raumklang. Zur

mise en son oder zum **Mikrophonverhalten**, zur Vertonung oder elektroakustischen Aufnahme gehören die Distanz des Mikrophons und elektroakustische Effekte. Blende, Schnitt und Montage zählt man zum Bereich der ***mise en chaîne***, das heißt zur Verknüpfung zwischen einzelnen Szenen, durch die ein akustisches Syntagma oder eine narrative Sequenz entsteht. Die Trennung von *mise en scène* (**akustische Einstellung**), *mise en son* (**elektroakustische Aufnahme**) und *mise en chaîne* (Blende, Schnitte und Montage) ist allerdings rein heuristischer Natur. Sie kann häufig nur durch Zuhilfenahme der ästhetischen, in diesem Fall narrativen, dramatischen oder lyrischen Funktionen der einzelnen Elemente festgelegt werden.

3.2 *Mise en scène*: die akustische Szene

Der Inhalt einer radiophonen Szene ist die Summe aller akustischen Informationen, die durch das innere Kommunikationssystem des Hörspiels gegeben werden. Damit sind zunächst jene Elemente gemeint, die bereits im Kapitel zur Makrostruktur behandelt wurden, d.h. die Figuren und ihre Beziehungen, die Struktur der Handlung, der Chronotopos und das Thema der dargestellten Szene. Da sehr viele Hörspiele eine dramatische, narrative oder – allerdings weitaus seltener – eine lyrische Struktur haben, kann man bei einer Hörspielanalyse das bereits bei der Behandlung narrativer und dramatischer Techniken gelernte Instrumentarium verwenden. Figurenkonstellation, Handlungsstruktur und Raum-Zeit-Konfiguration sind gattungs- und medienindifferent und können daher für die Hörspielanalyse genauso genutzt werden wie für die Untersuchung eines Romans oder eines Dramas. Eine Besonderheit liegt allerdings in der Darstellung dieser Elemente. So werden Aussehen, Statur, Kleidung, Mimik und Gestik einer Figur ebenso wie die Handlung, der Raum und die Gegenstände einzig und allein akustisch vermittelt. Daher kommen den im Folgenden genannten Bestandteilen der akustischen Einstellung, das heißt Sprache, Stimme, Geräusch und Musik ganz besonders wichtige Funktionen zu.

3.2.1 Sprache

Zumeist bildet die Sprache das dominierende Zeichensystem des Hörspiels, denn ihre dramatische Funktion liegt, wie im Theater, im Aufbau von Monolog und Dialog, die beide wiederum dazu dienen, die Handlung zu entwerfen und voranzutreiben. Das Wort findet sich natürlich auch in allen anderen Gattungen und Medien der Literatur. Spezifisch für das Hörspiel ist lediglich eine besondere Verwendungsart. Hörspielmonologe und Dialoge bedienen sich zumeist einer unverschnörkelten, einfachen Sprache, also des Sprachstils konzeptioneller und medialer Mündlichkeit (Koch/Österreicher 1985, 17). Der Stil der geschriebenen Sprache würde in diesem Kontext als medienfremd bzw. zu ‚hochgestochen' empfunden werden. Daher verwendet Anne Théron die Alltagssprache, z.B. in Santiagos Entschuldigung: „Pardon, Monsieur, je vous avais pas vu" statt „Je ne vous avais pas vu".

Beispiel 8: Auszug *Le Port, polyphonie pour une absente* – Alltagssprache

3.2.2 Stimme

Über die Produktion der sprachlichen Äußerungen hinaus hat die Stimme im Hörspiel die Funktion der Figurenkonstitution (Klippert 1986, 98). Da die Personen nur über den akustischen Kanal dargestellt werden können, kommt der Stimme die wichtigste Funktion bei ihrer Charakterisierung zu. Die Stimme ist daher nicht bloß Ausdrucksmittel einer Figur, die darüber hinaus, wie zum Beispiel im Theater, noch durch Aussehen, Körpergröße Statur, Mimik und Gestik charakterisiert wird, sondern sie ‚verkörpert' diese Person ausschließlich und *in toto* (Klippert 1986, 98). Dabei dienen die statischen, permanenten oder durativen Merkmale der Stimme wie Qualität, Lage und Timbre zusammen mit idiolektalen bzw. dialektalen Merkmalen der Sprache dazu, die Figur nach Geschlecht (Mann, Frau), Alter (Greis, Erwachsener, Kind), Größe (groß, klein), Körperumfang (dick, dünn), Beruf, sozialem Stand und regionaler Zugehörigkeit zu charakterisieren (Frank 1981, 83f.). Dies wird möglich, weil die Stimme beim Hörer assoziativ ein bestimmtes Erscheinungsbild hervorruft, wobei es keine Rolle spielt, ob dieses Erscheinungsbild mit dem realen Aussehen des Hörspielers übereinstimmt oder nicht. Wichtig ist allein, dass die hervorgerufenen Assoziationen bei allen Hörern ähnliche imaginäre Erscheinungsbilder auslösen. In der Regel entsprechen diese den Charakter- und Rollentypen des klassischen Theaters (Fuzellier 1965, 15-17): Bass- und Baritonstimmen werden zum Beispiel älteren, großen und fülligeren Menschen, Tenorstimmen jüngeren und schlankeren, Sopran-, Mezzosopran und Altstimmen in der Regel Frauen oder aber auch Kindern zugeordnet. Man kann die Stimmlagen allerdings nicht nur zur Charakterisierung der Rollen, sondern auch zur Herstellung von Beziehungen zwischen den Figuren einer Szene nutzen (Arnheim 2001, 35). So kann der Unterschied zwischen Bass und Tenor beispielsweise zur Bezeichnung eines Antagonismus oder einer Feindschaft und die Ähnlichkeit zwischen zwei Sopranstimmen zur Unterstreichung charakterlicher Übereinstimmung genutzt werden. Die Stimme lässt sich mithin unabhängig von der Handlung und vom Dialog dazu einsetzen, Figurenkonstellationen aufzubauen. Natürlich können die Stimmlagen auch gegen den Strich traditioneller Rollenkodierungen gebürstet werden. In dem Stück *L'Enfant Do* von Jean-Claude Grumberg (2002) wird eine Kinderrolle mit einer Männerstimme besetzt, um durch die ironische Brechung der Rolle den Farce-Charakter der Handlung zu unterstreichen:

Beispiel 9: Auszug *L'Enfant Do* – Männerstimme

Die nicht-durativen Merkmale der Stimme wie Pausenstruktur, Akzentstruktur, Tonmusterselektion, Lautstärkenmodulation, Artikulationsgeschwindigkeit und besondere Artikulationsformen (Bauer 1997, 186f.) werden hingegen in der Regel eingesetzt, um bestimmte variable, situationsbezogene Einstellungen, Haltungen oder Emotionen einer Figur zu bezeichnen (Schmedes 2002, 76). Die Stimme drückt natürlich auch ‚Stimmungen' aus. Dies geschieht durch Laute des Schluchzens oder Lachens, durch den Tonfall oder aber durch die Höhe und Tiefe der Stimme innerhalb des bereits durch die Stimmlage festgelegten Bereichs. Eine monotone und tiefe Stimme evoziert in der Regel eine niedergeschlagene Stimmung, eine hohe und abwechslungsreiche Freude oder Begeisterung (Frank 1981, 84). Die Beziehung zwischen nicht-durativen Merkmalen der Stimme und dem transportierten Inhalt kann dabei ganz unterschiedliche Formen annehmen: Die Stimme kann das verbal Ausgedrückte verdeutlichen und unterstreichen (Akzentuierung), aber auch verändern (Modifikation), ersetzen (Substitution) oder aber ihm widersprechen (Kontradiktion) (vgl. Bauer 1991, 187). Gerade die hier offenkundig werdende Differenz zwischen sprachlicher und stimmlicher Bedeutung, zwischen dem Sagen-Wollen und dem tatsächlich Gesagten, bzw. zwischen Symbolischem und Realem macht den besonderen Reiz des Hörspiels aus (s.o.).

3.2.3 Geräusche

Wie bereits im Abschnitt zu den semiotischen Grundlagen dargelegt, unterscheiden sich die Geräusche von der Sprache dadurch, dass die Beziehungen zwischen Klangobjekt und dem Klangkörper, der das Geräusch auslöst, das heißt zwischen **Signifikat** und **Signifikant** keineswegs willkürlich, sondern motiviert ist. Zwischen Geräusch und Gegenstand gibt es eine konstante und motivierte Beziehung der Ähnlichkeit. Dass diese Ähnlichkeit allerdings nicht zwischen realem Erzeuger und radiophonem Geräusch direkt besteht, sondern zwischen dem Gegenstand und unserer Vorstellung (Signifikat) bzw. unserem Wahrnehmungsmodell (Eco 1972, 213) wird unmittelbar einsichtig, wenn wir uns die vielleicht spektakulärste Praxis des traditionellen Hörspiels vor Ohren führen, nämlich die Produktion von Geräuschen. Wie bereits erwähnt (vgl. Kap. 2.2), konnten Geräusche in der Pionierzeit des Hörspiels nicht einfach im O-Ton aufgezeichnet werden, sondern wurden durch ähnliche Geräusche evoziert. Die Beziehung zwischen dem Signifikanten des Geräusches, d.h. im Falle von *Maremoto* der in einer großen Konservendose bewegte Sand, und dem Signifikat, dem Rauschen des Meeres, ist ikonisch. Étienne Fuzellier unterscheidet in seiner Hörspieltheorie zwischen dem **Klangobjekt** und dem **phonischen Objekt**, in diesem Fall dem dadurch dargestellten Meeresrauschen, um dieser besonderen Hörspieltechnik begrifflich Rechnung zu tragen (Fuzellier 1965, 13). Man mag einwenden, dass eine solche Unterscheidung im Zeitalter von im Internet, auf CD und DVD beliebig verfügbaren O-Ton-Geräuschen (z.B. *1.111 Geräusche* (2006)) überflüssig ist, da für die künstliche Herstellung von Geräuschen keine Notwendigkeit mehr besteht. Die Fähigkeiten des elektroakustischen Mediums zur Aufzeichnung des Realen reichen aus. Aber dieses Verfahren kann beim Hören im Radio Verständnisprobleme aufwerfen, weil O-Ton-Aufnahmen eben nicht nur die für Geräusche charakteristischen Töne mitschneiden, sondern auch solche, die für den zu bezeichnenden Gegenstand untypisch sind. O-Ton-Verfahren zeichnen eben nicht nur Bedeutungen auf, sondern auch das ‚Rauschen' des Realen im doppelten, d.h. akustischen und kommunikationstechnischen Sinne des Wortes, so dass die Wahrnehmung des Geräusches beeinträchtigt und in Extremfällen sogar verhindert werden kann. Die künstliche Herstellung mittels ikonischer Zeichen bietet dagegen den Vorteil, dass die so produzierten Geräusche hochgradig signifikant bleiben und nicht von Nebengeräuschen gestört werden (s.a. Klippert 1986, 58). Umgekehrt lässt sich festhalten, dass im Kontext des Hörspiels auch O-Ton-Geräusche als ikonische und indizielle Zeichen für diejenigen Gegenstände und Ereignisse stehen, die im Hörspiel eine bestimmte Funktion haben.

Von Produktionsweise und semiotischem Status sind die vielfältigen Funktionen zu trennen, die Geräusche im Hörspiel übernehmen. Sie können zunächst dazu dienen, zwischen zwei akustischen Einstellungen oder Szenen zu trennen und die Handlung auf diese Weise zu unterteilen (Gliederungsfunktion). Darüber hinaus werden sie als **Leitmotiv**, d.h. in symbolischer Funktion, genutzt und verleihen dem Hörspiel dadurch einen bestimmten Rhythmus. Zusammen mit Sprache und Dialog sind sie in der Lage, einen bestimmten Handlungszusammenhang, z.B. eine Auseinandersetzung durch Geräusche eines Kampfes, als akustische Ereignisse zu evozieren, wie z.B. das Aufbrechen der Tür und das Zerschlagen der Geige im vorliegenden Ausschnitt aus *Planète des cendres*.

Beispiel 10: Auszug *Planète des cendres* – Kampfszene

Eine besonders wichtige Funktion kommt den Geräuschen beim Aufbau des Hörspielraumes und der Erzeugung der Hörspielszene zu. Während eine Standuhr in Theater und Film auch unabhängig vom Ton wahrgenommen werden kann, wird sie im Hörspiel erst durch ihr Ticken existent. Statt also Gegenstände im strengen Sinne darzustellen, reproduziert das Hörspiel über den akustischen Kanal ikonische Zeichen von Geräuschen, die wiederum als indizielle Zeichen für diejenigen Gegenstände fungieren, die sie normalerweise verursachen. Dieses Verfahren dient zum Aufbau eines akustischen Dekors. Dabei ist es nicht erforderlich, dass die Geräusche die Handlung permanent begleiten, vielmehr genügt es, sie im Hintergrund einzublenden oder aber ab und zu in Erinnerung zu rufen. So kann etwa die akustische Szene einer im Büro spielenden Handlung durch Tastatur-, Druckergeräusche und Papierrascheln suggeriert werden. Natürlich können sich Geräusche auch aus der rein narrativen Funktion der Herstellung von Dekor und Szene lösen und ein relatives Eigengewicht gewinnen, entweder indem sie eine bestimmte Atmosphäre oder Stimmung erzeugen oder um Stimmungen der Figuren auszudrücken oder aber im Rahmen eines als Geräuschsymphonie oder als Hörbild konzipierten Hörspiels, bei welchem den Geräuschen eine eher lyrische Funktion zukommt. Im folgenden Hörbeispiel dienen die dissonanten Töne der Geige dazu, das Leiden des Patienten Gorelik zu unterstreichen:

Beispiel 11: Auszug *Planète des cendres* – Dissonanzen

3.2.4 Musik

Die Musik übernimmt sehr häufig syntaktische Funktionen, indem sie das Hörspiel oder aber einzelne Szenen ein- und ausleitet. In den Bereich der syntaktischen Funktionen fällt auch die so genannte ‚Brückenmusik', die eine Szene abschließt und zur nächsten überleitet. In Jean-Claude Grumbergs Stück *L'enfant Do* hat die Musik die gleiche Funktion wie das Öffnen des Vorhangs im Theater. Zusätzlich stimmt die Aufblende auf die groteske Form dieses Hörspiels ein:

Beispiel 12: Auszug *L'Enfant Do* – Musikalische Aufblende

Eine Mischung aus syntaktischen und semantischen Funktionen liegt dann vor, wenn musikalische Sequenzen Beziehungen zwischen einzelnen Szenen herstellen, sie miteinander verknüpfen oder einander gegenüberstellen (vgl. Hobl-Friedrich 1991). Allein zu den semantischen Funktionen gehört es hingegen, wenn die Musik Bezug auf die Handlung nimmt. Sie kann dabei das Geschehen paraphrasieren, indem sie den Charakter der Hörspielszene verstärkt, die Vieldeutigkeit einer Szene vereindeutigen, indem sie eine Bedeutungsschicht unterstreicht oder aber klanglich einen Kontrapunkt zur Handlung setzen, welche der Bedeutung der Hörspielszene widerspricht. Die Musik kann natürlich auch zum Bestandteil der Handlung werden und beispielsweise in der Erinnerung einer Figur eine bestimmte Stimmung hervorrufen oder aber zum realen Bestandteil einer Szene oder eines Ortes werden, wie zum Beispiel eines Tanzlokals, einer Kneipe oder eines Konzertsaals und so das akustische Dekor prägen. In dem Hörbeispiel aus André Targes Hörspiel *Sextine* dient die Musik zunächst als Blende zwischen den Szenen, dann zum Ausdruck der Emotionen der frisch verliebten jugendlichen Heldin, um schließlich zum Bestandteil des Dekors zu werden:

Beispiel 13: Auszug *Sextine* – Musikblende

Darüber hinaus kann die Musik eine von der Bedeutung der Handlung losgelöste eigenständige Funktion übernehmen und symbolische Bedeutungen mittels der Entwicklung eines musikalischen Leitmotivs unterstreichen. In *La planète des cendres* dient das Violinspiel als Leitmotiv für das Leiden der KZ-Häftlinge.

3.2.5 Raumklang, Schallakustik, Halligkeit

Der Raumhall (Arnheim 2001, 63ff.), Raumklang (Frank 1981, 95ff.), auch Schallakustik (Huwiler 2005, 64) oder **Halligkeit** genannt, ist im Hörspiel Teil der akustischen Einstellung, denn er gehört im Prinzip zum Inhalt der radiophonen Szene, die sich vor dem Mikrophon abspielt. Die Inszenierungsmöglichkeiten spielen sich dabei auf einer Skala zwischen einem völlig schallfreien oder schalltoten Raum (*chambres sourde* oder *anéchorique*), einem halb schallfreien Raum (*chambre semi-anéchorique*) und einem echohaltigen Schallraum (*chambre claire*) ab. Im Unterschied zur Beleuchtung im Film ist die Halligkeit allerdings kein reines Element der *mise en scène* bzw. der ‚natürlichen' Wahrnehmung des Hörers, sondern gehört gleichzeitig zur Vertonung oder zum Mikrophonverhalten, denn bestimmte Klangeffekte können auch mittels akustischer Aufnahmetechniken erzeugt werden. Die Frage, ob die Halligkeit Teil der akustischen Einstellung oder der Vertonung, d.h. der *mise en scène* oder der *mise en son* ist, lässt sich objektiv zumeist allein durch eine Analyse der Produktionstechnik beantworten, indem geklärt wird, ob die Klangqualität des Raumes durch den Aufnahmeraum selbst erzeugt wurde oder aber das Ergebnis einer spezifischen Aufnahmetechnik oder aber eines radiophonen Effektes ist. Die wichtigste Funktion der Schallakustik besteht im Aufbau eines bestimmten akustischen Dekors. Zusammen mit anderen Elementen, wie zum Beispiel den Geräuschen und der Musik, hat sie die Aufgabe, die Orte der Handlung aufzubauen, die Raumgröße und Raumart anzuzeigen und eine bestimmte Klangatmosphäre zu erzeugen.

Beispiel 14-17: Auszüge *Le Port* – Auto/Hotelzimmer/Bank/Außen

Im Hörspiel *Le Port, polyphonie pour une absente* von Anne Théron arbeitet der Regisseur Jacques Taroni mit mehreren Räumen von unterschiedlicher Klangqualität: Im Auto spielende Szenen wurden in einer kleinen Aufnahmekabine aufgenommen (Beispiel 14), die Hotelzimmerszenen in einem klanglich neutral gehaltenen Raum, dessen Wände den Schall weder verschlucken noch hart zurückwerfen (Beispiel 15). In Bahnhofshallen oder in einer Bank spielende Szenen wurden in einem Aufnahmeraum mit Nachhall produziert (frz. *chambre claire*) (Beispiel 16). Ein schalltoter Raum (frz. *chambre sourde*) wurde für die Außenszenen unter freiem Himmel benutzt (Beispiel 17).

Die Funktionen des Raumklangs gehen allerdings über den bloßen Aufbau von Ort und Handlung oder die Erzeugung von Atmosphäre hinaus. So kann der schalltote Raum zum Beispiel auch eine besondere narrative Funktion haben, indem er etwa einen Ort bezeichnet, der nicht Teil der Handlung, sondern ihrer Erzählung ist. So ändert die Schallakustik den narrativen Status der Sprecher, indem sie vom Raumklang des Fußballstadions zu einem schalltoten Raum wechselt und dadurch einen Wechsel vom live berichtenden Reporter zu einem auktorialen, extra- und heterodiegetischen Erzähler anzeigt.

Beispiel 18: Auszug *Reportage d'un match international de football* – Sprecher

3.3 *Mise en son*: Mikrophonverhalten, elektroakustische Aufnahme

Im vorigen Kapitel wurden diejenigen Elemente des Hörspiels behandelt, die zur radiophonen Inszenierung oder *mise en scène* gehören, das heißt zum Aufnahmeobjekt. Der folgende Abschnitt ist den Zeichensystemen und konstitutiven Elementen des Hörspiels gewidmet, welche die Bedeutung der Szene durch bestimmte Aufnahmetechniken verändern und damit in entscheidender Weise zur Gesamtwirkung des Hörspiels beitragen. Dabei ist zunächst zu unterscheiden, ob das Mikrophon statisch bleibt, das heißt, ob sich die Klangquellen relativ zu ihm bewegen oder ob es beweglich ist, das heißt seine eigene Position verändert (Fuzellier 1965, 35). Darüber hinaus spielt eine Rolle, ob es sich, wie bei der Monophonie, um ein Positionssystem mit einer Achse handelt, oder ob zwei (Stereophonie) oder sogar drei (Kunstkopf-) Achsen bzw. Dimensionen einbezogen werden müssen.

3.3.1 Distanz

Die Distanz des Mikrophons zum Aufnahmeobjekt oder zur Schallquelle schafft eine **akustische Perspektive**. Es ist allerdings zu unterscheiden, ob diese Lautstärke durch das laute Sprechen einer Figur (= Inszenierung, *mise en scène*), durch die Ausrichtung und Erhöhung des Aufnahmepegels des Mikrophons und Geräuschfilters (= Vertonung, *mise en son*) oder aber durch das akustische Heranholen mittels Überblenden (= Montage, *mise en chaîne*) geschieht. Die akustische **Nahaufnahme** (N) sorgt dafür, dass die Figur oder ein Dialogteil in den Vordergrund der Aufmerksamkeit treten. Es entsteht eine akustische Perspektive. Bei der **mittleren Aufnahmedistanz** (M) sind die Figuren im Mittelgrund zu hören, während im Hintergrund andere Geräusche oder Stimmen ertönen. Bei der **Weitaufnahme** (W) rücken Stimmen und Geräusche in die Ferne. Es handelt sich um eine Aufnahmegröße, die zumeist dazu dient, den Hintergrund des Geschehens abzubilden. Die Nahaufnahme einer Figur kann gleichzeitig eine Weitaufnahme einer anderen Figur oder Klangquelle bedeuten. Die Aufnahmedistanz ist mithin immer als relative, auf die jeweilige Klangquelle bezogene Größe zu verstehen.

Beispiel 19: Auszug *Maremoto* – Sturm

Bereits in dem ersten französischen Hörspiel überhaupt, *Maremoto* von Pierre Cusy und Paul Gabriel Germinet (Cusy/Germinet 1924/1992), wird die Distanz eingesetzt, um den Raum zu gliedern. Die Dialoge zwischen den beiden Funkingenieuren François und Badin werden in Nahaufnahmen wiedergegeben, während der Sturm und die aufgewühlte See im Hintergrund bleiben:

Beispiel 20: Auszug *L'Enfant Do* – aurikulare Perspektive

In dem Hörbeispiel aus Jean-Claude Grumbergs *L'Enfant Do* ist der Sohn im Dialog in Nahaufnahme zu hören (N), während die Mutter zunächst in mittlerer Distanz (M) und dann in Weitaufnahme zu hören ist (W). Die aus dem Fernseher kommende Musik bleibt anfangs im Hintergrund (W) und dringt dann langsam in den Vordergrund (N). Dadurch wird eine akustische Perspektive erzeugt. Der Raum wird vom Hörpunkt des Sohnes aus dargestellt:

3.3.2 Aufnahmeachsen, Mikrophonperspektive

Während bei monophonen Aufnahmen nur eine Aufnahmeachse vorhanden ist und es daher genügt, die Aufnahmedistanz anzugeben, erfordert die Stereophonie mit ihren zwei Aufnahmeachsen immer dann genauere räumliche Angaben, wenn die räumliche Position zu besonderen ästhetischen Effekten genutzt wird. Die Schallquelle kann sich extrem rechts (ER), rechts (R), halbrechts (HR), in der Mitte, d.h. genau gegenüber (M), halblinks (HL) bzw. links (L) und extrem links (EL) vom Mikrophon und damit von der Position des Hörers befinden (Schmedes 2002, 89). Die Kunstkopfaufnahme ermöglicht es sogar, den Aufnahmeraum um die Vertikale zu ergänzen, so dass wie beim Film Geräusche von oben und unten kommen können und analog zur Kameraperspektive eine Mikrophonperspektive entsteht. Darüber hinaus gestattet der Kunstkopf eine Verlängerung der Aufnahmeachse nach hinten, so dass Klangquellen im Rücken des Hörers positioniert werden können. Einige Hörspielregisseure experimentieren inzwischen auch mit Dolby-Surround-Produktionen wie etwa das Hörspiel *20.000 Meilen unter den Meeren* (Verne/Adler 1995/2003), die eine komplexere Notation unter Einbeziehung der Positionen V (= vorne) und H (= hinten) erfordern.

Beispiel 21: Auszug *Sextine* – Antagonismus

In dem Hörbeispiel aus *Sextine* von André Targe dient die Position der Figuren links (l) und rechts (r) vom Mikrophon dazu, den Antagonismus der Figuren auszudrücken.

3.3.3 Mikrophonbewegungen

Bewegungen des Mikrophons, etwa in Form von Schwenks, sind eher selten zu konstatieren, weil sie sich nur bei der Verwendung eines Mikrophons mit extrem geringem Aufnahmewinkel bemerkbar machen würden. Mikrophonbewegungen hingegen spielen vor allem im sog. ‚Neuen Hörspiel' und im O-Ton-Hörspiel eine größere Rolle, da hier der Ton an Originalschauplätzen aufgenommen wird und Bewegungen des Mikrophons (mobiles Mikrophon) notwendig sind, um bestimmte Orte im Aufnahmeraum zu erreichen. Sind einfache Veränderungen der räumlichen Anordnung als Kontinuum der Bewegung ausgestaltet, wird diese Veränderung als Bewegung der Schallquellen im Raum wahrgenommen (Schmedes 2002, 89). In diesem Fall gehört die vor dem Mikrophon stattfindende räumliche Veränderung in den Bereich der *mise en scène*. Wenn jedoch ein sprunghafter Wechsel festgelegter Stereopositionen eintritt, erscheint eine Richtungsveränderung als Perspektivwechsel, d.h. als Bewegung des Raums selbst (Schmedes 2002, 89) und gehört daher zur *mise en son*.

Beispiel 22: Auszug *Sextine* – Mikrophonbewegung

In dem Hörbeispiel aus *Sextine* bewegt sich das Mikrophon mit dem in Nahaufnahme zu hörenden Fluss Rhône im Vordergrund vor der Flusslandschaft, wobei die Geräusche erst rechts, dann in der Mitte und schließlich links vom Mikrophon erscheinen und dann ausgeblendet werden. So entsteht der Eindruck, dass wir dem Flusslauf folgen.

3.3.4 Radiophone Effekte, elektroakustische Manipulation

Zum Bereich der radiophonen Vertonung oder *mise en son* gehören auch diejenigen Veränderungen einer Szene, die durch elektroakustische Manipulationen vorgenommen werden. Ein **radiophoner Effekt** ist ein Ausdrucksmittel, das seinen Ursprung und seine Existenz einzig und allein dem ton- und funktechnischen Apparat verdankt (Frank 1981, 99) und sich auf die Elemente der akustischen Aufnahme bedeutungsverändernd auswirkt. Diese elektroakustischen Manipulationen können prinzipiell alle Teile der Aufnahme betreffen, also Geräusche, Musik, Sprache, Stimme etc. So können Frequenzfilter etwa die Stimme modifizieren und verzerren, so dass Telefon- oder Geisterstimmen entstehen, Veränderungen der Bandgeschwindigkeit erzeugen erhöhte Stimmfrequenzen (‚Donald-Duck-Effekt'), während eine Verlangsamung die Stimmlage senkt und Bass-Stimmen erzeugt.

Beispiel 23: Auszug *Planète des cendres* – Effekte

Im Hörspiel *La Planète des cendres* von David Zane Mairowitz (Mairowitz/Bernard-Sugy 1996) wird zum Beispiel das Ticken einer Uhr verzerrt, um die besondere Perspektive Goreliks, eines ehemaligen KZ-Häftlings, während halluzinatorischer Zustände wiederzugeben.

3.4 *Mise en chaîne*: Blende, Schnitt, Montage

In diesem Abschnitt geht es um die Kombination einzelner Zeichensysteme zu einem Ganzen, wobei das Hörspiel im Unterschied zum Film nicht klar zwischen paradigmatischer und syntagmatischer Kombination unterscheidet. Bereits Rudolf Arnheim hatte in seinem Pionierwerk den Begriff der Montage nicht nur für das Nacheinander, sondern auch für das Nebeneinander und Übereinander einzelner Elemente benützt (Arnheim 2001, 74f.). Damit macht eine der ersten Hörspieltheorien deutlich, dass die Kombination von Zeichensystemen innerhalb einer akustischen Einstellung ebenso zur Montage gehört wie die Verknüpfung verschiedener Einstellungen zu einer zeitlichen Abfolge. Angesichts dieser Besonderheit der Hörspieltechnik ist es daher nur konsequent, wenn Tatjana Martschenko sämtliche Mischverfahren unter dem Begriff der **Montage** zusammenfasst (Martschenko 1970, 9ff.). Es ist allerdings empfehlenswert, zur besseren Unterscheidung zwischen paradigmatischer und syntagmatischer Blende oder Montage im engeren Sinne zu differenzieren. Die **paradigmatische Blende** sorgt für die Kombination verschiedener Elemente in einer akustischen Einstellung. So kann etwa durch Ein- und Ausblenden ein im Hintergrund beginnender Dialog akustisch ‚hochgefahren' und in den Vordergrund geholt werden. Da sich diese Form der Blende im Rahmen einer existierenden Einstellung bewegt, ist sie paradigmatisch.

Beispiel 24: Auszug *Le Port, polyphonie pour une absente* – Blende

In dem Hörbeispiel aus *Le Port* werden das Pfeifen einer Lokomotive und das Hufgetrappel eines Pferdes in die Szene eingeblendet und wieder ausgeblendet. Die Blende gehört zur Szene und ist deshalb paradigmatisch.

Das Ein- und Ausblenden kann allerdings auch dazu dienen, zwei unterschiedliche Einstellungen oder Szenen miteinander zu verknüpfen. In diesem Fall handelt es sich um eine syntagmatische Kombination verschiedener Einstellungen zu einer zeitlichen Sequenz. Auch die logische Verklammerung einzelner Szenen zu einer Sequenz und der Sequenzen zur gesamten Geschichte (Fuzellier 1965, 54) fällt unter die Kategorie syntagmatischer Beziehungen. Die paradigmatische Blende bewegt sich innerhalb eines vorgegebenen Handlungsraumes, die **syntagmatische Blende** oder **Montage** im engeren Sinn verlässt ihn und stellt einen zeitlichen Ablauf her.

Beispiel 25: Auszug *Sextine* – Blende

In dem Hörspiel *Sextine* dient das Stück „So called friend" aus dem Album *Rick's Road* der Gruppe Texas als syntagmatische Blende zwischen zwei Szenen.

Der Rückgriff auf den Begriff der Szene zeigt allerdings bereits, dass die Unterscheidung zwischen beiden Montageformen letztendlich auf narrativen oder dramatischen Kategorien beruht. Die syntagmatische Blende oder Montage kann verschiedene Formen annehmen: Bei der **Überblendung** werden zwei Szenen durch Ausblenden der ersten und das Einblenden der zweiten Szene kontinuierlich ineinander übergeführt:

Beispiel 26: Auszug *Reportage* – Überblendung

Davon ist eine weitere Form zu unterscheiden, bei welcher der Übergang diskontinuierlich ist (Frank 1981, 109). Beide Formen unterscheiden sich nicht nur durch Kontinuität und Diskontinuität, sondern auch dadurch, dass die Überblendung die Medialität des Hörspiels im Sinne einer medialen Transparenz in den Hintergrund rückt, während die Medialität beim harten Schnitt bewusst gemacht wird (Schmedes 2002, 99). Eine ähnliche Form diskontinuierlicher Montage kann auch innerhalb einer Einstellung vorkommen. Damit ergeben sich sowohl innerhalb einer narrativen Einstellung (paradigmatisch) als auch zwischen zwei Einstellungen zwei Arten von Kombinationen: Bei der ersten bleibt die Medialität im Hintergrund, die Kombination geschieht kontinuierlich, die kombinierten Elemente sind homogen. Für diese Form der Montage (= Oberbegriff) verwenden wir den Begriff der **Blende.** Rückt die Medialität hingegen, wie im vorliegenden Beispiel eines Hörspielausschnitts von Jean Thibaudeau, durch die Diskontinuität der Kombination, durch die Disparatheit der kombinierten Elemente und die Härte des Übergangs zwischen den einzelnen Radiosendungen, die ein fiktiver Hörer abwechselnd hört, in den Vordergrund, so sprechen wir von **Schnitt**:

Beispiel 27: Auszug *Reportage* – harter Schnitt

4 Das Hörspielprotokoll als Hilfsmittel der Hörspielanalyse

Gegen die Notwendigkeit von Hörspielprotokollen lassen sich eine Reihe von Einwänden vorbringen. So mag man der Ansicht sein, dass Protokolle früher vielleicht unabdingbar waren, als man Hörspiele nur am Radio empfangen oder unter besonderen Auflagen im französischen Archiv des *Institut National de l'Audiovisuel* (INA) anhören, aber keinesfalls mitschneiden durfte. Doch die bereits in den 1960er Jahren praktizierte Veröffentlichung von literarischen Vorlagen oder Drehbüchern scheint zumindest ein Motiv für die Erstellung von Protokollen aufzuheben. Abgesehen davon, dass Hörspielbücher auch heute – ganz im Unterschied zum Film – nur selten veröffentlicht werden, halten Drehbücher nur die intendierte Form des Hörspiels fest, nicht jedoch dessen tatsächliche Realisierung. Dies wird in den Fällen besonders deutlich, in denen wir über Drehbuch (Thibaudeau 1962) und gesendetes Hörspiel verfügen (Thibaudeau 1961/1998). Allerdings konnte diese tatsächliche Realisierung spätestens seit den 1960er Jahren auf dem Tonband und später dann auf Audiokassetten mitgeschnitten werden. Im Zeitalter unbegrenzter technischer Möglichkeiten, die es erlauben, auch französische Hörspiele mit Hilfe kostenloser Programme wie zum Beispiel *Phonostar* als WAV- oder MP3-Datei aufzuzeichnen oder sogar per *Podcast* direkt von der *Web-Site* eines Senders herunterzuladen, scheint sich die Frage nach dem Sinn von Protokollen noch zu verschärfen. Die genannten Programme ermöglichen es nämlich auch, in einem Hörspiel wie in einem Buch hin- und herzublättern und bestimmte Stellen ganz präzise und zeitgenau mit der Computermaus anzusteuern. Schließlich machen es im Internet gleichfalls kostenlos zum Download angebotene Programme wie *Audacity* möglich, Hörspiele nicht nur abzuspielen, zu bearbeiten, zu schneiden und neu zu montieren, sondern auch in ihrer phonischen Struktur darzustellen. Warum also noch Hörspielprotokolle?

Der erste Grund liegt auf der Hand: Hörspiele sind flüchtig, sie liegen nicht wie ein Buch in ihrer Ganzheit gleichzeitig vor, sondern allein in einer zeitlichen Abfolge. Im Unterschied zum Film gibt es beim Hörspiel nicht einmal die Möglichkeit, eine Szene in einem Standbild festzuhalten und zu analysieren. Daher ist es hier noch dringlicher notwendig als beim Film, die zeitliche Abfolge in die räumliche Simultanität des Protokolls zu überführen. Das Hörspielprotokoll dient als Gedächtnisstütze; es erleichtert das Auffinden einer bestimmten Stelle und erlaubt es darüber hinaus, den wissenschaftlichen Anforderungen intersubjektiver Nachprüfbarkeit zu entsprechen. Nicht mehr unverzichtbar sind allerdings die früher erstellten Komplettprotokolle einzelner Hörspiele und ihre Veröffentlichung (Faulstich 1981). Während früher die einzige Möglichkeit, sich über oftmals schwer zugängliche Hörspiele und Filme zu informieren in der Lektüre eines Hörspiel- oder Filmprotokolls bestand, so haben sich in der heutigen Zeit mit der größeren Verfügbarkeit von Primärquellen vor allem zwei Formen des Hörspielprotokolls bewährt. Das **Sequenzprotokoll** gibt einen Überblick über den Gesamtaufbau des Hörspiels, während das **Einstellungsprotokoll** als Grundlage für die detaillierte Analyse besonders wichtiger Passagen dient und es erlaubt, dessen Mikro- und Diskursstruktur genauer zu untersuchen. Auch wenn das Sequenzprotokoll sich eher auf die Makrostruktur beschränkt, so ist dennoch zu beachten, dass es nicht die rekonstruierte handlungslogische, sondern die tatsächliche Abfolge der Sequenzen verzeichnet, d.h. auch alle Vor- und Rückgriffe und damit bereits diskursstrukturelle Elemente enthält.

Das Sequenzprotokoll enthält die folgenden Spalten: 1. Nummer der Sequenz, 2. Dauer der Sequenz in Minuten und Sekunden, 3. Hinweise zum Geschehen, zu den Figuren und zum Schauplatz. Die einzelnen Sequenzen können wiederum in kleinere Handlungseinheiten (Subsequenzen) unterteilt werden. Ausführlicher werden die Grundlagen für das Sequenzprotokoll im Kapitel über den Film dargestellt. Da Sequenzprotokolle vor allem die medienunspezifische Handlung betreffen, gelten die im Filmkapitel behandelten Verfahren auch für das Hörspiel. Spezifische Unterschiede ergeben sich hingegen beim Einstellungsprotokoll.

Wie umfangreich ein Einstellungsprotokoll ausfällt, hängt jeweils von den Zielen der Untersuchung ab, die mit dem Protokoll verfolgt werden. Am zweckmäßigsten ist jedoch eine nicht zu detaillierte Form, die die folgenden Spalten enthält: 1. Nummer der Einstellung, 2. Dauer oder aber Zeitpunkt des Beginns, 3. Mikrophonverhalten und Montage (*mise en son, mise en chaîne*), 4. Inhalt der Einstellung mit den Elementen Dialog, Geräusch, Musik (*mise en scène*). 5. Aus praktischen Gründen ist es meist empfehlenswert eine fünfte Spalte mit Kommentaren hinzuzufügen, die dazu dient, wichtige Beobachtungen oder Analyseskizzen zu den Funktionen einzelner, besonders auffälliger Verfahren festzuhalten. Hier nun ein Einstellungsprotokoll zu einer Sequenz aus dem Hörspiel *Sextine* von André Targe:

Beispiel 13: Auszug *Sextine* – Musikblende

Nr.	Zeit	Vertonung/ Mise en son/ Mikrofon-Verhalten Mise en chaîne Schnitt/ Montage	Inszenierung/Mise en scène/ Inhalt der Szene		Kommentar
			Gesprochenes Wort	Halligkeit Geräusche, Musik	
1	0.02-0.14	Dialog zwischen Sextine und Jean-François in Nahaufnahme (N) Sextine (R) Jean-François (L)	SEXTINE. Pourquoi tu arrêtes tout le temps? JEAN-FRANÇOIS. Je refais les sous-titres ... SEXTINE. Pourquoi ? JEAN-FRANÇOIS. Pourquoi pourquoi! Je te l'ai dit : c'est mon travail ! SEXTINE. J'aime pas les films en noir ! JEAN-FRANÇOIS. Ma parole, mais tu trembles ! Enfant... Ne crains rien va ! C'est moi qui suis un vieux grincheux ! Allez viens ! Viens ...		Das Mikrophon rückt die Hauptpersonen durch Nahaufnahmen in den Vordergrund. Durch die Positionen Rechts und Links wird jedoch gleichzeitig deren Antagonismus ausgedrückt.
2	0.14-0.25	Musikblende Nahaufnahme		Schallfreier Raum. Song der Gruppe Texas „So called friend". *Ricks Roads* du groupe Texas.	Der Song gibt Sextines Glücksgefühl wieder, dient aber gleichzeitig als Leitmotiv, das ihre Person begleitet.

3	0.25-0.31	Mittlere Aufnahmedistanz Pimène in Nahaufnahme (L) Sextine in Mittlerer Aufnahmedistanz (R)	 PIMENE. Sextine ! Hé ! Baisse un peu ! SEXTINE. Je peux pas! Chuis trop contente !	Halb schallfreier Raum. Pimènes Café. Der Song ertönt nun aus einer Jukebox. Klingende Gläser und Geräusch von Geschirr.	Die Musik dient als Raumblende vom Appartement von Jean-François zu Pimènes Café.

5 Das Hörspiel als radiophone Erzählung

5.1 Makrostruktur

Als Makrostrukturen bezeichnen wir jene umfassenden Konstellationen von Figuren, Handlungen, Raum-Zeit-Gestalten und Themen, die von einer Gattung auf eine andere oder von einem Medium auf ein anderes übertragen werden können. Daher bieten sich Makrostrukturanalysen als *tertium comparationis* für die Untersuchung von Hörspieladaptationen von Romanen oder Theaterstücken und Literaturverfilmungen an. Da es hier um die spezifischen Gestaltungsmittel des Hörspiels geht, ist die Makrostruktur nur in Bezug auf die Frage interessant, ob das Hörspiel typische und charakteristische Makrostrukturen ausgebildet hat. Die Frage ist nicht einfach zu beantworten. Bei den ersten Hörspielproduktionen dominierten Geschichten, die aus der besonderen Kommunikations- und Mediensituation des Hörspiels ästhetisches Kapital zu schlagen suchten. Die ersten Hörspiele in England, *Danger* (Richard Hughes 1924), und Frankreich, *Maremoto* (Cusy/Germinet 1924), handelten von Unfällen und Katastrophen, und auch die ersten beiden deutschen Hörspiele *Zauberei auf dem Sender* (Fleisch 1924) und *Spuk* (Grunold 1925) thematisierten explizit oder implizit die Besonderheiten des neuen Mediums und seiner Gattung. Doch mit der zunehmenden Verbreitung des Radios wurden auch die Gattungen anderer Massenmedien aufgenommen, wobei sich besonders das Kriminalhörspiel großer Beliebtheit erfreute. Im Prinzip gelten für die Analyse der Makrostruktur eines Hörspiels die im Kapitel zur Makrostruktur beschriebenen Verfahren.

5.2 Diskursstruktur

Prinzipiell kann das Hörspiel mit jeder literarischen Gattung eine fruchtbare Symbiose eingehen: Versucht es Geräusche, Stimmen und Musik so zu kombinieren, dass daraus ein in sich stimmiges poetisches Ganzes entsteht, rückt es in die Nähe der Lyrik, wird eine Geschichte erzählt und spielen die menschliche oder technische Vermittlungsinstanz eine wichtige Rolle, so entwickelt das Hörspiel narrative Strukturen; tritt die Vermittlungsinstanz völlig in den Hintergrund, so tendiert es zu einer dramatischen Struktur. Allerdings dominiert in der Geschichte des Hörspiels – trotz der vor allem in Frankreich anfänglich vorherrschenden Nähe zum Theater – die narrative Struktur. Wie weiter oben gezeigt, unterscheidet sich das Hörspiel einerseits vom Drama, da es über eine Vermittlungsinstanz verfügt, andererseits jedoch von der Erzählung, da diese Vermittlungsinstanz nicht menschlicher, sondern technischer Natur ist. Die Gestaltungsmittel und Elemente dieser Vermittlung haben wir bereits kennen gelernt. Nun geht es um die Betrachtung des Hörspiels aus der Perspektive der Narrativik und die Frage, mit welchen medienspezifischen Mitteln das Hörspiel bestimmte narrative Techniken, wie zum Beispiel eine personale Erzählsituation oder einen zeitlichen Rückgriff, aufbaut bzw. welche narrativen Funktionen sich aus dem Zusammenwirken der einzelnen Gestaltungsmittel des Hörspiels ergeben.

5.2.1 Erzählperspektive, Erzählsituation, Fokalisation, Aurikularisation

Wie im Kapitel zur Narrativik gezeigt, kann die Erzählperspektive mit Hilfe zweier Ansätze untersucht werden: Die in der deutschen Narrativik bevorzugte Kategorie der Erzählsituation ergibt sich aus der Synthese der in der französischen Tradition der Erzählforschung getrennten Instanzen des Erzählers (Wer spricht? Wer erzählt?) und der im Anschluss an Gérard Genettes Arbeiten (1972/1983) von Gaudreault und Jost gebildeten Kategorien der **Fokalisation** (Wissen der Figur im Vergleich zum Wissen des Hörers) und der **Aurikularisation** (Wer hört? Wer nimmt wahr?). Betrachtet man das Hörspiel aus der Sicht der Typologie der Erzählsituationen, so zeigt sich, dass vor allem vier Erzählsituationen denkbar sind.

(1) Tritt die narrative Vermittlung durch Mikrophon, Mischpult und Blende in den Hintergrund, so dass, wie im folgenden Beispiel aus dem Hörspiel *L'Enfant Do*, allein der Dialog zwischen den Figuren zu hören ist, so entsteht eine **neutrale akustische Erzählsituation**, in welcher sich das Mikrophon allein auf die Aufzeichnung des Geschehens zu beschränken scheint. Das Mikrophon ist einfach im Raum positioniert, nimmt die Gespräche der Figuren auf, ohne dass ein Zentrum der Fokalisation auszumachen wäre. Der Hörpunkt – analog zum Gesichtspunkt oder zur Perspektive – ist nicht auszumachen, er wird nicht markiert. Diese Form stellt die Nullstufe oder nicht markierte Form der radiophonen Erzählperspektive dar. Natürlich sind die Vermittlungsinstanzen in diesem Fall dennoch vorhanden, die Handlung wird ja durch ein Mikrophon übertragen, die Blende wird zumindest zu Beginn der Szene geöffnet und am Ende wieder geschlossen, allerdings ist diese Form der Vermittlung für den Hörer nicht spürbar. Diese Neutralität erzeugt die Illusion der Unmittelbarkeit und scheinbaren Nähe des Hörspiels zum Drama (Frank 1981, 118).

Beispiel 28: Auszug *L'Enfant Do* – neutrale Erzählsituation

(2) Wird dagegen die Vermittlung durch die elektroakustischen Techniken selbst semiotisch kodiert und tritt sie in den Vordergrund der Aufmerksamkeit, so sprechen wir von einer **auktorialen akustischen Erzählsituation**. Hier lösen sich Mikrophon und Blende von der Handlungsebene ab und treten ihr als eigenständige Instanzen gegenüber. Unterstützt durch die Blende scheint das Mikrophon überall zu sein, es bewegt sich frei in Raum und Zeit der Geschichte, rückt bestimmte Schichten des Geschehens in den Vordergrund, andere in den Hintergrund und profiliert dadurch nicht nur die Handlung, sondern auch sich selbst. Die elektroakustische Vermitteltheit der Darstellung wird deutlich. Es ist wichtig, sich zu vergegenwärtigen, dass die auktoriale Erzählsituation im Hörspiel keiner auktorialen Erzählerfigur bedarf, sondern allein mit den elektroakustischen Mitteln erzeugt wird. Wie im Roman, so bedeutet eine auktoriale Erzählsituation auch im Hörspiel nicht unbedingt Allwissenheit.

Beispiel 29: Auszug *Reportage* – auktoriale Erzählsituation

Die als Beispiel ausgewählte Szene aus dem Hörspiel *Reportage d'un match international de football* des Autors Jean Thibaudeau und des Regisseurs Alain Trutat beginnt mit einer klassisch literarisch geprägten auktorialen Erzählerfigur, die das Geschehen kommentiert. Doch dann wird diese Erzählerin von einer akustisch vermittelten auktorialen Erzählsituation abgelöst. Mikrophon und Montage entfernen sich vom Geschehen, die Einstellung wechselt zu einem anderen, weit entfernten Ort und bewegt sich damit genauso frei in Raum und Zeit wie ein traditioneller auktorialer Erzähler im Roman.

(3) Bei der **personalen akustischen Erzählsituation** werden die Ereignisse vom Standpunkt einer Figur aus betrachtet. Das Mikrophon nimmt die Handlungen und die Stimme der Figur in Nah- oder Großaufnahme auf, die Ereignisse werden in Bezug auf ihren Standpunkt dargestellt. Blendetechnik und Montage folgen der Wahrnehmung der Figur oder geben ihre Erinnerungen (Rückblende) oder ihre Hoffnungen (Vorblende) wieder. Die Erzeugung einer personalen Erzählsituation kann auch durch elektroakustische Effekte bewirkt werden.

Beispiel 30: Auszug *Planète des cendres* – personale Erzählsituation

In *La Planète des cendres* wird die personale Perspektive durch die Verzerrung der Stimmen und Geräusche für den unter Drogeneinfluss stehenden Patienten Gorelik erreicht. Dort ist der Raum der Erzählung zwar derjenige von Tamar und Gorelik, aber er steht auf einer anderen Stufe als der Raum der Ereignisse im Konzentrationslager, an die sich Gorelik in einer Rückblende erinnert. Auch zur Erzeugung der personalen Erzählsituation reichen die elektroakustischen Mittel hier voll und ganz aus, es bedarf keiner expliziten Wiedergabe der Gedanken der Figur. Lediglich die Dämpfung der Stimme der behandelnden Ärztin kodiert die personale akustische Perspektive Goreliks.

(4) Die Kategorie der **autobiographischen Erzählsituation** verdeutlicht noch einmal den synthetischen Charakter der in der deutschen Tradition verwendeten Kategorien. Denn hinsichtlich des Fokalisationszentrums gibt es kei-

nerlei Unterschied zwischen der personalen und der autobiographischen Erzählsituation. Erst wenn zum erlebenden Ich ein explizit erzählendes Ich hinzutritt, wenn also die Geschichte nicht nur von einer Person erlebt, sondern von einem Ich-Erzähler wiedergegeben wird, liegt eine autobiographische akustische Erzählsituation vor.

Man kann die Erzählsituationen allerdings auch im Anschluss an die französische Erzählforschung analytisch in ihre verschiedenen Bestandteile zerlegen und zwischen der Erzählung im engeren Sinne (Wer spricht?) einerseits und der Frage der Perspektive (Wer sieht, hört, nimmt wahr?) andererseits unterscheiden. Nach dieser Einteilung würde die Kodierung, Wahrnehmung und Ablösung der elektroakustischen Vermittlungsinstanz von der Ebene der Geschichte der Konstitution einer **heterodiegetischen** narrativen Vermittlung gleichkommen, die nicht zur Welt der Geschichte gehört, während die Vermittlungsinstanz **homodiegetisch** bleibt, wenn sie sich als Teil der Welt der Handlung erweist. Gemeint ist damit die Erzählfunktion der elektroakustischen Vermittlungsinstanz, nicht eine explizit auftretende Erzählerfigur.

Beispiel 31: Auszug *Planète des cendres* – heterodiegetische Erzählung

Es ist nicht ganz einfach, anhand von Hörspielausschnitten eine heterodiegetische akustische Erzählinstanz zu illustrieren. Der erste Ausschnitt aus dem Hörspiel *La Planète des cendres* stellt eine Situation dar, die in der Vergangenheit des ehemaligen KZ-Häftlings und Patienten Gorelik spielt. Die Szene stellt einen Rückgriff dar. Nach einer Brückenmusik schaltet sich ein von der Figur der Handlung durch Stimme und Aufnahmetechnik klar unterschiedener heterodiegetischer Erzähler ein, der die Ereignisse aus der räumlichen und zeitlichen Distanz erzählt.

Beispiel 32: Auszug *Reportage* – homodiegetische Erzählung

Im zweiten Beispiel aus dem Hörspiel *Reportage d'un match international de football* ist die Erzählung homodiegetisch. Die Erzähler kommentieren die Ereignisse auf dem Fußballfeld als Live-Reporter und sind damit genauso wie das Mikrophon in der erzählten Geschichte präsent.

Während der Zeitpunkt des Erzählens im Roman in der Regel nachzeitig in Bezug auf die erzählte Geschichte ist, sind die Geschichte und ihre Darstellung im Hörspiel in der Regel gleichzeitig. Nur durch sprachliche Mittel, also etwa durch die Einführung eines die Handlung kommentierenden Erzählers ist es möglich, die Nachzeitigkeit der radiophonen Erzählung zu kodieren. Ähnliches gilt für das vorzeitige Erzählen.

Da die Vermittlungsinstanz beim Hörspiel technischer Natur ist, empfiehlt es sich, bei der Perspektive eine zusätzliche Differenzierung einzuführen. Mit der **Fokalisation** wird bei der Untersuchung von Printliteratur zumeist analysiert, was die Figur im Vergleich zum Erzähler bzw. zum Leser weiß. Die Fokalisation wird nach dieser Unterscheidung bestimmt durch das Wissensverhältnis zwischen Hörer und Figur der Handlung. Bei der **internen Fokalisation** weiß der Hörer genauso viel wie die Figur ($H = F$), bei der **externen Fokalisation** weiß er weniger ($H < F$), bei der hörerbezogenen **Nullfokalisation** weiß dieser mehr als die Figuren ($H > F$).

Beispiel 33: Auszug *Sextine* – externe Fokalisation

Im Beispiel aus dem Hörspiel *Sextine* wird die Heldin, die sechzehnjährige, in einen älteren Mann verliebte Schülerin Sextine aus der externen Fokalisation durch den Fluss Rhône beschrieben, der sie lediglich von außen beschreiben kann, ohne ihre Gefühle und Gedanken zu kennen. Der Song *So called friend* der Gruppe Texas dient dabei als Leitmotiv, das häufig die Anwesenheit der Hauptfigur Sextine anzeigt.

Im Hörspiel gesellt sich aber zu diesem Zentrum des Wissens das Zentrum der Wahrnehmung oder des Hörens, wobei beide nicht immer übereinstimmen müssen. Während die Fokalisation auf die Frage antwortet „Wer weiß?“ oder „Welche Figur ist das Zentrum des Wissens“, beantwortet die **Aurikularisation** die Frage „Wer hört?“ bzw. „Wer ist das Zentrum der auditiven Wahrnehmung?“ (Gaudreault/Jost 1990, 131).

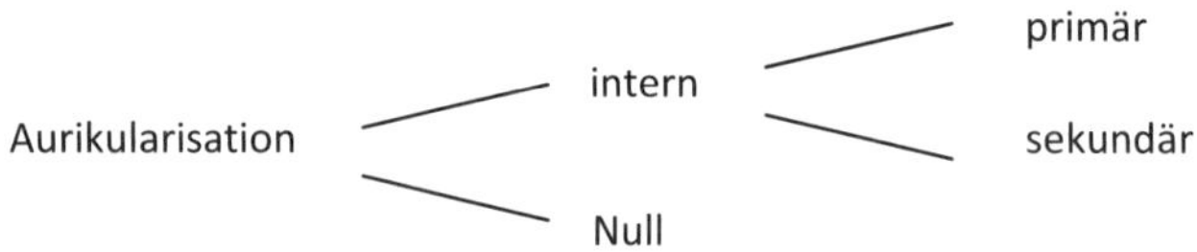

Abb. 3: Aurikularisierung (nach Gaudreault/Jost 1990, 131)

Die Fokalisation als Wissensperspektive unterscheidet sich nicht wesentlich von der Fokalisation im Roman. Daher kann an dieser Stelle auf eine weitere Illustration anhand von Beispielen verzichtet werden. Die Aurikularisation als akustische Perspektive ist hingegen spezifisches Darstellungsmittel des Hörspiels. Bei der **Nullaurikularisation** ist das, was der Rezipient hört, unabhängig von der Wahrnehmung einer Figur. Das Mikrophon bleibt sozusagen neutral.

Beispiel 34: Auszug *L'Enfant Do* – primäre interne Aurikularisation

Eine **interne primäre Aurikularisation** liegt vor, wenn das, was der Hörer hört, wie im vorliegenden Beispiel der Wahrnehmung einer Figur, hier dem in Nahaufnahme zu hörenden Sohn, entspricht, während seine Mutter in einer Weitaufnahme zu hören ist, so dass die Aufnahme Merkmale von Subjektivität trägt.

Beispiel 35: Auszug *Sextine* – sekundäre interne Aurikularisation

Bei der **internen sekundären Aurikularisation** wird die Subjektivität des Tons erst durch den Kontext erzeugt, etwa, wie im vorliegenden Beispiel aus *Sextine*, durch einen auktorialen Erzählerkommentar der Rhône oder durch die Montagetechnik.

Die interne Aurikularisation auf eine Figur ist meist mit einer externen Aurikularisation auf alle anderen gekoppelt. Da der Hörer im Hörspiel häufig über das Wissen derjenigen Figur verfügt, die auch das Zentrum der Wahrnehmung darstellt, kann zumeist auf eine Trennung zwischen beiden Aspekten verzichtet werden. Sie empfiehlt sich jedoch immer dann, wenn ein Hörspielautor bzw. -regisseur durch die Differenz zwischen Wissens- und Wahrnehmungszentrum bestimmte ästhetische Wirkungen erreichen will. In diesem Fall müssen Hörspielprotokoll und -analyse der Unterscheidung Rechnung tragen.

5.2.2 Narrative Zeitformen

Das zweite wichtige Element des radiophonen Diskurses ist die Zeitgestaltung. Auch auf das Hörspiel können die im Kapitel zur Erzählung behandelten Subkategorien der Ordnung, der Dauer und der Frequenz angewandt werden. Allerdings müssen dabei einige Besonderheiten beachtet werden. Wie die literarische Erzählung ist auch das Hörspiel in der Lage, Abweichungen von der chronologischen **Ordnung** der Ereignisse (Handlungsstruktur) vorzunehmen. Sehr früh werden zum Beispiel im Kriminalhörspiel **Analepsen** in Form von Rückblenden verwendet, aber auch als Vorblenden realisierte **Prolepsen**, d.h. Vorgriffe auf später im Handlungsaufbau stattfindende Ereignisse kommen vor. Die Frage, die sich hier stellt, ist, wie das Hörspiel dem Hörer den Wechsel der Zeitebene signalisieren kann, da eine Hörspielszene an und für sich kein Merkmal über den zeitlichen Bezug zur vorherigen Szene enthält. Das Hörspiel hat in seiner Geschichte eine ganze Reihe von Kodesystemen zur Verdeutlichung dieses Wechsels der Zeitebene ausgebildet. Der einfachste Weg besteht natürlich im Kommentar eines Erzählers, etwa im Einblenden einer Sprecherankündigung „zwei Jahre vorher" oder in einer Veränderung der Stimmen (die bei einem Rückgriff jünger, bei einem Vorgriff älter erscheinen). Wenn Hörspielautor und Regisseur aber auf diese Mittel verzichten möchten, müssen sie zu besonderen Gestaltungstechniken greifen. Analepsen werden dabei häufig durch Rückblenden in Kombination mit einer intern fokalisierten Figur oder einer personalen Erzählsituation als persönliche Erinnerungen kodiert.

Beispiel 36: Auszug *Planète des cendres* – Analepse

In dem Stück *La Planète des cendres* von David Mairowitz werden die Erinnerungen des ehemaligen KZ-Häftlings Gorelik durch ein Hochfahren der Blende bis zur Nahaufnahme seiner Stimme in der gegenwärtigen Situation (personale oder interne Fokalisation), durch die Dämpfung und das langsame Ausblenden der Stimme der ihn behandelnden Ärztin (Abblende), und durch das Einblenden der in der Vergangenheit spielenden Szenen kodiert. Als Leitmotiv der Erinnerung wirkende Geigentöne leiten die Erinnerungsszenen ein und dienen als zusätzliche Markierung des Rückgriffs.

Beispiel 37: Auszug *Reportage* – Simultanität

In dem experimentellen und von den Erzähltechniken des *Nouveau Roman* beeinflussten Originalhörspiel *Reportage d'un match international de football* wird ein ganzes Arsenal von Techniken vorgeführt, um Simultanität zu erzeugen. Die an verschiedenen Orten gleichzeitig spielenden Szenen werden alternierend erzählt, wobei harte Schnitte für den Übergang von einer Szene zur anderen sorgen.

Selbst die Kategorie der **Dauer** bzw. der narrativen Geschwindigkeit kann bei der Hörspielanalyse gewinnbringend genutzt werden, auch wenn im Unterschied zum Film die Möglichkeiten, eine Szene zu beschleunigen oder zu verlangsamen begrenzt sind. Im Film sind ebenfalls in Zeitraffer oder Zeitlupe gezeigte Bilder noch zu erkennen, während dies im Hörspiel ab einer gewissen Schwelle nicht mehr möglich ist. Die Beschleunigung erzeugt eine Hebung, die Verlangsamung eine Senkung der Stimmlage. Eine Beschleunigung des narrativen Tempos, d.h. des Verhältnisses zwischen der Zeit der Erzählung und der erzählten Zeit ist daher in der Regel auf die zeitlichen Abläufe zwischen den Szenen, also auf Ellipsen oder Zeitsprünge beschränkt. Die Dehnung kann hingegen in einer Szene selbst, etwa durch Reduktion der Handlung und die Einfügung rein deskriptiver Sequenzen erreicht werden. Die Geräuschkulisse tritt dann in den Vordergrund, die narrative Zeit wird angehalten. Diese Verfahren unterscheiden sich jedoch nicht wesentlich von den entsprechenden narrativen Techniken in literarischen Texten.

Die dritte Dimension der Zeit, die der **Frequenz**, erfasst das Verhältnis zwischen der Häufigkeit eines Ereignisses der Geschichte im Verhältnis zur Häufigkeit der Darstellung im Hörspiel. Da das Hörspiel die Geschehnisse in der Regel in akustischen Szenen wiedergibt, ist der normale Modus hier der **Singulativ**: ein Ereignis, das einmal geschehen ist, wird einmal erzählt. Der **Iterativ** bedarf hingegen zumeist des Kommentars eines Erzählers aus dem Off, der deutlich macht, dass sich die akustische Szene mehrmals in einer ähnlichen Form abgespielt hat (iterative Szene). Der akustische **Repetitiv** ist hingegen eine Errungenschaft des experimentellen, modernen Hörspiels. Hier wird eine Szene mehrmals dargestellt, zumeist in Kombination mit unterschiedlichen Hörpunkten (Aurikularisationen) oder Perspektiven (Fokalisation). Im vorliegenden Beispiel wird die gleiche Szene, die erste Begegnung zwischen Juliette Weiler und ihrem späteren Geliebten Santiago, im Repetitiv zunächst als Szene dargestellt und im Anschluss aus der Perspektive der Restaurantbesitzerin Anne und dann aus der Sicht Juliette Weilers geschildert.

Beispiel 38: Auszug *Le Port, polyphonie pour une absente* – Frequenz

5.2.3 Mikrostruktur

Nicht nur die im Hörspiel verwendete Sprache, auch die akustischen Einstellungen selbst lassen sich als Mikrostruktur beschreiben und mit Hilfe der klassischen **rhetorischen Figuren** und **Tropen** analysieren: Was Umberto Eco (1972, 272-275) für Bilder gezeigt hat, gilt im Prinzip auch für die akustische Dimension. Neben der visuellen, gibt es eine akustische Rhetorik. Dies gilt natürlich zunächst für die rhetorischen Figuren: Gleich beginnende Einstellungen ergeben eine akustische **Anapher**, gleich endende eine radiophone **Epipher**.

Wird das Ende einer Einstellung in der nächsten wieder aufgenommen, so bildet sich eine radiophone **Anadiplose**. Zwei Einstellungen, die gleich aufgebaut sind, ergeben einen elektroakustischen **Parallelismus**, Überkreuzkonstruktionen einen **Chiasmus.** Eine erschöpfende Liste radiophoner rhetorischer Figuren ist an dieser Stelle nicht notwendig, es genügt, das Prinzip zu verdeutlichen. Ähnliches gilt für die akustischen **Tropen**: So können die starke Annäherung des Mikrophons oder das extensive Hochfahren der Blende eine Tonquelle so sehr verstärken, das dies wie eine **akustische Hyperbel** wirkt.

Beispiel 39: Auszug *Reportage d'un match international de football* – Hyperbel

Im Auszug aus *Reportage d'un match international de football* wird das Schlagen eines Metronoms im Laufe der Äußerungen des Erzählers schließlich so laut, dass es eine realistische Deutung der Szene sprengt.

Eine Figur kann stimmlich so neutral dargestellt wirken, dass sie für alle Figuren überhaupt steht (**Paranomasie**) oder aber bestimmte Geräusche können neben ihrer realistischen Funktion als akustische **Metaphern, Symbole** oder **Metonymien** wirken (Fuzellier 1965, 46f.): In Anne Thérons *Le Port* bilden die Sirenen der Überseedampfer im Hafen eine Metonymie und ein akustisches Symbol für die von ihr ersehnte Freiheit.

Beispiel 40: Auszug *Reportage d'un match international de football* – Metapher

In Jean Thibaudeaus *Reportage d'un match international de football* steigert sich das Fußballländerspiel zwischen Deutschland Frankreich per **Klimax** und Hyperbel zur Metapher für den Krieg zwischen beiden Nationen.

Einen Sonderfall stellen akustische **Synekdochen** dar. Diese sind klar zu trennen von jenen Synekdochen, die sich allein aus radiotechnischen Gründen ergeben und durch welche Gegenstände, Figuren und Ereignisse überhaupt erst im Hörspiel dargestellt werden können. Zwar ist die Darstellung eines Autos durch Hupen oder Motorengeräusch oder Türenknallen ein *pars pro toto*, allerdings ist dies rein medientechnisch bedingt und wird im Rahmen des Hörspiels nicht als Abweichung, sondern als zum radiophonen Kode gehörig und damit als normal wahrgenommen. Das Unterscheidungskriterium zwischen akustischem Kode und akustischer Trope liegt in diesem Fall darin, dass die Synekdochen wie auch die Tropen erst dann wirken, wenn sie nicht nur zur ersten Bedeutung hinzukommen, sondern diese mehr oder weniger ersetzen. Aus diesem Grund ist das Konzept der radiophonen Synekdoche auch umstritten, denn von einer völligen Ersetzung der ersten durch die zweite Bedeutung kann eigentlich nicht die Rede sein, da die erste Bedeutung als realer Bestandteil ja immer vorhanden ist. Allerdings ist der Einwand nicht ganz schlüssig, denn auch dann, wenn im Roman eine aufgewühlte Stimmung durch ein Gewitter wiedergegeben wird, spricht man von einer Metonymie des Seelenzustandes oder etwa bei einer Landschaftsbeschreibung, die dem Zustand des Helden entspricht, von einer Seelenlandschaft, obwohl diese gleichzeitig zu den realen Bestandteilen des Raumes gehört. Bei der Untersuchung der radiophonen Mikrostruktur kommt es jedoch darauf an, die elektroakustischen Tropen nicht selbst metaphorisch, also als Trope zu verwenden und nicht gleich hinter jeder Darstellung einer Figur durch ihre Stimme eine Synekdoche zu vermuten.

Modul Hörspiel

Auf der CD finden Sie weiterführende Materialien und Übungen zu

- Merkmale des Hörspiels
- Gestaltungsmittel
- Hörspielprotokoll
- Narrative Elemente

Film

Christian von Tschilschke

1 Einleitung

Mehr als hundert Jahre sind vergangen, seit das Brüderpaar Louis und Auguste Lumière am 22. März 1895 in Paris mit seinem *cinématographe* den Bildern das Laufen beibrachte. In dieser Zeit hat sich das Kino zu einem zentralen Element der Kultur entwickelt. Als unverzichtbarer Bestandteil des *patrimoine culturel* genießt die ‚siebte Kunst' gerade in Frankreich bis heute hohes Prestige. Die Literaturwissenschaft hat sich mit dem Kino jedoch erst relativ spät beschäftigt. Dabei weist der Film als Spielfilm, das heißt in seiner narrativen und fiktionalen Ausprägung, zahlreiche Gemeinsamkeiten mit der Literatur auf. Außerdem hat er sich historisch gesehen stark an der Literatur, vor allem am Roman und am Drama orientiert. Das *cinéma d'auteur* der 1960er Jahre (François Truffaut, Jean-Luc Godard, Eric Rohmer usw.) verstand den Film ausdrücklich als eine Art Literatur mit anderen Mitteln. Hinzu kommt, dass die Literatur immer schon ein wichtiger Stofflieferant für den Film gewesen ist, und das nicht nur im Fall der Literaturverfilmungen. Und schließlich gibt es kaum ein Filmprojekt, das nicht zunächst einmal nur auf dem Papier existiert, als Text. Mit dem ‚Exposé', das eine erste Handlungsskizze liefert, dem ‚Treatment', in dem die Handlung vollständig ausgeführt ist, und dem ‚Drehbuch', das die Grundlage für die Dreharbeiten bildet, gehen nahezu jedem Film literarische Formen im weitesten Sinne voraus. Umgekehrt steht auch die Literatur unter dem Einfluss des Films und entwickelt ‚filmische Schreibweisen' (vgl. Tschilschke 2000): Sie imitiert filmische Techniken wie Montage oder Einstellungsgrößen, sie nährt sich aus der Erinnerung an Filme, und in manchen Fällen richtet sie sich auch darauf ein, möglichst gut verfilmbar zu sein.

Das folgende Kapitel bietet eine Einführung in die Filmanalyse aus literaturwissenschaftlicher Sicht. Es gliedert sich in fünf Teile: Zunächst geht es um die medialen Eigenschaften, durch die sich der Film von der Literatur und den einzelnen literarischen Gattungen unterscheidet (1). Es folgt ein Abriss der wichtigsten Gestaltungsmittel des Films, aufgeteilt in Bild- und Tonkanal sowie in Schnitt und Montage (2). Daran schließen sich einige Bemerkungen zur Bedeutung des Filmprotokolls als Grundlage für die Filmanalyse an (3). Danach wird der Film unter dem Gesichtspunkt des Erzählens betrachtet (4). Der letzte Teil schneidet das Thema Literaturverfilmung an (5). Dieser Teil steht am Schluss, weil er gleichermaßen Kenntnisse der Literatur- und der Filmanalyse voraussetzt.

1 In den ersten vier Teilen wird als Beispiel Marcel Carnés Film *Le jour se lève* (F 1939, dt. Titel: *Der Tag bricht an*) herangezogen. Dieser Film zählt zu den herausragenden Werken des ‚poetischen Realismus', einer Strömung, die dem französischen Film zwischen 1935 und 1939 Weltgeltung verschaffte. Er erzählt die Geschichte des redlichen Metallarbeiters François (Jean Gabin), der im Affekt den Varieté-Künstler Valentin (Jules Berry) erschießt, seinen Rivalen um die Gunst der Blumenverkäuferin Françoise (Jacqueline Laurent), und sich dann in seinem Dachzimmer verbarrikadiert. Während die Polizei das Gebäude belagert, erinnert sich François in drei langen Rückblenden an die Vorgeschichte. Als der Morgen graut, setzt er seinem Leben ein Ende. Unmittelbar darauf stürmt die Polizei das Gebäude.

2 Film als Medium

2.1 Zeichenstruktur und Zeichenstatus des Films

Im Gegensatz zur Literatur ist der Film, wie das Theater, ein plurimediales Medium, denn er bedient sich mehrerer Kanäle, sowohl des akustischen als auch des optischen Kanals, sowie verschiedener **Zeichen- bzw. Kodetypen**:

Kanal / *Zeichen-/Kodetyp*	Optisch	Akustisch
Sprachlich	Schrift	Sprache
Außersprachlich	Bild	Geräusch Musik

Abb. 1: Kanäle und Zeichen-/Kodetypen des Films

Nicht alle Zeichen haben im Film denselben Stellenwert. Das Bild dominiert. Ohne das Bild wäre der Film kein Film. Nun sind Bilder aber **ikonische Zeichen**, das heißt der Zeichenträger (Signifikant) und das bezeichnete Objekt (Referent) stehen in einer Abbildungs- oder Ähnlichkeitsbeziehung: Während das Wort ‚Baum' mit dem Gegenstand Baum nichts gemeinsam hat, ähnelt das Foto eines Baums tatsächlich dem realen Baum. Allerdings besteht diese Ähnlichkeit nicht zwischen dem Zeichen und dem realen Objekt, also zwischen Foto und Baum, sondern nur zwischen dem Zeichen und der Vorstellung (Signifikat), die wir von einem Objekt haben, also zwischen dem Foto und unserer Vorstellung von einem Baum (Eco 1994, 213). Diese Vorstellung ist nicht naturgegeben, man muss sie erst erlernen. Das bedeutet aber, dass das Bild letztlich auch keinen direkteren Bezug zur Wirklichkeit hat als die Sprache, obwohl es uns so scheint: Auch das Bild beruht auf Konventionen. Im Unterschied zu den starren Momentaufnahmen der Fotografie präsentieren sich die ikonischen Zeichen des Films aber „in der charakteristischen Form des temporierten Icons" (ebd., 251), als kontinuierliche Abfolge von Bildern, die den Eindruck der Bewegung entstehen lässt und dadurch einen besonders starken

Realitätseffekt erzeugt. Dass der Film primär auf dem Bild, also auf ikonischen Zeichen beruht, die dem ähnlich sind, was sie darstellen, hat entscheidende Konsequenzen für die Gestaltung der filmischen Kommunikationssituation.

2.2 Die filmische Kommunikationssituation

Um sich über die Eigenart der filmischen Kommunikationssituation klar zu werden, ist es am besten, wenn man sie mit der narrativen und der dramatischen Kommunikationssituation vergleicht. Die entsprechenden Modelle wurden bereits vorgestellt. Die szenisch-dramatische Kommunikationssituation ist dadurch gekennzeichnet, dass sich das dramatische Geschehen im Dialog und in den Handlungen der Figuren selbst darstellt. Es ist ‚Mimesis' (Darstellung). Eine Vermittlung zwischen innerem und äußerem Kommunikationssystem existiert nicht, mit Ausnahme der ‚Episierung'. Dramatische Kommunikation ist in dieser Hinsicht „absolut" (Szondi 1970, 15). Die narrative Kommunikationssituation zeichnet sich dagegen durch das Vorhandensein eines vermittelnden Kommunikationssystems aus, sie ist von einem Erzähler abhängig. Narrative Rede ist ‚Diegesis' (Bericht). Sogar bei ‚szenischer Darstellung', also bei der Wiedergabe von direkter Rede, sprechen die Figuren ja nie wirklich selbst, sondern es ist immer der Erzähler, der gewissermaßen wörtlich zitiert, was die Figuren sagen. Die filmische Kommunikationssituation scheint der narrativen zunächst zu gleichen:

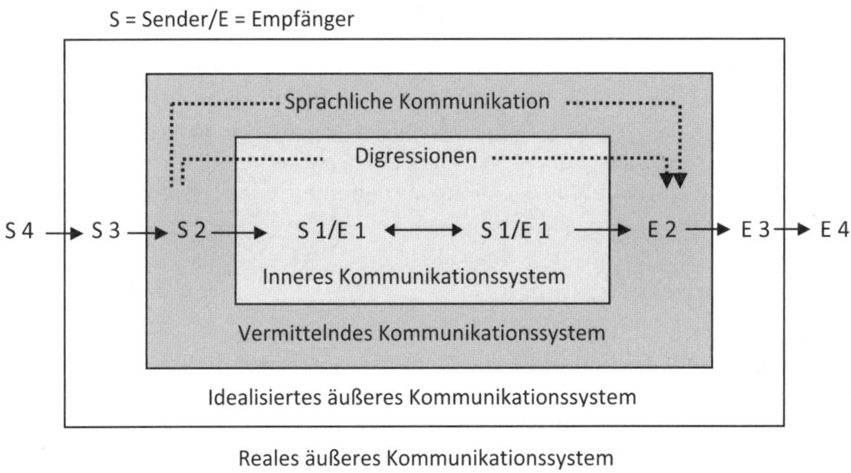

Abb. 2: Filmische Kommunikationssituation
(nach Pfister 1988, 20f. und Lohmeier 1996, 45)

Das innere Kommunikationssystem (S1/E1) des Films ist – anders als im Theater – nie direkt zugänglich, sondern nur über eine vermittelnde Instanz (S2): So wie im Erzähltext das Geschehen nur durch die Versprachlichung des Erzählers existiert, existiert es im Film nur durch die Abbildung der Kamera (bzw. die Aufzeichnung des Mikrofons). Unter dieser Voraussetzung kann man mit Anke-Marie Lohmeier sagen: „[I]m Verhalten der Kamera zum Abgebildeten und in der Organisation von Raum und Zeit durch die Montage artikuliert sich eine dem fiktiven Erzähler wortsprachlicher Texte vergleichbare **Vermittlungsinstanz**, die das Erzählte aus je subjektivem Blickwinkel und in je spezifischer raumzeitlicher Organisation präsentiert" (Lohmeier 1996, 37).

Die Besonderheit des Films besteht nun darin, dass sich diese Vermittlung nicht durch sprachliche, sondern durch ikonische Zeichen vollzieht. Während sich der Leser das Geschehen vorstellen muss, wird der Filmzuschauer mit sinnlichen Erscheinungen konfrontiert. Er hat die Illusion, das Geschehen unmittelbar zu erleben, scheint es sich doch wie im Theater selbst darzustellen. Das bedeutet zugleich, dass die Informationsvergabe im Wesentlichen nicht von der Vermittlungsinstanz ausgeht. Dadurch nähert sich die filmische Kommunikationssituation aber wieder der dramatischen an. Zusammenfassend lässt sich daher sagen:

> Der Film verbindet die dramatische mit der narrativen Kommunikationssituation. Er kann nur erzählen, indem er „dramatische Sprechsituationen abbildet, und diese dramatischen Sprechsituationen können nur erscheinen, indem sie abgebildet werden, [sie] verlieren also die ‚Absolutheit', die dramatische Sprechsituationen definiert, [und] werden im Abbildungsakt in die genuine narrative Subjekt-Objekt-Relation überführt" (Lohmeier 1996, 43).

Das Abgebildete behält seine Erscheinung, ihm ist aber der Akt der Abbildung immer schon eingeschrieben: Durch die Auswahl des Blickobjekts, die Eingrenzung des Blickfeldes, die Festlegung der Blickdauer usw. weicht die Filmwahrnehmung unvermeidlich von der Wirklichkeitswahrnehmung ab. Sie ist fremdbestimmt: Filmwahrnehmung ist die Wahrnehmung einer fremden Wahrnehmung.

2.3 Der filmische Erzähler

Damit ist die Kommunikationssituation des Films aber noch nicht hinreichend beschrieben. Der Umstand, dass das vermittelnde Kommunikationssystem im Film nicht unabhängig vom inneren Kommunikationssystem erscheinen kann – die Kamera muss ja immer irgendetwas abbilden – hat zur Folge, dass es eine unmittelbare Kommunikation zwischen den Positionen S2 und E2 nicht geben kann. Im Gegensatz zum literarischen Erzähler verfügt der filmische Erzähler über keine Möglichkeit, seine Kommentare, Meinungen und Auffassungen direkt, etwa durch explizite Wertungen zu äußern. Das kann er immer nur implizit, durch ein besonderes Kameraverhalten oder eine besondere Montage, also in der Art, wie er die dramatische Sprechsituation optisch (und akustisch) reproduziert. In Abbildung 2 wird diese Möglichkeit im Anschluss an Lohmeier (1996, 46), wie auch schon beim Hörspiel mit dem Begriff ‚Digressionen' bezeichnet. Will sich der Erzähler explizit äußern, dann geht das nur außerhalb des inneren Kommunikationssystems mit Hilfe der Sprache: über den Bildkanal (Zwischentitel, Schrifteinblendungen) oder über den Tonkanal (*off*-Erzähler/ *voice over*) – es sei denn, es wird im Bild eine Erzählerfigur etabliert, die sich, wie etwa in Max Ophüls' Verfilmung von Arthur Schnitzlers Theaterstück *Der Reigen, La ronde* (F 1950), direkt an die Zuschauer wendet.

In der Filmtheorie gibt es eine breite Diskussion über das Problem der *énonciation/narration* im Film. Im Mittelpunkt stehen die Fragen, wer oder vielmehr was die im Film gezeigte Welt hervorbringt und inwiefern es angesichts der apparativ-technischen und weitgehend nonverbalen Vermittlung des Erzählten legitim ist, sich einer anthropomorphisierenden Terminologie zu bedienen und beispielsweise vom ‚Erzähler' des Films zu sprechen. Diese Fachdiskussion soll hier nicht vertieft werden (Metz 1997, 151-189). Wenn im Folgenden weiterhin in Bezug auf den Film vom ‚Erzähler' die Rede ist, dann sind damit, dem skizzierten Kommunikationsmodell zufolge, zwei Formen der Vermittlung gemeint: eine implizite, nicht-sprachliche (Kamera und Montage) und eine explizite, sprachliche (Schrift und Stimme, die unter bestimmten Bedingungen – siehe *La ronde* – auch Teil der erzählten Welt sein können).

Die übrigen Sender- und Empfängerpositionen des filmischen Kommunikationsmodells entsprechen denen des literarischen Textes: S3 ist der implizite Autor/Regisseur, das gedachte Subjekt des Werkganzen, das für die Gestaltung des vermittelnden und des inneren Kommunikationssystems (Inszenierung/ *mise en scène*) verantwortlich ist. In der französischen Filmwissenschaft wird diese Instanz nach Albert Laffay (1964, 81) auch „grand imagier" („großer Bildermacher") genannt. E3 ist der implizite Zuschauer, der ideale Rezipient.

S4 und E4 bezeichnen hingegen den realen Werkproduzenten bzw. -rezipienten. Die Produktion und Rezeption eines Films sind, wie die eines Theaterstücks, eine kollektive Angelegenheit. Deshalb lässt sich das Endprodukt auch nicht mehr eindeutig einer einzigen schöpferischen Persönlichkeit zuordnen wie bei einem literarischen Text. Der sogenannte Autorenfilm bildet eine Ausnahme. Er definiert sich gerade dadurch, dass er an dieser Vorstellung festhält. Normalerweise fließen im Film aber die Leistungen des Regisseurs, des Kameramanns, der Schauspieler, des Ausstatters, des Cutters und des Komponisten zusammen, wobei es durchaus vorkommen kann, dass etwa die Musik oder die Ausstattung mehr zum Erfolg eines Films beitragen als die Leistung des Regisseurs. Gerade der Film *Le jour se lève* ist ein berühmtes Beispiel für eine erfolgreiche Kollektivleistung von Dialogautor (Jacques Prévert), Kameramann (Curt Courant), Ausstatter (Alexandre Trauner), Hauptdarstellern (Jean Gabin, Jules Berry, Arletty), Komponist (Maurice Jaubert) und Regisseur (Marcel Carné).

Übungen zur Kommunikationssituation finden Sie im Modul unter Merkmale des Films.

3 Die Gestaltungsmittel des Films und ihre Funktionen

Wer Filme nicht nur ansehen, sondern auch analysieren möchte, muss die Gestaltungsmittel des Films kennen sowie die Begriffe, die zu ihrer Beschreibung herangezogen werden. Man kann diese Gestaltungsmittel grob in paradigmatische und in syntagmatische Mittel einteilen, je nachdem, ob sie die einzelne Einstellung und den dazu gehörenden Ton betreffen oder die Aneinanderreihung und Verknüpfung der Einstellungen, also Schnitt und Montage.

Als ‚**Einstellung**' bezeichnet man das Bildkontinuum zwischen zwei Schnitten. Eine Reihe von Einstellungen, die sich als Einheit auffassen lässt, nennt man ‚**Sequenz**'. In Bezug auf die einzelne Einstellung ist wiederum zu trennen zwischen dem, was die Kamera abbildet, und der filmischen Abbildung selbst. André Gaudreault und François Jost unterscheiden dementsprechend drei grundlegende Formen des Bedeutungsaufbaus im Film: „mise en scène", „mise en cadre" und „mise en chaîne" (1990, 55).

In der Praxis hängen sie eng zusammen: Das Geschehen vor der Kamera wird im Hinblick auf die Kamera inszeniert, und beide, Inszenierung und Kameraverhalten, sind ihrerseits immer schon von bestimmten Montagevorstellungen beeinflusst.

3.1 Bildinhalt und Beleuchtung

Der Bildinhalt ist die Summe der visuellen Informationen, die durch das innere Kommunikationssystem des Films vergeben werden. Im Einzelnen geht es dabei um das Aussehen der Figuren, ihre Statur, Mimik, Gestik und Kleidung, um ihre Handlungen und die Gegenstände, die sie benutzen, um ihre Anordnung im Raum und ihre Bewegungen. Und natürlich geht es auch um den Raum selbst, etwa um die Frage, ob innen oder außen, in Natur- oder Architekturräumen, an Originalschauplätzen oder in Studiokulissen gedreht wurde. Obwohl der Film hinsichtlich des Darstellbaren im Gegensatz zum Theater keinerlei Beschränkungen unterliegt und zudem im Laufe seiner Geschichte eine Vielzahl eigener, epochen- und genrespezifischer Darstellungskonventionen ausgeprägt hat (Rollenstereotype, räumliche Topoi usw.), kann doch die Analyse der Bildinhalte im Prinzip nach denselben Methoden erfolgen wie bei einem Theaterstück. Von Nutzen sind dabei die Arbeiten zur außersprachlichen Informationsvergabe, wie sie im Rahmen der Dramenanalyse und insbesondere der Analyse von Theateraufführungen entwickelt wurden.

Die **Beleuchtung** oder Lichtgestaltung steht in engem Zusammenhang mit dem Raum und den Figuren. Ihre wichtigste Funktion ist es, Atmosphäre zu schaffen und Stimmungen auszudrücken. In der Regel wird im Film künstliches Licht verwendet, selten natürliches. Die Grundausstattung besteht aus zwei Lichtquellen: Das Grund- oder **Fülllicht** leuchtet den Hintergrund aus, hellt Schatten auf und imitiert eine natürliche Lichtquelle; das **Führungslicht**, das die Hauptbeleuchtungsquelle darstellt, richtet sich schräg von vorne auf die Schauspieler. Darüber hinaus werden noch Akzentlichter verwendet, zum Beispiel um die Augen einer Figur hervorzuheben, oder pulsierende Lichtquellen (Feuer, Kerzen, Blaulicht usw.). Die Lichtgestaltung ist vom Stil des jeweiligen Regisseurs/Kameramanns oder auch der Epoche abhängig – man denke nur an den Gegensatz zwischen dem dramatischen Licht im expressionistischen Kino der 1920er Jahre und dem harmonischen Licht im klassischen Hollywoodkino. Im Allgemeinen lassen sich drei Stile unterscheiden: 1. der Normalstil: gleichmäßige Ausleuchtung, 2. der Low-key-Stil: ausgedehnte Schatten, mehr oder weniger starke Hell-Dunkel-Kontraste und 3. der High-key-Stil: besonders helle Ausleuchtung (Kandorfer 1984, 280-294).

2 Zur Veranschaulichung filmischer Gestaltungsmittel sind Eröffnungssequenzen besonders geeignet, denn sie stellen den ersten Kontakt mit dem Zuschauer her und zeichnen sich deswegen durch eine hohe Informationsdichte aus. In der Eröffnungssequenz von *Le jour se lève* (01:48-03:33) zeigt die Kamera einen Vorstadtplatz, der von einem sechsstöckigen Mietshaus überragt wird und wechselt dann ins Innere dieses Hauses. Ein Blinder tastet sich die Treppe herauf. Hinter einer Türe im Dachgeschoss ist ein lauter Streit zu hören. Ein Schuss fällt, die Türe öffnet sich, ein gut gekleideter Mann (Valentin) taumelt heraus, stürzt die Treppe hinunter und bleibt zu Füßen des Blinden liegen. Bemerkenswert an dieser Exposition ist neben der Rätselhaftigkeit der Handlung vor allem die Gestaltung der Räume. Sie indizieren einerseits ein bestimmtes soziales Milieu und scheinen doch andererseits noch eine zusätzliche, symbolische Bedeutung zu besitzen – das gegen den Himmel aufragende Mietshaus, die enge Spirale des Treppenhauses, die verschlossene Türe des Dachzimmers. Die Beleuchtung ist innen im Low-key-Stil gehalten, mit schwachem Grundlicht, punktuellen Lichtquellen und starken, verzerrten Schatten, entsprechend der düster-dramatischen Handlung.

3.2 Kadrierung und Komposition

Vom Geschehen vor der Kamera, dem Bereich des „profilmique" (Souriau 1953, 8), zeigt das Filmbild immer nur einen bestimmten Teil, den ‚**Kader**' oder ‚**Bildausschnitt**'. Der dazu nötige Begrenzungsvorgang heißt ‚**Kadrierung**' (Hickethier 2001, 49). Die Kadrierung grenzt das Bild aber nicht nur wie ein Bilderrahmen nach außen ab, sie ist auch die Voraussetzung dafür, dass sich eine innere Ordnung des Bildes konstituieren kann. Der Begriff spielt daher eine wichtige Rolle in der Filmtheorie (z.B. Deleuze 1983, 23ff.). Allerdings sind die entsprechenden französischen bzw. englischen Bezeichnungen *cadrage* und *framing* zum Teil sehr viel weiter gefasst. Zwei Unterscheidungen sind in diesem Zusammenhang noch von Bedeutung. Die erste betrifft den im Bildausschnitt gezeigten und den nicht gezeigten, aber zum erzählten Universum gehörenden Raum, die im Französischen *champ* und *hors-champ* genannt werden. Das jeweilige Verhältnis zwischen dem, was der Zuschauer sieht, und dem, was ihm vorenthalten wird, stellt ein vielfältig genutztes Wirkungspotenzial dar (Aumont 1999, 11-19). Die zweite, eher typologische Unterscheidung ist die zwischen einer geschlossenen und einer offenen Form: Eine geschlossene Form liegt vor, wenn alle Elemente eines Wirklichkeitsausschnitts im Bild zu sehen sind, eine offene dagegen, wenn der Zuschauer den nicht gezeigten Raum im Geiste ergänzen und gewissermaßen mitsehen soll (Monaco 2000a, 188f.). Gelegentlich kommt es auch vor, dass im Filmbild selbst die Bildrahmung in Form eines Fensters, einer Tür oder eines Spiegels noch einmal vorgenommen wird. Schließlich hängt der Bildausschnitt auch vom Bildformat, das heißt dem Verhältnis zwischen Höhe und Breite des Bildes ab. Am geläufigsten sind das Normalformat (1:1,33), Breitwand (Europa: 1:1,66; USA: 1:1,85) sowie Cinemascope und Panavision (1:2,35).

Der gewählte Bildausschnitt und das Bildformat beeinflussen auch die Bildkomposition. Unter **Bildkomposition** ist die formalästhetische Organisation des Filmbildes zu verstehen. Zu ihrer Beschreibung kann die Filmanalyse auf Kriterien und Erkenntnisse der Kunstwissenschaft zurückgreifen. Dabei ist unter anderem zu fragen: Wie werden Flächen, Formen, Farben und Bewegungen eingesetzt? Gibt es diagonale/horizontale/vertikale Linien? Ist der Aufbau symmetrisch/asymmetrisch? Ist das Bild flächig oder tief, arm oder reich an Kontrasten? Welche Rolle spielen Vorder-, Mittel- und Hintergrund? Wie ist das Verhältnis von Zentrum und Rand, von Himmel und Erde (Horizont)? Wie wirkt sich das verwendete Filmmaterial auf die Bildkomposition aus (Farbe, Schwarzweiß, Lichtempfindlichkeit, Körnigkeit etc.)? Im Gegensatz zu Malerei und Fotografie ist die Bildkomposition im Film durch Objekt- und Kamerabewegungen beliebig veränderbar.

3 *Le jour se lève* bietet gleich in der Eingangssequenz, bei insgesamt geschlossener Kadrierung, ein gutes Beispiel für die spannungssteigernde Ausnutzung des *hors-champ*: Die Mordtat findet hinter verschlossener Tür statt, wir hören lediglich einen Schuss und sehen dann das sterbende Opfer, nicht aber den Täter. Der Bildaufbau wird von vertikalen Linien bestimmt, denen die kontrastierenden Bewegungen des treppauf steigenden Blinden und des hinabstürzenden Valentin entsprechen. Bildprägend sind auch die gitterartigen Geländer. Sie unterstreichen die Isolation, das Gefangensein und die Ausweglosigkeit der Hauptfigur.

3.3 Kameraverhalten

Das ‚Kameraverhalten' oder die ‚Kamerahandlung' umfasst die spezifischen Abbildungsverfahren, die neben der Montage das vermittelnde Kommunikationssystem des Films ausmachen. Indem sie eine Beziehung zwischen Erzähler und Erzähltem herstellen, tragen sie entscheidend zum Bedeutungsaufbau und zur Rezeptionslenkung bei, ohne dass ihnen jedoch selbst feste Bedeutungen und Funktionen zugeschrieben werden könnten. Diese konstituieren sich erst im Zusammenspiel mit den abgebildeten Objekten und dem jeweiligen Kontext. Das Kameraverhalten wird durch die Faktoren Einstellungsgröße, Achsenverhältnis, Kameraperspektive, Kamerabewegung und Kameraobjektiv bestimmt.

Die **Einstellungsgröße** bemisst sich nach der Distanz des Abgebildeten zur Kamera. Die Bezeichnung der Einstellungen folgt einer fest etablierten, achtstufigen Skala, die von der Weitaufnahme bis zur Detailaufnahme reicht (Abb. 3). Als Maßstab gilt in der Regel die menschliche Gestalt. Allerdings ist die Definition und Skalierung der Einstellungsgrößen eine relative Angelegenheit, die vor allem dann Schwierigkeiten bereitet, wenn gerade kein Mensch im Bild ist oder mehrere Figuren auftreten. Unterschieden werden üblicherweise die folgenden Größen:

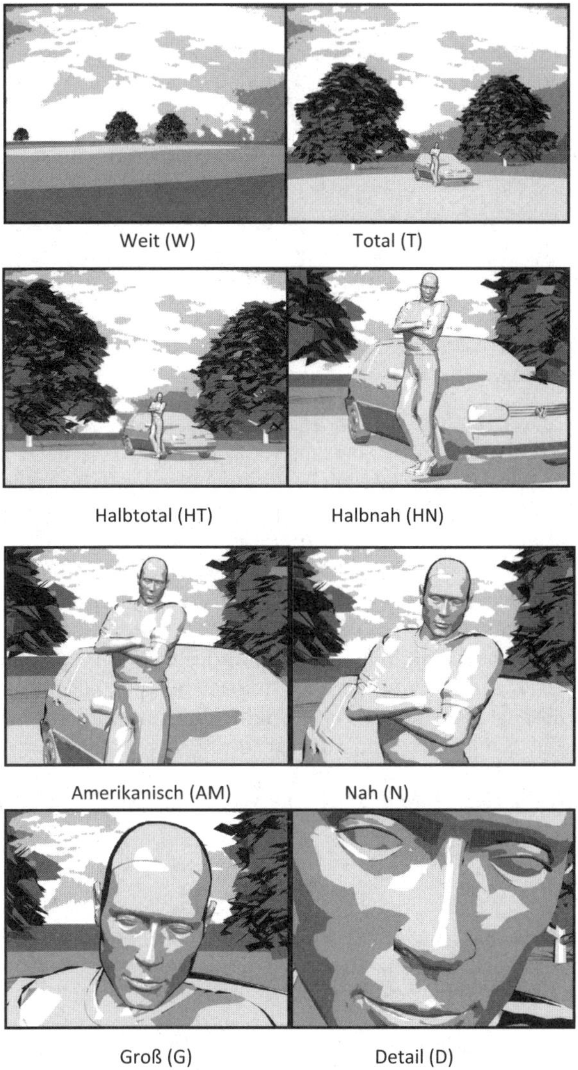

Abb. 3: Einstellungsgrößen

Weit (W): zeigt Landschaften oder Stadtpanoramen, in denen Einzelheiten verschwinden, häufig mit atmosphärischem oder symbolischem Gehalt und zu Beginn oder am Ende eines Films.

Total (T): zeigt Menschen und Gegenstände eingebettet in ihre Umgebung, dient der Übersicht und räumlichen Einordnung der vorangegangenen oder folgenden Einstellungen.

Halbtotal (HT): zeigt Menschen von Kopf bis Fuß mit einem Teil ihrer Umgebung, eignet sich für Menschengruppen und Körperhandlungen.

Halbnah (HN): zeigt Menschen von den Knien an, unterstreicht die Beziehung der Figuren untereinander.

Amerikanisch (A): zeigt Menschen bis unterhalb der Hüfte, entstammt dem Western (Ziehen des Colts) und wird nicht in allen Einteilungen berücksichtigt.

Nah (N): zeigt das Brustbild einer Person, betont Gestik und Mimik.

Groß (G): zeigt Menschen vom Kopf bis zum Hals bzw. Schulteransatz oder einzelne Gegenstände, lässt die Mimik und das Gesicht als Spiegel der Gefühle hervortreten.

Detail (D): zeigt kleine Ausschnitte eines Menschen (Auge, Nase, Ohr) oder eines Gegenstandes.

Das **Achsenverhältnis** ist das Verhältnis, in dem die Blickachse der Kamera zur Handlungsachse der Figuren steht (Abb. 4). Beide Achsen können zusammenfallen oder voneinander abweichen. Dialogszenen werden häufig so aufgenommen, dass die Kamera zunächst einen rechten Winkel zur Handlungsachse bildet (A) und dann abwechselnd in einer Schuss-Gegenschuss-Montage die Gesprächspartner von vorne aus einem 30°-Winkel zeigt (B). Wird dabei die Schulter des gerade nicht gezeigten Teilnehmers angeschnitten, nennt man das einen *over the shoulder-shot* (C). Es gibt bei derartigen Szenen eine Regel, die besagt, dass die Kamera nicht über die Handlungsachse zwischen den Redenden springen darf, um die räumliche Orientierung der Zuschauer nicht zu verwirren (180°-Regel). Geschieht dies doch, spricht man von einem ‚Achsensprung' (D). Die Blickachse und die Handlungsachse fallen zusammen, wenn eine Figur frontal in die Kamera blickt oder wenn die Kamera an die Stelle einer Figur tritt (E) und gewissermaßen mit deren Augen sieht (‚subjektive Kamera'/*point of view-shot*).

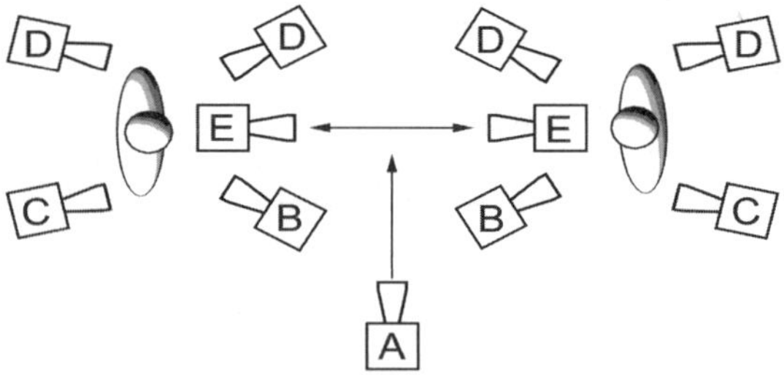

Abb. 4: Achsenverhältnisse

Die **Kameraperspektive** ergibt sich aus der räumlichen Position der Kamera zum Abgebildeten. Beschreibungskriterien sind die Ansicht, die das Objekt bietet (von vorne, von hinten, von der Seite usw.), die Höhe, auf der die Kamera angebracht ist (Augen-, Brust-, Bauch-, Fußhöhe usw.), und der Winkel, in dem sich die Kamera um ihre Quer- oder Längsachse dreht. Das Drehen der Kamera um ihre Längsachse, auch Kippen, Rollen oder Verkanten genannt, erzeugt einen schiefen Horizont. Sehr viel häufiger ist die Drehung der Kamera um die Querachse nach unten oder oben. Man unterscheidet drei Grundtypen (Abb. 5), wobei die Neigungswinkel noch weiter differenziert werden können (leicht bis extrem):

(A) **Aufsicht** (Vogelperspektive): die Kamera blickt von oben nach unten.
(B) **Normalsicht**: die Kamera befindet sich auf Augenhöhe mit den Figuren.
(C) **Untersicht** (Froschperspektive): die Kamera blickt von unten nach oben.

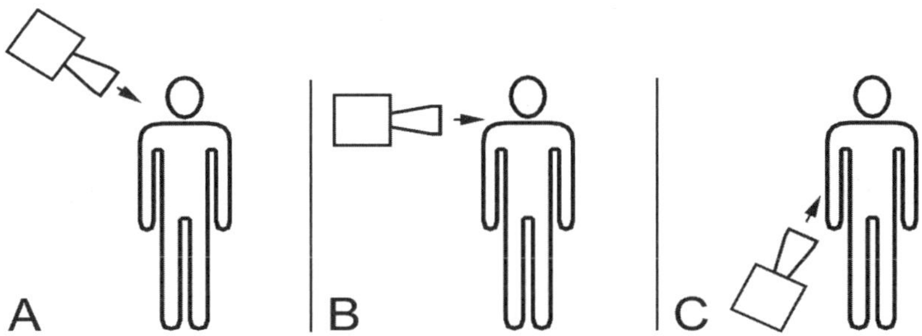

Abb. 5: Kameraperspektiven

Die **Kamerabewegungen** lassen sich nach Lohmeier (1996, 98-103) anhand von zwei Kriterien beschreiben. Zum einen kommt es darauf an, ob die Kamera ihren Standort verändert oder nicht, ob es sich also um Fahrten oder um Schwenks handelt. Zum anderen ist entscheidend, ob die Kamera dabei den Bewegungen ihrer Objekte folgt oder freie Blickbewegungen vollzieht, ob sie also ‚objektgebunden' oder ‚frei' agiert. Das führt zur Unterscheidung von vier Grundbewegungen, deren Tempo (schnell/langsam) und Richtung (rechts/links, oben/unten usw.) dann jeweils noch präzisiert werden können: freie Schwenks, objektgebundene Schwenks (so genannte Begleitschwenks), **freie Kamerafahrten** (Abb. 6) wie die Ranfahrt (A), Wegfahrt (B) oder Passierfahrt (C) und **objektgebundene Kamerafahrten**, auch Begleitfahrten genannt (Abb. 7), wie die Verfolgungsfahrt (A) oder Parallelfahrt (B).

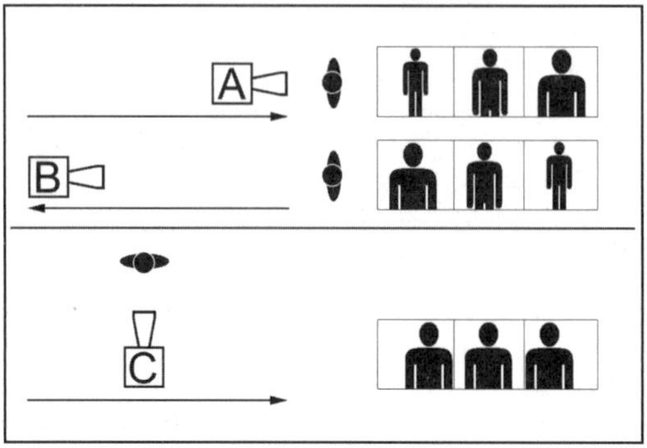

Abb. 6: Freie Kamerafahrten

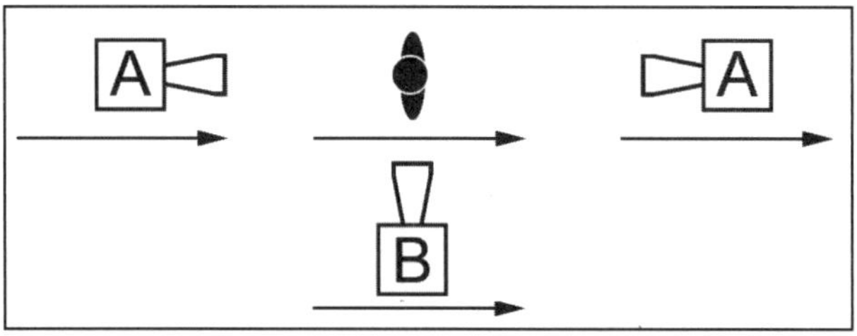

Abb. 7: Objektgebundene Kamerafahrten (Begleitfahrten)

Das **Kameraobjektiv** ist hinsichtlich der spezifischen Bildwirkung der Brennweite (Weitwinkel, Normal, Teleobjektiv, Zoom) von Bedeutung: Das Weitwinkelobjektiv bewirkt beispielsweise eine besondere Schärfentiefe (gelegentlich auch ‚Tiefenschärfe' genannt), das Teleobjektiv eine Verdichtung des Raums, und das Zoom die Illusion einer Kamerafahrt.

4 Die 1,46 Minuten dauernde Eröffnungssequenz von *Le jour se lève* besteht aus acht Einstellungen. Sie beginnt mit einer einführenden Totalen (*establishing shot*), dann folgen eine Halbtotale und nach dem Übergang ins Treppenhaus verschiedene kleinere Einstellungen (HN, N), die sich mit Halbtotalen abwechseln. Der Zuschauer wird schrittweise an den Schauplatz des Geschehens herangeführt und gewinnt dadurch eine gute räumliche Orientierung. Der Sturz Valentins wird so gefilmt, dass Blick- und Handlungsachse zusammenfallen: Er stürzt effektvoll auf die Kamera zu bzw. von ihr weg. Auch von der Kameraperspektive wird ein markanter Gebrauch gemacht: Das Haus erscheint von außen in Untersicht, der stürzende Valentin zuerst in Unter-, dann in Aufsicht, der Blinde in Aufsicht und zwischenzeitlich in Normalsicht. Dadurch entstehen Dynamik und Dramatik. Die Kamera führt in den ersten drei Einstellungen hauptsächlich vertikale Schwenks aus, und zwar immer von unten nach oben: Sie blickt sozusagen auf. Am Anfang ist die Bewegung noch objektgebunden – sie folgt zwei Pferden in die Bildmitte –, dann ist sie frei. Das verleiht den Einstellungen einen auktorialen, zeigenden Gestus.

3.4 Sprache, Geräusche, Musik

Die Dominanz des Bildes ist der Grund dafür, dass der Ton in der Filmanalyse häufig vernachlässigt wird. Dabei ist er manchmal wichtiger als das Bild. Der Tontrakt des Films transportiert Sprache, Geräusche und Musik. Seine Untersuchung kann weitgehend den Kriterien der Dramen- und Hörspielanalyse folgen. Bei der Sprache, die in Form von Monologen, Dialogen oder Kommentaren auftritt, spielen insbesondere auch die paralinguistischen Zeichen eine Rolle: die Sprechweise, die Stimmqualität, der Sprechrhythmus usw. Im Film kommt Sprache aber nicht nur gesprochen vor, sondern von Anfang an auch als Schrift: im Vor- und Abspann, als Insert, als Zwischentitel oder als Untertitel.

Geräusche dienen meistens der Beschreibung und der Erzeugung einer den Wirklichkeitseindruck verstärkenden Hintergrundatmosphäre, der sogenannten ‚Atmo'. Sie können aber auch zur Verklammerung von Einstellungen, zur Überleitung (am Ende einer Einstellung ist schon der Ton der nächsten zu hören), als Symbolträger (ein Streit wird von Gewittergrollen begleitet) oder für Spezialeffekte (das Knarren einer Tür signalisiert Spannung) eingesetzt werden.

Musik dient in der Regel dazu, bestimmte Gefühle und Stimmungen hervorzurufen bzw. auszudrücken. Sie illustriert und untermalt (*mood technique*), charakterisiert aber auch, kommentiert oder strukturiert, etwa durch Leitmotive. Für Standardsituationen haben sich bestimmte Musik- und Instrumentierungsstereotype (Wald/Flöte, Liebesszene/Geigen) herausgebildet. Eine weitere Konvention ist die Titel- oder Schlussmusik.

5 Der Eröffnungssequenz und dem Titelvorspann von *Le jour se lève* geht ein Schriftinsert voraus, das nachträglich eingefügt wurde, um den Zuschauer auf die damals noch ungewöhnliche Rückblendenstruktur des Films einzustimmen: „Un homme a tué... Enfermé, assiégé dans une chambre, il évoque les circonstances, qui ont fait de lui un meurtrier". Der sich anschließende Vorspann ist mit einer Musik unterlegt, die später an bestimmten Stellen leitmotivisch wiederkehrt. Mit ihrem getragenen, von dumpfen Paukenschlägen durchsetzten Klang erzeugt sie schon im Voraus eine düstere, schicksalhafte Stimmung. In der Eröffnungssequenz selbst sind neben dem durch die Türe dringenden Streitgespräch zwischen François und Valentin, dem Schuss und den verzweifelten Rufen des Blinden vor allem Geräusche mit illustrierender Funktion zu hören: Pferdegetrappel, Füße im Treppenhaus, menschliche Stimmen usw.

3.5 Bild-Ton-Beziehungen

Bild und Ton werden normalerweise als Einheit wahrgenommen. Der Soziologe Siegfried Kracauer hat in seiner *Theorie des Films* (engl. 1960) ein Schema entworfen (Abb. 8), mit dem sich das Verhältnis von Bild und Ton differenziert beschreiben lässt.

	Synchronismus	Asynchronismus
Parallelismus	Aktueller Ton	Aktueller Ton
		Kommentierender Ton
Kontrapunkt	Aktueller Ton	Aktueller Ton
		Kommentierender Ton

Abb. 8: Bild-Ton-Beziehungen (nach Kracauer 1964, 161)

Kracauer arbeitet mit drei Begriffspaaren, die alle miteinander kombiniert werden können: Das Kriterium synchron/asynchron bezieht sich auf die Möglichkeit, die Tonquelle (Sprache, Geräusche, Musik) im Bild erscheinen zu lassen oder nicht. Geläufiger sind dafür jedoch die Bezeichnungen *on* (*on the screen*) und *off* (*off the screen*). Die im Bild nicht sichtbaren Tonquellen können nach dem Kriterium aktuell/kommentierend noch weiter unterteilt werden, je nachdem, ob der Ton „faktisch oder virtuell zu der auf der Leinwand gezeigten Welt gehört" (Kracauer 1964, 159) oder nicht. In der französischen Filmtheorie geht man von vergleichbaren Einteilungen aus. So spricht etwa Michel Chion von „son in", „son hors-champ" und „son off" (Chion 1990, 65). Das dritte Kriterium parallel/kontrapunktisch ist funktionaler Natur. Es betrifft die Frage, ob sich Ton und Bild ergänzen oder widersprechen.

6 In den erwähnten Ausschnitten aus *Le jour se lève* ist das Verhältnis von Bild und Ton folgendermaßen gestaltet: Das Pferdegetrappel und die Rufe des Blinden sind synchron, aktuell und parallel, der Schuss und das Streitgespräch sind dagegen asynchron, aktuell und parallel. Die Musik im Vorspann ist asynchron, kommentierend und parallel.

Übungen zu Paradigmatischen Mitteln finden Sie im Modul unter Gestaltungsmittel.

3.6 Schnitt und andere Einstellungsverbindungen

Nach den paradigmatischen sollen nun mit Schnitt und Montage die syntagmatischen Gestaltungsmittel des Films behandelt werden. Der **Schnitt** ist die häufigste, aber nicht die einzige Art, zwei Einstellungen miteinander zu verbinden. Je nach Wirkung unterscheidet man zwischen ‚weichem' und ‚hartem' Schnitt. Ein weicher Schnitt ist einer, den der Zuschauer kaum bemerkt, zum Beispiel beim Schuss-Gegenschuss-Verfahren. Ein harter Schnitt ist dagegen sichtbar und auffällig, weil kontrastierende Bildinhalte oder Perspektiven direkt aneinandergeschnitten werden. Daneben sind zwei besondere Schnittformen hervorzuheben: der *jump cut* und der *match cut*. Als *jump cut* (Sprung-Schnitt) bezeichnet man eine bewusst eingesetzte Schnittart, „bei der aus einer langen, kontinuierlich gedrehten Einstellung, zum Beispiel einer Fahraufnahme, Teile herausgeschnitten werden, so dass rhythmische Bild- und Zeitsprünge entstehen" (Monaco 2000b, 87), wie etwa bei der berühmten Szene im Auto zwischen Jean-Paul Belmondo und Jean Seberg in Jean-Luc Godards *A bout de souffle* (F 1959). Bei einem *match cut* (zusammenfügender Schnitt) werden zwei zeitlich und räumlich getrennte Einstellungen durch die Fortsetzung einer Bewegung oder die Wiederholung einer Form aneinandergefügt. Das kanonische Beispiel hierfür stammt aus Stanley Kubricks *2001: A Space Odyssey* (GB/USA 1968): Kubrick schneidet von einem in den blauen Himmel geschleuderten Knochen zu einem im schwarzen Weltraum sich drehenden Raumschiff. Kontinuierliche Übergänge zwischen den Einstellungen können durch verschiedene Formen der Blende erzeugt werden: die Auf-, Ab- und Überblendung sowie diverse Trickblenden (Iris-, Schiebeblende usw.; Siegrist 1986, 175-182).

7 In *Le jour se lève* ist die Art der Einstellungsverbindungen ein wichtiges Stilmittel. Das wird schon in der Exposition deutlich. Der Film beginnt mit einer Aufblende, eine Überblendung markiert den Übergang ins Haus, und am Ende der Sequenz steht eine Schiebeblende, die einen Ortswechsel anzeigt. Die Schnitte dazwischen sind unauffällig.

3.7 Montageformen

Die Montage ist ein zentraler Begriff in der Filmtheorie, und dementsprechend vielfältig fallen auch die Definitionen aus. Zunächst bezeichnet **Montage** ganz allgemein, und darin weitgehend synonym mit dem Begriff ‚Schnitt', den technischen Vorgang des Trennens und Zusammenfügens filmischen Materials. Konkreter lässt sich dieser Vorgang dann als Verknüpfung einzelner Einstellungen zu größeren Einheiten anhand bestimmter Kombinationsregeln definieren. Der bekannteste der zahlreichen Versuche, die Grundformen filmischer Montage systematisch zu ordnen, ist die *grande syntagmatique du film narratif* des französischen Filmwissenschaftlers Christian Metz von 1966/1967 (Abb. 9). An diesem Entwurf wurde unter anderem kritisiert, dass er zu abstrakt sei, dass er disparate Kriterien kombiniere und dass er neueren Entwicklungen im Film nicht mehr Rechnung trage. Gleichwohl bietet Metz' Entwurf nach wie vor einen guten Überblick über elementare Formen der filmischen Montage. Zum Verständnis sei noch gesagt, dass Metz die Verknüpfung mehrerer Einstellungen zu einer Handlungseinheit „Syntagma" nennt und nicht wie üblich „Sequenz" – dieser Begriff ist bei ihm einem bestimmten Syntagma vorbehalten.

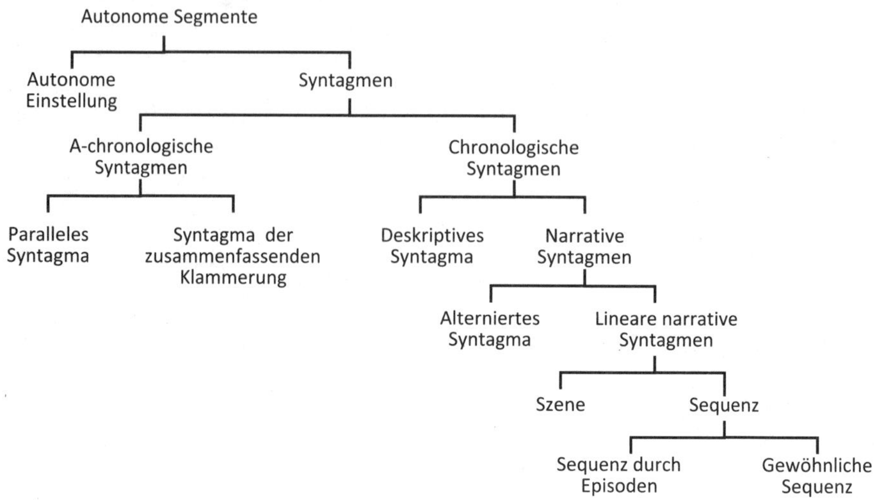

Abb. 9: Tabelle der großen Syntagmen im Film (nach Metz 1998, 360)

Die Verzweigungen in Metz' Schema beruhen auf den folgenden Unterscheidungen:

- In „autonomen Einstellungen" wird eine komplexe Situation nicht in eine Einstellungsfolge aufgelöst, sondern durchgängig, in einer einzigen längeren Einstellung, häufig verbunden mit aufwändigen Kamerabewegungen dargestellt („Plansequenz"). „Syntagmen" bestehen dagegen aus mehreren Einstellungen.
- Die Einstellungen eines Syntagmas können in einer zeitlichen Relation zueinander stehen (chronologisch) oder nicht (a-chronologisch).
- Bei einem a-chronologischen Syntagma kann es sich um ein „paralleles Syntagma", das heißt eine vergleichende Montage auf symbolischer Ebene (Frühling/Winter, Krieg/Frieden, Armut/Reichtum) handeln oder um ein „Syntagma der zusammenfassenden Klammerung", wenn verschiedene Einstellungen aneinandergereiht werden, die sich unter einem abstrakten Oberbegriff zusammenfassen lassen (Hungersnot, Glück etc.).
- Stehen die Einstellungen in einer zeitlichen Relation zueinander, bilden sie bei Simultaneität des Gezeigten (Beschreibung von Gegenständen und Schauplätzen) ein „deskriptives Syntagma", bei Sukzession ein „narratives".
- In narrativen Syntagmen wird entweder linear erzählt oder im Wechsel zwischen parallel verlaufenden Handlungssträngen (Verfolgungsjagd). Metz spricht hier von „alterniertem Syntagma", üblich sind aber auch die Bezeichnungen „Parallelmontage" oder „Kreuzschnitt" (*cross-cutting*).

- Herrscht in einem linear narrativen Syntagma Kontinuität von Zeit und Raum, liegt eine „Szene“ vor, bei Diskontinuität eine „Sequenz“. Die „Szene“ ist auch die Form, in der die Eröffnungssequenz von *Le jour se lève* montiert ist.
- Von der „gewöhnlichen Sequenz“, die auf zeitlicher und räumlicher Sukzession beruht, hebt Metz schließlich noch den Spezialfall einer „Sequenz durch Episoden“ ab, die verschiedene Stadien einer Entwicklung in geraffter Form präsentiert.

Übungen zu Syntagmatischen Mitteln finden Sie im Modul unter Gestaltungsmittel.

4 Das Protokoll als Grundlage der Filmanalyse

Die Kenntnis der filmischen Gestaltungsmittel und der Terminologie, die zu ihrer Beschreibung dient, ist zwar eine notwendige, aber nicht die einzige Voraussetzung für die Filmanalyse. Während man bei der Analyse eines literarischen Werks jederzeit auf den schriftlich fixierten Text zurückgreifen kann, entziehen sich die Bilder und Töne des Films dem Betrachter gleich wieder. Um zu überprüfbaren Aussagen über einen Film zu kommen und damit auch wissenschaftlichen Kriterien zu genügen, ist es deshalb erst einmal nötig, einen Film so genau und objektiv wie möglich nach formalen und inhaltlichen Kriterien zu beschreiben und diese Beschreibungen eventuell durch Zeichnungen zu ergänzen. Das geschieht in Form eines Filmprotokolls. Früher, als es noch keine Video- und DVD-Geräte gab, konnte diese Arbeit ganz korrekt nur an voluminösen Schneidetischen durchgeführt werden. Die heute zur Verfügung stehende Technik ermöglicht es hingegen, einen Film wie ein Buch zu behandeln. Mit ihrer Hilfe wird die Rezeption individuell: Man kann anhalten, zurück- und vorspulen und durch Zeitlupe und Einzelbildschaltung auch kleinste Details sichtbar machen. Das Filmprotokoll, das man auf diese Weise anfertigt, ist eine wichtige Gedächtnisstütze und eine unerlässliche Grundlage für jede weitergehende Analyse. Das heißt aber auch, dass das Filmprotokoll kein Selbstzweck ist. Es sollte immer im Hinblick auf eine bestimmte Fragestellung angefertigt werden. Meistens hat es keinen Sinn, einen Film detailliert von Anfang bis Ende durchzuprotokollieren. Das erweckt die Illusion, dass man einen Film erfasst hat, aber in Wahrheit ist die eigentliche Arbeit – die Analyse und Interpretation – erst noch zu leisten. Außerdem ist es auch mit Filmprotokoll nötig, einen Film mehr als einmal anzusehen.

Zwei Formen des Filmprotokolls oder -transkripts haben sich in der Praxis als besonders nützlich erwiesen: Das Einstellungsprotokoll und das Sequenzprotokoll. Dazu ist anzumerken, dass die Einstellung die einzige objektive Größe bei der Segmentierung eines Films ist. Die Einteilung in größere Einheiten wie Sequenzen oder Handlungsabschnitte in Anlehnung an dramenpoetische Vorbilder orientiert sich zwar auch an bestimmten formalen Kriterien wie Änderungen der Figurenkonfiguration, Ortswechseln oder Zeitsprüngen, doch ist die Anwendung dieser Kriterien letztlich immer auch Interpretationssache.

4.1 Das Einstellungsprotokoll

Das Einstellungsprotokoll verzeichnet detailliert kleinste filmische Einheiten. Es ist deshalb besonders für die Analyse von Schlüsselstellen geeignet. Wer sich zum Beispiel – wie wir – für die Gestaltung der Exposition von *Le jour se lève* oder die spezifische Ausformung der Rückblenden interessiert, wird für die entsprechenden Szenen ein Einstellungsprotokoll anfertigen (Abb. 10). Es besteht meistens aus fünf Spalten, die folgendermaßen aufgeteilt sind: 1. fortlaufende Nummerierung der Einstellung, 2. Dauer der Einstellung in Sekunden, 3. Kameraverhalten und Einstellungswechsel (Abkürzungen), 4. Bildinhalt (was zu sehen ist), 5. Tontrakt (was zu hören ist). Je nach Fragestellung können natürlich weitere Differenzierungen vorgenommen werden. So lässt sich etwa die Spalte für den Tontrakt noch in die Rubriken ‚Sprache' (*on/off*), ‚Geräusche' und ‚Musik' untergliedern.

Nr.	Sek	Kamera	Bildinhalt	Tontrakt
15	17	HT, Aufsicht, vertikaler Begleitschwenk in T	2 Pferde, das rechte mit Reiter, auf dem Weg in die Bildmitte, Vorstadtplatz mit hoch aufragendem Wohnhaus	Hufgetrappel, Schellengeläut
16	11	– HT, Begleitschwenk von links nach rechts – freier Schwenk von unten nach oben – Überblendung	Pferde, von der Seite Wohnhaus von vorne, außen	Hufgetrappel, Schellengeläut, Kindergeschrei
17	44	– HT, Aufsicht freier Schwenk von unten nach oben/rechts – Untersicht	Im Treppenhaus, ein Blinder steigt herauf, Zimmertür Valentin tritt heraus, hält sich den Bauch, stürzt nach vorn auf die Kamera zu, lange Schatten	Schritte des Blinden Valentin : „Tu veux des détails?" – François (schreiend): „Tu vas la taire ta gueule, tu vas la taire" – Schuss – „Te v'là bien avancé maintenant, hein" – Valentin: „Et toi?"
18	4	HT, Aufsicht	Valentin von hinten, stürzt die Treppe hinunter, bleibt liegen	Schritte, Rumpeln

19	7	HN	Valentin auf Augenhöhe, von vorne durch die Gitterstäbe des Geländers, versucht sich aufzurichten	Schritte
20	6	HT, Untersicht Aufsicht	Valentin, von vorne, stürzt weiter die Treppe hinunter Blinder kommt links die Treppe herauf	Schritte, lautes Rumpeln. Blinder: „Qu'est-ce qu'il y a?" (2x) „Quelqu'un est tombé"
21	5	N	Blinder mit dunkler Brille	Blinder: „Quelqu'un est..."
22	12	HT, Aufsicht Schiebeblende rechts/links	Valentin tot auf dem Treppenabsatz, links daneben der Blinde, tastet mit dem Stock, wendet den Kopf	Blinder: „Quelqu'un, quelqu'un est tombé, quelqu'un, il y a quelqu'un?"

Abb. 10: Einstellungsprotokoll (Exposition) Marcel Carné, *Le jour se lève* (F 1939)

Übungen zu Einstellungs- und Sequenzprotokoll finden Sie im Modul unter Filmprotokoll.

4.2 Das Sequenzprotokoll

Ein Sequenzprotokoll bzw. eine Sequenzliste legt man dagegen an, wenn man einen Überblick über die Gesamthandlung und Aufschlüsse über die Handlungsstruktur gewinnen möchte. Beide Protokollformen ergänzen sich. In der Regel wird man zuerst ein Sequenzprotokoll erstellen und dann, je nach Bedarf, verschiedene Einstellungsprotokolle. Darüber hinaus besteht die Möglichkeit, Sequenz- und Einstellungslängen, Schnittfrequenzen oder auch das Verhältnis von Handlungselementen und Zeitdauer grafisch zu verdeutlichen (vgl. dazu die Anregungen in Korte 1999, 39-53). Das Sequenzprotokoll (Abb. 11) enthält üblicherweise die folgenden Daten: 1. Nummer der Sequenz, 2. Dauer der Sequenz in Minuten und Sekunden, 3. Hinweise zum Geschehen, zu den Figuren und zum Schauplatz. Die einzelnen Sequenzen können wiederum in kleinere Handlungseinheiten (Subsequenzen) unterteilt werden.

Nr.	Dauer	Geschehen
	00:00-01:47	Vorspann
1	**01:48-12:50**	**François' Tat und die Belagerung durch die Polizei**
	01:48-03:33	In einem Mietshaus: Valentin stürzt angeschossen ins Treppenhaus und stirbt

	03:34-07:19	Zwei Polizisten ermitteln, François schließt sich in sein Dachzimmer ein
	07:20-10:15	Verstärkung der Polizei, François bewegt sich unruhig im Zimmer
	10:16-12:50	Nacht, die Polizei beschießt das Fenster, François beginnt zu warten
2	**12:51-34:51**	**François' erste Erinnerung (Rückblende)**
	12:51-13:37	Aufbruch mit dem Fahrrad zur Arbeit, Fabrik von außen
	13:38-17:29	In der Fabrik: François begegnet Françoise
	17:30-26:36	François besucht Françoise abends bei ihr zu Hause
	26:37-34:51	François folgt Françoise ins Variété, Auftritt Valentins, Bekanntschaft mit Clara
3	**34:52-41:15**	**Nacht. François wartet in seinem Zimmer**
	34:52-37:50	François läuft unruhig umher, sein Nachbar Gerbois schläft im Treppenhaus
	37:51-41:15	Die Polizei schießt durch die Tür, François schiebt einen Schrank davor
4	**41:16-65:44**	**François' zweite Erinnerung (Rückblende)**
	41:16-42:24	Sonntäglicher Besuch bei Clara im Hotel gegenüber
	42:25-48:53	Valentin stört François und Clara
	48:54-55:25	Unterredung zwischen François und Valentin im Café
	55:26-61:42	François und Françoise besuchen das Gewächshaus, Liebeserklärung
	61:43-65:44	François trennt sich von Clara; Valentins Broschen
5	**65:45-71:38**	**Nacht. François wartet weiter in seinem Zimmer**
	65:45-66:12	François wirft die Brosche von Françoise aus dem Fenster
	66:13-67:38	François zerschlägt den Spiegel in seinem Zimmer
	67:39-71:19	François schreit auf die Menschenmenge auf dem Platz ein, Verstärkung der Polizei, Françoise wird zu Clara ins Hotel gebracht

	71:20-71:38	François friert in seinem Zimmer
6	**71:39-78:32**	**François' dritte Erinnerung (Rückblende) Valentin besucht François und provoziert ihn, François schießt auf Valentin**
7	**78:33-85:30**	**Am Morgen. Die Polizei greift an, François begeht Selbstmord**
	78:33-80:03	François' letzte Zigarette erlischt, die Polizei rüstet zum Angriff
	80:04-82:24	Clara pflegt Françoise
	82:25-85:30	Die Polizei greift mit Tränengas an, François erschießt sich, sein Wecker klingelt
	85:31-85:34	„Fin"

Abb. 11: Sequenzprotokoll von Marcel Carné, *Le jour se lève* (F 1939)

Sinnvoll ergänzen ließe sich das Sequenzprotokoll zu *Le jour se lève* durch die Angabe der Einstellungsnummern, der unterschiedlichen Montageformen (Szene, Sequenz, alternierte Sequenz) und Einstellungswechsel (Auf-/Ab-/Über-/Schiebeblende) oder auch der durchschnittlichen Einstellungslänge pro Sequenz (vgl. das detaillierte Protokoll in Raabe 1992, 244). Doch schon in der vorliegenden Form werden der analytische Aufbau und die Ringstruktur der Handlung, die Verdichtung von Raum und Zeit sowie die Konzentration auf die Hauptfigur François deutlich. Das zeigt, dass das Protokoll nicht nur der Fixierung und Aufschlüsselung eines flüchtigen und komplexen Gesamteindrucks dient, sondern auch erste Anhaltspunkte für weitergehende Fragestellungen zu liefern vermag. Zusätzlich zum Protokoll empfiehlt es sich, eine kurze Inhaltsangabe des Films anzufertigen und die wichtigsten Produktionsdaten zusammenzustellen (Produktion, Regie, Drehbuch, Kamera, Ton, Schnitt, Ausstattung, Musik, Darsteller, Datum der Erstaufführung usw.).

In manchen Fällen besteht die Möglichkeit, auf fertige Filmprotokolle zurückzugreifen, die als Filmtranskript, *découpage intégral* oder *shot-by-shot-presentation* angeboten werden. Zu zitieren sind sie wie andere Sekundärliteratur auch, unter Nennung von Quelle, Bearbeitern usw. In Frankreich hat sich die Zeitschrift *L'avant-scène du cinéma*, die seit 1961 erscheint, auf die Veröffentlichung von Filmprotokollen spezialisiert. Das Protokoll bzw. das nachträglich modifizierte Drehbuch zu *Le jour se lève* ist beispielsweise in Nr. 53 (1965) abgedruckt. In der Regel besteht ein grundsätzlicher Unterschied zwischen Filmprotokoll und **Drehbuch**: Das Drehbuch geht dem Film voraus. Es gibt Auskunft über die Produktion des Films und möglicherweise auch über die Intentionen des Drehbuchautors und des Regisseurs. Das **Filmprotokoll** bezieht sich dagegen auf den fertigen Film. Da der fertige Film erheblich vom Drehbuch abweichen kann, ist das Filmprotokoll die einzige verlässliche Grundlage für die Filmanalyse (vgl. zum Drehbuch u.a. Vanoye 1999).

5 Film als Erzählung

Als Erzählung erfüllt der Film die beiden grundlegenden Voraussetzungen für Narrativität: Indem er eine in Raum und Zeit situierte Handlung entfaltet, entspricht er der weiten Definition des Erzählens. Indem er auf einer erzählerartigen Vermittlungsinstanz beruht, entspricht er auch der engen Definition des Erzählens. Zur Darstellung der unterschiedlichen Erzähldimensionen des Films empfiehlt es sich daher, das aus der Analyse narrativer und dramatischer Texte bekannte Modell der Makro-, Diskurs- und Mikrostruktur beizubehalten.

5.1 Makrostruktur

Die Makrostruktur soll hier nur kurz erwähnt werden, denn wie Titel und Thema, die Handlungsstruktur und ihre Segmentierung, das Personal und die Figurenkonstellation sowie Raum und Zeit der Handlung zu analysieren sind, lässt sich an anderer Stelle nachlesen. In Bezug auf den Film sind jedoch wenigstens zwei Dinge hervorzuheben. Das eine ist die Herausbildung filmtypischer Konventionen für alle Elemente der Makrostruktur. Am deutlichsten wird das im Bereich des Genrefilms: Der Western, der Kriminalfilm, die Slapstickkomödie, der Liebes-, Abenteuer-, Agenten-, Horror- und Sciencefictionfilm oder das Roadmovie haben feste Muster ausgebildet, das heißt stereotype Handlungen, Situationen und Figuren, die einen Film vom Titel bis zur Schlusseinstellung prägen können und auch da noch wirken, wo sie bewusst umgangen oder parodiert werden. Das zweite ist die Bedeutung der normativen Poetiken des Drehbuchschreibens, die überwiegend amerikanischer Herkunft sind und ihren Teil dazu beigetragen haben, dass sich bestimmte Arten der Handlungsführung wie auch der Gliederung der Handlung in Szenen und Sequenzen als filmtypische Erzähldramaturgie durchsetzen konnten. In Syd Fields weit verbreiteter Anleitung zum Drehbuchschreiben *Das Handbuch zum Drehbuch* (1998; Originaltitel: *The Screenwriters Workbook*, 1984) wird zum Beispiel das folgende dreiaktige Strukturmodell propagiert, in dem es vor allem auf die richtige Platzierung der *plot points*, der dramatischen Wendepunkte ankommt: Erster Akt (30 Seiten): Exposition und *plot point* I – Zweiter Akt (60 Seiten): Konfrontation, zentraler Punkt (Höhepunkt), *plot point* II – Dritter Akt (30 Seiten): Auflösung.

8 Der Aufbau und die Handlungsstruktur von *Le jour se lève* entsprechen der geschlossenen Form des Dramas in seiner analytischen Variante: Das Ende wird vorweggenommen, die Handlung besteht aus der Rekonstruktion der Vorgeschichte. Der Film erhält dadurch Züge der Tragödie, des Unentrinnbaren, Schicksalhaften. Die Rolle des Zuschauers ist die des ohnmächtigen Zeugen, aber auch des Richters oder psychologischen Gutachters, der die Beweggründe der Tat verstehen möchte. Im Mittelpunkt steht ein Liebes- und Eifersuchtskonflikt, der wegen der unterschiedlichen Milieuzugehörigkeit von François (Arbeiter) und Valentin (Varieté-Künstler) auch eine soziale Komponente enthält. Der Konflikt geht aus einer klassischen Dreiecksbeziehung hervor (François – Françoise – Valentin), die sich zur Viererkonstellation ausweitet, als François eine Beziehung mit Valentins ehemaliger Assistentin Clara (Arletty) eingeht. Wie im klassischen Drama gibt es nur wenige Hauptfiguren, die Figurenkonstellation ist überschaubar, symmetrisch und verdichtet, das heißt alle möglichen

Beziehungen zwischen den Figuren sind realisiert. Zur Rollenbesetzung, dem Casting, ist zu bemerken, dass das Image, das die Schauspieler schon mitbrachten, ganz dem Profil der Hauptfiguren entspricht: Jean Gabin (François) spielt den einfachen, edlen, einsamen, verlorenen Helden und Jules Berry (Valentin) den eleganten, zwielichtigen, redegewandten Bösewicht. In Bezug auf Raum und Zeit ist vor allem die Wahrung der klassischen Einheiten festzuhalten. Die Handlung der Basiserzählung spielt sich hauptsächlich in François' Dachzimmer ab, die Dauer beträgt ca. acht Stunden: vom Abend bis zu dem im Titel genannten Tagesanbruch.

Übungen zur Makrostruktur finden Sie im Modul unter Narrativische Elemente.

5.2 Diskursstruktur

Auch auf der Ebene des Diskurses, der erzählerischen Vermittlung, weist der Film eine Reihe von Gemeinsamkeiten zu literarischen Texten auf, die es erlauben, an literaturwissenschaftliche Begriffe anzuknüpfen. Der filmische Diskurs gliedert sich in die Elemente Erzählperspektive, Zeitformen und Montageprinzipien.

5.2.1 Erzählperspektive

Unter Erzählperspektive soll hier die Vermittlung des Geschehens durch ein jeweils spezifisches Kameraverhalten und die entsprechende Montage von Bild und Ton verstanden werden. Die erzählerischen Möglichkeiten, die sich dabei im Einzelnen ergeben, lassen sich einmal im Rahmen der deutschsprachigen Erzähltheorie (verschiedene Erzählsituationen) und dann im Anschluss an die französische Erzählforschung (Fokalisierung, Okularisierung, Aurikularisierung) beschreiben. Diese Unterscheidung knüpft an terminologische Optionen an, die bereits in dem Kapitel zur Analyse narrativer Texte vorgestellt wurden.

Die von Franz K. Stanzel in mehreren Arbeiten entwickelte Typologie der literarischen Erzählsituationen (Stanzel 1955, 1964 und 1991) wurde unter anderem von Matthias Hurst (1996) und Anke-Marie Lohmeier (1996, 188-213) auf den Film übertragen. Beide Autoren definieren allerdings nicht nur die filmischen Äquivalente zur personalen, auktorialen und Ich-Erzählsituation unterschiedlich, sie lassen auch die gerade für den Film so charakteristische ‚neutrale Erzählsituation‘ unberücksichtigt, die Stanzel freilich selbst in späteren Versionen seiner Theorie wieder fallengelassen hatte (Stanzel 1964 und 1991). Der folgende Überblick, der von vier filmischen Erzählsituationen ausgeht, versucht diese Lücke zu schließen. Wie in der Literatur sind die Erzählsituationen im Film selten konstant. Das gilt im Film sogar für die Ich-Erzählsituation, die häufig in personales oder neutrales Erzählen übergeht.

Die **neutrale Erzählsituation** ist die Nullstufe des filmischen Erzählens. Die Kamera erscheint als unbeteiligt-registrierender Beobachter. Das Kameraverhalten und die Montage vermeiden alles, was den Eindruck der Unmittelbarkeit des Dargestellten stören könnte.

Die **auktoriale Erzählsituation** lässt dagegen die Vermitteltheit des Erzählten hervortreten: Die Kamera löst sich von den Figuren und der Handlung und bewegt sich frei im Raum. Sie ist oftmals so positioniert, dass sie zu wissen scheint, was die Figuren tun werden. Gleichzeitig macht die Montage durch ungewöhnliche Einstellungsverknüpfungen, häufige Ortswechsel und Zeitsprünge sowie ‚achronologische' und ‚deskriptive Syntagmen' auf die Erzählinstanz aufmerksam.

Die **personale Erzählsituation** zeigt das Geschehen aus der Perspektive einer Figur. Die Kamera folgt den Handlungen der Figur, deutet Innensicht durch Nah- und Großaufnahmen an und nimmt häufig die „Position der identifikatorischen Nähe" (Hickethier 2001, 132) ein (subjektive Kamera, *over the shoulder-shot* usw.). Die Montage ist vorwiegend narrativ und folgt den Konventionen der natürlichen Wahrnehmung. Dazu gehört beispielsweise die Schnittfolge des ‚erblickten Blicks': Man sieht zuerst, was die Figur sieht, und dann sieht man die sehende Figur selbst – oder umgekehrt.

Die **Ich-Erzählsituation** ist auf der Bildebene mit der personalen Erzählsituation identisch. Zur Ich-Erzählsituation wird sie erst dann, wenn das erlebende Ich durch ein erzählendes Ich, das sich sprachlich manifestiert, ergänzt wird. Denn selbst die ausschließliche Verwendung der subjektiven Kamera kann lediglich ein erlebendes, nie ein erzählendes Ich suggerieren (Hurst 1996, 98). Während die Hinzunahme einer entsprechenden Erzählerstimme für die neutrale, auktoriale und personale Erzählsituation fakultativ ist, ist sie für die Ich-Erzählsituation obligatorisch. Die Ich-Erzählsituation ist also die einzige Erzählsituation, die sich nicht mit rein filmischen Mitteln erzeugen lässt.

9 In *Le jour se lève* überwiegt die personale Erzählsituation. Erzählt wird hauptsächlich aus der Perspektive von François. Erkennbar ist das unter anderem an der figurengebundenen Kameraführung, der geringen Distanz der Kamera zur Figur, an Nah- und Großaufnahmen sowie subjektivierenden Kameratechniken und Schnitten. In der Eingangssequenz dominieren jedoch auktoriale Elemente (Totale, freie Kamerabewegungen und auffällige Einstellungsverbindungen).

Während die deutschsprachige Erzählforschung mit dem Begriff ‚Erzählsituation' eine synthetische Kategorie favorisiert, in der unterschiedliche Merkmale zu einem Typ zusammengefasst werden, setzt die französische Erzählforschung im Anschluss an Gérard Genette (1972, 1983) auf analytische Modelle, die verschiedene individuell kombinierbare Kategorien bereit stellen. Die Filmwissenschaftler André Gaudreault und François Jost haben Genettes Begriff der Fokalisierung (interne/externe/Null-Fokalisierung) weiterentwickelt und sind dabei zu Ergebnissen gekommen, die es erlauben, die Erzählperspektive im Film (und in der Literatur) genauer als bisher zu beschreiben (Abb. 12). Der Plurimedialität des Films entsprechend unterscheiden sie zwischen **Okularisierung** (wer sieht?) und **Aurikularisierung** (wer hört?):

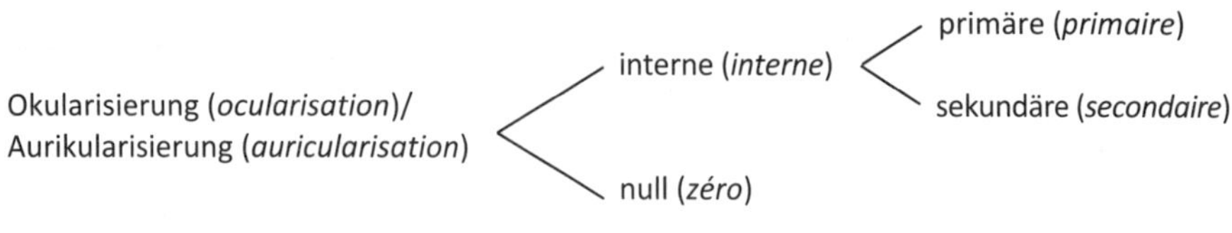

Abb. 12: Okularisierung/Aurikularisierung (nach Gaudreault/Jost 1990, 131)

Die verschiedenen Möglichkeiten erklären sich folgendermaßen: Interne primäre Okularisierung/Aurikularisierung liegt vor, wenn das, was der Zuschauer sieht/hört, der Wahrnehmung einer Figur entspricht und Merkmale von Subjektivität trägt (Zittern des Bildes/verzerrter Ton). Ähnlich ist es bei der internen sekundären Okularisierung/Aurikularisierung, nur wird die Subjektivität von Bild/Ton hier erst durch den Kontext erzeugt (Schuss-Gegenschuss/Zeigen einer lauschenden Figur). Bei der Null-Okularisierung/Aurikularisierung ist das, was der Zuschauer sieht/hört, unabhängig von der Wahrnehmung einer Figur (*nobody's shot*/Stimmen, Geräusche, Musik aus dem *off*).

Den Begriff **Fokalisierung** behalten André Gaudreault und François Jost der Regulierung des Informationsverhältnisses zwischen Film und Zuschauer vor, also dem, was im Rahmen der Dramenanalyse nach Pfister (1988, 79-90) als Relation zwischen Zuschauer- und Figureninformiertheit bezeichnet wird: Bei der internen Fokalisierung weiß der Zuschauer genauso viel wie die Figuren (Z = F), bei der externen Fokalisierung weiß er weniger (Z < F) und bei der spektatoriellen (zuschauerbezogenen) Fokalisierung (*focalisation spectatorielle*) weiß er mehr (Z > F).

10 Beispiele für interne (sekundäre) Okularisierung/Aurikularisierung finden sich unter anderem in der Szene, in der François zum ersten Mal von der Polizei beschossen wird. Die interne Aurikularisierung ist daran zu erkennen, dass François zusammenzuckt (11:12), die interne Okularisierung wird durch die Abfolge der Einstellungen deutlich, die den hin- und herirrenden Blick von François und dann die verschiedenen Einschüsse in Fenster und Spiegel zeigen (11:25). Soweit der Zuschauer die Situation des Belagerten und seine Erinnerungen teilt, ist die Fokalisierung intern, soweit er mehr weiß, zum Beispiel über die Angriffsvorbereitungen der Polizei, ist sie spektatoriell. In der Anfangssequenz und in Bezug auf die unbekannte Vorgeschichte ist die Fokalisierung extern.

5.2.2 Zeitformen

Das zweite Diskurselement ist die Zeitgestaltung. Zu ihrer Beschreibung lassen sich dieselben Kategorien heranziehen wie bei literarischen Texten. In der Terminologie Genettes sind das die Kategorien ‚Ordnung', ‚Dauer' und ‚Frequenz'. Was die Ausprägung der einzelnen Zeitformen betrifft, sind im Film jedoch einige medienspezifische Besonderheiten zu verzeichnen.

Die Kategorie der **Ordnung** bezieht sich auf die Möglichkeit, die chronologische Erzählung durch Rückwendungen/Analepsen, Vorausdeutungen/Prolepsen und die Darstellung simultaner Handlungen zu durchbrechen. Während Vorgriffe (*flashforward*) im Film eher selten sind, kommen Rückblenden (*flashback*) relativ häufig vor. Die bildliche Darstellung der Vergangenheit bringt aber das Problem mit sich, wie dem Zuschauer der Wechsel der Zeitebene vermittelt werden soll. Anders als der literarische Erzähler verfügt die Kamera über kein Mittel, um das, was sie zeigt, als Vergangenes oder Zukünftiges auszuweisen. Wenn der Film nicht auf einen Erzählerkommentar oder auf Schriftinserts („3 Jahre später") zurückgreifen will, muss er dafür sorgen, dass der Zuschauer den Wechsel der Zeitebene aus dem Kontext der Handlung und aus den Bildern selbst erschließen kann (weil eine andere Jahreszeit herrscht, weil die Figuren gealtert sind usw.).

Die meisten Rückblenden werden jedoch in eine konkrete Situation eingebettet, aus der sie sich entwickeln und in die sie auch wieder zurückführen. So werden Rückblenden gerne als Erinnerungen von Figuren motiviert und Vorausdeutungen zum Beispiel als Träume oder Visionen. In den 1930er und 1940er Jahren hat sich im konventionellen Spielfilm eine Reihe von Übergangssignalen herausgebildet, auf die man später mit zunehmender Erfahrung der Filmzuschauer jedoch teilweise wieder verzichtete. Zu diesen Signalen gehören die Ranfahrt, die Großaufnahme eines Gesichts, der nach innen oder in die Ferne gerichtete Blick und die Überblendung. Unterstützt werden diese bildlichen Mittel oft auch noch durch entsprechende Musiksignale und Geräusche, durch die Stimme eines *off*-Erzählers oder durch die direkte Rede bzw. den inneren Monolog der sich erinnernden Figur.

Gleichzeitig stattfindende Handlungen lassen sich im Film auf dreierlei Weise darstellen: innerhalb ein- und derselben Einstellung, durch technische Tricks wie die Überblendung oder das Verfahren der ‚geteilten Leinwand' (*split screen*) und indem sie nacheinander oder alternierend erzählt werden.

Zur Kategorie der **Dauer**/Geschwindigkeit, also der Gestaltung des Verhältnisses von Erzählzeit und erzählter Zeit mittels Aussparungen, Zeitraffung, Zeitdeckung, Zeitdehnung und Pausen, ist zunächst einmal zu bemerken, dass der Film während der Dauer einer Einstellung immer szenisch-zeitdeckend erzählt, weil er ja dramatische Sprechsituationen abbildet – es sei denn, die Bildgeschwindigkeit wird durch Zeitraffer oder Zeitlupe verändert. Auf Sequenzebene wird zeitdeckendes Erzählen in der ‚autonomen Einstellung' (Plansequenz) und in der ‚Szene' verwirklicht. Zeitraffung kann im Film normalerweise nur zwischen den Einstellungen/Szenen stattfinden. Das raffende Moment tritt vor allem in der ‚gewöhnlichen Sequenz' bzw. in der ‚Sequenz durch Episoden' stärker hervor. Insofern der Film Zeit rafft, ist er immer auch elliptisch. In der Regel fallen Aussparungen (Ellipsen) aber nur auf, wenn sie zu besonderen Effekten genutzt werden. Die Möglichkeit, die erzählte Zeit zu dehnen, ist im Film nicht sehr ausgeprägt. Sie kommt allenfalls bei der Abbildung psychischer Vorgänge oder in ‚parallelen Syntagmen' vor. Auch von Pause kann man im Film reden, und zwar immer dann, wenn die Kamera oder die Montage eine eindeutig beschreibende Funktion ausübt. Das ‚deskriptive Syntagma' entspricht dieser Funktion. Wie André Gaudreault und François Jost (1990, 120f.) hervorheben, lässt sich das Kriterium der Dauer auch auf Filme als Ganzes anwenden: So gibt es raffende, zeitdeckende, beschreibende und zeitdehnende Filme – nur elliptische gibt es selbstverständlich nicht.

Auf den Film übertragbar ist schließlich auch die Kategorie der **Frequenz**. Der Film kann singulativ, repetitiv oder iterativ erzählen. Da er über Bild und Ton verfügt, ist er in der Lage, eine ganze Reihe von Kombinationsmöglichkeiten hervorzubringen, die der Literatur in dieser Weise nicht zu Gebote stehen.

11 *Le jour se lève* enthält einige besonders charakteristische Beispiele für Rückblenden, die auch das Strukturschema des gesamten Films bilden. In drei langen Rückblenden (externe Analepsen) wird die Erinnerungshandlung, die knapp zwei Drittel des Films ausmacht, sukzessive in die Gegenwartshandlung integriert, bis die Zeitebenen am Schluss ineinander übergehen. Bei der ersten Rückblende kommen die oben genannten Übergangssignale vollständig zum Einsatz. Bemerkenswert ist vor allem die *off*-Stimme, die erst später zur Verdeutlichung hinzugefügt wurde: „Et cependant, hier encore, souviens-toi!“ (12:40). Sie kann als Aufforderung eines Erzählers, aber auch als innere Rede der Figur aufgefasst werden. In den einzelnen Sequenzen wird vorwiegend szenisch erzählt, wobei die Erzählgeschwindigkeit anfangs größer ist und gegen Ende spannungssteigernd abnimmt. Im Ganzen könnte man den Film als tendenziell zeitdeckend klassifizieren, denn die Gegenwartshandlung dauert nur ca. acht Stunden. Wie in den meisten Filmen wird in *Le jour se lève* hauptsächlich singulativ erzählt. Die Mordszene indessen wird repetitiv dargestellt. Zu Beginn hört man sie allerdings nur, erst am Ende der letzten Rückblende ist sie dann auch zu sehen. Iterativen Charakter hat beispielsweise François' morgendliche Fahrt zur Arbeit: Sie wird einmal gezeigt (12:51), findet aber jeden Tag statt.

5.2.3 Montageprinzipien

Das dritte wichtige Diskurselement ist die Montage. Nachdem die Montage bisher vorwiegend unter systematischen Gesichtspunkten betrachtet wurde, sollen nun einige prägnante Montageprinzipien zur Sprache kommen, die sich in der Geschichte des filmischen Erzählens herausgebildet haben. Die Art Filme zu schneiden, lässt sich grob danach einteilen, ob sich die Aufmerksamkeit des Zuschauers eher auf die Geschichte, auf das ‚Was‘ des Erzählens, oder auf den Diskurs, auf das ‚Wie‘ richten soll. Im ersten Fall ist meistens beabsichtigt, die Wirklichkeitsillusion zu stärken, und im zweiten Fall, sie zu stören. In der Filmtheorie haben sich dafür verschiedene Begriffspaare herausgebildet: „mise en scène“ und „montage“ (Bazin 1981, 73ff.), „fonction normale du montage“ und „montage expressif“ (Aumont 1999, 45f.), „continuity editing“ und „dynamic editing“ (Jinks 1974, 82) oder „Transparenz“ und „Materialität“ (Hickethier 2001, 149) – letzteres ist das Begriffspaar, das hier verwendet wird.

Das Transparenzprinzip zielt darauf ab, Schnitte unsichtbar zu machen und dadurch eine „Illusion des ununterbrochenen Geschehensflusses“ (Hickethier 2001, 150) zu erzeugen. Erreicht wird dies durch die natürlich wirkenden Schnittkonventionen Schuss-Gegenschuss und der ‚erblickte Blick‘ sowie die Abfolge Überblickseinstellung (*establishing shot*) – Halbnah – Nah (*rule of the three*). Dazu kommen die Vermeidung von *jump cuts* und Achsensprüngen sowie eine geschlossene Kadrierung, die beispielsweise dafür sorgt, dass die Figuren nicht seitlich aus dem Bild treten. Das Transparenzprinzip wird oft auch als *découpage classique* bezeichnet. Es ist ein Merkmal des traditionellen Erzählkinos, insbesondere des Hollywoodfilms der 1930er bis 1950er Jahre.

Das Materialitätsprinzip umfasst alles, was der Transparenz entgegensteht und den artifiziellen Charakter des Films hervorhebt: harte Schnitte, Achsensprünge, *jump cuts, match cuts* usw. Es findet sich im russischen Film der 1920er Jahre (Eisenstein, Pudowkin, Wertow), im europäischen Autorenkino der 1950er und 1960er Jahre (Godard, Kluge etc.) und heute vor allem in Videoclips. Ein Beispiel ist die bereits erwähnte Autofahrt aus Godards *A bout de souffle*: Während die Fahrbewegung und der begleitende Ton (Dialog) Kontinuität suggerieren, wechseln sprunghaft die Bildausschnitte. Auch der Kamerastandpunkt irritiert, weil er den Eindruck erweckt, dass eine dritte Person zusehen würde. Das verstößt jedoch gegen das Gesetz des unsichtbaren Beobachters.

Neben Materialität und Transparenz gibt es noch ein drittes einflussreiches Konzept, das der inneren Montage. Die innere Montage ist eine Art Anti-Montage: Innerhalb einer Einstellung wird das gezeigt, was sich sonst nur durch die Verknüpfung verschiedener Einstellungen zeigen lässt (Ursache/Wirkung, Vorher/Nachher usw.). Die Mittel dazu sind die Plansequenz, lange Kamerafahrten und Schwenks sowie die Schärfentiefe, die eine räumliche Staffelung der Handlung erlaubt. In der Theorie wurde das Prinzip der inneren Montage unter anderem von André Bazin, dem Gründer der lange Zeit maßgeblichen Filmzeitschrift *Cahiers du cinéma* vertreten (vgl. seinen programmatischen Artikel „Montage interdit" von 1953/57). In der Praxis finden sich vor allem Beispiele in den Filmen von Orson Welles, Jean Renoir, Michelangelo Antonioni, Andrej Tarkowskij, Theo Angelopoulos und Jim Jarmusch.

12 Die Montage von *Le jour se lève* gehorcht eindeutig dem Transparenzprinzip. Ein klassisches Beispiel dafür ist die Unterredung zwischen den Rivalen François und Valentin in einem Café (48:54-55:25). Die Szene wird in amerikanische und Naheinstellungen von François und Valentin aufgelöst, die als *over-the-shoulder-shots* realisiert sind und im Schuss-Gegenschuss-Prinzip aufeinander folgen. Unterbrochen werden sie von einer Halbtotalen, die beide Gesprächspartner aus einer gewissen Entfernung im Profil zeigt (50:44). Etwa in der Mitte des Gesprächs wechselt die Kamera, um den Blickwinkel zu variieren, auf die andere Seite der Handlungsachse, jedoch nicht ohne diesen Achsensprung durch einen Zwischenschnitt auf einen Straßenmusikanten zu kaschieren (52:37).

Übungen zur Diskursstruktur finden Sie im Modul unter Narrativische Elemente.

5.3 Mikrostruktur

Der Begriff „Mikrostruktur" bezieht sich auf die kleinsten Einheiten des Films, die Einstellungen. Ein wichtiger Teilbereich ihrer Analyse ist die audiovisuelle Rhetorik, denn die Verwendung rhetorischer Mittel beschränkt sich nicht auf die Sprache. Durch Bild, Ton und Montage ist der Film in der Lage, verschiedene rhetorische Figuren zu erzeugen bzw. Bedeutungen hervorzubringen, die sich mit Hilfe rhetorischer Figuren beschreiben lassen (Kanzog 2001). Unschwer zu klassifizieren ist etwa die Verstärkung einer Aussage durch mehrere aufeinander folgende Einstellungen (Klimax), die signifikante Auslassung zwischen zwei Einstellungen (Ellipse) oder die Verbindung von Einstellungen, zu denen der Betrachter das *tertium comparationis* bilden soll (Vergleich) – wie bei dem bereits erwähnten *match cut* (Knochen/Raumschiff) aus Stanley Kubricks Kultfilm *2001: A Space Odyssey*.

Viele Filmwissenschaftler gehen auch von der Existenz filmischer Tropen aus und verstehen darunter Bilder, in denen das eigentlich Gemeinte uneigentlich zum Ausdruck gebracht wird: ein Kaminfeuer steht für den Liebesakt (Metapher, Euphemismus), ein zerbrochener Spiegel für die gestörte Identität des sich Spiegelnden (Metonymie), eine Frau für alle Frauen (Synekdoche), ein riesiges Auge für ein normales Auge (Hyperbel) etc. Andere Filmwissenschaftler betonen dagegen, dass es strenggenommen keine filmischen Tropen gebe, weil Bilder als ikonische Zeichen uneigentliche Bedeutungen immer nur zusätzlich und nie – so die Definition von Tropus – anstelle ihrer eigentlichen Bedeutung annehmen können (Lohmeier 1996, 300): ein Feuer, ein Spiegel, eine Frau und ein Auge bleiben im Film immer das, was sie sind. Wer bestimmte uneigentliche Bedeutungen als Metaphern, Metonymien usw. beschreibt, drückt sich daher selbst schon metaphorisch aus. Immerhin kann der Film jedoch, auch wenn er nicht imstande ist, echte Tropen zu erzeugen, sprachliche Tropen visualisieren (Liebesfeuer) und bereits bestehende ikonografische Konventionen (der zerbrochene Spiegel) abbilden (Lohmeier 1996, 309).

13 In *Le jour se lève* wird der Zuschauer durchgehend dazu gebracht, bestimmten Figuren, Örtlichkeiten und Gegenständen übertragene Bedeutungen zuzuschreiben. Die Figur des mit dunkler Brille und Stock ausgestatteten Blinden, der sich zu Beginn des Films die Treppe hinauftastet, erscheint als Personifikation des Schicksals und als Hinweis auf die Tragödie. Das Gebäude, in dem François wohnt, hat eine so ungewöhnliche Form und die zentrale Liebesszene zwischen François und Françoise findet an einem so ungewöhnlichen Ort (Gewächshaus) statt, dass der Zuschauer darin sogleich Symbole für die Isolation des Helden bzw. die Bedrohtheit seiner Liebe zu Françoise sieht. Auch der große Spiegel in François' Zimmer ist ein Symbol, ein Symbol der Erinnerung, und zugleich steht er, wie eine Reihe anderer Objekte, die im Laufe des Films immer wieder gezeigt werden, in einer metonymischen Beziehung zu François (vgl. dazu den berühmten Artikel von André Bazin „Fiche du *Jour se lève*" von 1948 [1983], der diesen Aspekt vertieft). In der symbolischen Durchformung der filmischen Wirklichkeit liegt zum einen die Rechtfertigung für die filmhistorische Kennzeichnung *réalisme poétique*, zum anderen ist sie ein Indiz dafür, wie stark *Le jour se lève* sich am Vorbild der Literatur orientiert – ohne jedoch selbst eine Literaturverfilmung zu sein.

Übungen zur Mikrostruktur finden Sie im Modul unter Narrativische Elemente.

6 Literaturverfilmung

Die Literaturverfilmung ist der Bereich des Films, mit dem sich die Literaturwissenschaft zuallererst beschäftigt hat – soweit sie grundsätzlich an der Überschreitung ihres traditionellen Gegenstandsbereichs interessiert war. Aus der Sicht der Literaturwissenschaft ist die Literaturverfilmung „eine mögliche Verwertungs- und Rezeptionsform von Literatur" (Arnold/Detering 1996, 661). Während die Literaturwissenschaft die Abhängigkeit vom Buch und die Bedeutung literaturwissenschaftlicher Analysemethoden hervorhebt, betont die Filmwissenschaft die Eigenständigkeit der Literaturverfilmung und die Notwendigkeit filmspezifischer Vorgehensweisen. So stellt der Filmwissenschaftler Knut Hickethier kategorisch fest: „Der Film nach der Literatur ist Film“ (1989, 183). Die Literaturverfilmung sei daher auch als Teil der Filmgeschichte und im Rahmen des Gesamtwerks eines Regisseurs zu betrachten. In der Tat vermag eine Literaturwissenschaft, die auf die literarische Vorlage fixiert bleibt, der Besonderheit der Literaturverfilmung nicht gerecht zu werden. Das gilt jedoch ebenso für eine Filmwissenschaft, die von der Vorlage überhaupt nichts wissen möchte. Die Literaturverfilmung zeichnet sich ja gerade durch ihren „Ambivalenzcharakter“ (Schachtschabel 1984) bzw. ihren intermedialen Status aus: Einerseits unterliegt sie als Film natürlich ganz anderen Produktions-, Rezeptions- und Distributionsbedingungen als ihre literarische Vorlage, andererseits besitzt sie aber auch gegenüber Filmen, die ‚nur‘ Filme sind, das heißt auf Originaldrehbüchern beruhen, eine zusätzliche Sinndimension, die in der zumeist deutlich markierten Beziehung zu ihrem literarischen Prätext besteht.

Für die Untersuchung der am häufigsten vorkommenden Adaption von Erzähltexten bietet sich die Erzählstruktur als Vergleichsbasis an. Dabei sollte man nie vergessen, dass eine deckungsgleiche Umsetzung des literarischen Textes in einen Film auch bei einem noch so sehr der Werktreue verpflichteten Adaptionskonzept ausgeschlossen ist. Abgesehen von der notwendigen Anpassung an die technischen Möglichkeiten und die Aufführungsbedingungen des Films, sind dafür vor allem zwei Gründe ausschlaggebend: Aus semiotischer Sicht ist zu betonen, dass unterschiedliche Zeichen (Sprache/Bild) immer auch unterschiedliche Bedeutungen hervorbringen. Was semiotisch nicht äquivalent ist, kann es auch semantisch nicht sein. Hermeneutisch betrachtet ist der Umstand entscheidend, dass jede Adaption auf einer Interpretation beruht, das heißt auf einer unvermeidlich individuellen und subjektiven Sinnzuschreibung, die das Sinnpotenzial des Ausgangstextes nie ganz ausschöpft und zugleich neuen Sinn entstehen lässt. Besonders deutlich zeigt sich das bei Werken, die mehrfach verfilmt wurden.

Auch der Vergleich zwischen dem literarischen Prätext und seiner Verfilmung kann sich am Modell der Makro-, Diskurs- und Mikrostruktur orientieren. In der Praxis wird dieser Vergleich allerdings nicht so schematisch ablaufen, wie es das Modell nahelegt, sondern dem jeweiligen Erkenntnisinteresse und der daraus resultierenden individuellen Fragestellung folgen. In jedem Fall müssen Text und Film aber erst einmal separat analysiert werden. Da sich nur wenige Elemente wie das Handlungsschema oder die Figurenkonstellation direkt zueinander in Bezug setzen lassen, wird sich der Vergleich vor allem auf strukturelle Analogien und funktionale Äquivalenzen richten. Wie bei jedem Vergleich geht es, vereinfacht gesagt, um die Feststellung von Gemeinsamkeiten und Unterschieden.

Der Vergleich der Makrostruktur erstreckt sich auf die Grundelemente Handlung, Figuren, Raum und Zeit. Damit eine Verfilmung überhaupt als Verfilmung gelten kann, ist es nötig, dass zumindest der Handlungskern und die zentrale Figurenkonstellation unverändert bleiben. Allgemein ist an Literaturverfilmungen zu beobachten, dass sie sich auf Schlüsselstellen konzentrieren und sich bei der Entfaltung der Handlung von filmdramaturgischen Konventionen leiten lassen.

Beim Vergleich der Diskursstruktur sind vor allem die unterschiedlichen medialen Möglichkeiten zu beachten, die jeweils zur Modellierung der Geschichte zur Verfügung stehen: die Sprache auf der einen Seite, Bild und Ton, Kamera und Montage auf der anderen Seite. Die Grundfrage lautet dabei, ob und wie die literarische Erzählsituation filmisch umgesetzt wird. Von besonderem Interesse sind hier unter anderem die Wiedergabe von Innensicht im Rahmen des personalen Erzählens, die Ich-Erzählsituation, die sich im Film ja nur durch eine sprachliche Ergänzung (Stimme des erzählenden Ichs) zu konstituieren vermag und die Übertragung auktorialen Erzählverhaltens.

Ein Vergleich der Mikrostruktur schließlich ist nicht schon von vornherein aufgrund des unterschiedlichen Zeichenmaterials von Literatur und Film sinnlos. Es kann durchaus angebracht sein zu fragen, ob der Film den Versuch macht, bestimmte stilistische Eigenschaften der Vorlage nachzuahmen oder Symbole und rhetorische Figuren wie Metaphern und Vergleiche in Bilder umzusetzen.

Das Verhältnis zwischen der filmischen Adaption und ihrer literarischen Vorlage kann ganz unterschiedlich ausfallen. Auch wenn es keine festen Normen oder Regeln für die Adaption literarischer Texte gibt, hat man doch immer wieder versucht, verschiedene Typen auseinander zu halten. Das einfachste Kriterium ist der Abstand bzw. die Nähe der Umsetzung zur Vorlage. Am einen Ende der Skala ist die eng an der Vorlage orientierte Nacherzählung anzusiedeln, die ihre Textnähe schon durch die Beibehaltung des Titels und der Figurennamen signalisiert. Am anderen Ende steht die Neuschöpfung, deren Status zumeist mit den Formeln „frei nach“, „nach Motiven von“ oder „inspiriert durch“ angezeigt wird.

Eine genauere Differenzierung lässt sich anhand der Begriffe ‚illustrierend‘, ‚analogisierend‘, ‚interpretierend‘ und ‚aktualisierend‘ vornehmen: Die illustrierende Verfilmung, der am weitesten verbreitete Typ, ist inhaltsorientiert. Sie beschränkt sich darauf, die in der Vorlage erzählte Geschichte möglichst genau nachzubilden. Dem aporetischen Ziel der Werktreue verpflichtet, verzichtet sie weitgehend auf eine filmspezifische Umsetzung des narrativen Diskurses. Sie wird daher auch häufig abschätzig als ‚bebilderte Literatur‘ bezeichnet. Wird dagegen konsequent der Versuch gemacht, die Diskursstruktur des literarischen Textes mit filmischen Mitteln adäquat umzusetzen, kann man von einer analogisierenden Verfilmung sprechen. Interpretierend ist eine Verfilmung, wenn sie über das interpretative Moment hinaus, das jeder Adaption innewohnt, eine erkennbar subjektive Auseinandersetzung mit der Vorlage anstrebt, die bis zu deren Korrektur oder Widerlegung führen kann. Die aktualisierende Verfilmung wiederum versetzt eine Geschichte in die Gegenwart. Dabei verändert sich neben dem raumzeitlichen Substrat bisweilen auch der Handlungsverlauf. Als Probe auf die Gültigkeit einer Geschichte ist die aktualisierende Verfilmung immer interpretierend. Eines freilich ist richtig: „So sinnvoll solche Typologien sind, so schwer tun wir uns mit ihnen, wenn es gilt, eine konkrete Literaturverfilmung einzuordnen“ (Albersmeier 1989, 22). Aber das ist auch nicht ihr einziger Zweck, denn sie eröffnen zugleich ein gewisses Spektrum an Merkmalen, die in der Realität durchaus gemischt auftreten können. In jedem Fall fördern Typologien Einsichten, zu denen wir ohne sie möglicherweise nicht gelangt wären.

Modul Film

Auf der CD finden Sie weiterführende Materialien und Übungen zu

- Merkmale des Films
- Gestaltungsmittel
- Filmprotokoll
- Narrativische Elemente des Films

Digitale Literatur

Elisabeth Bauer

1 Hyperfiction in der literaturwissenschaftlichen Einführung

In den vorhergehenden Kapiteln wurden die allgemeinen Methoden und Instrumente der Literaturwissenschaft systematisch präsentiert, um dann zum traditionellen Kern der Literaturwissenschaft vorzustoßen, das heißt zur Literatur des Printmediums mit ihren Gattungen. Auch die **Printliteratur** ist aber eine medial bedingte Literatur, nur ist uns ihr Medium so selbstverständlich, dass sich der Zusatz Print- oder Buch- als scheinbar redundant erübrigt. Erst das Aufkommen weiterer Medien und, in ihrem Gefolge, der Literatur dieser Medien macht eine Differenzierung erforderlich. Von diesen Mediengattungen wurden bereits Film und Hörspiel dargestellt. Zur Komplettierung des heutigen Medienpanoramas fehlen nun noch die so genannten ‚Neuen Medien', Computer und Internet. ‚**Hyperfiction**' (aus engl. *hypertext* und *fiction*) als Teil digitaler Literatur ergibt sich aus der Kombination narrativer Texte (= engl. *fiction*) und dem ‚Hypertext' dieser neuen Medien. Die semiotische Öffnung der Literaturwissenschaft und die Abkehr vom monomedialen Textbegriff erlauben es ihr, sich auch plurimedialen Werken zuzuwenden. Um jedoch den Besonderheiten dieser neuen literarischen Gattungen gerecht zu werden, ist es notwendig, neben Methoden der Literaturwissenschaft auch Informatik, Informations-, und Medienwissenschaft einzubeziehen, auch wenn die grundlegende Disziplin nach wie vor die Literaturwissenschaft ist.

2 Die Mediengattung der Digitalen Literatur

Was ist Hyperfiction? Wie kann man sie ‚lesen'?

Das Beispiel *Edward_Amiga* zeigt, dass Hyperfictions nicht einfach nur in der linearen Abfolge von Texten gelesen, sondern vielmehr exploriert oder benützt werden. Im Unterschied zum linear aufgebauten Printtext zeichnet sich eine Hyperfiction dadurch aus, dass ein so genannter Textknoten dem Benutzer nicht nur eine, sondern gleich mehrere Anschlussmöglichkeiten anbieten kann, so dass erst der Leser eine lineare Abfolge aus den zahlreichen Verknüpfungsmöglichkeiten herstellt.

Beispieltext Hyperfiction: *Edward_Amiga*

Diese Besonderheiten der neuen Literaturgattung verdanken sich dem Medium Computer. Hyperfictions gehören zur Gattung der ‚**digitalen Literatur**'. Allerdings gehört nicht jeder digitale Text automatisch zur digitalen Literatur, und nicht jedes Werk im Computermedium darf sich als digital bezeichnen. Nur diejenige Literatur, die als ästhetisches Symbolsystem einen literarischen Mehrwert aus den technischen Möglichkeiten ihres Mediums bezieht, wird zur digitalen Literatur im engeren Sinne gerechnet.

Hyperfiction ist durch drei Besonderheiten gekennzeichnet: durch das Strukturkonzept des Hypertexts, durch multimediales Material und durch die literarische Ästhetisierung der grafischen Benutzeroberfläche (engl.: *Graphic User Interface*, kurz *GUI*). Die Prämisse einer technischen Ästhetisierung schließt indessen eine beträchtliche Zahl von digitalen Phänomenen von der literaturwissenschaftlichen Betrachtung aus. Uninteressant ist für die Betrachtung der digitalen Literatur die digitalisierte Literatur, also eine Printliteratur, die z.B. durch Einscannen eins zu eins ins digitale Medium übertragen wurde. Beispiele für solche Digitalisierungsprojekte sind das internationale *Projekt Gutenberg* (http://www.gutenberg.org) sowie auf den Seiten der *Bibliothèque Nationale de France* (BnF) das Projekt *Gallica* (http://gallica.bnf.fr/) für das Französische. *Auch eBooks* zählen zu digitalisierten Werken, da sie gedruckte Werke lediglich ins elektronische Medium übertragen.

Lässt sich ein Text verlustfrei ausdrucken und damit ins Printmedium zurückführen, gehört er in die Kategorie der ‚**digitalisierten Texte**'. Das bloße Vorhandensein des digitalen Mediums ist kein ausreichendes Kriterium für das Vorliegen von **digitaler Literatur**!

Bei anderen Schnittmengen aus Literatur und digitalem Medium wie den Mitschreibeprojekten, in die sich eine beliebige Zahl von Lesern als Koautoren einschalten kann, stehen eher soziologische Aspekte und die spezielle Produktionssituation des Texts im Mittelpunkt. Ebenfalls ausgeschlossen sind die Erzeugnisse von Textgeneratoren, das sind Programme, die literarisch durchaus ambitionierte Texte generieren. Auch visuell ausgerichtete Medienkunst wie ASCII Art, net.art (Netzkunst) etc. ist insgesamt zu wenig literaturspezifisch, was auch für Computerspiele gilt.

Nach dem Vorbild der Printliteratur lässt sich die digitale Literatur in Gattungen einteilen. Sie setzt sich zusammen aus der narrativen **Hyperfiction** und aus der **digitalen Poesie**, die als ‚elektronische Schwester' der Lyrik im Printmedium betrachtet werden kann. Auch in der Hyperfiction werden Geschichten erzählt, die Strukturanalyse der Narrativik ist medial modifiziert anwendbar. Die digitale Poesie hingegen knüpft, eindeutig und explizit, an lyrische Vorbilder an. Nur das Drama findet kein digitales Pendant, spendet jedoch den beiden anderen Untergattungen (in unterschiedlichem Maß) neue Eigenschaften wie Interaktivität, Performativität und Plurimedialität. Hyperfiction und digitale Poesie unterscheiden sich bereits in ihrer medialen Verwirklichung, denn Hyperfiction basiert hauptsächlich auf Hypertext, digitale Poesie zumeist auf Multimedia. Eine Abgrenzung ist auch mittels des Trägermediums möglich, denn Hyperfiction findet sich zumeist frei zugänglich im Internet, multimediale Gedichte werden dagegen bevorzugt auf CD-ROM in kleinen Literaturmagazinen veröffentlicht.

3 Distinktive Merkmale der Hyperfiction

Die Besonderheiten der Hyperfiction zeigen sich in den Gestaltungsmitteln, die erst im digitalen Medium möglich sind. Sie wirken sich auf das Zeicheninventar und auf die digitale Kommunikationssituation aus, die das Kommunikationsmodell der Hyperfiction prägen.

Beispiel 1: Kommunikationssituation

3.1 Ein Kommunikationsmodell digitaler Texte

In welcher Weise das digitale Medium die literarische Kommunikationssituation verändert, wird anhand des Grundmodells der Kommunikation narrativer Texte (Pfister 1988, 20f.) deutlich. **Medienrezeption** wird als ein von Empfängern „(mit)gestalteter, von den Medien allenfalls rahmenhaft strukturierter Prozess der Sinnstiftung" verstanden (Kübler 2000, 43). Vor allem der **Interaktivität** muss im Zuge einer Mensch-Maschine-Kommunikation Rechnung getragen werden. Interaktion bedeutet, dass der Benutzer eine Aktion ausführt, die eine Reaktion, eine Zustandsveränderung im System bewirkt, auf die wiederum der Benutzer reagieren kann.

Die aktive Wechselseitigkeit unterscheidet den Prozess der Hypertext- und Softwarebenutzung vom typischen Leseprozess. Der Buchleser (stets ein Empfänger) kann im Hypertext streckenweise zum Sender avancieren – wenngleich auch sein Aktionsradius stets innerhalb bestimmter vordefinierter Grenzen bleibt.

Die Integration des Lesers wirkt sich auf verschiedenen Ebenen des Kommunikationsmodells aus. Am offensichtlichsten wird dies in der Teilhabe des Rezipienten an der Textgenese deutlich, die eine Identifikation zwischen dem realen Leser und den Figuren begünstigen kann.

1 In der Hyperfiction *Edward_Amiga* (http://www.terra.es/personal/fromano) verlangt Edward von seiner Tochter Marlène ein Passwort, das der reale Leser in ein entsprechendes Feld auf der HTML-Seite eingeben muss. Will der Leser seine Lektüre fortsetzen, muss er aktiv werden, sonst gelangt auch Marlène auf der Ebene der Geschichte *(histoire)* nicht in die Wohnung und die Erzählung *(discours)* bleibt stecken. Die Aktionen der Figur und des realen Lesers werden parallelisiert. Diese Partizipation des Lesers erinnert an die Identifikation des Spielers mit seinem Avatar in Computerspielen.

Reale und virtuelle Welt können sich überlappen, so dass sich eine digitale Form von **Metafiktionalität** ergibt, die im digitalen Medium als Folge der Desktopmetapher (vgl. Kap. 3.2.3 zur grafischen Benutzeroberfläche) besonders prägnant auftritt. Verschiedene Lesarten eines mehrdeutigen Begriffs werden gleichzeitig aktiviert, so dass in *einer* Textstelle *zwei* Sichtweisen zur Deckung gebracht werden. Die Situationen sind in ihrer Dialogrichtung doppelt gerichtet: Die eine Kommunikationssituation lässt die Bedeutung zu, die eine Lesart des mehrdeutigen Begriffs innerhalb des diegetischen Geschehens ist, die andere Bedeutung entstammt der außerdiegetischen Realität, da sie scheinbar den realen Leser direkt anspricht.

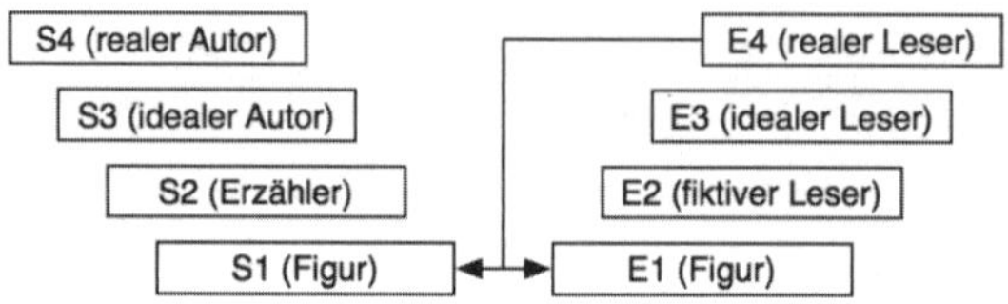

Abb. 1: Kommunikationsmodell digitaler Literatur: Partizipation des Lesers

In der Formelsprache des Kommunikationsmodells liest sich die Partizipation des Lesers als Übergriff von der Ebene 3 (und *de facto* auch der Ebene 4) auf die Ebene der Geschichte (S1 bzw. E1). Aus dem Übergriff von E3 auf S1/E1 ergibt sich die Möglichkeit einer performativ erzeugten Identifikation des idealen Lesers mit den Rollen der Figuren (je nach Dialogrichtung S1 oder E1), während der Übergriff von der Ebene des realen Lesers E4 auf die Ebene der fiktiven Figuren die imaginäre Identifikation dieses realen Lesers mit den Figuren ermöglicht. Wie das Beispiel aber auch zeigt, sind derartige Eingriffe in die Geschichte (Diegese) immer auch Eingriffe in die Erzählung oder den narrativen Diskurs. Der Leser kann die Reihenfolge der Einzelseiten innerhalb eines vorgegebenen Rahmens durch die Auswahl der Links selbst festlegen und gewinnt dadurch eine arrangierende Erzählerfunktion.

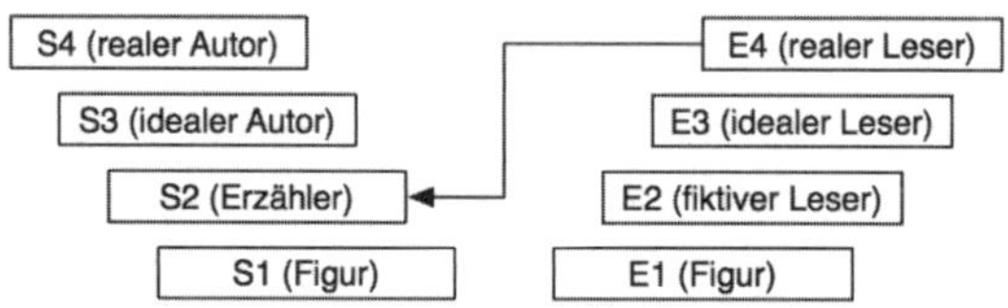

Abb. 2: Kommunikationsmodell digitaler Literatur: Erzählerfunktionen des Lesers

Damit erfolgt zum Teil ein Verschmelzen der Rollen von E3 (und sogar E4) mit S2, denn für den realen und idealen Leser besteht durch die Auswahl der Verknüpfungen die Möglichkeit, einen Teil der Funktionen des Erzählers zu übernehmen.

3.2 Das neue Handwerkszeug: Gestaltungsmittel der Hyperfiction

Spezifisch für die Untersuchung der Hyperfiction sind nur diejenigen medialen Gestaltungsmittel, die nicht von Printmedien genutzt werden können. Allerdings entfalten diese medienspezifischen Darstellungsmittel ihre Bedeutung erst im Kontext der Erzählung. Für eine umfassende Analyse müssen natürlich auch die rhetorischen Figuren und Tropen in die Untersuchung einbezogen werden.

> Die medienspezifischen Gestaltungsmittel der Hyperfiction sind Hypertext, Multimedia und die Literarisierung funktionaler Bestandteile der grafischen Benutzeroberfläche.

3.2.1 Hypertext

1965 prägte Ted Nelson den Begriff ‚**Hypertext**' für das Konzept eines nichtlinearen Texts, den er charakterisiert als:

> non-sequential writing – text that branches and allows choices to the reader, best read at an interactive screen. As popularly conceived, this is a series of text chunks connected by links which offer the reader different pathways (Nelson 1981, 132; mehr zum Hypertextkonzept vgl. Kuhlen 1991).

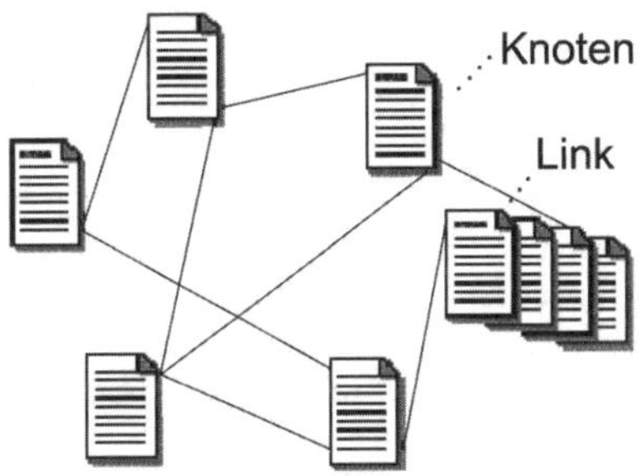

Abb. 3: Die Struktur von Hypertexten

> **Hypertext** ist eine assoziative Organisationsstruktur im elektronischen Medium in Form eines Netzes aus Knoten (den HTML-Seiten) und Linien, die diese Knoten miteinander verbinden (Herczeg 1994, 133).

Diese Netzstruktur nennt man **Rhizom**. Der Leser muss sich dieses Rhizom während der Lektüre interaktiv erschließen, man könnte sagen, es wird von einem Knoten zum anderen ‚durchwandert'. Dies geschieht durch das direktmanipulative Anklicken von Links.

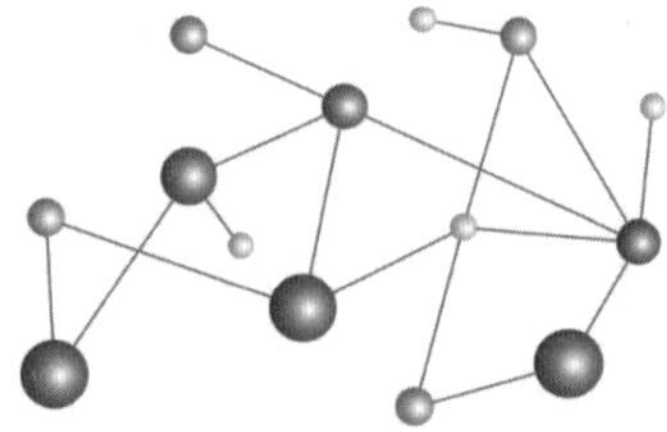

Abb. 4: Multilinear vernetztes Hypertext-Rhizom

In der technischen Umsetzung in **HTML** (*Hypertext Markup Language*, der Grundlage der meisten Hyperfictions) kann der Text in zweierlei Form betrachtet werden, dem am Bildschirm sichtbaren Text und dem Quellcode. Dynamische Elemente werden durch den eingefügten Programmcode von *JavaScript* und anderen Skriptsprachen verwirklicht.

Dabei sind nicht-lineare oder multilineare Verfahren durchaus in der Lage, das linear-hierarchische Schreiben, Lesen und Denken in fruchtbarer Weise zu ergänzen. Diese Praxis war bereits im klassischen Printmedium gang und gebe, wie die besonderen Formen nicht-linearer Formen Textstrukturen durch Inhaltsverzeichnisse, Fuß- und Endnoten sowie Verweise, Index und Glossar zeigen, die dem Leser helfen, sich besser im linearen Text zu orientieren. Als vordigitale Formen haben sie die Multilinearität des Hypertexts in gewissem Sinne vorweggenommen. Gefördert wurde die Aufwertung der Assoziativität durch empirische Erkenntnisse aus der Kognitionspsychologie, insbesondere der Assoziations- und Aphasieforschung. So erkennt die aus der Künstlichen-Intelligenz-Forschung stammende These der Kognitiven Plausibilität eine Strukturhomologie zwischen den strukturellen Merkmalen von Hypertexten und der assoziativen Wissensrepräsentation im menschlichen Gehirn (Overmann 2004).

Beispiel 2: Assoziative Wissensrepräsentation im menschlichen Gehirn

Einen konkreten Impuls für die Schaffung einer neuen Organisationsform von Informationen lieferte schließlich Vannevar Bush (1945, 101-108) in seinem legendären Artikel „As we may think“, in dem er, von der Kognitionspsychologie inspiriert, die Notwendigkeit einer assoziativen Wissensorganisation mit der Informationsexplosion begründete. Um die exponentiell wachsende Komplexität möglichst redundanzfrei zu verwalten, schlug er eine maschinell unterstützte assoziative Umstrukturierung der Daten vor, wie sie ab 1993 mit der Verbreitung des *World Wide Web* ihren technischen und technologischen Siegeszug um die Welt antrat (Kübler 2000, 2ff.; Vatter 2004, 233ff.).

3.2.2 Multimedia

Hat für die Literaturwissenschaft die Semiotik das Monopol der Schrift als interpretierbares Zeichen zugunsten anderer Zeichensysteme beseitigt, gestattet der gemeinsame Nenner der binären Kodierung aus 0 und 1 die faktische Integration all dieser Medien zu Multimedia. Die Hyperfiction ist von ihrem Zeicheninventar her plurimedial wie Theater und Film.

> Als ‚**plurimedial**' werden literarische Gattungen bezeichnet, die mehrere Medien und Zeichensysteme nutzen. Unter ‚**Multimedia**' versteht man die spezifische Form der Plurimedialität des Computers. Der Begriff bezeichnet die Integration von statischen Zeichen (Text, Bild) und mindestens einem dynamischen, d.h. kontinuierlich ablaufenden Zeichen (Ton, Video, Animation) in einem gemeinsamen elektronischen Medium (Hasebrook 1995, 43).

Als Supermedium vermag das digitale Medium über die geeignete Oberfläche alle Zeichensysteme (Schrift, Bild, Ton und auch Film) in sich zu vereinen.

3.2.3 Die grafische Benutzeroberfläche (GUI)

Um dem Benutzer das Zurechtfinden in der virtuellen Welt zu erleichtern, ist das Interface-Design von einer lernintensiven, befehlsgesteuerten Computerbedienung zu einer grafisch veranschaulichten Bedienschnittstelle, der grafischen Benutzeroberfläche (GUI) übergegangen. Gemäß dem Motto „Ein Bild sagt mehr als tausend Worte“ werden Metaphern gebildet, indem Begriffe aus der realen Welt auf den Desktop übertragen werden wie zum Beispiel ‚Papierkorb‘, ‚Fenster‘, ‚Ordner‘. Aufgrund dieser Desktopmetapher ergeben sich zahlreiche begriffliche Übereinstimmungen zwischen der realen und der virtuellen Welt. Manche Begriffe werden durch diese Metaphernbildung vieldeutig, ein und derselbe Begriff kann verschiedene Lesarten aufweisen. Die Vereindeutigung erfolgt aber in der Regel mühelos durch die Zuordnung des Kontexts, d.h. entweder den der Computerbedienung oder den der Realwelt.

Bedient werden die Elemente der grafischen Benutzeroberfläche interaktiv durch zeigende Bewegungen des Benutzers: Als Eingriffsmöglichkeit, quasi als elektronischer Arm, dient ihm die ‚Maus‘, welche die realen Bewegungen seiner Hand auf den Monitor überträgt. Diese Art grafisch basierter Interaktion nennt man ‚Direktmanipulation‘. Sie mündet in eine starke Integration des Benutzers und die Illusion, die „Anwendungswelt direkt zu bearbeiten“, wie die Devise WYSIWYG (*What you see is what you get*) besagt (Herczeg 1994, 115f.). Natürlich lässt sich eine solche Metaphernverwendung mit zunehmender Abstraktion und Komplexität der Aufgaben nicht unbeschränkt aufrechterhalten. Als grafische Elemente sind daher bei jeder Mensch-Maschine-Interaktion weitere funktionale, meist textliche Programmbestandteile vorhanden wie Fenstertitel, Dialogfenster, Tooltipps und vieles mehr, die aufgrund ihrer ansonsten rein funktionalen Verwendung für die Deautomatisierung in der Literatur hervorragend geeignet sind.

Illustration 1: Graphische Benutzeroberfläche (GUI-Elemente)

3.2.4 Software-Ergonomie und literarische Praxis

Was die Grammatik für den richtigen Sprachgebrauch, ist die Software-Ergonomie für den Hypertext.

Die **Software-Ergonomie** ist die Lehre von der guten Gestaltung der Software (Herczeg 1994, 2ff.). Sie soll dem Benutzer eine maximale Informationsvermittlung bei minimaler kognitiver Belastung gewährleisten. Dies soll über eine reibungslose Kommunikation zwischen Mensch und Maschine erreicht werden.

Die Software-Ergonomie ist in der DIN-Norm 66234 Teil 8 sowie dem ISO-Standard 9241 Part 10 festgelegt, das französische Pendant dazu ist AFNOR Z-67-110. Fünf Gestaltungsziele werden darin erfasst: Aufgabenangemessenheit, Selbstbeschreibungsfähigkeit, Steuerbarkeit, Erwartungskonformität und Fehlerrobustheit (Herczeg 1994, 105). Ebenso wenig wie die Grammatik mit Poetik gleichzusetzen ist, legen diese Regeln des Hypertexts allerdings die Poetik der Hyperfiction fest, denn in der literarischen Praxis werden diese Regeln zur besseren Verständlichkeit und Nutzbarkeit häufig gerade außer Kraft gesetzt, um eine ästhetische Wirkung zu erreichen.

4 Die Entstehung der Hyperfiction aus der Postmoderne

Die Hyperfiction ist ein Produkt der digitalen Revolution, die das Ende des 20. Jahrhunderts prägt. Epochengeschichtlich befinden wir uns hier in der Postmoderne, die entscheidenden Einfluss auf die Hyperfiction hat. Chronologisch löst die **Postmoderne** die Epoche der Moderne ab, wie auch der Name nahe legt; allerdings ist das Verhältnis zwischen Moderne und Postmoderne überaus ambivalent, da viele Phänomene sowohl für die eine als auch die andere Epoche charakteristisch sind. Für eine einführende Annäherung an die Postmoderne ist es dennoch praktikabel, sich problembewusst an Indizien zu orientieren.

Stark schematisiert lauten die Paradigmen der **Postmoderne** Pluralismus und Auffächerung, daraus resultieren Partikularismus und Fragmentierung sowie die Absage an Kontinuität, Kohärenz, Teleologie und überhaupt an jegliche Form von Einheit und Einheitlichkeit.

„Krieg dem Ganzen", lautet Lyotards (1990, 48) Zusammenfassung. Einst Garanten für Konsistenz und Verlässlichkeit, sind die großen ‚Meta-Erzählungen' der Religionen und der Ideologien wie Aufklärung, Faschismus und Marxismus in der Postmoderne Vergangenheit. An ihre Stelle tritt auf allen Ebenen eine unüberschaubare Zersplitterung und Partikularisierung, die in eine undifferenzierte Gleichschaltung münden kann. Man spricht hier auch von ‚Indifferenz' – nicht zu verwechseln mit der Lesart ‚Gleichgültigkeit'. Gleichgültigkeit oder ihr Gegenteil, der wertende Fundamentalismus, können allerdings Reaktionen auf diesen Mangel an Differenzierung sein. Das „Endziel Konsum" regiert

(Herzinger 2000, 58). Vor diesem Hintergrund ist die postmoderne Literatur eine ästhetisch-politische, selbst jedoch unideologische Revolte gegen eine Gesellschaftsordnung, die als sinnlos und nihilistisch erfahren wird (Zima 2001, 270).

Das Sprachrohr der postmodernen Literaturtheorie ist der Poststrukturalismus (bzw. in teils unscharfer Abgrenzung auch schon sein Vorgänger, der Strukturalismus), der sich durch eine frappierende Nähe zu den Hypertext-Konzepten auszeichnet. Auch wenn die einzelnen postmodernen Philosophen und Literaturtheoretiker wie Jacques Derrida, Gilles Deleuze, Félix Guattari, Jean-François Lyotard bzw. Roland Barthes, Michel Foucault insgesamt durchaus divergierende Positionen einnehmen (etwas anderes wäre in der Postmoderne auch ein Anachronismus!), so bedienen sie sich doch alle einer Sprache, die sich wie eine Beschreibung der Hyperfiction liest. Insbesondere sprechen alle poststrukturalistischen Denker metaphorisch von **Netzwerk** und **Assoziativität** – obwohl deren reale Umsetzung im elektronischen Hypertext in jenem Moment noch gar nicht gegeben war. So gibt es beispielsweise das ‚Rhizom' und ‚nomadische Zentren' bei Deleuze und Guattari, *texture* als Text-Gewebe und den *texte scriptible*, also den offenen Text, an dessen Konstitution der Leser mitzuarbeiten hat, bei Barthes, die ‚Dezentrierung' bei Derrida und Lyotard. Eines der markantesten postmodernen Axiome ist der ‚Tod des Autors' (Barthes, Foucault). Der Autor kann demzufolge nicht (mehr) als sinnstiftende Instanz auftreten; wie der Leser die Geschichte richtig zu verstehen hat, kann ihm nicht aufoktroyiert werden, denn es gibt in der Postmoderne keine sichere Bedeutungszuweisung mehr. Die Hegemonie von Schlüssigkeit, Geschlossenheit, Eindeutigkeit weicht der Diskontinuität mit ihren Brüchen, Rissen, Sprüngen. Auch wenn dies verführend nahe liegt, sind solche abstrakten Redeweisen nicht zu wörtlich auf den Hypertext zu übertragen. Hypertext kann zwar als eine höchst anschauliche Illustration der postmodernen/poststrukturalistischen Literaturtheorie dienen, ist aber mehr als die erst nachträglich mögliche Realisierung dieses abstrakten Konzepts.

In der (post-) modernen Literaturpraxis experimentiert vor allem der *Nouveau Roman* mit neuen Erzählweisen, indem er bisher gültige Konstruktionsprinzipien des balzacschen Romans wie Kausalität und Kohärenz der Geschichte, die Stimmigkeit (Homogenität) der Figurenpsychologie, die Identität der Erzählerfigur, und die chronologische Finalität zerstört. Jede Form von narrativer Kohärenz wird im postmodernen Roman und auch der Hyperfiction gebrochen – im digitalen Medium noch ergänzt durch den software-ergonomischen Bruch. Tatsächlich erweist sich die Hyperfiction als eine genuin postmoderne Literaturform.

Handwerklich umgesetzt wird diese ‚kritische Anti-Haltung' durch die Zerteilung der Handlung in kurze autonome Sequenzen, deren Kohäsion und Kohärenz von Anonymisierung sowie dem Verlust der Identität und der Verankerung in Raum und Zeit abgelöst werden. Das Fragment wird zum inhaltlichen und formalen Leitmotiv, ergänzt durch das Prinzip der variierenden Wiederholung, die sich unter anderem in der Intertextualität äußert. Das Prinzip der Pluralität kommt in Collage und Heterogenität zum Ausdruck. Die postmodernen Paradigmen der Hyperfiction finden sich programmatisch auch in den Namen ihrer Domains wieder: das Anakoluth bei *Apparitions inquiétantes*, (http://www.anacoluthe.com, Seite nicht mehr online; letzter belegter Aufruf: 12.12.2006), die Kontext löschende Amnesie bei *Le Noeud* (http://home.total.net/~amnesie), die Synästhesie bei *NON-Roman* (http://www.synesthesies.com) etc.

4.1 Nichtlinearität

Ein prägnantes Merkmal postmoderner Ästhetik ist die Ablehnung der Linearität. An ihre Stelle tritt ein achroner, fragmentarischer, elliptischer Erzählstil, der den Leser zwingt, sich die Geschichte aus den zersplitterten Erzählfragmenten selbst zu erarbeiten.

> Erst aus der Hyperfiction wird ersichtlich, dass eigentlich drei (statt sonst zwei) verschiedene Ebenen der **Linearität** zu unterscheiden sind: (1) die chronologische Linearität der erzählten Geschichte (In welcher Reihenfolge sind die Ereignisse abgelaufen?); (2) die Linearität der Zeitstrukturen innerhalb der Erzählung (In welcher Reihenfolge werden die Ereignisse präsentiert?); und schließlich (3) die mediale Linearität, in der sich Geschichte und Erzählung selbst präsentieren.

Die dritte, mediale Linearität bezieht sich auf die Publikationsform, die im Buchmedium stets monolinear ist und derer man sich als eines Standardfalls nie gewahr wird. Die Anachronie, also die im Dienste der Informationsdosierung stehende nicht-chronologische Darstellung einer Geschichte, ist ein Standardfall der Diskursstruktur, selbst die Achronie, also das Fehlen von Markierungen, ist seit der Moderne üblich. Da die zeitmarkierenden Angaben in Becketts *En attendant Godot* (1952) fehlen, entsteht eine zirkuläre, jedenfalls aber zeitlich nicht festgelegte Reihenfolge, deren einzelne Einheiten (hier: Akte) chronologisch austauschbar erscheinen.

Im postmodernen Roman avanciert das Spiel zum nicht-linearen Paradigma, man spricht von der „Wiederkehr der Spieler“ (Flügge 1993). Die Transformation des traditionellen narrativen Diskurses, der als verbraucht empfunden wird, wird durch die Nichtlinearität mithin ideal umgesetzt: „Die Sprache der Literatur zwängt unsere Gedanken und Träume, Gefühle und Erinnerungen in ein eingleisiges System, das, gelinde gesagt, schwerfällig ist und allzu träge für die Zeit, in der wir leben.“ (Pavić 1999). Beginnend bei einer nicht-linearen Kompositionslogik im unangetastet linear bleibenden *discours* (z.B. das Tarockspiel bei Italo Calvino, *Il Castello dei destini incrociati* (1973), das Kreuzworträtsel bei Milorad Pavić, *Predeo slikan čajem* (1988), uvm.) zielen die Experimente der postmodernen Literatur genau auf diese dritte Linearität ab.

2 Internationale Beispiele solch labyrinthischer Literatur folgen explizit der nicht-linearen Logik einer bestimmten Leitmetapher: das Kartenspiel bei Max Aub, *Juego de cartas* (Mexico 1964), das Lexikon mit seiner alphabetischen Organisations- und

Verweisstruktur bei Andreas Okopenko, *Lexikon-Roman. Lexikon einer sentimentalen Reise zum Exporteurtreffen in Druden* (1996) sowie bei Milorad Pavić, *Hazarski rečnik. Roman-leksikon u 100.000 reči* (1984), ein Fußnotenroman bei Peter Cornell, *Paradisets vägar. Noter till ett förlorat manuskript* (1987), und das Hüpfspiel ‚Himmel und Hölle' in Julio Cortázars, *Rayuela* (1963). Queneau präsentierte den Oulipiens 1967 „Un conte à votre façon" (Queneau 1981, 221-226), der dem Leser nahezu nach jedem Satz eine Entscheidung abverlangt, was als Nächstes zu lesen ist. Auch hier nimmt die didaskalische Anleitung zur Umsetzung der Non-Linearität mehr Raum ein als das Werk selbst! Durch den Erzähler verschmelzen Paratext und Leseranrede.

Beispiel 3: Nichtlineare Bestrebungen im Printmedium

Seit den 1970er-Jahren standen auch die (Massen-) Medien im Zeichen der Interaktivität (Monaco 1995, 453), in der Populärkultur lagen die Rollenspiel-Lese-Abenteuer für Jugendliche mit ihren Fortsetzungsentscheidungen ganz im Trend der Nicht-Linearität. In diese brodelnde Zeit des Umbruchs fällt 1987 auch die offiziell erste Hyperfiction von Michael Joyce, *Afternoon, a Story*.

Allerdings bleiben alle Versuche, die Linearität des Mediums zu überwinden, im monolinearen Printmedium letztlich Makulatur. Höchstens Aubs Kartenspiel entkommt wirklich der Linearität. Formal bleibt sie stets erhalten, auch wenn der Autor versucht, den Leser zu einem unlinearen Verhalten durch manuelles Vor- und Zurückblättern anzustiften. Eine echte Lösung bietet hier erst das digitale Medium.

Man unterscheidet bei Hyperfictions zwischen dem hypothetischen **Genotext**, das heißt der rhizomförmigen Gesamtheit aller Knoten samt ihrer potenziellen Verknüpfbarkeit, und dem konkreten **Phänotext** als der linearisierten Auswahl tatsächlich besuchter Knoten und realisierten Pfade. Der ‚Phänotext' ist der dem Leser vorliegende konkrete Text, dessen Struktur untersucht werden kann, während der ‚Genotext' für das offene Spiel der assoziativen Bedeutungserweiterung steht (Kristeva 1969, 219-228).

Diese Unterscheidung ist für andere Mediengattungen, allen voran die Printliteratur, unerheblich, sie ist aber ein wichtiges Strukturelement im digitalen Medium. Der non-lineare Genotext enthält alle simultan vorliegenden Anknüpfungsstellen, aus denen der Leser seinen eigenen linearen Lektürepfad, den Phänotext, erzeugt. Ein Phänotyp des Texts wird aus der Vielzahl aller Möglichkeiten ausgewählt.

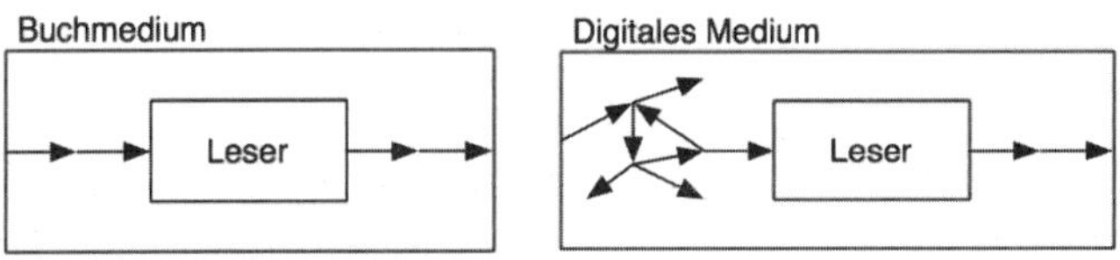

Abb. 5: Linearität des Mediums im Buch und im Hypertext

Die Unterschiede zeigen sich in der Ausgangsposition (im Printmedium eine lineare Struktur, im Hypertext eine non-lineare Simultanität), die jedoch in beiden Fällen durch die Aktivität des Lesers in eine konkrete Linearität mündet.

4.2 Intertextualität

Die postmoderne Ästhetik greift häufig historische Versatzstücke wieder auf, um sie neu zu interpretieren und im anderen Kontext neu wirken zu lassen. Wichtige Schlagworte sind daher Remake und Remix, die den alten Stereotypen zu neuer Originalität verhelfen.

Exkurs 1: Postmoderne Malerei

Besonders in der Hyperfiction hat das Recycling, die variierende Wiederholung, Methode und dient meist der Parodie. Die ästhetischen Konzepte und stilistischen Verfahren sind an sich nicht neu; ihren Neuheitswert erlangen sie aufgrund ihrer besonderen Umsetzung und Rezeption im neuen Medium. In der digitalen Praxis reicht das intertextuelle Experimentieren mit Traditionen und bekannten Vorbildern von explizitem ‚Name-Dropping' wie in *Ecran total*, das im Quelltext der ersten Seite seine intertextuelle Einbettung und Tradition explizit nennt: „[...] Oulipo, Rabelais, Raymond Queneau, Gilles Deleuze, [...] Jacques Derrida, Milan Kundera, Paul Auster, Ecran Total" (http://alain.salvatore.free.fr), über wörtliche und sinngemäße Zitate und Stoffadaptionen bis zur Übernahme von Erzähltechniken wie der Fragmentierung. Die Parodie als wertende, ironische Form des Zitats ist ebenfalls typisch für Printliteratur und auch Hyperfiction, zu sehen in *Apparitions inquiétantes*, *Ecran total*, *NON-Roman* etc.

Aber nicht nur in der zeitgenössischen Printliteratur findet die Hyperfiction zitierfähige Elemente, sondern auch in viel weiter zurückliegenden Epochen wie z.B. der Aufklärung, die in vielem gerade einen Gegenpol zur postmodernen Philosophie darstellt.

Beispiel 4: Vergleich fingierter Erzähler bei Diderot und Romano

Auffällig ist die Aktualisierung eines fingierten Erzählers in der Hyperfiction, der sich z.B. in *Edward_Amiga* heterodiegetisch als Person in den *discours* einschaltet; der Unterschied zu anderen metanarrativen Einlassungen liegt in der Ambivalenz der Erzähler-Aussagen: Dem Eindruck, den die personale Erzählsituation erweckt, widerspricht der sich manifestierende Erzähler (der sich nur über den Kanal der Dialogfenster zu Wort meldet); dieses verdoppelte Agieren wird zur De(kon)struktion der einst unumstößlichen Respektsposition des Erzählers genutzt.

4.3 Collage und Heterogenität

Eine Collage setzt heterogene Bestandteile zu einem neuen Ganzen zusammen. In der postmodernen Literatur ist die Collage eine verbreitete Technik, sie spielt sich in der Printliteratur auf der Ebene der bunt zusammengewürfelten Stile und Sprachen ab, so dass z.B. Queneaus *Zazie dans le métro* als ein „Nest von Texten" oder eben eine „Collage von mehreren übereinander ‚geklebten' Texten" charakterisiert werden kann (Berger 1995, 80). Hyperfictions kombinieren heterogene Elemente wie Bild, Text, Ton und Film/Animation in ihren verschiedenen Dateiformaten über das *Interface* und integrieren sie in das Supermedium Computer. Doch auch über die Knotengrenzen hinweg kann Heterogenität herrschen, der ‚demokratisch' funktionierende Link erlaubt wie in der postmodernen Printliteratur die Juxtaposition verschiedenster Zeichensysteme und Textsorten. In *Le Nœud* wiederholt der Collagencharakter des heterogenen, pluralen Rhizoms die antihierarchische Struktur des Internet metaphorisch im Fiktionalen.

Den Collagencharakter zeigt aber auch die Einbeziehung der Oberflächenelemente des Interfaces in den *discours*. Die Untersuchung des Quelltexts und der Funktionselemente der wiedergebenden Software erinnert stark an einen palimpsestartig verdichteten Text. Daher ist es wichtig, all diese über den Bildschirm verteilten Elemente bei der Analyse der Hyperfictions zu berücksichtigen.

5 Die narrative Analyse der Hyperfiction

Die postmoderne Ästhetisierung des digitalen Texts erschließt der Literatur die technischen Möglichkeiten des Mediums, lässt sie Stilmittel neu finden und bekannte neu interpretieren. Dadurch ergibt sich ein enger Anschluss an die narratologische Analyse der Printliteratur. Zur Vorbereitung für die folgenden Betrachtungen empfiehlt es sich, das Kapitel zur Narrativik gründlich durchzuarbeiten.

Um die mediale Strukturspezifik des Hypertexts zu berücksichtigen, muss das Grundschema der Strukturanalyse (bestehend aus Makro-, Diskurs- und Mikrostruktur) modifiziert werden. Im Folgenden werden die digitalen Besonderheiten der narratologischen Analyse systematisch und kontrastiv aufgegriffen. Da die mikrostrukturellen Gestaltungsmittel wichtige Modifikationen für die Diskursebene herbeiführen, steht die Diskursstruktur in der Hyperfiction bewusst an letzter Stelle.

HTML-‚Seiten' verfügen über keine Paginierung, für das wissenschaftliche Arbeiten ist daher die **URL** (*Uniform Resource Locator*) als eindeutige Adresse anzugeben. Außerdem kann jede Seite neben der URL auch einen eigenen Seitentitel haben, der in der Titelzeile des Browserfensters erscheint und in doppelten Anführungsstrichen notiert wird, z.B. „La résille" (http://www.cotres.net/agressi/samedi/samd01.html). Zur Spezifizierung der Reihenfolge mehrerer besuchter Knoten sind die Ursprungsseite, der angeklickte Link und die Folgeseite zu protokollieren und die Linkstruktur kurz aufzuskizzieren. Zur Sicherung der Angaben angesichts der Flüchtigkeit des Internets ist das Datum des letzten Aufrufs anzugeben.

Exkurs 2: Wissenschaftliches Arbeiten: Neue Zitierkonventionen

5.1 Hypertextstruktur

Um den charakteristischen Merkmalen des Hypertexts Rechnung zu tragen, muss in Addition zum üblichen Dreischritt der Strukturanalyse eine weitere strukturelle Einzelanalyse vorgeschaltet werden: die Ermittlung der Hypertextstruktur. Sie ist der Genotext, die mediale Grundstruktur des Texts. Als statische Grundstruktur der Hyperfiction umfasst sie die Summe aller Elemente in der Art und Weise ihrer Vernetzung durch die Links. Sie steckt den Rahmen ab für die mögliche Auswahl und Reihenfolge der Einzelseiten beim Lesen.

Während der Phänotext immer linear ist, können für den Genotext verschiedene Vernetzungsformen bestimmt werden, die sich mikrostrukturell aus dem Schema der Verlinkung ableiten lassen. Dazu wird am besten eine Zeichnung angefertigt, die Zahl und Ziel der Links einer Folge von HTML-Seiten skizziert. Das Spektrum reicht von regelmäßigen Formen wie Baumstrukturen, Linien und Sackgassen über zyklische Formen bis zum Maximalfall des dreidimensionalen Rhizoms. Hybridformen sind die Regel.

Beispiel 5: Übersicht über Rhizomformen

Die Art der Hypertextstruktur lässt, immer im Zusammenspiel mit dem konkreten Seiteninhalt, Rückschlüsse auf Handlung und Diskurs zu. Zyklische Formen beispielsweise bilden häufig nach dem Prinzip der Kookkurrenz Ausweglosigkeit ab, ein stark verzweigtes Rhizom die Unübersichtlichkeit der dargestellten fiktiven Welt, so dass die Leiden der Figuren vom Leser nachempfunden werden können. In *Apparitions inquiétantes* sind Sackgassen eine kongeniale Umsetzung unwillkürlich auftretender Erinnerungsfetzen, während in *Edward_Amiga* Sackgassen als zweiter Informationskanal des Erzählers dienen, über den er zusätzliche Informationen aus der eigentlichen Geschichte auslagern kann.

5.2 Makrostruktur

5.2.1 Handlung

Die Auffächerung des digitalen Texts in einen potentiellen Genotext und einen konkreten Phänotext wirkt sich auch auf die Makrostruktur der Hyperfiction aus. Da prinzipiell jeder Lektüredurchgang auf einer veränderlichen Basis beruht, kann sich auch die Makrostruktur verändern. Es empfiehlt sich daher, mehrere Durchgänge der Lektüre auszuprobieren und an besonders interessanten Stellen ähnlich wie beim Film ein Protokoll zu erstellen.

Exkurs 3: Wissenschaftliches Arbeiten: Hypertextstruktur ermitteln

In der Regel sind die einzelnen Phänotexte einander aber relativ ähnlich. Es bleibt meist nur zu klären, ob es eine einzige (Haupt-) Handlung gibt, die sich ihren Weg durch das Rhizom sucht, oder ob sie sich in verschiedene Handlungen verzweigt.

3 In *Apparitions inquiétantes* schält sich nach zahlreichen labyrinthischen Verzweigungen eine recht einfache Fabel heraus: Es geht um die Aufklärung des Mordes am Herzchirurgen Dr. Ernesto Marbella (zur genaueren Analyse vgl. Bauer/Mecke 2006). Nun sind Fabeln aber von Haus aus einfach; es kommt darauf an, wie sie entwickelt werden. Die *Apparitions* beispielsweise weben ein komplexes, umfangreiches Mosaik von Handlungsfragmenten um diese Fabel, scheinbar zusammenhanglos erscheinen neue Figuren mit unklaren Motiven und ausschnitthaft undurchsichtige Situationen. Für andere Werke lässt sich die Synopse nicht so einfach erstellen. In *Ecran total* geht es in unverzahnt bleibenden Handlungssträngen um ein ominöses „complot“, es bleibt diffus, ob Professore Palerno, ein brillanter aber gewalttätiger Wissenschaftler, Opfer oder Täter ist. *Ecran total* legitimiert seine fragmentierte Form in einem „Avertissement au lecteur“ (http://alain.salvatore.free.fr/palhtml/avert.htm) explizit damit, dass es sich um Reste einer authentischen Aufzeichnung handelt, die von defekten Floppy-Disketten teilweise wiederhergestellt werden konnten. Damit setzt sich das Werk bewusst in die Tradition der fingierten Herausgeberschaft, die vor allem im 18. Jahrhundert beliebt war, z. B. bei Montesquieu, *Les Lettres persanes* (1721).

5.2.2 Figuren

In der Regel bleibt die psychologische Darstellung der Figuren in der Hyperfiction äußerst rudimentär. Explizite und vor allem komplett plausible Charakterisierungen kommen nur selten vor, das Beobachtete wird nicht kommentiert, so dass dessen Deutung meist dem Leser überlassen bleibt.

4 In *Ecran total* bleibt die Frage offen, ob Raffaele Palerno nun eine positive oder negative Gestalt ist. Auf der Seite „Grand désordre à la Sorbonne“ (http://alain.salvatore.free.fr/palhtml/06.htm) ermordet er kaltblütig und offenbar grundlos einen demonstrierenden Studenten, während er sich auf der Seite „Tenants et aboutissants“ (http://alain.salvatore.free.fr/palhtml/46.htm) als Held erweist, dem es bravourös gelingt, seine Entführer zu überwältigen.

Bereits die Frage nach dem Protagonisten ist oft nicht ohne Weiteres zu beantworten, da auch so einfache Indizien wie die Frequenz des Auftretens, wie Fokussierung und Perspektivierung uneindeutige Erkenntnisse liefern. Die Unbestimmtheit der Figuren äußert sich wie in der Hyperfiction oft in deren Namen, die genre-anspielend stark überzeichnet sind, z.B. „Cindy Texas“ für die hübsche Naive in *Apparitions inquiétantes* oder „Eugene Packlefree“ als Gangsterboss in *Ecran total.*

5.3 Mikrostruktur: Die narrative Nutzung der neuen Gestaltungsmittel

Auch in der Hyperfiction wirken die aus der Rhetorik bekannten Stilmittel der Printliteratur. Hier setzt eine häufige Kritik an der Hyperfiction an: Immer wieder wird deren vermeintliche mangelnde sprachliche Qualität beklagt. Es ist allerdings kaum opportun, eine neue Literatur nach alten Maßstäben zu bewerten – unter solchen Vorzeichen sind schon immer die Avantgarden beim Establishment durchgefallen. Lyotard liefert das besondere Motto für die Untersuchung der digitalen Mikrostruktur:

> Der Text, den er [der Schriftsteller bzw. Philosoph, Anm. d. V.] schreibt, das Werk, das er schafft, sind grundsätzlich nicht durch bereits feststehende Regeln geleitet und können nicht nach Maßgabe eines bestimmenden Urteils beurteilt werden, indem auf einen Text oder ein Werk nur bekannte Kategorien angewandt würden. Diese Regeln oder Kategorien sind vielmehr das, was der Text oder das Werk suchten (Lyotard 1990, 47f.).

Oft wird in Hyperfictions gerade an diesen traditionellen Stilmitteln gespart, da das Werk sonst stilistisch überfrachtet und die Lektüre zu komplex würde. Die ästhetisch bedeutsamen Unterschiede zwischen traditionellem Erzählen und Hyperfiction zeigen sich in den Modifikationen der Mikrostruktur.

5.3.1 Der Link

Die offensichtlichste mikrostrukturelle Besonderheit der Hyperfiction ist das aktivierbare Textelement des Links. Der Link stellt räumlich und semantisch einen Zusammenhang zwischen zwei Knoten her und erzeugt dadurch die vernetzte Hypertextstruktur. Jedes Zeichen (meist Text, auch Bild) kann Linkfunktionen erhalten.

Der Link besteht aus mehreren Dimensionen. Auf der Browseroberfläche sichtbar ist der Anker (d.h. das anklickbare Wort), unsichtbar sind dagegen die URL, die das Ziel des Verweises spezifiziert, sowie der HTML-Befehl, der den automatischen Aufruf dieser Seite bewirkt. Gemeinhin wird nur der ‚**Anker**', d.h. der auf der Oberfläche sichtbare Linktext, als ‚Link' wahrgenommen, er ist aber genau genommen nur ein Bestandteil des Gesamtparadigmas ‚Link'. Der **Quellkode** macht die involvierten Elemente Ankertext, URL des Sprungziels und HTML-Befehl in ihrem Zusammenspiel sichtbar: <a href="http://www.URL.de">*Ankertext*</a>. Als *pars pro toto* ist die Redeweise vom Ankertext als ‚Link' aber eingebürgert und verständlich und auch nicht ganz falsch.

5 Welche Feinheiten die Linksyntax bergen kann, zeigt *Ecran total.* Hier besteht das sichtbare Ankerwort in Wirklichkeit aus zwei verschiedenen Verweisen, ohne dass dies auf der Oberfläche sichtbar wäre. Auf der Seite „Le chauffeur de remise et son ami disparu" (http://alain.salvatore.free.fr/palhtml/10.htm#disp) verbergen sich hinter dem Linkwort „disparu" in Wirklichkeit zwei Links („disp" und „aru"), die jeweils zu einer eigenen Webseite führen: <a ref="28.htm#disp">disp</a> <a href="49.htm#aru">aru </a>. Wer zufällig in den vorderen Wortteil klickt, landet also auf einer anderen Seite als der Leser, der auf das Wortende klickt, ohne dass er sich bewusst wird, dass er eine Linkauswahl getroffen hat. Tatsächlich ist das Verschwinden, die „disparition", ein zentrales Motiv in *Ecran total,* und die Linkgabelung verweist auf zwei verschwundene Personen, den entführten Wissenschaftler Mi Lang Pham und den Sprengstoffattentäter Wolfgang, der bei seinem letzten missglückten Anschlag selbst ums Leben kam.

Das Linksyntagma selbst wird mehrfach mit Bedeutung aufgeladen. Einmal ist der Linkanker, wie jedes Wort im Text, ein einfacher *Signifiant,* er steht aber zugleich in einer assoziativen Verbindung zum Linkziel. Standardmäßig basiert der semantische Zusammenhang auf einer einfachen Äquivalenzbeziehung. Das sichtbare Linkwort dient dabei als Schlagwort für den Folgeknoten. In der Hyperfiction wird diese an sich neutrale Ellipse häufig semantisiert: Die Beziehung zwischen den Knoten kann metonymisch, temporal, kausal etc. sein. Anschauliche Beispiele liefert hierzu *Le Nœud*.

5.3.2 Typografie

Die Typografie erkennt dem *Signifiant* des Texts neben seiner Funktion, einen *Signifié* auszudrücken, auch einen bildlichen Eigenwert zu. Zwar wurde die Typografie bereits von Rabelais und später dann von den Avantgarden des 20. Jahrhunderts kultiviert, im digitalen Medium gewinnt sie allerdings eine neue Aktualität. War die Bildlichkeit des Texts historisch vor allem der Lyrik vorbehalten, findet sie mit der Hyperfiction nun auch Eingang in die Narrativik.

Beispiel 6: Typographie in *Calligramme* und Hyperfiction

Typografischer Eigenwert kann dem Buchstabenmaterial im Hypertext in vielen Parametern zuerkannt werden. Schriftfarbe, Schriftart, Schriftgröße, Schriftschnitt (d.h. kursiv, fett, etc.) oder die Verwendung von ‚lauten' Großbuchstaben wie im Comic haben eine stark verfremdende Wirkung auf das Schriftbild. Auch die Positionierung der Schrift im Bildschirmausschnitt kann von der strengen Zeilengestalt abweichen. Nicht zuletzt kann die Schrift auch die Grenzen zu Multimedia überschreiten, sie kann blinken, sich auf der Bildschirmseite bewegen, etc.

Beispiel 7: Zusammenspiel von Bild und Seitenlayout

In engem Zusammenhang dazu stehen das Zeichensystem des Bilds sowie die grafische Gesamtkomposition der HTML-Seiten.

5.3.3 Multimediale Zeichen

Dass multimediale Elemente in der Hyperfiction in der Regel nur behutsam eingesetzt werden, hängt damit zusammen, dass sie sehr dominant wirken. Die menschliche Wahrnehmung ist darauf ausgerichtet, sich auf alles Bewegte, Blinkende, Auffällige zu richten, und gerade im Internet finden sich viele solcher kitschigen, bunten Effekte. Spezifisch ästhetischen Einsatz findet Multimedia in der net.art; in der digitalen Literatur setzt vor allem die digitale Poesie Multimedia ein. Daneben gibt es Einzelphänomene wie die den Computerspielen nahen *fictions interactives* von François Coulon, *20% d'amour en plus* (1996) und *Pause* (2002). Sie betonen die grafische Ausgestaltung der virtuellen Schauplätze und binden deutlich mehr Soundeffekte ein. Sie werden dann allerdings auch wie Computer-Spiele als Kauf-CD-ROMs vertrieben.

In der Hyperfiction finden sich bewegte Bildschirmhintergründe und fingierte Werbebanner in *NON-Roman*, ironisch-untermalende Hintergrundgeräusche, Musik und systemgesteuerte Reaktionen (automatische Weiterleitungen) in den *Apparitions*, ein hypnotisch kreisendes Intro in *Ecran total*. Wo sie vorkommen, sind sie nie Selbstzweck, sondern stehen in engem Bezug zum Seiteninhalt.

5.3.4 Literarisierung der grafischen Benutzeroberfläche (GUI)

Eine neue Dimension von Textsorten bieten die softwaretechnischen Funktionselemente der grafischen Benutzeroberfläche, die ästhetisch-sinnstiftend in die Hyperfiction einbezogen werden. Es sind dies Seitentitel, Dialogfenster, Pop-up-Fenster, etc. Eine Sonderrolle unter den technischen Funktionselementen der Hyperfiction nimmt der bereits behandelte Link ein.

> Die Besonderheit an der Literarisierung der GUI-Elemente ist, dass dies Orte sind, denen eine funktionsfremde Semantisierung eigentlich untersagt ist, und die daher wiederum für die Deautomatisierung prädestiniert sind.

Dadurch bietet die Hyperfiction idealen Spielraum für narrative Metalepsen. Vor allem die *mise en abyme* ist eine leicht zu verwirklichende Strategie, die sich aus der Rezeptionssituation im Computermedium quasi natürlich ergibt, über die Direktmanipulation. Die Ambiguität der Begriffe, die sowohl für die Erlebenswelt der Figur als auch die des Rezipienten relevant sind (Herczeg 1994, 112), zeigt sich besonders deutlich in doppelt interpretierbaren Situationen, z.B. als die Protagonistin Marlène in *Edward_Amiga* ein Fenster schließen soll und zugleich der Leser ein (Programm-) Fenster schließen muss (http://www.terra.es/personal/fromano/Edw_amiga/filla.htm, Klick auf den Link „voyage à Londres pour pratiquer l'anglais"). Eine solche Überlappung der fiktiven und der realen Welt bewirkt in Kombination mit der aktiven Mitarbeit des Lesers, dass sich dieser stärker in das Geschehen einbezogen fühlt. Das eigentliche Werk entsteht erst, wenn der Akt des Lesens durch die performative Mitarbeit des Lesers ergänzt wird.

5.4 Diskursstruktur

5.4.1 Zeitformung

Auch bei den Hyperfictions steht die Art und Weise des Erzählens stärker im Vordergrund als das Erzählte. Dabei hat die fragmentarische Hypertextstruktur des *discours* entscheidende Auswirkungen auf die Zeitdauer. Während innerhalb der Knoten die bekannten Zeitstrukturen herrschen und meist eine szenische Wiedergabe der Ereignisse feststellbar ist, bedeutet der Schnitt zwischen den Knoten (vergleichbar dem Filmschnitt) meistens einen Zeitsprung.

6 Findet beispielsweise der Detektiv Chris Winter in *Apparitions inquiétantes* am Tatort ein verdächtiges Streichholzbriefchen, versetzt ihn der Klick auf den Link „une pochette d'allumettes" sogleich in die betreffende Bar (http://www.anacoluthe.com/bulles/apparitions/inquietantes/client.html, Seite nicht mehr online; letzter belegter

Aufruf: 12.12.2006). In *Ecran total* wiederum wird genau diese unmittelbare Logik aufgehoben: Hier gibt es logische und chronologische Schnitte innerhalb der Knoten und lineare Fortsetzungen über die Knotengrenze hinweg. Auf der Seite „Renée“ (http://alain.salvatore.free.fr/palhtml/30.htm) sind verschiedene Perspektiven auf ein und derselben Seite durch einen Querstrich und durch eine subtile Layoutänderung getrennt: Erst wird der autodiegetische Bericht des Wissenschaftlers Mi Lang Pham über seine Entführung im Blocksatz über die ganze Fensterbreite angezeigt, im Verlauf der Seite wechselt die Perspektive aber dann zu der eines nicht näher spezifizierten neutralen Beobachters, und die entsprechenden Textpassagen sind auf der Seite teils links, teils rechts in Spalten angeordnet.

Hyperfictions sind durch eine ausgeprägte **Unterstrukturierung** gekennzeichnet. Dies gestaltet die Zeitstrukturen des Phänotexts äußerst komplex, denn die üblichen Zeitindizien der Ordnung wie die Abfolge der Ereignisse im *discours*, wie Verbtempora, Pronominalbezüge und kohäsive Zeitangaben fehlen ganz oder erlangen eine je nach vorhergehendem Kontext variierende neue Bedeutung. Wird ein und derselbe Knoten von verschiedenen Ausgangspositionen angesprochen, erscheint unter Umständen der wiederholt aufgerufene Knoten in einem anderem Licht. Auch wenn unmarkierte Zeitsprünge aus dem Printmedium wohlbekannt sind, wird ihre Wirkung der schwebenden Uneindeutigkeit im kohäsions- und kohärenzarmen Medium verstärkt.

Dass in einem anderen Kontext das gleiche Objekt Anderes bedeuten kann, ist Ausdruck des postmodernen Begriffs der nietzscheanischen Wiederholung, wie er von Derrida und Deleuze formuliert wird: Demnach verstärkt Wiederholung den Sinn nicht, sondern dekonstruiert ihn im Gegenteil. Dies hat für die narrative Frequenz in der Hyperfiction besondere Relevanz, denn es ist ein häufig auftretendes Phänomen, dass in zyklischen Strukturen Knoten und die in ihnen enthaltenen Ereignisse mehrfach aufgerufen werden, sich also identisch wiederholen. Damit ist formal die Voraussetzung des Repetitiv erfüllt; wenn aber eine solche Seite von verschiedenen Herkunftsknoten angesteuert und mit verschiedenen Vorgeschichten und Kontexten aufgeladen wird, liegt keine einfache Wiederholung vor.

5.4.2 Redewiedergabe

Die schwach ausgeprägte Kohärenz als Folge der Dekontextualisierung wirkt sich auf die Redewiedergabe aus. Die Trennung von Sprechsituation und Redewiedergabe über verschiedene Fenster verkürzt wesentliche strukturierende Informationen oder unterschlägt sie sogar ganz. Es wird unklar, *wer* spricht – gar, in welcher Form die Rede vorliegt. So werden innerer und echter Monolog eins, wenn die Inquit-Formel in einer Ellipse der Grenze zwischen den Knoten zum Opfer fällt. In *Ecran total* wird auf eine Zuordnung zwischen Sprecher und Äußerung weitgehend verzichtet, die Grenzen zwischen den Figuren werden unscharf, sie scheinen ineinander überzugehen. Andere Werke gleichen die durch die narrative Unterstrukturierung entstandene Komplexität durch innovative Kompensationsstrategien aus: In *Apparitions inquiétantes* sind innere Monologe in einem eigenen Fenster typographisch durch Kursivsatz markiert, in *Edward_Amiga* spielt sich die Figurenrede in Info- und Meldungsfenstern ab, und in *NON-Roman* steht beispielsweise in einer Chat-Szene eine rosa Schriftfarbe für die weibliche und eine hellblaue für die männliche Stimme (http://www.synesthesie.com/boutiny/non1/joy1.htm).

5.4.3 Der Erzähler

Die Fragmentierung der Erzähleinheiten bedeutet auch für die Fokalisation, dass jeder Seitenwechsel den Analyseprozess von Neuem in Gang setzt. Selbst bei einer gleich bleibenden Figurenkonstellation kann von einer Seite zur nächsten spontan ein Fokalisationswechsel stattfinden. Es gibt aber medienspezifische Mechanismen, die die vollständige Anarchie, ein Übermaß an Unterstrukturierung, im Zaum halten. Bei *Edward_Amiga* zeigt das Seitenlayout die Fokalisation an. Wird aus der Sicht von Edward erzählt, ist der Seitenhintergrund hellblau, aus der Sicht von Marlène dagegen rot in einem braun gemusterten Rahmen (das Muster trägt, wie der Quelltext verrät, den Namen „flor"). Aber auch innerhalb einer Seite ergeben sich aus der Softwarefunktionalität Besonderheiten für die Fokalisierung. So werden auktoriale Erzählereinlassungen in den intern fokalisierten Haupttext von *Edward_Amiga* über einen eigenen Kanal realisiert: JavaScript-Fenster liefern ironisch-hinterfragende Erzählerkommentare, die den Eindruck eines spontanen Dialogs mit einem allwissenden und scheinbar zeitsynchron-physisch anwesenden Erzähler erwecken, gar mit dem realweltlichen Autor, der den Leser aus der Blackbox des Computers in ironisch-süffisantem Ton anspricht und dadurch den neutralen Tonfall des restlichen Texts subvertiert.

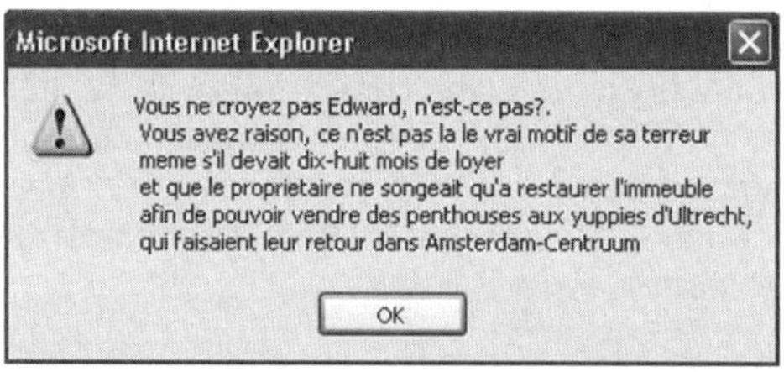

Abb. 6: Erzählerkommentar im Dialogfenster

Dieses Phänomen wirkt sich zugleich auf die Erzähleridentität aus. Während in Hyperfictions meistens heterodiegetische und nicht personalisierte Erzähler festgestellt wurden, meldet sich in *Edward_Amiga* häufig (vor allem im Zusammenhang mit einer Leseanleitung in der Hyperfiction) ein personalisierter, fingierter Erzähler zu Wort, der sich unterschiedlich stark auktorial in den Leseprozess einmischt.

Eine Verschränkung mehrerer Erzählebenen ist für die Hyperfiction von eher marginaler Bedeutung. Meist liegen parallele Handlungsstränge vor. Als Binnenerzählung kann man die im Verhältnis zum sonstigen Text sehr ausführliche, monologisch verwendete direkte Rede in *Ecran total* betrachten. Die Komplexität der hypertextuellen Erzählung ist aber auch ohne die diegetische

Verschachtelung bereits beträchtlich. Die Hyperfiction führt keine neuen narratologischen Kategorien ein. Sie bereichert aber das bestehende Strukturschema um neue, dem Medium angemessene Effekte. Charakteristisch ist, dass die modulare Fragmentform der HTML-Seiten auf allen Strukturebenen eine Verminderung der Kohärenz bewirkt.

6 Schluss

Der Vergleich der Erzählstrukturen des Printmediums und der Hyperfiction zeigt konzeptuell große ästhetisch-stilistische Gemeinsamkeiten. Kann aber eine Literatur, die literaturfremde Merkmale in sich aufnimmt, noch Literatur sein? Es hat sich gezeigt, dass der Sprung über die Mediengrenzen hinweg durch die Einbettung der digitalen in eine allgemeine postmoderne Literatur weich abgefedert wird. Dennoch bleibt die Rezeption der Hyperfiction schwach ausgeprägt. Während die postmoderne Literatur zum Beispiel mit der Popliteratur die traditionelle Kluft zwischen Literatur bzw. Kunst und dem breiten Publikum einebnet und konsumierbare Literatur produziert (Robbe-Grillet publiziert Krimis bei Minuit, Eco landet mit dem Mittelalterkrimi *Il nome della rosa* einen Mega-Bestseller), ist es der Hyperfiction bisher noch nicht gelungen, zu einer breit rezipierten Mediengattung zu werden, obwohl sie dazu durch ihre Präsentationsform im Internet geradezu prädestiniert wäre. Hier scheinen zwei Faktoren ins Gewicht zu fallen: zum einen die mangelnde Durchsetzungskraft der Hyperfictionautoren, zum anderen die konsumgetriebene Haltung der postmodernen Gesellschaft, der es schwer fällt, kostenlose Angebote ästhetisch zu bewerten und zu schätzen.

Computer und insbesondere das Internet sind Leitmedien der heutigen Gesellschaft. Die multiple Fragmentierung der Geschichte im Hypertext führt zu einer Desorientierung des Lesers, die ihn zur Arbeit mit dem *texte scriptible* wie im Labyrinth des alltäglichen Lebens anstiftet – oder eben auch nicht. Hierin treffen sich die Strategien der digitalen und der gedruckten postmodernen Literatur; typisch für die postmoderne Literatur ist ja die Thematisierung des radikalen Orientierungsverlusts. Die Hyperfiction bildet die Erfahrung der Fremdheit im Vertrauten ab, wie ein Spiegel der postmodernen Erlebenssituation. Aber der Spiegel ist zersplittert und vervielfacht die Unübersichtlichkeit der realen Gegenwart wie ein Kaleidoskop. Und so begibt sich auch die Hyperfiction „auf die Suche nach neuen Darstellungen [...] um das Gefühl dafür zu schärfen, daß es ein Undarstellbares gibt“ (Lyotard 1990, 47).

Modul Hyperfiction

Auf der CD finden Sie weiterführende Materialien und Übungen zu

- Mediale Elemente
- Gestaltungsmittel
- Wissenschaftliches Arbeiten
- Narrativische Analyse

Schlüsselqualifikationen: Der Weg zu wissenschaftlichem Arbeiten

Julia Mitko/Dagmar Schmelzer

1 Einleitung

Die Verwendung eines Modewortes wie Schlüsselqualifikation setzt ein einführendes Kapitel in die Methoden wissenschaftlichen Arbeitens dem Verdacht aus, alten Wein in neuen Schläuchen verkaufen zu wollen. Schlüsselqualifikationen wurden im Rahmen der Studienreform zum zentralen Lernziel der universitären Ausbildung erklärt (Orth, 1999, V-VII). Die Lücke zwischen Studium und Berufspraxis soll durch Fähigkeiten wie geistige Flexibilität, Teamfähigkeit, Organisationserfahrung, schnelle Orientierung in neuen Zusammenhängen gefüllt werden. Dennoch wurde der Titel dieses Kapitels bewusst gewählt und ist Programm. Arbeitstechniken wie Materialsuche, Lesetechnik, Selektion und Auswertung von Literatur, Wissensverwaltung, Ideengewinnung, Gliederungsverfahren, Präsentationstechniken, Arbeit im Team stehen nicht nur im Dienste der Optimierung des Studienerfolgs. Es handelt sich vielmehr um wertvolle Fähigkeiten, die als Rundum-Kompetenzen heute weit wichtiger geworden sind als reines Fakten- und Literaturwissen. Sie sind Grundvoraussetzungen für zielorientiertes, effektives und selbstständiges Arbeiten.

Diese Neubewertung verschiebt auch den Schwerpunkt der Wissensvermittlung innerhalb der genannten Bereiche von der Einübung formaler Kriterien hin zu einer kreativen Auseinandersetzung mit den geforderten Fähigkeiten. Dieser Überlegung trägt der vorliegende Beitrag insofern Rechnung, als er Formales (Zitierkonventionen, formaler Aufbau von Hausarbeiten etc.) weitgehend in Übungsbeispiele auslagert und auch traditionell eher am Rande gewürdigte Techniken wie den mündlichen Vortrag, die pädagogische Aufbereitung von Wissen für andere und die Zusammenarbeit in Gruppen gebührend behandelt sehen möchte. Schlüsselqualifikationen sind nicht durch theoretische Reflexion allein zu erwerben. Lernen ist *learning by doing.*

2 Wissenserwerb

A und O des erfolgreichen Lernens ist die Gewinnung von Information. Um den richtigen Umgang mit Informationsquellen und die gezielte Selektion relevanter Wissensbausteine geht es daher im Folgenden.

2.1 Umgang mit Literatur, Lesetechniken

Ausgehend von interessanten Leseerlebnissen von Denkern und Wissenschaftlern stellt Lutz von Werder (1994) fest, dass die individuelle Lesekarriere den (akademischen) Werdegang prägt. Lesen befördert die Identität des wissenschaftlichen Schreibens, beeinflusst den Stil und bringt auf Ideen, es zeigt Denkmethoden in Aktion (auch historische) und bietet Muster für eigene Lösungen. Wissenschaftliches Lesen ist ein geistiges Gespräch über die Zeiten hinweg.

Natürlich wird nicht jedes gelesene Buch gleichermaßen ins eigene Denken integriert. Neben dem bereits erworbenen intellektuellen Hintergrund, vor dem das Buch zu bestehen hat, sind es die jeweils in der Lesephase an das Buch herangetragenen Fragen, die persönlichen Vorlieben, der Einfluss von Lehrern und Denkschulen, die darüber entscheiden, wie sinnvoll ein Buch für Sie verwertbar ist. Es stellt sich angesichts prall gefüllter Bibliotheken die Frage: Mit welchem Buch fange ich an? Alle Universitäten nehmen ihren Studierenden dabei ein Stück weit die Entscheidung ab: Lektürekanon und Lesetipps zu bestimmten Veranstaltungen und zur Prüfungsvorbereitung legen den Grundstein für Ihre Beschäftigung mit Ihrer Lesewissenschaft. Daneben sollten Sie es sich nicht nehmen lassen, selbst Bücher auf Ihren Leseplan zu setzen.

Vielleicht sind Sie beim Lesen bereits auf einschlägige ‚Klassiker' der Romanistik gestoßen, die Sie interessieren. Je häufiger Sie ein Werk in der Literatur zitiert finden, desto eher gehört es zu den Standardwerken, die zu kennen sich immer lohnt. Gerade die Literaturangaben in Lexika führen meist zu grundlegenden, weithin akzeptierten Abhandlungen zu bestimmten Themen. Lohnenswert ist es, aktuelle Fachzeitschriften, Verlagsprospekte oder die Feuilletonteile großer Tageszeitungen nach Besprechungen von Neuerscheinungen durchzusehen.

Generell unterscheidet die Literaturwissenschaft zwischen zwei verschiedenen Arten von Literatur und Lektüre, für die sich verschiedene Lesetechniken eingebürgert haben: Primär- und Sekundärliteratur. Während unter der **Primärliteratur** die literarischen Werke zu verstehen sind, die die Untersuchungsobjekte der Literaturwissenschaft darstellen, fasst man unter **Sekundärliteratur** alle kritischen oder wissenschaftlichen Schriften, die sich über Literatur oder mit Literatur in Verbindung gebrachte Themen (z.B. historischer Hintergrund, Gesellschaftsentwicklung, Ideengeschichte etc.) äußern. Das Lesen von Sekundärliteratur will gelernt sein – das ist dem Anfänger nach ersten Kontakten mit fremdwortgespickten Fachtexten bald bewusst. Obwohl die Lektüre literarischer Texte dem mit der Wissenschaft noch wenig vertrauten Studierenden leichter erscheint, erfordert sie doch gewisse Analysetechniken und ein großes Maß an Sorgfalt und Muße. Wichtigste Prämisse für gutes Lesen, egal welchen Texttyps, ist eine aktive Lesehaltung. Lesen, Mitdenken, Weiterdenken und Schreiben sollten im wissenschaftlichen Prozess eine Einheit sein – der Stift in der Hand sollte Sie beim Lesen nicht hemmen, sondern beflügeln.

2.1.1 Primärliteratur

Eine kleine Bemerkung zu Anfang: Es ist unbedingt anzuraten, Primärliteratur in einer zuverlässigen Ausgabe selbst zu besitzen. Sie ist Ihre **Arbeitsgrundlage**, die Sie mehrfach, auch nach längeren zeitlichen Abständen zur Hand nehmen werden. Ist Ihnen der Text zu teuer oder ist das Buch vergriffen, helfen Kopien. (Vorsicht: Die Vervielfältigung ganzer Bücher, die im Buchhandel noch erhältlich sind, ist nach dem Urheberschutz verboten!). Nur so können Sie im Text Markierungen vornehmen und Notizen anfügen. Außerdem können Sie sich eine kleine Privatbibliothek aufbauen, auf deren Bestände sie jederzeit, ohne Rücksicht auf die Öffnungszeiten der Bibliothek, Leihfristen und Ausleihengpässe zugreifen können.

Vor Beginn der Lektüre legen Sie sich Stift und Papier bereit. Ist Ihnen ein Schreibblock zu unhandlich (z.B. weil Sie eine Zugreise zum Lesen nutzen wollen), legen Sie zumindest einige Karteikarten in Ihr Buch, um Gedankenblitze und Beobachtungen festhalten zu können. Gut geeignet sind auch selbstklebende Zettel (nicht zu klein!), mit denen Sie am Rand Seiten zu bestimmten Stichworten markieren können. Neben dieser äußeren Vorbereitung sollten Sie sich auch geistig einstimmen. Sammeln Sie im Kopf alles **Vorwissen**. Selektieren Sie nicht zu stark, sondern lassen Sie Ihre Einfälle sprudeln. Sie bauen so neben motivierender Vorfreude bewusst einen Erwartungshorizont auf, der es Ihnen erleichtern wird, bei der Lektüre fündig zu werden, weil Sie Fragen haben und eine Perspektive ans Werk herantragen.

Es folgt die **Phase der unbeschwerten Lektüre**. Lassen Sie den Text auf sich wirken. **Halten Sie Ihre Eindrücke schriftlich fest** – nicht notwendigerweise in Fachausdrücken, wenn diese Ihnen (noch) nicht automatisch zufließen, aber sorgfältig genug, dass sie Ihnen später noch verständlich sind. Es stellen sich umso mehr Beobachtungen ein, je geübter Sie im Lesen sind (und je besser es Ihnen infolgedessen gelingt, Fragen oder andere bereits gelesene Texte als Vergleichsgrundlage unbewusst präsent zu halten) und je stärker Ihrer Lektüre ein spezifisches Interesse voraus geht, z.B. in Form eines bereits festgelegten Referatsthemas. Neben den Bemerkungen, die Ihnen spontan beim Lesen kommen, berücksichtigen Sie auch die, die Sie durch **Rekapitulieren** nach jedem Kapitel, jedem Akt oder sonstigem geeigneten Einschnitt gewinnen. Bewusste Pausen erleichtern das Schalten vom passiven in den aktiven Lesemodus und befördern die ‚Verdauung' des Gelesenen.

Unterstreichen Sie interessante Textstellen, machen Sie Fragezeichen und Ausrufezeichen am Rand, wenn Ihnen etwas unklar oder wichtig erscheint. Geben Sie im Stichwort an, weswegen bzw. in welcher Hinsicht Sie die markierte Stelle für bemerkenswert halten. Fügen Sie Querverweise zu anderen Werken oder Werkpassagen oder zum Epochenhintergrund an.

Zurückblättern ist erlaubt! Wenn Sie Verbindungen zwischen einzelnen Figuren, Beschreibungen, Ereignissen, stilistischen Phänomenen etc. ziehen wollen, gehen Sie Ihrem Verdacht gleich nach, solange die Erinnerung noch frisch ist! Lassen Sie ein Buch möglichst nicht liegen und lesen Sie bei Erstlektüre nicht mehrere parallel.

Haben Sie die **Erstlektüre** abgeschlossen, **rekapitulieren** Sie Ihre Eindrücke. Bei Romanen und Theaterstücken machen Sie sich eine Skizze zu Figurenkonstellation und Handlungsverlauf. Sie müssen nicht bei jeder Lektüre alle Informationen protokollieren, sollten aber in jedem Fall die Gedanken, die Ihnen gekommen sind, festhalten, damit Sie auch nach geraumer Zeit Ihrer Erinnerung auf die Sprünge helfen können. Es wird Ihnen so öfter in anderen Zusammenhängen ein Querverweis zu diesem Buch kommen. Je aktiver Ihre Auseinandersetzung und je abgeschlossener sie ist, desto eher steht sie Ihnen als Grundwissen zu freier und flexibler Verfügung.

Ist das Buch Prüfungsstoff oder Thema einer Veranstaltung, dann ist ein solches intuitives Lesen nur der erste, aber noch nicht ausreichende Schritt. Es muss eine (eventuell nur ausschnittsweise) **Zweitlektüre** folgen, die **systematisch** Erkenntnisse sammelt. Hier sollte das Wissen um literaturwissenschaftliche Analysewerkzeuge eingebracht werden.

Die literaturwissenschaftliche Beschäftigung mit dem Text umfasst verschiedene Arbeitsschritte: Beschreibung, Analyse, Synthese und Interpretation. Die **Beschreibung** ist das systematische Zusammenstellen der Textstrukturen, die formal identifiziert und mit Fachausdrücken benannt werden. Schon jetzt müssen konstatierte Merkmale semantisiert werden, d.h. es wird ihnen eine Bedeutung im Textzusammenhang, eine Funktion hinsichtlich ihrer Wirkung zugeschrieben. Die Beschreibung ist noch keine Analyse. Eine **Analyse** liegt erst dann vor, wenn wir die Funktionen der einzelnen beschriebenen Textelemente untersuchen, also uns etwa fragen, welche Wirkung der Chiasmus im vorliegenden Kontext hervorruft. Da möglichst alle Analysebefunde in die abschließende Interpretation eingehen sollen, sollte bereits nur relevante, d.h. analysefähige Information selektiert werden. Dabei sollte man allerdings vermeiden, sich zu schnell nur auf stimmige, bezüglich einer einseitigen Hypothese harmonische Daten zu beschränken, um keinen „wie man in den Wald hineinruft, so schallt es heraus“-Effekt zu erzwingen. Im dritten Arbeitsschritt, der **Synthese**, werden Funktions- und Wirkungszusammenhänge zwischen den Ergebnissen hergestellt, um ein Gesamtbild über den Text zu erhalten. Die abschließende **Interpretation** hinterlegt die herausgearbeiteten Strukturen mit Sinn, stellt sie in einen allgemeinen semantischen Zusammenhang. Dabei können z.B. formgeschichtliche und/oder literaturgeschichtliche Konzepte in Anschlag gebracht werden.

Der **Fragenkatalog**, der eine Analyse leitet, ist je nach Gattung des literarischen Textes unterschiedlich zu wählen. Beispiele für solche Fragelisten finden Sie im Übungsmaterial zu den verschiedenen Gattungen. Leitfragen können helfen, den ermittelten Befunden eine sinnvolle Ordnung zu geben und sie in Bezug zu setzen. Zudem können die einzelnen, hier im Buch ausgeführten Schritte als Checkliste benutzt werden, um abzuprüfen, ob alle relevanten Punkte berücksichtigt wurden. Die eigene Auseinandersetzung mit dem Text sollte dem Abarbeiten des Fragerasters jedenfalls vorausgehen. Nur anhand der Liste ermittelte Ergebnisse werden in ihrer Datenfülle und fehlenden Integration einer Synthese und Interpretation eher im Weg stehen.

Begleitende Übungen zur Primärliteratur finden Sie im Modul.

2.1.2 Sekundärliteratur

Haben Sie Bücher für Ihr Thema ausgesucht, machen Sie sich an die Feinauswahl. Legen Sie für jedes Buch ein Blatt oder eine Karteikarte an. Publikationstyp, Autor, Titel, Verlag, Reihe und Erscheinungsjahr sollten auf der Karte verzeichnet werden. Eventuell können Sie eine Kopie des Inhaltsverzeichnisses anheften. Diese Daten und ein erstes oberflächliches Durchblättern können Ihnen bereits **Vorab-Informationen** liefern, die zur Aufnahme des Buchs in den engeren Kreis der zu lesenden Werke führen oder aber dazu bewegen, das Buch ungelesen zurückzugeben.

Auch wenn Sie (beispielsweise für Hausarbeiten) darum bemüht sind, sich möglichst umfassend über ein Thema zu informieren, müssen Sie nicht alle Publikationen gleich gründlich lesen. Die Gliederung gibt Ihnen erste Anhaltspunkte, welche Kapitel und Abschnitte für Sie von Belang sein könnten. Schließlich haben Sie eine ganz bestimmte Fragestellung im Auge! Zwar ist es immer interessant, auch über den Tellerrand zu blicken, doch sollte man sich nicht in der Breite der Information verlieren.

Meist lohnt es sich, die Einleitung zu lesen, da sie Auskunft über das Forschungsvorhaben des Buches und über sein Vorgehen bzw. seinen Aufbau gibt. Falls zusammenfassende Zwischen- oder Schlusskapitel vorliegen, sind diese zu empfehlen. Entschließen Sie sich, größere Teile des Buchs zu lesen, stellen Sie durch **kursorisches** oder **überfliegendes Lesen** fest, ob die entsprechenden Passagen (hinsichtlich Ihrer Fragestellung) Merkenswertes enthalten (zu Lesetechniken siehe Hülshoff/Kaldewey 1979, 156-160 und Werder 1995). Wenn ja, machen Sie sich Kopien, um die betreffenden Stellen ausführlicher bearbeiten zu können oder halten Sie Ihre Lesefrüchte unverzüglich fest – gerade durch kursorisches Lesen aufgenommene Information verliert sich sehr schnell (s. Kap. 2.1.3)! Anderenfalls halten Sie fest, dass Sie nicht auf die erwartete Information gestoßen sind (und gegebenenfalls warum).

Ihr erster Lesedurchgang hat eine Anzahl von Schlüsseltexten selektiert, die Sie eingehender bearbeiten wollen. Ab jetzt greifen Lesen und Lernen, aktive und passive Verarbeitung des Textes unmittelbar ineinander. Es geht darum, Entdeckungen in lebendiges Wissen zu überführen, das Ihnen für spätere Verwendung zur Verfügung steht und Anschlussmöglichkeiten eröffnet. Je mehr der im Folgenden beschriebenen Arbeitsschritte Sie vollziehen, desto besser und länger wird das Gelesene Ihnen erhalten bleiben.

Zunächst sollten Sie beim Lesen die Argumentation nicht nur verfolgen, sondern aktiv nachvollziehen. Lesen Sie in Abschnitten und **repetieren** Sie jeweils deren Inhalt. Versuchen Sie, den logischen Aufbau des Textes zu erkennen und die Verbindung der einzelnen Abschnitte in ihrer Logik zu verbalisieren. Fassen Sie nach der Gesamtlektüre den Text noch einmal zusammen. Lesen Sic mit dem Stift: **Markieren** Sie Kerngedanken und -begriffe, geben Sie dem Text am Rand **Stichworte** (am besten metasprachlich und inhaltlich in der Form „Beispiel 1: Erzählperspektive in *Madame Bovary*"), machen Sie die Gliederung durch Nummerierung oder Farbsignale kenntlich. Sie können durch diese Handhabung von Farben und Symbolen Ihre Aufmerksamkeit schärfen und sich zu strukturiertem Denken zwingen. Eine gute (nicht zu kleingliedrige)

Visualisierung solcher Textverarbeitung erleichtert Ihnen später ein augenblickliches Zurechtfinden.

An die Textlektüre muss sich die Textverwertung anschließen. Bewährt hat sich die Zusammenfassungsschleife: Sie schreiben entlang des markierten Textes eine (nicht zu ausführliche) Zusammenfassung der wichtigsten inhaltlichen Punkte, wobei sie auf logische Klarheit, Gliederung und die Beziehung der einzelnen Punkte zueinander achten. Nach Ihren Markierungsvorarbeiten sollte Ihnen dieser Schritt nicht schwer fallen. Sie lesen Ihre Zusammenfassung durch, um abschließend den Inhalt des gesamten Textes in nicht mehr als 10 Zeilen zu umreißen. In dieser zweiten Zusammenfassung, die den Charakter einer Rezension haben sollte, können auch wertende Kommentare Platz finden, z.B. Angaben über die Ausführlichkeit und logische Nachvollziehbarkeit der Untersuchung, die (explizite oder implizite) Zielgruppe, das Forschungsinteresse und die wissenschaftsgeschichtliche Einordnung.

Es empfiehlt sich, an den Text **Fragen** zu stellen. Das erlaubt es, sich vorab mit dem Thema zu beschäftigen, den Text zielgerichtet zu verfolgen und kritisch mit ihm umzugehen. Gleichzeitig sind die Fragen Sprungbrett zu einer kreativen **Vernetzung** der Textdaten mit bereits erworbenem Wissen.

Setzen Sie den Text bewusst mit anderen Texten zu verwandten Themen in Beziehung. Ziehen Sie Vergleiche bezüglich der Stichhaltigkeit der Argumente, der Zielstrebigkeit des Argumentierens, der Beispielauswahl, der Wahl der Methode und der Sauberkeit der Ausführung. Diese Einordnung des Textes in einen Kontext ist Grundlage seiner Bewertung. Versuchen Sie, aus mehreren Texten eine Synthese zu bilden, sie zu ordnen oder zu einem Leitgedanken zu verdichten. Es kann auch interessant sein, oberflächlich sehr unterschiedliche Texte ‚kurzzuschließen'. Solche Gedankenspiele helfen Ihnen, mit dem Gelesenen souverän umzugehen und eigene Ideen zu entwickeln.

Erst im **Kommunikationsvorgang** wird Gelesenes wirklich verarbeitet. Schreiben und sprechen Sie über Ihre Lesefrüchte – notfalls indem Sie für sich eine Gesprächssituation simulieren (Prüfungsgespräch oder Referat). Besser ist es, wenn Sie sich mit Kommilitonen zusammen tun, um Erfahrungen auszutauschen (s. Kap. 6). Der beste Weg der Selbstkontrolle ist der Versuch, das Gelesene zu **vereinfachen**. Gelingt es Ihnen, den Lernstoff für andere aufzubereiten, ihn zu didaktisieren und zu visualisieren, haben Sie ihn bestmöglich verarbeitet (Hackenbroch-Krafft/Parey 2004 und Kruse 1998, 177-192).

Begleitende Übungen zur Sekundärliteratur finden Sie im Modul.

2.1.3 Exzerpte

Die Stichworte am Textrand dienen Ihnen als Grundgerüst für Ihr **Exzerpt**. Sie halten die Stichworte und den Argumentationsaufbau schriftlich auf DIN A 4-Blättern oder Karteikarten oder im Computer fest. Auf die erste Seite des Exzerpts schreiben Sie die genaue Angabe zu Verfasser, Titel der Veröffentlichung, Jahr und Seitenzahl, auf alle Folgeseiten eine Kurzangabe, etwa Autorname, Jahr und Seitenzahl. Auf jeder Seite Ihres Exzerpts sehen Sie Raum für Ihren Kommentar zum Originaltext vor, am besten am Seitenrand, für längere Bemerkungen am Seitenende. Prüfen Sie auch, ob Sie nun die Fragen, mit denen Sie zu Beginn der Lektüre an den Text herangegangen sind, beantworten können, und halten Sie die Antworten auf den reservierten Flächen fest.

Um die Argumentationsstruktur des Originaltextes deutlich zu machen, können Sie mit Stichwörtern oder mit graphischen Symbolen arbeiten. Sie können z.B. Pfeile wie „⇨" für Schlussfolgerungen einsetzen, Ausrufezeichen für Hauptthesen des Textes usw. Wörtlich sollten auf jeden Fall die Fachtermini des Verfassers und Schlüsselsätze übernommen werden, damit Sie Ihnen für eine eigene schriftliche Arbeit zur Verfügung stehen. Die wörtlich übernommene Passage setzen Sie in doppelte Anführungszeichen und stellen dahinter den genauen Quellenverweis. Prüfen Sie, ob Sie wirklich ganz wörtlich zitiert haben und stellen Sie das Zitat in den Kontext der Argumentation, damit Sie es bei der Wiederverwendung in Ihrer eigenen Arbeit nicht entgegen der Intention des Autors einsetzen.

Eventuell können Sie Ihr Exzerpt noch verdichten, d.h. konziser fassen, indem Sie mehrere Unterpunkte zu größeren Einheiten gruppieren (s. Kap. 2.1.2). Abschließend empfiehlt es sich, das Exzerpt mit einem Kommentar zu versehen, für welchen Prüfungsstoff es relevant ist oder für welches Kapitel Ihrer schriftlichen Arbeit Sie es brauchen können. Notieren Sie sich auch den Standpunkt des Autors, welchen literaturtheoretischen Hintergrund er hat und ob dadurch sein Blickwinkel geprägt ist.

Haben Sie den Text hinsichtlich einer bestimmten Fragestellung gelesen, die nicht die des Textes selbst ist, können Details für Sie interessant sein, die nicht das Hauptanliegen des Textes bilden und daher in der allgemeinen Zusammenfassung nicht auftauchen. Diese Ergebnisse heben Sie getrennt auf. Enthält ein Text nur Teil-Aspekte der Sie interessierenden Frage, wird auch das Exzerpt nur diesen Bruchteil des Originals widerspiegeln. Aber Achtung: Behalten Sie die gesamte Argumentation des Verfassers im Auge! Eine von einem spezifischen Erkenntnisinteresse geleitete Lektüre darf nicht zu einer Entstellung der Intention des Verfassers führen!

Wollen Sie sich lediglich einen Überblick über ein Buch verschaffen, um es evtl. später zu lesen, fertigen Sie anhand des Inhaltsverzeichnisses ein **Gliederungsexzerpt** an. Es bietet sich an, selbst bei dieser rudimentären Form eines Exzerpts am Ende der Seite eine Rubrik für eigene Kommentare vorzusehen, etwa dass die Lektüre des Buches in einer bestimmten Vorlesung zu einer bestimmten Thematik empfohlen wurde oder, wenn der Fall, dass das Werk vor einem bestimmten theoretischen Hintergrund zu verstehen ist (z.B. aus marxistischer Perspektive, aus dekonstruktivistischer Perspektive, aus feministischer Perspektive oder Ähnliches).

Kommt es Ihnen vor allem auf die Kommentare zum Exzerpt an, spricht man von einem **Standpunktexzerpt** (Hagmüller 1985, 69). Neben Ihre eigenen Kommentare können Sie am Rande der Seite abweichende weitere Meinungen aus der Forschung zitieren. Bei dieser Art von Exzerpt müssen Sie gewissenhaft darauf achten, die Meinung des Originals deutlich von den anderen getrennt zu halten, damit Sie den Inhalt des Originals nicht verzerren! Möchten Sie die Standpunkte mehrerer Forscher zu einem Thema konfrontieren, bietet sich dafür die Form eines **Beziehungsexzerpts** an (Hagmüller 1985, 70f.).

Sie zeichnen dafür eine Tabelle auf ein DIN A3-Blatt: In der Waagrechten stehen Autoren und die Werktitel, in der Senkrechten die Kapitelangaben. Ausgehend vom längsten Text tragen Sie dann pro Kapitel die Hauptlinien der Argumentation stichworthaft in die entsprechenden Kästchen ein. Am Ende erhalten Sie nicht nur einen Überblick über den Argumentationsgang, sondern auch über Entsprechungen und Abweichungen bei den verschiedenen konsultierten Autoren.
Wenn es Ihnen weniger um den Aufbau der Bücher geht, als vielmehr um die Kerngedanken, können Sie das Beziehungsexzerpt modifizieren: Wieder gehen Sie vom längsten Text aus. Sie führen dann in der Senkrechten nicht die Kapitel auf, sondern die Kerngedanken. Pro Argument ein Kästchen. Daneben stellen Sie die entsprechenden Ausführungen, die Sie bei anderen Autoren finden. Fehlt ein Argument in einem Titel völlig, lassen Sie das Kästchen frei. Bei Entsprechungen stellen Sie diese direkt in die entsprechende Zeile, bei Abweichungen verfahren Sie ebenso, markieren aber deutlich, dass die Meinung zu einer Thematik divergiert. Kommen neue Argumente hinzu, tragen Sie diese ans Ende der Tabelle beim entsprechenden Autor ein.

Eine ganze Reihe von Gründen spricht dafür, sich Wissen in Form von Exzerpten zu erarbeiten: Sie setzen sich dabei intensiv mit der Forschungsliteratur auseinander. Sie sind gezwungen, den Inhalt in eigenen Gedanken wiederzugeben und merken dabei, ob Sie das Gelesene wirklich verstanden haben. Die Kürze der Aufzeichnungen erspart Ihnen eine Menge Arbeit vor der Prüfung: Statt eines ganzen Aufsatzes oder einer ganzen Monographie lesen Sie vor der Prüfung nur noch Ihr auf die Kerngedanken und das Argumentationsgerüst reduziertes Exzerpt durch. Dadurch, dass Sie sich beim Exzerpieren bereits intensiv mit dem Text auseinandergesetzt haben, wird Ihnen die Wiederholung vor der Prüfung umso leichter fallen.

2.2 Teilnahme an Lehrveranstaltungen

Lehrveranstaltungen haben gegenüber dem Selbststudium bedeutende Vorteile. Sie bieten komprimiertes, bereits kontextualisiertes und interpretiertes Wissen, wie es sonst nur durch gewaltige Lektüreleistung erworben werden kann. Sie sind auf den Wissensstand der jeweiligen Zielgruppe zugeschnitten, zeigen Wissen in Anwendung und geben Raum zu eigenem Experimentieren mit Gelerntem. Außerdem erlauben sie die Kommunikation in zwei Richtungen, d.h. sie sehen Rückkopplung vor: Zuhörer können (Rück-)Fragen stellen, Referenten und Verfasser von Hausarbeiten bekommen Bestätigung, Korrekturen, Anregungen und Verbesserungsvorschläge von Kommilitonen und Dozenten. Der Veranstaltungsbesuch muss jedoch von selbstständiger Arbeit begleitet werden.

2.2.1 Vorbereitung

Individuelle Vorbereitung schafft Ihnen einen Erwartungshorizont, der hilft, Gehörtes einzuordnen. Sie erleichtert Mitschreiben, weil die Grunddaten bereits bekannt sind. Soweit für Fragen ein Rahmen vorgesehen ist, erleichtert die Vorbereitung die Verbalisierung von Verständnisproblemen, so dass Missverständnisse rechtzeitig aufgeklärt werden können. In Seminaren ist eine gute Vorbereitung oft Voraussetzung für die aktive Mitarbeit. In jedem Fall ist für den Vorinformierten die Veranstaltung bereits erste Wiederholung; längerfristiges Behalten des Lernstoffes wird somit gefördert.

Unbedingt notwendig ist die eigenständige Beschäftigung mit der **Primärliteratur** vor Veranstaltungsbeginn, spätestens vor Anschneiden des jeweiligen Themenblocks. Nicht nur ist Textkenntnis die Basis dafür, die Aussagen über die betroffenen Texte zu verstehen, die Entwicklung eigener Gedanken kann auch gehemmt werden, wenn man sich den Primärwerken mit zu viel Fremdwissen im Hinterkopf nähert (s. Kap. 2.1). Zusätzlich sollten Sie auf jeden Fall zum Zweck der Vorbereitung ausgegebenes **Informationsmaterial** wie Thesenpapiere oder Artikel gründlich durcharbeiten und Literaturhinweisen nachgehen. Es ist dabei hilfreich, wenn Sie zu diesen Informationen Stellung beziehen, Fragen formulieren, Kritik anbringen. Verfahren Sie wie im Kapitel zum Umgang mit wissenschaftlicher Literatur (s. Kap. 2.1.2) beschrieben. Je mehr eigene Gedanken Sie schon vor der Sitzung zum Thema aktivieren, desto fruchtbarer wird der Unterricht für Sie sein.

Wird zur Veranstaltung nur wenig Material vorab zugänglich gemacht, gehen Sie selbst auf Informationssuche. Sie können dabei die Schlüsselbegriffe des Veranstaltungs- oder Sitzungstitels zum Ausgangspunkt nehmen. (Z.B. „Ironie in der Romantik“: „Ironie“ und „Romantik“, wobei Sie sicher auch auf das Stichwort „Romantische Ironie“ treffen werden, das aber nur einen Aspekt des Themas bezeichnet.) Zu behandelten Autoren und Werken sowie zu der betreffenden Epoche sollten Sie sich ebenfalls Grunddaten beschaffen. Geeignet zum Einlesen sind einschlägige Lexika, Literaturgeschichten und Einführungen. Mit einer Internetrecherche können Sie zwar sehr schnell große Datenmengen an Land ziehen, Sie müssen jedoch schon einiges Vorwissen mitbringen, um beurteilen zu können, ob die gefundene Information verlässlich ist. Das sollte Sie nicht davon abhalten, diesen Rechercheweg zu nutzen, aber dazu anregen, das so gewonnene Wissen um solches aus anderen Quellen zu bereichern und Vergleiche anzustellen.

2.2.2 Anfertigung von Mitschriften

Die Mitschrift dient der Nachbereitung, dem Verfassen eines Protokolls und der Archivierung von Wissen. Dieser Verwendungszweck sollte die Mitschrift prägen: Achten Sie in jedem Fall auf **Verständlichkeit** und **Übersichtlichkeit**, damit Sie auch nach einem zeitlichen Abstand auf das festgehaltene Wissen zugreifen können. Gelingt das nicht, sollte in der Nachbereitungsphase das noch frische Wissen unbedingt in eine saubere Form gebracht werden!

Ein paar Tipps zur übersichtlichen **Blattgestaltung**: Beschreiben Sie die Bögen nur einseitig und lassen Sie die Rückseiten jeweils für Überarbeitung im Rahmen der Nachbereitung frei. Sie können dann Ergänzungen aus Nachschlagewerken, z.B. Autorendaten, Handlungsschemata von Werken oder Begriffserklärungen, direkt in der Mitschrift und doch getrennt vom ‚verbürgten Veranstaltungswissen‘ vermerken. Lassen Sie auch auf der Vorderseite einen Rand für Kommentare (z.B. „Vergleiche letzte Stunde“ oder „Nachlesen“), Literaturangaben, Fragezeichen (bei Unklarheit) und Gliederungsmarker (z.B. Stichwort-Überschriften zu einzelnen Veranstaltungsabschnitten, die Sie auch im Rahmen der Nachbereitung noch einfügen können). Machen Sie die **Gliederung** des

Stoffs sichtbar: Markieren Sie sie durch Nummerierung am Rand, durch verschiedene Unterstreichungen, durch Einrücken und Leerräume. Gönnen Sie sich viel Platz! Der Einsatz von Abkürzungen und Farben kann das Mitschreiben erleichtern und die Mitschriften handlicher und übersichtlicher machen, vorausgesetzt, sie werden einheitlich gehandhabt und nicht zu üppig verwendet. Wenn Ihr persönliches **Abkürzungs-** und **Farbregister** noch nicht genug durch Gewohnheit gefestigt ist, legen Sie unbedingt eine Legende an.

Hinsichtlich der Sprachverwendung ist die **Aufzeichnung in Stichworten** ganzen Sätzen vorzuziehen. Sie ist zeitsparender und setzt den Protokollanten nicht so unter Druck, wenn das Veranstaltungstempo anzieht. Das Denken in Stichworten zwingt zu Knappheit des Ausdrucks und dadurch zu einer ersten eigenen Kondensierungsleistung. Ein Text in Stichworten ist obendrein leichter räumlich zu gliedern; seine formale Übersichtlichkeit ist größer. Die Gefahr von Stichwortformulierungen liegt in den ambivalenten grammatikalischen Bezügen, wie sie für die oft verwendeten Nominalwendungen charakteristisch sind. Für solche Fallen kann man sich aber im Laufe der Zeit sensibilisieren. Stichwortmitschriften sind Übungssache! In jedem Fall lohnt es sich, Mitschreiben **im Team zu üben** (s. Kap. 6).

2.2.3 Protokoll

Ein Sitzungsprotokoll hat in der Regel die Form eines **Ergebnisprotokolls**, nicht eines Verlaufsprotokolls. Das heißt, es hält die wesentlichen Aussagen der Stunde im Zusammenhang fest, ohne nach zeitlicher Abfolge oder dem Urheber der Aussage zu differenzieren. Es dient nicht nur als Leistungsnachweis, sondern als nützliche Unterlage für Sie, den Dozenten und alle Veranstaltungsteilnehmer. Es ist in erster Linie der **Ort zum Nachschlagen** des für alle verbindlichen Wissens – in der Veranstaltung und über diese hinaus (z.B. in der Prüfungsvorbereitung).

Voraussetzung zur Verfassung eines guten Protokolls ist eine gute Mitschrift. Stellen Sie im Laufe der zu protokollierenden Stunde fest, dass noch offene Fragen oder Unklarheiten vorhanden sind, fragen Sie nach. Als Protokollant sind Sie **Kontrollinstanz** und **Gedächtnis der Veranstaltung**. Werden Fragen (z.B. in der Diskussion einer Seminarsitzung) aufgeworfen, aber nicht geklärt, sind sie als offene Punkte ins Protokoll aufzunehmen.

Ergänzungen kleinerer Art, z.B. Begriffsdefinitionen, Lebensdaten erwähnter Autoren oder sonstiger Personen, können Sie jederzeit im Protokoll unterbringen, auch wenn sie nicht ausdrücklich erwähnt wurden. Ihre Anmerkungen sind sicher eine gern angenommene Dienstleitung für die Gruppe. Allerdings sollten Sie solche Ergänzungen in die Fußnote ausgliedern, um klarzustellen, dass es sich nicht um in der Veranstaltung besprochene Inhalte, sondern um Zusatzinformation handelt. Selbstverständlich müssen Sie in diesem Fall die Quelle ausweisen.

Ein Protokoll verschafft umso leichter Zugang zum Veranstaltungsinhalt, je besser es gegliedert ist. Der **Übersichtlichkeit** halber sollten Sie es durch **Gliederung** in Kapitel und Unterkapitel strukturieren, die Sie selbst nach logischen Kriterien setzen müssen, wenn sie in der Stunde nicht expliziert wurden.

Geht die Gliederung nicht direkt aus Ihrer Mitschrift hervor, weil diese chronologisch, nicht logisch-thematisch die Aussagen der Stunde festhält (was vor allem bei Diskussionen der Fall sein kann), müssen Sie zuerst zu einer überzeugenden Ordnung gelangen (s. Kap. 4), noch bevor Sie die Niederschrift im eigentlichen Sinne beginnen.

2.2.4 Nachbereitung

Auch wenn man nicht mit dem Verfassen eines Protokolls betraut ist, sollte man die angefertigte Mitschrift nicht liegen lassen, bis eine Prüfung zur Auseinandersetzung mit dem angehäuften Wissensberg zwingt. Gerade nach der Stunde ist die Erinnerung noch frisch genug, um auch unvollkommen notierte Zusammenhänge rekonstruieren zu können. Man kann die **Mitschrift einer Qualitätskontrolle unterziehen**, Lücken durch Nachschlagen ergänzen oder sich bei hartnäckigeren Verständnisschwierigkeiten **Rückfragen** für die Folgestunde notieren. Indem man die gesamte bisherige Veranstaltung Revue passieren lässt, kann man selbst einen roten Faden finden und die verschiedenen Themen im **Kontext** sehen. Das erleichtert es nicht nur, die Einzelinhalte zu memorieren, indem man sie verortet, sondern ist gleichzeitig eine optimale Vorbereitung für die kommenden Stunden.

Übungen zu Mitschrift und Protokoll finden Sie im Modul unter Informationsaufnahme.

3 Verwaltung von Wissen: Arbeit mit Karteikarten

Für Mitschriften in Seminaren und Vorlesungen, die Sie während des Semesters anfertigen, bietet sich die Ablage in DIN A 4-Ordnern an. Hier können Sie auch Kopien – etwa von wichtigen Aufsätzen oder einzelnen Buchkapiteln, die in der Vorlesung genannt wurden – einheften. An der entsprechenden Stelle der Mitschrift tragen Sie einen Verweis auf die vorhandenen Kopien ein.

Für manchen Lern- und Arbeitsstoff ist es empfehlenswerter, mit **Karteikarten** (im DIN A 6-Format) zu arbeiten. Besonders beim Lernen von **Vokabeln**, beim Pauken von **Definitionen**, bei der Erstellung Ihres eigenen **Fachlexikons** – d.h. der Schlüsselbegriffe, die Sie im Laufe des Studiums immer wieder brauchen werden –, kurzum: bei allen Arten von dekontextuell und polyfunktional einsetzbaren Wissensbausteinen leisten Karteikarten wesentliche Hilfe. Das Speichern auf Karteikarten ist dagegen nicht zur Darstellung langer Argumentationsketten, wie sie eine gesamte Vorlesung oder ein Fachbuch durchziehen, zu empfehlen und generell ist vom Gebrauch abzuraten, wenn es um kontextuell stark gebundene Information geht, bei der Sie das Umfeld der Argumentation auch berücksichtigen müssen.

Auf den richtigen Stoff angewandt, bieten Karteikarten wesentliche Vorteile gegenüber der Wissensverwaltung in Ordnern: Ist Ihr Karteikasten logisch und sauber geordnet, können Sie sehr rasch auf die gesuchte Information zugreifen. Müssen Sie etwas ergänzen, schreiben Sie einfach eine weitere Karteikarte und legen diese an der passenden

Stelle ab. Die kleinen Wissensbausteine sind handlich und gut zu transportieren und lassen sich bei verschiedenen Gelegenheiten wiederholen.

Für die Verwaltung der Kartei brauchen Sie neben dem Kasten Karteikarten und Leitkarten. Die Leitkarten mit Rubriküberschriften oder Kennbuchstaben sind höher als die anderen oder sie tragen Reiter. Die Unterteilung nach Schlagwörtern kann alphabetisch oder thematisch erfolgen.

Übungen zu Karteikarten finden Sie im Modul unter Referate vorbereiten.

4 Aufarbeitung von Wissen

4.1 Referate

4.1.1 Konzeption und Präsentation

Anderen ein Thema verständlich machen, in das Sie sich eingearbeitet haben, gehört zu einer Grundübung Ihres Studiums. Der erste Schritt bei der Erstellung eines Referats ist eine grundlegende Auseinandersetzung mit der Themenstellung. Lesen Sie Ihr Thema mehrmals durch und fragen Sie sich, was das Ziel Ihrer Präsentation sein soll. Was wollen Sie Ihrem Publikum darlegen, beweisen, erklären, widerlegen? Und welches Publikum sprechen Sie an? Diese Frage ist nicht nur für die mehr oder minder fachterminologische Ausführung Ihrer Argumente wichtig, sondern schon für deren Anordnung. Sie sollten dieses Ziel ganz konkret in einem Satz oder wenigen Sätzen formulieren.

Sobald Sie sich über Zuhörerschaft und Ziel Ihres Vortrags im Klaren sind, gehen Sie an die **Stoffsammlung**. Wenn Sie noch nichts zum Thema wissen, suchen Sie sich über die entsprechenden Datenbanken Literatur zum Thema, und zwar zunächst eine allgemeinere, danach eine speziellere Literatur. Verschaffen Sie sich einen Überblick und schreiben Sie auf Karteikarten die Hauptgliederungspunkte Ihres Themas zusammen. Dann füllen Sie dieses Grobraster mit Detailinformation auf. Wenn Sie einen Überblick über den Stoff haben, erstellen Sie eine feinere **Gliederung**. Die Stoffsammlung auf Karteikarten kommt Ihnen nun zugute: Jetzt können Sie nämlich durch die Gruppierung der Karteikarten verschiedene Abfolgen Ihres Referats ausprobieren, bis Sie die optimale Reihenfolge Ihres Gedankengerüsts finden. Vielleicht fällt Ihnen dabei auch auf, dass Sie mehrere Argumente zu einem größeren Komplex zusammenfassen können. Legen Sie die entsprechenden Karteikarten in einer Gruppe zusammen.

Insgesamt sollte der Hauptteil Ihres **Vortrags** etwa Dreiviertel der Zeit Ihres Gesamtvortrags umfassen, das restliche Viertel verbleibt für Einleitung und Schluss. Erheben Sie nicht den Anspruch, alle Ihre Ergebnisse vortragen zu wollen. Diese können Sie in Ihrer Hausarbeit darlegen. Bei einem mündlichen Vortrag von 10 bis 20 Minuten müssen Sie sich aufs Wesentliche beschränken. Sie würden den Zuhörer maßlos überfordern, wollten Sie in dieser Zeit ausbreiten, was Sie in einer 15- oder 20-seitigen Hausarbeit niederschreiben. Präsentieren Sie daher ausgewähltes Wissen und bereiten Sie dieses gewissenhaft und mit unterstützender Visualisierung auf.

Haben Sie die Struktur des Hauptteils auf diese Weise grob vor Augen, überlegen Sie sich **Einleitung** und **Schluss**. Geben Sie sich Mühe mit der Einleitung! Hier entscheidet sich die Rezeptionshaltung des Zuhörers. Drei Ziele sollten Sie erreichen: den Kontakt zum Zuhörer herstellen, sein Interesse für Ihren Vortrag wecken und ihm einen Überblick darüber geben, was Sie ihm im Folgenden vorstellen wollen. Am Schluss Ihrer Ausführungen fassen Sie den Kern Ihres Vortrags zusammen. Darüber hinaus sollten Sie Perspektiven oder einen Ausblick bieten: Verweise auf Nachfolgereferate oder auf weiterführende Literatur zu Ihrem Thema.

Die Argumente von Einleitung, Hauptteil und Schluss liegen nun gesammelt vor Ihnen. Jetzt geht es darum, sie angemessen vorzutragen. Beachten Sie, dass ein mündlicher Vortrag einen ganz anderen sprachlichen Duktus aufweist als eine schriftliche Hausarbeit. Am besten, Sie arbeiten auch jetzt wieder mit Stichworten auf Karteikarten.

Für den Vortrag bereiten Sie eine Folie vor, die Sie mittels Beamer oder Projektor gut sichtbar an die Wand projizieren und die die Struktur Ihrer Ausführungen kenntlich macht sowie wichtige Literaturhinweise enthält. Während des Vortrags kündigen Sie genau an, bei welchem Gliederungspunkt Sie sich gerade befinden. Heben Sie die Gliederungspunkte durch eine kurze Pause und ein Anheben der Stimme nach der Pause voneinander ab. Generell gilt: Nutzen Sie die Vorteile der Vortragssituation! Unterstreichen Sie Wichtiges durch Betonung und unterstützende Gestik.

4.1.2 Visualisierung und Vortragsmodus

Ob die Zuhörerschaft aufmerksam ist oder nicht, hängt nur zu einem Teil vom Inhalt Ihrer Aussagen ab. Sehr wichtig ist das **Wie** des Vortrags. Suchen Sie den Blickkontakt zum Publikum, ohne jedoch Einzelpersonen zu fixieren. Sprechen Sie nicht zu schnell und machen Sie an geeigneten Stellen kurze Sprechpausen. Ein optimales Training ist es, einen Vortrag zu Hause vor Freunden oder vor dem Spiegel zu üben. Sie stellen dabei nicht nur fest, ob Sie die Materie so weit durchdrungen haben, dass Sie frei darüber sprechen können, ob Ihre Stimme fest und Ihre Gestik und Mimik unterstützend oder eher verwirrend wirken. Sie können darüber hinaus prüfen, wie lange Ihr Vortrag ungefähr dauert.

Bei der Frage des **Medieneinsatzes** müssen Sie sich kundig machen, welche Möglichkeiten in Ihrem Vortragsraum bestehen. Internet und Beamer gibt es sicher nicht in jedem Hörsaal, einen Tageslichtprojektor dagegen schon. Neben der Gliederung können Sie Grafiken, Statistiken, Schaubilder, Flussdiagramme, Dias, Zeichnungen, Wandkarten, Modelle oder Tonaufnahmen einsetzen. Wichtige Zitate präsentieren Sie ebenso wie beispielsweise eine witzige Karikatur als Einstieg für den Vortrag.

Wenn Sie ein gewisses Vorwissen bei Ihrer Zuhörerschaft voraussetzen können, bietet es sich oftmals an, mit einer gemeinsamen Stoffsammlung zu beginnen. Sie erreichen damit von Anfang an eine aktive Rezeptionshaltung, die Einbindung und das Interesse des Publikums.

Für die Stoffsammlung – das sog. **Brainstorming** – arbeiten Sie mit der Tafel oder einem Flipchart. Sie teilen dafür die verfügbare Fläche in zwei Hälften; auf der linken Seite sammeln Sie Stoff, auf die rechte setzen Sie die fertige Gliederung. Dieses Vorgehen bietet sich immer dann an, wenn Sie im Seminar ein Schema erarbeiten wollen. Aber Achtung: Um dem Publikum nicht den Rücken zukehren zu müssen, bestimmen Sie eine(n) Kommilitonen/in zum Schriftführer.

Mit einer Präsentationssoftware wie PowerPoint lassen sich Folien attraktiv gestalten. Sie können mit dem Programm die Gliederung Ihres Vortrags schrittweise entwickeln und dazwischen zu Statistiken und Grafiken umschalten, auch Videoszenen lassen sich über Beamer projizieren. Übertreiben Sie jedoch nicht mit dem Medieneinsatz: Zu viel ist schlimmer als zu wenig. Setzen Sie Medien sparsam, bewusst und unterstützend ein, aber veranstalten Sie keine Medienshow!

Bei der Gestaltung Ihrer Folien müssen Sie auf Lesbarkeit, Übersichtlichkeit und Attraktivität der Darstellung achten (Kayser 1998, 247). **Lesbarkeit** erreichen Sie, indem Sie Ihre auf Querformat eingerichtete Folie mit dunkler Schrift auf hellem Hintergrund (bei PowerPoint umgekehrt: dunkler Hintergrund, helle Schrift) mit einer Buchstabengröße von ca. 24 Punkten beschriften. **Übersichtlichkeit** heißt: nicht mehr als eine Idee pro Grafik, Darstellung in Stichworten statt in ganzen Sätzen und Strukturierung durch Aufzählungszeichen. Für **Attraktivität** sorgen Bilder, Diagramme und – sparsam eingesetzt! – Farben.

4.1.3 Handouts und Thesenpapiere

In Hochschulseminaren ist es üblich, den Zuhörern eine Tischvorlage – genannt Handout oder Thesenpapier – an die Hand zu geben. Meistens werden die Begriffe synonym verwendet. Wörtlich verstanden handelt es sich aber um zwei verschiedene Dinge: Die übliche Form der Tischvorlage im Seminar ist das **Handout**. Es beinhaltet Sachinformation und enthält Angaben zum Seminar, zum Titel des Referats sowie die wichtigsten Gliederungspunkte und weiterführende Literaturhinweise. Im Idealfall enthält ein Handout in kondensierter Form das Wichtigste zum Thema und kann bei der Vorbereitung so mancher Prüfung wertvolle Dienste leisten.

Ein **Thesenpapier** führt dagegen tatsächlich Thesen zu einem Thema auf. Es enthält Hinweise auf die Titel, die Sie zur Erarbeitung Ihrer Präsentation konsultiert haben, und eine Grobgliederung Ihrer Ausführungen. Sinnvoll sind Thesenpapiere nur, wenn sich die anderen auch mit Ihren Thesen im Vorfeld des Vortrags auseinandersetzen konnten: Teilen Sie daher Ihre Gliederung bereits in der Sitzung vor Ihrer Präsentation aus.

Begleitende Übungen zu Referaten finden Sie im Modul.

4.2 Verfassen schriftlicher Arbeiten

Wie überwinden Sie Schreibblockaden? Am besten wehren Sie den Anfängen. **Kontinuierliches Schreiben** hält Sie fit. „Nulla dies sine linea." – „Kein Tag ohne eine Zeile." empfehlen einschlägige Ratgeber (*Süddeutsche Zeitung* 10.05. 2001, 58). Am einfachsten kommen Sie von der Lektüre zum Schreiben durch ein Stufenverfahren kreativen Selbstausdrucks. Begleiten Sie Ihr aktives Lesen durch Schreiben – nicht nur in Form ‚konservierenden' Schreibens in Exzerpten, sondern bereits in ‚verarbeitendem' Schreiben (s. Kap. 1).

Zur Einführung ins Verfassen schriftlicher Arbeiten können z.B. Binder (1977), Peterßen (1987), Geiger/Klein/Vogt (1972), Zelewitz (1974), Spandl (1968), Meyer-Krentler (1990) und Jeßing (2001) dienen.

Fertigen Sie zumindest den Kern einer Hausarbeit schon **während des Semesters** an, während das zugehörige Seminar gedankliche Impulse liefert und der Stoff lebendig ist. Sind mündliches Referat und Hausarbeit themengleich, ist sowieso anzuraten, möglichst bald nach dem Vortrag mit dem Schreiben zu beginnen. Das Verfassen einer Hausarbeit ist eine kreative Tätigkeit, für deren Gelingen Sie unbedingt genügend Zeit brauchen! Niemand fängt einen wissenschaftlichen Aufsatz bei der ersten Zeile an und schreibt ohne zu stocken bis zum Schluss.

Sollte einmal die Kreativität zum Erliegen kommen: Wählen Sie eine möglichst spontane und nicht zu stark mit Erwartungsdruck überfrachtete Art des Freischwimmens. Vorwissenschaftliche Schreibtechniken erleichtern Ihnen eine unkomplizierte Annäherung: eine freie Ideensammlung, der Versuch, eine Rezension zu schreiben, einen Essay als Anfangsübung. Formulieren Sie ruhig in Stichpunkten, um der Geschwindigkeit kreativen Denkens gerecht zu werden.

Haben Sie ausreichend Gedanken zusammengetragen, geht es ans (Aus-)Sortieren. Sie können Techniken der räumlichen Visualisierung zur **Ordnungsfindung** heranziehen. Es empfiehlt sich der Griff zum Bleistift (oder zu Farbstiften). Räumliche Gestaltung ist gerade für Kandidaten mit Schreibschwierigkeiten eine alternative Möglichkeit, gedankliche Klarheit zu gewinnen. Versuchen Sie möglichst alle Früchte Ihrer Stoffsammlung in einen logischen Zusammenhang zu stellen. Gelingt es Ihnen für einzelne Punkte nicht, müssen Sie sich fragen, ob die entsprechenden Informationen für Ihre Argumentation relevant sind. Haben Sie Obergruppen für Ihre Aspekte und Argumente gewonnen, diese nach logischen Gesichtspunkten (z.B. Figuren/Handlung/Erzählhaltung) oder nach Relevanz hierarchisiert, wird es Ihnen nicht schwer fallen, diese Struktur in eine konventionelle, lineare Gliederung zu überführen.

Jetzt ist es angebracht, den Computer hochzufahren. Der **Kern Ihrer Arbeit** ist fertig. Tippen Sie die geplante Gliederung, aus der der rote Faden Ihrer Arbeit ersichtlich ist. Geben Sie unter jeder Überschrift ein paar Stichpunkte ein, in welche Richtung Ihre Argumentation gehen soll. Fügen Sie auch bereits Literaturhinweise oder Primärliteraturstellen an. Halten Sie in der Einleitung die These oder Fragestellung fest, die Ihrer Arbeit das Rückgrat gibt, und begründen Sie Ihr Vorgehen. Der Schlussteil sollte entweder eine zusammenfassende Abwägung Ihrer Argumente sein, die die These bestätigt, differenziert, ergänzt (oder verwirft, sofern Sie dazu angetreten waren, eine fremde Behauptung zu widerlegen) oder einen Ausblick bieten.

Ihr **Arbeitsplan** ist fertig! Sie werden feststellen, zu welchen Argumenten bzw. Unterpunkten Sie noch Material benötigen. Danach können Sie ungefähr abschätzen, wie viel Zeit Sie für die einzelnen Kapitel und für die gesamte Arbeit veranschlagen müssen. Fangen Sie rechtzeitig vor dem Abgabetermin zu arbeiten an und kalkulieren Sie etwas Zeit für ein letztes Korrekturlesen ein! Auch wenn die kreative Phase des Arbeitens bereits abgeschlossen ist, ist zuviel Zeitdruck der Sorgfalt von Ausdruck und äußerer Form sehr abträglich!

Es folgt die **Ausarbeitung**. Ab diesem Arbeitsschritt werden die Formalia wissenschaftlichen Schreibens relevant. Es gilt, sprachlich den angemessenen Ton zu treffen (vgl. Meyer-Krentler 1990, 197-245; Bünting et al., 2000, 89-112; Jeßing 2001, 116-135), Fachausdrücke richtig zu verwenden, Informationsquellen exakt und der Zitierkonvention entsprechend auszuweisen (vgl. Standop/Meyer 1998, Zelewitz 1974), Ergänzendes in den Fußnoten unterzubringen.

Zum **Korrekturlesen** gehört nicht nur die Kontrolle von Rechtschreibung (elektronische Rechtschreibprüfung des EDV-Programms genügt nicht!), von Verständlichkeit und stilistischer Angemessenheit, sondern auch die der Nachvollziehbarkeit und Folgerichtigkeit der Argumentation. Verfasser und Verfasserin haben zu einem (zumal noch druckfrischen) Text selten den ausreichenden Abstand, um Schwächen dieser Art richtig beurteilen zu können. Daher der dringende Tipp: Suchen Sie sich einen Zweitlektor, der Ihre Arbeit mit Ihnen durchgeht! Finden Sie keinen, lassen Sie den Text ein paar Tage liegen und lesen Sie ihn mit Abstand und ‚fremden Augen' noch einmal.

Begleitende Übungen zu Hausarbeiten finden Sie im Modul.

5 Lerntechniken und Prüfungsvorbereitung

5.1 Prüfung formaler Voraussetzungen

Das A und O einer gelungenen Prüfung ist die frühzeitige Vorbereitung. Auch wenn Sie zu Anfang des Studiums Ihre Abschlussprüfungen noch in weiter Ferne wähnen – bearbeiten Sie schon ab dem Grundstudium sorgfältig Ihre Mitschriften, heften Sie sie so ab, dass Sie sie schnell wieder finden. Kopieren Sie sich rechtzeitig die grundlegenden Artikel, legen Sie schon ab den ersten Semestern Lektüreprotokolle über Primärliteratur an und lesen und exzerpieren Sie Basiswerke zur Literaturtheorie. Nützlich ist es auch, sich über die Spezialgebiete des Prüfers zu informieren und einen Teil seiner Veröffentlichungen zu lesen. Steht eine mündliche Prüfung an, sollten Sie im Laufe Ihres Studiums auf jeden Fall mindestens eine Veranstaltung bei Ihrem Prüfer absolviert haben, um ihn kennen zu lernen.

Einige Monate vor der Prüfung nehmen Sie sich nochmals die Prüfungsordnung zur Hand. Haben Sie alle **formalen Voraussetzungen** – Scheine, Leistungspunkte – zum Prüfungsantritt? Gibt es Anmeldefristen zu beachten? Sind alle nötigen Praktika absolviert?

Besuchen Sie angebotene Repetitorien oder sonstige Prüfungsvorbereitungskurse. Je konkreter für Sie die Vorstellung vom Ablauf der Prüfung und vom Erwartungshorizont des Prüfers wird, desto geringer werden die Prüfungsängste. Zum Teil wird empfohlen, sich bei anderen Prüflingen, die bei einem Prüfer bereits erfolgreich waren, Informationen zum Prüfungsverlauf einzuholen, Prüfungsprotokolle einzusehen oder einer mündlichen Prüfung beizuwohnen. All das ist legitim und kann helfen, den erwarteten Horizont abzustecken. Sie sollten jedoch nicht darauf bauen, dass Ihnen die gleichen Fragen wieder begegnen werden. Bleiben Sie daher flexibel, vertrauen Sie auf Ihre Vorbereitung und die mit dem Prüfer abgesprochenen Themen!

5.2 Stoffauswahl

Nach Prüfung der formalen Voraussetzungen wählen Sie den **Prüfungsstoff** anhand der Vorgaben der **Prüfungsordnung**. Machen Sie gleichzeitig eine Bestandsaufnahme über Ihr Wissen: Auf welchen der geforderten Gebiete wissen Sie schon relativ viel, wo sind noch Lücken zu füllen? Halten Sie auf einer Liste fest, welche Arbeitsmittel Sie noch benötigen, und beschaffen Sie sich diese möglichst früh, damit Sie in der Lernphase nicht durch die Materialsuche aufgehalten werden. Auch müssen Sie einplanen, dass Bücher nicht immer sofort verfügbar sind, sondern für mehrere Wochen entliehen sein können, Aufsätze über Fernleihe bestellt werden müssen usw.

Legen Sie die Themen sobald wie möglich mit dem Prüfer in einer sorgfältig vorbereiteten Sprechstunde fest. Da sich der Prüfer den Eindruck, den Sie bei diesem Gespräch machen, merkt, sollten Sie dafür gut vorbereitet sein. Lassen Sie sich bei der Stoffauswahl von Ihrem Interesse leiten, selbst wenn Ihre Kommilitonen mit anderen Themen erfolgreich waren. Gehen Sie mit konkreten Vorschlägen in die Sprechstunde, um die endgültigen Themen mit dem Prüfer abzusprechen. Sehen Sie auch Alternativen vor, falls sich der Prüfer auf eines der Gebiete nicht einlassen will. Erstellen Sie sodann eine sorgfältige Übersicht über die Themen. Eine Fassung dieser Zusammenschau erhält der Prüfer, eine zweite dient Ihnen als Arbeitsgrundlage. Sie werden sehen, dass viel Stress schon mit der Abgabe der Themenliste von Ihnen abfällt: Die Prüfung wird berechenbar, die Stoffmenge lichtet sich, die gezielte Vorbereitung ersetzt nun das suchende ‚Herumlesen'.

5.3 Einen Lernplan erstellen

Anhand eines Jahresplaners erstellen Sie einen **Lernplan,** in den Sie eintragen, in welcher Woche Sie sich welchem Stoffgebiet widmen wollen. Lassen Sie dabei vor dem Übergang zu einem neuen Stoffgebiet zwei bis drei Tage frei, als Ausweichtage, falls Sie wegen Krankheit oder sonstigen Verzögerungen nicht in Ihrem Lernplan bleiben konnten. Die gesamte Zeit vor der Prüfung teilen Sie in eine Phase des **Neuerwerbs** von Wissen, eine der **Vertiefung** und eine der

Wiederholung auf. Vergessen Sie nicht, in Ihrem Kalender Sonn- und Feiertage, Geburtstage, unumgängliche Familienfeiern etc. zu berücksichtigen! Auch sollten Sie am Tag vor der Prüfung keinen neuen Stoff mehr vorsehen, da neu erworbenes das alte Wissen zunächst ‚verschüttet' und Letzteres damit nicht sofort abrufbar ist. Im Idealfall gönnen Sie sich am Tag vor der Prüfung einen Ruhetag.

Die Erstellung eines Lernplans hat einen zweifachen Nutzen: Sie stellen sicher, dass Sie für jedes Stoffgebiet auch tatsächlich Zeit finden. Sie teilen bei der Festlegung des Lernstoffs auf einzelne Wochen und Tage die Gesamtmenge in überschaubare Teilmengen ein – dies baut die Hemmschwelle ab, mit der Arbeit zu beginnen. Auch erhalten Sie positive Rückkopplung dadurch, dass Sie täglich Teilziele erreichen, wodurch die Motivation weiterzulernen ansteigt.

Neben dem Grobplan stellen Sie für jede Woche einen Detailplan auf, in dem Sie (i) die Stunden der Kurse eintragen, die Sie noch besuchen wollen, (ii) feste Stunden für bestimmte Prüfungsvorbereitungen vorsehen, (iii) feste Zeiten für die Arbeit in der Lerngruppe reservieren, (iv) Zeiten für kürzere und längere Pausen einplanen (kurze Pausen von 15 bis 20 Minuten alle eineinhalb bis zwei Stunden und ein- bis dreistündige Pausen für die Mahlzeiten), (v) Freiräume für Freizeitaktivitäten markieren.

Gewöhnen Sie sich in den Wochen der Prüfungsvorbereitung einen festen Tagesrhythmus mit Arbeits- und Erholungsphasen an. Sie sollten schon im Grundstudium feststellen, wann Ihre persönlich besten Arbeitsphasen sind, und diese berücksichtigen. Legen Sie die anspruchvollsten Aufgaben in die Stunden bester Leistungsfähigkeit und erledigen Sie mechanische Arbeiten wie die Stoffsortierung und Kopierarbeiten in Phasen geringer Leistungsfähigkeit.

Ob Ihr Tag nun um 7 oder um 10 Uhr beginnt, wichtig ist, dass Sie auch wirklich beginnen! Für die ‚Aufwärmphase', d.h. die ersten Lernminuten, sollten Sie sich leichtem Stoff widmen. Am besten, Sie wiederholen das, was Sie am Vorabend nur noch kurz anlesen konnten. Achten Sie im Übrigen auch darauf, dass nur Materialien, die Sie gerade brauchen, auf Ihrem Schreibtisch liegen!

5.4 Für Abwechslung sorgen: verschiedene Stoffe, verschiedene Methoden

Eine Prüfung realistisch planen – das heißt auch, für **neuen Stoff** nicht mehr als **sechs Stunden** pro Tag einzuplanen; daneben (davor, dazwischen, danach) können Sie noch zwei bis drei Stunden für Lektüre, Exzerpte und Wiederholung vorsehen. Belohnen Sie sich bei der Erreichung von Teiletappen Ihres Plans. Das motiviert und hält Ihre Energie über eine Lernphase von mehreren Monaten aufrecht.

Sie können Ihre Kondition beim Lernen gehörig verbessern, wenn Sie für **Abwechslung** beim Lernstoff sorgen. Suchen Sie sich nicht zu nah verwandte Fächer aus und lernen Sie diese abwechselnd, das eine morgens, das andere am Nachmittag, ein drittes eventuell noch am Abend. Der Lernstoff darf nicht zu ähnlich sein, da ansonsten die Konturen zwischen den Fächern verwischen, in der Regel verdrängt das zuletzt Gelernte das Vorherige (Kossak 1992, 104).

Wechseln Sie auch die **Lernmethode**: Exzerpieren Sie Texte, erstellen Sie Schemata und Übersichten und lernen diese auswendig. Die Zusammenfassung des Lesestoffs in Visualisierungen macht nicht nur Spaß, Sie merken sich dabei den Lernstoff gleichzeitig viel schneller als beim Lernen eines Textes und Sie können sich bei der Stoffwiederholung sehr viel rascher daran erinnern. Die Strukturierung des Lernstoffes ist neben dem Lernen Ihre Hauptaufgabe in der Prüfungsvorbereitung. Nur auf strukturiertes Wissen haben Sie in der Kürze der Prüfungszeit schnellen Zugriff. Ein souverän präsentiertes Überblickswissen überzeugt in der Prüfung mehr als viele Details, die den Blick für Zusammenhänge verschwimmen lassen.

Nach dem reinen Pauken sollten Sie wieder ein bis zwei Stunden der Lektüre widmen und erst später zum Pauken übergehen. Wenn Sie merken, dass nichts mehr in Ihren Kopf hinein will, machen Sie eine Pause. Sollten Störgedanken Ihre Konzentration beeinträchtigen, notieren Sie sie kurz und widmen sich diesen Problemen und Fragen am Abend nach dem Lernen.

Wenn Sie Schwierigkeiten haben, sich Dinge zu merken, sollten Sie sich rechtzeitig vor der Prüfung Lerntechniken aneignen. Lückenhaft wird das Gedächtnis vor allem bei fehlendem Interesse für eine Materie. Nun müssen Sie sich im Studium natürlich auch mit Gebieten auseinandersetzen, die Ihnen weniger Spaß machen. Ihre Motivation ist daher entsprechend gering. Unangenehmen Stoff streuen Sie am besten zwischen Stoffgebiete ein, die Ihnen viel Spaß machen. Vielleicht gelingt es Ihnen aber auch, doch Interesse für das Gebiet zu entdecken, je mehr Sie sich damit beschäftigen. Wenn nicht, können Sie sich mit sog. **Mnemotechniken** behelfen.

Grundsätzlich lässt sich am besten merken, (i) was mehrere Sinne anspricht (v.a. Gesichtssinn und Gehör), (ii) was in strukturierten Blöcken vorliegt (Tabellen und Schemata), (iii) was in Bildern veranschaulicht werden kann (die berühmten Eselsbrücken), (iv) was in 5 bis 7 Einheiten gekoppelt ist.

Welche Lerntechnik Sie auch anwenden, in jedem Fall müssen Sie den Stoff wiederholen. Das erste Mal in der Vertiefungsphase, dann nochmal in einer letzten Wiederholungsphase vor der Prüfung.

5.5 Die schriftliche Prüfung

Für die schriftliche Prüfung ist anzuraten, anhand von Probeklausuren zu üben, damit Sie lernen, mit der begrenzten Zeit, die Ihnen zur Verfügung steht (in der Regel 3 bis 5 Stunden), umzugehen. Bevor Sie sich an die Beantwortung der Prüfungsfragen machen, lesen Sie sie ganz genau und mehrmals durch. Stickel-Wolf/Wolf (2001, 273) nennen die Größenordnung von 5 bis 7 Prozent der Prüfungszeit, die Sie für die Wahl der Fragen verwenden sollten. Nehmen Sie sich Zeit, eine Gliederung zu entwerfen, wobei Sie immer wieder prüfen, ob Ihre Antwort am Thema bleibt. Erst nach dieser Vorarbeit formulieren Sie eine Gliederung. Legen Sie sich eine Uhr so ins Blickfeld, dass Sie ab und zu die Zeit kontrollieren können. Beachten Sie auch, wie viele Punkte es auf die einzelnen Fragen gibt, und planen Sie mehr Aufwand für höher bepunktete Fragen ein.

Lassen Sie bei der Beantwortung von Einzelfragen immer Abstand zwischen zwei Fragen für etwaige spätere Ergänzungen. Wenn Sie eine Frage nicht gleich beantworten können, bearbeiten Sie zunächst eine andere, die Ihnen leichter erscheint. Dies geht natürlich nur dann, wenn die einzelnen Prüfungsfragen nicht aufeinander aufbauen. Im Idealfall reicht die Zeit, am Ende die Klausur noch einmal ganz durchzulesen.

5.6 Die mündliche Prüfung

Für die mündliche Prüfung sollten Sie sich einen **Prüfer wählen**, den Sie von mindestens einer Lehrveranstaltung kennen, damit Ihnen die Art der Fragestellung und die Erwartung des Prüfers vertraut sind. In der **Vorbereitungsphase** sollten Sie darauf achten, auch **mündlich** zu üben. Fühlen Sie sich einigermaßen sicher in einem Lernstoff, besteht Ihr nächster Arbeitsgang darin, sich in die Rolle Ihres Prüfers zu versetzen: Formulieren Sie nun selbst Fragen zum Stoff und geben Sie laut Ihre Antwort darauf. Frage und Antwort können Sie auch auf einer Karteikarte festhalten: auf der Vorderseite die Frage, auf der Rückseite die Antwort. Wenn Sie Probleme mit ‚Selbstgesprächen' haben, dann proben Sie Prüfungsgespräche in einer Lerngruppe. Stellen Sie sich gegenseitig Fragen und diskutieren Sie mögliche Antworten. Üben Sie sprechen, damit Sie in der Prüfung nicht erst nach Worten suchen müssen! Bestandteil der Vorbereitung sollte es auch sein, sich die **Prüfungssituation** konkret in Form des Prüfungsorts und seiner Atmosphäre vorzustellen.

Am **Tag der Prüfung** sollten Sie sich Zeit nehmen für sich. Achten Sie auf ein gepflegtes Äußeres. Diese Bemerkung mag Ihnen lächerlich erscheinen – aber es ist tatsächlich so, dass Kleider Leute machen. Gehen Sie rechtzeitig, ca. fünf bis zehn Minuten vor Beginn der Prüfung, zum Prüfungsraum. Mancher Prüfer verlangt noch mehr Vorlauf, um Ihnen vor der Prüfung Material auszuhändigen. Klären Sie das unbedingt vorher ab! Und meiden Sie beim Gang zum Prüfungsraum Gespräche mit frisch Examinierten!

Im **Prüfungsgespräch** kommt es vor allem auf Ihre Aktivität an. Lassen Sie keine Schweigeminuten verstreichen. Die Prüfung soll ein Gespräch sein, in dem Sie den Hauptanteil haben. Antworten Sie aber auch nicht zu hastig, sprechen Sie überlegt und deutlich. Einen guten Eindruck macht es, wenn Sie zum Einstieg der Beantwortung diese grob gliedern, indem Sie kurz in Schlagworten die wesentlichen Aspekte der Antwort nennen. Strukturierte Antworten wirken souverän und beeindrucken jeden Prüfer. Verpacken Sie schon in die Gliederung wesentliche **Fachbegriffe** zum Thema. Bereiten Sie auch **Beispiele** vor – insbesondere dann, wenn Ihre Antwort zunächst abstrakt war (z.B. wenn Sie Definitionen geben oder Begriffe erläutern).

Wenn Sie nicht wissen, wie Sie Ihre Antwort am besten anpacken sollen, dann formulieren Sie auch diesen Gedankengang laut. Häufig will der Prüfer gerade keine bestimmte Antwort hören, sondern feststellen, wie Sie an eine

Problemlösung herangehen und wie Sie mit der Forschungsliteratur umgehen; ob Sie etwa fähig sind, diese kritisch zu reflektieren oder ob Sie die Argumente anderer nur übernehmen.

Daneben gibt es natürlich reine Wissensfragen. Sehr häufig wird am Anfang der Prüfung eine einfache Frage gestellt, um dem Prüfling den Einstieg zu erleichtern. Suchen Sie nicht unnötig Fallstricke, sondern antworten Sie naheliegend. Achten Sie auch auf die Art der Fragestellung. Oftmals steckt in der Frage schon die halbe Antwort.

Optimal verläuft ein Prüfungsgespräch dann, wenn Sie es selbst in eine Richtung steuern können. Liefern Sie also in Ihren Antworten mögliche Stichworte für Folgefragen aus Bereichen, in denen Sie sich besonders gut auskennen.

Wenn Sie eine Antwort wirklich nicht wissen, geben Sie das rasch zu – der Prüfer wird eine andere Frage stellen und oft genug fällt die Wissenslücke bei der Gesamtbewertung gar nicht ins Gewicht. Lassen Sie keine peinlichen Schweigeminuten entstehen, die wertvolle Prüfungszeit kosten. Wenn Sie eine Frage nicht verstanden haben oder nicht sicher sind, ob Sie sie richtig verstanden haben, bitten Sie nicht einfach um Wiederholung der Frage, sondern fragen Sie zurück: „Meinen Sie damit, dass...?“, „Interpretiere ich Ihre Frage richtig, wenn...?“.

Wenn Sie jetzt noch Sympathie und Sicherheit ausstrahlen, dem Prüfer offen ins Gesicht sehen und sich um ein Lächeln bemühen, wird Ihnen und Ihrem Prüfer das Gespräch sicher in angenehmer Erinnerung bleiben.

Begleitende Übungen zur Prüfungsvorbereitung finden Sie im Modul.

6 In der Gruppe arbeiten

Gruppenarbeit ist immer dann sinnvoll und der Einzelarbeit häufig überlegen, wenn es gilt, (1) Ideen zu sammeln, (2) große Mengen an Material zu sichten, (3) Probleme zu lösen und (4) Wissen zu vertiefen, zu verfestigen und einzuüben.

Ideen sammeln – das kann im Zuge der Ausarbeitung eines Referats oder bei der Bearbeitung von Übungsaufgaben geschehen. Am besten arbeiten Sie mit Karteikarten: Jeder Teilnehmer an der Arbeitsgruppe schreibt seine Ideen auf Einzelkärtchen. Dann gruppieren Sie die Karten zu größeren Einheiten und überlegen sich Überschriften pro Kartenhäufchen. In kürzester Zeit haben Sie eine fertige Gliederung zusammen.

In der Gruppe können Sie die **Beschaffung, Sichtung** und **Auswertung von Material** untereinander aufteilen. Dies ist in der knappen Zeit vor dem Examen eine wesentliche Erleichterung. Diese Art der Arbeitsteilung bietet sich auch an, wenn Sie ein größeres Projekt bearbeiten. Die Arbeitsteilung erspart Ihnen Zeit (und evtl. auch Geld) und die Absprache in der Gruppe zwingt Sie, sich bis zu einem festgesetzten Termin eine bestimmte Stoffmenge eigenständig zu erarbeiten. Darüber hinaus werden Sie sich intensiver mit dem Stoff auseinandersetzen, da Sie ihn anderen vermitteln wollen. Sie müssen ihn somit auch didaktisch geschickt aufbereiten, üben gleichzeitig das freie Reden und den Umgang mit Fachbegriffen und entwickeln mehr Sicherheit im Auftreten. Ein gewisser Nachteil mag sein, dass Sie sich in den von anderen erarbeiteten Gebieten auf deren Informationen und Gewissenhaftigkeit verlassen müssen. Suchen Sie sich deshalb zuverlässige Personen für Ihre Lerngruppe aus!

Überlegen ist die Gruppenarbeit der Einzelarbeit auch dort, wo **Verständnisprobleme** auftreten. Schwierige Textpassagen können gemeinsam besser erschlossen werden. Gemeinsam können Sie Ihre Referats- oder Hausarbeitsentwürfe durchdiskutieren, Vorlesungen und Seminare nachbereiten. Gerade in Vorlesungen ist es zuweilen schwierig, komplexe Gedanken auf Anhieb nachzuvollziehen und gleichzeitig sinnvoll mitzuschreiben. Hier kann die Nachbereitung im Team helfen. Stoßen Sie auf die gleichen Verständnisprobleme, trauen Sie sich eher beim Dozenten nachzufragen. Im Team gelingt es in der Regel auch besser, Querverbindungen zwischen Stoffgebieten herzustellen und Prüfungsfragen zu erarbeiten. Sie sollten sich auch gegenseitig abfragen, den Lernstoff dadurch vertiefen und Prüfungen simulieren.

Prinzipiell sollte für sinnvolle Gruppenarbeit bereits eine **Wissensbasis** vorhanden sein. Fruchtlos wird die Arbeit dort verlaufen, wo der Wissensstand der Gruppenmitglieder zu unterschiedlich ist oder sich nicht alle an den Plan halten. Eine Arbeitsgruppe ist umso leistungsstärker, je präziser sie ihre Aufträge für die jeweils nächste Sitzung formuliert, je besser die Teilnehmer vorbereitet sind und je disziplinierter sie sind (Pünktlichkeit, Einhalten der Termine, Stetigkeit der Arbeit). Die **optimale Größe** einer Lerngruppe umfasst nicht mehr als fünf Personen, ideal ist eine Gruppengröße von zwei bis fünf Mitgliedern. Bei zu großen Gruppen gibt es Schwierigkeiten, gemeinsame Termine für Treffen zu finden. Auch droht die Arbeit ineffizient zu werden: Entscheidungsprozesse dauern länger, Diskussionen ufern aus, die Treffen dehnen sich aus, wenn jeder seinen Beitrag ‚loswerden' will. Bilden Sie lieber ein kleines, aber umso motivierteres Team! Sollten Sie mehrmals feststellen, dass die Arbeit im Team durch weitschweifige Diskussionen am Rande des Themas verzögert wird, bestimmen Sie für jede Sitzung einen Gruppenleiter, der ein ‚Machtwort' zur Disziplinierung der Gruppe sprechen darf, das Rederecht fair verteilt, auf die Einhaltung des Zeitplans achtet und wichtige Ergebnisse im Protokoll festhält.

Die Einzelarbeit ist der Gruppenarbeit grundsätzlich dann vorzuziehen, wenn es um den **Neuerwerb von Wissen** geht: um Textlektüre und Auswendiglernen. Sie können Ihr Lerntempo selber bestimmen, schneller von einem Stoff zum anderen umschalten. Sie legen Ihre ergiebigsten Lernzeiten fest und machen Pausen, wenn Ihr Lernplan die Pause vorsieht. Wenn Sie erfahrungsgemäß sehr schnell arbeiten, empfinden Sie die Gruppenarbeit vielleicht sogar als Bremsklotz. Auch der erste Entwurf eines Referats oder einer Hausarbeit lässt sich alleine besser bewältigen.

Einzelarbeit und Teamarbeit sind komplementäre, nicht alternative Prozesse. Nutzen Sie sie dort, wo ihre jeweiligen Stärken liegen. Zur Prüfungsvorbereitung wechseln Sie zwischen Phasen der Einzel- und solchen der Gruppenarbeit ab. Die Teamfähigkeit, die Sie in der Lerngruppe unter Beweis stellen, ist eine der Schlüsselqualifikationen, die in Ihrem späteren Berufsleben von immenser Bedeutung sein werden!

Modul Schlüsselqualifikationen

Auf der CD finden Sie weiterführende Materialien und Übungen zu

- Informationsaufnahme
- Primärliteratur
- Sekundärliteratur
- Referate vorbereiten
- Hausarbeit anfertigen
- Prüfungen vorbereiten

Literatur- und Quellenverzeichnis zum Buch und zur CD

Literarische Texte, Theateraufführungen, Hörspiele, Filme, Hyperfictions

Allais, Alphonse (1970), „Un drame bien parisien" [1894], in: *Œuvres anthumes*, tome 1, éd. F. Caradec, Paris: La Table ronde.

Allais, Alphonse (1989), *Œuvres anthumes*, Paris: Robert Laffont.

Anouilh, Jean (1988), *Antigone*, Stuttgart: Reclam.

Apollinaire, Guillaume (1964), *Calligrammes*, (coll. poésie), Paris: Gallimard.

Apollinaire, Guillaume (1965), *Œuvres poétiques*, éd. M. Adéma et M. Decaudin, (Bibl. de la Pléiade) Paris: Gallimard.

Apollinaire, Guillaume (1987), *Les Mamelles de Tirésias/Die Brüste des Tiresias*, Stuttgart: Reclam.

Aragon, Louis (1972), *Le Paysan de Paris*, (coll. folio) Paris: Gallimard.

Aub, Max (1964), *Juego de cartas*, México: Alejandro Finisterre.

Balzac, Honoré de (1971), *Le Père Goriot*, éd. Thierry Bodin, (coll. folio) Paris: Gallimard.

Bataille, Henry (2000), „Déjà", in: Décaudin, Michel (Hg.) (2000), *Anthologie de la poésie française du XXe siècle*, Paris: Gallimard, 70-71.

Baudelaire, Charles (1968), *Œuvres complètes*, Paris: Seuil.

Baudelaire, Charles (1975), *Œuvres complètes I*, éd. C. Pichois, (Bibl. de la Pléiade) Paris: Gallimard.

Beckett, Samuel (1971), *Warten auf Godot/En attendant Godot*, Frankfurt am Main: Suhrkamp.

Bégaudeau, François (2006), *Entre les murs*, Paris: Verticales.

Bernard, Yohann/Delozier, Mathieu (2004), *La Chambre Triste*, http://lachambretriste.resiste.org/ s.a. http://www.cinetudes.com/Fiction-Radiophonique-LA-CHAMBRE-TRISTE_a46.html [15.08.2008].

Boal, Augusto (2007), *Theater der Unterdrückten. Übungen und Spiele für Schauspieler und Nicht-Schauspieler*. Frankfurt am Main: Suhrkamp.

Boileau, Nicolas (1970), *L'Art Poétique*, hrsg., eingeleitet und kommentiert von August Buck, München: Fink.

Boschère, Jean de (2000), „A peine ivre", in : Décaudin, Michel (Hg.) (2000), *Anthologie de la poésie française du XXe siècle*, Paris: Gallimard, 106-108.

Boutiny, Lucie de (1997-2000), *NON-roman*, http://www.synesthesie.com/boutiny

Brandenbourger, Anne-Cécile (1998-2000), *Les Apparitions inquiétantes*, http://www.anacoluthe.com/bulles/apparitions/jump.html [letzter belegter Aufruf: 12.12.2006].

Breton, André (1919), „Le Corset Mystère" [*Littérature* no. 4, juin 1919], in: Sebbag, Georges (Hg.) (2004), *en Jeux surréalistes*, Paris: Jean-Michel Place, 18.

Breton, André (1920), „Dada n'est pas mort" [*Littérature* no. 17, déc. 1920], in: Sebbag, Georges (Hg.) (2004), *en Jeux surréalistes*, Paris: Jean-Michel Place, 22.

Breton, André (1988), *Œuvres complètes*, I, éd. Marguerite Bonnet, (Bibl. de la Pléiade) Paris: Gallimard.

Breton, André (2004), „Le dialogue en 1928", in: Sebbag, Georges (Hg.) (2004), *en Jeux surreálistes*, Paris: Jean-Michel Place, 60-64.

Breton, André/Soupault, Philippe (1971), *Les Champs magnétiques*, (coll. poésie) Paris: Gallimard.

Calvino, Italo (1979), *Se una notte d'inverno un viaggiatore...*, Turin: Einaudi.

Camus, Albert (1942), *L'étranger*, Paris: Gallimard.
Carné, Marcel (1939), *Le jour se lève.* DVD, Paris: Studio Canal 2007.
Celine, Louis Ferdinand (1979), *Voyage au bout de la nuit*, (coll. folio) Paris: Gallimard.
Cendrars, Blaise (1947), „Prose du Transsibérien et de la Petite Jeanne de France", in ders., *Du Monde entier au cœur du monde. Anthologie nègre,* Paris: Denoël, 20-33.
Chrétien de Troyes (1966), *Les Romans de Chrétien de Troyes, I : Erec et Enide,* éd. Mario Roques, Paris : Champion.
Cortázar, Julio (1963), *Rayuela*, Buenos Aires: Editorial Sudamericano.
Coulon, François (1996), *20% d'amour en plus*, (CD-ROM), Paris: Kaona.
Coulon, François (2002), *Pause*, (CD-ROM) Paris: Kaona.
Cusy, Pierre/Germinet, Gabriel (1924), *Maremoto*, in: *Réseaux*: revue bimestrielle de sciences sociales, consacrée aux rapports entre technique, communication et société. No 52, (mars-avril 1992), 1-20 ; http://enssibal.enssib.fr/autres-sites/reseaux-cnet/ [15/08/2008].
Décaudin, Michel (Hg.) (2000), *Anthologie de la poésie française du XXe siècle*, Paris: Gallimard.
Diderot, Denis (1973), *Jacques le fataliste et son maître*, éd. Yves Belaval, Paris: Gallimard.
Echenoz, Jean (1983), *Cherokee*, Paris: Minuit.
Éluard, Paul (1968), *Œuvres complètes,* I, éd. Marcelle Dumas et Lucien Scheler, (Bibl. de la Pléiade) Paris : Gallimard.
Flaubert, Gustave (1985), *L'éducation sentimentale,* éd. Claudine Gothot-Mersch, Paris: Garnier-Flammarion.
Flaubert, Gustave (1986), *Madame Bovary*, Paris: Garnier-Flammarion.
Fleisch, Hans (1925), *Zauberei auf dem Sender*, Frankfurt 24.10.1925.
Geräusche (2006) = *1.111 Geräusche*, CD-ROM für PC und Mac von Döbeler Coop. ASIN: 3938467088.
Gide, André (1925), *Les faux-monnayeurs*, Paris: Gallimard.
Gilbert-Lecomte, Roger (1977), *Œuvres complètes,* II: *Poésie,* éd. Jean Bolléry, Paris: Gallimard.
Godard, Jean-Luc (1959), *A bout de souffle,* DVD, Paris: Canal Video (2007).
Goethe, Johann Wolfgang (1907), *Maximen und Reflexionen*, hrsg. von Max Hecker, Weimar: Goethe-Gesellschaft.
Goethe, Johann Wolfgang (1981), „Maximen und Reflexionen", in: *Werke*, Hamburger Ausgabe, Bd. 12, München: Beck.
Goethe, Johann Wolfgang (1993), „Zahme Xenien", in: *Werke*, Hamburger Ausgabe, Bd. 1: *Gedichte und Epen*, München: Beck.
Grumberg, Jean-Claude (2004), *L'Enfant Do*, (coll. Papiers) Arles: Sud.
Grumberg, Jean-Claude/Bernard-Sugy, Christine (2004), *L'Enfant Do*, Paris: Radio France, Sendung France Culture 28.11.2004.
Gunold, Rolf (1925) *Spuk*, Ursendung Breslau 21.06.1925.
Handke, Peter (1968), *Publikumsbeschimpfung*, Frankfurt am Main: Suhrkamp.
Hoffmann, E.T.A. (1819-1821), *Lebensansichten des Katers Murr. Nebst fragmentarischer Biographie des Kapellmeisters Johannes Kreisler in zufälligen Makulaturblättern*, 2 Bände, Berlin: Dümmler.
Houellebecq, Michel (1998), *Extension du domaine de la lutte*, Paris: Nadeau.
Hughes, Richard (1924), *Danger*, Ursendung BBC 15.01.1924.
Hugo, Victor (1967), *Œuvres poétiques II*, éd. P. Albouy, (Bibl. de la Pléiade) Paris: Gallimard.
Ionesco, Eugène (1984), *La cantatrice chauve*, Stuttgart: Reclam.

Jacob, Max (2000), „La Babylone", in: Décaudin, Michel (Hg.) (2000), *Anthologie de la poésie française du XXe siècle*, Paris: Gallimard, 143.

Jean-Paul (1995-2006), *Cotres furtifs*, http://www.cotres.net.

Joyce, Michael (1990), *Afternoon, a story* (Diskette), Watertown/MA: Eastgate Systems.

Kilborne, Yann (2000), *HLM Symphonie*, Paris: Les Films de la Comète.

Kubrick, Stanley (1968), *2001: A Space Odyssey*, DVD, Warner Home Video (2001).

La Bruyère (1912), *Œuvres complètes*, 2 Bde, éd. G. Servois, Paris: Hachette.

La Fontaine, Jean de (1995), *Fables*, éd. Main-Marie Bassy, Paris: Garnier-Flammarion.

Lautréamont/Nouveau, Germain (1970), *Œuvres complètes*, éd. P.-O. Walzer, (Bibl. de la Pléiade) Paris: Gallimard.

Le Breton, Auguste (1960), *L'Argot chez les vrais des vrais*, Paris: Presses de la Cité.

Le Chanois, Jean Paul/Scize, Pierre/Delaney, Guy (1947), *La Montre magique*, Paris: Radio France, Sendung France Culture 16.04.2008.

Lesage, Alain-René (1955), *Gil Blas de Santillane*, éd. M. Bardon, Paris: Garnier.

Mairowitz, David Zane/Bernard-Sugy, Christine (2004), *La Planète des cendres*, Paris: Radio France, Sendung France Culture 08.04.1995.

Mallarmé, Stéphane (1945), *Œuvres complètes*, éd. H. Mondor et G. Jean-Aubry, (Bibl. de la Pléiade) Paris: Gallimard.

Michaux, Henri (1998), *Œuvres complètes* I, éd. Raymond Bellour, (Bibl. de la Pléiade) Paris: Gallimard.

Mnouchkine, Ariane (1971), *1789*. Textes réunis et présentés par Sophie Lemasson, Jean-Claude Penchenat, Ariane Mnouchkine, Paris: Stock.

Montaigne, Michel de (1950), *Essais*, éd. Albert Thibaudet, (Bibl. de la Pléiade) Paris: Gallimard 1950.

Okopenko, Andreas (1996), *Lexikon-Roman. Lexikon einer sentimentalen Reise zum Exporteurtreffen in Druden*, Wien: Deuticke.

Ophüls, Max (1950), *La ronde, DVD*, Paris: Aventi 2001.

Parantheon, Yanne (1994), *On Nagra*, Paris: Éditions Radio-France.

Pavić, Milorad (1984), *Hazarski rečnik. Roman-leksikon u 100.000 reči*. Belgrad. (dt: *Das Khasarische Wörterbuch in 100 000 Wörtern*)

Pavić, Milorad (1988), *Predeo slikan čajem*. Belgrad. (dt.: *Landschaft in Tee gemalt*)

Perec, Georges (1978), *La Vie mode d'emploi. Roman*, (POL) Paris: Hachette.

Pirandello, Luigi (1995), *Sechs Personen suchen einen Autor*, Stuttgart: Reclam.

Ponge, Francis (1999-2002), *Œuvres complètes*, éd. B. Beugnot, (Bibl. de la Pléiade), 2 Bde., Paris: Gallimard.

Prévost [D'Exiles, Antoine François] (1965), *Histoire du Chevalier des Grieux et de Manon Lescaut*, éd. F. Deloffre et R. Picard, (Class. Garnier), Paris: Garnier.

Project Gutenberg (2008). [Datum des letzten geprüften Aufrufs für diese und alle anderen Internetadressen, soweit nicht anders gekennzeichnet: 26.04.2008]

Queneau, Raymond (1947), *Exercices de style*, Paris: Gallimard.

Queneau, Raymond (1959), *Zazie dans le métro*, Paris: Gallimard.

Queneau, Raymond (1961), *Cent mille milliards de poèmes*, Paris: Gallimard.

Queneau, Raymond (1981), *Contes et propos*, Paris: Gallimard.

Queneau, Raymond (1981), *Exercices de style*, nouvelle édition, Paris: Gallimard.

Queneau, Raymond (1989), *Œuvres complètes*, I, éd. Claude Debon, (Bibl. de la Pléiade) Paris: Gallimard.

Racine, Jean (1964-1965), *Théâtre complet*, éd. André Stegmann, 2 Bde, Paris: Flammarion.

Racine, Jean (1990), *Phèdre*, éd. Philippe Drouillard/Denis Canal, Paris: Larousse.

Radio France (2008), *Emissions*, http://www.radiofrance.fr/chaines/france-culture2/sites/fictions/emissions.php [20.01.2008].

Radiophonies (2008), *Le festival 2008,* http://www.lesradiophonies.fr/ [15.08.2008].
Rimbaud, Arthur (1960), *Œuvres,* éd. Suzanne Bernard, (Class. Garnier) Paris: Garnier.
Rimbaud, Arthur (1979-1980), *Poetische Werke,* hg. [und übers.] von H. Therre und R. G. Schmidt, 2 Bde, München: Matthes & Seitz.
Rimbaud, Arthur (2000), *Œuvres,* éd. S. Bernard et A. Guyaux, (Class. Garnier) Paris: Garnier.
Robbe-Grillet, Alain (1957), *La Jalousie,* Paris: Minuit.
Robbe-Grillet, Alain (1984), *Le miroir qui revient,* Paris: Minuit.
Romano, Fred (1997-1999), *Edward_Amiga. Un hyperoman de Fred Romano en français et JavaScript,* http://www.terra.es/personal/fromano
Romano, Fred (2000), *Le Film pornographique le moins cher du monde,* Paris: Pauvert.
Romano, Fred (2001), *Contaminations,* Paris: Pauvert.
Romano, Fred (2006), *Basque Tanger,* Paris: Scali.
Rostand, Edmond (1996), *Cyrano de Bergerac. Comédie héroïque en cinq actes en vers,* éd. K. Harrer/E. Harrer, Stuttgart: Reclam.
Rostand, Edmond/Rappenau, Jean-Paul (2002), *Cyrano de Bergerac,* München: Concorde Home Entertainment.
Salvatore, Alain (1998-2002), *Écran total. Fiction hypertextuelle,* http://alain.salvatore.free.fr
Sarraute, Nathalie (1972), *Le Planétarium* [1959], Paris: Minuit.
Sartre, Jean-Paul (1998), *Les mains sales* [1948], Paris: Gallimard.
Simenon, Georges (1970), *Le chien jaune,* Paris: Le livre de poche.
Siné (1957), *Portée de chats,* Paris: J.-J. Pauvert.
Stendhal [i.e. Henri Beyle] (1933-1934), *Correspondance,* Bd. 10 : 1836-1842, éd. Henri Martineau, Paris: Le Divan.
Stendhal (1996), *Racine et Shakespeare,* éd. B. Leuilliot, Paris: Kimé.
Targe, André/Bernard-Sugy, Christine (1996), *Sextine,* Paris: Radio France, Sendung France Culture 06.01.1996.
Théron, Anne/Taroni, Jacques (2000), *Le port, polyphonie pour une absente,* Paris: Radio France, Sendung France Culture 17.10.2000.
Thibaudeau, Jean/Trutat, Alain (1961), *Reportage d'un match international de football,* Erstsendung 8. November 1961, Radio France III National. Sendung France Culture 07.06.1998.
Thibaudeau, Jean (1962), „Reportage d'un match international de football", Teil I in *Tel Quel* 8, 1962, 80-91; Teil II in: *Tel Quel* 9, 1962, 76-93.
Toussaint, Jean-Philippe (1985), *La Salle de bain,* Paris: Minuit.
Toussaint, Jean-Philippe (1997), *La Télévision,* Paris: Minuit.
Tschechow, Anton (1979), *Briefe (1889-1892),* Zürich: Diogenes.
Valéry, Paul (1957), *Œuvres* I, éd. Jean Hytier, (Bibl. de la Pléiade) Paris: Gallimard.
Verlaine, Paul (1962), *Œuvres poétiques complètes,* éd. J. Borel, (Bibl. de la Pléiade) Paris: Gallimard.
Verne, Jules/Adler, Walter (1995), *20.000 Meilen unter den Meeren,* DVD, München: Der Hörverlag 2003.
Verreault, Jean-François (1997-2001), *Le Nœud. Hyperfiction,* http://pages.total.net/~amnesie

Theoretische Literatur

Adl-Amini, Bijan (³1990), *So bestehe ich meine Prüfung. Lerntechniken, Arbeitsorganisation und Prüfungsvorbereitung*, Weinheim/Basel: Beltz.

Albersmeier, Franz-Joseph (1989), „Einleitung: Von der Literatur zum Film. Zur Geschichte der Adaptationsproblematik“, in: Albersmeier, Franz-Joseph/Roloff, Volker (Hg.), *Literaturverfilmungen*, Frankfurt am Main: Suhrkamp, 15-37.

Allemann, Beda (1978), „De l'ironie en tant que principe littéraire“, in: *Poétique* 9, 385-398.

Almansi, Guido (1978), „L'affaire mystérieuse de l'abominable ‚tongue-in-cheek'“, in: *Poétique* 9, 413-425.

Aristoteles (1976), *Poetik*, griech./dt., Übersetzung, Einleitung und Anmerkungen von Olof Gigon, Stuttgart: Reclam.

Arnheim, Rudolf (2001), *Rundfunk als Hörkunst und weitere Aufsätze zum Hörfunk*, (Suhrkamp-Taschenbuch Wissenschaft 1554) Frankfurt am Main: Suhrkamp.

Arnold, Heinz Ludwig/Detering, Heinrich (Hg.) (1996, 1999), *Grundzüge der Literaturwissenschaft*, München: dtv.

Asmuth, Bernhard (1994), *Einführung in die Dramenanalyse*, 4. Auflage, Stuttgart/Weimar: Metzler.

Assmann, Aleida (1980), *Die Legitimität der Fiktion. Ein Beitrag zur Geschichte der literarischen Kommunikation*, München: Fink.

Aumont, Jacques u.a. (1999), *L'esthétique du film*, Paris: Nathan.

Austin, John Langshaw (1975), *How to do things with words*, Oxford/London/New York: Oxford University Press/University of Toronto Press.

Bachmann-Medick, Doris (2009), *Cultural turns: Neuorientierungen in den Kulturwissenschaften*, 3. Auflage, Reinbek bei Hamburg: Rowohlt.

Bachtin, Michael (1979), *Die Ästhetik des Wortes*, Frankfurt am Main: Suhrkamp.

Bachtin, Michael (1989), *Formen der Zeit im Roman. Untersuchungen zur historischen Poetik* [1937-38/1973], Frankfurt am Main: Fischer.

Bachtin, Michail (1990), *Literatur und Karneval. Zur Romantheorie und Lachkultur*, Frankfurt am Main: Fischer.

Baetens, Jan (2002), „Écriture digitale et poésie: *Raphel* de Bernardo Schiavetta“, in: *Lendemains* 105/106, 121-131.

Bal, Mieke (1997), *Narratology. Introduction to the Theory of Narrative*, 2. Auflage, Toronto/Buffalo/London: University of Toronto Press.

Bal, Mieke (Hg.) (1999), *The Practice of Cultural Analysis. Exposing Interdisciplinary Interpretation*, Stanford: Stanford University Press.

Balsebre, Armand (1994), *El lenguaje radiofónico*, Madrid: Cátedra.

Bange, M.P. (1976), „L'ironie. Essai d'analyse pragmatique“, in: *Linguistique et Sémiotique. Travaux de Recherches linguistiques et sémiologiques de Lyon* 1976/2: *L'Ironie*, 63-83.

Barthes, Roland (1966), „Introduction à l'analyse structurale du récit“, in: *Communications* 8, 1-27.

Barthes, Roland (1970), *S/Z*, Paris: Seuil.

Barthes, Roland (1972), *Le degré zéro de l'ecriture*, Paris: Seuil.

Barthes, Roland (1973), *Le plaisir du texte*, Paris: Seuil.

Barthes, Roland (1979), *Sur Racine* [1960], Paris: Seuil.

Barthes, Roland (1982), „Rhétorique de l´image“, in ders.: *L´obvie et l´obtus*, Paris: Seuil, 25-42.

Barthes, Roland (1984), „L'effet de réel“[1968], in ders.: *Le bruissement de la langue*, (Essais critiques IV) Paris: Seuil, 167-174.

Barthes, Roland (1985), „Introduction à l'analyse structurale du récit“, in ders.: *L'aventure sémiologique*, Paris: Seuil, 167-206.

Barthes, Roland (1990), „Die alte Rhetorik: Ein Abriß“, in: Kopperschmidt, Josef (Hg.), *Rhetorik*, Bd.I: *Rhetorik als Texttheorie*, Darmstadt: WBG, 35-90.

Bauer, Elisabeth (2004), „Die Lust am Fehler. Deautomatisation in der frankophonen digitalen Literatur“, in: *PhiN-Beiheft* 2, 162-183. (http://www.fu-berlin.de/phin/beiheft2/b2t02.htm)

Bauer, Elisabeth (2006), „Außer Rand, Band und End. Literatur in Zeiten des Internet“, in: König, Torsten et al. (Hg.), *Randbetrachtungen. Beiträge zum 21. Forum Junge Romanistik*, Bonn: Romanistischer Verlag, 83-96.

Bauer, Elisabeth (2007), „Voyage en Digitalie. Französische Lyrik im Zeichen des Computers“, in: Penzkofer, Gerhard (Hg.), *Postmoderne Lyrik - Lyrik in der Postmoderne*, Würzburg: Königshausen und Neumann, 17-37.

Bauer, Elisabeth/Mecke, Jochen (2006), „Digitale Literatur zwischen Dekonstruktion und Rekonstruktion: Für eine Poetik der Hyperfiction“, in: *Lendemains. Au-delà des Area Studies/Computer, Internet und Literatur in Frankreich und der Frankophonie* 122/123, 152-176.

Bauer, Ludwig (1991), „Intonationszeichen. Notationssystem zur Transkription suprasegmentaler intonatorischer Merkmale im filmischen Dialog“, in: Kanzog, Klaus (1991), *Einführung in die Filmphilologie*, München, 185-194.

Bazin, André (1981), „Montage interdit“ [1953/57], in ders., *Qu'est-ce que le cinéma*, édition définitive, Paris: Cerf, 49-61.

Bazin, André (1981, 1993), „L'Évolution du langage cinématographique“[1950-1955], in ders., *Qu'est-ce que le cinéma ?*, Paris: Cerf, 7e art, 63-80.

Bazin, André (1983), „Fiche du Jour se lève“ [1948], in ders., *Le cinéma français de la Libération à la Nouvelle Vague (1945-1958)*, Paris: Editions de l'Etoile, 53-69.

Beelich, Karl Heinz/Schwede, Hans-Hermann (^{2}1979), *Lern- und Arbeitstechniken. Grundtechniken für zweckmäßiges Lernen und Arbeiten mit Anwendungsbeispielen*, Würzburg: Vogel.

Benjamin, Walter (1977), „Der Erzähler“, in ders., *Schriften*, hg. R. Tiedemann und H. Schweppenhäuser, Frankfurt am Main: Suhrkamp, Bd. II/2, 438-465.

Berger, Günter (2005), *Der Roman in der Romania. Neue Tendenzen nach 1945*, Tübingen: Narr.

Bernard, Michel (1999), *Introduction aux études littéraires assistées par ordinateur*, Paris: PUF.

Berne, Eric (2001), *Die Transaktionsanalyse in der Psychotherapie: eine systematische Individual- und Sozialpsychiatrie*, Paderborn: Junfermann.

Berne, Eric (2007), *Spiele der Erwachsenen: Psychologie der menschlichen Beziehungen*, Reinbek bei Hamburg: Rowohlt.

Bierwisch, Manfred (1971), „Poetik und Linguistik“, in: Ihwe, Jens (Hg.), *Literaturwissenschaft und Linguistik. Ergebnisse und Perspektiven*, Bd. 2/2, 568-586.

Binder, Alwin u.a. (^{3}1977), *Einführung in Techniken literaturwissenschaftlichen Arbeitens*, Kronberg/Taunus: Scriptor.

Black, Max (1962), *Models and Metaphers*, Ithaca.

Blank, Andreas (1991), *Literarisierung von Mündlichkeit. Louis-Ferdinand Céline und Raymond Queneau* (ScriptOralia, 33), Tübingen: Narr.

Blank, Andreas (1997), *Lexikalischer Bedeutungswandel*, Tübingen: Niemeyer.

Blum, Herwig (1969), *Die antike Mnemotechnik*, Hildesheim/New York: Olms.

Blumenberg, Hans (1966), „Sprachsituation und immanente Poetik“, in: W. Iser (Hg.) (1966), *Immanente Ästhetik - Ästhetische Reflexion. Lyrik als Paradigma der Moderne*, (Poetik und Hermeneutik 2) München: Fink, S. 145-155.

Booth, Wayne C. (1983): *The Rhetoric of Fiction*, 2. Auflage, Chicago: The University of Chicago Press (dt. *Die Rhetorik der Erzählkunst*, UTB, Heidelberg: Quelle & Meyer).

Bourdieu, Pierre (1992), *Les règles de l'art*, Paris: Seuil.

Bourdieu, Pierre (1998), *Contre-feux: Propos pour servir à la résistance contre l'invasion néo-libérale*, (coll. Raisons d'agir) Paris: Liber.
Brémond, Claude (1971), „Die Erzählnachricht" [1964], in: Ihwe, Jens (Hg.), *Literaturwissenschaft und Linguistik. Ergebnisse und Perspektiven*, Bd. 3, 177-217.
Brémond, Claude (1973), *Logique du récit*, Paris: Seuil.
Broich, Ulrich/Pfister, Manfred (Hg.) (1985), *Intertextualität. Formen, Funktionen, anglistische Fallstudien*, Tübingen: Niemeyer.
Bünting, Karl-Dieter (1996), *Schreiben im Studium. Ein Trainingsprogramm*, Berlin: Cornelsen.
Bünting, Karl-Dieter/Bitterlich, Axel/Pospiech, Ulrike (2000), *Schreiben im Studium: mit Erfolg*, Berlin: Cornelsen.
Bürger, Peter (1970), *Theorie der Avantgarde*, Frankfurt: Suhrkamp.
Bush, Vannevar (1945), „As we may think", in: *Atlantic Monthly* 176/1, 101-108. (auch: http://www.theatlantic.com/doc/194507/bush)
Busse, Klaus-Peter/Riemenschneider, Hartmut (1979), *Grundlagen semiotischer Ästhetik*, Düsseldorf: Schwann.
Castellin, Philippe (2002), *DOC(K)S mode d'emploi. Histoire, formes & sens des poésies expérimentales au XXe siècle*, Paris: Al Dante.
Chardonnier, Jacques (1997), „Écriture radiophonique et évolution des techniques", in: Chol, Isabelle/Moncelet, Christian (Hg.), *Écritures radiophoniques*. Clermont-Ferrand: Université Blaise Pascal. Centre de recherches sur les Littératures Modernes et Contemporaines, 31-38.
Chatman, Seymour (1978), *Story and Discourse. Narrative Structure in Fiction and Film*, Ithaca/London: Cornell University Press.
Chion, Michel (1990), *L'audio-vision. Son et image au cinéma*, Paris: Nathan.
Clifford, James/Marcus, George E. (Hg.) (1986), *Writing culture: The poetics and politics of ethnography*. Berkeley: University of California Press.
Clifford, James (1988), *The Predicament of Culture – Twentieth-Century Ethnography, Literature, and Art*, Cambridge MA / London: Harvard University Press.
Coenen, Hans Georg (1998), *Französische Verslehre. Ein Lehr- und Arbeitsbuch*, Darmstadt: WBG.
Cohen, Jean (1966), *Structure du langage poétique*, Paris: Flammarion .
Cohn, Dorrit (1978), *Transparent Minds: Narrative Modes for Presenting Consciousness in Fiction*, Princeton: Princeton University Press.
Compagnon, Antoine (1999), „La réhabilitation de la rhétorique au XXe siècle", in: Fumaroli, Marc (Hg.), *Histoire de la rhétorique dans l'Europe moderne*. 1450-1950, Paris: PUF, 1261-1282.
Cornell, Peter (1987), *Paradisets vägar. Noter till ett förlorat manuskript*, Hedemora: Gidlunds.
Coseriu, Eugenio (1981), *Textlinguistik. Eine Einführung*, Tübingen: Narr.
Cramer, Florian (1999), *Literatur im Internet*, http://www.netzliteratur.net/cramer/alg-literatur_im_internet.html.
Curtius, Ernst R. (1967), *Europäische Literatur und lateinisches Mittelalter*, 6. Auflg. Bern/München: Francke.
Curtius, Ernst R. (1972), „Zum Begriff einer historischen Topik", in: Jehn, Peter (Hg.), *Toposforschung. Eine Dokumentation*, Frankfurt: Athenäum, 3-19.
Curtius, Ernst R. (1978), *Europäische Literatur und lateinisches Mittelalter*, Bern: Francke.
Dällenbach, Lucien (1977), *Le récit spéculaire. Contribution à l'étude de la mise en abyme*, Paris: Seuil.
Delaporte, Ixtel (2004), „Radio France. Une existence fragile", in: *L'Humanité*, 02.02.2004.
Deleuze, Gilles (1983), *Cinéma I. L'image-mouvement*, Paris: Minuit.

Derrida, Jacques (1974), *Glas*, Paris: Galilée.

Detges, Ulrich (1999), „Wie entsteht Grammatik?“, in: Lang, Jürgen/Neumann-Holzschuh, Ingrid (Hg.), *Reanalyse und Grammatikalisierung in den romanischen Sprachen*, Tübingen: Niemeyer, 31-52.

Dittrich, Helmut (1987), *Mehr Erfolg bei Prüfungen. Schneller lernen, besser vorbereiten, mehr erreichen*, Düsseldorf: ECON.

Dorner-Bachmann, Hannelore (1979), *Erzählstruktur und Texttheorie: zu den Grundlagen einer Erzähltheorie unter besonderer analytischer Berücksichtigung des Märchens und der Gothic Novel*, Hildesheim: Olms.

Ducrot, Oswald/ Todorov, Tzvetan (1972), *Dictionnaire encyclopédique des sciences du langage* (coll. Points n° 110), Paris: Seuil.

Dundes, Alan (1964), *The Morphology of North American Indian folktales*, Helsinki: Suomalainen tiedeakatemia.

Dupriez, Bernard (1977, 1984), *Gradus. Les procédés littéraires (Dictionnaire)*, (coll. 10/18, n° 1370) Paris: UGE.

Eco, Umberto (1972, 1994), *Einführung in die Semiotik*, (UTB 105) München: Fink.

Eco, Umberto (1986), *Semiotik: Entwurf einer Theorie der Zeichen*, München: Fink.

Eco, Umberto (1987), *Lector in fabula. Die Mitarbeit der Interpretation in erzählenden Texten*, München/Wien: Hanser.

Eco, Umberto (1987), *Lector in fabula. Die Mitarbeit der Interpretation in erzählenden Texten*, (dtv) München: Deutscher Taschenbuch Verlag.

Eco, Umberto (1995), *Die Grenzen der Interpretation*, (dtv) München: Deutscher Taschenbuch Verlag.

Eagleton, Terry (1983), *Literary Theory: An Introduction*, London: Blackwell.

Ellis, John Martin (1974), *The Theory of Literary Criticism: A Logical Analysis*, California: University of California Press.

Elwert, W. Theodor (^{2}1966;^{4}1978), *Französische Metrik*, München: Hueber.

Emrich, Berthold (1972), „Topik und Topoi“, in: Jehn, Peter (Hg.), *Toposforschung. Eine Dokumentation*, Frankfurt am Main: Athenäum, 90-120.

Engler, Winfried (1994), *Französische Literatur im 20. Jahrhundert*, (UTB) Tübingen: Francke.

Erlich, Victor (1973), *Russischer Formalismus*, Frankfurt am Main: Suhrkamp.

Escarpit, Robert (1970), *Le littéraire et le social. Éléments pour une sociologie de la littérature*, Paris: Flammarion.

Esselborn-Krumbiegel, Helga (2002), *Von der Idee zum Text. Eine Anleitung zum wissenschaftlichen Schreiben*, (UTB) Paderborn: Schöningh.

Faßler, Manfred/Halbach, Wulf (Hg.) (1998), *Geschichte der Medien*, (UTB) Stuttgart: Fink.

Faulstich, Werner (1981), The *War of the worlds/Der Krieg der Welten*. Vier Hörspiele, Tübingen: Narr.

Fieguth, Rolf (1973), „Zur Rezeptionslenkung bei narrativen und dramatischen Werken“, in: *Sprache im technischen Zeitalter* H. 45, 186-201.

Field, Syd (1998), *Das Handbuch zum Drehbuch. Übungen und Anleitungen zu einem guten Drehbuch*, 11. Auflage, Frankfurt am Main: Zweitausendeins.

Fischer-Lichte, Erika (1983), *Semiotik des Theaters*, 3 Bde., Tübingen: Narr.

Fischer-Lichte, Erika (2004), *Ästhetik des Performativen*, Frankfurt am Main: Suhrkamp.

Flügge, Manfred (2003), *Die Wiederkehr der Spieler. Tendenzen des französischen Romans nach Sartre*, Marburg: Hitzeroth.

Forster, Edward M. (1964), *Aspects of the Novel* [1927], (penguin books) Harmondsworth.

Foucault, Michel (1966), *Les Mots et les choses*, Paris: Gallimard.

Fraisse, Emmanuel/Mouralis, Bernard (2001), *Questions générales de littérature*, (coll. Points) Paris: Seuil.
Frank, Armin Paul (1981), *Das englische und amerikanische Hörspiel*, (UTB) München: Fink.
Frenzel, Elisabeth (1976), *Motive der Weltliteratur: Ein Lexikon dichtungsgeschichtlicher Längsschnitte*, Stuttgart: Kröner.
Frenzel, Elisabeth (2005), *Stoffe der Weltliteratur: Ein Lexikon dichtungsgeschichtlicher Längsschnitte*, Stuttgart: Kröner.
Friedrich, Hugo (1956, 1985), *Die Struktur der modernen Lyrik: Von der Mitte des neunzehnten bis zur Mitte des zwanzigsten Jahrhunderts*, (rde) Reinbek bei Hamburg: Rowohlt.
Fuchs-Heinritz, Werner/Küsters, Ivonne/Steffens, Martina (2003), *Techniken des wissenschaftlichen Arbeitens in den Kulturwissenschaften*, Hagen: Fernuniversität Hagen.
Fumaroli, Marc (Hg.) (1999), *Histoire de la rhétorique dans l'Europe moderne 1450-1950*, Paris: PUF.
Fuzellier, Etienne (1965), *Le langage radiophonique*, Paris: IDHEC.
Gaudreault, André (1988), *Du littéraire au filmique. Système du récit*, (Méridiens) Paris: Klincksieck.
Gaudreault, Andre/Jost, François (1990), *Cinéma et récit II. Le Récit cinématographique*, Paris: Nathan.
Geiger, Heinz/Klein, Albert/Vogt, Jochen ([2]1972), *Hilfsmittel und Arbeitstechniken der Literaturwissenschaft*, Düsseldorf: Bertelsmann Universitätsverlag.
Genette, Gérard (1972), *Figures III*, Paris: Seuil. (dt. in: Genette 1994)
Genette, Gérard (1982), *Palimpsestes. La littérature au second degré*, Paris: Seuil.
Genette, Gérard (1983), *Nouveau discours du récit*, Paris: Seuil. (dt. in: Genette 1994)
Genette, Gérard (1987), *Seuils*, Paris: Seuil.
Genette, Gérard (1991), *Fiction et diction*, Paris: Seuil.
Genette, Gérard (1993), *Palimpsestes*, Frankfurt am Main: Suhrkamp.
Genette, Gérard (1994), *Die Erzählung*, München: Fink.
Genette, Gérard (2002), *Seuils*, (coll. Points) Paris: Seuil.
Göttert, Karl-Heinz ([2]1994), *Einführung in die Rhetorik. Grundbegriffe – Geschichte – Rezeption*, München: Fink.
Goffman, Erving (1974), *Frame Analysis. An Essay on the Organization of Experience*, New York: Harper & Row.
Gottschalk, Jürn/Köppe, Tilmann (Hg.) (2006), „Was ist Literatur? Eine Einleitung", in: *Was ist Literatur? Basistexte Literaturtheorie*, Paderborn: Mentis.
Greimas, Algirdas J. (1966), *Sémantique structurale*, Paris: Larousse. (dt.: *Strukturale Semantik*, Braunschweig: Vieweg, 1971).
Greimas, Algirdas J. (1971), „Die Struktur der Erzählaktanten", in: Ihwe, Jens (Hg.), *Literaturwissenschaft und Linguistik. Ergebnisse und Perspektiven*, Bd. 3, 218-238.
Greimas, Algirdas J. (1972), „Pour une théorie du discours poétique", in: Greimas et al., *Essais de poétique sémiotique*, Paris: Larousse, S. 6-24.
Groupe μ [Dubois, Jacques et al.] (1970), *Rhétorique générale*, Paris: Larousse.
Groupe μ [Dubois, Jacques et al.] (1978), „Ironique et iconique", in: *Poétique* 9, 427-442.
Grünzweig, Walter/Solbach, Andreas (Hg.) (1999), *Grenzüberschreitungen: Narratologie im Kontext/Transcending Boundaries: Narratology in Context*, Tübingen: Narr.
Grunig, Blanche (1990), *Les mots de la publicité. L'architecture du slogan*, Paris: CNRS.

Hackenbroch-Krafft, Ida/Parey, Evelore (2004), *Aktiv lesen! Methodentraining für die Arbeit mit Sachtexten*, Paderborn: Schöningh.

Haefner, Klaus (2000), *Gewinnung und Darstellung wissenschaftlicher Erkenntnisse*, München: Oldenbourg.

Hagmüller, Peter (1985), *Methoden und Techniken des Lernens*, Düsseldorf: Schwann.

Hamburger, Käte (1968), *Die Logik der Dichtung*, 2. Auflage, Stuttgart: Klett.

Hamon, Philippe (1977), „Pour un statut sémiologique du personnage", in: Barthes, Roland/Kayser, Wolfgang/Booth, W.C./Hamon, Philippe (Hg.) (1977), *Poétique du récit*, Paris: Seuil, 115-180.

Hamon, Philippe (1981), *Introduction à l'analyse du texte descriptif*, Paris: Hachette.

Hasebrook, Joachim (1995), *Multi-Media-Psychologie. Eine neue Perspektive menschlicher Kommunikation*, Heidelberg: Spektrum.

Hassan, Ihab (2002), „Postmoderne heute", in: Welsch, Wolfgang (Hg.), *Wege aus der Moderne*, Berlin: Akademie, 47-56.

Haverkamp, Anselm (Hg.) (^{2}1996), *Theorie der Metapher*, Darmstadt: WBG.

Hebekus, Uwe (1995), „Topik/Inventio", in: Pechlivanos, Miltos et al. (Hg.), *Einführung in die Literaturwissenschaft*, Stuttgart: Metzler, 82-96.

Heeschen, Claus/Reischies, Friedel (1981), „Zur Lateralisierung von Sprache. Argumente gegen eine Überbewertung der rechten Hemisphäre", in: Schnelle, H. (Hg.), *Sprache und Gehirn*, Frankfurt am Main: Suhrkamp, 41-58.

Helbig, Jörg (1996), *Intertextualität und Markierung. Untersuchungen zur Systematik und Funktion der Signalisierung von Intertextualität*, Heidelberg: Winter.

Helbig, Jörg (Hg.) (1998), *Intermedialität. Theorie und Praxis eines interdisziplinären Forschungsgebietes*, Berlin: Schmidt.

Helmstetter, Rudolf (1995), „Lyrische Verfahren. Lyrik, Gedicht und poetische Sprache", in: Pechlivanos, Miltos et al. (Hg.), *Einführung in die Literaturwissenschaft*, Stuttgart: Metzler, S. 27-42.

Herczeg, Michael (1994), *Software-Ergonomie. Grundlagen der Mensch-Maschine-Kommunikation*, Bonn: Addison-Wesley.

Herzinger, Richard (2000), „Endziel Konsum", in: *Die Zeit* 02.11.2000, 58.

Hickethier, Knut (1989), „Der Film nach der Literatur ist Film. Volker Schlöndorffs Die Blechtrommel (1979) nach dem Roman von Günter Grass (1959)", in: Albersmeier, Franz-Joseph/Roloff, Volker (Hg.), *Literaturverfilmungen*, Frankfurt am Main: Suhrkamp, 183-198.

Hickethier, Knut (2001), *Film- und Fernsehanalyse*, 3. Auflage, Stuttgart/Weimar: Metzler.

Hiebler, Hans (1998), „Medienorientierte Literaturinterpretation", in: Nünning, A. (Hg.) (1998): *Metzler Lexikon Literatur- und Kulturtheorie*, Stuttgart/Weimar: Metzler, 351-353.

Hobl-Friedrich, Mechtild (1991), *Die dramaturgische Funktion der Musik im Hörspiel: Grundlagen, Analysen*, Diss. Erlangen Nürnberg.

Hülshoff, Friedhelm/Kaldewey, Rüdiger (1979), *Mit Erfolg studieren. Studienorganisation und Arbeitstechnik*, München: Beck.

Hurst, Matthias (1996), *Erzählsituationen in Literatur und Film. Ein Modell zur vergleichenden Analyse von literarischen Texten und filmischen Adaptionen*, Tübingen: Niemeyer.

Hutcheon, Linda (1978), „Ironie et parodie: stratégie et structure", in: *Poétique* 9, 467-477.

Huwiler, Elke (2005), *Erzähl-Ströme im Hörspiel. Zur Narratologie der elektroakustischen Kunst*, Paderborn: Mentis.

Ihwe, Jens (Hg.) (1971), *Literaturwissenschaft und Linguistik. Ergebnisse und Perspektiven*, 3 Bde., Frankfurt am Main: Athenäum.

Iser, Wolfgang (1976), *Der Akt des Lesens. Theorie ästhetischer Wirkung*, München: Fink.
Iser, Wolfgang (1984), *Der Akt des Lesens. Theorie ästhetischer Wirkung*, (UTB) München: Fink.
Iser, Wolfgang (1991), *Das Fiktive und das Imaginäre. Perspektiven literarischer Anthropologie*, Frankfurt am Main: Suhrkamp.
Jakobson, Roman (1964), „Closing statement: Linguistics and Poetics“[1960], in: Sebeok, Th. A. (Hg.), *Style in Language*, Cambridge Mass., 350-377.
Jakobson, Roman (1971), „Language in relation to other communication systems“, in ders.: *Selected Writings*, Bd. II, The Hague: Mouton, 697-708.
Jakobson, Roman (1971), „Der Doppelcharakter der Sprache. Die Polarität zwischen Metaphorik und Metonymik“, in: Ihwe, Jens (Hg.), *Literaturwissenschaft und Linguistik*, Bd. I, Frankfurt am Main: Athenäum, 323-333.
Jakobson, Roman (1979;[3]1993), „Linguistik und Poetik“ [1960], in ders., *Poetik. Ausgewählte Aufsätze 1921-1971*, Frankfurt am Main: Suhrkamp, 83-121.
Jakobson, Roman ([2]1996), „Der Doppelcharakter der Sprache. Die Polarität zwischen Metaphorik und Metonymik“ [1956], in: Haverkamp, Anselm (Hg.), *Theorie der Metapher*, Darmstadt: WBG, 163-174.
Jakobson, Roman (2007), „Die neuere russische Poesie“, in ders., *Poesie der Grammatik und Grammatik der Poesie: Sämtliche Gedichtanalysen*, Berlin: De Gruyter, 3-124.
Jakobson, Roman/Lévi-Strauss, Claude (1977), „‚Les Chats‘ de Charles Baudelaire“ [1962], in: Jakobson, Roman, *Huit questions de poétique*, Paris: Seuil, 163-186.
Jakobson, Roman/Waugh, Linda R. (1986), *Die Lautgestalt der Sprache*, Berlin: De Gruyter.
Jehn, Peter (Hg.) (1972), *Toposforschung. Eine Dokumentation*, Frankfurt am Main: Athenäum.
Jeßing, Benedikt (2001), *Arbeitstechniken des literaturwissenschaftlichen Studiums*, Stuttgart: Reclam.
Jinks, William (1974), *The Celluloid Literature. Film in the Humanities*, 2nd edition, Beverly Hills: Glencoe.
Kandorfer, Pierre (1984), *DuMont's Lehrbuch der Filmgestaltung. Theoretisch-technische Grundlagen der Filmkunde*, Köln: DuMont.
Kant, Immanuel (1981), *Kritik der Urteilskraft und Schriften zur Naturphilosophie*, in ders., *Werke in 10 Bänden*, hg. von Wilhelm Weischedel, Bd. 8, Sonderausgabe, Darmstadt: WBG.
Kant, Immanuel (1992), *Kritik der reinen Vernunft*, in ders. Werke in sechs Bänden, hg. von Wilhelm Weischedel, Bd. 3, Darmstadt: WBG.
Kanzog, Klaus (2001), *Grundkurs Filmrhetorik*, München: Schaudig&Ledig.
Kayser, Dietrich (1998), „Präsentation statt Referat: So hört man Ihnen zu“, in: Kruse, Otto (Hg.), *Handbuch Studieren. Von der Einschreibung bis zum Examen*, Frankfurt am Main/ New York: Campus, 238-249.
Kemmner, Ernst (1972), *Sprachspiel und Stiltechnik in Raymond Queneaus Romanen*, Tübingen: Narr.
Kittler, Friedrich (1987), *Aufschreibesysteme 1800-1900*, 2. erw. und korr. Auflage, München: Fink.
Kittler, Friedrich (1993), *Draculas Vermächtnis: Technische Schriften*, Leipzig: Reclam.
Klippert, Werner (1986), *Elemente des Hörspiels*, Stuttgart: Reclam.
Kloepfer, Rolf/Oomen, Ursula (1970), *Sprachliche Konstituenten moderner Dichtung : Entwurf einer deskriptiven Poetik – Rimbaud*, Bad Homburg: Athenäum.
Kloepfer, Rolf (1975), *Poetik und Linguistik. Semiotische Instrumente*, (UTB 366) München: Fink.

Klotz, Volker (1969), *Geschlossene und offene Form im Drama*, München: Hanser.
Koch, Peter/Österreicher, Wulf (1985), „Sprache der Nähe – Sprache der Distanz. Mündlichkeit und Schriftlichkeit im Spannungsfeld von Sprachtheorie und Sprachgeschichte", in: *Romanistisches Jahrbuch* 36, 15-43.
Koestler, Arthur (1966), *Der göttliche Funke: der schöpferische Akt in Kunst und Wissenschaft*, München: Scherz.
Koestler, Arthur (1966, 1989), *The Act Of Creation*, London: Arkana.
Koppe, Franz (1981), *Grundbegriffe der Ästhetik*, Frankfurt am Main: Suhrkamp.
Korte, Helmut (1999), *Einführung in die Systematische Filmanalyse. Ein Arbeitsbuch.* Mit Beispielanalysen von Peter Drexler, Helmut Korte, Hans-Peter Rodenberg und Jens Thiele zu „Zabriskie Point" (Antonioni 1969), „Misery" (Reiner 1990), „Schindlers Liste" (Spielberg 1993), „Romeo und Julia" (Luhrmann 1996), Berlin: Schmidt.
Kossak, Hans-Christian (1992), *Studium und Prüfungen besser bewältigen. Neue Wege, mit Lern- und Leistungsproblemen in Schule und Studium umzugehen*, München: Quintessenz.
Kracauer, Siegfried (1964), *Theorie des Films. Die Errettung der äußeren Wirklichkeit*, Frankfurt am Main: Suhrkamp.
Kristeva, Julia (1969), *Semeiotikè. Recherches pour une sémanalyse*, Paris: Seuil.
Krug, Steve (2000), *Don't Make Me Think. A Common Sense Approach to Web Usability*, New York: New Riders Press.
Kruse, Otto (Hg.) (1998), *Handbuch Studieren. Von der Einschreibung bis zum Examen*, Frankfurt am Main/New York: Campus.
Kübler, Hans-Dieter (2000), *Mediale Kommunikation*, (Grundlagen der Medienkommunikation 9) Tübingen: Niemeyer.
Küpper, Joachim (1987), *Ästhetik der Wirklichkeitsdarstellung und Evolution des Romans von der französischen Spätaufklärung bis zu Robbe-Grillet*, Stuttgart: Steiner.
Kuhlen, Rainer (1991), *Hypertext. Ein nicht-lineares Medium zwischen Buch und Wissensbank*, Berlin: Springer.
Kurz, Gerhard (1982), *Metapher, Allegorie, Symbol*, Göttingen: Vandenhoeck & Ruprecht.
Kutschera, Franz von (1988), *Ästhetik*, Berlin/New York: De Gruyter.
Lämmert, Eberhard (1955), *Bauformen des Erzählens*, Stuttgart: Metzler.
Laffay, Albert (1964), *Logique du cinéma. Création et spectacle*, Paris: Masson.
Lahire, Bernard (2006), *La condition littérair : la double vie des écrivains*, Paris: La Découverte.
Laks, André (1994), „Substitution et connaissance: une interprétation unitaire (ou presque) de la théorie aristotélicienne de la métaphore", in: Furley, D.J. (Hg.), *Aristotle's Rhetoric*, New Jersey, 283-305.
Landow, George P. (1997), *Hypertext 2.0: The Convergence of Contemporary Critical Theory and Technology*, Baltimore: Johns Hopkins University Press.
Lausberg, Heinrich (1960), *Handbuch der literarischen Rhetorik*, München: Hueber.
Lay, Rupert (^{4}2006), *Führen durch das Wort*, Berlin: Ullstein.
Lehrer, Jonah (2008), *Proust Was a Neuroscientist*, Boston/New York: Mariner.
Lejeune, Philippe (1975), *Le pacte autobiographique*, Paris: Seuil.
Lévi-Strauss, Claude (1974), *Anthropologie structurale*, Paris: Plon.
Lodge, David (1998), *Die Kunst des Erzählens*, München/Zürich: Diana.
Löwith, Karl (1983), *Weltgeschichte und Heilsgeschehen. Zur Kritik der Geschichtsphilosophie*, Stuttgart: Metzler.
Lohmeier, Anke-Marie (1996), *Hermeneutische Theorie des Films*, Tübingen: Niemeyer.

Lotman, Jurij M. (1972), *Die Struktur literarischer Texte*, 2. Aufl., (UTB 103) München: Fink.
Lotman, Jurij M. (1975), „On the Metalanguage of a Typological Description of Culture“, in: *Semiotica* 14, 97-123.
Ludwig, Hans Werner (Hg.) (1982), *Arbeitsbuch Romananalyse*, (Literaturwissenschaft im Grundstudium 12) Tübingen: Narr.
Luhmann, Niklas (1995), *Die Kunst der Gesellschaft*, Frankfurt am Main: Suhrkamp.
Lyotard, Jean-François (1990), „Beantwortung der Frage: Was ist postmodern?“, in: Engelmann, Peter (Hg.), *Postmoderne und Dekonstruktion. Texte französischer Philosophen der Gegenwart*, Stuttgart: Reclam, 33-48.
Macherey, Pierre (1966), *Pour une théorie de la production littéraire*, Paris: Maspero.
Martinez, Matias/Scheffel, Michael (2000), *Einführung in die Erzähltheorie*, 2. Auflage, München: Beck.
Martschenko, Tatjana (1970), „Montage, Raum, Zeit“, in: *Rundfunk und Fernsehen* (Prag), Nr. 4, 9-14.
Matzat, Wolfgang (1982), *Dramenstruktur und Zuschauerrolle. Theater in der französischen Klassik*, München: Fink.
Mazaleyrat, Jean (1995), *Éléments de métrique française*, Paris: Armand Colin.
McLuhan, Marshall (1994), *Understanding Media: the extensions of man*, London: Routledge.
Mecke, Jochen (1990), *Roman-Zeit. Zeitformung und Dekonstruktion des französischen Romans der Gegenwart*, Tübingen: Narr.
Mertner, Edgar (1972), „Topos und Commonplace“, in: Jehn, Peter (Hg.), *Toposforschung. Eine Dokumentation*, Frankfurt: Athenäum, 20-69.
Metz, Christian (1997), *Die unpersönliche Enunziation oder der Ort des Films*, Münster: Nodus.
Metz, Christian (1998), „Probleme der Denotation im Spielfilm“ [1966/67], in: Albersmeier, Franz-Josef (Hg.), *Texte zur Theorie des Films*, 3. Auflage, Stuttgart: Reclam, 321-370.
Metzler-Literatur-Lexikon s. Schweikle (^{2}1990).
Meyer-Krentler, Eckhardt (1990), *Arbeitstechniken Literaturwissenschaft*, (UTB 1582) München: Fink.
Mnouchkine, Ariane (1972), *1793: la cité révolutionnaire est de ce monde*, Paris: Stock.
Molinié, Georges (1986), *Eléments de stylistique française*, Paris: PUF.
Monaco, James (1995), *Film verstehen*, Reinbek bei Hamburg: Rowohlt.
Monaco, James (2000a), *Film verstehen. Kunst, Technik, Sprache, Geschichte und Theorie des Films und der Medien. Mit einer Einführung in Multimedia*, Reinbek bei Hamburg: Rowohlt.
Monaco, James (2000b), *Film und Neue Medien. Lexikon der Fachbegriffe*, Reinbek bei Hamburg: Rowohlt.
Morris, Charles (1981), *Zeichen, Sprache und Verhalten*. Frankfurt am Main: Ullstein.
Müller, Günther (1968), *Morphologische Poetik. Gesammelte Aufsätze*, Darmstadt: WBG.
Müller, Michael/Sottong, Hermann (1998), *Zwischen Sender und Empfänger: Eine Einführung in die Semiotik der Kommunikationsgesellschaft*, Berlin: Schmidt.
Nadeau, Maurice (1970), *Histoire du surréalisme*, (coll. Points) Paris: Seuil.
Nelson, Ted (2003), „A File Structure for the Complex, the Changing and the Indeterminate“, in: Wardrip-Fruin, Noah/ Montfort, N. (Hg.), *The New Media Reader*, Cambridge/MA: The MIT Press, 134-145 (Nachdruck aus: *Proceedings of the 20th National Conference 1965*, New York: ACM Press, 84-100).
Ong, Walter J. (1987), *Oralität und Literalität. Die Technologisierung des Wortes*, Opladen: Westdeutscher Verlag.

Orth, Helen (1999), *Schlüsselqualifikationen an deutschen Hochschulen. Konzepte, Standpunkte und Perspektiven*, Neuwied: Luchterhand.

Overmann, Manfred (2004), „Hypertexte im Unterricht: Begriffsbestimmung und didaktische Funktion", in: Donnerstag, Jürgen/Bosenius, Petra (Hg.), *Interaktive Medien und Fremdsprachenlernen* (Kolloquium Fremdsprachenunterricht 5). Frankfurt/M.: Peter Lang, 65-81.

Pavić, Milorad (1999), „Mein Jahrhundertbuch (17). Milorad Pavić über das Nichtlineare und Georges Perec", in: *Die Zeit*, http://www.zeit.de/archiv/1999/17/199917.jh-pavic_perec_.xml?page=all.

Peirce, Charles Sanders (1985), *Die Festigung der Überzeugung*, Frankfurt am Main: Ullstein.

Peirce, Charles Sanders (1987), *Collected Papers*, Volume II: *Principles of Philosophy and Elements of Logic: 1-2*. Cambridge: Harvard University Press.

Petersen, Jürgen H. (1993), *Erzählsysteme. Eine Poetik epischer Texte*, Stuttgart: Metzler.

Peterßen, Wilhelm H. (1987), *Wissenschaftliches Arbeiten: nicht leicht, aber erlernbar. Eine Einführung für Schüler und Studenten*, München: Ehrenwirth.

Pfister, Manfred (1982, 1988), *Das Drama. Theorie und Analyse*, (UTB 580) München: Fink.

Platz-Waury, Elke (1978), *Drama und Theater. Eine Einführung*, Tübingen: Narr.

Plett, Heinrich F. (1975), *Textwissenschaft und Textanalyse. Semiotik, Linguistik, Rhetorik*, Heidelberg: Quelle & Meyer.

Plett, Heinrich F. (Hg.) (1977), *Rhetorik: Kritische Positionen zum Stand der Forschung*, München: Fink.

Plett, Heinrich F. (2000), *Systematische Rhetorik*, (UTB 2127) München: Fink.

Pognant, Patrick (2003), *L'Internet et le littéraire. Écritures, littératures et techniques des origines au web littéraire*, Lille: ANRT.

Popper, Karl Raimund (1976), *Logik der Forschung*, Tübingen: Mohr.

Posner, Roland (1971), „Strukturalismus in der Gedichtinterpretation. Textdeskription und Rezeptionsanalyse am Beispiel von Baudelaires ‚Les Chats'", in: Ihwe, Jens (Hg.), *Literaturwissenschaft und Linguistik. Ergebnisse und Perspektiven*, Bd. II, 1, Frankfurt am Main: Athenäum, 224-266.

Prager, Gerhard (1952), „Der Rundfunk und das Hörspiel in Frankreich", in: *Rufer und Hörer*, Stuttgart, Jahrgang 7, 1952/53, 402-410.

Propp, Vladimir (1972), *Morphologie des Märchens* [1928], München: Hanser.

Pross, Harry (1971), *Medienforschung*, Darmstadt: Carl Habel.

Ravens, Tobias (2003), *Wissenschaftlich mit PowerPoint arbeiten*, München: Pearson Studium.

Ravens, Tobias, (2003), *Wissenschaftlich mit Word arbeiten*, München: Pearson Studium.

Ricoeur, Paul (1975), *La métaphore vive*, Paris: Seuil. [dt.: *Die lebendige Metapher*, München, 1986].

Ricœur, Paul (1983-85), *Temps et récit*, 3 Bde., Paris: Seuil.

Richard, Roger (1951), „Les étapes françaises de la radiodramaturgie", in: *NEF* Nr. 73/74. *La radio cette inconnue*. Editions du Sagittaire. Février-Mars 1951.

Richards, Ivor Armstrong (1971), *The Philosophy of Rhetoric*, Oxford: Oxford University Press.

Riffaterre, Michael (1979), „La métaphore filée dans la poésie surréaliste", in ders., *La production du texte*, (coll. Poétique) Paris: Seuil, 217-234.

Le Robert électronique (1994). Outil d'aide à la rédaction sur la base du Grand Robert de la langue française, Paris: Le Robert.

Rossig, Wolfram/Prätsch, Joachim ([3]2001), *Wissenschaftliche Arbeiten. Ein Leitfaden für Haus-, Seminar-, Examens- und Diplomarbeiten sowie Präsentationen – mit PC- und Internet-Nutzung*, Bremen: Wolfdruck.

Rothe, Arnold (1986), *Der literarische Titel. Funktionen, Formen, Geschichte*, Frankfurt am Main: Klostermann.

Saussure, Ferdinand de (1967), *Grundfragen der Allgemeinen Sprachwissenschaft*, Berlin: De Gruyter.

Saussure, Ferdinand de (1979), *Cours de linguistique générale*, éd. Tullio de Mauro. Paris: Payot.

Schachtschabel, Gaby (1984), *Der Ambivalenzcharakter der Literaturverfilmung. Mit einer Beispielanalyse von Theodor Fontanes Roman „Effi Briest" und dessen Verfilmung von Rainer Werner Faßbinder*, Frankfurt am Main/Bern: Lang.

Schardt, Reinhold (1995), „Narrative Verfahren", in: Pechlivanos, Miltos et. al. (Hg.), *Einführung in die Literaturwissenschaft*, Stuttgart/Weimar: Metzler, 49-65.

Schlüter, Barbara (1987), *Rhetorik für Frauen*, München: Langen-Müller.

Schmedes, Götz (2002), *Medientext Hörspiel. Ansätze einer Hörspielsemiotik am Beispiel der Radioarbeiten von Alfred Behrens*, (Internationale Hochschulschriften Bd. 371) Münster: Waxmann.

Schraeder-Naef, Regula ([15]1989), *Rationeller Lernen lernen. Ratschläge und Übungen für alle Wißbegierigen*, Weinheim/Basel: Beltz.

Schulz-Buschhaus, Ulrich (1971), „Edmond Rostand: Cyrano de Bergerac.", in: Papst, Walter (Hg.), *Das moderne französische Drama. Interpretationen*, Berlin: Schmidt, 70-79.

Schulz von Thun, Friedemann (1999), *Miteinander reden, Bd. 3: Das innere Team und situationsgerechte Kommunikation*, Reinbek bei Hamburg: Rowohlt.

Schuster, Martin (2001), *Für Prüfungen lernen. Strategien zur optimalen Prüfungsvorbereitung*, Göttingen: Hogrefe.

Schweikle, Günther und Irmgard (Hg.) ([2]1990), *Metzler-Literatur-Lexikon. Begriffe und Definitionen*, Stuttgart: Metzler.

Segre, Cesare (1974), *Le strutture e il tempo*, Torino: Einaudi.

Siegrist, Hansmartin (1986), *Textsemantik des Spielfilms. Zum Ausdruckspotential der kinematographischen Formen und Techniken*, Tübingen: Niemeyer.

Simanowski, Roberto (Hg.) (2001), *Digitale Literatur*, in: *Text + Kritik. Zeitschrift für Literatur* 152.

Simanowski, Roberto (Hg.) (2002), *Literatur.digital. Formen und Wege einer neuen Literatur*, München: dtv Premium.

Simanowski, Roberto (2002), *Interfictions. Vom Schreiben im Netz*, Frankfurt am Main: Suhrkamp.

Sklovskij, Viktor (1966), *Theorie der Prosa*, Frankfurt am Main: Fischer.

Souriau, Etienne (1950), *Les deux cent mille situations dramatiques*, Paris: Flammarion.

Souriau, Etienne (Hg.) (1953), *L'univers filmique*, Paris: Flammarion.

Spandl, Oskar Peter ([3]1968), *Die schriftliche wissenschaftliche Arbeit*, Geretsried: Schuster.

Spillner, Bernd (1974), *Literaturwissenschaft und Linguistik. Stilforschung, Rhetorik, Textlinguistik*, Stuttgart: Kohlhammer.

Spillner, Bernd (1977), „Das Interesse der Linguistik an Rhetorik", in: Plett, Heinrich F. (Hg.), *Rhetorik. Kritische Positionen zum Stand der Forschung*, München: Fink, 93-108.

Spillner, Bernd (1984), *Methoden der Stilanalyse*, Tübingen: Narr.

Spitzer, Leo (1961), „Zum Stil Marcel Prousts (1928)", in ders.: *Stilstudien*, 2. Auflage, München: Hueber, 365-497.

Staiger, Emil (1939), *Die Zeit als Einbildungskraft des Dichters: Untersuchungen zu Gedichten von Brentano, Goethe und Keller*, Zürich: Atlantis.
Standop, Ewald/Meyer, Matthias L. G. ([15]1998), *Die Form der wissenschaftlichen Arbeit*, (UTB 272) Wiesbaden: Quelle & Meyer.
Stanzel, Franz K. (1955), *Die typischen Erzählsituationen im Roman. Dargestellt an „Tom Jones", „Moby-Dick", „The Ambassadors", „Ulysses" u.a.*, Wien/Stuttgart: Braunmiller.
Stanzel, Franz K. (1964, 1981), *Die typischen Formen des Romans*, Göttingen: Vandenhoeck & Ruprecht.
Stanzel, Franz K. (1989, 1991), *Theorie des Erzählens*, Göttingen: Vandenhoeck & Ruprecht.
Stary, Joachim/Kretschmer, Horst (1994), *Umgang mit wissenschaftlicher Literatur. Eine Arbeitshilfe für das sozial- und geisteswissenschaftliche Studium*, Berlin/ Frankfurt am Main: Cornelsen.
Stempel, Wolf-Dieter (1964), *Untersuchungen zur Satzverknüpfung im Altfranzösischen*, Braunschweig: Westermann.
Stickel-Wolf, Christine/Wolf, Joachim (2001), *Wissenschaftliches Arbeiten und Lerntechniken. Erfolgreich studieren – gewusst wie!*, Wiesbaden: Gabler.
Stierle, Karlheinz (1975), *Text als Handlung. Perspektiven einer systematischen Literaturwissenschaft*, München: Fink.
Stowasser, Joseph Maria (1971), *Der kleine Stowasser: lateinisch-deutsches Schulwörterbuch*, München: Freytag.
Sucharowski, Wolfgang (1996), *Sprache und Kognition. Neuere Perspektiven in der Sprachwissenschaft*, Opladen: Westdeutscher Verlag.
Suter, Beat (1999), *Hyperfiktion. Im frühen Entwicklungsstadium zu einem Genre*, Zürich: Update.
Szondi, Peter (1963, 1970), *Theorie des modernen Dramas (1880-1950)*, Frankfurt am Main: Suhrkamp.
Tannen, Deborah (1993), *Du kannst mich einfach nicht verstehen: Warum Männer und Frauen aneinander vorbeireden*, München: Goldmann.
Tisset, Carole (2000), *Analyse linguistique de la narration*, Paris: SEDES.
Todorov, Tzvetan (1966), „Les catégories du récit littéraire", in : *Communications 8*, 121-151.
Todorov, Tzvetan (1969), *Grammaire du Décaméron*, The Hague: Mouton.
Todorov, Tzvetan (1970), *Introduction à la littérature fantastique*, Paris: Seuil.
Todorov, Tzvetan (1971), „Typologie du roman policier", in ders., *Poétique de la prose*, (coll. Points) Paris: Seuil, 55-65.
Todorov, Tzvetan (2000), *La notion de littérature et autres essais*, (coll. Points) Paris: Seuil.
Torra, Elias (1995), „Rhetorik", in: Pechlivanos, Miltos et al. (Hg.), *Einführung in die Literaturwissenschaft*, Stuttgart: Metzler, 97-111.
Torra, Elias (1995), „Exkurs: Stilistik", in: Pechlivanos, Miltos et al. (Hg.), *Einführung in die Literaturwissenschaft*, Stuttgart: Metzler, 112-115.
Truffaut, François (1975), *Les Films de ma vie*, (coll. Contre-Champs) Paris: Flammarion.
Tschilschke, Christian von (2000), *Roman und Film. Filmisches Schreiben im französischen Roman der Postavantgarde*, Tübingen: Narr.
Ubersfeld, Anne (1996), *Lire le théâtre III: Le dialogue de théâtre*, Paris: Bélin.
Ueding, Gert/Steinbrink, Bernd ([3]1994), *Grundriß der Rhetorik. Geschichte, Technik, Methode*, Stuttgart/Weimar: Metzler.
Vanoye, Francis (1999), *Scénarios modèles, modèles de scénarios*, Paris: Nathan.

Vatter, Christoph (2004), „Neue Medien: Internet und Multimedia“, in: Lüsebrink, Hans-Jürgen et al. (Hg.), *Französische Kultur- und Medienwissenschaft. Eine Einführung*. Tübingen: Narr.
Viala, Alain (1985), *Naissance de l'écrivain: sociologie de la littérature à l'âge classique,* Paris : Minuit.
Viala, Alain (2002), „Littérature"“ in: Aron, Paul/Saint-Jacques, Denis/Viala, Alain (Hg.), *Le dictionnaire du littéraire,* Paris: Puf, 335-337.
Vogt, Jochen (1990), *Aspekte erzählender Prosa. Eine Einführung in Erzähltechnik und Romantheorie,* 7. Auflage, Opladen: Westdeutscher Verlag.
Vollhardt, Friedrich (1995), „Selbstreferenz im Literatursystem: Rhetorik, Poetik, Ästhetik“, in: Fohrmann, Jürgen/Müller, Harro (Hg.), *Literaturwissenschaft,* München: Fink, 249-272.
Wachner, Peter (1999), *Mündliche Prüfung bestanden! Tipps, Vorbereitungs- und Verhaltensstrategien, die den Erfolg sichern,* Wiesbaden: Gabler.
Wagner, Burkhardt (1972), *Innenbereich und Äußerung. Flaubertsche Formen indirekter Darstellung und Grundtypen der Erlebten Rede,* München: Fink.
Warning, Rainer (Hg.) (1975), *Rezeptionsästhetik: Theorie und Praxis,* München: Fink.
Watzlawick, Paul/Beavin, Janet H./Jackson, Don D. (1982), *Menschliche Kommunikation: Formen, Störungen, Paradoxien,* Bern: Huber.
Waugh, Patricia (1984), *Metafiction. The Theory and Practice of Self-Conscious Fiction,* London/New York: Methuen.
Weinrich, Harald (1963), „Semantik der kühnen Metapher“, in: *Deutsche Vierteljahresschrift für Literaturwissenschaft und Geistesgeschichte* 37, 325-344.
Weinrich, Harald (1966), *Linguistik der Lüge,* Heidelberg: Schneider.
Weinrich, Harald (1971), *Tempus. Besprochene und erzählte Welt,* Neuausgabe, Stuttgart: Kohlhammer.
Wellbery, David (1996), „Das Gedicht: zwischen Literatursemiotik und Systemtheorie“, in: Fohrmann, Jürgen/Müller, Harro (Hg.), *Systemtheorie der Literatur,* (UTB) München: Fink, 366-383.
Wellek, René (1972), *Grenzziehungen. Beiträge zur Literaturkritik.* Stuttgart: Kohlhammer.
Welsch, Wolfgang (2003), *Ästhetisches Denken,* Stuttgart: Reclam.
Werder, Lutz von (1994), *Grundkurs des wissenschafltichen Lesens,* Berlin: Schibri.
Werder, Lutz von (1995), *Grundkurs des wissenschaftlichen Schreibens,* Berlin: Schibri.
Wetzel, Hermann (1985), *Rimbauds Dichtung: Ein Versuch, „die rauhe Wirklichkeit zu umarmen“,* Stuttgart: Metzler.
White, Hayden (1973), *Metahistory. The historical in nineteenth-century Europe.* Baltimore/London: Johns Hopkins University Press.
White, Hayden (1987), *The Content and the Form. Narrative Discourse and Historical Representation,* Baltimore: Johns Hopkins University Press.
Wilpert, Gero v. (^{3}1961), *Sachwörterbuch der Literatur,* Stuttgart: Kröner.
Wittgenstein, Ludwig (1973), *Tractatus logico-philosophicus.* Frankfurt am Main: Suhrkamp.
Wolf, Doris/Merkle, Rolf (1989), *So überwinden Sie Prüfungsängste. Psychologische Strategien zur optimalen Vorbereitung und Bewältigung von Prüfungen,* Mannheim: PAL.
Zelewitz, Klaus (1974), *Einführung in das literaturwissenschaftliche Arbeiten,* Stuttgart: Kohlhammer.
Zimmer, Rudolf (1978), *Stilanalyse,* (Romanistische Arbeitshefte, 20) Tübingen: Niemeyer.
Zumthor, Paul (1978), *Anthologie des grands Rhétoriqueurs,* Paris: UGE.
Zumthor, Paul (1983), *Introduction à la poésie orale,* Paris: Seuil.

Register

Technische Voraussetzungen

Die CD ist optimiert für eine Darstellung unter Microsoft Windows™, Microsoft Internet-Explorer und Microsoft Mediaplayer. Für eine korrekte Funktionalität muss JAVASCRIPT aktiviert sein und das Ausführen von Scripts und ActiveX-Steuer-Elementen erlaubt sein. Bitte konsultieren Sie bei Problemen die Hilfeseiten Ihres Browsers (Sicherheitseinstellungen).

Zur Darstellung von dynamischen Medien (Ton- und Filmsequenzen) wird der Standardplayer Ihres Computers verwendet. Bei Aufruf einer dynamischen Sequenz wird der Standardplayer automatisch gestartet. Falls in Ihrem Browser (nicht IE!) Plugins zur Darstellung dynamischer Medien aktiviert sind, kann die Datei in diesem Plugin abgespielt werden. Dies führt unter Umständen zu einer Fehlfunktion oder eingeschränkten Darstellung (z.B. keine Zeitanzeige, die Sie zur Bearbeitung einzelner Aufgaben benötigen). Deaktivieren Sie für die Zeit, in der Sie mit der CD arbeiten, das Plugin. Zum Vorgehen der Deaktivierung / Aktivierung von Add-Ons oder Plugins konsultieren Sie bitte die Hilfeseiten Ihres Browsers.

Systemvoraussetzungen:
Windows 9x/NT/2000/XP/Vista
Internet Explorer 6.0 oder höher
Microsoft Windows Mediaplayer
256 MB Arbeitsspeicher, Soundkarte